JN261813

IFRS 国際会計基準と日本の会計実務

比較分析／仕訳・計算例／決算処理

監修 古賀智敏　編著 鈴木一水・國部克彦・安井一浩
有限責任 あずさ監査法人

三訂補訂版

International Financial Reporting Standards

同文舘出版

「三訂補訂版」の序

　本書「国際会計基準と日本の会計実務」は，近年の国際会計基準（国際財務報告基準：IFRS）の金融商品の包括的な見直し作業による会計基準の変更，並びにIFRS規定との整合化に向けての日本基準の更なる整備を受けて，三訂版を一部加筆・修正を行い，三訂補訂版としてここに刊行する。

　IFRS導入に向けてわが国での環境整備と意識が着実に高まりつつある中，本書は日本基準の視点からその差異を浮き彫りにしつつ，IFRSを具体的にどのように適用すべきかの本格的な実践的ガイダンスを提供しようと努めてきた。旧版においても，この試みに対して多くの読者の温かい支持と支援を得ることができ，ここに補訂版として刊行することになった。本補訂版は，2011年3月31日現在において公表されているIFRS/IASに基づいている。

　本補訂版においても，旧版の特徴を活かしつつ，主に次のような点において内容を補充し改訂を行った。

▶ IFRS関係として，**IFRS第9号「金融商品」**(2009)の公表に伴い，金融資産を大きく**「償却原価測定によるもの」**と**「公正価値測定によるもの」**に区分し，従来の「満期保有目的」，「売買可能目的」などの区分を廃止することになった。それを受けて，本書においても改訂を行った。

▶ また，IFRS第9号「金融商品」(2010)の改訂版の公表によって，**金融負債の評価**における**公正価値オプション**を認めることになったので，その趣旨を本書に反映するように改訂を行った。

▶ 日本基準関係として，企業会計基準委員会から「**会計上の変更及び誤謬の訂正に関する会計基準**」(2009)，「**包括利益の表示に関する会計基準**」(2010)が公表され，日本基準とIFRS規定との整合性が一層促進された。本書においても，その内容を組み込んでいる。

　併せて，旧版を全面的に見直し，公開草案など現在審議中のドラフトについ

ても言及するように努めた。その結果，本書は，現時点で最新のアップ・ツー・デートされた IFRS ガイダンスをなすものと考える。

本補充・改訂作業は，われわれ IFRS 研究グループ有志と有限責任あずさ監査法人大阪事務所 IFRS プロジェクトグループ有志との緊密な連携関係のもとで，数ヶ月に及ぶ精力的な共同改訂作業によるものである。本プロジェクトの分担は，「執筆者・担当箇所一覧」に示されている。

今回もまた，このような形で改訂作業をなし得たのは，有限責任あずさ監査法人大阪事務所長・吉田享司氏ほか，同監査法人大阪事務所 IFRS プロジェクトの関係者の多大なご支援とご協力の賜である。また，神戸学院大学准教授・安井一浩氏と有限責任あずさ監査法人・正司素子氏は，その中心となって改訂事項のリスト作成から改訂案作成の資料提供，各担当者との打ち合わせ，原稿の改訂・確認作業からレビュー作業に至るまで，常に迅速かつ的確な作業報告を行いつつ，文字通り大車輪となって本書の刊行に向けてご尽力を頂いた。心から謝意を表するものである。

最後に，本書の出版にあたって，いつも多大なご理解とご協力を頂いた同文舘出版代表取締役社長・中島治久氏，同取締役編集局長・市川良之氏に厚くお礼申し上げたい。

2011 年 6 月 1 日

監修者　古賀　智敏

「三訂版」の序

　本書「国際会計基準と日本の会計実務」は，わが国における最近の国際会計基準（国際財務報告基準：IFRS）の導入論議が高まる中，新しい国際会計基準等の公表を受けてほぼ全面的に書き換え，三訂版としてここに刊行する。

　旧版においては，会計基準のコンバージェンスが進む中，IFRSへの国内的対応をいかに図るべきかについて，日本基準の視点からその差異を浮き彫りにしつつ，IFRSを具体的にどのように適用すべきかの実践的ガイダンス作りを行った。この試みに対して，多くの読者の温かい支持を得ることができたのは，われわれの望外の喜びであり，感謝の気持ちで一杯である。

　それから2年，その間にIFRSの導入に向けての動きはますます加速していった。殊に2008年11月，米国SECがIFRS採用に向けてのロードマップ（作業工程表）を公表して以降，わが国でも連結財務諸表についてIFRSの導入を求める，いわゆる「連結先行」の考え方が大きく台頭してきた。本書の改訂作業は，このようなIFRS採用に向けての動きに対応しつつ，IFRSの一部改訂・追加公表を反映する形で大幅に改訂し，三訂版とするものであった。

　三訂版においても，旧版の特徴を生かしつつ，次のような点において特徴をもつようにした。

▶第1に近年の新設・一部改訂をも含めて，広くIFRS全般にわたって，**重要項目毎に日本の会計基準との差異を体系的に浮き彫りにすることで**ある。本書では，金融商品や連結財務諸表等の国際会計基準の一部改訂作業を強く意識して，それを的確に反映するように努めるとともに，新たに「概念フレームワーク」（第3章），「IFRSの初度適用」（第4章），「財務諸表の表示」（第5章），「売却目的の非流動資産および廃止事業」（第16章），「期中財務報告」（第26章），「関連当事者」（第29章），「一株当たり利益」（第30章），「超インフレ経済下における財務報告」（第31章），「保険契約」（第32

章),「鉱物資源の調査と評価」(第33章)および「農業」(第34章),計11章をも新たに設けることにした。それによって,読者は国際会計基準全般について最新の基礎知識を効率的かつ興味をもって学習することができるであろう。

▶第2に,旧版の実践的設例の大幅な見直しを行い,日本の会計基準との差異が大きな点のみならず,**国際会計基準の基礎知識の習得に役立つ設例を加えて,計算例を充実させたこと**である。これによって,IFRSの導入に向けて体制作りを急ぎつつある企業担当者や実務家にとってのみならず,IFRSの具体的会計処理を広く教育・学習しようとする大学関係者など読者にとっても最新の教材として大いに参考になるであろう。

▶第3に,国際会計基準の重要項目ごとに,近年の改訂・整備を踏まえて,**決算のポイントや実務上の留意点を明らかにするとともに,企業経営に与える影響にも言及しようとしたこと**である。これはまた主に,企業担当者や実務家に向けて最新の情報を提供し,その利用目的に対して配慮しようとするものであった。

これらの特徴を具備したIFRSの最新かつ本格的ガイダンスとなる類書は未だほとんど刊行されておらず,本書が生きたIFRSの教材として更に一層役立つものと考える。

本書は,われわれIFRS研究グループ有志とあずさ監査法人大阪事務所IFRSプロジェクトグループ有志との緊密な関係を背景として,1年余りにわたる意欲的な共同改訂作業の成果をなすものである。われわれグループ10余名,あずさ監査法人グループ20数名の参加者が忙しい時間をやりくりしつつ鋭意努力し,仕上げたものである。

本プロジェクトの分担は,「執筆者・担当箇所一覧」に示されている。プロジェクト参加者は,厳しい時間的制約の中で,国際会計基準と日本基準との比較分析・計算例の作成・改訂という決して容易ではない課題に真剣に取り組まれ,積極的に協力された。殊に,今回,このような形で新版の改訂作業を遂行し得たのは,あずさ監査法人大阪事務所長・吉田享司氏,同監査法人大阪事務所IFRSプロジェクト代表・三浦洋氏,ならびに,同監査法人側の監修者である小

幡琢哉氏・正司素子氏をはじめとする関係者の多大なご支援とご協力の賜である。また，神戸学院大学准教授・安井一浩氏は，執筆者の1人として参加頂き，多大な貢献を頂いたのみならず，神戸大学側とあずさ監査法人側とのコーディネーターとしてお骨折り頂き，正司氏とともに原稿の取り纏め・レビュー作業に至るまでご協力頂いた。

　最後に，本書の出版にあたって，多大なご理解とご尽力を頂いた同文舘出版代表取締役社長・中島治久氏，同取締役編集局長・市川良之氏に心からお礼申し上げたい。

　2009年10月1日

古賀・鈴木・國部IFRSプロジェクト代表

古　賀　智　敏

「三訂版」の序──あずさ監査法人大阪事務所IFRSプロジェクト

　2005年11月に本書の新版を出版してから4年が経過し、この間に、国際会計基準(正式には「国際財務報告基準」：以下、IFRS)および日本基準を取り巻く諸外国の会計環境は劇的に変化した。特に、2008年11月に米国SECが公表したIFRS採用に向けてのロードマップ(作業工程表)、2009年6月に金融庁企業会計審議会が公表した「我が国における国際会計基準の取り扱いについて(中間報告)」により、米国および日本は、従来のIFRSとのConvergence(収斂・統合)という方針から、Full-Adoption(全面適用)という方針に舵を切った。今後、日米両国がIFRSの適用を検討していく中で、国際会計基準審議会(以下、IASB)を含む3つの主要な会計基準設定主体による会計基準の調和・統合が注目されるところである。

　今回の本書の改訂は、新版以降の上記のような環境の変化の下、IASBと米国の財務会計基準審議会(FASB)とのMoU(覚書)に基づく、IASBによるIFRSの大幅な見直しや、日本企業のIFRS適用に向けた関心の高まりを背景に、プロジェクトリーダーである神戸大学の古賀智敏教授からの提案により行われた。本三訂版では、内容面について基準の改訂・新設を反映させるのはもちろんのこと、古賀・鈴木・國部IFRSプロジェクトのご尽力により、基準の網羅性を確保し、教育・研修における手引書的な用途にも対応した。また、初版・新版での経験およびIFRS導入に関する関心の高まりから明らかになってきた実務上の問題点を踏まえて、より日本企業の会計実務に即した形で、実務上の課題や企業経営に与える影響を浮き彫りにすることを試みた。さらに、これらの論点に具体的な計算例等を盛り込むことにより、IFRSを仕訳に落とし込んで理解するというニーズに対応するという姿勢を踏襲した。IFRSの適用は、いまや単なる会計処理の問題にとどまらず、企業経営全体に関わる問題であることは明らかである。本書が2001年に初版を出版して以降、今回このように

三訂版の刊行を迎えることができたのも，実務上の課題に言及するという本書の基本方針に対して読者諸氏から暖かい支持を頂くことができたことによるものと信じている。

　本書の完成にあたり，神戸大学・古賀教授には，本プロジェクトの代表として，企画から執筆・編集・総まとめまでプロジェクト全般にわたり，精力的にご指導を頂いた。古賀教授の先見性と強力なリーダーシップなくしては，今回の三訂版をこのように世間の関心の高まりに合わせてタイムリーに出版することは出来なかったであろう。また，神戸学院大学准教授・安井一浩氏には，研究者側原稿の取り纏めやあずさ監査法人との意見交換・連携等，実際の作業を進めるにあたり，ご多忙な中にあって多大なるご尽力を頂いた。また，その他にも国際会計をご専門とされる新進気鋭の研究者の方々と，執筆にあたり意見交換やご指導頂く機会を得，三訂版の刊行に至るまで共同でプロジェクトを遂行できたことは，私どもにとって望外の喜びである。古賀教授，同文舘の市川氏をはじめとする関係者の皆様に，この場をお借りして深謝の意を表したい。

　あずさ監査法人のIFRSプロジェクトのメンバーは，いずれも日本基準に加えてIFRSや米国基準による監査実務経験を豊富に持ち，その理論と実務に精通したメンバーであり，今後の日本企業のIFRSの適用と定着に向けて，実務上の課題や企業経営に与える影響と対応策により深く取り組み，各社のスムーズなIFRS導入に少しでも貢献できればと考えている。今後とも，読者の皆様からの忌憚のないご意見・ご批判を頂くことができれば幸甚である。

2009年10月1日

あずさ監査法人　大阪事務所長
吉　田　享　司
あずさ監査法人大阪事務所IFRSプロジェクト代表
三　浦　　　洋

〔執筆者・担当箇所一覧〕

〈古賀・鈴木・國部・安井 IFRS プロジェクト代表〉

古賀　智敏(同志社大学商学部特別客員教授，神戸大学名誉教授)

〈執筆者・担当箇所一覧〉　　(＊は，編者)

　　古賀　智敏(同上：第1章，第2章，第3章，第13章§1・§2，第14章§1・§2，第20章Ⅰ§1・§2)

　　鈴木　一水＊(神戸大学大学院経営学研究科准教授：第22章§1・§2，第24章§1・§2，第25章§1・§2)

　　國部　克彦＊(神戸大学大学院経営学研究科教授：第8章§1・§2，第11章§1・§2，第19章§1・§2，第23章§1・§2)

　　梶原　晃(追手門学院大学経営学部教授：第9章§1・§2，第12章§1・§2)

　　安井　一浩＊(神戸学院大学経営学部准教授：第4章Ⅰ，第5章§1・§2，第16章，第20章Ⅱ，第29章§1・§2，第34章)

　　與三野禎倫(神戸大学大学院経営学研究科准教授：第6章§1・§2，第21章§1・§2)

　　田中　勝(九州産業大学商学部教授：第27章§1・§2，第32章)

　　野田　昭宏(東京都市大学環境情報学部専任講師：第8章§1・§2，第11章§1・§2，第19章§1・§2，第23章§1・§2)

　　髙橋　聡(西南学院大学商学部准教授：第15章§1・§2)

　　島永　和幸(神戸学院大学経営学部准教授：第26章§1・§2，第30章§1・§2)

　　伏見　康子(京都経済短期大学准教授：第17章§1・§2)

　　松浦　総一(立命館大学経営学部准教授：第10章§1・§2，第18章§1・§2，第28章§1・§2)

　　付　　馨(鳥取環境大学環境情報学部専任講師：第31章)

　　戸田　統久(近畿大学経営学部専任講師：第7章§1・§2)

　　姚　　俊(立命館大学経営学部助教：第33章)

〈あずさ監査法人 IFRS プロジェクト代表〉
　三浦　　洋（あずさ監査法人大阪事務所パートナー：現在は KPMG ロンドン事務所ジャパニーズプラクティス欧州統括責任者として駐在中）

〈監修〉
　小幡　琢哉（　同　　大阪事務所パートナー）
　正司　素子（　同　　大阪事務所パートナー）

〈執筆者・担当箇所一覧〉（50音順）
　雨河　竜夫（　同　　大阪事務所マネジャー：第24章§3）
　小幡　琢哉（　同　　大阪事務所パートナー：第6章§3）
　加治　孝幸（　同　　神戸事務所マネジャー：第17章§3，第18章§3）
　杏井　康真（　同　　大阪事務所シニア：第27章§3）
　熊木　　実（　同　　大阪事務所シニアマネジャー：第23章§3）
　桑本　義孝（　同　　大阪事務所パートナー：第9章§3，第12章§3）
　正司　素子（　同　　大阪事務所パートナー：第6章§3）
　新開　朋春（　同　　大阪事務所シニア：第14章§3）
　大西　祐子（　同　　大阪事務所シニア：第19章§3）
　立石　政人（　同　　大阪事務所マネジャー：第7章§3，第8章§3）
　手島　達哉（元あずさ監査法人大阪事務所マネジャー：第19章§3，第28章§3，第30章§3）
　成本　弘治（あずさ監査法人大阪事務所パートナー：第4章Ⅱ）
　南原　亨成（　同　　大阪事務所マネジャー：第21章§3，第22章§3）
　二宮　　基（　同　　大阪事務所シニア：三訂補訂版）
　長谷川卓也（　同　　大阪事務所シニア：第13章§3）
　東浦　隆晴（　同　　大阪事務所パートナー：第10章§3，第20章§3）
　松本　光弘（　同　　大阪事務所マネジャー：第11章§3，第15章§3）
　桃原　一也（　同　　大阪事務所パートナー：第25章§3）
　安井　康二（　同　　大阪事務所パートナー：第29章§3）
　渡邉　和哉（　同　　大阪事務所マネジャー：第5章§3，第26章§3）

〈＊役職については，2011年6月1日現在〉

凡　　例

（正式名称）	（文中）	（引用文中）
国際会計基準（International Accounting Standards）	IAS	IAS
国際財務報告基準（International Financial Reporting Standards）	IFRS	IFRS
国際会計基準審議会（International Accounting Standards Board）	IASB	IASB
財務会計基準審議会（Financial Accounting Standards Board）	FASB	FASB
FASB財務会計概念書（Statement of Financial Accounting Concepts）	SFAC	SFAC
証券取引委員会（Securities and Exchange Commission）	SEC	なし
企業会計原則	会計原則	同左
連結財務諸表原則	連結原則	同左
連結財務諸表原則注解	連結注解	同左
原価計算基準	原価計算基準	原価基準
会社法	同左	同左
会社計算規則	同左	会社計規
会社法施行規則	同左	会社施規
金融商品取引法	同左	金商法
財務諸表等の用語，様式及び作成方法に関する規則	財務諸表等規則	財規

(12) 凡　例

(正式名称)	(文中)	(引用文中)
「財務諸表等の用語，様式及び作成方法に関する規則」の取扱いに関する留意事項について	財務諸表等規則ガイドライン	同左
中間財務諸表の用語，様式及び作成方法に関する規則	中間財務諸表等規則	中間財規
「中間財務諸表の用語，様式及び作成方法に関する規則」の取扱いに関する留意事項について	中間財規ガイドライン	同左
連結財務諸表の用語，様式及び作成方法に関する規則	連結財務諸表規則	連結財規
「連結財務諸表の用語，様式及び作成方法に関する規則」の取扱いに関する留意事項について	連結財規ガイドライン	同左

目　　次

「三訂補訂版」の序 ──────────────────────────(1)
「三訂版」の序 ────────────────────────────(3)
「三訂版」の序（あずさ監査法人大阪事務所 IFRS プロジェクト） ──────(7)
執筆者・担当箇所一覧 ─────────────────────────(9)
凡　　例 ─────────────────────────────(11)

第Ⅰ部　国際会計基準

第1章　会計基準の国際的統一化と日本の会計制度　　3

§1　会計基準統一化の生成基盤 …………………………………… 3
§2　日本基準の国際的統一化の系譜 ……………………………… 6
  1. 会計制度改革と会計基準のハーモニゼーション　6
  2. 国際会計基準の浸透化と会計基準のコンバージェンス　7
  3. コンバージェンスから IFRS アドプション（採用）へ　11
§3　会計基準設定アプローチの統一化─「原則主義」対「細則主義」─
  ………………………………………………………………………12
§4　会計基準の統一化と公正価値会計 ……………………………13
§5　会計基準の統一化とわが国会計制度のあり方 ………………15

第2章　会計基準設定の主体とプロセス　　18

§1　基準設定主体と会計規制 ………………………………………18
§2　国際会計基準の設定主体と組織改革 …………………………20
  1. 基準設定主体としての IASC の特徴　20
  2. IASC の組織改革　22

(14) 目　次

　　　　3. 最新の組織構造―IFRS 財団への移行　*24*
§ 3. FASB の対応と評価　*24*
§ 4. わが国会計基準設定主体の改革と課題　*28*

第3章　国際会計基準の概念フレームワーク　30

§ 1　概念フレームワーク統合化の背景 …………………………………30
　　1. 統合化の背景　*30*
　　2. IASB 概念フレームワークと FASB 概念フレームワークとの異同点　*31*
§ 2　統合化した改訂概念フレームワークの特徴 ……………………32
§ 3　2 つの会計モデル―IASB・FASB 統合モデルと代替的モデル―
　　……………………………………………………………………34
§ 4　日本基準の概念フレームワークの特徴 ……………………………37
§ 5　IASB 概念フレームワーク・プロジェクトの更なる展開 ………39

第4章　IFRS の初度適用とその影響　41

Ⅰ. IFRS の初度適用 ………………………………………………………41
§ 1　背　　景 ……………………………………………………………42
§ 2　IFRS 1 の分析と評価 …………………………………………………43
　　1. 適 用 範 囲　*43*
　　2. 開始財政状態計算書と会計方針　*44*
　　3. 表示および開示　*45*
　　4. IFRS への移行に関する説明　*46*
　　5. 遡及適用禁止規定　*48*
　　6. 免 除 規 定　*50*
Ⅱ. 国際会計基準の適用が企業経営に与える影響 ……………………54
　　1. 計画フェーズ　*55*
　　2. 分析および評価フェーズ　*56*
　　3. デザインフェーズ　*63*

4. 実行フェーズ　64

第5章　財務諸表の表示　66

§1　背　　景 …………………………………………………67
§2　IAS1の分析と評価 ………………………………………68
　1. 適用範囲と定義　68
　2. 財 務 諸 表　69
　3. 一般的な性質　70
　4. 構成と内容　73
　5. 財政状態計算書　73
　6. 包括利益計算書　76
　7. 持分変動計算書　78
　8. キャッシュ・フロー計算書　78
　9. 注　　記　79
§3　開示様式および実務上の留意点等 …………………………81
　1. 開 示 様 式　81
　2. 実務上の留意点　87
　3. 今後の動向　88

第Ⅱ部　貸借対照表（財政状態計算書）項目

第6章　金融商品　93

§1　背　　景 …………………………………………………96
§2　バリエーションの分析と評価 ……………………………98
　1. IASBと日本基準のアプローチ　98
　2. 金融商品の定義　99
　3. 認識と測定　101
　4. 金融資産の認識の中止　102
　5. 金融商品の評価と会計処理　105

　　　　6. 組込デリバティブ　*109*
　　　　7. 再分類　*110*
　　　　8. 有価証券等の会計と減損処理　*110*
　　　　9. 貸付金および債権の会計　*112*
　　　　10. ヘッジ会計　*112*
　　　　11. 複合金融商品　*116*
　　　　12. 開　　　示　*117*
　§3　実務上の留意事項および設例 …………………………………… 120
　　　　1. 金融資産の取得時，消滅時および減損時の認識と測定　*120*
　　　　2. その他有価証券の時価への評価替え　*124*
　　　　3. 転換社債型新株予約権付社債の発行者の会計処理　*128*
　　　　4. ヘッジ会計　*132*
　　　　5. 公正価値オプション　*141*
　　　　6. その他の留意事項　*143*

第7章　棚卸資産　144

　§1　背　　　景 …………………………………………………………… 145
　§2　バリエーションの分析と評価 ……………………………………… 146
　　　　1. 適用範囲と定義　*146*
　　　　2. 棚卸資産の原価　*148*
　　　　3. 評価方法(原価配分方法)　*150*
　　　　4. 評価基準　*151*
　　　　5. 開示その他　*155*
　§3　実務上の留意事項および設例 …………………………………… 156
　　　　1. 正味実現可能価額の測定について　*156*
　　　　2. 日本基準における規則的な簿価の切り下げについて　*156*
　　　　3. 洗替法の適用について　*157*
　　　　4. 研究開発費について　*160*

第8章　有形固定資産　161

　§1　背　　　景 …………………………………………………………… 162

目　次　(17)

§2　バリエーションの分析と評価 …………………………………… 162
　　1．適用範囲と定義　*162*
　　2．認　　　識　*164*
　　3．当初認識時の測定　*166*
　　4．当初認識後の測定　*168*
　　5．除　　　却　*172*
　　6．開　　　示　*173*
§3　実務上の留意事項および設例 …………………………………… 175
　　1．減価償却方法及び耐用年数　*175*
　　2．コンポーネントアカウンティング　*175*
　　3．再評価モデル　*178*
　　4．資産除去債務　*182*

第9章　投資不動産　　184

§1　背　　　景 ………………………………………………………… 186
§2　IAS 40 の分析と評価 ……………………………………………… 187
　　1．範　　　囲　*187*
　　2．投資不動産の対象　*188*
　　3．投資不動産の認識・測定　*190*
　　4．投資不動産の用途変更　*192*
　　5．投資不動産の処分　*193*
　　6．開　　　示　*194*
　　7．日本基準との関係　*195*
§3　実務上の留意事項および設例 …………………………………… 197
　　1．投資不動産の範囲・対象　*197*
　　2．公正価値モデルと取得原価モデル　*198*

第10章　リース資産・負債　　202

§1　背　　　景 ………………………………………………………… 204
§2　バリエーションの分析と評価 …………………………………… 205

1. 範　　囲　205
2. 定　　義　206
3. リースの分類　209
4. 借手の会計処理方法および開示内容　213
5. 貸手の会計処理方法および開示内容　218
6. セール・アンド・リースバック　222

§3　実務上の留意事項および設例 …………………………………223
1. ファイナンス・リースにおけるIAS 17と日本基準の相違点　223
2. 契約にリースが含まれるか否かの判断(IFRIC4)　232
3. 適用初年度の取扱い(所有権移転外ファイナンス・リース)　233

第11章　無形資産　235

§1　背　　景 ………………………………………………………236
§2　バリエーションの分析と評価 …………………………………237
1. 適用範囲と定義　237
2. 認識と当初測定　240
3. 研究開発費の処理　243
4. 費用の認識　247
5. 当初認識後の測定　248
6. 償　　却　250
7. 開　　示　253
8. 発　効　日　254

§3　実務上の留意事項および設例 …………………………………255
1. 無形資産計上における日本基準とIAS 18の相違点　255
2. 仕掛研究開発の会計処理について　258

第12章　資産の減損　259

§1　背　　景 ………………………………………………………261
§2　IAS 36の分析と評価 ……………………………………………263
1. 範囲と定義　263

　　　　2. 認識と測定　*265*
　　　　3. 資金生成単位　*270*
　　　　4. 減損の戻入れ　*271*
　　　　5. 表示と開示　*272*
　　　　6. 日本基準との関係　*273*
　　§3　実務上の留意事項および設例 …………………………… 275
　　　　1. 減損損失認識の判定　*275*
　　　　2. 再評価を行った資産の減損処理　*277*
　　　　3. 減損損失の戻入　*279*

第13章　外貨建資産・負債の会計　281

　　§1　背　　景 ……………………………………………………… 282
　　§2　バリエーションの分析と評価 ………………………………… 284
　　　　1. 範　　囲　*284*
　　　　2. 外貨建取引　*284*
　　　　3. 在外事業体の財務諸表項目の換算　*287*
　　§3　実務上の留意事項および設例 ………………………………… 289
　　　　1. 機能通貨の決定　*289*
　　　　2. 機能通貨の変更　*292*
　　　　3. 在外事業体に対する正味投資　*294*
　　　　4. 為替予約等の処理　*297*
　　　　5. その他の留意事項　*297*

第14章　国庫補助金の会計　300

　　§1　背　　景 ……………………………………………………… 301
　　§2　バリエーションの分析と評価 ………………………………… 301
　　　　1. 範　　囲　*301*
　　　　2. 国庫補助金の会計　*302*
　　　　3. 国庫補助金の返還　*304*
　　　　4. 測　　定　*305*

         5. 開　　示　305
　§ 3　実務上の留意事項および設例 ……………………………… 306
         1. 資産に関する補助金　306
         2. 利益に関する補助金　311
         3. その他の留意事項　313

第15章　引当金・偶発債務・偶発資産および後発事象　315

　§ 1　背　　景 ………………………………………………………… 320
　§ 2　バリエーションの分析と評価 ………………………………… 323
         1. 適用範囲と定義　323
         2. 認　　識　329
         3. 測　　定　337
         4. 引当金の認識および測定ルールの適用　339
         5. 継続企業の前提が措定できない場合の後発事象　341
         6. 開　　示　344
　§ 3　実務上の留意事項および設例 ……………………………… 348
         1. 引当金の認識(事業再構築引当金)　348
         2. 引当金の測定方法　351

第16章　売却目的の非流動資産および廃止事業　355

　§ 1　背　　景 ………………………………………………………… 356
　§ 2　IFRS 5 の分析と評価 …………………………………………… 356
         1. 適 用 範 囲　356
         2. 売却目的の非流動資産または処分グループの分類　357
         3. 廃棄予定の非流動資産　358
         4. 売却目的の非流動資産または処分グループの測定　359
         5. 減損損失および戻入の認識　359
         6. 表示と開示　360

第Ⅲ部　損益計算書（包括利益計算書）項目

第17章　収　　益　　367

§1　背　　景 …………………………………………………… 368
§2　バリエーションの分析と評価 ……………………………… 369
　1. 適用範囲と定義　*369*
　2. 収益の測定　*371*
　3. 取引の識別・物品の販売・役務の提供等　*372*
　4. 開示その他　*377*
　5. 収益認識プロジェクト：新たな収益認識原則　*378*
§3　実務上の留意事項および設例 ……………………………… 379
　1. 収益の認識　*379*
　2. 収益の測定　*382*
　3. 取引の分離と一体化　*384*
　4. 役務の提供　*387*
　5. カスタマー・ロイヤルティ・プログラム　*390*

第18章　工 事 契 約　　393

§1　背　　景 …………………………………………………… 394
§2　バリエーションの分析と評価 ……………………………… 395
　1. 目的および範囲　*395*
　2. 会計処理単位　*395*
　3. 工 事 収 益　*397*
　4. 工 事 原 価　*397*
　5. 工事収益および費用の認識　*398*
　6. 予想損失の認識　*400*
　7. 見積りの変更　*401*
　8. 開　　　示　*401*

9. 公開草案「顧客との契約から生じる利益」　*402*
　§3　実務上の留意事項および設例 …………………………………… 403
　　　1. 成果の確実性が認められない工事契約　*403*
　　　2. 損失の発生が予想される工事契約　*407*
　　　3. 開　示　等　*409*

第19章　借入費用　411

　§1　背　　　景 ………………………………………………………… 411
　§2　バリエーションの分析と評価 ……………………………………… 413
　　　1. 適用範囲と定義：借入費用と適格資産　*413*
　　　2. 借入費用の処理　*415*
　　　3. 開　　　示　*418*
　§3　実務上の留意事項および設例 ……………………………………… 419
　　　1. 資産化適格借入費用の算定　*419*
　　　2. 社債発行に関するIASと日本基準の相違点　*427*

第20章　従業員給付と退職給付制度の会計　428

　Ⅰ．従業員給付 …………………………………………………………… 428
　§1　背　　　景 ………………………………………………………… 430
　§2　バリエーションの分析と評価 ……………………………………… 431
　　　1. 適用範囲と定義　*431*
　　　2. 短期従業員給付　*432*
　　　3. 退職後給付：確定給付型制度　*433*
　　　4. その他の長期従業員給付　*437*
　　　5. 解　雇　給　付　*438*
　　　6. 持分報奨給付　*438*
　　　7. 移行時差異　*438*
　§3　実務上の留意事項および設例 ……………………………………… 439
　　　1. 過去勤務費用の会計処理について　*439*
　　　2. 保険数理差損益（数理計算上の差異）の会計処理について　*441*

3. 割引率について（日本基準の一部改正）　*445*
　　　4. 小規模企業等における簡便法について　*446*
Ⅱ. 退職給付制度の会計と報告 …………………………………… 447
§1　背　　　景 …………………………………………………… 447
§2　IAS 24 の分析と評価 ………………………………………… 448
　　　1. 適 用 範 囲　*448*
　　　2. 確定拠出型年金制度　*450*
　　　3. 確定給付型年金制度　*450*
　　　4. 確定拠出型年金制度および確定給付型年金制度の両制度の共通事項　*452*

第21章　株 式 報 酬　　　　　　　　　　　　　　454

§1　背　　　景 …………………………………………………… 457
§2　バリエーションの分析と評価 ……………………………… 459
　　　1. 適 用 範 囲　*459*
　　　2. 認　　　識　*460*
　　　3. 持分決済型の株式報酬取引の会計処理　*461*
　　　4. 持分金融商品の公正価値の測定方法　*463*
　　　5. 付与条件の変更と取り消し・決済の取り扱い　*466*
　　　6. 現金決済型の株式報酬取引の会計処理　*468*
　　　7. 現金決済選択権付き株式報酬取引　*468*
　　　8. 開　　　示　*471*
§3　実務上の留意点および設例 ………………………………… 472
　　　1. 付与日について　*472*
　　　2. 持分決済型と現金決済型の相違点　*473*
　　　3. 権利確定条件による費用認識のタイミングについて　*476*
　　　4. グループ会社間での株式報酬取引　*480*

第22章　法人所得税　　　　　　　　　　　　　　　483

§1　背　　　景 …………………………………………………… 485

§2　バリエーションの分析と評価 ……………………………… 487
　　　1.　当期課税税金資産および当期課税税金負債の認識　*487*
　　　2.　繰延税金資産および繰延税金負債の認識　*487*
　　　3.　税金資産・負債の測定　*492*
　　　4.　当期課税税金および繰延税金の認識　*495*
　　　5.　表　　　示　*495*
　　　6.　開　　　示　*498*
　§3　実務上の留意事項および設例 ……………………………… 501
　　　1.　当期税金・繰延税金資産負債の算定　*501*
　　　2.　開　　　示　*509*

第23章　会計方針，会計上の見積りの変更および誤謬　510

　§1　背　　　景 ……………………………………………………… 511
　§2　バリエーションの分析と評価 ……………………………… 512
　　　1.　目的と範囲　*512*
　　　2.　会 計 方 針　*512*
　　　3.　会計上の見積りの変更　*517*
　　　4.　誤　　　謬　*519*
　　　5.　遡及的適用および遡及的再表示の実行不可能性　*520*
　§3　実務上の留意事項および設例 ……………………………… 521

第Ⅳ部　企業集団と開示

第24章　企業結合　531

　§1　背　　　景 ……………………………………………………… 532
　§2　バリエーションの分析と評価 ……………………………… 534
　　　1.　範　　　囲　*534*
　　　2.　企業結合の分類と会計処理　*535*
　　　3.　取得の会計処理　*536*

　　　　4.　共同支配企業の形成　*544*

　　　　5.　共通支配下の取引　*545*

　　　　6.　開　　　示　*545*

　§3　実務上の留意事項および設例 …………………………………… 546

　　　　1.　取得企業の決定　*546*

　　　　2.　取得日の決定　*548*

　　　　3.　識別可能資産・負債の認識および測定　*550*

　　　　4.　非支配持分，のれんの認識および測定　*554*

　　　　5.　IFRSの初度適用について　*558*

第25章	連結財務諸表	561

　§1　背　　　景 …………………………………………………………… 563

　§2　バリエーションの分析と評価 ……………………………………… 565

　　　　1.　適 用 範 囲　*565*

　　　　2.　連結財務諸表の作成・公表　*567*

　　　　3.　連結の範囲　*567*

　　　　4.　連 結 手 続　*569*

　　　　5.　支配の喪失　*572*

　　　　6.　関連会社に対する投資の会計処理　*573*

　　　　7.　ジョイント・ベンチャーに対する持分　*576*

　　　　8.　開　　　示　*580*

　§3　実務上の留意事項および設例 …………………………………… 585

　　　　1.　連結および持分法の対象範囲について　*585*

　　　　2.　連結会社間の統一について　*587*

　　　　3.　子会社に対する資本連結手続きについて　*589*

　　　　4.　重要な影響力を喪失した際の残存投資額に対する会計処理　*600*

第26章	期中財務報告（中間報告および四半期報告）	602

　§1　背　　　景 …………………………………………………………… 604

　§2　バリエーションの分析と評価 ……………………………………… 605

1. 適用範囲と定義　605
2. 期中財務報告書の内容　606
3. 開示対象期間　607
4. 認識と測定　608
5. 開　　示　612
§3　実務上の留意事項および設例 …………………………… 614

第27章　キャッシュ・フロー計算書　619

§1　背　　景 …………………………………………………… 622
§2　バリエーションの分析と評価 …………………………… 624
1. キャッシュ・フロー計算書の位置づけ　624
2. 資金概念　625
3. 表示区分　626
4. 表示方法　633
5. 開　　示　640
§3　実務上の留意事項および設例 …………………………… 641
1. キャッシュ・フローの表示区分，表示方法についての相違　641
2. 在外子会社のキャッシュ・フローの換算について　643
3. 開示に関する留意事項　648

第28章　セグメント情報　649

§1　背　　景 …………………………………………………… 650
§2　バリエーションの分析と評価 …………………………… 652
1. 適用対象企業　652
2. 事業セグメントの識別方法　652
3. マネジメント・アプローチ　655
4. 開示情報の範囲と測定方法　656
5. 資産，負債，収益および費用項目の配分方法　661
6. 会計方針その他の補足情報の開示　661
7. 減損損失とのれんの開示　663

§3 実務上の留意事項と設例 …………………………………………… 664
　　マネジメント・アプローチの採用が与える影響　664

第29章　関連当事者　670

§1 背　　景 ……………………………………………………………… 672
§2 IAS 24 の分析と評価 ………………………………………………… 673
　　1. 適用範囲，開示箇所と目的　673
　　2. 定　　義　674
　　3. 開示内容　678
§3 実務上の留意点および記載例 ………………………………………… 681
　　1. コーポレート・ガバナンスの強化　681
　　2. 開示の判定基準　684
　　3. IAS 24 注記の作成にあたって　684
　　4. そ の 他　685

第30章　1株当たり利益　686

§1 背　　景 ……………………………………………………………… 689
§2 バリエーションの分析と評価 ………………………………………… 691
　　1. 適用範囲　691
　　2. 定　　義　692
　　3. 基本的1株当たり利益　693
　　4. 希薄化後1株当たり利益　695
　　5. 遡及的調整　700
　　6. 表　　示　701
　　7. 開　　示　702
§3 実務上の留意事項と設例 ……………………………………………… 703
　　基本的および希薄化後1株当たり利益の算定　703

第31章 超インフレ経済下における財務報告　707

§1　背　　景 ………………………………………………… 707
§2　バリエーションの分析と評価 ………………………… 708
　　1. 適用範囲と超インフレの判定要件　*708*
　　2. 修正再表示とその手続き　*709*
　　3. 開 示 事 項　*713*
　　4. 超インフレ経済下でなくなった場合　*713*

第Ⅴ部　特定業種会計

第32章 保険契約　717

§1　基準設定の背景と目的 ………………………………… 717
§2　適 用 範 囲 ……………………………………………… 718
§3　認識と測定 ……………………………………………… 719
　　1. 他のIFRSからの一時的な適用免除　*719*
　　2. 会計方針の変更　*720*
　　3. 企業結合やポートフォリオの移転で取得した保険契約　*721*
　　4. 裁量権のある有配当性　*722*
§4　開　　示 ………………………………………………… 723

第33章 鉱物資源の探査および評価　724

§1　背　　景 ………………………………………………… 725
§2　目　　的 ………………………………………………… 725
§3　適 用 範 囲 ……………………………………………… 726
§4　探査および評価資産の認識と測定 …………………… 726
　　1. 会計方針の選択および会計方針の変更　*726*
　　2. 探査および評価資産の測定　*727*

　　　　3. 表　　　示　*728*
§ 5　減　　　損 …………………………………………………… 729
§ 6　開　　　示 …………………………………………………… 730
§ 7　日本基準との比較 …………………………………………… 730

第34章　農　　　業　　　　　　　　　　　　　　　　　731

§ 1　背　　　景 …………………………………………………… 731
§ 2　IAS 41 の分析と評価 ………………………………………… 732
　　　1. IAS 41 の適用範囲と農業活動の定義　*732*
　　　2. 認識および測定　*733*
　　　3. 生物資産に対する国庫補助金　*734*
　　　4. 開　　　示　*735*
　　　5. 日本基準との比較　*735*

参考文献一覧 ——————————————————————— 737
索　　引 ———————————————————————————— 743

第1部

国際会計基準

第1章 会計基準の国際的統一化と日本の会計制度

§1　会計基準統一化の生成基盤

　会計基準統一化の背景をなすのは，証券市場の発展・グローバル化と機関投資家の成長というファイナンス市場の動的発展であった。具体的には，それは次のように要約的に示すことができる。

(1) 一方では，対外的環境要因としての欧州市場の統合化など海外グローバル市場の確立・発展を背景とし，
(2) 他方では，対内的環境要因としての自国の国内市場の整備・拡大を背景として，
(3) それぞれの市場における経営者価値（利益）から株主価値（配当・株価）への価値転換の媒介者としての機関投資家の成長をもたらし，
(4) その投資意思決定手段としてのファイナンス言語の統一化ないしグローバル化が求められた。

　以上のグローバル会計基準の生成・発展基盤の全体的構図を描いたのが，図表1-1である。このように，会計のグローバル化は，経済，文化，企業ガバナンスを含むグローバル化の全体的パッケージの一部として理解される(Godfrey and Chalmers[2007])。以下，それぞれの側面についていま少し説明を加えたい(古賀[2007a])。

　ファイナンス資本主義の新たな旗手として投資マネジメント会社が華々しく国際舞台に登場するようになったのは，1970年代初頭であった(Clark et. al

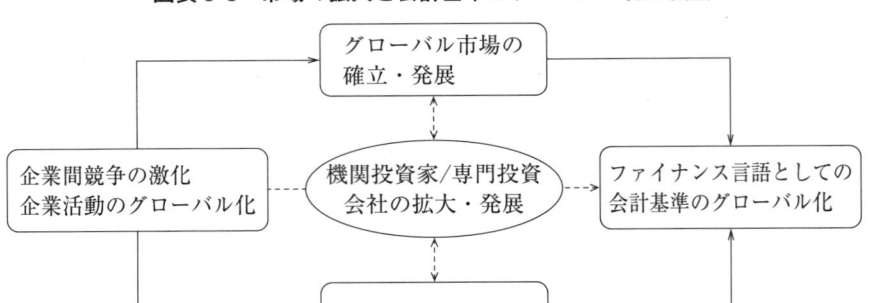

図表 1-1　市場の拡大と会計基準のグローバル化の要請

```
                  ┌──────────────┐
          ┌──────→│ グローバル市場の │───────┐
          │       │  確立・発展    │        │
          │       └──────────────┘        ↓
┌──────────────┐  ┌──────────────┐  ┌──────────────┐
│ 企業間競争の激化 │→│ 機関投資家/専門投資│→│ ファイナンス言語としての│
│ 企業活動のグローバル化│  │ 会社の拡大・発展  │  │ 会計基準のグローバル化 │
└──────────────┘  └──────────────┘  └──────────────┘
          │       ┌──────────────┐        ↑
          └──────→│  国内市場の拡大  │───────┘
                  └──────────────┘
```

［2007］)。これらの機関投資家は増加しつつある投資資金を最新のポートフォリオ理論等を駆使して，高度に構造化された方法で投資マネジメントを行った。従来の証券投資は特定のターゲット企業との個人的ないし機関相互的関係により限定されたものであったのに対し，これらの機関投資家はポートフォリオを設計し，広く多角的投資を行った。

　機関投資家の多角的投資戦略は，やがて新たな投資機会を求めて証券市場のグローバル化をもたらすことになった。機関投資家は高い潜在的ペイオフが存在する状況のもとで価値創出を期待して投資を行ってきた。しかし，このような最良の投資状況のもとでも，相対的に低い期待利回りやエクィティ・プレミアムしか期待できない場合には，アングロ・アメリカ証券市場で価値創出を図ることは困難となる。その1つの結末が，アングロ・アメリカ市場への圧倒的な投資の集中からそれ以外の新規市場への投資の分散という市場の地理的シフトであった(Clark et. al［2007］, pp. 23-24)。欧州大陸並びに新興諸国における証券市場においても，ポートフォリオ投資を含むあらゆる種類のアングロ・アメリカ型投資戦略が採られた。

　ファイナンスのグローバル化は，必然的にファイナンス言語としての会計基準のグローバル化を促進することになった。企業の国際間比較を行うにあたって，企業の業績や財政状態に関する市場相互間の情報が不可欠になり，企業の統制のための共通の報告実務の要請が市場の発展の一部を形成するようになっ

た。このようなアングロ・アメリカ型の市場グローバル化の波は，一方では，EC市場の統合化による経済成長を目指す欧州大陸諸国に伝播するとともに，他方では，日本・中国・インドなど市場経済の整備・発展を模索するアジア諸国にも大きな影響を与えることになった。

　まず，大陸諸国へのアングロ・アメリカ型市場主義の伝播と国際財務会計基準の導入によって，次のような影響がもたらされた。第1に，アングロ・アメリカ型のファイナンス・モデルがEC統合化の動きに大きな影響を与えてきたこと，第2に，アングロ・アメリカ型の市場主義は欧州大陸諸国の国家主義の側面からいくばくの抵抗を伴うものであったこと，また，第3に，それにもかかわらず，大陸諸国の経済成長の促進を図るべくアングロ・アメリカ型投資哲学が採用されてきたこと，以上，3点である。実際，EC市場におけるアングロ・アメリカ型ファイナンスの浸透化に伴い，インフラとしてのグローバル財務情報が採用されていった(Clark et. al[2007], p.25.)。

　他方，会計基準のグローバル化の展開は，バブル経済の崩壊と企業ガバナンスの危機に直面したわが国や経済改革を急ぐ中国等の東アジア諸国にも大きな影響をもたらした。わが国では，1990年代中葉，バブル経済の立て直しと経済活性化に向けて「フリー，フェア，グローバル」を掲げた金融ビッグバンと会計基準のグローバル化が促進された(Koga and Rimmel[2007])。また，中国においても，1990年代に入り，経済改革の柱として市場の整備・発展が進められていった(Zhang and Lu[2007])。その意図するところは，市場シグナルとしての「高度の透明性あるディスクロージャー(integrity of discolsure)」であった(Clark et al.[2007], p.26)。会計基準のグローバル化は，このような証券市場の高度化を受けてのディスクロージャーの商品質化に対する市場の対応を示すものであったが，その対応の仕方は，各国の制度的特性によって異なった特徴を示すものであった。

§2　日本基準の国際的統一化の系譜

1. 会計制度改革と会計基準のハーモニゼーション

　1990年代初頭のバブル経済の崩壊を契機として，20世紀末から21世紀にかけてわが国企業を取り巻く経営環境は，次のように大きく変化してきた(古賀[2007b])。国際的には，1985年の急激な円高以来，日本企業のグローバル化が促進され，為替変動リスクのヘッジが喫緊の経営課題をなすとともに，国内的には，日本企業の外部においてはデリバティブ等の新型金融商品の発展，福祉・高齢化社会の台頭，M＆A・経営の多角化戦略の推進が図られ，また，企業内部では企業のイノベーション・R＆Dの推進が活発となった。このような経済基盤の変化は，いわゆる「会計ビッグバン」の名のもとに会計基準の国際的調和化(ハーモニゼーション)をもたらした。これらはいずれも，会計基準の国際的動向との整合性を意図したものであり，「フリー，フェア，グローバル」といった資本市場重視の考え方に立ったものである。

　20世紀末から21世紀初頭の数年間に行われた会計基準のハーモニゼーションは，経営環境の変化に即して次の4類型に大別できよう(古賀[2007b])。

(1) 「経営のグローバル化・金融経済社会—金融商品(1999)・外貨建取引(1999)グループ」：リスク・ヘッジと金融取引の透明性を図るべく，金融商品・デリバティブの公正価値評価とヘッジ会計の確立が図られるとともに，外貨建取引等会計処理基準の改訂によって外貨建金銭債権債務について決算日レート法が導入され，かつ，その後のリース取引の会計基準の改訂(2007)によって所有権移転外ファイナンス・リース取引について特例処理が廃止された。

(2) 「知識創造化社会—研究開発費(1998)・知的資産開示(2005)グループ」：知的資産の積極的活用とイノベーションの推進を図るべく，資産負債アプ

ローチの積極的導入によって研究開発費の一括費用処理が求められるとともに，ブランド資産等の無形価値の開示が促進されてきた。
(3) 「福祉・高齢化社会──退職給付会計(1998)グループ」：退職給付・年金資産の透明化を推進すべく，資産負債アプローチに基づき年金債務の認識と年金資産の公正価値評価が求められるようになった。
(4) 「M＆Aの活発化・多角化経営社会──連結財務諸表(1997)・企業結合(2003)グループ」：グローバル経営・多角化経営の時代背景のもとで支配力基準による連結財務諸表制度の整備が図られるとともに，活発なM＆Aに伴い被合併企業の資産の公正価値評価と暖簾の計上が求められた。

以上，近年の会計基準変革の特徴は，認識面における資産負債アプローチによる資産負債の認識(デリバティブ取引の認識，年金債務の認識等)と費用処理(研究開発費等)，また，資産の測定面での公正価値評価の拡充化(デリバティブ債権・債務，年金資産，パーチェス法による被合併企業の資産等)を指摘できる。その意図するところは，有形のプロダクト(商・製品)に焦点を置く経済から，ファイナンスやナレッジといった無形価値に焦点づける経済への経済基盤の移行を背景として，取引の経済的実質を一層的確に反映した会計基準の構築を目指す点にあった。

2. 国際会計基準の浸透化と会計基準のコンバージェンス

EU諸国で国際会計基準の強制適用が始まった2005年は，会計基準の統一化に向けての新たな時代の幕開けとなった。わが国でも，2005年3月，日本基準とIFRSとのコンバージェンスを目指して共同プロジェクトが開始され，日本基準とIFRSとの同等性についての分析と審議が始まった。それを決定づけたのが，2005年7月の欧州証券規制当局委員会(CESR)技術的助言によるEU同等性評価であり，日本基準については，一定の条件のもとで全体としてIFRSを同等としつつ，26項目の重要な差異を指摘し，その解消を求めた。

このような背景のもとで，2006年6月，日本経済団体連合会は「日本の資本市場の活性化」と「グローバルな競争力を有した企業の育成・発展」を目指して

日本基準のコンバージェンスの加速化を積極的に支援する意見書を公表し，また，同年7月，企業会計審議会も各国の法制度や取引実態等の相違を相互に踏まえつつ，わが国金融・資本市場への信認を確保するために会計基準のコンバージェンスにより積極的に対応すべきとの提言をなし，コンバージェンスへの取り組みを促した。それが明確な形となったのが「東京合意」であった。2007年8月，企業会計基準委員会(ASBJ)と国際会計基準審議会(IASB)とは，緊密に作業を行いつつ IFRS と日本基準間のコンバージェンス・プログラムを加速化する取り組みを行うとの共同声明を発表し，短期および長期のコンバージェンス・プロジェクトの推進に合意した。具体的には，EU の同等性評価における重要な差異 26 項目は，2008 年中に解消すべきとの短期プロジェクトの目標を掲記するとともに，その他の差異は，2011 年 6 月末までに解消するとの目標設定を行い，日本基準と IFRS とのコンバージェンスが加速化されていった。その結果，2008 年 12 月，EC 規則 1289/2008 において，米国基準に対すると同様に，日本基準についても IFRS との重要な差異が解消したことが確認され，2009 年 1 月 1 日以降，日本基準と IFRS とを同等と認めることが決定された。

以上，欧州および米国のコンバージェンスの潮流のインターラクションのもとで日本基準のコンバージェンスを捉え，描いたのが図表 1-2 である。

これより，欧州・米国のコンバージェンス・プロジェクトの原点をなし，わが国のコンバージェンス・プロジェクトに大きな影響を与えたものとして，EC 委員会(Commission of the European Communities)の EU 財務報告戦略(EU Financial Reporting Strategy：the way forward)(2000)に注目されたい。これは先のリスボン欧州評議会決議(2000)を受けて，EU 域内の金融サービス市場の統一化を加速化し，重厚かつ流動性の高い EU 市場の確立を目指すものである。その構図を要約的に示すと次のとおりである。

(1) 目的—対内的には，重厚かつ流動性の高い単一 EU 資本市場の発展を図り，対外的には，欧州のグローバル企業が国際資本市場での資金調達を促進しようとする(paras. 4-5)。これは前述のリスボン欧州評議会決議の金融サービス・アクションプランの達成要請を反映するものである。
(2) 戦略的課題—そのための戦略的目標として，EU および国際資本市場に

図表 1-2　会計基準のコンバージェンスの潮流

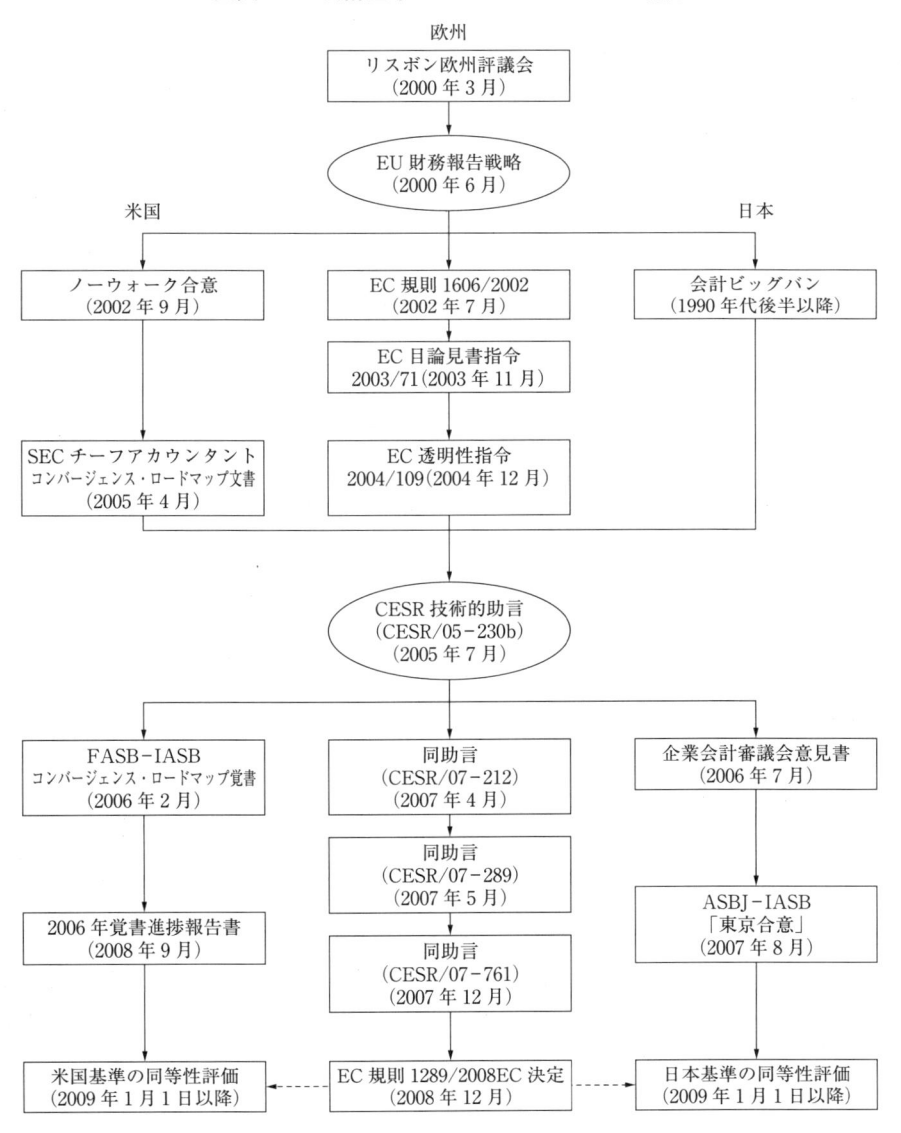

欧州

```
リスボン欧州評議会
（2000 年 3 月）
     ↓
EU 財務報告戦略
（2000 年 6 月）
```

米国　　　　　　　　　　　　　　　　　　　　　　　日本

米国	欧州	日本
ノーウォーク合意 （2002 年 9 月）	EC 規則 1606/2002 （2002 年 7 月）	会計ビッグバン （1990 年代後半以降）
	EC 目論見書指令 2003/71（2003 年 11 月）	
SEC チーフアカウンタント コンバージェンス・ロードマップ文書 （2005 年 4 月）	EC 透明性指令 2004/109（2004 年 12 月）	
	CESR 技術的助言 （CESR/05-230b） （2005 年 7 月）	
FASB-IASB コンバージェンス・ロードマップ覚書 （2006 年 2 月）	同助言 （CESR/07-212） （2007 年 4 月）	企業会計審議会意見書 （2006 年 7 月）
	同助言 （CESR/07-289） （2007 年 5 月）	
2006 年覚書進捗報告書 （2008 年 9 月）	同助言 （CESR/07-761） （2007 年 12 月）	ASBJ-IASB 「東京合意」 （2007 年 8 月）
米国基準の同等性評価 （2009 年 1 月 1 日以降）	EC 規則 1289/2008EC 決定 （2008 年 12 月）	日本基準の同等性評価 （2009 年 1 月 1 日以降）

おいて証券取引が単一の財務報告基準に基づいて実施されることを確保するポリシーが策定されるべきである(para. 7)。すなわち，EU 並びに世界中の資本市場において同等レベルの会計基準が強制されなければならない(para. 8)。

(3) 報告手段—EU 諸国において，IAS と US 基準という国際的に受け入れられた 2 つの財務報告基準が併存する中，IAS は国際ビジネス社会のニーズに対応した包括的かつ概念的に強固な基準であり，また，国際的パースペクティブから設定された点で，US 環境に即して仕立てられた US 基準に対して明確な優位性をもつ。

(4) 結果—したがって，規制市場に上場したすべての EU 企業(2000 年当時，約 6,700 社)は，IAS に準拠して連結財務諸表を作成すべきことを提唱する(para. 6)。また，EU 加盟国は，未上場企業に対して上場企業と同一の会計基準に準拠して財務諸表を公表することを要求または許容することができる。

2002 年 9 月，FASB と IASB とが商品質で相互互換的な会計基準の開発を約束するとの取り決めを行った「ノーウォーク合意書」は，上述の EU 戦略を源流とする会計基準のコンバージェンスの重要な第一歩をなすものであり，わが国会計基準のコンバージェンスの背景を示唆するものといえる。

このように，EU 会計基準コンバージェンスは，EU 市場の統一と EU グローバル企業の資金調達の促進という戦略策定を背景として，金融サービス・アクションプランの達成のための戦略的課題の一環をなす点にまず留意されたい。しかも，米国 SEC の法的規制力のもとで米国市場のニーズに対応して策定された米国基準に対して，国際的視点(international perspective)に立つ IAS のグローバル基準としての優位性を明確に意識し，IAS 主導型のコンバージェンスを指向する点で，IAS と米国基準との同等の歩み寄りによるコンバージェンス・アプローチを想定する米国とは幾分スタンスの差異が窺われる(米国 SEC アプローチについては，Nicokisen, 2005 を参照されたい)。

3. コンバージェンスから IFRS アドプション(採用)へ

2008年11月，米国 SEC が IFRS 採用に向けてのロードマップ(作業工程表)を公表した。これを契機として，わが国でも単体財務諸表に先行して連結財務諸表について国際会計基準(IFRS)の導入を求める，いわゆる「連結先行」の考え方が大きく台頭することになった。以後，IFRS をめぐる議論の焦点は，IFRS とのコンバージェンスから IFRS のアドプションへと大きくシフトすることになった。

米国 SEC のロードマップ案策定の背景となったのは，近年における急速な IFRS 適用の広がりの中で米国投資者による国際的投資機会を擁護するとともに，グローバル投資市場で競争する米国の大規模発行者(企業)を競争力あるものとすることであった(SEC. Ⅱ・2)。それは具体的には 2014 年度からの IFRS の段階的適用を想定しつつ，米国企業に対して IFRS の適用を義務づけるための解決すべき課題(IFRS の基準内容の改善，人材の教育・訓練等)を踏まえて，2011 年に決定するというものであった(詳細は，SEC Ⅲ・A・6～7；また，解決すべき課題については，同Ⅲ・A・1～4参照)。ただし，特定の条件(各産業の株式時価総額上位 20 社のうち他のいずれの基準よりも IFRS が使用されている産業において，当該 20 社に含まれること)を満たす場合(2007 年 12 月時点で約 34 業種，110 社ほど)，2009 年 12 月 15 日以降に提出される財務諸表について，IFRS の選択適用を認めることとした(SEC. Ⅰ, Ⅳ・A)。

わが国でも，2008 年 7 月，金融庁による「我が国企業会計のあり方に関する意見交換会」(2008 年 7 月)において，既述の「連結先行」の考え方が示され，IFRS アドプションに向けての議論の下地が行われた。米国 SEC のロードマップ案の公表によって，わが国での IFRS アドプションの議論が一層高まるとともに，日本経済団体連合会は「会計基準の国際的な統一化へのわが国対応」(2008 年 10 月)と題して，IFRS 採用に向けた日本版ロードマップの作成を提言し，また，企業会計審議会・企画調整部会は「わが国における国際会計基準の取扱いについて(中間報告)(案)」(2009 年 1 月)を公表し，IFRS の適用に向けた気

運は徐々に高まっていった。

このように,わが国では,2005年以降にIFRSとのコンバージェンスの短期プロジェクトを2008年末までに達成するとともに,IFRSの本格的アドプションに向けて確実に歩み始めたのであった。

§3 会計基準設定アプローチの統一化
―「原則主義」対「細則主義」―

日本企業へのIFRS適用に伴う最も大きな課題の1つは,細則主義(ルール・ベース会計)から原則主義(プリンシプル・ベース会計)への移行に伴う実務上の対応である。一般に原則主義は抽象的包括規定に焦点を置くのに対して,細則主義は具体的詳細規定に焦点を置く(古賀[2007])。たとえば,有形固定資産の減価償却について,国際会計基準第16号では,期間中の経済的価値の下落を反映するように,耐用年数にわたって規則的な方法で配分すべきとの原則主義に立つのに対して(IAS 16 para. 50),日本基準では,税法の耐用年数,税法で認められた償却方法に基づき,取得原価の10パーセントを償却すべきといった明確な数量指針を設ける細則主義指向である。

原則主義は,適切に運用されれば,取引その他事象の経済的実質を反映した財務報告を促進することができる反面,作成者・監査人の判断により大きく依存するので財務報告の比較可能性を損なう可能性が大きい。それに対して,細則主義は,財務報告の比較可能性を確保しやすい反面,ルール回避行為を誘発することによって財務報告の経済的実質が失われる可能性もある。エンロン事件等の会計不正問題を契機とした原則主義会計の選好は,細則主義会計の限界を露呈するものといえる。

原則主義によるか細則主義によるかは,各国基準セッターによって異なる。大まかに区分すれば,「真実かつ公正な概観(true and fair view)」の大原則に立つ英国会計基準と,その影響の強い国際会計基準は原則主義指向的であるのに対して,訴訟に対する自己防衛が強く求められる米国会計基準は,膨大かつ詳細

な細則と設ける細則主義指向的である。その両者の影響を受けるカナダ会計基準は原則主義と細則主義との中間に位置づけられるといえる(Gaa[2007]；古賀[2007])。実際，国際会計基準は適正表示とIFRSからの逸脱規定を設け，経営者が基準または解釈指針の規定に準拠することが誤解を招くことになり，それがIAS第1号に規定された財務諸表の目的と矛盾するようになるといったごく稀なケースでは，企業は規定から逸脱することが求められている(IAS 1 IN7)。これは国際会計基準の究極的基点として原則主義に焦点づけるものである。

　なにが原則主義であり細則主義かの定義やアプローチは，論者によって異なるところである(詳細は，古賀[2007b]参照)。原則主義か細則主義かを単に細則規定の程度の問題とみる見方では，会計基準に含まれる細則規定をいかに制限するかが問題となるにすぎず，何ら明確な基準設定の哲学を示すものではない。それに対して，原則主義を細則主義との詳細度の程度の問題としてではなく，それとは異なったディメンジョンをもつとみる見方では，経済的実質主義の立場から「原則」を捉えようとしている。「真実かつ公正な概観」を財務報告の最重要原則とする英国会計基準も，また，近年のアメリカ会計学会(AAA)財務会計基準委員会の「概念ベースの会計基準(cocepts-based standard)」もともに取引の形態ではなく，その経済的実質(economic substance)に焦点を置く点では共通である(古賀[2007b])。

　いずれにしても，原則主義会計では原則の趣旨に即して，何が，また，いかにして経済的実質を反映した会計処理をなすか，作成者・監査人の判断に大きな差異が生じるかもしれない。したがって，IFRSの適用にあたっては，具体的解釈指針・実践ガイドなどの体制作りと併せて，担当者の実務教育・訓練が必要となることは言うまでもない。

§4　会計基準の統一化と公正価値会計

　金融商品は，その経済的属性に照らして公正価値で評価し，金融商品の経済的実質を適切に反映するものでなければならない。金融商品の本質は，将来キ

ャッシュ・フローのための契約上の権利または義務をなし，金利・リスクの変動による価格のボラティリティと，容易に処分可能であるというリキュディティ（清算可能性）を特性とする（武田［2007］）。したがって，将来キャッシュ・フローの現在価値ないし公正価値（時価）こそが金融商品の経済的実質を最も反映するものであり，金融商品の原則的評価アプローチをなす。

　一般的・抽象的概念としての公正価値は，「取引の知識がある自発的な当事者による独立第三者間取引において，資産（または負債）が交換（または決済）される金額」として定義されている。しかし，抽象的・一般的概念としての公正価値概念は，市場・市場参加者をめぐる仮定の相違によって異なった具体的・個別的概念が表出される（詳細は，古賀［2009］参照）。

　第1に，公正価値概念はそれが経営者個人の主観的評価に基礎づけられたものなのか，市場参加者の合意によって客観的に成立したものなのかによって，「主観的公正価値」と「客観的公正価値」に区分される。また客観的公正価値として出口価格をとるか，入口価格をとるかによって「売却時価」と「購入時価」とに区分される。完全競争的な市場の元では，金融商品の市場価値が合理的な投資者の主観価値（現代価値）へと導かれ，差額ないし異常な収益期待があれば直ちに裁定されることによって「現在価値（主観価値）＝市場価値（客観価値）」になる。市場参加者の視点に立つIASB/FASB公正価値概念は，売却時価に焦点を置く市場価値である。

　第2に，しかしながら，多くの金融資産・負債については，市場が不完全で流動性が低かったり，市場がほとんど整備されておらず，同一の財貨・サービスについて異なった市場参加者に対して異なった価格が設定されたり，あるいは取引そのものが成立し得ないことがある。このような場合，適切な調整を加えることによって受容可能な市場価格をシミュレートし，「仮想的」な市場を想定することによって公正価値を算定しなければならない。しかし，どのようにして適切な調整を加えて公正価値をシミュレートするかは，各市場参加者によって著しく異なる。

　第3に，活発な市場が存在しない場合には，市場価格の代理測定値として種々の評価技法（DCF法やオプション評価モデル等）に基づく将来キャッシュ・フ

ローの見積額に依拠せざるを得ない。この場合，将来キャッシュ・フローの見積りや信用リスクの評価，割引利子率の決定において市場参加者間で大きく異なり，公正価値評価額の算定は決して容易ではない。

　このように，金融商品の最適な測定属性が公正価値ないし時価をなすこと，また，一般的・抽象的公正価値概念についての理念的原則ルールについては比較的容易に統一化が図られるであろう。しかし，公正価値会計の実践的適用にあたっての細則ルールについては測定のバリエーションが避けられず，会計基準の統一化に向けての今後の論点をなす。

§5　会計基準の統一化とわが国会計制度のあり方

　会計基準の国際統一化の潮流の中で，わが国会計制度のグランドデザインを描くにあたって，少なくとも次の3点に留意して推進されるべきである。

(1) 明確なグローバル経済戦略に立つ財務報告戦略の策定：EUにおけるIFRS採用の動機となったのは，単一で効率的かつ競争力あるEU証券市場の確立を実現しようとの明確な経済戦略であった。これは欧州市場が分裂したままであれば，国境を越えた証券投資プレーヤーの証券投資は著しく妨げられ，国際的に著しく不利な状況に置かれるとの判断に立つものであり，そのためにはファイナンス言語としての財務報告の比較可能性が強く求められるのは当然の成り行きであった。この際，国際的に受容された共通言語としての米国GAAPは，SECの法規制のもとで米国土壌に即して仕立てられた会計基準であるのに対して，国際会計基準こそが国際的視点から策定され，国際的に受け入れられた真のグローバル会計基準であるとの強い自負と対米に対する競争優位性の確保が示唆されている(Commission of EC[2000], para. 15)。

　他方，米国でも2007年までに約400社ものIFRS適用の外国企業が予想される中で，IFRSと米国基準との比較可能性を高め，両者のコンバージェンスを促進することによって，差異調整されずにIFRS財務諸表を受

容できるようにすることが緊喫の課題であり，差異調整規制の撤廃とコンバージェンスとは相互に関連し合うものであった。このように，ワールドワイドのグローバル言語としての国際会計基準の採用は，国家の明確な「グローバル経済戦略─財務報告戦略」に基礎づけられるべきことを第1に確認しておきたい。

(2)　「独自性」対「比較可能性」の共存：国際会計基準は，本来，財務報告の比較可能性を促進する意図のもとで導入されたグローバル言語であるのに対して，各国の会計制度は各国の社会的・経済的・法的コンテクストの中でローカル性をもった制度的特性を反映した独自性を有するものである。国際会計基準の採用によって海外諸国の財務報告の比較可能性が促進される反面，各国の経済的実態を反映した財務報告の「独自性」は著しく損なわれ，グローバルな「比較可能性」とローカルな「独自性」とのコンフリクトをいかに解決するかの問題が提示される。

　　今後，想定される財務報告のグランドデザインは，グローバルな国際会計基準の適用会社とローカルな国内基準適用会社を企業の規模・属性(公開会社・非公開会社)に即して区分した階層的財務報告である。たとえば，EU 財務報告戦略では，すべての EU 上場会社の連結財務諸表について国際会計基準(IAS/IFRS)の適用を義務づけるのに対して，非上場会社に対しては選択適用とする(Commission of EC[2000], para. 16)。また，各国の法規制を受ける単体の財務諸表は IAS の適用は不必要かつ不適当であるかもしれないが，連結財務諸表の作成便宜上は，同様に IAS の利用が勧められる(para. 17)。会社法や税法規定が要求される単体財務諸表について，グローバル投資意思決定のための情報開示を目的とする IAS の適用を求めることは学理的には妥当し得ない。これらの法規制は各国の独自性を強く反映することから，国内基準が選好されるべきである。また，中小企業については，その企業属性を反映した「中小会社会計基準」が適用されることになる。このように，次世代の財務報告は，「上場会社・連結─国際会計基準」，「上場会社(単体)・非上場会社─国内基準」，および「中小会社─国内基準(中小会社会計基準)」の3層から成る複会計制度がデザインされよう(たとえ

ば，武田[2009]）。

(3) 「原価」対「時価（公正価値）」の共存：最後に，ファイナンス評価の原則ルールとしての公正価値と，プロダクト評価の原則ルールとしての原価との共存可能性に留意されたい。本来，金融財と有形生産財とは，財の基本的特性が著しく相違するものであり，生産的利用に焦点を置く有形生産財は「原価の擬集＝原価評価」をなすのに対して，資本市場での投資金額の回収の側面に焦点を置く金融財は「将来キャッシュ・フロー＝公正価値評価」を原則とする。国際会計基準において，有形固定資産の再評価の選択適用，投資不動産や農産物・生物資源など公正価値評価が拡大しつつあるようにみえるが，有形固定資産を除いて，これらは金融商品のもつ価格のボラティリティと処分可能性の属性をもち，将来キャッシュ・フローの即時的獲得が比較的容易であるものに限定されているにすぎない。

以上，近い将来国際会計基準の採用が，視野に入れられた現在，わが国会計制度の全体像を明確な財務報告戦略のもとで，企業規模・属性と取引対象の財の属性に即して区分し，階層的な財務報告の構築が期待されるであろう。

第2章

会計基準設定の主体とプロセス

§1 基準設定主体と会計規制

　わが国においても，会計基準設定主体のあり方が大いに議論されるようになった。これは，昨今のいわゆる会計ビッグバンといわれる一連の新たな会計基準の導入により，基準設定主体の重要性が認識されるようになったことと，国際会計基準委員会；IASC（後の国際会計基準審議会；IASB）の組織改革に対応して，それへの積極的参加のための体制作りが急務となったことが根拠とされる。これに対応すべく，日本公認会計士協会は「企業会計基準設定主体検討プロジェクトチーム」を設置し，検討を行ってきた。その結果，2000年3月22日付で「我が国の会計基準設定主体のあり方について（骨子）」が取りまとめられ，公表された。また，大蔵省に「企業会計基準設定主体のあり方に関する懇談会」が設置され，2000年6月29日付で懇談会における論点整理として公表された。これを受けて，2001年8月，財団法人財務会計基準機構内に，企業会計基準の開発主体として企業会計基準委員会が設置された。

　基準設定主体の性格をめぐって，プライベートセクターかパブリックセクターかの議論がある（古賀[2000]，224-227頁）。国際会計基準（IAS）の設定主体はIASBであり，プライベートセクターに属する設定機構をなす。IASBの構成員は，最低5名は監査実務経験者，4名は財務諸表作成者，3名は財務諸表利用者，1名は学者という割当であり，IASBの組織と運営は主に独立した専門家によって行われている。それに対して，日本の会計原則・基準の設定主体は，従

図表2-1　パブリックセクターの長所・短所表

長　　　所	短　　所(または問題点)
① 利害関係者との調整は比較的容易(公共性, オーソリティー) ② 規制当局が必要性を認識すれば予算措置等により資金調達は比較的容易(また, 多面的な人材確保も比較的容易) ③ 権限委譲等のための手当が容易	① 実務に直結していないため, 適時適切な審議テーマの選別が困難 ② 政策的配慮が入り込む余地があるため, 新たな会計事象の発生や変化への機動的な対応が困難 ③ 設定主体の事務局が行政組織の一部であるため, 昨今のように多くの会計基準の作成が要求されているにもかかわらず, 人員増が容易に認められないといった組織の柔軟性の確保が困難

(出典)　日本公認会計士協会「我が国の会計基準設定主体のあり方について(骨子)」JICPA ジャーナル No. 539, 2000年6月, 103頁。

来, 企業会計審議会という公的機関に属するという意味ではパブリックセクターに属し, 具体的な実務指針の設定においては日本公認会計士協会というプライベートセクターに大きく依存しつつ行われてきたという意味で,「パブリックセクター：主＝プライベートセクター：従」の混合型であるといえよう。

　基準設定主体に関するプライベートセクターかパブリックセクターかの議論は, 会計規制のあり方とも密接に関連する。一般に, 会計規制モデルは, 一方の端を「自由主義―市場主義」型とし, 他方の端を「法律主義―国家主義」型とする連続体モデルをなす(Puxty et al.[1987], pp. 282-287)。前者の自由主義型(liberalism)は, 規制についてもっぱら市場原則(市場の要請)にのみ依存する場合であり, 後者の法律主義型(legalism)は, 規制についてもっぱら法律・国家原則にのみ依存する場合である。しかし, 実際の規制環境のもとでは, 純粋な概念モデルとしての市場原則なり国家原則が存在することはなく, 基準設定主体は「自由主義―法律主義」の基軸の上で両者の何らかの混合形態として位置づけられることになる。既述のように, IASB は主として各国の監査実務経験者や財務

諸表作成者等の独立の専門家によって構成され，特定の国家の規制を直接受け入れることはほとんどないという点で，その規制モデルは自由主義型に近い。他方，日本では，従来，大蔵省(現，金融庁)という強力なパブリックセクターを背景とする点では法律主義型に近いといえよう。

プライベートセクター規制型がよいか，パブリックセクター規制型がよいかは，一律に規定し得ない(古賀[2000]，226頁)。パブリックセクター規制型は，強大な公的権威性と経済的制裁(補助金・課税)などによって会計基準の高い受容可能性と遵守性を確保することができる反面，政治的影響を受けやすく，弾力性を欠き，硬直化しやすいという欠点をもつ。それに対して，プライベートセクター規制型は，弾力的で環境変化に対応しやすい反面，基準の権威性や受容可能性の点で困難性を伴う。図表2-1は，パブリックセクターの長所・短所という形でその特徴を示したものである。

金融技術や情報通信技術等の急速な発展に伴い，わが国内外の経済環境はますます拡大し複雑化してきた。このような経済環境の動きに迅速かつ効率的に即応していくためには，パブリックセクターでは必然的に大きな制約がある。日本公認会計士協会が指摘するように，「企業会計審議会は，行政当局の諮問機関であり，いわばパブリックセクターであるがゆえに，独立性，即時性等の面において，一定の限界があると言わざるを得ない」(日本公認会計士協会[2000]，Ⅰ・2)。したがって，わが国においては，まず，基準設定主体の改革はプライベートセクターの整備に向けて推進されなければならない。

§2 国際会計基準の設定主体と組織改革

1. 基準設定主体としてのIASCの特徴

会計基準の国際的調和化を推進するのに最も重要な役割をもつと期待されるのがIASCである。IASCによって設定された会計基準が広く各国で承認され

受容されるためには，基準セッターとしての IASC 自体が制度として正当化され，社会的受容可能性をもつものでなければならない。このような IASC の動向は，わが国における会計基準設定主体のあり方をめぐる議論にも著しい影響をもつ。そこで，今回の IASC の制度改革の意義と特徴を検討するに当たって，まず，その制度的特徴を確認しておきたい。

　IASC の組織的特徴は，もう1つの代表的基準セッターをなすアメリカ財務会計基準審議会（FASB）のそれと対比することによって，一層明確に特徴づけることができる（古賀［2000］，11-12頁）。

(1) 基準セッターの使命・目的について，IASC は会計基準の世界的規模での受容を課題とするのに対し，FASB は資本市場とその規制環境のもとで，投資意思決定に有用な財務情報の提供をその課題とする。FASB が国内指向的，具体的であるのに対し，IASC は国際指向的，抽象的である。

(2) 基準セッターの構成について，IASC が相対的に幅広い範囲から，より多くのメンバーを非常勤，無報酬で従事させるのに対し，FASB は相対的に少ない数の常勤，有報酬のメンバーで構成され，より強い独立性，中立性を保持すべく種々の制約が課せられている。IASC の意思決定機関をなす理事会のメンバーは団体メンバー（各国の職業会計士団体の代表など）であるのに対し，FASB の7名のメンバーはすべて個人メンバーとして指名を受けた者である。

(3) そして，基準設定プロセスについて，IASC では相対的に少ない回数の非公開会合型であり，実質的権限をもたない諮問委員会によるインフォーマルな監視体制を採るのに対し，FASB では実質的権限をもった2つの機構（SEC，FAF）によるフォーマルな監視体制をもつ。両者ともにプライベートセクターの機構として，自己が設定した会計基準の適用を強制する権限をもつものではない。しかしながら，IASC は証券監督者国際機構（IOSCO）を通じて IAS の承認・受容を促進せざるを得ないのに対し，FASB は SEC という法的強制力を背景としてその適用が強制される。

　このように，各国の職業会計士団体の代表メンバーからなる IASC は，本来的に，基準セッターとしての役割において大きな制約をもつ。かかる IASC の

組織的特徴は，今回の制度改革においてどのように変革されたであろうか。

2. IASC の組織改革

1998年12月，IASC はディスカッション・ペーパー『IASC の将来像』を公表した。これは，IASC を取り巻く近年の激しい環境変化に対応して IASC の果たすべき新しい課題と組織の見直しを図ろうとするものであった。このような背景をなすものとしては，①国際資本市場の急激な成長，②世界貿易機関やヨーロッパ連合等の国際機関の努力，③各国の基準設定機関による会計基準の調和化の動き，および④デリバティブ取引等の革新的商取引の加速化などが指摘される(IASC[1998], par. 12)。殊に，1990年以降，国際的な資本調達や投資の機会，有価証券の募集規模において爆発的な成長がみられるとともに，企業間で比較可能かつ理解可能な質の高い財務情報を求める声が一層高まった。1999年12月，IASC 戦略作業部会は最終報告として『IASC の将来像に関する勧告』(以下，勧告と略す)を公表し，IASC の組織改革の具体像を提唱した。

IASC は，新たに米国デラウエア州に「IASC 財団(IASC Foundation)」を上部組織とし，その下に，「評議会(Trustee)」，「国際会計基準審議会(IASB)」，「基準諮問会議(SAC)」，および「国際財務報告解釈指針委員会(IFRIC)」の4つの下部組織を設けた。

2001年4月から実施された新組織の特徴点は，およそ次のとおりである。

(1) IASC の目的について，「勧告」では次の3点を挙げ，より具体的かつ明確なものとしている(IASC[1999], par. 10)。
① 市場参加者が経済的意思決定を行うのに役立つ質の高い，透明で比較可能な情報を要求する単一セットのグローバルな会計基準を策定すること。
② これらの会計基準の利用と厳格な適用を促進すること。
③ 各国の会計基準と IAS が高い質の解決策に向けて収斂すること。

上記3つの目的の中で，本「勧告」では特に各国の基準設定機関と緊密にタイアップしつつ基準作りを目指そうとする点に1つの特徴がみられるであろう。

(2) 基準セッターの構成について，IASC の新組織は「評議会」，「国際会計基

準審議会」および「基準諮問会議」において著しい変革が加えられた。

① 「評議会(Trustees)」は19名のメンバーから構成され，①IASBや国際財務報告解釈指針委員会(IFRIC)，基準諮問会議(SAC)の各メンバーの選任，②IASBの活動状況の監督，③活動資金の調達，④広範な戦略的問題のレビューとその有効性の評価，および⑤予算の承認と定款の変更等を行う。評議会のメンバーの選任には，人材の地域的・職業的多様性を確保するために，地域別並びに職業別の人員割当がある。任期は3年，1回のみ再任可能である。

② 「国際会計基準審議会(IASB)」は14名のメンバー(うち常勤12名，非常勤2名)で構成される。メンバーはすべて公共の利益のために行動しなければならず，その選任に当たっては，会計の技術と国際ビジネス等の経験とを併せもつことが必要である。理事会は，国際財務報告基準(IFRS)や公開草案，IFRICが作成した解釈指針を含めて，IASBのすべての技術的事項に責任を負う。見解や経験のバランスをとるために，メンバーの選任に当たっては，最低5名は監査実務経験者，最低3名は財務諸表作成者，最低3名は財務諸表利用者，最低1名は学界関係者でなければならない。任期は5年で，1回のみ再任可能である。また，各国の基準セッターとの緊密な関係を維持するために，常勤者のうち7名はリエゾン・メンバーとして1つまたは複数の特定の国の基準セッターとの連携を図るため自国に滞在する。リエゾン関係(liason relationship)を通じて，IASBと各国の会計基準との差異を理解し，IASBと各国とのプロジェクト課題の調整を図り，最終的に両者の差異の解消を促進する。

③ 「基準諮問会議(Standards Advisory Council)」は49名のメンバーから構成され，技術的その他の問題をIASBと討議し，時には定款の変更案等に関して評議会に対して勧告をなす。メンバーは地域別・職業別バック・グラウンドの多様性を確保するために，会計士協会，規制団体，各国の基準セッター，その他監査人，財務諸表作成者，学者，利用者，国際機関など広範に選任される。

(3) 最後に，基準設定プロセスについて，IASBの正当性を確保するために

は，IASB のデュー・プロセスは透明で比較可能な情報を要求する高い質をもった IAS の設定を可能にするものでなければならない (pars. 71-82)。そのため，理事会の会合は公開され，インターネットやウェブサイト等の新技術の利用を高めることとされた。しかも，IASB のデュー・プロセスと各国基準セッターのデュー・プロセスとの統合化を図ることによって，IAS と国内基準との差異は著しく解消されることになる。

3. 最新の組織構造―IFRS 財団への移行

その後 2010 年に再度，組織改革が行われ IASC 財団 (IASC Foundation) は IFRS 財団 (IFRS Foundation) に，基準諮問会議 (SAC) は IFRS 諮問会議 (IFRS Advisory Council) に，国際財務報告解釈指針委員会 (IFRIC) は，IFRS 解釈指針委員会 (IFRS Interpretations Committee) にそれぞれ名称が変更されている。2011 年 5 月末現在の組織構造および定数は，図表 **2-2** のとおりである。

§ 3　FASB の対応と評価

このような IASB の組織改革の動きにいち早く対応したのは，財務会計基準審議会 (FASB) であった。FASB は報告書『国際会計基準の設定主体：将来のビジョン』(1998) (以下，報告書と略す) を公表し，国際会計基準が広く受容されるための基準設定主体の具備すべき要件と設定プロセスのあり方を提示しようとした。先に述べた IASB の組織改革は，この FASB 報告書の視点からどのように評価することができるであろうか。以下，FASB 報告書を手掛かりとして，IASB 組織改革の意義と特徴を明らかにすることにしたい。

まず，国際基準セッター (International Standard Setter : ISS) が設定した会計基準が受容されるためには，会計基準の国際的比較可能性を促進することによって各国における資本市場の効率性に資するものでなければならない。このような基準の国際的比較可能性を確保するためには，ISS 基準を遵守させるシステ

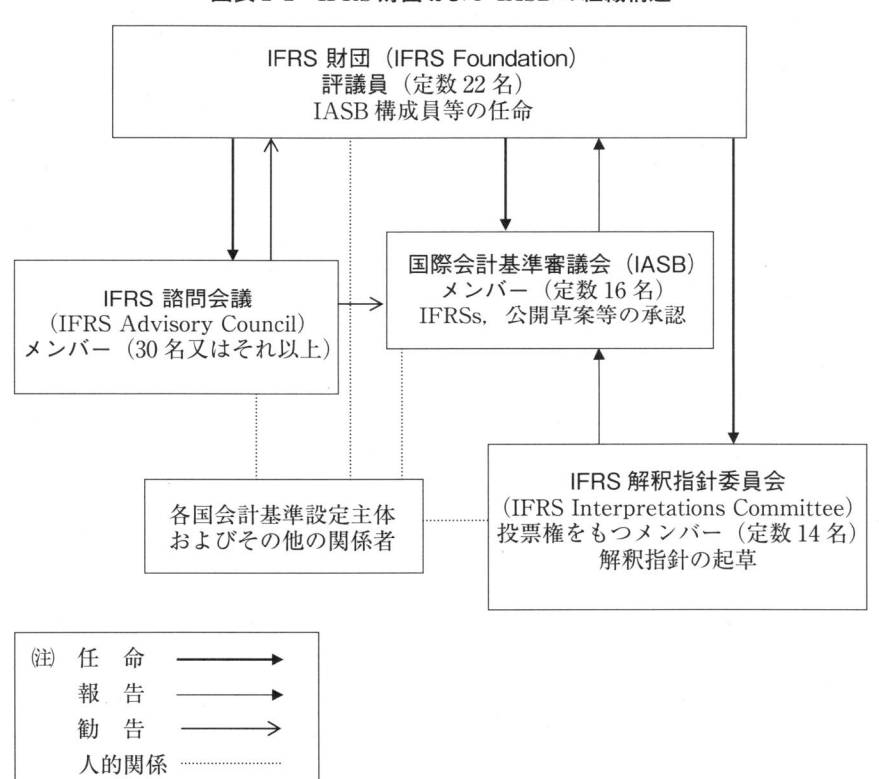

図表 2-2　IFRS 財団および IASB の組織構造

```
┌─────────────────────────────────────────────┐
│         IFRS 財団 (IFRS Foundation)         │
│           評議員 (定数 22 名)                │
│          IASB 構成員等の任命                 │
└─────────────────────────────────────────────┘

┌──────────────────────┐    ┌──────────────────────────┐
│   IFRS 諮問会議       │    │ 国際会計基準審議会 (IASB) │
│ (IFRS Advisory       │──▶│  メンバー (定数 16 名)    │
│    Council)          │    │ IFRSs, 公開草案等の承認  │
│ メンバー (30 名又は   │    └──────────────────────────┘
│  それ以上)           │
└──────────────────────┘

                                ┌──────────────────────────────┐
     ┌──────────────────┐       │      IFRS 解釈指針委員会      │
     │ 各国会計基準設定主体│......│ (IFRS Interpretations       │
     │ およびその他の関係者│       │   Committee)                │
     └──────────────────┘       │ 投票権をもつメンバー(定数14名)│
                                │       解釈指針の起草          │
                                └──────────────────────────────┘
```

(注)　任　命　――――▶
　　　報　告　――――▶
　　　勧　告　――――▶
　　　人的関係　・・・・・・・

(出典)　《http://www.ifrs.org/》を参考に一部加筆・修正。

ムが各国の権威ある機関によって確立されていなければならない(FASB[1998], p.7)。各国の市場においてISS基準を適用するか否かの決定はそれぞれの国に委ねられているものの，ISS基準に基づく財務諸表と国内基準に基づく財務諸表とが調整され，両者の差異の解消に向けてISSと国内基準セッターとが協力することが必要になる。IASB組織改革の戦略は，まさにIASBと各国の基準セッターとの緊密な協力関係を通じてその目的を達成しようとするものである(IASC[1999], par.11)。IASBと国内基準セッターとの緊密な協働関係によって，比較可能で質の高い財務諸表を生み出す国際会計基準の設定を強調する点

に，今回の組織改革の第1の特徴がみられる。

FASBは，将来の質の高い国際会計基準セッターが果たすべき最も重要な機能として，①リーダーシップ，②革新性，③目的適合性，④即応性，⑤客観性，⑥受容可能性・信頼性，⑦理解可能性，および⑧報告責任（アカウンタビリティ）の8つを指摘し，それを達成する上で基準セッターに不可欠な属性として，次の5つを提示している（FASB[1998], Appendix C）。

(1) 「独立した意思決定主体」

基準設定において客観性を確保し，基準セッターとしての受容可能性・信頼性を維持するためには，特定の利害関係者から独立して公益に奉仕するものでなければならない。そのためには，意思決定主体はバランスある利害関係者代表から構成され，基準設定組織のための資金調達に関与してはならない。

(2) 「適切なデュー・プロセス」

適切なデュー・プロセスと独立した意思決定主体とが統合することにより，「チェック・アンド・バランス」をもったシステムを創造することができる。具体的には，外部関係者とのコミュニケーションを図ったり，すべての利害関係者が個人としての意見を述べる機会を提供すること，目的達成状況についてフィードバック・メカニズムを確保し，決定事項を公開すること等が含まれる。

(3) 「適切なスタッフ」

基準セッターとしてのリーダーシップと革新性，即応性を発揮するためには，それぞれの基準設定プロジェクトを実施するのに十分な規模の常勤スタッフを確保しなければならない。ISSのスタッフの整備に当たっては，少なくとも部分的には各国の基準セッターの支持が必要となる。

(4) 「独立した資金調達機能」

意思決定主体の独立性と客観性を保持するためには，資金調達機能と勧告・投票機能とが分離されていなければならない。すなわち，資金調達活動を行うメンバーは意思決定に関わるメンバーから独立しており，すべての利害関係者グループを含む幅広い範囲から資金調達が行われなければならない。

(5) 「独立した監視機能」

　意思決定主体と活動，方針並びに手続は，意思決定主体そのものから独立したグループによって継続的に監視され，期間ごとに評価されなければならない。監視機能は広く構成グループおよび公益を代表するものでなければならない。

　まず，上記(1)の独立性に関して，意思決定主体としてのIASC理事会では，職業別の人員割当制限が設けられ，特定の利害関係者グループによって意思決定が支配されることはない（IASC［1999］, par. 55）。常勤メンバーはすべて現在の雇用主との雇用関係を断ち，基準設定における判断の独立性に疑義をもたらす経済的インセンティブを与えるポジションを占めてはならないことから，一時的離職や元の職場への復職は認められない。IASBのメンバーはすべて公益の精神で行動することが求められ，IASBはその活動資金の調達を伴う評議会から独立している。

　上記(2)のデュー・プロセスに関して，新組織では次のように適切なデュー・プロセスが確保されている。理事会の会合は1999年3月以降引き続き一般の傍聴者へ公開されており，インターネット等の電子開示技術を用いて自由にアクセスできるようにした（par. 76）。そして公開草案やディスカッション・ペーパー等についてコメント期間を延長（4～6ヵ月）しようとしている。またその他の公聴会やフィールド・テストによって基準案を実行可能なものにしている。しかも，各国のデュー・プロセスとの協調をなし，IASBデュー・プロセスと各国のデュー・プロセスとの統合化を図ることによって，IASと国内基準との不必要な差異を最小化することができる。

　上記(3)のスタッフに関して，新組織ではテクニカルな審議事項を担当するテクニカル・スタッフと出版・広報・財政面を担当するコマーシャル・スタッフとがある。テクニカル・スタッフはIASB，基準諮問会議並びに国際財務報告解釈指針委員会（IFRIC）を支援し，当面，15名程度が見込まれていた（par. 64）。

　上記(4)と(5)との資金調達・監視機能の独立性に関して，新組織ではIASBの活動資金の調達およびIASBの活動状況の監視機能は評議会が担当することになる（par. 25）。既述のように，評議会は，意思決定主体としてのIASBから独

立した機関をなすことから，したがって，IASBにおける資金調達活動や監視活動は意思決定活動からの独立性を確保することができよう。

§4　わが国会計基準設定主体の改革と課題

　わが国でも，2001年8月，企業会計基準の設定主体として新たに企業会計基準委員会が設置された。先の大蔵省「企業会計基準設定主体のあり方に関する懇談会」の論点整理（2000年6月29日）では，民間基準設定主体の組織・体制作りに向けた具体的なビジョンが提示されている。これらは，先のIASBやFASBの基準設定主体のあり方に関する議論と関連づけることによって，わが国会計基準設定主体の特徴と問題点を明確にすることができるであろう。

　「論点整理」では，民間設定主体が会計基準設定主体として機能するためには，次のような要件が満足されなければならないとしている（大蔵省（現，財務省）[2000]，3・(1)）。

(1)　独　立　性
(2)　人事の透明性，公正性およびバランスの確保
(3)　会計基準設定プロセスの透明性
(4)　専門性・多様性
(5)　常設・常勤性，即時性，能動性，国際性

(1)は，基準設定に当たっては投資家保護の観点に立ち，基準設定主体は特定の利害関係者から独立し，基準設定を行う組織と資金調達を行う組織とを切り離すことで資金拠出者からの独立性を確保しようとするものである。(2)は，基準作成についての公平・中立性の確保という観点から，人事を透明かつ公正なものとし，人事におけるバランスの確保を意図するものである。したがって，(1)と(2)は，先のFASBの「独立した意思決定主体」の要件および「独立した資金調達機能」の要件に合致する。

　(3)は，議事録・資料等の公開を一層徹底させ，公聴会や傍聴など審議経過についての公開を推進するとともに，テーマの選定等に当たって関係者が適切に

関与することを内容とするものであり，FASB の「適切なデュー・プロセス」の要件に該当する。

(4)は，設定主体の選任に当たっては専門性・多様性について第一級の人材を結集させることが必要であり，(5)は，委員・スタッフ構成について十分な数の常勤者と多様な意思を反映させるための非常勤委員・スタッフを確保し，実務上の問題に迅速かつ的確に対応することを求めるものである。(4)と(5)は，広くFASB の「適切なスタッフ」の要件に近い。

このように，現在準備されつつあるわが国会計基準設定主体の方向性は基本的には IASB や FASB の基準設定主体のあり方とも極めて近い。新たに設置された基準設定主体としての「企業会計基準委員会」の組織・体制は，およそ図表 2-3 のとおりである。そこでは，IASB や FASB の設定主体の体制等を参考として，組織の運営等に責任をもつ組織と基準の作成について責任をもつ組織に分離し，さらに，テーマ選定等に対しても諮問委員会のような場が想定されている。しかし，民間設定機関に移行した現在，基準設定主体の独立性を維持しつつ，いかにして運営資金を確保していくか，また，基準設定状況の効率性を継続的に監視・フィードバックする機構をいかに整備するか，更なる課題が残されている。

図表 2-3　企業会計基準委員会の組織・体制

```
┌──────────┐
│ 財務会計   │      財団の運営
│ 基準機構   │
└─────┬────┘
      │
┌─────┴──────┐
│ 企業会計基準委員会 │   会計基準の検討・設定
└─────┬──────┘
      │
  ┌───┼───┬────────┐
┌─┴──┐┌┴────┐┌┴─────┐
│国際対応││実務対応 ││その他    │   専門スタッフ
│専門委員会││専門委員会││専門委員会│
└────┘└─────┘└──────┘
```

（出典）　財務会計基準機構ホームページ《http://www.asb.or.jp/》をもとに一部加筆・修正。

第3章 国際会計基準の概念フレームワーク

§1 概念フレームワーク統合化の背景

1. 統合化の背景

　概念フレームワークとは,「相互に関連した目的と基礎的諸要素から構成されたもの,あるいは一貫性ある体系であって,首尾一貫した基準をもたらし,財務会計と財務諸表の性格,機能,および限界を規定するもの」(FASB 概念フレームワーク・プロジェクト[1976])をいう。ここでいう基礎的諸要素とは,会計の根底をなす諸概念であり,会計の認識対象とされるべき事象の選択,測定,その結果の集約・伝達プロセスの指針となる概念をいう。したがって,概念フレームワークは,すべての会計基準に共通する概念的基礎をなす点では包括的,かつ,各構成要素相互間で首尾一貫した体系をなすものである。

　2004年10月,国際会計基準審議会(IASB)とアメリカ財務会計基準審議会(FASB)の共同会議において,両審議会は共通の単一概念フレームワークの構築に向けてプロジェクトを開始することに合意した。両審議会はまた,プロジェクトを「財務報告の目的」,「質的特性」,「構成要素」,「認識・測定」の各フェーズに区分し,フェーズ毎に審議を行ってきた。まず,2005年11月には当初認識時の測定に関する討議資料(Discussion paper)を公表して広く意見を求め,2006年7月には財務報告の目的と質的特性に関する予備的見解(Preliminary views)を取りまとめ，それを受けて 2008 年 5 月には財務報告の目的と質的特性に関して公開草案(Exposure draft)が公表され，IASB・FASB 概念フレームワークの統合化が着々と進められてきた。

このような近年の概念フレームワーク統合化の背景として，大きく次の 2 つがある(概念フレームワーク改訂草案[2008])。
(1) 健全で包括的かつ内的整合性をもったフレームワークの構築
(2) 会計基準のコンバージェンスの推進

前者について，会計基準が首尾一貫をもった原則に基づいて設定されるためには，単なる実務慣行の寄せ集めではなく，基礎概念に根ざした原則に立ち，全一体の会計基準の体系としてその適用が健全で包括的かつ内的整合性をもったフレームワークに基づくものでなければならない。しかしながら，現行の概念フレームワークは 1970 年代(FASB 概念フレームワーク)〜1980 年代(1989 年 7 月，IASC フレームワーク；2001 年 4 月，IASB フレームワーク)に設定されたものであり，資産の定義や認識要件，「目的適合性─信頼性」のトレードオフ関係，測定基礎の決定等において不明確であった(Gore & Zimmerman[2007])。

また，後者について，各国の会計基準と国際会計基準とのコンバージェンスを促進し，会計基準の国際的比較可能性を高めるためには，実践的差異を解消しようとする前に概念的差異をまずもって解消すべきである。とくに国際的に受け入れられた IASB と FASB との概念フレームワークの差異を解消しなければならず，両者の統合化に向けてプロジェクトが推進され，統合化したフレームワークについて更なる改善が図られることになった。まず，これら 2 つの概念フレームワークの差異を確認しておきたい。

2. IASB 概念フレームワークと FASB 概念フレームワークとの異同点

IASB と FASB 概念フレームワークの主要な異同点は，次のとおりである(古賀・五十嵐[2001])。
(a) 「財務諸表の利用者」：IASB，FASB ともに現在および将来の投資者，債

権者等を含む幅広い範囲の利用者を想定している。IASBは利用者の情報要求に優先順位を付すものではないが，すべての利用者に共通する情報要求として投資者の情報要求に焦点を置く(IASBフレームワーク，par. 10)。

(b) 「財務諸表の目的」：IASB，FASBともに広く利用者の経済的意思決定のための有用な情報提供に焦点を置く。両者ともに経営者の受託責任ないし会計責任の評価をその基本的目的として掲記するものの，IASBでは，この経営者の受託責任・会計責任目的は，広く企業への投資の継続や経営者の再任・交替など経済的意思決定目的に包摂される(同 para. 14)。

(c) 「財務諸表の基礎前提」：IASBでは「発生主義」と「継続企業」の2つが明確に位置づけられているのに対して，FASBではそのような明確な取扱いは示されていない。

(d) 「財務情報の有用性を構成する情報の質的特性」：IASBでは理解可能性，目的適合性，信頼性および比較可能性の4つが並列的に提示されているのに対して，FASBでは「意思決定に固有の主要な質」，「副次的かつ相互作用な質」，および「制約条件(識閾)」とが詳細かつ階層的に体系化されている。また，IASBでは信頼性に関連した情報の質として「実質優先主義」や「慎重性」，「完全性」が明示されているのに対して，FASBではこれらは明確に位置づけられていない。

このように，IASBもFASBもともに投資者に対する意思決定有用性を基本的目的とし，それを促進するための情報の特性を提示しているが，その具体的内容や位置づけ等において両者にスタンスの相違がみられる。これらの差異を解消し，両概念フレームワークの統合化を図ることがグローバルな財務報告の整備にとって不可欠となった。

§2　統合化した改訂概念フレームワークの特徴

IASB改訂概念フレームワーク草案[2008]において，統合化した概念フレームワークの中で「財務報告の目的・利用者」と「情報の質的特性」がまずもって整

備された。その鳥瞰図を示したのが，図表3-1である。

これより，従来のIASBフレームワークとの異同点を意識しつつ，改訂フレームワークの特徴を示すと次のとおりである。

(1) 「財務報告の利用者・視点」：従来のフレームワークと同様，改訂フレームワークにおいても広く現在および将来の投資者，債権者を含む資本提供者に焦点を置く。企業観ないし財務報告のパースペクティブにおいてもエクィティ所有主パースペクティブではなく，事業体(エンティティ)パースペクティブを反映し，事業体の経済的資源(資産)と資源に対する請求権(負債・持分)に関する情報ニーズに対応しようとする(同草案[2008]，para. OB5・6)。

(2) 「財務報告の目的」：従来のフレームワークと同様，投資意思決定有用性ないし機能的アプローチに立つ。この場合，資本提供者がある事業体に経済的資源を配分すべきか否か，また，どのように配分し，投資額を保護し，いかに高めることができるかの意思決定において，事業体の正味キャッシュ・フロー稼得能力や経営者の投下資本の維持・促進能力の評価の役立ち

図表3-1 財務情報の質的特性の体系

```
                    意思決定有用性
┌─────────────────────────────────────────┐
│            ファンダメンタル質的特性              │
└─────────────────────────────────────────┘
        ┌───────────┐          ┌───────────┐
        │  目的適合性  │          │  表示の忠実性 │
        └───────────┘          └───────────┘
         ┌────┴────┐         ┌─────┼─────┐
      予測価値  確認価値      完全性  中立性  正確性

┌─────────────────────────────────────────┐
│              促進的質的特性                    │
└─────────────────────────────────────────┘
    ┌────────┐ ┌────────┐   ┌──────┐ ┌────────┐
    │ 比較可能性 │ │ 検証可能性 │   │ 適時性 │ │ 理解可能性 │
    └────────┘ └────────┘   └──────┘ └────────┘

┌─────────────────────────────────────────┐
│            重要性・コストの制約                 │
└─────────────────────────────────────────┘
```

に焦点が置かれる。また，経営者の再任・交替や経営者報酬の決定，経営者のポリシー決定等は企業の正味キャッシュ・インフローに影響するので，経営者の受託責任(ステュワードシップ)目的は，従来のフレームワークと同様に，広く投資意思決定有用性の目的に包摂される(para. OB12)。

(3) 「情報の質的特性」：従来のフレームワークでは有用な財務報告のための質的特性として，「理解可能性」，「目的適合性」，「信頼性」および「比較可能性」を並列的に位置づけている。それに対して，改訂フレームワークでは大きく「ファンダメンタル質的特性(fundamental qualitative characteristics)」と「促進的質的特性(enhancing qualitative characteristics)」に分け，前者は「目的適合性」と「表示の忠実性」から構成され，また，後者については「比較可能性」，「検証可能性」，「適時性」および「理解可能性」を位置づけるとともに，財務報告に対する制約条件として「重要性」と「コスト」を体系的に位置づけている(改訂草案，第2章参照)。情報の主要な基本的特性としての目的適合性は，「予測価値(predictive value)」と「確認価値(confirmatory value)」のいずれか1つまたは双方をもつ情報の質であり，表示の忠実性は財務情報に反映される経済的現象が完全(complete)であり，中立(neutral)，かつ重大な誤謬を含まない(正確性)ことを要請する。

このように，改訂フレームワークの財務報告の利用者・目的，情報の質的特性について，とくに情報の特性において従来のフレームワークが併立的であったのに対して，改訂フレームワークが階層的に位置づける点で，従来のFASBフレームワークに大きく接近したと言える。次に，この改訂フレームワークをめぐる論点の分析と評価を行うことにしたい。

§3　2つの会計モデル
―IASB・FASB統合モデルと代替的モデル―

　IASBとFASB統合モデルが大きく「投資意思決定─企業主体パースペクティブ─目的適合性指向─公正価値会計」モデルであるのに対して，その代替的

第3章 国際会計基準の概念フレームワーク　35

図表 3-2　IASB・FASB 統合モデルと代替的モデル

	IASB・FASB 統合モデル	代替的モデル
会計目的	投資意思決定有用性(ステュワードシップを包摂)	ステュワードシップ(経営者のモニタリング：コーポレート・ガバナンス)
情報利用者・情報ニーズ	現在・将来投資者/債権者企業主体(エンティティ)パースペクティブ将来キャッシュ・フローの予測	現在株主 所有主パースペクティブ 株主フィードバック/配当決定
情報の特性	レリバンス優先・表示の忠実性中立性	レリバンス・信頼性のトレードオフ 保守主義
測定	公正価値指向	原価指向

モデルとして「ステュワードシップ—所有主パースペクティブ—信頼性指向—原価会計」モデルを想定することができる(詳細は，Whittington, [2008]参照)。まず，これらの2つの会計モデルの特徴について，図表 3-2 を参照されたい。

これより，IASB・FASB 統合モデル(改訂 IASB フレームワーク)は，次のような特徴と課題をもつ。

第1に，会計目的をめぐる「投資意思決定有用性」対「ステュワードシップ」の議論である。統合モデルでは，ステュワードシップ目的(株主が拠出した経済的資源の保管とその効率的利用に対する経営者の管理責任の遂行・解除のための会計)は，広く「投資意思決定有用性」に包含される副次的目的とみる。他方，イギリス会計法など会社法アプローチ(company law approach)では，経営者のモニタリング・プロセスとしてのコーポレートガバナンスのメカニズムに焦点があり，ステュワードシップはその一部をなす(Whittington [2008], p.145)。このように，財務報告の基本的目的として現在株主に対するステュワードシップが根強く支持されてきており，それを意思決定有用性に包含されるとみるか，同等レベルのパラレルな目的として位置づけるべきかは議論が分かれるところであ

る。

　第2に，情報利用者・企業観をめぐって，「広範な情報利用者—企業主体パースペクティブ」か「現在株主—所有主パースペクティブ」かの問題がある。財務方向の情報利用者の範囲をどのように規定するかは，財務報告の目的観とも密接に関連づけられる。投資意思決定有用性に立つ統合モデルは，現在および将来株主や債権者等の幅広い情報利用者を想定し，「企業主体パースペクティブ(entity perspective)」に関連づけられるのに対して，代替的モデルでは，現在普通株主に焦点を置く「所有主パースペクティブ(proprietary perspective)」に基礎づけられる。このような報告主体をめぐる議論は，連結財務諸表の報告主体に関する親会社説(所有主パースペクティブ)か経済的単一体説(企業主体パースペクティブ)の問題や「負債と資本の区分」の問題等とも密接に関係する。統合アプローチは企業主体パースペクティブに立つが，その明確な論拠は明らかではない(Gore & Zimmerman［2007］)。

　第3に，情報の特性に関する「目的適合性」対「信頼性」の議論である。この両者の位置づけについて，改訂案では，従来のトレードオフ関係から目的適合性を財務情報の最優先すべき特性として位置づける「適用手続アプローチ(sequential-process approach)」を提示し，その結果，信頼性は統計的正確性よりも経済的実質との整合性に焦点を置く「表示の忠実性」に取り替えられた(Gore & Zimmerman,［2007］)。従来の「ステュワードシップ—アカウンタビリティ」会計では，過去の取引・事象に焦点を置き，情報の信頼性(検証可能性)は不可欠な特性をなすものであった。しかし，信頼性の解釈は検証可能性，表示の忠実性，正確性など多種多様であり，IASB改訂案では信頼性に代わって表示の忠実性が提唱されることになった(同草案［2008］, paras. BC2・13-2・16)。これは測定値の検証可能性・正確性の点で制約をもつ公正価値会計の拡大に向けて大きく門戸を開くものであり，情報の「目的適合性・表示の忠実性—公正価値会計」に向けた概念的基盤の整備を示唆するものといえる(Whittington［2008］, p. 147)。しかし，この場合，表示の忠実性が反映すべき「現実の世界の経済現象("real-world economic phenomena")」とは何か，たとえば，減価償却資産について取得原価なのか，償却後原価か，あるいは現在取替原価なのか必ずしも明確ではな

い(*Ibid.*, p. 147)。

　最後に，同様に情報の特性に関して「中立性」対「保守主義」の論点がある。従来，不確実性に対処する会計上の取扱いとして慎重性または保守主義の要請があった。しかし，統合モデルでは，保守主義的バイアスも情報のバイアスからの解放(不偏性)を要件とする「中立性」の特性と相矛盾するので，慎重性または保守主義の特性を有用性に不可欠な特性から除外している。しかしながら，その反面，保守主義会計は利得・損失に対する人間の非対称的取扱い傾向(グッド・ニュースは確実になるまで報告されず，バッド・ニュースは少なくとも可能性があれば報告される)に整合するものであり，長年にわたって培われた会計人の知恵として根強い支持をもつ。とくに公正価値会計の拡充化の中で楽観的な公正価値評価の歯止めとして保守主義会計の意義は決して否定できない(Gore & Zimmerman, [2007])。

　以上，統合フレームワークが指向する「投資意思決定有用性―公正価値評価」モデルに対して，現代会計はもう一方の代替的モデルとしての「ステュワードシップ―原価会計」モデルを併せもつ。これらの2つの会計モデルにいかに対処しつつ，財務報告のグランドデザインを描くかが大きな課題である。

§4　日本基準の概念フレームワークの特徴

　わが国では，平成16年7月に企業会計基準委員会から討議資料「財務会計の概念フレームワーク」が公表された。その主たる役割は，現行の企業会計の基礎にある前提や概念を要約・整理し，将来の会計基準設定の指針を提示するとともに，会計基準の国際的な調和(収斂)が求められる中で，海外の基準設定主体との円滑なコミュニケーションに資することが期待されている(「討議資料の公表にあたって」)。同討議資料は，内容的にも基本的に海外の先例に従い，(ⅰ)財務報告の目的，(ⅱ)会計情報の質的特性，(ⅲ)財務諸表の構成要素，および(ⅳ)財務諸表における認識と測定から構成されている。

　以下では，その特徴点を要約的に摘記することにしたい。

(1) 財務報告の目的として投資家の意思決定に資するために投資のポジションとその成果に関する情報の測定・開示に焦点を置き，とくに投資の成果をなす利益情報の重要性を強調する(同資料,2・3項)。また，ディスクロージャー制度における主たる当事者として投資家，経営者，および監査人の役割を指摘し，ディスクロージャー制度を支える社会規範としての会計基準の役割に注目する(同6項)。なお，財務報告のもつ利害調整としての役割(配当制限・税務申告等)はここでも副次的目的とされる(同11項)。

(2) 会計情報の質的特性について，「意思決定有用性」を基本的特性として位置づけ，それを支える特性として「意思決定との関連性」(情報価値の存在と情報ニーズの充足から構成)，「内的な整合性」および「信頼性」(中立性・検証可能性・表現の忠実性から構成)の3つの特性を措定する。とくに「個別の会計基準が，会計基準全体を支える基本的な考え方と矛盾しないことを指す」(同6項)内的な整合性を有用性を支える主要な特性として位置づけた点は海外の概念フレームワークに見られない大きな特徴をなす。このような会計情報の質的特性の関係図については,図表3-3を参照されたい。

(3) 資産・負債を経済的資源とそれを引き渡す義務として明確に定義づけるとともに(同4・5項)，純利益情報のもつ有用性を認識し，「純利益」と「包括利益」の2つの利益概念にそれぞれ独立した地位を与え，両者の併存を提示する。これらの両利益概念の関係について，「包括利益―(その他の包括利益および少数株主損益)＋(過年度計上の「その他の包括利益」のリサイクル部分)＝純利益」の関係が成立する(同12項)。また，収益・費用を資産・

図表3-3 会計情報の質的特性の関係図

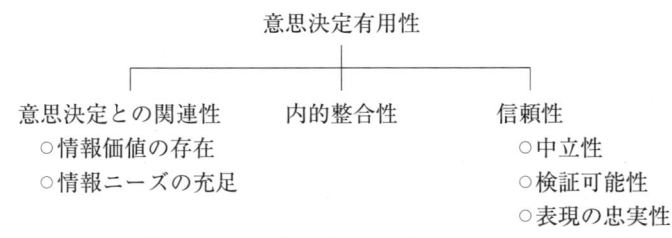

```
              意思決定有用性
    ┌──────────┼──────────┐
意思決定との関連性   内的整合性    信頼性
  ○情報価値の存在              ○中立性
  ○情報ニーズの充足            ○検証可能性
                              ○表現の忠実性
```

(出典) 企業会計基準委員会「討議資料『財務会計の概念フレームワーク』の公表」14頁より引用。

負債の増減や包括利益に関連づけて定義づける国際的動向に対して，純利益（および少数株主持分）に関連づけて定義づけている点に留意されたい（同22項）。

(4) 最後に，財務諸表における認識と測定に関して，投資の状況に即して多様な測定値を認め，取得原価を市場価格などと積極的に並列させて位置づけている。また，収益の認識において，従来の「実現」や「実現可能性」の基準に代えて「リスクからの解放」という新たなクライテリアを導入した。

このように，本討議資料は海外の概念フレームワークの展開を反映しつつも，わが国の投資環境の実態を踏まえて独自のカラーを示すものといえる。

§5　IASB概念フレームワーク・プロジェクトの更なる展開

前述の財務諸表の目的・質的特性をめぐる概念フレームワークの統合化・整備と併せて，IASBプロジェクトは，財務諸表の構成要素・認識フェーズ並びに測定フェーズについても統合化に向けた審議を進めてきた。

まず，構成要素・認識フェーズでは，従来の資産の定義の問題点を浮き彫りにし（IASB, World Standard Setters meeting[2006]），改訂案では，資産とは「事業体が利用する権利をもち，他者による利用を排除または制限する現在ある経済的資源（present economic resource）である」と定義づけている（Joint IASB & FASB meeting[2008]）。その結果，従来の定義の要件をなす「高い発生可能性（likelihood）」や「過去の取引・事象」を削除するとともに，「将来の経済的便益」に代えて「経済的資源」に焦点を置き，また，「支配」に代えて「権利またはその他特権的アクセス」という表現を用いている。

同様に，負債の定義についても，「過去の取引から生じた事業体の現在ある義務」（IASBフレームワーク）または「ある事業体の現在ある義務から生じる経済的便益について発生の可能性の高い将来的犠牲」（FASB概念ステートメント第6号）とする従来の定義から，改訂案では，負債とは「事業体が強制的義務を負う

現在ある経済的負担または要求されるもの(present economic burden or requirement)」として定義づけられた(IASB meeting[2007])。ここでも,「過去的取引・事象」が削除され,「経済的便益の将来的犠牲」よりも「貸借対照表日(財政状態計算書日)の時点で存在する経済的義務」に焦点が置かれている点に注目されたい。

その他にも,顧客との契約に伴う収益の認識について,IASB は「討議資料:顧客との契約における収益認識の予備的見解(Preliminary VIews on Revenue Recognition in Contracts with Customers)」[2008]を公表し,契約ベースの収益認識の原則と測定の方法について当面の見解を提示した。また,測定フェーズにおいても,「財務会計のための当初認識時の測定基準に関する討議資料(Measurement Bases for Financial Accounting—Measurement on Initial Recognition)」[2005]を受けて測定の基礎について第 1 ステージの暫定的結論が示され,最終的指針に向けて整備が図られつつある(たとえば,IASB,2007 年 11 月 13 日付討議資料参照)。

以上,これらの概念フレームワークの改訂作業の最終的着地点は未だ明らかではない。しかし,情報の質的特性において目的適合性を最優先すべきこととし,検証可能性ないし信頼性に代えて経済的事象との照応性を求める表示の忠実性を強調していることは,明らかに従来の「ステュワードシップ—過去的取引—原価評価」会計から公正価値会計への展開に向けての概念的基盤作りをなすものといえなくもない(Whittington,[2008])。また,資産・負債の定義においても「過去の取引・事象」の要件は削除され,契約収益の認識においても履行義務(performance obligation)の再測定など公正価値会計に向けて着実に展開しつつあるといえる。

第4章 IFRS の初度適用とその影響

I IFRS の初度適用

【要約表】

	IFRS 1
適用範囲	最初の IFRS 財務諸表(IFRS の遵守を明示的かつ無限定であると記述している最初に IFRS を適用した財務諸表)
IFRS 移行日	最初の IFRS 財務諸表において IFRS に基づいた完全な比較情報を企業が表示する最初の期間の開始日
開始財政状態計算書	IFRS 移行日における財政状態計算書
会計方針の適用	開始財政状態計算書および最初の IFRS 財務諸表において表示されるすべての期間において同じ会計方針によって作成
開示対象財務諸表	比較情報を含む少なくとも開始および2期間の計3つの財政状態計算書,2期間の包括利益計算書,キャッシュ・フロー計算書,持分変動計算書および関連する注記
説明のために財務諸表に含める調整表	(a). IFRS 移行日および従来の会計基準で作成された財務諸表において表示された最終期間の期末日における従来の会計基準による持分から IFRS による持分への調整表 (b). 従来の会計基準で作成された財務諸表における最終期間の

	IFRSによる包括利益総額への調整表
遡及適用禁止規定	(a). 金融資産および金融負債の認識の中止 IFRS移行日以前に発生した取引について従来の会計基準に基づいて認識の中止を行った場合にはIFRSのもとで認識してはならない (b). 見積り 見積りが誤りであるという客観的な証拠が存在する場合を除いて，企業のIFRSに基づくIFRS移行日における見積りは従来の会計基準に基づく同日の見積りと一貫していなければならない これらの他にもヘッジ会計，連結財務諸表における非支配持分の取扱いなどについて遡及適用禁止規定が設けられている
免除規定	(a). 企業結合 IFRS移行日前に発生した企業結合については遡及適用しないことができる (b). みなし原価としての公正価値 有形固定資産についてIFRS移行日に公正価値で測定しみなし原価として使用することができる (c). 従業員給付 回廊アプローチを採用する場合であっても保険数理差損益をIFRS移行日に全額認識することができる (d). 累積換算差額 IFRS移行日現在の在外活動体に関する累積換算差額を0とみなすことができる これらの他にも金融商品の指定，株式報酬，リース，複合金融商品，借入費用などに免除規定が設けられている

§1 背　　景

　IFRS 1「IFRSの初度適用」は2003年に公表されたもので解釈指針(SIC)第8「会計処理の主要な基礎としてのIASの初度適用」を置き換えるものである。従来の解釈指針第8にはいくつかの懸念材料があった。たとえば遡及適用が財

務諸表の利用者の利益を超える費用が掛かるあるいは「実行不可能な」という場合にその困難性の判断基準等を説明していなかった，あるいは遡及的に認識測定を行う場合に事後的判断を用いるか否かを明示していなかった等である。これらに対処するためのこの基準が開発された。

なおこの基準に対応する日本の会計基準は存在しない。これは日本において一連の会計基準を全面的に適用する機会が近年において存在しなかったためである。

§2　IFRS 1 の分析と評価

1．適用範囲

IFRS 1 は最初の IFRS 財務諸表を対象としている。また最初の IFRS 財務諸表が対象とする年度において作成される IAS 34 に基づく期中財務諸表報告を対象としている (par. 2)。最初の IFRS 財務諸表とは IFRS の遵守を明示的かつ無限定であると記述している最初に IFRS を適用した財務諸表をいい，たとえば直近の財務諸表が以下のような場合である (par. 3)。

(ⅰ) IFRS とすべての点で一致していない国内の基準に依拠していた
(ⅱ) IFRS とすべての点で一致しているが IFRS をしていることについて明示的かつ無限定であると記載していない場合
(ⅲ) 部分的に IFRS を適用していると明示している場合
(ⅳ) IFRS と異なる国内基準によっているが国内基準が存在しない項目について部分的に IFRS を適用している場合
(ⅴ) 国内基準に基づいて作成し IFRS を適用して測定した場合との相違額との調整表を付していた場合

なお IFRS に準拠しているが外部公表目的ではない内部報告目的のみの場合，連結財務諸表作成目的で完全ではない財務諸表を作成していた場合，過年

度の財務諸表を表示していなかった場合も同様である。

またすでに IFRS を適用している会計方針が変更された場合にはこの基準は適用されず IAS 8 が適用される (par. 5)。

2. 開始財政状態計算書と会計方針

(1) 開始財政状態計算書

最初の IFRS 財務諸表において IFRS に基づいた完全な比較情報を企業が表示する最初の期間の開始日を IFRS 移行日という (Appendix A)。企業はこの日における財政状態計算書すなわち IFRS 開始財政状態計算書を作成し開示しなければならない。これは IFRS が適用される会計の出発点となるものである (par. 6)。

(2) 会 計 方 針

企業は上記の IFRS 開始財政状態計算書および最初の IFRS 財務諸表において表示されるすべての期間において同じ会計方針によって作成しなければならない。会計方針はこの基準の中で特に示された場合を除いて最初の IFRS 財務諸表の対象期間末現在において有効な各 IFRS を適用しなければならない (par. 7)。

上記の IFRS 開始財政状態計算書においては IFRS で要求されたすべての資産および負債を認識し、認識を許容していない項目は認識してはならない。また資産、負債または持分として認識していたものが IFRS によって他の分類に属する場合には分類を変更する必要がある。なお認識された資産および負債の測定には IFRS が適用される (par. 10)。

IFRS を適用した結果として IFRS 移行日前の事象あるいは取引を原因として修正が生じた場合には利益剰余金または適当な場合には他の持分の区分にお

(X7年12月期からIFRSによる財務諸表を公表する場合)

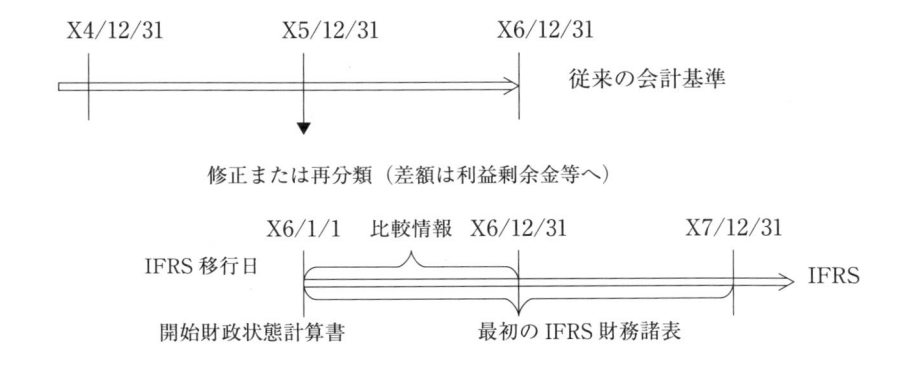

```
X4/12/31        X5/12/31        X6/12/31
   |---------------|---------------|    従来の会計基準
                   ↓
           修正または再分類（差額は利益剰余金等へ）

                X6/1/1    比較情報  X6/12/31         X7/12/31
          IFRS移行日 |----------------|----------------→ IFRS
         開始財政状態計算書       最初のIFRS財務諸表
```

いて直接認識しなければならない(par.11)。

3. 表示および開示

初年度適用の場合に表示および開示に関しては以下の規定が設けられている。

（1） 比 較 情 報

IAS 1「財務諸表の表示」に準拠するために比較情報を含む少なくとも開始および2期間の計3つの財政状態計算書, 2期間の包括利益計算書(もし表示されていれば損益計算書), キャッシュ・フロー計算書, 持分変動計算書および関連する注記が最初のIFRS財務諸表に含まれている必要がある(par.21)。

（2） IFRSに準拠しない比較情報と過去の要約数値

IFRSを適用した完全な比較情報の最初の期間より前の期間に関する抜粋されたデータの要約を表示する企業もある。このような要約においてIFRSの認

識および測定に関する規定の適用は要求されない。さらに IAS 1 の規定に基づいた比較情報とともに従来の会計基準に基づいて作成された比較情報を表示する企業もある。もし従来の会計基準に基づいて作成された過去の要約あるいは比較情報を含む財務諸表を表示する場合には，従来の会計基準による情報が IFRS に準拠していないことを明示し IFRS に準拠するための主な修正の内容を開示する。なおこの場合，金額は示す必要はない(par. 22)。

4. IFRS への移行に関する説明

　企業は，従来の会計基準から IFRS への移行が財政状態，業績及びキャッシュ・フローに与える影響を説明する必要がある(par. 23)。そのためには以下の開示が要求されている。

(1) 調　整　表

以下の調整表を IFRS 財務諸表に含めなければならない(par. 24)。
(i)　以下の日の従来の会計基準による持分から IFRS による持分への調整表
　　a. IFRS 移行日
　　b. 従来の会計基準で作成された財務諸表において表示された最終期間の期末日
(ii)　従来の会計基準で作成された財務諸表における最終期間の IFRS による包括利益総額への調整表

なおこの場合，出発点は従来の会計基準による同じ期間の包括利益または損益となる。

(2) 減　　　損

　IFRS 開始財政状態計算書を作成するときに初めて減損損失を計上するか戻し入れたときは，IFRS 移行日に開始する期間に損失の計上または戻し入れを

（X7 年 12 月期から IFRS による財務諸表を公表する場合）

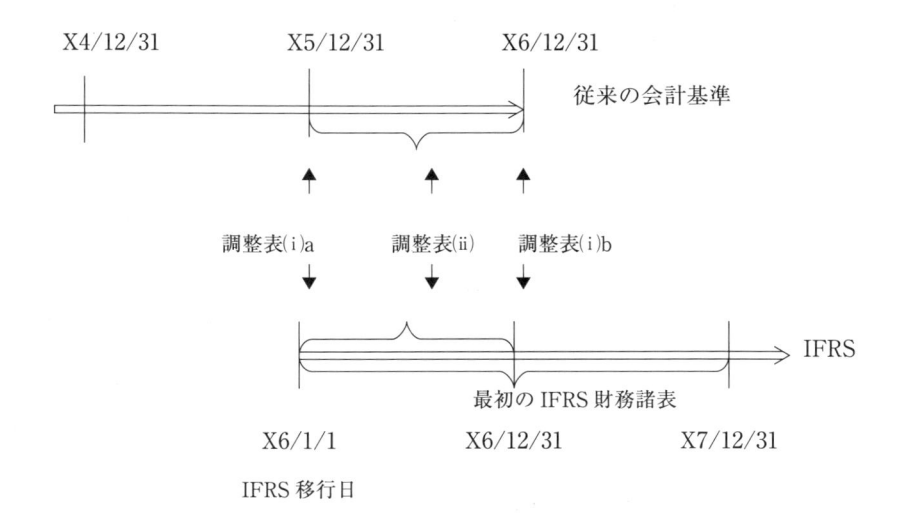

```
        X4/12/31        X5/12/31         X6/12/31
          ├───────────────┼────────────────┤        従来の会計基準
                          ↑        ↑        ↑
                      調整表(i)a  調整表(ii) 調整表(i)b
                          ↓        ↓        ↓
                          ├────────────────┼─────────────────→ IFRS
                                    最初の IFRS 財務諸表
                        X6/1/1          X6/12/31           X7/12/31
                      IFRS 移行日
```

行ったとした場合に IAS 36「資産の減損」において要求されている項目を開示しなければならない（par. 24）。

（3） 誤謬と会計方針の変更

従来の会計基準のもとにおける誤謬に気付いた場合には調整表の中では誤謬の修正と会計方針の変更とは区分する必要がある（par. 26）。また IAS 8「会計方針，会計上の見積りの変更及び誤謬」は IFRS の初度適用時には適用されない。そのため IAS 8 の開示に関する規定は最初の IFRS 財務諸表には適用されない（par. 27）。

（4） 期中財務報告

最初の IFRS 財務諸表の対象期間の一部となっている期間について IAS 34「期中財務報告」の規定に基づく期中財務報告を表示する場合には IAS 34 の規

定に加えて以下の調整表を IFRS 財務諸表に含めなければならない(par. 32)。

(ⅰ) 企業が比較情報として直前の期間に対応する期中財務報告期間に対する期中財務報告を表示していた場合
   a. 対応する期中財務報告期間の末日現在の従来の会計基準による持分から IFRS による持分への調整表
   b. 対応する期中財務報告期間(その期間と累計)の IFRS による包括利益との調整表

なおこの場合，出発点は従来の会計基準による同じ期間の包括利益または損益となる。

(ⅱ) それに加えて IFRS 適用初度年度にかかる期中財務報告には上記1(ⅰ), (ⅱ)の調整表あるいは他の開示書類への相互参照表

(ⅲ) 会計方針の変更または適用除外規定を適用した場合には，各期中財務報告において変動を説明し調整表を更新しなければならない。

5. 遡及適用禁止規定

遡及適用することを禁止されている項目は以下のとおりである。なお規定の中にこれらの項目に関連する容認規定にも言及されているので注意を要する。

(1) 金融資産および金融負債の認識の中止

金融資産および金融負債の認識の中止に関する IFRS 9 の規定は IFRS 移行日以降に発生した取引に適用される。したがって IFRS 移行日以前に発生した取引について従来の会計基準に基づいて認識の中止を行った場合には IFRS のもとで認識してはならない。(Appendix B, B2)。また IFRS 9 の適用に必要な情報が当初の会計処理の時に入手されていたならば，企業が選択した日から遡及して IFRS 9 の認識の中止の規定を適用することが認められている (Appendix B, B31)。

（2） ヘッジ会計

IFRS 移行日より前に指定した IAS 39 の要件を満たさないヘッジ取引は IAS 39 第 91 項，第 101 項のヘッジ会計の中止の規定を適用しなければならない。また IFRS 移行日より前に発生した取引について遡及してヘッジ指定をしてはならない (Appendix B, B6)。

（3） 非支配持分

IAS 27「連結財務諸表と個別財務諸表」(2008 年改正)における規定のうち以下の項目は IFRS 移行日後，将来に向かって適用される (Appendix B, B7)。
 (ⅰ) 包括利益全額は非支配持分が結果としてマイナスとなったとしても親会社持分，非支配持分の双方に帰属させる規定
 (ⅱ) 支配を失わない親会社持分の変動は持分取引として会計処理される規定
 (ⅲ) 支配を失う親会社持分の変動による子会社の資産，負債，非支配持分の認識の中止，持分の公正価値での認識その他の規定

なお IFRS 3「企業結合」を初度適用企業が遡及して適用する場合には IAS 27「連結財務諸表と個別財務諸表」の規定も適用される。

（4） 見 積 り

見積りが誤りであるという客観的な証拠が存在する場合を除いて，企業の IFRS に基づく IFRS 移行日における見積りは従来の会計基準に基づく同日の見積り(会計方針の相違を反映するための修正後)と一貫していなければならない (par. 14)。また従来の会計基準による見積りに関する情報を IFRS 移行日より後に入手した場合，IFRS 開始財政状態計算書には反映させずに IAS 10「後発事象」における非修正後発事象と同様に取り扱う。この場合，新たな情報は IFRS 移行日以後の損益計算に反映させる (par. 15)。

(5) その他の遡及適用禁止規定

上記以外にも以下の項目に関する遡及適用禁止規定が設けられている。
(i) 金融資産の分類と測定（AppendixB, B8）
(ii) 組込デリバティブ（AppendixB, B9）

6. 免除規定

原則としてIFRSを適用する場合には全面的にその基準に従う必要があるが初度適用の場合，遡及的にすべての規定を適用すれば企業に大きな負担がかかる可能性があり費用と便益の観点から以下の免除規定が設けられている。

(1) 企業結合

IFRS 3「企業結合」を初度適用の場合，IFRS 移行日前に発生した企業結合については遡及して適用しないことができる。ただしIFRS 3 に準拠するようにある企業結合を修正再表示した場合にはその後の企業結合はすべて修正再表示しなければならない。同時にIAS 27「連結財務諸表と個別財務諸表」を適用しなければならない（Appendix C, C1）。またIFRS 移行日前に発生した企業結合において発生した公正価値の調整およびのれんについてIAS 21「外貨建資産・負債」を遡及適用する必要はないがすべての企業結合に対して適用することができる（Appendix C, C2, C3）。

IFRS 3 を遡及適用しない場合にはそれまで適用していた会計原則に基づいて認識，測定されたのれん等の資産および負債をIFRSで規定された修正を行ったうえでIFRS 開始財政状態計算書に計上しなければならない（Appendix C, C4）。

（2） 株式報酬

IFRS 2「株式報酬」は2002年11月7日以前に付与された持分金融商品に適用することを要求していないが奨励している。初度適用の場合，IFRS移行日，2005年1月1日のいずれか遅い日より前に確定し2002年11月7日より後に付与された持分金融商品についてIFRS 2を適用することを要求していないが奨励している。なお適用する場合には公正価値の開示を要求している。またIFRS 2が適用されていないすべての持分金融商品の付与についてIFRS 2の44項，45項で規定されている条件，数量などの一定の事項の開示を要求している (Appendix D, D21)。

（3） みなし原価としての公正価値または再評価

初度適用の場合，ある有形固定資産に計上された項目をIFRS移行日に公正価値で測定しそれをみなし原価として使用することを認めている (Appendix D, D5)。また従来の会計基準による再評価が公正価値またはIFRSに基づく物価変動修正済みの原価または償却原価に近い場合にもみなし原価として採用することができる (Appendix D, D6)。なおこれらの規定は一定の要件を満たす投資不動産および無形資産にも適用される (Appendix D, D7)。

（4） リース

初度適用の場合には，IFRS移行日時点におけるIFRIC4「契約にリースが含まれているか否かの判断」の経過規定を適用し，IFRS移行日の事実と状況をもとにIFRS移行日に存在する契約にリースが含まれているか否かを判断することができる (Appendix D, D9)。

（5） 従業員給付

IAS 19「従業員給付」に規定された回廊アプローチを採用する場合であっても初度適用の場合，遡及して未認識の保険数理差損益を計上することなく全額をIFRS移行日において認識することができる（Appendix D, D10）。

（6） 累積換算差額

IAS 21「外貨建資産・負債」において在外活動体に関する累積換算差額を売却時に持分から売却損益に振替えることを求めているが（Appendix D, D12），初度適用の場合，IFRS移行日現在のすべての累積換算差額を0とみなすことができる（Appendix D, D13）。

（7） 以前に認識された金融商品の指定

(i) 金融負債

IFRS 9「金融商品」では，一定の条件のもとで純損益を通して公正価値で測定する金融負債に指定することを認めているが，IFRS移行日においてIFRS 9の条件に合う場合に，純損益を通して公正価値で測定する金融負債に指定することが認められている（Appendix D, D19）。

(ii) 金融資産

IFRS移行日における事実と状況に基づいて，IFRS 9により金融資産を，損益を通して公正価値で測定する金融資産に指定することができる（Appendix D, D19A）。

(iii) 持分金融商品

IFRS移行日における事実と状況に基づいて，IFRS 9により持分金融商品を，その他の包括利益を通して公正価値で測定する金融資産に指定することができる（Appendix D, D19B）。

(ⅳ) 償却原価

実効金利法および減損を遡及して適用できることが不可能である場合（IAS8「会計方針，会計上の見積もりの変更及び誤謬」で定義），IFRS 移行日における金融資産の公正価値を，新たな償却原価とする（Appendix D, D19C）。

(ⅴ) 会計上のミスマッチ

IFRS 9 における取扱いが，損益において会計上のミスマッチを起こしているか否かの判断は，IFRS 移行日における事実と状況に基づいて行う（Appendix D, D19D）。

（8） その他の免除規定

上記以外にも，以下の項目に関する免除規定が設けられている。

(ⅰ) 保険契約（Appendix D, D4）
(ⅱ) 子会社，共同支配企業および関連会社に対する投資（Appendix D, D14-D15）
(ⅲ) 子会社，関連会社及びジョイント・ベンチャーの資産・負債（Appendix D, D16-D17）
(ⅳ) 複合金融商品（Appendix D, D18）
(ⅴ) 金融資産または金融負債の公正価値測定（Appendix D, D20）
(ⅵ) 有形固定資産の原価に算入される廃棄負債（Appendix D, D21-D21A）
(ⅶ) サービス譲与契約（Appendix D, D22）
(ⅷ) 借入費用（Appendix D, D23）
(ⅸ) 顧客からの資産移転（Appendix D, D24）
(ⅹ) 持分金融商品による金融負債の償却（Appendix D, D25）
(ⅺ) 深刻な高インフレーション（Appendix D, D26-D30）

Ⅱ 国際会計基準の適用が企業経営に与える影響

　現在，日本基準により作成している財務諸表について，国際財務報告基準(以下，IFRSという)を適用して財務諸表を作成する場合には，単に会計および財務報告の分野に留まらず，たとえば，経営者のIFRS適用に対する姿勢，システムおよび業務プロセス，ビジネス，人材育成，導入プロジェクトの管理等多岐にわたる実務上の準備が必要となる。

　IFRSの適用を単に会計および財務報告という狭い分野の問題としてとらえると，結果的に会計基準適用のためのシステム変更や取引形態の見直し等に時間やコストを要し，IFRS導入によるメリットを必ずしも効果的に享受できないことになることがある。一方で，IFRSの適用を契機に，会計システムや業務プロセスの見直しを通じて，連結経営管理の改善・向上を効率的に行えると考えられる。

　IFRSを初度適用し，財務諸表を作成する際には，導入プロジェクトの①計画フェーズ，②分析および評価フェーズ，③デザインフェーズ，④実行フェーズという時間軸の中で，会計および財務報告をはじめとする考慮すべき重要な分野に含まれる事項について，検討し，IFRS財務諸表を作成することになる。
(考慮すべき重要な分野)

プロジェクト管理
- ■ 会計および財務報告
- ■ システムおよび業務プロセス
- ■ 人　　材
- ■ ビジネス

　以下に，①から④の各フェーズでの実務上の留意点について，これらの重要な分野を中心に解説する。

1. 計画フェーズ

計画フェーズは，IFRS導入への大きな枠組みを検討するフェーズである。計画フェーズで検討すべき典型的な課題は，以下のとおりである。

（1） 適用初年度および比較情報の開示年数の決定

IFRSを初度適用する企業は，最低でも1年分の比較情報の開示が要請されているため，少なくとも2年分のIFRS財務諸表とIFRSの適用開始日（2年前の期首）の財政状態計算書（IFRS開始財政状態計算書）をIFRSに準拠して作成する必要がある。IFRSの初度適用にあたっては，まず，そのタイミングおよびこの比較情報として何年分のIFRS財務情報を開示するかを決定する必要がある。

（2） 適用されるIFRSの特定

開示対象として決定された会計年度のIFRS財務諸表の作成に際し，準拠すべきIFRSは，開示する最終のIFRS財務諸表の財政状態計算書日（報告日）において有効な基準である。したがって，IFRS財務諸表を開示する会計年度の決定により，IFRS財務諸表の作成にあたり準拠すべき基準が特定される。

ただし，プロジェクトの進行の過程で，将来適用すべき新たな基準が公表されることもあるため，十分に留意する必要がある。

（3） プロジェクト管理（体制・リソースの検討）

IFRS導入プロジェクトの実行に際し，どのような社内体制（プロジェクト責任者とプロジェクトチーム）により，どのような時間軸や進捗管理方式によりプロジェクト管理していくかについて，投入できる社内の人員数，外部コンサ

ルタントの利用の要否，プロジェクト予算等の検討を行う。

通常，IFRS 導入プロジェクトは，広範かつ長期にわたるプロジェクトとなるため，「IFRS 導入」を連結経営管理体制の強化やシステムや業務プロセスの見直しの好機ととらえて，トップマネジメントが深く関与し，リーダーシップを発揮することが成功の鍵となると思われる。

2. 分析および評価フェーズ

分析および評価フェーズは，「4つの考慮すべき重要な分野」について，IFRS を適用した際の潜在的な影響の分析と個別の検討事項の洗い出しを行うフェーズである。分析および評価フェーズで検討・実施すべき事項は以下のとおりである。

(1) 会計および財務報告への影響の分析・評価

日本基準から IFRS への変更において，会計処理および開示情報面における基準差異分析を行い，初度適用における会計処理方法を選択する。

① 親会社および国内子会社に関する会計基準差異の洗い出し

近年，証券市場の国際化の進展や企業活動の急速なグローバル化に伴って，国際的に通用する会計基準の整備に向け，日本基準と国際的な会計基準とのコンバージェンスが行われている。しかしながら，現時点において日本基準と IFRS とを比較すると，まだ多くの差異が存在する。

IFRS を初度適用する企業は，親会社および国内子会社の属する業種，業態の特性や各企業の固有の実態を勘案し，日本基準と IFRS との間にどのような会計基準差異が存在するかにつき，税効果会計適用による影響も含めて分析・評価を行う。なお，この際，重要性が乏しい項目を除き差異の有無を網羅的に把握することが重要である。

一例を示すと以下のとおりである。

▶日本基準では，のれんは一定の期間で償却されるが，IFRSでは償却されずに減損会計の対象となる。

▶日本基準(実務)では，有形固定資産は多くの場合，定率法(建物を除く)で税法の耐用年数にわたり減価償却されるが，IFRSでは，使用実態に則した方法で経済的耐用年数にわたり減価償却される。

▶日本基準では，収益認識基準としていわゆる出荷基準が一般的であるが，IFRSでは，より経済実態に則した判断の結果，計上時点が変更となる可能性がある。

② 海外子会社に関する会計基準差異の洗い出し

日本基準では，2008年4月1日以降開始する連結会計年度からは，実務対応報告第18号「連結財務諸表作成における在外子会社の会計処理に関する当面の取扱い」が適用され，在外連結子会社の財務諸表は，日本基準，米国基準，IFRSのいずれかに基づき作成されている。実務上，多くの在外子会社の財務諸表は，米国基準又は，IFRSに準拠して作成されていると思われる。

上記の在外子会社に関する日本企業の実情の下，IFRSを適用するためには，まず，現在，米国基準に基づいて作成されている在外子会社の財務諸表について，個社ベースでIFRSベースに修正する必要がある。このため，米国会計基準とIFRSとの間の会計基準差異の把握と影響の評価を行う必要がある。

また，すでにIFRSを適用しているとされている海外子会社においても，各子会社の適用するIFRSが，(親会社がIFRSを適用するにあたって)認められるIFRSの範囲内であるかどうか(いわゆるFull-IFRSであるかどうか)の再検討を行う必要がある。

③ 会計方針の選択・統一

IFRSによる連結グループ内での会計方針の統一は，個社ベースでIFRSに準拠しているだけでなく，同様の状況下における類似の取引に関し，グループ内で会計方針を統一する必要がある(たとえば，収益認識基準や，同じマーケットで販売するための同種の製品を複数国にまたがって製造している場合におけ

る，有形固定資産の減価償却方法などがあげられる)。よって，グループとして統一された会計方針の決定を行う。

実務上，実務対応報告第18号に従い，既にIFRSを適用しているとされる海外子会社においても，親会社の適用している会計処理の方法と完全に統一されていない場合も多いと考えられる。このような場合には，会計方針の選択・統一については，再検討が必要である。

④ IFRS適用初年度の選択適用が認められる会計方針の選択
(ア) 原則的な取扱い
IFRS開始財政状態計算書の作成にあたっては，全ての資産・負債をIFRSに基づいて適切に会計処理するため，必要な範囲で必要な期間遡って，IFRSを適用しなければならない。
(イ) 例外的な取扱い
このIFRSの導入時に全基準書を遡及的に全面適用するという原則的な取扱いに対し，費用対効果の観点から各種の例外規定が設けられている。
例外規定が設けられている領域は限定されており，以下のとおりである。
▶企業結合に関する会計処理
▶有形固定資産，投資不動産，無形資産についてのみなし原価の採用の容認
▶従業員給付に関する回廊アプローチ
▶在外子会社などの累積為替換算差額
▶複合金融商品(負債と資本の区分の遡及修正の要請の例外)
▶金融商品の分類の指定
▶契約にリースが含まれているか否かの判断
▶有形固定資産の原価に算入される廃棄負債の測定
▶その他

実際のIFRS開始財政状態計算書の作成においては，上記の遡及適用の例外規定を最大限に利用することによって，作成作業を最小限に抑えることができると思われる。ただし，この例外規定を利用する場合でも，いくつかの点については必ず見直しを行わないといけないような事項(たとえば，企業結合会計

におけるのれんと無形資産の区分等)があるので，各例外規定を採用する際には留意が必要である。

（ウ）　遡及適用の禁止

IFRS 開始財政状態計算書の作成においては，IFRS 移行日(IFRS 開始財政状態計算書日)以降に入手した情報によって，IFRS 開始財政状態計算書を歪めることがないよう，次の領域に関し IFRS の遡及適用を禁止している点にも留意が必要である。

▶金融資産および負債の認識の中止
▶ヘッジ会計
▶見積り
▶非支配持分
▶金融資産の分類及び測定

（エ）　移行時差異の処理

IFRS 開始財政状態計算書の作成に際し，従前に適用していた会計基準から IFRS への移行に伴い発生した調整額は，包括利益計算書を経由することなく，財政状態計算書の利益剰余金の期首残高に直接計上される。

⑤　IFRS の中での選択可能な財務諸表の様式や会計方針の決定

（ア）　様式の選択

財務諸表本体などの様式に関して主に以下の選択を行う必要がある。

財務諸表の様式に関する選択肢

項目(参照規定)	選　択　肢
包括利益計算書の様式 (IAS 1 par. 81)	「単一の計算書を作成する方法」または，「2つの計算書を作成する方法(損益計算書および損益計算書上の純損益から出発してその他の包括利益を表示する計算書)」を選択する。
持分変動計算書の様式 (IAS 1 par. 107)	配当金や関連する一株当たり情報を株主持分変動計算書の本表に記載するか，または，財務諸表注記とするかを選択する。

キャッシュ・フロー計算書の様式 (IAS 7 par. 18)	直接法か間接法を選択する。

(イ) 会計方針の選択

　IFRSにおいて複数の会計処理方法の選択が認められている項目がある。

　IFRSの初度適用企業は，主として以下の項目に関し，いずれの会計処理を採用するかを決定する必要がある。

　会計方針に関する選択肢（例）

項目（参照規定）	選 択 肢
固定資産の当初認識後の測定（IAS 16 par. 29, 30, 31）	原価モデルと公正価値モデルのいずれかを選択する。
無形資産の当初認識後の測定（IAS 38 par. 72, 74, 75）	原価モデルと公正価値モデルのいずれかを選択する。
投資不動産の当初認識後の測定（IAS 40 par. 30）	原価モデルと公正価値モデルのいずれかを選択する。

⑥ 開示情報の差異の分析・評価

　会計処理のみならず，開示情報に関しても日本基準とIFRSには差異が存在する。当該差異を洗い出し，従来収集していなかったような財務情報を把握する。さらに，IFRSに準拠した連結注記（たとえば，連結ベースでの有形固定資産・無形固定資産の増減明細や連結ベースでの金融商品に関する開示等）の作成のために必要となる基礎会計情報について，子会社からの連結用財務報告資料の記載様式および報告体制をどのように整備するかを検討する。

（2） システムおよび業務プロセスの分析・評価

① 基幹システムおよび業務プロセスへの影響

たとえば，IFRS が要求する収益認識時点で適正に売上高を計上したり，税法規定以外の経済的耐用年数で減価償却を実施したり，機能通貨に関する IFRS の要求事項を満たすためには，既存の業務プロセスや IT システムによる取引の把握・処理では，十分に対応できない場合も想定される。

このような日常的な営業活動に係る取引の会計処理に重要な会計基準差異が特定されるような場合には，基幹システムや関連の業務プロセスの見直しが必要で，さらに，子会社が存在する場合には，グループ標準の業務プロセス構築やグループ共通の内部統制手法の導入，グループ共通のシステム基盤の整備も検討されることになる。

また，1つの IT システム変更が他の IT システムに影響を及ぼすことも考えられるため，IFRS 導入プロジェクトには IT システムに精通した担当者を適切に配置することが重要である。

② 会計システムおよび財務報告プロセスへの影響

IFRS 適用に際して，必要となる会計情報を入手するためには，会計システムの見直しが必要な場合もある。

会社の業態や規模にも影響されるが，既に IFRS を導入している諸外国の多くの上場企業においては，IFRS 財務諸表の作成には，単に IFRS 組替仕訳により現地国会計基準の財務諸表を IFRS 財務諸表に変換するのではなく，IFRS ベースの会計情報を記録・保管する会計システムを導入することにより，IFRS 財務諸表を効率的に作成するとともに，IFRS ベースの経営管理情報を経営者に提供し，業績管理に役立てている。

このため，IFRS 適用に先立ち，会社の会計システムの現状把握を行い，更新や新たな会計システムの導入が必要であるかどうかの検討を行う。

また，IFRS の特徴の1つである公正価値による資産・負債の測定に関して，

新たな統制活動の整備が必要かどうかを検討する必要がある。

（3） 人材への影響の分析・評価

経営陣，経理実務担当者，現業部門担当者等，それぞれの階層に応じ，IFRSの知識に関するニーズを分析し，IFRS自体の内容やその適用における経営や業務への影響等について，研修対象者の選定，各対象者層のニーズに合ったカリキュラムの策定，研修スケジュール等を決定する。

たとえば，研修を社内のリソースで行うのか，外部の専門家等をインストラクターとして利用するのかの検討や，遠隔地の子会社等に対してのオンライン研修の実施の検討を行う。

（4） ビジネスに対する影響の分析・評価

IFRSの適用による会計および財務報告やシステムおよび業務プロセスへの影響の評価結果も加味したうえで，経営者は，ビジネスに与える影響についての分析・評価をするが，その場合には以下のような事項が想定される。

- ▶収益認識やのれんの償却等についての重要な会計基準差異により，損益が大きく変わる可能性があり，結果として，その損益の重要な変化は様々な経営意思決定や資金調達に影響を与える可能性がある。さらに，第三者との取引自体の見直し，又は，取引に関する契約内容の見直しに及ぶ可能性もある。
- ▶連結の範囲についての会計基準差異により，グループの企業構成の在り方や資本関係の見直しに関する経営者の意思決定に影響する可能性がある。
- ▶引当金についての会計基準差異により影響が出る可能性がある法令・規則で規定される事項についてより慎重に検討する。
- ▶IFRSベースでの業績評価や経営指標への影響を分析する。
- ▶同業他社の動向の調査・分析をIFRSベースで行い，自社と比較分析を行う。

▶投資家を含む利害関係者への説明を IFRS ベースで行うことの影響を検討する。

3. デザインフェーズ

デザインフェーズは，分析および評価フェーズで明らかになった対処すべき課題への対応策を検討し，準備するフェーズである。デザインフェーズで検討・実施すべき事項は以下のとおりである。

(1) 会計および財務報告に関するデザイン

① 会計処理および開示情報の検討事項への対応

これまでの分析および評価の結果，検出された会計処理や開示情報作成上の個別論点や検討事項に対し，より詳細な情報を収集し，具体的な会計処理方法や表示方法について検討する。また，財務諸表への影響の定量化を行い，重要な影響の発生する可能性のある項目を特定する。

② IFRS アカウンティングマニュアルの作成

グループとして統一された会計方針やその具体的な適用方法について，アカウンティングマニュアル（適用のためのガイドラインを含む）を作成する。また，連結注記のための必要情報を適切にかつ効率的に収集できるようにデザインされた連結報告用財務報告資料を作成する。これらは，単に財務報告目的のみではなく，グローバルな経営管理のための共通ルールとしても機能する。

IFRS アカウンティングマニュアルの作成時には以下の事項が検討される。
▶グループ統一勘定コード表
▶グループ共通の経理手順書
▶管理帳票，管理サイクルの標準化

(2) システムおよび業務プロセスに関するデザイン

分析および評価の結果，システムおよび業務プロセスについて識別された課題について，たとえば，以下の検討を行う。

- ▶変更が必要と判断されたシステムおよび業務プロセスを特定し，変更後のシステム設計や変更後の業務プロセスをデザインする。
- ▶新たに導入されたシステムや業務プロセスから得られる会計情報が適正に会計データとして記録・保管されているかの検討を行う。
- ▶実際のITシステム導入後に確実な結果が得られるよう，テスト環境でのプログラムテストを設計する。

(3) 人材に関する事項

分析および評価の結果，策定された研修計画の詳細内容(実施時期，対象者研修教材の作成)を具体化し，研修の準備を行う。

(4) ビジネスに関する事項

分析および評価の結果，識別された課題に対して，たとえば取引契約の変更やグループ会社の再編などを実行する。

4. 実行フェーズ

実行フェーズは，次の手続などが実施される。

(1) 会計および財務報告に関する事項

- ▶アカウンティングマニュアル(適用ガイドラインを含む)の連結グループへの展開

▶連結報告用財務報告資料の連結グループ内への展開
▶連結グループ内の個別企業のIFRS開始財政状態計算書の作成
▶連結グループ内の個別企業の比較情報としてのIFRS財務諸表の作成
▶連結グループ内の個別企業の適用初年度のIFRS財務諸表の作成
▶親会社における連結ベースのIFRS開始財政状態計算書，比較年度および適用初年度のIFRS財務諸表の作成

(2) システムおよび業務プロセスに関する事項

システムおよびプロセスの改善・導入を実施し，ドライランを行う。

(3) 人材に関する事項

企画したIFRS研修を実施し，社内の各階層のIFRSへの理解度を向上させる。研修の深度が増すにつれ，たとえば，上記のIFRSアカウンティングマニュアルの解説や事例研修等を行うことで，IFRSエキスパートも育成される。

(4) ビジネスに関する事項

経営者は，実際に作成されたIFRS財務諸表に基づく経営指標に基づいて業績測定し，IFRSベースで予算・実績対比等の業績評価を行う。また，外部の利害関係者への業績説明もIFRSベースで行われる。

また，連結グループ全体やセグメント等を含む業績管理のあり方の検討結果として，組織再編等が行われる。

(5) プロジェクト管理(継続的な改善)

IFRS導入プロジェクトにおいて検出された課題のすべてについて，IFRS適用初年度までに，解決されない場合も想定される。また，導入後においてもIFRSの改訂や新規の取引についてIFRSの適用時に課題が検出される場合も想定される。このように，IFRSの適用に関しては，適用初年度のみならず，把握された課題については，継続的に改善を図り，IFRSを適正に適用できるような内部統制を構築・維持することが重要である。

第5章

財務諸表の表示

【要約比較表】 IAS 1 と日本基準との異同点

	IAS 1	日本基準(連結財務諸表)
財務諸表の構成	財政状態計算書 包括利益計算書 持分変動計算書 キャッシュ・フロー計算書 注記	連結貸借対照表 連結損益計算書 連結包括利益計算書 連結キャッシュ・フロー計算書 連結株主資本等変動計算書 連結附属明細表 (ただし注記も開示)
基準からの離脱	稀な環境下において一定の方法で離脱することを規定	規定なし
継続企業の前提	開　　示	同　　左
発　生　主　義	発生主義に基づき作成	同　　左
相　殺　表　示	原則として資産と負債，収益と費用は相殺してはならない	同　　左
過年度との比較情報	開　　示 表示または科目分類を変更したときは過年度の比較情報の金額を再分類	開　　示 同　　左
財政状態計算書(貸借対照表)の表示区	流動，非流動を区分 ただし流動性配列法により区分しない表示も可能	流動，固定を区分し流動性配列法により表示

分と配列		
包括利益計算書(損益計算書)の表示	単一の包括利益計算書による方法または収益,費用を表示する計算書(損益計算書)および損益から始まりその他の包括利益を表示する計算書(包括利益計算書)の2つの計算書による方法	一期間の収益および費用を区分して表示する連結損益計算書および連結包括利益計算書の2つの計算書による方法を基本とし1つの計算書による方法も可
異常項目	異常項目としての開示を禁止	特別利益,特別損益として開示

§1 背　　景

　IAS 1「財務諸表の表示」は1997年に国際会計基準委員会から公表された。これは1974年に最初に承認されたIAS 1「会計方針の開示」,1977年に最初に承認された「財務諸表において開示されるべき情報」,1979年に最初に承認された「流動資産および流動負債の表示」を代替するものであった。その後2003年に改訂版を,また2005年には修正条項としての「資本項目の開示」が公表された。その後2007年にも改正が行われ貸借対照表は財政状態計算書へ損益計算書は包括利益計算書へとその名称が変更されている。また従来は損益計算には含まれない評価損益などは持分変動計算書で表示されていたがこれらの項目は包括利益計算書で表示されることとなった。

　わが国における財務諸表の開示に関する会計基準としては,企業会計審議会によって公表された「企業会計原則」,「企業会計原則注解」があり貸借対照表,損益計算書の表示区分,流動性の判断基準と流動性配列法などその基本的な考え方が示されている。また企業会計基準委員会によって企業会計基準第5号「貸借対照表の純資産の部の表示に関する会計基準」,企業会計基準第25号「包括利益の表示に関する会計基準」などが公表されている。さらにより具体的な表示に関する規定としては「財務諸表等規則」,「連結財務諸表規則」,「四半期財務諸表等規則」が内閣府令として公表されている。これは金融商品取引法の規

定により委任を受けたもので，わが国では表示に関する基準は法令によっていることがその特徴となっている。会社法においても同様に委任を受けた「会社計算規則」が法務省令として公表されている。

なお上記の「包括利益の表示に関する会計基準」は，連結財務諸表および個別財務諸表を対象としているが，本稿の執筆時点で個別財務諸表への適用時期は公表されていない。そのため以下本章の中では，連結財務諸表を対象とする。

§2 IAS1の分析と評価

1. 適用範囲と定義

（1） 適用範囲

IAS1では一般目的の財務諸表を作成することを想定している。一部を除いてIAS34「期中財務報告」による簡略化された財務諸表には適用されない。一方IAS27「連結財務諸表と個別財務諸表」で規定されている連結財務諸表および個別財務諸表の両方に適用される(pars. 2, 4)。

また営利企業体を想定した用語が使用されており非営利企業に適用される場合には科目によっては修正することが必要とされている(par. 5)。

（2） 定　　義

いくつかの用語に関して定義が示されている。そのうち重要と思われるものとして以下のものがある(par. 7)。

① 一般目的財務諸表

この基準でいう財務諸表であり特定の要求に合わせた報告を企業体に作成するように要求する立場にない利用者の必要性に合致することを目的としたもの。

② 注　　記

財務諸表に追加的に表示されている情報であって文章による記述もしくは項目の明細，財務諸表において認識の要件を満たしていない項目に関する情報を提供するもの。

③ 包 括 利 益

持分保有者との間のその立場に基づく取引以外の取引およびその他の事象から生じる期間の持分の変動。

④ その他の包括利益

他のIFRSにおいて損益の中で認識することが要求されていないまたは認められていない，再分類の調整を含む収益または費用項目。ここには再評価剰余金の変動，確定給付型年金制度の数理計算上の損益，海外事業を換算したときに発生する損益，売却可能金融資産の再測定による損益などが含まれる。日本基準では資産の再評価などの積立金は損益計算書にその増減額が計上されずに直接，貸借対照表の純資産の部に計上される。

2. 財 務 諸 表

（1） 財務諸表の目的

財務諸表の目的は，経済的な意思決定を行う広い範囲の利用者に有用な財政状態，財務成績，キャッシュ・フローに関する情報を提供するものである。ま

た委託された資源の経営者の受託責任の結果を示すものでもある。そのために財務諸表は企業の資産,負債,資本,収益と費用,持分保有者による出資と配分,キャッシュ・フローに関する情報を提供する(par.9)。

(2) 財務諸表一式

完全な一式の財務諸表の構成は以下のとおりである。なおこれら以外の名称を使用することもできる(par.10)。
① 期末における財政状態計算書
② 期間の包括利益計算書
③ 期間の持分変動計算書
④ 期間のキャッシュ・フロー計算書
⑤ 重要な会計方針およびその他の説明情報からなる注記
⑥ 遡及的な会計方針の適用,項目の再表示あるいは項目の再分類を行った場合には,最初の比較期間の期首の財政状態計算書

日本基準では①が連結貸借対照表,③が連結株主資本等変動計算書にあたる。

3. 一般的な性質

(1) 適正な表示と IFRS への準拠

財務諸表は公正な財政状態,財務成績,キャッシュ・フローに関する情報を表示すべきである(par.15)。日本基準でも真実な内容を表示するものであるべき旨が規定されている(連結財務諸表規則第4条第1項第1号)。また IFRS に準拠している財務諸表を作成する企業は明確で限定のない準拠している旨の記述を注記において記載する必要がある(par.16)。

（２） IFRSからの離脱

経営者がIFRSへの準拠がフレームワークにおける財務諸表の目的と相反するような誤解を招くと結論付ける極めて稀な環境下において，関連する規制のフレームワークが要求するか離脱を禁止しない場合に一定の方法のもとでIFRSの規定から離脱しなければならない（par. 19）。

（３） 継続企業の前提

経営者は財務諸表を作成するにあたり継続企業として企業が存続する能力を評価しなければならない。清算または営業停止予定あるいはそれ以外に現実的な方法がない場合を除いて企業は継続企業の前提に基づいて財務諸表を作成しなければならない（par. 25）。日本基準では継続企業の前提に重要な疑義がある場合には開示が要求されている（連結財務諸表規則第15条の22，財務諸表等規則第8条の27）。

（４） 発生主義会計

キャッシュ・フロー情報を除いて企業は発生主義会計に基づいて財務諸表を作成しなければならない（par. 27）。日本基準においても発生主義により作成するものとなっている（企業会計原則　第二損益計算諸原則 .1.A）。

（５） 重要性と集約

類似している項目からなる重要な科目はそれぞれ区分して表示しなければならない。重要性のない場合を除いて性質または機能が類似していない項目は区分して表示しなければならない（par. 29）。

（6） 相殺表示

IFRS において要求されるか認められている場合を除いて資産と負債，収益と費用は相殺してはならない（par. 32）。日本基準においても同様の規定が設けられている（会計原則　第二損益計算諸原則 .1.B）。

（7） 報告頻度

企業は財務諸表を少なくとも年1回は開示しなくてはならない。期末日を変更し期間が1年よりも長いかあるいは短い財務諸表を開示したときには，その理由および財務諸表の金額が完全に比較できない事実を開示しなければならない（par. 36）。IFRS では期中報告の具体的な頻度は示していない。これは各国の法令に基づくべきであり詳細は規定していないものと解される。日本では金融商品取引法が適用される会社では一部の例外を除き四半期財務諸表の開示が要求されている。

（8） 比較情報

IFRSs が認めているか他の方法によることを要求している場合を除いて，当期の財務諸表で報告されているすべての金額に対する過年度との比較情報を開示しなくてはならない（par. 38）。また表示あるいは科目分類を変更したときは不可能でない限り比較情報の金額を再分類しなければならない。その場合再分類の内容，再分類された項目のそれぞれの金額，再分類の理由を開示しなければならない（par. 41）。

（9） 表示の継続性

企業は表示と科目の分類は期間を超えて継続しなければならない。ただし企

業の事業内容の変更，財務諸表の見直しに対応することにより他の表示または分類がより適切であることが，IAS 8 の会計方針の選択と適用の基準を考慮するに当たって，明白である場合および IFRS において表示の変更を求めている場合は除くものとする(par. 45)。日本基準でも同様に規定されている(連結財務諸表規則第 4 条第 1 項第 4 号)。

4. 構成と内容

(1) 財務諸表の特定

企業は財務諸表を明確に特定し同じ公表物において他の情報から明確に区分しなければならない(par. 49)。

(2) 表示すべき情報

財務諸表に表示しなければならない情報として①報告企業の名称または特定する他の方法および前期末からの変更，②財務諸表が個別企業のものか企業集団のものか，③期末日または財務諸表の対象期間，④ IAS 21 で定義されている表示通貨，⑤金額表示の単位がある(par. 51)。

5. 財政状態計算書

(1) 表示科目等

少なくとも表示しなければならない科目として①有形固定資産，建物および備品，②投資不動産，③無形資産，④金融資産⑤持分法を適用している投資，⑥生物資産，⑦棚卸資産，⑧売掛金および未収入金，⑨現金および現金同等物，

⑩売却目的に分類された資産およびIFRS 5 に規定された売却目的の処分予定グループに含まれる資産の合計額，⑪買掛金および未払金，⑫引当金，⑬金融債務，⑭IAS 12 に定義された未払および未収の税金，⑮IAS 12 に定義された繰延税金負債および繰延税金資産，⑯IFRS 5 に規定された売却目的の処分予定グループに含まれる負債，⑰資本の部に表示される非支配持分，⑱発行済の資本金および親会社の株主に帰属する剰余金，がある（par. 54）。また財政状態を理解するうえで適切である場合には追加の科目，見出し，小計を表示しなければならない（par. 55）。

（2） 流動，非流動の区分

　財政状態計算書では流動資産と非流動資産および流動負債と非流動負債とを別の区分として表示しなければならない。ただし流動性基準による表示が信頼でき，より適切な情報をもたらす場合はこの限りではない。なおそのような場合にはすべての資産と負債とを流動性配列法により表示しなければならない（par. 60）。ここで区分して表示した場合に流動性配列法による旨を規定しているわけではないと解される。

（3） 流 動 資 産

　流動資産に分類されるものとして，①正常営業循環内で換金されると予想されるかまたは売却または消費する意図がある資産，②営業目的に保有される資産，③決算日後12ヵ月以内に換金される予定の資産，④現金または現金同等物で決算以後12ヵ月以内に両替されることあるいは負債の決済に利用されることが制限されている資産を除くもの，がある。これら以外の資産は，非流動資産に分類される（par. 66）。

（4） 流動負債

　流動負債に分類されるものとして，①正常営業循環内において決済される負債，②第一義的には営業目的のために存在した負債，③決算日後12ヵ月以内に決済する予定の負債，④決算日後12ヵ月の間の決済を延期する無条件の権利を持たない負債(なお相手方の選択によって，持分金融商品の発行で決済される条件であっても，分類には影響しない。)，がある。これら以外の負債は非流動負債に分類される(par.69)。日本では，「企業会計原則注解16」において流動資産または流動負債と固定資産または固定負債との区分について，営業循環基準と1年基準が示されておりIAS 1とほぼ同様の基準となっている。

（5） 財政状態計算書の本体に記載または注記に含めるべき事項

　企業は，事業に適した方法で分類された表示科目の明細を，財政状態計算書の本体に記載または注記に含めて開示しなければならない(par.77)。財政状態計算書本体または持分変動計算書の本体あるいは注記に含め開示しなければならない事項として，各種類の株式に関する①授権資本数，②全額払込済株式数および全額は払込まれていない発行済株式数，③一株当たり額面または無額面である場合その旨，④期首，期末の発行済株式数の増減表，⑤配当制限，資本の払戻制限を含むその種類の株式の権利，優先権および制約，⑥自己株式または子会社または関連会社保有株式，⑦オプションおよび株式売却契約のもとで発行が保留されている株式(条件および金額を含む)，がある。また資本の部の中の各留保金の種類と目的も同様に開示しなければならない(par.79)。

（6） 日本基準

　日本基準では，連結財務諸表規則においてIAS 1よりも詳細な区分表示規定が設けられている。また配列についても流動資産と固定資産，流動負債と固定負

債に区分し流動性配列法により表示するように規定されている(連結財務諸表規則第20条, 第21条, 第35条)。また「資本の部」は,「純資産の部」の名称が用いられている(連結財務諸表規則第2章第4節)。注記に関しては, 連結財務諸表規則において規定されているが, 各表示項目に関連付けて示されている。

6. 包括利益計算書

(1) 2つの表示方法

企業はすべての一期間の収益および費用項目を, 以下のいずれかの方法により表示しなければならない(par.81)。

① 単一の包括利益計算書による方法
② 収益, 費用を表示する計算書(損益計算書)および損益から始まりその他の包括利益を表示する計算書(包括利益計算書)の2つの計算書による方法

なお①による場合を1計算書方式, ②による場合を2計算書方式ともいう。

(2) 表示項目

少なくとも表示しなければならない項目として, ①-1 収益, ①-2 償却原価法により測定される金融資産の認識を, 中止したことから生じる利得および損失, ②財務費用, ③-1 持分法適用の関連会社およびジョイント・ベンチャーの投資損益, ③-2 公正価値で測定されるように再分類した金融資産の, 従来の簿価と再分類した日の公正価値との差額, ④税金費用, ⑤(a)廃止事業の税引後損益, (b)売却費用を控除した公正価値での測定または資産あるいは廃止事業を構成する処分グループの処分において認識された税引後利益の合計額, ⑥損益, ⑦内容によって分類されたその他の包括利益の各構成要素, ⑧持分法適用の関連会社およびジョイント・ベンチャーからのその他の包括利益, ⑨包括利益の合計額, がある(par.82)。これらのうち①から⑥までを上記(1)②の損益

計算書に表示しなければならない(par. 84)。

(3) 異常項目

企業は包括利益計算書，2計算書方式によっている場合の損益計算書，注記において異常項目として収益または費用を表示してはならない(par. 87)。日本基準では，異常項目は特別利益または特別損失に含まれると解される(会計原則注解12)。

(4) その他の包括利益と再分類調整

企業は包括利益計算書または注記において再分類調整額を含むその他の包括利益の各構成要素に関連する税額を開示しなければならない(par. 90)。またその他の包括利益の構成要素に関連する再分類調整額を開示しなければならない(par. 92)。なお再分類調整額とは過年度においてその他の包括利益として認識していたものを損益として再分類し計上するものである。そうすべきかあるいは時期については他のIFRSsによって指示されている(par. 93)。なおこの再分類調整はリサイクリングともいわれている。

(5) 表示科目

収益または費用の科目が重要であるときは，企業はその費目と金額を区分して表示しなければならない(par. 97)。区分すべき場合としては棚卸資産評価損，事業再構築費用，固定資産廃棄損などがある(par. 98)。

(6) 表示方法

企業は損益において認識された費用の明細を，信頼でき，より適切な情報を提供する費目別または企業内の機能別のいずれかの方法によって表示しなけれ

ばならない(par. 99)。また機能別に開示した場合には減価償却費，償却費および従業員給付費用について費目別の情報を開示しなければならない(par. 104)。

（7） 日本基準

日本基準では，従来から連結損益計算書において，収益および費用が区分表示されていたが，2010年6月に企業会計基準第25号「包括利益の表示に関する会計基準」が公表された。これに伴い，連結財務諸表等規則も改正され，従来の連結損益計算書に加えて連結包括利益計算書の作成が必要となった（連結財務諸表規則第3章の2）。この規定はIAS 1における2計算書方式に該当するが，一方で「連結損益及び包括利益計算書」として1計算書方式によることも認められている（連結財務諸表規則第69条の3）。

7．持分変動計算書

企業は，以下の内容を本体に表示する持分変動計算書を表示しなければならない(par. 106)。

① 親会社の株主と非支配持分とに帰属する部分を区分して表示した期間の包括利益
② 資本の部のそれぞれの構成要素におけるIAS 8の適用による遡及適用または遡及再表示の影響
③ 資本の部のそれぞれの構成要素における，以下の原因別に区分して変動額を開示した期首残高と期末残高との間の増減表
　(a) 損益
　(b) その他の包括利益の各項目
　(c) 株主からの出資と株主への分配および支配権を失わない子会社の支配持分の変動を区分して表示した，株主との株主としての立場に基づく取引

さらに企業は，持分変動計算書本体または注記において期間における株主に

対する配当額および一株あたりの関連する金額を表示しなければならない (par. 107)。日本基準では,「株主資本等変動計算書に関する会計基準」(企業会計基準第6号)により株主資本等変動計算書の記載事項が規定されている。

8. キャッシュ・フロー計算書

キャッシュ・フロー情報の開示と表示については, IAS 7「キャッシュ・フロー計算書」において規定している(par. 111)。

9. 注　　記

(1) 表示内容

注記で表示するものとして, 以下のものがある(par. 112)。
① 　財務諸表作成の基本となる事項および会計方針
② 　財務諸表の他の箇所で表示されていない IFRSs によって要求されている情報
③ 　財務諸表の他の箇所で表示されていないがその内容を理解するうえで適切な情報

日本基準では, 会計方針, 追加情報, リース, 金融商品その他の注記すべき事項が連結財務諸表規則で規定されている。

(2) 表示方法

企業は, 可能な限り注記を体系的に表示しなければならない。また財務諸表本体における各項目と注記における関連する情報とを相互参照させなければならない(par. 122)。

(3) 不確実性の見積の要因

次年度中に資産および負債の残高について重要な修正をもたらす危険性がある将来についての想定および期末時点におけるその他の重要な不確実性の見積の要因に関する情報を，企業は開示しなければならない。これらの資産および負債に関して，その内容および期末日残高の明細を注記に含める必要がある（par. 125）。

(4) 資本に関する情報

企業は，その企業の資本を管理するための目標，方針および過程を財務諸表利用者が評価することが可能となる情報を開示しなければならない（par. 134）。

(5) その他の注記事項

注記において開示すべきその他の事項として，以下のものがある（par. 137）。
① 財務諸表を公表することを承認される前に提案または公表された分配で期中において株主への配当とは，認識されていない金額および関連する一株あたりの金額
② 認識されていない累積優先配当の金額

また財務諸表と共に公表された情報において公表されていない場合に，以下の事項を公表しなければならない（par. 138）。
① 本拠地および企業の法律上の形態，設立された国および登記された事務所の所在地あるいは登記された事務所と異なる場合の主たる営業所。
② 企業の営業の内容および主たる事業
③ 親会社および企業集団の最上位の親会社
④ 存続期間が有限である場合の存続期間に関する情報

§3　開示様式および実務上の留意点等

1. 開 示 様 式

（1）　財政状態計算書

①　財政状態計算書に含まれる項目

IAS 1において財政状態計算書に最低限表示しなければならない科目と，本書における各章との関連は，以下のとおりである。

```
┌─────────────────────────────────┐ ┌─────────────────────────────────┐
│          資　　　産              │ │          負　　　債              │
│ ▶有形固定資産    IAS 16（第8章） │ │ ▶買掛金および未払金              │
│ ▶投資不動産      IAS 40（第9章） │ │            IFRS 9/IAS 39（第6章）│
│ ▶無形資産        IAS 38（第11章）│ │ ▶引当金          IAS 37（第15章）│
│ ▶金融資産   IFRS 9/IAS 39（第6章）│ │ ▶金融負債   IFRS 9/IAS 39（第6章）│
│ ▶持分法を適用している投資        │ │ ▶未払法人税等    IAS 12（第22章）│
│                IAS 28（第25章）  │ │ ▶繰延税金負債    IAS 12（第22章）│
│ ▶生物資産        IAS 41（第34章）│ │ ▶売却目的処分グループの負債      │
│ ▶棚卸資産        IAS 2 （第7章） │ │                 IFRS 5（第16章） │
│ ▶売掛金および未収入金            │ │                                  │
│            IFRS 9/IAS 39（第6章）│ │          資　　　本              │
│ ▶現金および現金同等物            │ │ ▶非支配持分      IAS 27（第25章）│
│            IFRS 9/IAS 39（第6章）│ │ ▶親会社の株主に帰属する資本      │
│ ▶売却目的の非流動資産（又は処分グ│ │                  IAS 1, 27, 32   │
│   ループ）      IFRS 5（第16章） │ │  （本章，第6章および第25章）    │
│ ▶繰延税金資産    IAS 12（第22章）│ │                                  │
└─────────────────────────────────┘ └─────────────────────────────────┘
```

② 財政状態計算書の例示

○○○カンパニー財政状態計算書
(20 X 2 年 12 月 31 日現在)

	20 X 2 年 12 月 31 日	20 X 1 年 12 月 31 日
資　　産		
非流動資産		(単位：千円)
有形固定資産	230,000	205,000
のれん	25,000	25,000
その他無形固定資産	30,000	35,000
関連会社投資	100,000	100,000
売却目的の投資	50,000	60,000
	435,000	425,000
流動資産		
棚卸資産	100,000	95,000
営業債権	125,000	115,000
その他の流動資産	40,000	35,000
現金および現金同等物	60,000	50,000
	325,000	295,000
資産合計	760,000	720,000
資本および負債		
親会社の株主に帰属する資本		
株式資本	100,000	100,000
その他の留保金	15,000	15,000
利益剰余金	200,000	190,000
	315,000	305,000
非支配持分	35,000	30,000
資本合計	335,000	350,000
非流動負債		
長期借入金	160,000	150,000
繰延税金	15,000	10,000
長期引当金	25,000	20,000

	200,000	18,000
<u>流動負債</u>		
営業債務その他の未払勘定	60,000	50,000
短期借入金	40,000	45,000
一年内返済予定長期借入金	30,000	20,000
当期未払税金	55,000	50,000
短期引当金	30,000	35,000
	210,000	205,000
負債合計	410,000	385,000
資本および負債合計	760,000	720,000

（2）包括利益計算書

① 包括利益計算書に含まれる項目

　IAS 1 において包括利益計算書に最低限表示しなければならない科目と，本書における各章との関連は，以下のとおりである。

```
▶収　　　　益　　　　　　　　　IAS 11, 18（第 17 章，第 18 章）
▶財 務 費 用　　　　　　　　　　　　　　　IAS 23（第 19 章）
▶持分法適用に伴う投資損益　　　　　　　　IAS 28（第 25 章）
▶税 金 費 用　　　　　　　　　　　　　　　IAS 12（第 22 章）
▶廃止事業の税引後損益　　　　　　　　　　IFRS 5（第 16 章）
▶当期純利益
▶内容によって分類されたその他の包括利益
▶持分法適用に伴うその他包括利益持分損益
▶包 括 利 益
▶一株当たり損益　　　　　　　　　　　　　IAS 33（第 30 章）
```

② 包括利益計算書における費用の分類と表示

IAS 1 は，費用項目を性質別または機能別に分類して表示することを要求している。

性質別分類とは，単に費用の性質による分類(たとえば，減価償却費，材料仕入高，運送費，従業員給付)に従って費用を集計するものであり，後述する機能別分類より簡単に適用できる。

一方，機能別分類とは，日本基準においても採用されている方法であるが，費用を機能別に集計(たとえば売上原価，販売費，管理費)する必要があり財務諸表利用者により有用な情報を提供する一方，恣意性の介入する余地も多いといえる。

性質別分類の例		機能別分類の例	
収　　　　益	2,000,000	収　　　　益	2,000,000
製品，仕掛品増減	50,000	売　上　原　価	(1,550,000)
原　材　料　費	(740,000)	売　上　総　利　益	450,000
人　　件　　費	(500,000)	販　　売　　費	(80,000)
減　価　償　却　費	(55,000)	管　　理　　費	(70,000)
その他の費用	(550,000)	その他の費用	(95,000)
費　用　合　計	(1,795,000)	税　引　前　利　益	205,000
税　引　前　利　益	205,000		

③ 包括利益計算書の例示

〈一計算書方式による場合〉

××コーポレーション包括利益計算書

(20X2年12月31日に終了する1年間)

	20X2年	20X1年
		(単位：千円)
収益	4,500,000	4,750,000
売上原価	(3,500,000)	(3,600,000)
売上総利益	1,000,000	1,050,000
その他の収益	100,000	80,000
販売費	(400,000)	(395,000)

一般管理費	(200,000)	(210,000)
その他の費用	(250,000)	(245,000)
金融費用	(100,000)	(80,000)
関連会社の利益に対する持分	150,000	60,000
税引前利益	300,000	260,000
税金費用	(125,000)	(105,000)
継続事業の当期利益	175,000	155,000
廃止事業の損失額	25,000	15,000
当期利益	150,000	140,000
その他の包括利益		
為替換算調整額	10,000	25,000
資本性金融商品の再測定額	20,000	10,000
キャッシュ・フロー・ヘッジ	5,000	15,000
固定資産再評価額	15,000	25,000
確定給付年金制度の数理差異	5,000	10,000
持分法適用会社の包括利益	10,000	15,000
その他の包括利益の構成要素に関連する税金	25,000	35,000
その他の包括利益	90,000	125,000
包括利益	240,000	265,000
利益の帰属		
親会社株主	192,000	212,000
非支配持分株主	48,000	53,000
	240,000	265,000

（3） 持分変動計算書

持分変動計算書の開示例については，次ページのとおりである。

△△コーポレーション持分変動計算書（20X2年12月31日に終了する1年間）

	親会社の株主に帰属する資本							非支配持分	合計
	資本金	利益剰余金	為替換算差額	売却可能金融資産	キャッシュ・フロー・ヘッジ	再評価剰余金	合計		
20X0年12月31日残高	700,000	300,000	(15,000)	40,000	5,000	10,000	1,040,000	180,000	1,220,000
会計方針変更の影響額	—	12,000	—	—	—	—	12,000	3,000	15,000
修正再表示後の残高	700,000	312,000	(15,000)	40,000	5,000	10,000	1,052,000	183,000	1,235,000
20X1年の株主資本変動									
配当	—	(50,000)	—	—	—	—	(50,000)	(10,000)	(60,000)
当期包括利益変動額	—	160,000	5,000	10,000	(10,000)	5,000	170,000	25,000	195,000
20X1年12月31日時点繰越残高	700,000	422,000	(10,000)	50,000	(5,000)	15,000	1,172,000	198,000	1,370,000
20X2年度株主持分変動									
株式発行	100,000	—	—	—	—	—	100,000	—	100,000
配当	—	(50,000)	—	—	—	—	(50,000)	(12,000)	(62,000)
当期包括利益変動額	—	150,000	20,000	(10,000)	(15,000)	10,000	155,000	23,000	178,000
利益剰余金への振替	—	5,000	—	—	—	(5,000)	—	—	—
20X2年12月31日時点繰越残高	800,000	527,000	10,000	40,000	(20,000)	20,000	1,377,000	209,000	1,586,000

2. 実務上の留意点

（1） 包括利益計算書の導入

　IAS 1 は，情報の有用性を高めることを目的として，株主の地位に基づいて行われる株主の取引とそれ以外の取引とを明確に区別することとしている。したがって，株主との取引以外の取引は，全て包括利益の構成要素として包括利益計算書上で表示する。わが国においても，平成 22 年 6 月に「包括利益の表示に関する会計基準」（企業会計基準第 25 号）が公表された。これにより連結財務諸表に関しては平成 23 年 3 月 31 日以後終了する連結会計年度の年度末より包括利益計算書が導入されており，個別財務諸表への適用についても当基準の公表から 1 年後を目途に判断することとされている。

　今後は，一般的な業績の指標として当期利益率に加えて包括利益金額や，これに関する指標も重視される可能性があり，資産負債の含み損益をより考慮した経営が必要になるなど経営者の経営判断や業績評価の仕組み，IR などにも影響を与える可能性があるため留意が必要である。また，退職給付会計における数理計算上の差異の取扱いなど，過去にその他の包括利益で認識された金額を純損益に振り替える組替調整（いわゆるリサイクリング）に関して，IFRS と日本基準との方向性において相違が残っていることにも注意が必要である。

（2） 用語および様式の弾力性

　IAS 1 は，財務諸表の期間比較および企業間比較を可能とするために最低限必要な表示についての全般的な指針を定めているものであり，用語や様式について，日本基準ほど詳細な規定はなく運用が弾力的である。また，開示における重要性の判断に関して数値基準も定められていない。

　IFRS では，広く財務諸表の利用者の経済的意思決定に影響を与えるか否か

が重要性の判断基準であり，どこまで開示するかは，経営者の判断に委ねられている。そのため，事前に十分な検討や会計監査人等との協議を行うことが肝要である。

（3） 注記の充実化

一般的な特徴として，IFRSにおける財務諸表では，日本基準の財務諸表よりも本体を簡潔に記載し，注記で詳細に説明する傾向がある。また，注記において日本基準における開示情報よりも幅広い開示が求められるため，IFRSの導入に際しては，連結子会社からの網羅的な情報収集体制の構築等も課題となる。また，本体と注記等の開示項目の数値の整合性および開示項目間の整合性についても十分な注意を払うことが必要である。

さらに，前述の不確実性の見積の要因や資本に関する情報など経営者の判断を伴う事項の開示が求められるため，注記に関しても事前に十分な検討や会計監査人等との協議を行うことが必要となると考えられる。

（4） 今後の変更の可能性

以下に記載のとおり，財務諸表の表示については，今後IAS 1が大きく変更される可能性があるため，今後の動向に留意が必要である。

3. 今後の動向

現在，財務諸表の表示に関しては，FASBとIASBのジョイント・プロジェクトが進行中であり，2008年10月16日にディスカッションペーパーとして『財務諸表の表示に関する予備的見解』が公表され，2010年7月1日にはそれまでの審議状況を反映した，公開草案にむけてのスタッフ・ドラフト『財務諸表の表示』が公表されている。スタッフ・ドラフト『財務諸表の表示』の概要は，以下のとおりである。

(1) 財務諸表の目的

① 企業の活動に関する一体的な財務情報の提供

基本財務諸表の開示項目をすべての基本財務諸表上同様にすることにより，一体性を明確にする。

② 将来キャッシュ・フローの予測に役立つよう財務情報を分解する。

経済事象に対して異なる反応を示す項目は，区分して表示されるようにする。

③ 企業の流動性および財務的柔軟性についての財務諸表利用者の評価を支援する。

企業の返済能力，投資能力，予期せぬニーズへの対応能力について，実効性のある評価を可能にする。

(2) 財務諸表の表示にかかる主な変更点

① 財務諸表の構成

財政状態計算書，包括利益計算書及びキャッシュ・フロー計算書は，共通の構成で表示することとし，企業の主要な活動または機能にどのように関連するかに基づいて，セクション，カテゴリー及びサブカテゴリーに分類する。

財政状態計算書	包括利益計算書	キャッシュ・フロー計算書
事業セクション ○営業カテゴリー ・営業財務サブカテゴリー ○投資カテゴリー	事業セクション ○営業カテゴリー ・営業財務サブカテゴリー ○投資カテゴリー	事業セクション ○営業カテゴリー ○投資カテゴリー
財務セクション ○負債カテゴリー ○資本カテゴリー	財務セクション ○負債カテゴリー	財務セクション

	マルチカテゴリー取引セクション	マルチカテゴリー取引セクション
法人所得税セクション	法人所得税セクション（継続事業に係るもの）	法人所得税セクション
非継続事業セクション	非継続事業セクション（税考慮後）	非継続事業セクション
	その他の包括利益（税考慮後）	

　企業は，セクション，カテゴリー及びサブカテゴリー内で表示科目を分類する基礎を財務諸表の注記で開示しなければならない。特に，企業は，財務諸表における情報の表示と自らの活動との関係を開示しなければならない。

② キャッシュ・フロー計算書

　営業活動によるキャッシュ・フローは，直接法を用いて表示し，間接法による表示を認めない。

③ 新たな調整表（営業活動の損益と営業活動によるキャッシュ・フロー純額の調整表）の導入

　財務諸表の一体性を向上させるため，財務諸表の注記において，営業活動の損益と営業活動によるキャッシュ・フロー純額の調整表の開示を要求する。

　上記のように，財務諸表の表示については，今後IFRSが大きく変更される可能性があるため，今後の動向に留意が必要である。

第Ⅱ部

貸借対照表(財政状態計算書)項目

第6章

金融商品

【要約比較表】 IAS 39, IAS 32, IFRS 7, IFRS 9 と日本基準との異同点

	IAS 39	日本基準
定　　義	一方の企業に金融資産を、他方の企業に金融負債または持分金融商品の双方を生じさせる契約	具体的列挙方式(「金融商品会計基準」)：IAS 39 とほぼ同様の定義(「金融商品会計実務指針」)
認識の要件	金融商品の契約条項の当事者となった時点(かつその時だけ)	同　　左
認識の中止	リスク・経済価値アプローチ＋支配の移転の有無	財務構成要素アプローチ

	IFRS 9	日本基準
金融資産の保有目的による区分	デリバティブを含むすべての金融資産について、(1)金融資産を管理する企業のビジネス・モデルと、(2)金融資産における契約上のキャッシュ・フローの特徴、の双方を基礎とすることによって、当初認識後に償却原価で測定するものと、公正価値で測定するものに2分類	有価証券についてのみ、売却目的有価証券、満期保有目的の債券、子会社及び関連会社株式、その他有価証券の区分の適用
公正価値オプション	企業が、当初認識時に、測定または認識の不整合を解消するまたは著しく削減することができる場合には、他の区分の金融資産・負債について損益を通じて	な　　し

	公正価値で測定される金融資産・負債に指定することができる。	
有価証券の評価	① 売買目的有価証券およびこれに準ずるもの 公正価値で評価し，評価差額は当期の損益計算に算入 ② 満期まで保有する負債証券 償却原価法 ③ 売却可能有価証券 公正価値で評価し，評価差額はその他の包括利益に計上するが，リサイクリングは禁止	① 売買目的有価証券　同　左 ② 満期保有目的の債券　同　左 ③ 子会社及び関連会社株式　取得原価 ④ その他有価証券　公正価値で評価し，評価差額はその他の包括利益に計上する
金融負債の評価	① デリバティブ負債や公正価値オプションの適用により損益を通じて公正価値で測定される金融負債に指定したもの 公正価値で評価 ② それ以外の負債　償却原価	① デリバティブ負債　時価で評価 ② それ以外の負債　債務額または償却原価
	IAS 39	日本基準
有価証券の減損処理	時価が帳簿価額を下回る場合，評価差損の計上 評価切下げ後の価値変動は，(a)満期まで保有する負債証券は，反転を損益として認識(b)売却可能有価証券は，持分金融商品への投資は反転は認められない。負債金融商品への投資は，反転を損益として認識	同　左 評価切下げ後の価値変動は，有価証券の保有目的の区分に則して処理
	IFRS 9	日本基準
貸付金・債権の会計	実効利子率を用いて算定した償却原価で評価	同　左(原則処理)

	貸付金等の減損会計の適用	貸付金等の減損会計の適用は未確立
	IAS 39	日本基準
ヘッジ会計	① 公正価値ヘッジ 　　時価ヘッジ会計の適用 ② キャッシュ・フロー・ヘッジ 　　ヘッジ手段に生じた損益を株主持分に計上 いずれの場合も，繰延資産・負債勘定を用いた処理は不可	繰延ヘッジ会計（原則的処理方法） 時価ヘッジ会計（代替的処理方法）
	IAS 32	日本基準
複合金融商品	転換社債，新株引受権（予約権）付社債ともに，社債部分は負債，転換権部分は株主持分に区分して表示	転換社債は，負債として一体表示，または，社債部分は負債，転換権部分は純資産に区分して表示 　新株予約権付社債は，社債部分は負債，転換権部分は純資産に区分して表示
	IFRS 7	日本基準
開　　示	① 金融商品から生じるリスク・エクスポージャーについて，定性的・定量的情報の開示。定性的・定量的情報には，信用リスク，流動性リスク，および市場リスクに関する所定の最低限の開示を含む ② 公正価値測定については，3段階のヒエラルキー別に開示	① 同左。ただし，定量的情報については，金融機関等にのみ市場リスクに関する定量的開示が規定されており，また，それ以外のリスクに関する定量的開示の規定はなし ② な　　し

§1 背　　景

　1988年6月，IASCは金融商品についての認識，測定および開示の包括的会計基準の設定を目指すプロジェクトを開始した。1991年9月公表の公開草案第40号「金融商品」(E40)，そして，1994年1月に再公表された公開草案第48号(E48)は，このプロジェクトの成果をなすものであった。その後，IASCは，このE48に対する批判，各国の金融商品の会計基準の設定動向等を考慮し，金融商品の会計基準設定を「認識及び測定基準」と「開示及び表示基準」とに分けてプロジェクトを推進することにした。その結果，比較的異論の少ない金融商品の「開示及び表示」については，1995年3月にIAS 32「金融商品—開示及び表示」としてまずもって設定された。

　それに対して，金融商品の「認識及び測定」については，さらに検討が加えられ，1997年3月にIASCディスカッション・ペーパー「金融資産および金融負債の会計処理」が公表された。これは，すべての金融資産および金融負債を公正価値で測定するという画期的成果をなすものであったが，それを直ちに基準化するためには公正価値の算定方法など検討すべき課題も多く，現時点では，時期尚早であると判断された。他方，IASC理事会が1998年中にコア・スタンダードを完成させるためには，同年中に金融商品に係るIASを完成させる必要があった。その結果，IASCでは当面，「経営者の意図」に基づいた会計処理を容認する暫定基準を作成するプロジェクトとともに，すべての金融資産および金融負債の公正価値測定を目指す包括的基準を作成するためのプロジェクトを推進することとなった。1998年12月に公表されたIAS 39「金融商品—認識及び測定」は，この前者の暫定基準として作成されたものであり，日本の会計基準にも大きな影響を与えることになった。IAS 32・39は，2003年12月に最終改訂されるとともに，2003年以降，つぎのIAS 39への修正が公表された。(1)「金利リスクのポートフォリオ・ヘッジに対する公正価値ヘッジ会計」(2004年3月)，(2)「金融資産及び金融負債の暫定的な当初認識」(2004年12月)，(3)「グルー

プ内予定取引のキャッシュフロー・ヘッジ会計」(2005年4月), (4)「公正価値オプション」(2005年6月), (5)「金融保証契約」(2005年8月), (6)「金融資産の再分類」(2008年10月), (7)「組回デリバティブ」(2009年3月)。さらに, 金融商品についての情報を改善する新しい規定として, IAS 32の一部の規定に置き換わる「IFRS 7『金融商品―開示』」が2005年8月に公表された。IFRS 7は, 2009年3月5日に, 公正価値測定に関する開示規定の改善と, 金融商品の流動性リスクに関する開示規定の強化を目的として最終改訂されている。IFRS 7の公表を受けて, IAS 32のタイトルは『金融商品―表示』へと修正されている。

そしてIASBは, 2009年にIAS 39を置き換えるタイムテーブルを公表し, 第1フェーズ：測定及び分類, 第2フェーズ：減損の方法, 並びに第3フェーズ：ヘッジ会計に分割したうえで, 2009年11月に, IAS 39のうち, 金融資産の分類及び測定に関する部分を置き換えるIFRS 9を公表した。ここでは, 金融商品に関連するその他の基準であるIAS 32およびIFRS 7も関連する部分が改訂された。ただし, IFRS 9が強制適用される2013年1月1日までは, それらのいずれも現行基準のままで存続することになっている。なお, 2009年7月に公表されたIFRS 9の公開草案「金融商品―分類及び測定」においては, 金融負債も適用範囲に含められていたが, 公開草案に寄せられたコメントを受けた審議の結果, 金融負債の適用については見送られていた。しかしながら, その後, 2010年5月11日の公開草案「金融負債に対する公正価値オプション」の公表とその後の審議を経て, 金融負債の新基準も2010年10月28日に最終化されて, 2010年10月のIFRS 9の改訂に組み込まれるに至った。

わが国でも, 1999年1月に「金融商品に係る会計基準の設定に関する意見書」(以下, 金融商品会計意見書)ならびに「金融商品に係る会計基準」が企業会計審議会より公表された。これは, 国内的には, 近年の証券・金融市場のグローバル化や企業の経営環境の変化等に対応して企業会計の透明性を一層高めていくことを求められるものであり, そして, 国際的には, IAS 39やアメリカFASB基準書第133号など金融商品に関する会計基準の整備動向を受けて, 新たに策定されたものである。

金融資産の発生・消滅の認識, 金融商品の時価導入, ヘッジ会計, 複合金融

商品の会計処理等，本「金融商品会計意見書」はIASCやFASB等の海外の動向に大いに接近するものとなった。これを受けて，日本公認会計士協会会計制度委員会は金融商品会計に関する実務指針の作成に向けた検討をなし，2000年1月，「金融商品会計に関する実務指針」(以下，金融商品会計実務指針)を公表するに至った。「金融商品に係る会計基準」は，その後，企業会計基準委員会による改正のうえ，企業会計基準第10号「金融商品に関する会計基準」(以下，金融商品会計基準)として公表されている(最終改正平成20年3月10日)。「実務指針」のその後の国際的な動向等を踏まえた最終改正は，平成23年3月29日である。

§2 バリエーションの分析と評価

1. IASBと日本基準のアプローチ

　IASB基準も日本基準もすべての金融商品を対象として，金融商品の認識と測定問題を取り扱う全般的アプローチを採用している。両基準ともに有価証券，貸付金や売上債権，デリバティブ，その他の金融商品を含むすべての金融商品に対して適用される。両基準ともに金融資産・負債の認識と当初認識時の測定に対しては単一の全般的アプローチによる。しかし，当初認識後の測定に関して，IFRS 9は金融資産を2つに，そして，金融負債も2つに区分し，それぞれの区分に即して会計処理の方法を規定するのに対し，日本基準では，債権，有価証券，運用を目的とする金銭の信託，デリバティブ取引により生じる正味の債権および債務，および金銭債務の区分に即して会計処理の方法を規定する。両基準ともに，いつ金融資産の消滅を認識すべきかの指針を提供する。また，両基準ともにヘッジ取引の会計問題を包括するものではあるが，後述するように，その具体的な取扱いには差異が見られる。

2. 金融商品の定義

　金融商品の定義について，IAS 39と日本基準との間で実質的な差異はないものと考えられた。IAS 39では，IAS 32に準拠して，金融商品とは，「一方の企業に金融資産を，他方の企業に金融負債または持分金融商品の双方を生じさせる契約」(IAS 32 par11, IAS 39 par. 8)として定義づけられ，金融資産，金融負債および持分金融商品がそれぞれ定義づけられている。それに対して，日本基準では，当初，金融資産および金融負債を定義せず，具体的な金融資産および金融負債に属する項目を例示することによってその範囲を明らかにしようとした（金融商品会計意見書第一・一）。この「意見書」に基づき設定された日本公認会計士協会の「実務指針」では，上記のIAS 39と規定をほぼ合致する形で金融資産および金融負債の定義が行われた（金融商品会計実務指針第4-5項）。

　IAS 32では，金融資産，金融負債および持分金融商品がつぎのように定義されている (IAS 32 par. 11)。

(1) 金融資産とは，つぎのあらゆる資産をいう。
  (a) 現　　金。
  (b) 他の企業の持分金融商品。
  (c) (i) 他の企業から現金または他の金融資産を受け取ることのできる契約上の権利。
  　　(ii) 金融資産・負債を，企業にとって潜在的に有利な条件で他の企業と交換できる契約上の権利。
  (d) 企業自身の持分金融商品で決済されるか決済される可能性のある契約であって，次のもの。
  　　(i) 可変的な数量の企業自身の持分金融商品を受け取る義務があるか，義務を負う可能性がある非デリバティブ。
  　　(ii) 固定的な数量の企業自身の持分金融商品に対して，固定額の現金または他の金融資産との交換以外で決済されるか決済される可能性のあるデリバティブ。この目的に照らして，企業自身の持分金融商品には，

単なる債務返済目的で企業の純資産の比例持分を他の企業に引渡す義務を負わせるプット可能な金融商品や，企業自身の持分金融商品を将来に受取るまたは引渡す契約は含まれない。
(2) 金融負債とは，次のあらゆる負債をいう。
(a) （ⅰ） 他の企業に現金または他の金融資産を引き渡す契約上の義務。
　　（ⅱ） 金融資産または金融負債を，企業にとって潜在的に不利な条件で他の企業と交換する契約上の義務。
(b) 企業自身の持分金融商品で決済されるか決済される可能性のある契約であって，次のもの。
　　（ⅰ） 可変的な数量の企業自身の持分金融商品を引き渡す義務があるか，義務を負う可能性がある非デリバティブ。
　　（ⅱ） 固定的な数量の企業自身の持分金融商品に対して，固定額の現金または他の金融資産との交換以外で決済されるか決済される可能性のあるデリバティブ。この目的に照らして，もし企業が，権利，オプション，またはワラントを，すべての同じクラスの非デリバティブである持分金融商品の既存の所有者に比例的に提供するならば，固定的な数量の企業自身の持分金融商品を固定額で獲得できる権利，オプション，またはワラントは持分金融商品である。また，この目的に照らして，企業自身の持分金融商品には，単なる債務返済目的で企業の純資産の比例持分を他の企業に引渡す義務を負わせるプット可能な金融商品や，企業自身の持分金融商品を将来に受取るまたは引渡す契約は含まれない。
(3) 持分金融商品とは，企業のすべての負債の控除後の資産に対する残余請求権を証するあらゆる契約をいう。

　金融商品の中で特に先物，先渡，オプション，スワップその他これに類似するものをデリバティブという。IAS 39 では，デリバティブがつぎの3つの特徴をすべて満たす金融商品または他の契約として定義されている（IAS 39 par. 9）。
(a) その価値が，特定の金利，金融商品価格，現物商品価格，外国為替相場，

価格・率の指数，信用格付け・信用指数，または他の変数（ときには基礎数値とよばれる）の変化に反応して変動する。ただし，非金融変数の場合には，当該変数が契約当事企業に特有ではないこと。

(b) 当初の純投資をまったく必要としないか，または市場の要因の変化に類似の反応をすると予想される他の種類の契約と比較して少額の当初の純投資しか必要としない。

(c) 将来の期日に決済される。

　IAS 39 も日本基準もともに，その価値が特定の金利，有価証券価格，現物商品価格，外国為替相場，各種の価格・率の指数，信用格付け・信用指数，または類似する変数（これらは基礎数値とよばれる）の変化に反応して変動すること，当初純投資が不要またはほとんどかからないこと，の2つの特徴を有する点では共通性を持つ。しかし，IAS 39 では，第3の特徴として，単に将来日での決済を求めるのに対し，日本基準では，決済の方法について特に純額（差金）決済に焦点を置いた具体的規定がなされている点で両者の取扱いに差異が見られる（金融商品会計実務指針第6項・(3)）。

3. 認識と測定

　当初の認識について，IFRS 9 及び IAS 39 では，「企業は，金融商品を含む契約条項の当事者となった時点で，金融資産または金融負債を財政状態計算書上で認識しなければならない」（IFRS 9 par. 3.1.1）としている。たとえば，無条件の受取債権・支払債務は，現金を受け取る法的権利または現金を支払うべき法的義務をもつ場合に「契約条項の当事者」となり，先渡契約のようなデリバティブ取引については，契約の決済時ではなく，約定時に資産または負債の発生を認識しなければならない。しかし，商品等の売買や役務の提供をなす確定約定については，約定時に資産・負債の発生を認識するのではなく，当該商品等の受渡し時または役務提供の完了時にその発生を認識する。日本基準もまた，金融資産の契約上の権利または金融負債の契約上の義務を生じさせる契約を締結したときは，原則として，当該金融資産または金融負債の発生を認識しなければ

ならない(金融商品会計基準第7項)としている。

　当初認識時の測定に当たっては，IFRS 9 及び IAS 39 では，金融資産・負債については公正価値に基づくものとされる(IFRS 9 par. 5.1.1)。IAS 39 では，公正価値の最良の証拠は活発な市場における公表価格であるが，金融商品の市場が活発に取引されていない時には，企業は評価技術を使用することによって公正価値を立証する必要がある。評価技術を使用する目的は，正常なビジネスを考慮した場合の独立した第三者間取引における測定日の取引価格はいくらであるかを立証するためである(IAS 39 pars. 48 and 48A)。ただし，損益を通じて公正価値で評価しない金融資産・負債の場合には，取得・発行時の付随費用を含めた公正価値に基づくものとされる(IFRS 9 5.1.1)。したがって，償却原価で測定される金融資産及び公正価値の変動がその他の包括利益で認識される持分金融商品については，公正価値に取得に直接帰属する取引費用を加算した金額が測定される。

　一方，日本基準では，金融資産・金融負債を支払った対価または受け取った対価に基づくものとする。これは，金融取引を実行するのに必要な知識を持つ自発的な独立第三者の場合，時価に基づく等価交換が行われることを想定するものである。なお，ここでは，金融商品の取得・発生時における付随費用を取得・発生した金融商品の取得・発生価額に含めることとされる(金融商品会計実務指針第29項，第56項)。

4. 金融資産の認識の中止

(1) IFRS 9 における金融資産の認識の中止

　金融商品の発生および認識の中止を把握する方法として，大きく「リスク・経済価値アプローチ」と「財務構成要素アプローチ」の2つがある。前者のリスク・経済価値アプローチは，金融商品に付随したリスクと経済価値のすべて，または，実質的にすべて移転したかどうかに基づいて金融商品の発生・消滅を

認識すべきであるという考え方であるのに対し，後者の財務構成要素アプローチとは，金融商品に含まれる財務構成要素についての支配が移転した時点に，当該構成要素を財政状態計算書から取り除こうとする考え方である。改訂前IAS 39と日本基準は財務構成要素アプローチを採用する点で共通性を持っていたが，IFRS 9ではリスク・経済価値アプローチを主体として支配の移転の有無と継続的関与の有無を加味する方法が採用されている。

IFRS 9では，企業は，第1に，金融資産からのキャッシュ・フローに対する契約上の権利が失効したときには金融資産の認識を中止しなければならない。第2に，金融資産を譲渡したときには，(1)まず，金融資産の所有に係るリスクと経済価値をどの程度保持しているかによって認識の中止を判定する。金融資産の所有に係るリスクと経済価値の実質的なすべてを他に移転した場合には，当該金融資産の認識を中止するとともに，当該金融資産を譲渡することによって創出された，または保持された権利および義務をすべて独立して資産または負債として認識しなければならない。金融資産の所有に係るリスクと経済価値の実質的なすべてを保持している場合には，当該金融資産の認識を継続しなければならない。(2)つぎに，金融資産の所有に係るリスクと経済価値の実質的なすべてを移転したわけでも，また，実質的なすべてを保持しているわけでもない場合には，金融資産に対する支配を保持しているかどうかによって認識の中止を判定する。支配を保持していない場合には，当該金融資産の認識を中止するとともに，当該金融資産を譲渡することによって創出された，または保持された権利および義務をすべて独立して資産または負債として認識しなければならない。支配を保持している場合には，当該金融資産に対して継続的関与を有している範囲において(たとえば，譲渡資産に対して保証のかたちをとっている場合には，当該資産の金額と保証額のいずれか低い方)，当該金融資産の認識を継続しなければならない(IFRS 9 pars. 3.2.1-3.2.23)。ただし，次の場合にのみ，金融資産は譲渡したとみなされる。

(a) 金融資産のキャッシュ・フローを受け取る契約上の権利を譲渡した場合。
(b) 金融資産のキャッシュ・フローを受け取る契約上の権利は保持しているが，つぎの要件を満たす取り決めの下で最終受取人に当該キャッシュ・フ

ローを支払う契約上の義務を引き受けている場合。要件は，つぎの3つのすべてに該当する必要がある。(i)企業が原資産からの対応金額を回収しない限り，最終受取人への支払義務がないこと。(ii)譲渡契約により，原資産の売却または担保差入が禁止されていること。ただし，最終受取人にキャッシュ・フローを支払う義務に関しての担保の差入はのぞく。(iii)最終受取人に代わって回収したキャッシュ・フローを，重要な遅滞なしに送金する義務を有していること。さらに，企業が当該キャッシュ・フローを再投資する権利を有していないこと。

(2) 日本基準における金融資産の認識の中止

　日本基準では，財務構成要素アプローチに基づき，構成要素ごとに支配の移転の有無を判断し，当該構成要素の支配が移転した時点で貸借対照表での認識を中止する。具体的には，企業は，金融資産の契約上の権利を行使したとき，権利を喪失したとき，または権利に対する支配が他に移転したときは，当該金融資産の消滅を認識しなければならない(金融商品会計基準第8項)。ここでは，金融資産の契約上の権利に対する支配が他に移転するためには，次の3つの条件がすべて充たされなければならない。第1の要件は，当該資産に対する譲受人の契約上の権利が譲渡人および債権者から法的に保全されていることである。この要件が充たされているかどうかを判定するためには，「実務指針」では，次のような点を考慮しなければならない。

　たとえば，契約または状況が譲渡人に譲渡を取り消すことを容認しているかどうか，また，譲渡人が破産，会社更生法，和議等の下におかれた場合，管財人が当該譲渡資産に対し返還請求権を行使できるか否か等である(金融商品会計実務指針第31項)。譲渡を取り消すことを容認している場合や返還請求権を行使できる場合には，当該資産の契約上の権利に対する支配は移転したとはみなされず，したがって，譲渡取引とはならない。

　第2の要件は，譲受人が譲渡された金融資産の契約上の権利を直接または間接に通常の方法で享受できることである。支配の移転が認められるためには，

原則として，譲渡された資産について譲受人の売却または担保差入れに当たって制限が課されてはならない(金融商品会計実務指針第32項)。

　第3の要件は，譲渡人が譲渡した金融資産を当該金融資産の満期日前に買戻す権利および義務を実質的に有していないことである。ただし実務指針では，譲渡人に買戻権(買戻オプション)がある場合でも，譲渡資産が市場でいつでも取得できるとき，または買戻価格が買戻時の時価であるときには，当該資産に対する支配は移転したものと考えられる(金融商品会計実務指針第33項)。

5. 金融商品の評価と会計処理

(1) 公正価値測定に関する全般的指針

　当初認識後の測定基準として，IFRS 9 及び IAS 39 も日本基準もともに公正価値に基づく点では共通である。日本基準では，「時価」という用語を用いているものの，その内容は IFRS 9 及び IAS 39 と同様に「公正な評価額」であり，取引を実行するために必要な知識をもつ自発的な独立第三者の当事者が，取引を行うと想定した場合の取引価格である(金融商品会計実務指針第47項)。両者ともに，金融商品が市場で活発に取引され，そこで成立している価格がある場合，当該「市場価値に基づく価額」が最良の公正価値を示す。このような取引価格について，IAS 39 では，「保有する資産または発行を予定する負債の場合の適当な取引価格は，通常，現時点の買呼値(bid price)であり，取得を予定する資産または保有する負債の場合，現時点の売呼値(asking price)である」(IAS 39 par. AG72)。この点において，IASB 基準は日本基準よりもより明示的となっている。適切な市場価値が成立していない場合等においては，両基準ともに「合理的に算定された価額」によるものとされる(IAS 39 par. AG74，金融商品会計実務指針第53項)。

(2) 当初認識後の金融資産の評価

　金融資産の取得後の処理に当たって，IFRS 9 及び IAS 39 と日本基準との基本的アプローチは相違する。IFRS 9 は，デリバティブを含むすべての金融資産について，(1)金融資産を管理する企業のビジネス・モデルと，(2)金融資産における契約上のキャッシュ・フローの特徴，の双方を基礎とすることによって，当初認識後に償却原価で測定するものと，公正価値で測定するものに 2 分類する必要がある(IFRS 9 par. 4.1)。

　次の 2 要件を満たすものは，当初認識後に償却原価で測定する(par. 4.2)。

(1) 企業のビジネス・モデルの目的が，契約上のキャッシュ・フローを回収するために資産を保有することである。
(2) 金融資産の契約条件が特定の日にキャッシュ・フローが生じるようになっており，当該キャッシュ・フローは元本及び元本残高に対する利息のみから構成されること。

　2 要件を満たさずに当初認識後に償却原価で測定しない場合には，金融資産は公正価値で測定する(IFRS 9 par. 4.2)。

　ただし，測定または認識の不整合(これは，しばしば「会計上のミスマッチ」と呼ばれる)を解消するまたは著しく削減することができる場合には，公正価値オプションによって，償却原価で測定する金融資産について損益を通して公正価値で測定する金融資産として指定することができる(IFRS 9 par. 4.5)。

　これに対して，日本基準では，有価証券について，(1)売買目的有価証券，(2)満期保有目的の債券，(3)子会社及び関連会社株式，および(4)その他有価証券の区分による処理を定めているものの，他の金融資産に対しては同様のアプローチは採られていない。IFRS 9 では，金融資産を管理する企業のビジネス・モデルと，金融資産における契約上のキャッシュ・フローの特徴による分類が有価証券以外の金融資産に対しても適用される。したがって，IASB 基準に準拠するか，日本基準に準拠するかによって差異が生じる。

　IFRS 9 では，損益を通して公正価値で評価する金融資産は，公正価値をもっ

て財政状態計算書価額とし，評価差額は当期の損益として処理する。この処理の方法は，売買目的の有価証券に対する日本基準の取扱いと同様である（「金融商品会計基準」第15項）。

当初認識後に償却原価で測定する金融資産として分類される典型的な資産は満期保有目的の資産である。満期保有目的の資産は，予想可能な支払額と固定した満期日を持つとともに，企業は満期日まで当該資産を保有する積極的な意図と能力を持つものでなければならない。このような資産については，実効利率を用いて算定した償却原価で測定される。日本基準においても，満期保有目的の債権について，「償却原価法に基づいて算定された価額をもって貸借対照表価額としなければならない。」（「金融商品会計基準」第16項）と規定され，同様の取扱いが採られている。

当初認識後に償却原価で測定する金融資産として分類されるつぎの典型的な資産には，貨幣や財貨・用役を債務者に直接提供することによって作り出された貸付金や債務，ある種のローン・パーティシペーション，企業結合やシンジケーションによって取得された貸付金等の企業が自ら作り出した貸付金や債権が含まれる。これらは，デリバティブ以外の金融資産であるとともに，活発な市場での公表価格がない支払額が固定または決定可能なものである。このような貸付金や債権についても，実効利率を用いて算定した償却原価で測定される。なお，日本基準には，企業が自ら作り出した貸付金や債権の取扱いは明示されていない。

IFRS 9では，売却可能目的という区分はなくなったが，株式などの持分金融商品への投資については，当初認識時に選択した場合に限って，資産を公正価値で評価したうえで未実現の評価差額はその他の包括利益として計上することが，トレーディング目的の場合を除き，容認されている。リサイクリングについては認められていない（IFRS 9 par. 5.7.5）。資産を公正価値で評価したうえで未実現の評価差額はその他の包括利益として計上することを選択した場合には，受取配当金のみIAS 18に従って損益に計上する。ただし，日本基準は，有価証券については，いまでも売却可能目的の区分が設けられているが，それ以外の金融資産には同様の区分は設けられていない。また，日本基準では，評価

差額はその他の包括利益に計上する。

　また改訂前 IAS 39 では，活発な市場における公表価格がなく公正価値が信頼性をもって測定できない持分金融商品への投資や，これらの公表価格がない持分金融商品と関連付けられており，その引き渡しにより決済されなければならないデリバティブについては，取得原価で測定しなければならないとされていたが(改訂前 IAS 39 par. 46)，IFRS 9 ではこの規定が削除された。したがって，通常の持分金融商品への投資は，たとえ公表される市場価格がない持分金融商品への投資であっても，損益を通して公正価値で評価する金融資産と分類されると考えられる。一方，日本基準では，時価を把握することが極めて困難と認められる有価証券の貸借対照表価額は，社債その他の債券については債権の貸借対照表価額に準じて，社債その他の債券以外の有価証券については取得原価で評価することが規定されている(「金融商品会計基準」第19項)。

(3) 当初認識後の金融負債の評価

　IFRS 9 では，金融負債の評価は負債の種類に即して公正価値または償却原価による(par. 4.2.1)。デリバティブ負債や公正価値オプションの適用により損益を通じて公正価値で測定される金融負債に指定したものは，損益を通して公正価値で測定される。ここで公正価値オプションとは，企業が，当初認識時に，他の区分の金融資産・負債について損益を通して公正価値で測定する金融資産・負債に指定できることをいう。公正価値オプションは，測定または認識の不整合を解消するまたは著しく削減することができる場合に適用することが出来る(IFRS 9 par. 4.2.2)。

　これに対して，次を除く他のすべての負債(ヘッジ対象として指定されたものを除く)は実効利率を用いて算定した償却原価で測定される(IFRS 9 par. 4.2.1)。

(a) 金融資産の譲渡が認識の中止の条件を満たさない場合に生じる金融負債，または継続的関与アプローチが適用される場合に生じる金融負債。

(b) 特定の債務者が負債証券の原始または修正条項に従った支払いを履行しなかった場合に発行者に契約保有者が被った損失を弁償することを要求す

る金融保証契約。
 (c) 市場利子率よりも低い貸出条件を提供するローン・コミットメント。

　損益を通じて公正価値で測定される金融負債に指定したものについては，会計上のミスマッチが生じる又は増幅される場合を除いて，金融負債の公正価値の変動のうち負債の信用リスクに起因するものについては，その他の包括利益に計上するとともに，それ以外については，損益に計上しなければならない。もし会計上のミスマッチが生じる又は増幅される場合には，金融負債の公正価値の変動はすべて損益に計上しなければならない(IFRS 9 pars. 5.7.7-5.7.8)。ただし，ローン・コミットメント及び金融保証契約については，損益を通じて公正価値で測定される金融負債に指定していたとしても，その公正価値の変動はすべて損益に計上しなければならない(IFRS 9 par. 5.7.9)。

　他方，日本基準では，デリバティブ以外の金融負債については，時価評価は行わないものとし，原則として，債務額または償却原価(社債を社債金額よりも低いまたは高い価額で発行した場合など)によるものとされている(金融商品会計実務指針第126項)。

6. 組込デリバティブ

　デリバティブには，非デリバティブの主契約を含んだハイブリッド契約の一構成要素としての組込デリバティブがある。組込デリバティブがつぎの条件を満たす場合には，そして満たす場合のみ，主契約から分離してデリバティブとして会計処理をしなければならない(IFRS 9 par. 4.3.3)。
 (1) 組込デリバティブの経済的特徴とリスクが，主契約の経済的特徴とリスクに密接に関連していない。
 (2) 組込デリバティブと同一の条件である独立した金融商品がデリバティブの定義を満たす。
 (3) ハイブリッド契約が公正価値で測定されておらず，当該公正価値の変動が損益を通して認識されていない。
 (1)～(3)のいずれかを満たす場合には，組込デリバティブを分離して会計処理

する必要がある。したがって，主契約がIFRS 9の対象である金融商品である場合には，組込デリバティブは分離せずに，ハイブリッド契約全体について当初認識後に償却原価で測定するもの，あるいは公正価値で測定するものに分類する必要がある。

また，組込デリバティブが著しくキャッシュ・フローを修正する等といった場合を除いて，企業はハイブリッド契約全体について損益を通して公正価値で測定する金融資産・負債に指定できる(IFRS 9 par. 4.3.5)。

さらに，組込デリバティブを分離して会計処理する必要があるけれども，企業が組込デリバティブを分離して測定できない場合には，企業はハイブリッド契約全体について損益を通して公正価値で測定する金融資産・負債に指定しなければならない(IFRS 9 par. 4.3.6)。同様に，企業がハイブリッド契約全体について損益を通して公正価値で測定する金融資産・負債から再分類したい場合であっても，再分類のときに分離しなければならない組込デリバティブを測定できない場合には，当該再分類は禁止されている(IFRS 9 par. 4.3.7)。

7. 再 分 類

金融資産を管理する企業のビジネス・モデルを変更したとき，そしてその時だけ，企業は影響を受ける金融資産を再分類しなければならない(IFRS 9 par. 4.4.1)。再分類日において，金融資産は公正価値で測定し，簿価と公正価値との差額は損益として認識される(IFRS 9 par. 5.6.2)。ただし，金融負債については，再分類は認められていない(IFRS 9 par. 4.4.2)。

8. 有価証券等の会計と減損処理

日本基準における有価証券の保有目的による区分とIFRS 9によるすべての金融資産に対する保有目的による区分とは，異なっている。日本基準の区分では，子会社株式および関連会社が独立した区分として定められているのに対し，IFRS 9では，このような独立の区分は設けられていない。日本基準では，子会

社株式および関連会社株式は，その性格上，時価の変動を認識することは適当ではなく，したがって，取得原価をもって貸借対照表価額とする。他方，IFRS 9では，子会社株式等もその保有目的に即して，公正価値または原価で評価することになる。

IAS 39では，公正価値で評価する金融資産以外の金融資産を減損の対象とし(IAS 39 par. 58)，各決算日ごとに価値の減損に関する客観的証拠が生じているかどうか評定することを規定している。このような客観的証拠として，著しい財務上の困難性や倒産の可能性が高いなどの具体的状況が例示されている(IAS 39 par. 59)。またIAS 39では，償却原価で測定される貸付金および債権と満期保有投資について，価値の減損に伴って評価切下げを行った後，減損損失の減少がその後の発生事象に客観的に関連付けられるとき，減損を行わなかった場合の償却原価を限度として反転を損益として認識しなければならない(IAS 39 par. 65)。

一方，日本基準では，売買目的有価証券以外の有価証券の価値の減損に関する客観的証拠について，時価が「著しく下落した」ときで，かつ，「回復する見込みがある」と認められない場合に，当該有価証券の価値の減損を認識しなければならないとされる(金融商品会計基準第20項)。実務指針では，「著しく下落した」ときとは，また，「回復する可能性がある」と認められるときとはどのような状況を指すかについて目安が示されている(金融商品会計実務指針第91項)。このように，価値の減損の認識時点はIAS 39と異なるものの，時価が帳簿価額を下回る金額について評価差損を計上する点では共通である。

ただし日本基準では，価値の減損に伴って評価切下げを行った価額がその後の当該資産の帳簿価額をなし，それ以後の価値変動は有価証券の保有目的の区分に即して処理されることになる。したがって，資産の減損による評価差損の反転処理は行われない。

最後に，日本基準では，市場価格のない株式の減損処理について，当該株式の発行会社の「財政状態の悪化」により実質価額が著しく低下したときは，相当の減損をなすことを要求している。ここで，財政状態の悪化とは，1株当たりの純資産が，当該株式を取得したときのそれと比較して相当程度下回っている

場合(50%程度以上)をいう(金融商品会計実務指針第92項)。IAS 39には，これに相当する具体的指針は見られない。

9. 貸付金および債権の会計

　貸付金および債権は，IFRS 9において当初認識後に償却減価で測定する金融資産として分類される典型的な資産である。日本基準では，売掛金，貸付金その他の債権は，取得価額または償却原価法に基づいて算定された価額から貸倒引当金を控除した金額が貸借対照表価額とされる(金融商品会計基準第14項)。

　IAS 39では，貸付金または債権の契約条項に従って支払期日が来ている金額の元利すべてが回収されない可能性が高い場合，減損を認識することを定めている(IAS 39 par. 63)。この場合，貸付金の帳簿価額と実効利率で割引かれた将来キャッシュ・フローの現在価値との差額が貸付金等の減損による損失を示す。一方，日本基準では，債務者の財政状態および経営成績等に応じて，債権を一般債権，貸倒懸念債権，破産更生債権等の3つに区分し，貸倒見積高の算定を行うことを要求している(金融商品会計基準第27項，第28項)。このとき，貸倒懸念債権については，将来キャッシュ・フローを約定利子率で割引いた現在価値と帳簿価額との差額を貸倒見積高とする方法を選択することができる。

10. ヘッジ会計

(1) ヘッジ会計の基本的アプローチ

　IAS 39も日本基準も，ある一定の要件が充たされる限り，企業のヘッジ取引の意図を財務諸表に反映させるための特殊な会計処理としてのヘッジ会計の適用を認めようとする点では共通である。IAS 39では，ヘッジの種類を3つに分け，それぞれについてヘッジ会計の具体的方法を定めている。

第1に，公正価値ヘッジは，すでに財政状態計算書上で資産または負債として計上されている項目および未認識の確定約定の公正価値から生じるリスク・エクスポージャーをヘッジする方法である。

　第2に，キャッシュ・フロー・ヘッジとして，すでに計上されている資産または負債項目ないし予定取引に関連したキャッシュ・フローの変動エクスポージャーをヘッジする方法が考えられる。

　そして，第3に，在外子会社のような在外事業体に対する株式投資や外貨建債権・債務は，在外事業体に対する純投資額としてヘッジの対象となる。

　日本基準においても，ヘッジ取引として，相場変動を相殺するもの(公正価値ヘッジに相当)とキャッシュ・フローを固定するもの(キャッシュ・フロー・ヘッジに相当)の2つを扱うとともに，外貨建ての金銭債権・債務や有価証券，予定取引の為替変動リスクに対してヘッジ会計の適用を定めている。このように，両者の基本的アプローチは類似しているが，ヘッジ対象やヘッジ非有効部分の処理，ヘッジ会計の処理方法などその具体的な取扱いに差異がみられる。

(2) ヘッジ対象とヘッジ手段

　IAS 39では，ヘッジ対象には，単一の資産，負債，確定約定，予定取引または在外事業体の純投資を指定できるのみならず，類似の性質のリスクを有するそれらのグループも指定することができる(IAS 39 par. 78)。ヘッジ対象が金融資産・負債のときには，ヘッジの有効性が測定できるならば，公正価値またはキャッシュ・フローの一部分のみに関連するリスクについても，ヘッジ対象とすることができる(IAS 39 par. 81)。ヘッジ対象が非金融資産・負債のときには，為替リスクまたはリスク全体をヘッジ対象に指定しなければならない。これは，為替リスク以外の特定のリスクに起因する公正価値またはキャッシュ・フローの変動を適切に分離して測定することは困難なためである(IAS 39 par. 82)。このヘッジ対象の指定に関する考え方は日本基準も同様である。

　ヘッジ対象として確定約定を公正価値ヘッジとして取り扱うか，キャッシュ・フロー・ヘッジとして取り扱うかは，議論が分かれるところである。IAS

39 は，公正価値ヘッジとして取り扱うこととした（IAS 39 par. 86）。すなわち，自国の通貨による確定約定のヘッジは，確定約定は資産または負債として認識されていないが，公正価値の変動リスクにさらされているので，これを公正価値ヘッジとして取り扱うことにした。確定約定の為替リスクのヘッジは，公正価値ヘッジとして会計処理しても，キャッシュ・フロー・ヘッジとして会計処理してもよい（IAS 39 par. 87）。日本基準では，未履行の確定約定を含めて一定の条件を満足する予定取引の実行時まで繰延処理されることになる（金融商品会計実務指針第170項）。また，このような予定取引がヘッジ会計の対象となるためには，両基準ともに当該予定取引が実行される可能性が「極めて高い」取引でなければならない。

IAS 39 では，ヘッジ手段には，一部の売建オプションを除き，すべてのデリバティブをヘッジ手段として指定することができる。しかし，非デリバティブ金融資産・負債は，為替リスクをヘッジする場合に限り，ヘッジ手段として指定することができる（IAS 39 par. 72）。このヘッジ手段の指定に関する考え方も日本基準と同様である。

（3） ヘッジ非有効部分の処理

IAS 39 では，ヘッジ非有効部分の処理はヘッジの種類によって規定されている。公正価値ヘッジでは，ヘッジ有効部分，非有効部分ともに稼得利益に計上される（IAS 39 par. 89）。キャッシュ・フロー・ヘッジ（在外事業体の純投資ヘッジを含める）については，ヘッジ有効部分はその他の包括利益に計上されるのに対し，非有効部分は稼得損益に算入されなければならない（IAS 39 pars. 95, 102）。

日本基準では，ヘッジ全体が有効と判定され，ヘッジ会計の要件が充たされている限り，ヘッジ手段に生じた損益のうち結果的に非有効となった部分についても，ヘッジ会計の対象として繰延処理することが認められている（金融商品会計実務指針第172項）。もっとも，日本基準でも，非有効部分を合理的に区分できる場合には，非有効部分を繰延処理の対象とせずにすべて当期の損益に計上する方法を選択することを妨げるものではない。

（4） ヘッジ会計の処理方法

ヘッジ会計の方法として，日本基準では，繰延ヘッジ会計を原則的処理方法とし，時価ヘッジ会計を代替的処理方法として認めることとした。日本基準では，相場変動を相殺するヘッジ取引では，ヘッジ手段としてのデリバティブに関わる損益は損益計算書に反映させず，ヘッジ対象の資産・負債の決済時点まで貸借対照表に計上して繰り延べる方法を原則とする。IAS 39 では，公正価値ヘッジについては，時価ヘッジ会計に基づき，ヘッジ手段がデリバティブの場合には，これを公正価値で測定し，ヘッジ手段が非デリバティブの場合には，IAS 21 に従って測定された帳簿価額の外貨建部分を公正価値で測定し，評価損益を発生時に計上する。ヘッジ対象項目についても，そうでなければヘッジ対象が取得原価で測定されている場合には，帳簿価額を修正するとともに，評価損益を発生時に計上する(IAS 39 par. 89)。このとき，ヘッジ対象が償却原価で測定されている場合には，当該帳簿価額の修正は，償却して当期損益に計上される(IAS 39 par. 92)。

キャッシュ・フロー・ヘッジの取扱いに関しても，日本基準では，同様に繰延ヘッジ会計が採用されるので，ヘッジ対象の資産または負債の決済時点まで貸借対照表に計上して繰り延べる。それに対して，IAS 39 では，キャッシュ・フロー・ヘッジが有効と認められる限り，ヘッジ手段の変動から生じる損益はまずその他の包括利益に計上され，ヘッジ対象項目が損益に計上されるときにその他の包括利益を通して株主持分に計上されていた損益累計額を当期損益に振り替える(IAS 39 par. 100)。ただし，ヘッジ取引が予定取引のキャッシュ・フロー・ヘッジとして指定された場合，発生が見込まれる資産・負債が金融資産・負債か否かでその会計処理が異なる。予定取引のヘッジが，その後において金融資産・負債の認識を生じさせる場合には，その他の包括利益を通して株主持分に計上した損益累積額は，取得された資産または発生した負債が当期損益に影響を与えるのと同じ期(支払利息または受取利息が認識される期など)に当期損益に振り替えなければならない(IAS 39 par. 97)。予定取引のヘッジが，その

後において非金融資産・負債の認識を生じさせる場合や，非金融資産・負債についての予定取引が公正価値ヘッジが適用される確定約定となった場合には，その他包括利益を通して株主持分に計上した損益累積額は，取得された資産または発生した負債が当期損益に影響を与えるのと同じ期（減価償却費や売上原価が認識される期など）に当期損益に振り替えなければならない（IAS 39 par. 98）。

一方，日本基準では，発生が見込まれる資産を取得したときには，繰延ヘッジ損益はこれらの資産の取得価額に加減して簿価修正される。ただし，取得する資産が貸付金等の利付金融資産である場合には，受取利息の発生に対応させるため，当該資産と区分して処理することが認められるとともに，社債，借入金等の利付負債の発生の場合には，支払利息の発生に対応するように，当該負債と区分して処理しなければならない（金融商品会計実務指針第170項）。

11. 複合金融商品

負債部分と株主持分部分の両方を含んでいる金融商品を複合金融商品という。IAS 32では，これらの構成部分を，金融負債，金融資産，または持分金融商品として別々に分類しなければならない（IAS 39 par. 28）。したがって，たとえば転換社債および新株引受権（予約権）付社債については，金融負債を創出する部分と，持分金融商品に転換する権利を与える部分とを区分して認識する。転換社債は，実質的に早期償還条項の付いた負債金融商品と普通株式の購入権とを同時発行したものであり，新株引受権（予約権）付社債は，分離可能な株式購入ワラントの付いた負債金融商品を発行したものである（IAS 32 par. 29）。ここでは，まず金融負債の帳簿価額が公正価値によって測定され，つぎに持分金融商品の帳簿価額が複合金融商品全体から金融負債の帳簿価額を控除することによって算定される（IAS 32 pars. 31-32）。

一方，日本基準では，転換社債については，負債として一体処理する方法と，社債部分と転換権部分とを区分する方法が認められている（金融商品会計基準第36項）。また新株予約権付社債については，社債部分と転換権部分とを区分す

る方法のみが認められている(金融商品会計基準第38項)。ただし，社債と転換権の測定については，IAS 32とは異なり，つぎのいずれかによるとされる。

(a) 社債および新株予約権の払込金額またはそれらの合理的な見積額の比率で配分する方法。
(b) 算定が容易な一方の対価を決定し，これを払込金額から差し引いて他方の対価を算定する方法。

12. 開　　示

IFRS 7『金融商品―開示』は，IAS 32「金融商品―開示及び表示」およびIAS 30「銀行及び類似する金融機関の財務諸表における開示」における開示規定を改訂し，充実させる目的で2005年8月に公表された。IFRS 7は，すべての企業のすべての金融商品から生じるすべてのリスクに対して適用される。ここでは，財務諸表の利用者がリスクに対する企業のエクスポージャーと当該リスクの管理方法に関する情報を十分に知ったうえで企業の財政状態や財務業績を判断することができるとされている。

IFRS 7は，金融商品の重要性については，財政状態計算書，包括利益計算書，その他にしたがって開示することを規定するとともに，金融商品から生じるリスク・エクスポージャーについては，定性的・定量的情報を開示することを規定する。後者には，信用リスク，流動性リスク，および市場リスクに関する所定の最低限の開示が含まれる。

(1) 財政状態計算書

IFRS 9では，金融資産について2つに区分し，金融負債についても同様に2つに区分し，それぞれの区分に即して会計処理の方法を規定しているが，これらのカテゴリーに関して，つぎの開示が規定されている。

(a) カテゴリー別の帳簿価額。
(b) 損益を通じて公正価値で測定される貸付金および債権，ならびに金融負

債については，信用リスク等の追加情報。
(c) 公正価値から取得原価または償却原価に，またはその逆に測定を変更する再分類をした場合には，再分類された金額とその変更理由。

（2） 包括利益計算書

金融資産の2カテゴリーと金融負債の2カテゴリーに関して，次の開示が規定されている。
(a) カテゴリー別の正味利得または正味損失。
(b) 損益を通じて公正価値で測定されない金融資産および金融負債に関する受取利息および支払利息の総額。
(c) 損益を通じて公正価値で測定されない金融資産および金融負債や信託およびその他の受託業務から生じる受取および支払手数料。
(d) 減損している金融資産の受取利息。
(e) カテゴリー別の減損損失の金額。

（3） その他

金融商品に関する会計方針，ヘッジ会計，および公正価値に関する開示が規定されている。

2009年3月には，IFRS7は，公正価値測定に関する開示を改善するとともに，金融商品の流動性リスクに関する開示を強化する改訂が行われた。公正価値測定の開示については，アメリカFASB基準書第157号に類似した3段階のヒエラルキーを導入し，公正価値測定の相対的な信頼性に関する追加的な開示を企業に求めている。これらの開示は，公正価値測定の影響に関する企業間の比較可能性の改善に役立つとされている。

改訂IFRS7では，財政状態計算書上で認識されている金融商品の公正価値測定について，その種類ごとに，全体として3段階のヒエラルキーのどのレベルに相当するかをテーブル形式で開示することを規定している（IFRS7 par.

27B)。

（レベル1）　同一の資産または負債の活発な市場における公表価格を使用して測定された公正価値。

（レベル2）　直接的に（たとえば，価格），または間接的に（たとえば，価格から引き出す），レベル1に含まれる公表価格以外の観察可能なインプットを使用して測定された公正価値。

（レベル3）　観察可能な市場価格を基礎としていないインプット（観察できないインプット）を使用して測定された公正価値。

また，レベル1とレベル2の間の重要な移動については，その理由を開示しなければならない。

この改訂は，財政状態計算書において公正価値で測定されている金融商品について適用される（IFRS 7 par. 27B）。公正価値で測定されていない金融商品については，変更がない。

一方，日本基準では，これまで有価証券やデリバティブ取引の時価等の開示が行われるとともに，デリバティブ取引に対してのみ，取引に係るリスクの内容やリスク管理体制などの取引状況の開示が規定されていた。しかし，平成20年3月における「金融商品会計基準」の改正と企業会計基準適用指針第19号「金融商品の時価等の開示に関する適用指針」の公表によって，これが金融商品全般に広げられ，「金融商品の時価等に関する事項」を開示するとともに，金融商品に対する取組方針，金融商品の内容およびそのリスク，金融商品に係るリスク管理体制，金融商品の時価等に関する事項についての補足説明を「金融商品の状況に関する事項」として開示することが規定された（第40-2項）。金融商品に係るリスクには，信用リスク，市場リスク，および流動性リスクが含まれる。また，金融商品に係るリスク管理体制として，とくに総資産及び総負債の大部分を占める金融資産及び金融負債の双方が事業目的に照らして重要であり，主要な市場リスクに係るリスク変数（金利や為替，株価等）の変動に対する当該金融資産および金融負債の感応度が重要な企業（金融機関等）は，金融商品の時価等に関する事項についての補足説明として，つぎの開示が規定されている（金融商品会計適用指針第3項・(3)）。

120　第Ⅱ部　貸借対照表(財政状態計算書)項目

(a) リスク管理上,市場リスクに関する定量的分析を利用している金融商品については,定量的分析に基づく定量的情報及びこれに関連する情報。
(b) リスク管理上,市場リスクに関する定量的分析を利用していない金融商品については,定量的分析を利用していない理由と,リスク変数の変動を合理的な範囲で想定した場合における財政状態計算書日の時価の増減額及びこれに関連する情報。

このように,日本基準では,金融機関等にのみ市場リスクに関する定量的情報の開示が規定されており,また,それ以外のリスクに関する定量的情報の開示は規定されていない。

§3　実務上の留意事項および設例

1. 金融資産の取得時,消滅時および減損時の認識と測定

留意事項

金融資産の会計処理を行うとき,当初の認識・消滅の認識,測定,減損の測定・認識等について,日本基準と細かな相違点が残っている。したがって,IASを慎重に検討した上で,会計処理を行う必要がある。

設例 6-1

IFRS 9 及び IAS 39 に基づいて,以下の設問に答えなさい。

① (減損の測定・認識) A社はB社に対し,3年後に期日が到来する100万円の債権を有している(帳簿価額100万円)が,B社は財務的に困難な状態となり,利息を免除した。この場合,B社に対する債権に対して減損を計上することが必要か？　また,その場合の減損額はいくらであるか。なお,この債権と同様の債権に係る市場金利は7%である。

② (当初認識，測定)E社はF社に対し，100万円の商品を販売したが，代金支払は販売の1年後である。その期間に係る利息の徴収は行わない。市場金利が15%であるとした場合，E社の売上時の会計処理はどのようになるか。
③ (当初認識，測定)C社はD社からの資産Xの仕入に際し，以下の条件で契約を行った。
▶資産Xを100個購入する。
▶資産Xの時価が下がった場合には，そのうち20個まではC社から契約をキャンセルすることが可能である。
▶キャンセルに際し，C社はD社に対し別途違約金を支払わなければならない。この場合，C社の会計処理はどのような考え方に基づいてなされるべきか，検討しなさい。
④ (消滅の認識)G社は，売掛債権100万円を銀行に売却し，現金を受け取る。G社は，売掛債権のうち，回収不能となった債権について10%を上限に買戻す補償をしている。過去の同様の売掛債権の回収不能率は，4%である。債権者は，売掛債権が売却された旨の通知を受け，銀行に売掛債権を支払う。

この場合，G社の売掛債権の認識の中止はどのような考え方に基づいてなされるべきか，検討しなさい。

解　答

① B社に対する債権に対して減損を計上することが必要である(減損額：18万円)。

　　B社は利息の減免を受けていることから，B社への債権について減損の徴候を示す客観的な証拠があると認められ，減損を計上することが必要である(IAS 39 par. 59)。また，A社はB社に対する債権を取得当初の債権額で計上しているため，簿価と市場金利に基づく割引現在価値額の差額が減損計上額となる(IAS 39 par. 66)。3年後に回収する100万円の債権を7%で割引いた場合の現在価値は82万円であるため，A社が計上すべき減損

額は18万円(100万円－82万円＝18万円)となる。

なお，日本基準では，貸付金等の将来キャッシュ・フローの割引現在価値が帳簿価額に対して著しく下落している場合を除いては，上記のような減損会計は現在では確立していない(ただし，債務者の財政状態を勘案して，貸倒引当金を計上することが必要となっている)。

② 15%で割り引いた金額で，売上を計上することが必要である。IAS 39においては，売掛債権について公正価値で評価することが要求されている(IAS 39 par. 43)ため，売上時の会計処理は100万円を15%で割り引いた金額で売上計上することが必要である。また，売上計上についてはIAS 18において，同様に公正価値で評価することが要求されている。

1年後に100万円を回収する債権の現在価値は87万円であることから，売上時の仕訳は以下のようになる。

（借）売　掛　金　87万円　　（貸）売　　　　上　87万円

また，売上時から代金回収時までの期間に係る金利について，受取利息の計上が行われるので，代金回収時の仕訳は以下のようになる。

（借）現　　　　金　100万円　　（貸）売　掛　金　87万円
　　　　　　　　　　　　　　　　　　受　取　利　息　13万円

なお，日本基準においては，債権を債権の実質価額より低い価額で取得した場合において，取得価額と債権金額との差額の性格が金利の調整と認められるときは，償却原価法に基づいて算定された価額で計上しなければならないとされており，基本的な会計処理は同じである。ただし，実務処理が煩瑣になることを考慮して重要性があるものについてのみ区分処理を要求している点，および，区分処理をする場合でも，簡便法である定額法を認めている点でIAS 39と異なっている。

③ 100個の資産購入のうち，80個についてはC社は通常の資産購入と同様の会計処理を行えばよいが，20個分については時価の変動によって契約をキャンセルする権利をC社は保有しているため，IAS 39においては当該

20個分についてデリバティブとしての会計処理を行う必要がある。すなわち，20個分をあらかじめ決められた価格で買う権利を，違約金を加味した時価で評価し，時価の変動分は損益として処理することが必要である。なお，日本基準においても，オプション取引として，上記と同様の考え方により会計処理を行うことになる。

④　債権の認識の中止を行うかどうか，また，その範囲は，IAS 39本文に加えて，同適用指針（AG）36のフローチャートに記載されており，本設問では，その記載に従って検討する。実際のフローチャートを手許に並べて検討すると本設問の理解は容易となるであろう。

▶範囲の検討

IAS 39適用指針（AG）36の範囲	本設問の検討例
連結すべき子会社（またはSPE）が存在するか？	存在しない。該当があれば，全ての子会社とSPEを連結する。
債権の認識の中止が，債権の一部に対して適用すべきか，全体に対して適用すべきか？	売掛債権全体に適用すべきと考える。企業Gが保証を提供する範囲は，譲渡した債権ポートフォリオ全体に対してであり，当該個々の譲渡資産から生じるリスクと経済価値に関連して，売掛債権全体の価格決定に影響を及ぼしているためである。

▶上記範囲を前提とした判定の検討

IAS 39適用指針（AG）36の判定	本設問の検討例
資産から生じるキャッシュ・フローに対する権利は消滅しているか？	売掛債権から生じるキャッシュ・フローそのものに対する権利は消滅していない。消滅している場合は，資産の認識の中止に該当する。
資産からのキャッシュ・フローを受け取る権利を移転しているか？	移転している。売却後は，銀行が債権者からキャッシュ・フローを受け取る権利を有するためである。

ほとんどすべてのリスクと経済価値を移転したか？	移転していない。売掛債権に関する信用リスクに対し，企業 G は，回収不能額の 10% までを補償することになっている。過去の回収不能率が 4% であることから，企業 G は，実質的にすべての信用リスクを有する。
ほとんどすべてのリスクと経済価値を保有しているか？	保有している。上記理由により，売掛債権の認識を継続する。

　本設問では，企業 G は，金融資産を譲渡していても，回収不能額を補償することにより，売掛債権から生じるリスクと経済価値を実質的に有しているため，企業 G の財務諸表から売掛債権の認識を中止することはできない。

　なお，日本基準においては，財務構成要素アプローチを採用しているため，買戻上限部分(10%)とそれ以外の部分(90%)に区分して消滅の認識を考える。買戻上限部分(10%)については，支配が移転していると考えられないため，売掛債権の消滅の認識ができないと考えられる。

2．その他有価証券の時価への評価替え

留意事項

　日本基準では，その他有価証券について時価が著しく下落した場合には，損失額を当期損益に計上する(減損処理)。この場合，減損処理後の評価額がその後の時価と比較される帳簿価額となり，減損処理後の価値変動(評価差額)は，資本性金融商品(株式)か負債性金融商品(債券)かにかかわらずその他の包括利益に計上される。

　IFRS 9 では，すべての資本性金融商品(株式)への投資を公正価値で測定するよう要求しており，原則として，公正価値の変動を損益に計上する。しかし，トレーディング以外の目的で保有している資本性金融商品の場合は，公正価値の変動をその他の包括利益に計上することを選択できる(OCI オプション)。

したがって，公正価値で測定する資本性金融商品(株式)の場合には，公正価値の変動を全て損益もしくはその他の包括利益として処理するため，減損損失という考え方が該当しなくなる。また，負債性金融商品(債券)を保有している場合は，償却原価での測定要件を満たす場合を除き，公正価値で評価し評価差額を当期損益に計上する。

設例 6-2

会社はA社株式を保有しており，その取得原価および各年度における時価は次のとおりである。

銘　　　柄	X1年度	X1年度	X2年度
	取得価額	期末時価	期末時価
A社株式	2,200	880	1,100

A社株式はX1年度末において時価が著しく下落し，かつ，取得原価まで回復する見込みがあるとは認められないと判断し，減損処理を行った。

会社は，A社株式をその他有価証券の区分に分類している。

日本基準，IASにおける上記有価証券の会計処理をそれぞれ検討しなさい。ただし，IFRSの処理にあたっては，OCIオプションを選択するものとする。

なお，有価証券の評価差額に係る税効果の仕訳は，一般に他の一時差異に係る税効果の仕訳と合算して行われるため，本設例では省略している。

解　答

（1）　日本基準による会計処理

①　全部純資産直入法

その他有価証券の評価差額の合計額(評価差益および評価差損)を純資産の部に計上する方法

【X1年度末】

| (借) 有価証券評価損益 | 1,320 | (貸) その他有価証券 | 1,320 |

A社株式は，評価差額を当期損失として処理する(減損処理)。
　　880 − 2,200 = △1,320

【X2年度期首】

| 仕訳なし |

A社株式は減損処理を行っているので，評価差額は振り戻さない。

【X2年度末】

| (借) その他有価証券 | 220 | (貸) その他有価証券評価差額金
(その他の包括利益) | 220 |

A社株式は，X1年度末に減損処理を行い，その後時価が一部回復して評価差益が生じているため，評価差額はその他の包括利益に計上する。
　　評価差益部分　1,100 − 880 = 220

② 部分純資産直入法

時価が取得原価を上回る銘柄に係る評価差額(評価差益)は純資産の部に計上し，時価が取得原価を下回る銘柄に係る評価差額(評価差損)は当期の損失として処理する方法

設例では，X2年度の期末時価1,100が，減損後の帳簿価額880を上回っているため，上記①の全部純資産直入法と同じ仕訳となる。

(2) IASによる会計処理

【X1年度末】

| (借) 資本性金融商品の再測定額
(その他の包括利益) | 1,320 | (貸) その他有価証券 | 1,320 |

A社株式は，評価差額をその他の包括利益として処理する。時価が著しく下落しても減損処理は行わない。

880 − 2,200 = △1,320

【X2年度期首】

仕訳なし

【X2年度末】

(借) その他有価証券	220	(貸) 資本性金融商品の再測定額 （その他の包括利益）	220

A社株式は，X1年度末と比較して時価が一部回復しているため，評価差額はその他の包括利益として処理する。

評価差益部分　1,100 − 880 = 220

解　説

減損処理後の帳簿価額および評価差額の処理は，以下のとおりである。

	X1年度末			X2年度末		
	取得価額	期末時価	評価差額の処理	取得価額	期末時価	評価差額の処理
日本基準	2,200	880	当期損益に計上（減損処理）	880 (注)	1,100	その他の包括利益に計上
IFRS	2,200	880	その他の包括利益に計上	2,200	1,100	その他の包括利益に計上

(注)　時価と比較される取得価額は，減損処理後の金額である。

3. 転換社債型新株予約権付社債の発行者の会計処理

留意事項

　転換社債型新株予約権付社債の会計処理について，IAS 32 では，金融負債を創出する部分(負債部分)と当該金融商品の保有者に企業の持分金融商品に転換する権利を与える部分(資本部分)は，区分して認識する会計処理を行なう。一方，日本基準では，IAS 32 と同様に負債部分と資本部分を区分する会計処理(区分法)と，両者を区分しない会計処理(一括法)がともに認められている。さらに，負債部分の計上について，IAS 39 では，実効金利法により算定するため，計算が複雑になる点に注意が必要である。

設例6-3

　転換社債型新株予約権付社債を以下の条件で発行した。

　　額面金額：10,000(100 口)

　　払込金額：10,000

　IAS における社債部分は，普通社債の年利8%を前提として計算する。

　　期間：X1年4月1日からX4年3月31日(3年間)

　　利率および利払日：年4%(毎年3月末支払)

　社債発行費はゼロとする。

　新株予約権の総数は，100個であり，1個で普通株式1株を購入する権利が付与されている(新株発行を予定)。行使価格は，1株あたり100円である。

　X1年4月1日およびX2年3月31日における日本基準とIASの会計仕訳を検討しなさい。

解答

（1）日本基準による会計処理

　本設問では，一般的に採用されている一括法の会計処理を示す。

【X1年4月1日(発行日)】

(借) 現 金 預 金　　10,000　　(貸) 新株予約権付社債　10,000

一括法に基づくため，すべて負債として処理する。

【X2年3月31日(期末日)】

(借) 社 債 利 息*1　　400　　(貸) 現 金 預 金　　400

 ＊1　社債利息：元本 10,000×4％＝400

(2) IASによる会計処理

 金融負債を創出する部分の公正価値をまず計算して，負債部分の金額を決定する。次に，転換社債型新株予約権付社債の公正価値から当該負債部分を控除した金額を資本部分(新株予約権)として認識する。なお，本設問の計算金額は，小数点未満を四捨五入している。

▶負債部分(負債の公正価値)および資本部分(新株予約権)の算定

1年目の利息の現在価値	400/1.08	370
2年目の利息の現在価値	400/(1.08)²	343
3年目の利息の現在価値	400/(1.08)³	318
返済時の元本の現在価値	10,000/(1.08)³	7,938
負債部分の合計		8,969
資本部分(新株予約権)＊2		(差額)1,031
合　　計		10,000

 ＊2　負債部分(負債の公正価値)および資本部分(新株予約権)の算定より，負債金額が最初に決定され，残余が資本の部に計上される。

▶社債利息の算定

年度	期首債務額	利率	利息	支払額	期末債務額
1	8,969	8％	718	400	9,287
2	9,287	8％	743	400	9,630
3	9,630	8％	770	10,400	—
			2,231		

支払利息総額 1,200(=400×3)および資本へ配分された社債の割引額 1,031 の合計 2,231 が利息部分総額である。社債発行費をゼロとしているため，期首債務額に対する実質金利は，負債部分を算定する際に使用した金利と同様の 8% となる。当該実質金利に基づく支払利息額は，年度別に 718，743，770 と計算される。

【X1年4月1日（発行日）】

(借)	現　金　預　金	10,000	(貸)	新株予約権付社債	8,969	
				資　　　　本	1,031	
				（新株予約権）		

【X2年3月31日（期末日）】

(借)	社　債　利　息	718	(貸)	新株予約権付社債*3	318	
				現　金　預　金	400	

＊3　社債利息は実効金利法に基づき算定され，実際支払額との差額は，社債部分（負債）に加算される。

設例 6-4

設例 6-3 と同じ前提条件の社債につき，X4年3月31日に，50 個の新株予約権が行使され，代用払込が行われた。その2分の1を資本準備金に組み入れたが，残余の新株予約権が未行使のまま，権利行使期間が終了した。一方，新株予約権付社債の満期償還を行った。

X4年3月31日における日本基準と IAS の会計仕訳を検討しなさい。

解　答

（1）日本基準による会計処理

設例 6-3 と同様に，一括法の場合の会計処理を示す。

【X4年3月31日（行使日・償還日）】

(借) 社 債 利 息*4	400	(貸) 現 金 預 金	400	
(借) 新株予約権付社債*5	5,000	(貸) 資 本 金	2,500	
		資 本 準 備 金	2,500	
(借) 新株予約権付社債	5,000	(貸) 現 金 預 金	5,000	

* 4 社債利息：元本 10,000 × 4% = 400
* 5 新株予約権行使金額：50 個 × 100 = 5,000

（2） IAS による会計処理

【X4年3月31日（行使日・償還日）】

(借) 社 債 利 息	770	(貸) 新株予約権付社債	370	
		現 金 預 金	400	
(借) 新株予約権付社債*6	5,000	(貸) 資 本 金	2,757.75	
資 本（新株予約権）*7	515.5	資 本 準 備 金	2,757.75	
(借) 新株予約権付社債	5,000	(貸) 現 金 預 金	5,000	
(借) 資 本（新株予約権）*8	515.5	(貸) 資 本	515.5	

* 6 満期時の新株予約権付社債残高 10,000 × 50 ÷ 100 = 5,000
* 7 満期時の転換権行使部分の新株予約権は，資本金と資本準備金に同額の振替計上とした。
* 8 新株予約権の失効時には，資本に計上した新株予約権からは損益が生じないこととされているため，新株予約権は資本として認識するが，資本の詳細名称については特に規定されていない（IAS 32 適用指針（AG）32）。なお，日本基準において区分法を採用している場合には，失効に対応する新株予約権は，失効時の特別利益として計上される。

4. ヘッジ会計

留意事項

〈日本基準におけるヘッジ会計の簡便的な処理〉

　日本基準では，所定の条件を満たす場合には，為替予約における振当処理や，金利スワップの特例処理といった，いわゆる簡便的な会計処理が認められているが，IAS 39 ではそのような例外規定がなく，原則に則った会計処理が求められる。

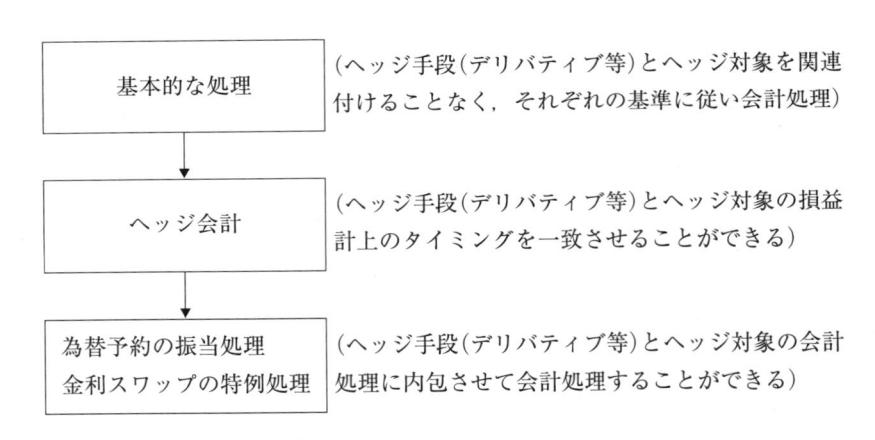

基本的な処理	(ヘッジ手段(デリバティブ等)とヘッジ対象を関連付けることなく，それぞれの基準に従い会計処理)
↓	
ヘッジ会計	(ヘッジ手段(デリバティブ等)とヘッジ対象の損益計上のタイミングを一致させることができる)
↓	
為替予約の振当処理 金利スワップの特例処理	(ヘッジ手段(デリバティブ等)とヘッジ対象の会計処理に内包させて会計処理することができる)

　したがって，たとえば日本基準で振当処理を行っていた会社が IAS 39 を適用した場合には，ヘッジ対象となる外貨建金銭債権債務等とデリバティブはそれぞれ時価で評価する必要が生じ，会計処理が煩雑になるのみならず，財務会計上の債権債務の残高自体が異なってくることに留意が必要である。また，日本基準で金利スワップの特例処理を行っていた会社が IAS 39 を適用した場合には，スワップの時価を別途管理し，会計処理を行う必要が生じることに留意が必要である。

〈ヘッジ会計〉

　ヘッジは大きくキャッシュ・フロー・ヘッジと公正価値ヘッジに分けられる

が，公正価値ヘッジの場合には，日本では繰延ヘッジが原則的処理方法(時価ヘッジは限定的に容認)となっているのに対し，IAS 39 では時価ヘッジのみが認められているため，損益計上のタイミングが大きく異なることになる。

〈参考：公正価値ヘッジにおける繰延ヘッジ処理と時価ヘッジ処理〉

どちらの方法も同様に，ヘッジ対象とヘッジ手段の時価変動にかかる損益計上のタイミングを一致させることにかわりはないが，繰延ヘッジの場合は，ヘッジ対象の決済時点(ヘッジ対象のリスクに係る変動損益の実現時)までヘッジ手段の損益を繰り延べて，最終的に損益計上を行うことにより一致させるのに対し，時価ヘッジでは，ヘッジ対象のリスク変動損益を当期の損益として前倒し計上することにより，ヘッジ手段の時価変動による損益計上とのタイミングを一致させることに違いがある。

したがって，IAS 39 によった場合には，日本基準(原則的処理方法)よりも早いタイミングで損益が認識されていくことに留意が必要である。

	毎決算時	ヘッジ対象の決済時(損益実現時)
基本の処理		
ヘッジ対象	(時価評価差額の繰延べ)	時価評価差額の損益認識
ヘッジ手段	時価評価差額の損益認識	(仕訳なし)
ヘッジ処理	ヘッジ対象の時価評価差額を前倒しで損益認識する	ヘッジ手段の時価評価差額の損益認識を繰り延べる
	時価ヘッジ	繰延ヘッジ

⇩　　　　　　⇩
ヘッジ対象とヘッジ手段の損益認識タイミングが一致する

設 例 6-5

(為替予約の振当処理)

会社(3月決算)は，X0年2月に予定されている原材料のドル建て輸入に関

して，円安による決済金額の増加を懸念して，X0年1月末にこの取引をヘッジするための為替予約を行った。この輸入取引は実行される可能性が極めて高いものであり，ヘッジ会計の要件も満たしている。

取引量および価格の予想に基づいて，代金決済の予想時期であるX0年4月末を決済期日とする為替予約を12百万ドル行った（予約レートは1ドル＝100.00円）。その後の直物レートの推移は次のとおりである。2月28日に予想と同額の12百万ドルの輸入取引が実行され，4月30日に為替予約と輸入代金が決済された。

なお，単純化のため，先物レートは直物レートと同一であったものとしている。

　　為替予約レート(1月31日)：100.00円
　　取引実行日(2月28日)　　　97.00円
　　決算日(3月31日)　　　　　99.00円
　　決済期日(4月30日)　　　　102.00円

上記の前提に基づき，日本基準(振当処理)とIAS 39により，一連の会計処理を示しなさい。

なお，「外貨建取引等会計処理基準注解」6に規定する，為替予約により確定した円貨額と直物為替相場との差額は，重要性が乏しいため期間配分せずに予約日の属する期の損益として処理するものとする。

解答・解説

（1）　日本基準による会計処理(振当処理)
【為替予約締結日(1月31日)】

　　仕訳なし

【取引実行日(2月28日)】

　　(借)　仕　　　入　1,200百万円　　(貸)　買　　掛　　金　1,200百万円

為替予約レート100円を用いて，仕入価額および買掛金額を算定する。

12百万ドル×100円＝1,200百万円
(注) 外貨建取引実務指針第8項に基づき，外貨建取引および金銭債務を為替予約相場により円換算している。

【決算日(3月31日)】

　　仕訳なし

【決済期日(4月30日)】

　(借) 買　　　掛　　　金 1,200百万円　　(貸) 現　金　預　金 1,200百万円

ヘッジ手段(為替予約)に関する処理を，ヘッジ対象の会計処理に一体化させて行うため，為替差損益等が別立て表示されない。

(2) IAS 39による会計処理(キャッシュフロー・ヘッジの繰延ヘッジ処理)
【為替予約締結日(1月31日)】

　　仕訳なし

【取引実行日(2月28日)】

　(借) 仕　　　　　入 1,164百万円　　(貸) 買　　　掛　　　金 1,164百万円

取引時の直物レート97円を用いて，仕入価額および買掛金額を算定する。
　　12百万ドル×97円＝1,164百万円

【決算日(3月31日)】

　(借) 為　替　差　損 24百万円　　(貸) 買　　　掛　　　金 24百万円

買掛金を期末日レートで換算替えし，為替差損益を認識する。
　　12百万ドル×(97円－99円)＝△24百万円(損)

　(借) 為替予約評価差額
　　　 (その他の包括利益) 12百万円　　(貸) 為替予約(負債) 12百万円

為替予約の時価評価額をその他の包括利益(包括利益計算書)に計上する。

12百万ドル×(99円−100円)＝△12百万円(損)
　(注)　本来は税効果を適用する必要があるが，簡便化のために省略している。
　　　　また，IAS 39 上は，科目名については特に明記されていない(以下同様)。

【決済期日(4月30日)】

| (借) 為替予約(負債) 12百万円 | (貸) 為替予約評価差額 12百万円
(その他の包括利益) |

[同，前期末評価差額の戻入れ]

| (借) 買　　掛　　金 1,188百万円
(借) 為替差損(当期損益)　36百万円 | (貸) 現　金　預　金 1,224百万円 |

買掛金の決済 12百万ドル×102円＝1,224百万円
為替差損益(99円−102円)×12百万ドル＝△36百万円(損)

| (借) 現　金　預　金 24百万円 | (貸) 為　替　差　益 24百万円
(当　期　損　益) |

為替予約の決済：12百万ドル×(102円−100円)＝24百万円(益)

設　例 6-6

(金利スワップの特例処理)

　総合商社A社は，×1年4月1日に下記の条件の借入(変動金利)を実行したが，将来の金利変動リスクに対処するため，同日に下記の条件の金利スワップ契約を締結した。借入金および金利スワップの利息は4月1日の金利水準に基づいて計算され，翌年の3月31日に後払いされる契約である。

借　　入
　　　　借　入　日：×1年4月1日
　　　　借入期間：2年
　　　　借　入　額：130,000
　　　　支払金利：LIBOR＋1％
金利スワップ
　　　　契　約　日：×1年4月1日

契約期間：2年
想定元本：130,000
金利（受取）：LIBOR＋1％
金利（支払）：3.2％

日　付	LIBOR(％)	金利スワップの時価
X1年4月1日	2.00	
X2年3月31日		570(益)
X2年4月1日	2.50	
X3年3月31日		0

上記の金利スワップおよびヘッジ対象となっている借入金については，金利スワップの想定元本と借入金の元本金額が同一であり，金利の受渡条件および満期も全く同一である。したがって，金利スワップの特例処理により処理することが認められる。

上記の前提に基づき，X1年4月1日（当初借入れ時），X2年3月31日（第1回利払い日），X3年3月31日（第2回利払いおよび決済日）における日本基準（特例処理）とIAS 39による会計処理を示しなさい。

解　答

（1）　日本基準による会計処理（特例処理）

【X1年4月1日（借入およびスワップ契約締結日）】

(借)現　　　金	130,000	(貸)借　入　金	130,000

【X2年3月31日（第1回利払い日）】

(借)支　払　利　息	3,900	(貸)現　　金	3,900
支　払　利　息	260	現　　金	260

借入金利息：130,000×3.00％(2.00％＋1.00％)＝3,900
スワップ契約純支払額：130,000×(3.20％－3.00％)＝260

スワップの評価損益は認識しない。

【X3年3月31日(第2回利払いおよび決済日)】

(借)	支払利息	4,550	(貸)	現　　　金	4,550
	現　　　金	390		支払利息	390
(借)	借　入　金	130,000	(貸)	現　　　金	130,000

借入金利息：130,000×3.50%(2.50%＋1.00%)＝4,550

スワップ契約純支払額：130,000×(3.20%－3.50%)＝△390(受取り)

スワップの評価損益は認識しない。

(2) IAS 39による会計処理

【X1年4月1日(借入およびスワップ契約締結日)】

(借)	現　　　金	130,000	(貸)	借　入　金	130,000

【X2年3月31日(第1回利払い日)】

(借)	支払利息	3,900	(貸)	現　　　金	3,900
	支払利息	260		現　　　金	260

借入金利息：130,000×3.00%(2.00%＋1.00%)＝3,900

スワップ契約純支払額：130,000×(3.20%－3.00%)＝260

(借)	金利スワップ (資　　産)	570	(貸)	スワップ評価差額 (その他の包括利益)	570

X2年3月31日における金利スワップの時価(570)を,資産に計上する。

金利スワップ評価差益部分570を繰延ヘッジ処理により,その他の包括利益(包括利益計算書)を通して認識する。なお,本来は税効果を適用する必要があるが,簡便化のために省略している。また,IAS 39上は,科目名については特に明記されていない(以下,同様)。

【X3年3月31日(第2回利払いおよび決済日)】

(借)	支 払 利 息	4,550	(貸)	現　　　　金	4,550
	現　　　　金	390		支 払 利 息	390
(借)	借　入　金	130,000	(貸)	現　　　　金	130,000
(借)	スワップ評価差額 （その他の包括利益）	570	(貸)	金利スワップ （資　産）	570

借入金利息：130,000 × 3.50%（2.50% + 1.00%）= 4,550

スワップ契約純支払額：130,000 ×（3.20% − 3.50%）= △390（受け取り）

前期に計上したスワップの評価差額の戻入れを行う。

解　説

繰延ヘッジ会計を行った場合，金利スワップ評価損益が資本（純資産の部）および当期損益に与える影響は以下のとおりである。

	純資産の部	損益計算書 （包括利益計算書）
日本基準（特例処理）	影響なし	影響なし
日本基準（繰延ヘッジ）	税効果適用後，純資産の部に直入＊	影響なし
IAS 39	包括利益計算書を通じて認識	その他の包括利益として計上

＊ただし，上記説例では，簡便化のため税効果に関する仕訳を考慮していない。

設 例 6-7

（公正価値ヘッジ）

　A社は，X1年度にB社発行の固定利付社債を購入し，これをその他有価証券の区分に分類した。当該社債の金利変動による価格変動リスクをヘッジするため，購入時に，固定支払・変動受取の金利スワップを締結した。X1年度末時点の市場金利が購入時と比較して上昇していたため，B社社債および金利ス

ワップの時価はそれぞれ次のように変化した。

なお，簡便化のため，B社の社債価額の変動はすべて金利変動の影響によるものとし，それ以外の要因(X社自体の信用やマーケットの状況等)はないものと仮定する。

	保有社債	金利スワップ
取得原価	10,000	—
金利上昇による影響	(450)	500(益)
期末時価	9,550	500

当該金利スワップ契約は，固定金利を変動金利にスワップしており，公正価値ヘッジの要件を満たしているとする。

上記の前提に基づき，X1年度末における日本基準(原則処理)とIAS 39による会計処理を示しなさい。

解答

（1） 日本基準による会計処理(原則処理：繰延ヘッジ)

(借)	その他有価証券評価差額金(純資産の部)	450	(貸)	その他有価証券	450

評価差損益 9,550 − 10,000 = △450(損)

(借)	金利スワップ(資産)	500	(貸)	繰延ヘッジ利益(純資産の部)	500

金利スワップの評価差益500を繰延ヘッジ利益として純資産の部に直入することにより繰り延べる。

（2） IAS 39による会計処理(時価ヘッジ)

| (借) | 有価証券評価損
(当期損益) | 450 | (貸) | その他有価証券 | 450 |

金利上昇による評価差損450は，金利スワップの時価評価益と相殺の関係にあるため，当期損益に計上する（なお，本来は税効果を適用する必要があるが，簡便化のために省略している）。

| (借) | 金利スワップ
(資　産) | 500 | (貸) | スワップ評価損益
(当期損益) | 500 |

金利スワップの評価差益を当期損益に計上する。なお，IAS 39上は，科目名については特に明記されていない。

解　説

　固定利付債券の市場価格は，市場金利の上昇によって下落し，市場金利の下落によって上昇する。この市場価格の変動をヘッジするために行う，固定支払・変動受取の金利スワップ契約においては，将来受取利息のキャッシュ・フローは不確定となる一方で，固定利付債券の価格変動をヘッジしているため，公正価値ヘッジとなる。

　この場合，繰延ヘッジ処理（日本基準における原則法）を採用すれば，有価証券および金利スワップの時価変動から生じる損益は，最終的に有価証券が売却されるまで繰り延べられるが，時価ヘッジ処理（日本基準の例外処理またはIAS 39）を行った場合は，決算の都度，有価証券および金利スワップのそれぞれの時価変動を，当期損益として認識することになる。

5．公正価値オプション

留意事項

　IAS 39では，ヘッジ会計の適用基準を満たさないが，実態上は相殺関係にあ

るもの等について，損益認識のタイミングや測定上の不整合が生じるという，いわゆる「会計上のミスマッチ」を解消すること等を目的として，当初認識時に企業が"当期損益を通じて公正価値で測定するもの"として指定した金融資産または金融負債については，それぞれに適用されるべき会計基準に係わらず，当期損益を通じて公正価値で測定すると定めている(公正価値オプション，IAS 39 par. 9)。

日本基準には同様の規定がなく，IAS 39に従った場合には，より経済実態に即した有用な損益情報が提供できる可能性がある。一方，財務諸表の読み手としては，企業の選択により公正価値評価される金融資産・負債があることを理解しなければならないことに留意が必要である。

設 例 6-8

A社は固定利回りの有価証券を購入し，その原資として，固定利付社債を発行した。両者は同じ金利変動リスクにさらされており，互いにリスクを相殺しあう関係を有している。有価証券は，「その他有価証券」として分類されるものである。

上記の前提に基づき，日本基準およびIAS 39によった場合，その後の決算時において，有価証券および社債がそれぞれどのように会計処理されるかを答えなさい。

ただし，IAS 39のもとでは，A社は有価証券および固定利付社債の両方を，公正価値オプションの規定に基づき，当期損益を通じて公正価値で評価するものとして当初の認識時に指定している。

解　答

(1) 日本基準による会計処理
有価証券……「その他有価証券」として処理されるため，期末の時価変動による損益は，税効果を考慮後，純資産の部において認識される。
社債……償却原価法により，当期損益で認識される。
(2) IAS 39による会計処理(公正価値オプションとして指定)

有価証券……期末の公正価値変動による損益を，当期損益を通じて認識する。
社債……期末の公正価値変動による損益を，当期損益を通じて認識する。

解　説

各金融資産・負債の公正価値変動の認識方法についてまとめると，以下のとおりとなる。

	日本基準	IAS 39
有価証券	（売却されるまで）純資産の部において認識	公正価値により，当期損益を通じて認識
社　債	償却原価法により，損益計算書で認識	公正価値により，当期損益を通じて認識

　経済実態として，当該有価証券を購入するために社債を発行しており，金利変動について双方に相反するリスクを有しているにもかかわらず，日本基準では，社債のみが償却原価法により当期損益に影響を与えていることがわかる。
　一方，IAS 39では，有価証券と社債の両方を（公正価値オプションとして指定することにより）公正価値で評価し，それらの変動を毎期当期損益を通じて認識するため，同じリスクから生じる相反する損益が，結果的に同じタイミングで相殺されることにより，より実態に近い会計処理が行われることになる。

6．その他の留意事項

(1) IAS 39は，すべての金融資産について保有目的を区分し，日本基準は，有価証券についてのみ保有目的を区分する。
(2) 日本基準では，金融商品の範囲にゴルフ会員権が含まれる。
(3) 日本基準では，個別財務諸表上は，子会社株式および関連会社株式は原価法によっているが，IAS 39では，これらについてもその保有目的に則して公正価値または原価で評価することになる。

第 7 章

棚 卸 資 産

【要約比較表】 IAS2と日本基準の異同点

	IAS2	日本基準
棚卸資産の範囲	① 通常の営業過程において販売目的で保有されている資産 ② そのような販売目的で製造過程にある資産 ③ 製造過程もしくは役務提供にあたって消費される原材料または貯蔵品	左記①～③に加え，販売活動および一般管理活動において短期間に消費されるべき財貨も棚卸資産に含まれる
取得原価	購入原価，加工費用，および棚卸資産が現在の場所と状態に至るまでに発生したその他のすべての原価を含まなければならない。値引，割戻等は控除	同　　左
評価方法（原価配分方法）	個別法，先入先出法，加重平均法(平均原価法)から選択。簡便法として売価還元法も容認	個別法，先入先出法，平均原価法，売価還元法から選択。一定の要件のもと，最終取得原価法も容認
評価基準	原価と正味実現可能価額のいずれか低い価額で評価(低価法の適用を義務付け)	同　　左

正味売却価額（正味実現可能価額）	通常の営業過程における見積売価から，完成までに要する見積原価および販売に要する見積原価を控除した金額	同　　左
評価損の戻入れ	戻入れあり	洗替方式または切放方式
開示その他	販売費用控除後の公正価値で計上された棚卸資産の帳簿価額，当期に費用認識された棚卸資産の減額として認識された評価損の戻入れ金額，棚卸資産の評価損を戻入れするに至った状況や事象の開示も要求	左記のような規定はない。 なお，トレーディング目的で保有する棚卸資産に係る損益は，原則として，純額で売上高に表示する

§1　背　　景

　これまで，棚卸資産の会計処理に関して，国際会計基準と日本基準の間には2つの大きな相違点があった。すなわち，棚卸資産の期末評価に関して，国際会計基準は後入先出法を認めず，また低価法の適用を義務付けていたのに対し，日本基準は後入先出法を認め，低価法を任意適用としていた。しかし現在では，国際会計基準と日本の会計基準のコンバージェンス作業の進展にともない，そのような差異は解消されている。

　棚卸資産の会計処理と開示を取り扱った現行の国際会計基準は，IAS 2「棚卸資産」である。IAS 2は現在のバージョンまでに大きく2回の改訂が行われている。まず，1975年に初版のIAS 2「取得原価主義会計における棚卸資産の評価及び表示」が承認され，その後1993年12月公表のIAS 2「棚卸資産」へと置き換えられ，最後に2003年12月に現行の改訂IAS 2「棚卸資産」が公表されている（2005年1月1日以後に開始する事業年度より適用）。なお，改訂IAS 2によっ

て，それまで代替処理として容認されていた後入先出法による棚卸資産の評価は禁止されることとなった。

一方，わが国においては，以前はIAS 2 のような棚卸資産に関する包括的な会計基準は存在せず，企業会計原則・同注解，原価計算基準，財務諸表等規則・同ガイドライン，および連続意見書第四・同注解等のそれぞれにおいて，棚卸資産の会計処理と表示方法がピースミール的に規定されていた。しかし，国際的な会計基準との調和の観点から，2006 年 7 月に企業会計基準委員会より企業会計基準第 9 号「棚卸資産の評価に関する会計基準」が公表され (2008 年 4 月 1 日以後に開始する事業年度より適用)，それまでは任意適用であった低価法は IAS 2 と同様に強制適用となった。次いで 2008 年 9 月には，改正企業会計基準第 9 号 (2010 年 4 月 1 日以後に開始する事業年度より適用。ただし，早期適用が可能) が公表され，後入先出法による棚卸資産の評価が禁止されることとなった。本章では，主にこの改正基準に従って日本基準を解説していくが，改正基準に規定がない場合には，従前のとおり原価計算基準や企業会計原則等が適用される点に留意する。

§2 バリエーションの分析と評価

1. 適用範囲と定義

(1) 適用範囲

IAS 2 の適用範囲は以下の項目を除くすべての棚卸資産である (par. 2)。

① 直接役務提供契約等を含む，請負工事契約のもとで発生する未成工事原価 (IAS 11 「工事契約」を参照)。

② 金融商品 (IAS 32 「金融商品：表示」および IFRS 9 「金融商品」を参照)。

③ 農業活動や収穫時点の農業生産物に関連する生物資産(IAS 41「農業」を参照)。

さらに，以下の者によって保有されている棚卸資産の測定については，IAS 2 は適用されない(par. 3)。

④ 農業及び森林生産物，収穫後の農業生産物，ならびに鉱物及び鉱業生産物の生産者。ただし，それら産業における定着した実践に従った正味実現可能価額で測定されている場合に限る。そのような棚卸資産が正味実現可能価額で測定される場合には，正味実現可能価額による評価差額は，それが生じた期間の損益として認識される。

⑤ 販売費用控除後の公正価値によって棚卸資産を測定している商品仲買業者。このような棚卸資産が販売費用控除後の公正価値で測定される場合には，販売費用控除後の公正価値の評価差額は，それが生じた期間の損益として認識されることになる(par. 5)。

このような IAS 2 の適用範囲に対し，企業会計基準第 9 号の適用範囲は以下のとおりである。

まず，①については未成工事支出金等，注文生産や請負作業についての仕掛中のものも棚卸資産に含まれるとされているが(第 31 項)，それらの会計処理については，企業会計基準第 15 号「工事契約に関する会計基準」に別途定められている。次に，②については，IAS 2 と同様に企業会計基準第 9 号においても適用対象外であり，これらは企業会計基準第 10 号「金融商品に関する会計基準」に従って処理される(第 27 項)。また，③・④については，企業会計基準第 9 号に具体的な定めは無いが，従来より連続意見書第四に「農鉱産品等の特殊な棚卸資産」に関する規定があったため(第一・二・3)，本基準の適用対象に含まれると考えられる。そして，⑤は，企業会計基準第 9 号では「トレーディング目的で保有する棚卸資産」として規定されており，これらは，市場価格に基づく価額をもって貸借対照表価額とし，帳簿価額との差額(評価差額)は当期の損益として処理することが定められている(第 15 項)。最後に，「研究開発費等に係る会計基準」に定める市場販売目的のソフトウェアは，企業会計基準第 9 号の適用対象外である(第 27 項)。

(2) 定　　義

IAS 2 では，棚卸資産は以下のように定義されている(par. 6)。

① 通常の営業過程において販売目的で保有されている資産
② そのような販売のために製造過程にある資産
③ 製造過程もしくは役務提供にあたって消費される原材料または貯蔵品

つまり，IAS 2 が定義する棚卸資産は，転売目的で保有されている財や，企業が製造した完成品・仕掛品等である。たとえば，前者には，小売業によって購入され転売目的で保有されている商品や，転売目的で保有されている土地やその他の商品が含まれ，後者には，製造過程で使用される原材料や貯蔵品も含まれる。また，サービス業の場合には，関連する収益をいまだ認識していない役務提供の原価が棚卸資産に該当することになる(par. 8)。サービス業に関する棚卸資産の原価は，主として，役務を提供する業務に直接従事している担当者(管理者も含む)の労務費及びその他の費用と，当該業務に帰属する間接費から構成される(par. 19)。

これに対し，企業会計基準第 9 号では，上記①〜③に加えて「販売活動及び一般管理活動において短期間に消費されるべき財貨」(第 3 項・第 28 項)も棚卸資産に該当する点が，IAS 2 と異なる。なお，企業会計基準第 9 号にはサービス業の棚卸資産に関する明文規定はない。

2. 棚卸資産の原価

IAS 2 は，棚卸資産の原価には，購入原価，加工費用，及び棚卸資産が現在の場所と状態に至るまでに発生したその他のすべての原価を含まなければならない(par. 10)，と規定している。

企業会計基準第 9 号でも，原則として購入代価又は製造原価に引取費用等の付随費用を加算して取得原価とするものとされており(第 6-2 項)，棚卸資産の取得原価の決定については，IAS 2 と日本基準に実質的な差異はない。

(1) 購入原価

IAS 2 によると,棚卸資産の購入原価には,購入対価,輸入関税・その他の税金(後に企業によって税務当局から回収されるもの以外),及び完成品・原材料・役務の取得に直接関係する運送費・荷役費・その他の費用を含み,値引・割戻・その他類似のものは購入原価から控除される(par. 11)。

日本基準でも,棚卸資産の原価には引取費用も含まれ,また,購入対価は送状価額から値引額,割戻額等を控除した金額であるため(連続意見書第四・第一・五・1),棚卸資産の購入原価に関して IAS 2 と日本基準に差異はない。

(2) 加工費用

IAS 2 では,棚卸資産の加工費用には,直接労務費のような生産単位に直接関連する費用が含まれ,また,原材料を完成品に加工する際に発生する固定及び変動製造間接費の一定の規則的な方法に基づいた配賦額も含まれる(par. 12),と規定されている。これは,日本基準が,製造直接費は発生のつど製品に賦課し,製造間接費は配賦することを規定している(原価計算基準三二・三三)ことと実質的な差異はない。

(3) その他の原価

IAS 2 では,その他の原価は,棚卸資産が現在の場所と状態に至るまでに発生したものに限り棚卸資産の原価に含まれる(par. 15)。例えば,特定の顧客のために発生した非製造原価や製品設計費用を棚卸資産原価に含むことが適当である場合などがあげられる。これに対し,①異常仕損,②次工程への移動以外に要した保管費用,③棚卸資産が現在の場所と状態に至ることに寄与しない管理部門の間接費,及び④販売費用は棚卸資産原価には含まれず,期間費用として認識される(par. 16)。これらの取り扱いは,日本基準でも同様である(原価計

算基準五)。

(4) 簡便法

IAS 2によると,標準原価法や売価還元法(小売棚卸法)のような棚卸資産原価の測定方法は,その適用結果が原価と近似する場合にのみ,簡便法として使用することが認められている。

日本基準においても,予定原価または標準原価によって棚卸資産原価を測定することは認められており(会計原則注解21(2)),また,売価還元法は,企業会計基準第9号において簡便法や容認規定としてではなく,通常の棚卸資産の評価(原価配分)方法の1つとして選択することが認められている(第6-2項)。ここで,日本基準では,売価還元法は取得原価の測定方法としてではなく評価方法の1つとして規定されており,売価還元法の捉え方については,IAS 2と日本基準の間に差異があるといえる。

3. 評価方法(原価配分方法)

棚卸資産の取得原価は,棚卸資産が販売されるに従って,売上原価等の払出原価と期末棚卸資産の価額に原価配分されるが,IAS 2と日本基準に認められている評価方法(原価配分方法)は,それぞれ以下のとおりである。

IAS 2は,棚卸資産の評価方法について2つのケースに分けて規定している。すなわち,①通常は互換性がない種類の棚卸資産原価や,特定のプロジェクトのために製造されて分離されている商品及び役務の棚卸資産原価は,個別法により配分しなければならないが(par. 23),②①以外の棚卸資産原価は,先入先出法または加重平均法(平均原価法)によって配分しなければならない(par. 25)。また,②の場合には,企業にとって類似の性質及び用途の棚卸資産は同じ原価配分方法によって処理されなければならないが,企業にとって異なる性質及び用途の棚卸資産には異なった原価配分方法によることが妥当である場合もある(par. 25)。また,簡便法として売価還元法が認められているのは,前述の

とおりである。

これに対して，企業会計基準第9号では，棚卸資産の評価方法として，個別法，先入先出法，平均原価法（総平均法または移動平均法）及び売価還元法の選択適用が認められており（第6-2項），これに加えて，期末棚卸資産の大部分が最終の仕入価格で取得されているときのように期間損益の計算上弊害がないと考えられる場合や，期末棚卸資産に重要性が乏しい場合においてのみ，最終取得原価法を適用することが容認されている（第34-4項）。なお，改正前の企業会計基準第9号（2010年3月31日以前に開始する事業年度まで適用可能）は後入先出法の適用を認めており，この点はIAS2と大きく異なっていた。

4．評価基準

（1） 低価法の適用

IAS2によると，棚卸資産は，原価と正味実現可能価額（正味売却価額）のいずれか低い方で測定されなければならない（par.9）。企業会計基準第9号でも同様に，通常販売目的で保有する棚卸資産は，期末における正味売却価額が取得原価よりも下落している場合には，当該正味実現価額をもって貸借対照表価額とする（第7項）。このように，両基準とも棚卸資産の評価基準としていわゆる低価法による評価を義務付けているが，いくつかの例外規定が存在する。

IAS2によると，確定済みの販売または役務提供契約を履行のために保有されている棚卸資産の在庫については，当該契約に従った在庫分量については，正味実現可能価額は販売価格ではなくその契約価額に基づいて算定される（par.31）。また，棚卸資産の生産に使用される目的で保有される原材料及び貯蔵品は，それらが使用される製品が原価以上の金額で販売されると見込まれる場合には，原価より低く評価減されることはない（par.32）。しかし，当該製品の正味実現可能価額が原価以下である場合には，原材料は正味実現可能価額まで評価減されるが，このような場合には，再調達原価が入手可能な最善の正味実現可能価額であることもある（同）。

同様に，企業会計基準第9号でも，契約により取り決められた一定の売価や，仕掛品における加工後の販売見込額に基づく正味売却価額などは，当該価額(すなわち，期末における将来販売時点の正味売却価額)と取得原価のいずれか低い方が貸借対照表価額とされる(第42項)。また，製造業における原材料等のように再調達原価の方が把握しやすく，正味売却価額が当該再調達原価に歩調を合わせて動くと想定される場合には，継続して適用することを条件として，再調達原価(最終仕入原価を含む)によることができる(第10項)。

また，期末時点の正味売却価額が帳簿価額よりも下落していないものの，将来販売時点の正味売却価額が帳簿価額よりも下落している場合が考えられる。そのような場合で，契約や事業遂行上等の制約により，すぐに販売できないものは，収益性の低下を反映するように帳簿価額を切り下げる必要がある(第46項)。

なお，企業会計基準第9号では，販売活動及び一般管理活動目的で保有する資産も棚卸資産に含まれるが，それらに関しては，価格の下落が必ずしも収益性の低下に結びつかないため，物理的な劣化または経済的な劣化に起因する資産価格の下落があった場合のみ，販売目的の棚卸資産と同様に簿価の切り下げを行う(第47項)。

低価法の適用単位については，IAS 2 は次のように規定している。棚卸資産は通常，個別の品目ごとに低価法が適用されるが，目的や最終利用が類似しており，同一地域で生産及び販売され，同一生産ラインの他の品目と実務上別個に評価できないような棚卸資産については，同種もしくは関連品目のグループごとに低価法が適用されるのが適当である場合もある。例えば完成品といった棚卸資産の分類ごと，もしくは特定の産業・地域におけるすべての棚卸資産ごとといった基準によって，低価法を適用するのは適当ではない(par.29)。

この点について，企業会計基準第9号では，収益性の低下の有無に係る判断及び簿価切下げは，原則として個別品目ごとに行う。ただし，複数の棚卸資産を一括りとした単位で行うことが適切と判断されるときには，継続して適用することを条件として，その方法による(第12項)。例えば，補完的な関係にある複数商品の売買を行っている企業において，いずれか一方の売買だけでは正常

な水準を超えるような収益は見込めないが,双方の売買では正常な水準を超える収益が見込めるような場合や,同じ製品に使われる材料,仕掛品及び製品を1グループとして扱う場合がこれに該当する(第53項)。

(2) 正味売却価額(正味実現可能価額)

IAS 2 の定義によると,正味実現可能価額(正味売却価額)とは,通常の営業過程における見積売価から,完成までに要する見積原価及び販売に要する見積原価を控除した金額である(par. 6)。また,正味実現可能価額と類似した時価概念に公正価値があるが,正味実現可能価額は企業が販売によって実現できると期待する金額をもとにしており,公正価値とは市場において売手と買手の間の取引の金額を反映したものである。前者が企業固有の価値であるのに対して後者はそうではなく,棚卸資産の正味実現可能価額は必ずしも販売費用控除後の公正価値と等しくない(par. 7)。

企業会計基準第 9 号の定義では,正味売却価額とは,売価(購買市場と売却市場とが区別される場合における売却市場の時価)から見積もり追加製造原価及び見積販売直接経費を控除したものをいう(第 5 項)。そして,期末における正味売却価額とは基本的には,期末において見込まれる将来販売時点の売価に基づく正味売却価額であるが,将来販売時点の売価の合理的な見積もりが困難である場合には,期末前後での販売実績に基づく価額を指す(第41項～第43項)。

このように,IAS 2 の正味実現可能価額と企業会計基準第 9 号の正味売却価額には実質的な差異はないといえるが,両基準は正味売却価額(正味実現可能価額)による簿価の切り下げ処理に次のような修正と補足を加えている。

IAS 2 によると,正味実現可能価額の見積もりは,見積もりがなされる時点において入手可能な最も信頼し得る証拠に基づいて行われる。このため,決算日以降に発生した事象に直接関連する価格または原価の変動は,当該事象が決算日にすでに存在していた状況を確認できる範囲内で,正味実現可能価額の見積もりにあたって考慮される(par. 30)。

これに対し,企業会計基準第 9 号によると,期末時点の正味売却価額が突発

的な要因により異常な水準となっているときには，期末時点の正味売却価額を用いることは不適切であり，期末付近の合理的な期間の平均的な売価に基づく正味売却価額によることが適当である(第43項)。また，売却市場において市場価額が観察できないときには，合理的に算定された価額(期末前後での販売実績に基づく価額や，契約により取り決められた一定の売価)を売価とする(第8項)。さらに，営業循環過程から外れた滞留又は処分見込等の棚卸資産について，合理的に算定された価額によることが困難な場合には，正味売却価額まで切り下げる方法に代えて，その状況に応じ，①帳簿価額を処分見込価額(ゼロ又は備忘価額を含む。)まで切り下げる方法や，②一定の回転期間を超える場合，規則的に帳簿価額を切り下げる方法を用いる(第9項)。

(3) 評価損の戻入れ

IAS 2 では，次期以降の毎期に正味実現可能価額の新たな評価が行われる。以前に棚卸資産を原価以下に評価減する原因となった事象がもはや存在しない状況になった場合，または経済環境の変化のために正味実現可能価額が上昇した明らかな証拠がある場合には，新たな帳簿価額が原価と改定後の正味実現可能価額とのいずれか低い方になるように，評価損は戻入れされる(すなわち，戻入れ額は当初の評価損の範囲内である)(par. 33)。そして，正味実現可能価額の上昇により生じた評価損の戻入れ額は，戻入れを行った期間に費用として認識された棚卸資産の減額として認識されなければならない(par. 34)。IAS 2 のこのような戻入れ処理は，日本基準でいう洗替法に相当する。

これに対し，企業会計基準第 9 号では，前期に計上した簿価切下額の戻入れに関しては，当期に戻入れを行う方法(洗替法)と行わない方法(切放法)のいずれかの方法を，棚卸資産の種類ごとに選択適用できる(第14項)。また，売価の下落要因を区分把握できる場合には，物理的劣化や経済的劣化，若しくは市場の需給変化の要因ごとに両方法を選択適用できる。この場合，いったん採用した方法は，原則として，継続して適用しなければならない(同項)。

このように，IAS 2 が戻し入れることを求めているのに対し，企業会計基準

第9号が洗替法と切放法を選択適用としている点で両者は相違する。

5. 開示その他

　IAS 2 によると，財務諸表には，棚卸資産について以下の 8 項目を開示しなければならない(par. 36)。
　① 原価配分方法を含む，棚卸資産の評価にあたって採用した会計方針
　② 棚卸資産の帳簿価額の合計額，及びその企業に適した分類ごとの帳簿価額
　③ 販売費用控除後の公正価値で計上された棚卸資産の帳簿価額
　④ 当期に費用認識された棚卸資産の金額
　⑤ 当期に費用認識された評価損の金額
　⑥ 当期に費用認識された棚卸資産の減額として認識された評価損の戻入れ金額
　⑦ 棚卸資産の評価損を戻入れするに至った状況や事象
　⑧ 負債の担保に供されている棚卸資産の帳簿価額
　日本基準では，①②④⑤⑧の開示は求められている(財規 8 条の 21 項 2 号，同 17 条 1 項 7・8・9 各号，同 72 条，80 条，同 43 条，企業会計基準第 9 号第 17 項，同第 18 項等)が，③⑥⑦については特に開示を求められていない。
　企業会計基準第 9 号によると，通常の販売目的で保有する棚卸資産について，収益性の低下による簿価切下額(前期に計上した簿価切下額を戻し入れる場合には，当該戻入額相殺後の額)は売上原価とするが(重要性が乏しい場合以外は，注記または売上原価の内訳項目として独立掲記(第 18 項))，棚卸資産の製造に関連し不可避的に発生すると認められるときには製造原価として処理する(第 17 項)。また，収益性の低下に基づく簿価切下額が，臨時の事象に起因し，かつ多額であるときには，特別損失に計上する。なお，この場合には，洗替え法を適用していても，当該簿価切下額の戻入れを行ってはならない(同項)。なお，トレーディング目的で保有する棚卸資産に係る損益は，原則として，純額で売上高に表示する(第 19 項)。

§3 実務上の留意事項および設例

1. 正味実現可能価額の測定について

　IAS 2では，棚卸資産の評価は正味実現可能価額で行うこととされており，正味実現可能価額は，通常の事業の過程における予想売価から，完成までに要する見積原価および販売に要する見積費用を控除した金額と定義されている (IAS 2 par. 6)。

　日本基準においても，『棚卸資産の評価に関する会計基準』が適用となり，IAS 2とほぼ同様に，棚卸資産の評価額は，従来の取得原価よりも正味実現可能価額の方が低い場合には，取得原価に代えて，実際に売却した場合に実現可能な価額で評価することとなった。

　正味実現可能価額で評価する際に留意すべき点として，期末時点ですでに正味実現可能価額低下の原因が存在している場合には，実際の価格の変化が決算日後であっても考慮しなければならないということがあげられる。例えば，ライフサイクルが非常に短いような製品の場合で，決算日後急速に市場販売価格が下落することが見込まれているような状況が想定される。

　一方で，価格の下落が一時的である場合には，期末において一時的な価格の変動を棚卸資産の評価に反映させないものと解される。この点，一時的な下落であるか否かを合理的に証明することが必要となる点に留意が必要である。

2. 日本基準における規則的な簿価の切り下げについて

　日本基準においては，営業循環過程から外れた滞留又は処分見込等の棚卸資産について，正味売却可能価額が合理的に算定できない場合には，正味売却可能価額まで切り下げる方法に代えて，①帳簿価額を処分見込価額まで切り下げる方法又は②一定の回転期間を超える場合，規則的に帳簿価額を切り下げる方

法を採用することが認められている。

　一方，IAS 2 では，このような規定はなく，日本基準と IAS 2 との間の相違点のようにも思われる。しかし，この点について，日本基準における規則的な簿価の切り下げは，営業循環過程から外れた滞留等の棚卸資産について，正味売却可能価額が合理的に算定できないという理由で，収益性の低下を，棚卸資産の評価に反映させないことを防ぐ目的で定められているものであり，広義での正味売却可能価額の算定方法に含まれると考えられる。したがって，規則的な簿価の切下げは IAS 2 と異なった考え方をとるものでなく，正味売却可能価額算定の具体的な計算例を示しているにすぎないと解される。

　規則的な簿価の切下げの具体的な方法は，滞留という観点から，最終販売日又は最終仕入日からの期間によって規則的な簿価の切下げを設定する方法や，価格下落，製品ライフサイクルの観点から規則的な簿価切下げを設定する方法等が考えられるが，いずれの場合においても，棚卸資産の性質や価格下落の状況等に応じて，適切な仮定に基づいて計算方法を設定する必要がある。

3．洗替法の適用について

　日本基準では，棚卸資産の簿価の切下げについて，継続適用を条件に切放法と洗替法の選択適用が認められている。

　一方，IAS 2 では正味実現可能価額の増加に伴い，当初の評価減の額を限度として戻し入れることが必要である。当初の取得価額との比較等が必要となり，管理の方法等が異なってくる可能性がある。

設　例 7-1

　下記の前提に基づき，X 1 年度末および X 2 年度における日本基準(切放法)および IAS 2 に従った場合の仕訳を示しなさい。

	取得原価	X1年度末 正味実現可能価額	X2年度末 正味実現可能価額
製品A	1,000	980	1,030
製品B	500	440	430

解答

(1) 日本基準(切放法)による仕訳

【X1年度期末】

| 製品A | (借) | 棚卸資産評価損 | 20 | (貸) | 棚卸資産 | 20 |
| 製品B | (借) | 棚卸資産評価損 | 60 | (貸) | 棚卸資産 | 60 |

製品A 取得原価1,000 − 正味実現可能価額980 = 20
製品B 取得原価500 − 正味実現可能価額440 = 60

【X2年度期末】

| 製品A | 仕訳なし | | | | | |
| 製品B | (借) | 棚卸資産評価損 | 10 | (貸) | 棚卸資産 | 10 |

製品A 帳簿価額980 < 正味実現可能価額1,030 のため仕訳なし
製品B 帳簿価額440 − 正味実現可能価額430 = 10

(2) IAS2による仕訳

【X1年度期末】

| 製品A | (借) | 棚卸資産評価損 | 20 | (貸) | 棚卸資産 | 20 |
| 製品B | (借) | 棚卸資産評価損 | 60 | (貸) | 棚卸資産 | 60 |

製品A 取得原価1,000 − 正味実現可能価額980 = 20

製品B　取得原価500 − 正味実現可能価額440 = 60

【X2年度期首】

製品A	(借)棚卸資産		20	(貸)	棚卸資産評価損戻入益		20
製品B	(借)棚卸資産		60	(貸)	棚卸資産評価損戻入益		60

前年度評価損の洗替え

【X2年度期末】

製品A	仕訳なし				
製品B	(借)棚卸資産評価損	70	(貸)棚卸資産		70

製品A　取得原価
製品B　取得原価500 − 正味実現可能価額430 = 70

　なお，日本基準，IAS2ともに，洗替法を採用した場合，簿価切下げの単位の明確化および当初取得原価の正確な把握に留意が必要となる。『棚卸資産の評価に関する会計基準』第12項において，『収益性の低下の有無に係る判断および簿価切下げは，原則として個別品目毎に行う。ただし，複数の棚卸資産を一括りとした単位で行うことが適切と判断されるときには，継続して適用することを条件として，その方法による』とされているが，実務上，個々の品目毎に当初取得原価と切下げ後の簿価情報とをシステム上，保有できていないケースがあると思われる。

　その場合，代替的に，合算で簿価と正味売却可能価額との差額を決算整理仕訳として評価性引当金に準じて計上する等の対応がとられることが予想されるが，簿価の切下げの際，当初取得原価に関する情報を十分に把握できていないと，個別品目について当初取得原価を超えて，結果的に，評価益を計上してしまう可能性があるため，留意が必要である。

　具体的には，前述の設例において，X1年度末で，製品Aと製品Bを明確に個別品目別に区分せずに取得原価と正味実現可能価額との差額80（製品A 20，製品B 60）を評価損として計上し，X2年度期首に同額を戻し入れる。X2年度

期末に，X1年度と同様に，製品Aと製品Bを明確に区分せず取得原価と正味実現可能価額との差額40（製品A(益)30，製品B70）の評価損を計上すると，製品Aについて，結果的にX2年度に評価益30が計上されることになる（下図参照）。

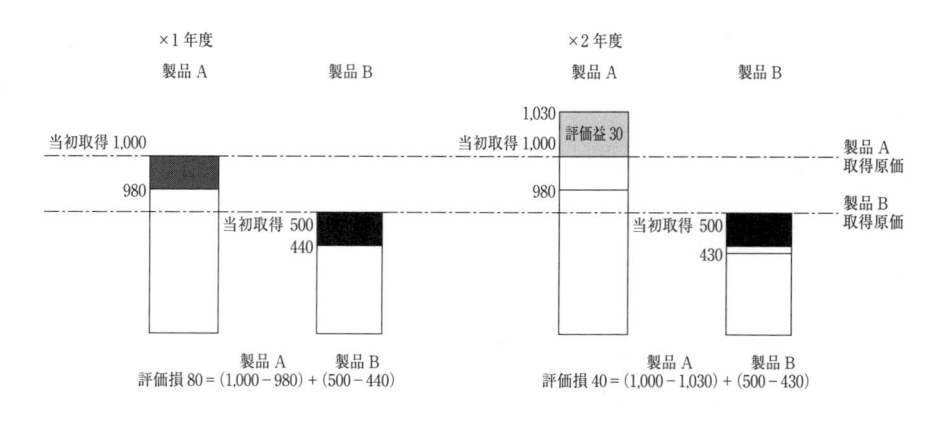

```
         ×1年度                              ×2年度
       製品A     製品B                    製品A      製品B
                                        1,030
                                        評価益30
当初取得1,000                     当初取得1,000                  製品A
       980                              980                     取得原価
                                                                製品B
            当初取得500                        当初取得500        取得原価
                  440                              430
       製品A   製品B                      製品A    製品B
  評価損80 = (1,000−980) + (500−440)   評価損40 = (1,000−1,030) + (500−430)
```

4. 研究開発費について

　IFRSでは，研究開発費は研究局面と開発局面とに区分され，研究局面の支出は全額費用として処理され，開発局面の支出は一定の要件を満たした場合，無形資産として認識する必要がある（詳細は無形資産の項参照）。これに対し，日本基準では研究開発費は全て発生時に全額費用として処理する必要があり，一定の場合には製造費用として処理することが認められる（研究開発費等実務指針第4項）。

　このため，日本基準においては，研究開発費が製造費用として処理され，棚卸資産を構成する場合があるが，この費用がIAS2上も製造費用に含まれるか，あるいは無形資産（もしくは研究費）として処理されるかという観点で再度検討を行う必要がある。

第8章

有形固定資産

【要約比較表】 IAS 16と日本基準との異同点

	IAS 16	日本基準
有形固定資産の定義	財貨の生産もしくは役務の提供に使用する目的で，外部への賃貸目的または管理目的で企業が使用するものであり，かつ一会計期間を超えて使用されると予測されるもの	IASのように要件主義による範囲決定を行わず，固定資産に含まれる資産の種類ごとに列挙する方式をとっている
認　　識	当該資産に関連する将来の経済的便益が企業の流入する可能性がかなり大きいことと，企業が当該資産の取得原価を信頼性をもって測定できること	当該資産の取得原価を基礎とする
当初認識時の測定	取得原価	同　　左
当初認識後の測定	取得原価による方法（原価モデル）と公正価値による方法（再評価モデル）	取得原価
減価償却	資産の経済的便益が企業によって消費されるパターンを反映	定額法，定率法等一定の方法による
減価償却方法の変更	償却の方法は定期的に見直さなければならず，変更した場合は会計上の見積りの変更となる	定期的な見直しを求める規則はなく，減価償却方法の変更は会計方針の変更となる

| 開　　示 | 有形固定資産の種類ごとに包括的かつ詳細な開示を要求 | IAS ほどの詳細な開示を求められない項目あり |

§1　背　　景

　有形固定資産(property, plant and equipment)に関する IAS 16「有形固定資産」は，1982 年 3 月に承認された。その後，財務諸表の比較可能性のプロジェクトの一環として 1993 年に改訂され，1998 年に IAS 22「企業結合」，IAS 36「資産の減損」および IAS 37「引当金，偶発債務及び偶発資産」と整合性をとるために再度改訂が行われた。さらに，2003 年 12 月に改訂が行われ，2005 年 1 月 1 日以降に開始する期間より適用された。この改訂は，内容をより明確にするための限定的なもので，従来の有形固定資産に対する基本的なアプローチ方法には変更はない。IAS 16 は，主として有形固定資産の(1)範囲と定義，(2)認識，(3)認識後の測定，(4)除却，(5)開示，から構成される。

　一方，日本には IAS 16 のような有形固定資産の会計処理を規定する独立した基準はなく，諸規則・資料の関連箇所に存在する。

§2　バリエーションの分析と評価

1．適用範囲と定義

（1）　目的と適用範囲

　IAS 16 の目的は，財務諸表の利用者が組織の有形固定資産への投資につい

ての情報を識別することができるようにするためで，その主要な問題は，資産の認識，帳簿価額の決定，それに関連して認識される減価償却費および減損額である(par. 1)。

IAS 16 が適用対象とするのは，他の国際会計基準で異なった会計処理が要求されているか，あるいは認められている場合を除く，有形固定資産である(par. 2)。ただし，(a)農業活動に関連する生物資産，および(b)鉱業権および石油，天然ガスおよびこれらに類似する再生不可能な鉱物資源，には適用されない(par. 2)。これは日本基準とほぼ同一である。ただし，「財務諸表等規則ガイドライン」22-10 と「財務諸表等規則」22 条 10 号によれば「山林及び植林」は，「その他の有形固定資産で流動資産又は投資たる資産に属しないもの」に含まれると規定している。

（2）定　　義

IAS 16 は，有形固定資産，取得原価，減価償却など主要な用語について，パラグラフ 6 で定義している。有形固定資産については，次の 2 要件をみたすものと規定している。すなわち，(a)財貨の生産もしくは役務の提供に使用する目的で，外部への賃貸目的又は管理目的で企業が使用するものであり，かつ(b)一会計期間を超えて使用されると予測されるもの(par. 6)である。

これに対し日本基準は，IAS 16 のように要件主義による範囲決定という方式を採らず，固定資産に含まれる資産を種類ごとに列挙する方式を採っている。すなわち，「次に掲げる資産は，有形固定資産に属するものとする」として 1. 建物及び暖房，照明，通風等の付属設備　2. 構築物　3. 機械及び装置並びにコンベヤー，ホイスト，起重機等の搬送設備その他の付属設備　4. 船舶及び水上運搬具　5. 鉄道車両，自動車その他の陸上運搬具　6. 工具，器具及び備品。ただし，耐用年数一年以上のものに限る。7. 土地，　8. リース資産　9. 建設仮勘定　10. その他の有形資産で流動資産又は投資たる資産に属しないもの（ただし，1 から 8 までに掲げる資産については，営業の用に供するものに限る）を規定している（財務諸表等規則 22 条）。

減価償却については，IAS 16 と日本基準の定義に基本的な差異はない。すなわち，IAS 16 によれば資産の償却可能価額を規則的にその耐用年数にわたって配分することである(par. 6)のに対し，日本基準(企業会計原則)は「資産の取得原価は，資産の種類に応じた費用配分の原則によって，各事業年度に配分されなければならない」(貸借対照表原則五)とし，「所定の減価償却方法に従い，計画的，規則的実施されねばならない」(連続意見書第三の二)と規定している。

ただし，償却可能価額については，IAS 16 は資産の取得原価，または取得原価に代わる財務諸表計上額から残存価額を控除した価額(par. 6)と規定しており，取得原価以外の価額，すなわち再評価に基づく簿価を代替選択肢として認めている。これに対し「企業会計原則」は「有形固定資産は，(中略)その取得原価を各事業年度に配分し」なければならないと規定するにとどまっており，取得原価に代替する財務諸表上の評価額に基づく償却を認めていない(貸借対照表原則五)。

また取得原価の定義について，IAS 16 は当該資産のために支出した現金または現金同等物の価額，またはその他の引き渡した対価の公正価値(par. 6)と規定しており，取得にあたって企業から流出したなんらかの価値をもって取得原価とする，という立場をとる。「企業会計原則」も基本的に改訂 IAS 16 と同じである。なお公正価値については，IAS 16 は取引知識のある自発的な当事者間で，独立第三者間取引条件により資産が交換される価額と規定している(par. 6)。

2. 認　　　識

IAS 16 は，有形固定資産の認識のために，(a)当該資産に関連する将来の経済的便益が企業に流入する可能性がかなり大きいこと，(b)企業が当該資産の取得原価を信頼性をもって測定できること，という2つの要件を求めている(par. 7)。交換部品や資産の維持等のサービスのための備品は通常棚卸資産として処理され，費消時に当期損益で認識される(par. 8)。また，IAS 16 は，どのような項目が有形固定資産を構成するのかについて，測定のための対象単位を規定せ

ず，状況に依存して判断すべきとしているが，重要でない項目を統合することは認めている（par. 9）。

これに対して，日本基準には認識についての第1の要件に対応する規定はない。前述のように資産の種類ごとに個別項目を提示する方式を採用しており，将来の経済的便益を重視するIAS 16とは発想方法を異にする。しかし，第2の要件については，「貸借対照表に記載する資産の価額は，原則として，当該資産の取得原価を基礎として計上されなければならない」（貸借対照表原則五）と規定しており，客観的な測定を要件としている点で共通する。

IAS 16では，上記の認識基準に従って，すべての有形固定資産の原価を発生時に評価することが求められ，その原価には，有形固定資産もしくは自家建設の原価，事後の追加・取替サービス（点検を含む）に関わる原価が含まれる（par. 10）。日本基準も同じく，有形固定資産の引取費用等の付随費用を有形固定資産に含めるよう規定している（貸借対照表原則五D）。また，交換部品は通常は費用として処理されるが，主要な交換部品で一会計期間を越えて使用されるものは，有形固定資産として認識される。

さらにIAS 16では，安全や環境保全目的で取得した有形固定資産について，それが有形固定資産の将来的な便益を直接的に増加させない場合でも，その他の資産からの将来の経済的便益をもたらすと考えられるならば，それは有形固定資産として認識されると規定している（par. 11）。このような考え方は，企業にとって経済的便益を直接にはもたらさない環境関係の設備投資が増加している状況を反映したものであり，このような規定は日本基準では明文化されていない。

事後の原価について，IAS 16は，資産に関わる修繕や維持のための日常的なサービスの費用は資産原価として認識せず，損益計算書上で認識すべきとしている（par. 12）。また，有形固定資産を構成する部分品について定期的に取替が必要な場合は，それが前述の有形固定資産の認識基準を満たすのであれば，資産原価として認識することを求めている（par. 13）。

3. 当初認識時の測定

(1) 原価の要素

　IAS 16 は，認識の要件を満たす資産をその取得原価で測定すると規定している (par. 15)。取得原価に含まれる構成要素として，以下の3つを挙げている (par. 16)。
　(a)　値引・割戻控除後の購入価額
　(b)　資産の設置等に関わる直接付随費用
　(c)　資産の解体・撤去および用地の復旧に関する初期見積り費用
　日本基準では，購入による取得について，「付随費用について正当な理由がある場合には，付随費用の一部または全部を加算しない」(連続意見書第三の第一の四の1)ことを認めているのに対し，IAS 16 ではこのような弾力的な運用についての規定はない。一方，購入時に値引・割戻しについて，これを取得原価に含めない点では IAS 16 と日本基準は同一である (連続意見書同上箇所)。また，日本基準では，解体・撤去および用地の復旧に関する初期見積り費用を資産の取得原価に含めよという規定はない。
　さらに，資産の取得原価を構成しない項目として，IAS 16 は以下のような項目を列挙している (par. 19)。
　(a)　新施設を開業するための費用
　(b)　新製品・サービスを導入するための費用(広告・宣伝費を含む)
　(c)　事業を新地域または新しい顧客に対して展開するための費用(従業員への教育訓練費を含む)
　(d)　管理およびその他の一般間接費
　自家建設による取得原価について，IAS 16 は，販売を目的として獲得した資産の取得原価と同じとしており，内部利益を原価算定から除くように規定している (par. 22)。これに対する日本基準も同様に適正な原価基準に従って計算す

ることを求めている。

（2） 取得原価の測定

　IAS 16 では，資産の取得原価は認識時点での現金同等物として定義されており，支払いが遅れた場合の現金同等物と総支払額の差額は原則として当該期間の利息として認識される(par. 23)。

　交換によって資産を取得した場合には，IAS 16 では，(a)その交換取引が商業的実質要件を欠く場合，もしくは(b)受入資産もしくは譲渡資産のどちらの公正価値も信頼性をもって測定可能でない場合を除き，公正価値で測定すると規定している。取得資産が公正価値で測定できない場合には，譲渡資産の帳簿価額で評価する(par. 24)。また，交換取引が商業的実質をもつかどうかは，その取引の結果として将来キャッシュ・フローが変化すると予想される程度を考慮することによって決定される(par. 25)。なお，受入資産と譲渡資産の双方が信頼性をもって測定できる場合には，受入資産の公正価値の方がより明確に測定できる場合を除き，譲渡資産の公正価値をもって受入資産の取得原価を測定するために使用する(par. 26)。

　これに対して日本基準は，「自己所有の固定資産と交換に固定資産を取得した場合には，交換に供された自己資産の適正な簿価をもって取得原価とする」（連続意見書第三・第一・四・4）と規定されており，譲渡資産の帳簿価額により測定されることになる。しかし，監査委員会報告第 43 号では，「譲渡資産または取得資産の公正な市場価額を取得資産の取得価額とする」考え方が示されており，これは IAS 16 と同様のものである。

　なお，IAS 16 では，ファイナンス・リースおよび国庫補助金に関しては，それぞれ IAS 17 および IAS 20 に従うものとしている(pars. 27-28)。

4. 当初認識後の測定

(1) 2つの測定方法

IAS 16 では，当初認識後の有形固定資産の測定方法について，会計方針として，(a)原価モデルと(b)再評価モデルの方法のうち，いずれかを選択することを求めており，選択された方法は有形固定資産全体に適用されねばならない（par. 29）。

原価モデルとは，有形固定資産の当初認識後の測定として，取得原価から減価償却累計額および減損累計額を控除した価額を用いるものである（par. 30）。

一方，再評価モデルとは，公正価値が信頼性をもって測定できる場合に，再評価実施日の公正価値からその後の減価償却累計額および減損累計額を控除した再評価価額を採用するものである（par. 31）。再評価は，帳簿価額が報告日における公正価値を用いて決定されるであろう金額から大きく変動することのないよう十分な規則性をもって実施されねばならない。

日本基準では周知のように，IAS 16 の表現を使えば，原価モデルを採用しており，「企業会計原則」では「その取得原価から減価償却累計額を控除した価額をもって貸借対照表価額とする」（貸借対照表原則五の D）と規定されている。また，有形固定資産の再評価に関しては，時限立法として認められていた平成10年の土地再評価法に基づく土地の再評価以外は，基本的に当初認識後の再評価は認められていない。

IAS 16 では，再評価に当たって採用する公正価値について，土地および建物については通常資格のある鑑定人によって評価された市場価値であるとし，有形固定資産の公正価値も通常査定によって決定された市場価値であるとする（par. 32）。また，特別な資産項目や取引頻度が小さい資産であるため市場価値の証拠がない場合には，収益もしくは減価償却後の再調達原価を用いて公正価値を評価する必要がある（par. 33）。なお，再評価の頻度は，公正価値の変動性

に依存し，変動が激しい場合は毎年，重要な変化があまりない場合は3年から5年ごとでもよいとされる(par. 34)。

再評価による減価償却累計額について，IAS 16 は以下のいずれかの方法で計上するとしている(par. 35)。

(a) 再評価後の資産の帳簿価額が再評価額に等しくなるように，資産の減価償却累計額控除前の帳簿価額の変化に比例して改訂する。

(b) 資産の減価償却累計額控除前の帳簿価額と相殺消去し，その純額を資産の再評価額に改訂する。

また，IAS 16 は，ある有形固定資産項目が再評価されたときには，当該資産の属する種類の有形固定資産全体も再評価されねばならないと規定し(par. 36)，種類別の資産グループを列挙している(par. 37)。これは，資産の部分的再評価や，異なる時点での再評価に伴って，取得減価と再評価額が同一財務諸表に並存するのを避けるためである(par. 38)。

資産の再評価による帳簿価額の増加または減少の処理について，IAS 16 は，原則として，資産の帳簿価額が増加した場合は，再評価剰余金の科目を付して，株主持分に直接貸記されるとし(par. 39)，資産の帳簿価額が減少した場合は，費用として認識しなければならない(par. 40)と規定している。ただし，このような帳簿価額の増加・減少も，以前に当該資産について行われた再評価による増加・減少がある場合にはそれに対応させることが求められる。すなわち，帳簿価額の増加の場合には，以前の再評価による費用を戻し入れる範囲では利益として認識しなければならないし，帳簿価額の減少の場合には，同じ資産に関する再評価剰余金の残高を超えない範囲では，当該評価剰余金に直接借記されねばならない。なお，株主持分に含まれている評価剰余金は，その剰余金が実現するとき，直接利益剰余金に振り替えられる(par. 41)と規定され，当該剰余金は資産の撤去時または処分時に実現する。

(2) 減価償却

IAS 16 では，減価償却について，最初に，有形固定資産項目を構成する主要

な要素ごとに減価償却を別個に行うことを規定している(par43)。たとえば，航空機とエンジンは，その調達方法(購入かリースか)にかかわらず，別個に減価償却することが適当な場合もある(par.44)。また，重要性の低い資産の構成要素についてはグループ化することも認めている(par.45)。日本基準では，有形固定資産の構成要素ごとの減価償却を否定するものではないが，このように詳細には規定しておらず，IAS 16のほうが，複合的な有形固定資産の減価償却について，より厳密な減価償却方法の選択を求めている。

また，IAS 16では，日本基準と同様に，減価償却費は損益計算書上で認識することを原則とし(par.48)，他の資産を製造することによって当該資産の経済価値が存在するような資産(たとえば製品を製造する資産)の場合には，減価償却費は他の資産の原価(たとえば棚卸資産の原価)を構成するとしている(par.49)。

減価償却額と減価償却期間について，IAS 16では，減価償却額は耐用年数にわたって体系的に配分することとし(par.50)，資産の残存価額と耐用年数は最低1年に1度見直すことと規定されている(par.51)。日本の会計基準は，臨時償却として耐用年数の短縮や残存価額の修正に基づいて減価償却累計額が修正されるものの(連続意見書第三・第一・三)，定期的な見直しを求める規定はなく，実務上は税法上の耐用年数が広く用いられており，1年ごとに見直すような実務慣行もない。また，IAS 16では，減価償却額や耐用年数を変更した場合には，減価償却方法の変更も含めて，IAS 8に従って，会計上の見積りの変更として処理することを求めている(par.51, par.61)。さらに，日本基準の場合は，減価償却方法の変更は重要な会計方針の変更として取り扱うことが求められる(財務諸表等規則8条の2，1項)。

IAS 16は，減価償却は，たとえ公正価値が帳簿価額を上回っていたとしても，資産の残存価額が帳簿価額を上回らない限りは減価償却を実施するとしている(par.52)。また，資産の耐用年数の決定に当たっては，以下の4つの要因を考慮することを求めている(par.56)。

(a) その資産の想定されている使用方法
(b) 予想される物理的減耗

(c) 生産技術の変化および改善もしくは市場需要の変化による技術的もしくは商業上の陳腐化
(d) 資産の利用に関する法的もしくは同様の制限(例:リース期間)

したがって,資産の耐用年数は,当該資産がその組織に対してもたらす効用の観点から決定されるものであり,資産の管理方針の影響も受け,資産の耐用年数のほうが経済価値よりも短い場合もありうるのである(par.57)。これに対して,日本基準では,耐用年数の決定の際に考慮すべき要因について,「固定資産の耐用年数は物質的減価と機能的減価の双方を考慮して決定されねばならない」(連続意見書第三・第一・八)と規定しているが,実際には前述のように税法上の耐用年数が採用されているので,国際会計基準を採用する場合には,耐用年数が妥当か否かを見直す必要がある。

また,土地と建物を同時に購入した場合でも,両者は別個に処理され,土地の耐用期間は無制限であり,したがって減価償却の対象とはならない(par.58)。ただし,土地の取得原価に撤去・移動・原状回復の費用が含まれている場合は,その額はその費用が効果をもたらす期間にわたって減価償却されねばならない(par.59)。

減価償却方法について,IAS 16は,当該資産の将来的な経済的便益を組織が消費するパターンを反映することを求めており(par.60),減価償却方法も少なくとも年1回の見直しを求めている(par.61)。

減価償却の方法について,IAS 16は,定額法,定率法,生産高比例法を提示している(par.62)。日本基準では,これら3つの方法以外に級数法を含めている(会計原則注解20)。IAS 16は,減価償却方法の選択に当たって,当該資産から生じる経済的便益の消費パターンをもっとも的確に反映する方法を選択するように規定しており,その予測されるパターンが変化しない限り,同一手法が継続的に適用されることとしている(par.62)。日本基準では,経済的便益の費消パターンを反映して減価償却方法を選択しなければならないという規定はなく,減価償却方法は重要な会計方針として,「一定の減価償却方法によって,その取得原価を各事業年度に配分しなければならない」(会計原則第三・五)とされている。したがって,国際会計基準を採用する場合には,日本基準よりも一層

厳密に資産の経済的便益の費消パターンの予測が求められることになる。

(3) 減　　損

IAS 16 は，有形固定資産の減損については，IAS 36 を適用するように求めており(par. 63)，取得による企業結合後の減損に関しては IAS 22 を参照することとしている(par. 64)。日本基準においても，資産の収益性の低下を帳簿価額に反映させるため，「固定資産の減損に係る会計基準」に基づいて減損処理が行われる。

また有形固定資産の減損・滅失・放棄に対する第三者からの補償については，補償が受け取り可能となった段階で当期損益に計上すべきとしている(par. 65)。さらに，有形固定資産の減損あるいは滅失，第三者に対する補償支払要求の権利，およびその後の代替資産の購入または建設は，異なる経済事象であり，別々の会計上の処理が必要とされる(par. 65)。

5. 除　　却

IAS 16 は，有形固定資産が，(a)処分されたとき，(b)資産の利用または処分からいかなる将来的な経済的便益が期待されない場合に，その帳簿価額を除外することを求めている(par. 67)。有形固定資産の除却から生じる損益は，当該資産が除却された時点で損益計算書に含まれ，その利益は収益として分類してはならない(par. 68)。資産の除却から生じる損益は，見積純処分収入と資産の帳簿価額の差額であり(par. 71)，資産の処分による予測受取額は当初公正価値によって認識する(par. 72)。

日本基準は，除却に伴う損失を特別損益に含めるように規定している。すなわち，「特別損失に属する損失は，前期損益修正損，固定資産売却損，災害による損失その他の項目の区分に従い，当該損失を示す名称を付した科目をもって掲記しなければならない」としている(財規 95 条の 3)。

6. 開　　　示

　IAS 16 は次の項目を有形固定資産の種類ごとに開示しなければならないとしており，包括的かつ詳細な情報開示が要求されている (par. 73)。このような開示規定は，日本基準よりもおおむね詳細なディスクロージャーを求めるものと理解される。

　(a)　減価償却累計額控除前の帳簿価額を決定するための測定方法
　(b)　減価償却方法
　(c)　耐用年数または減価償却率
　(d)　期首および期末の減価償却累計額控除前の帳簿価額および減価償却累計額（減損累計額を含む）
　(e)　以下の該当項目の期首および期末の帳簿価額の調整表
　　(i)　増　　　加
　　(ii)　処　　　分
　　(iii)　企業結合による取得
　　(iv)　再評価および減損の認識によって生じた増加あるいは減少
　　(v)　損益計算書に計上された減損損失額
　　(vi)　損益計算書に計上された減損戻入額
　　(vii)　減価償却
　　(viii)　在外事業体の財務諸表の換算から生じる純換算差額
　　(ix)　その他の増減

　続いて，IAS 16 は，以下の項目についても開示するように規定している (par. 74)。

　(a)　所有権に対する制約条件や負債の担保として抵当権が付されている有形固定資産の額
　(b)　建設中の有形固定資産に対する認識された支出額
　(c)　有形固定資産の購入契約額
　(d)　損益計算書上で別個開示されていない場合，損益計算に含まれている有

形固定資産の減損・減失・放棄に対する第三者からの補償額

さらに，IAS 16 では，減価償却方法の選択や耐用年数の見積りは経営者による判断であり，利用者にとって有用な情報の提供として開示することを奨励している(par. 75)。しかし，日本の実務でも，減価償却方法の選択や耐用年数の選択は経営者の判断ではあるものの，将来的な経済的便益の発生を基準に決定することを求める IAS 16 とは異なる。特に，耐用年数に関しては，日本で一般的な税法上の基準を採用している場合，そのことの会計的な是非が問われることになろう。

なお有形固定資産項目が，再評価額で計上されている場合には，IAS 16 は，以下の 6 項目を開示しなければならない(par. 77)としている。

(a) 再評価実施日
(b) 独立した鑑定人が関与したかどうか
(c) 資産の公正価値を見積るために適用した方法と重要な仮定
(d) 資産の公正価値を決定するに当たって，どの程度，活発な市場における観察可能な価額あるいは独立した第三者間での最近の市場取引を参照にしたか，あるいは他の評価方法を使用して見積ったか。
(e) 原価モデルに従った場合に認識されていたであろう資産の帳簿価額
(f) 当該期間の変動額と株主への配当制限を示した再評価剰余金額

最後に，IAS 16 では，財務諸表の利用者のために以下のような項目の開示を奨励している(par. 79)。

(a) 一時的に遊休状態にある有形固定資産の帳簿価額
(b) 現在使用中の減価償却の完了した有形固定資産の減価償却累計額控除前の帳簿価額
(c) 実際に使用されておらず，処分目的で保有されている有形固定資産の帳簿価額
(d) 原価モデルが採用されているケースで，有形固定資産の公正価値が帳簿価額と大きく相違している場合の公正価値額

§3　実務上の留意事項および設例

1．減価償却方法及び耐用年数

　日本基準では「減価償却に関する当面の監査上の取り扱い」(監査・保証実務委員会実務指針第81号)において，①減価償却方法は会計方針に該当するとされており，各企業が会計方針として選択することができる。また，耐用年数は単なる物理的使用可能期間ではなく，各企業が自己の資産につき経済的使用可能予測期間を見積もって自主的に決定すべきものとされている。しかし，実務上は税法における確定決算主義を背景として，多くの日本企業で税法により定められた耐用年数および償却方法を，そのまま会計における経済的耐用年数等として利用している場合が多い。

　IAS 16を適用すると，税法で定められた耐用年数や償却方法を，単純にそのまま利用することは，合理的な減価償却方法とは認められない可能性が高いため注意が必要である。

　また，IFRSの適用において，「連結財務諸表は，同様の状況における類似する取引およびその他の事象に関し，統一の会計方針を用いて作成しなければならない」(IAS 27 par. 28)とされており，連結の視点で，同一環境下で同様に使用されている設備の耐用年数や減価償却方法等を統一する必要がある点にも注意が必要となる。

2．コンポーネントアカウンティング

　IAS 16では「有形固定資産項目の全体の取得原価に関して重要となる取得原価をもつ資産項目の構成部分については個別に減価償却しなければならない(IAS 16 par. 43)」とされており，財政状態計算書の開示上，1つの資産であって

も，重要な構成項目について，異なる減価償却方法，耐用年数を用いることが妥当である場合には，これを区分してそれぞれ減価償却計算を行う必要がある。構成要素の例としては，航空機におけるエンジン部分，座席部分といった物理的に存在する構成要素のみならず，主要な検査費用や検査に要する費用等の無形の構成要素も含まれる。日本基準において，このように明確にコンポーネント・アカウンティング(資産の重要な構成要素で減価償却方法や耐用年数が異なる会計処理)に関する規定はない。

また，修繕や検査に関する費用に関して，IAS 16と日本基準の会計処理では大きく異なる。

IAS 16では前述のように，修繕や検査に要する費用を固定資産の構成要素と位置づけた上で，他の構成要素とは異なる耐用年数で減価償却を行う。一方，日本基準の実務では，このような支出に備えて，検査引当金などの引当金を計上することが多い。IFRSでは引当金を現在の債務に限定している点で日本基準の引当計上基準と異なっている(詳細は引当金の項参照)ため，このような引当金の計上は認められていない。

設 例 8-1

会社は，X1年4月1日に建物2,000(耐用年数10年，残存価額0，定額法)を取得した。なお，当該建物は，5年後に大規模な検査が必要であり，その費用は300と見積もられる(ただし，完成時にも同様の検査が行われており，建物取得価額2,000には，完成時にかかる検査費用は含まれる)。この場合の日本基準およびIAS 16に従った場合の仕訳を示しなさい。

解 答

(1) 日本基準による仕訳

【X1年4月1日の仕訳】

| (借) 建 物 | 2,000 | (貸) 現 金 | 2,000 |

【X2年3月末の仕訳】

(借)	減価償却費	200	(貸)	減価償却累計額	200
	引当金繰入	60		引当金	60

次期以降，X5年3月期まで同様。

【X6年3月末の仕訳】

(借)	減価償却費	200	(貸)	減価償却累計額	200
	引当金繰入	60		引当金	60
	引当金	300		現金	300

実際に300の検査が発生。

（2） IAS 16による仕訳

【X1年4月1日の仕訳】

(借)	建物（本体部分）	1,700	(貸)	現金	2,000
	建物（検査部分）	300			

完成時に行った検査費用に関する価値を，5年後の検査費用300から推定し，構成要素として区分して認識する。

【X2年3月末の仕訳】

(借)	減価償却費	230	(貸)	減価償却累計額	230

建物部分の減価償却費
　　……（全体の取得原価2,000 − 定期検査部分300）÷ 10年 = 170
定期検査部分の減価償却費
　　……定期検査部分300 ÷ 5年 = 60
　　合計 170 + 60 = 230

次期以降，X5年3月期まで同様。

【X6年3月末の仕訳】

(借)	減価償却費	230	(貸)	減価償却累計額	230
	建物(検査部分)	300		現金	300

新たに発生した検査費用300を資産として計上，その後5年間で償却する。

解説

日本基準における検査引当金を計上する場合と，IAS 16におけるコンポーネント・アカウンティングを行う場合とでは，資産の使用開始から終了までの全期間で費用処理される総額は変わらない(この事例では建物部分原価2,000＋検査に係る支出300＝2,300)。但し，各期間の費用配分額，また引当金勘定を使用するか否かといった点で差異がある。

IAS 37では，引当金計上の要件として，企業が過去の事象の結果として，現在の債務を負っていることを要求しているため，未発生の検査に関して引当金を計上することはできない。一方，日本基準では，「企業会計原則」において，定められた要件を満たしていれば，現在の債務性の有無に関わらず引当金の計上が認められる。

3. 再評価モデル

有形固定資産の償却可能価額について，日本基準においては，時限立法として認められていた土地再評価法に基づく再評価以外は，取得原価以外のものを基礎とすることが認められていないが，IAS 16では再評価に基づく価額を用いることを認めている。また，再評価を行う場合には，資産の種類毎に行わなければならず，部分的再評価は認められていないことに注意する必要がある。

実務的に再評価モデルを採用する場合には，時価の算定について専門家の鑑定評価によるなど客観性を備えることが必要となる。

また，再評価モデルを採用している場合においても，原価法と同様に減価償却を行う必要があることや，頻度，公正価値の測定方法の精度等が異なるケー

スでは，減損の判定が必要となることに留意が必要である。

〈土地の再評価〉

設例8-2

当社所有の土地（簿価500）について，X1年3月末において時価は480であった。その後，X2年3月末において当該時価は495となり，X3年3月末に505まで回復し，X4年3月末において現金510で売却した。

この場合の日本基準およびIAS 16に従った場合の仕訳を示しなさい。

解答

（1） 日本基準による仕訳

【X4年3月末の仕訳】

（借）現　金	510	（貸）土　　　地 土地売却益	500 10

（2） IAS 16による仕訳

【X1年3月末の仕訳】

（借）土地評価損	20	（貸）土　　　地	20

【X2年3月末の仕訳】

（借）土　地	15	（貸）土地評価益	15

【X3年3月末の仕訳】

（借）土　地	10	（貸）土地評価益 土地評価剰余金	5 5

【X4年3月末の仕訳】

(借)	現　　　　　　金	510	(貸)	土　　　　　　地	505
	土地評価剰余金	5		利　益　剰　余　金	5
				土　地　売　却　益	5

解　説

　設例では，簿価が一旦下落した後に回復した場合の仕訳を示している。当初下落時には，簿価との差額を当期の損失として取扱い，その後時価が回復した場合には損失として計上した金額と同額までは当期の利益として取り扱うが，それを超える金額については，評価替による剰余金として純資産の部に計上する。売却時には，純資産の部に計上した土地評価剰余金は直接利益剰余金に振り替え，その時点で土地の簿価と売却額の差が売却損益として計上される。

　なお，この設例においては，毎期再評価を実施しているが，再評価のタイミングは，公正価値の変動性により，会計方針として会社が決定すべきものとされている。

設　例 8-3

〈再評価による減価償却累計額の改定〉

　当社所有の建物（X1年4月1日取得，簿価600）について，X3年3月末において時価が522まで下落した。なお，減価償却は耐用年数60年，残存価額0の定額法で行っている。この場合のIASに従った場合の仕訳を示しなさい。

　なお，IAS 16による再評価による減価償却累計額については，（1）再評価後の資産の帳簿価額が再評価額に等しくなるように，資産の減価償却累計額控除前の帳簿価額の変化に比例して改定する方法，（2）資産の減価償却累計額控除前の帳簿価額と相殺消去し，その純額を資産の再評価額に改定する方法の2つの方法が認められている。

解　答

（1）の方法による仕訳

【X2年3月末の仕訳】

| （借） | 減価償却費 | 10 | （貸） | 減価償却累計額 | 10 |

減価償却費　600÷60＝10

【X3年3月末の仕訳】

（借）	減価償却費	10	（貸）	減価償却累計額	10
	固定資産評価損	58		建物	60
	減価償却累計額	2			

建物の取得価額の修正　600－600×522/580＝60

【X4年3月末の仕訳】

| （借） | 減価償却費 | 9 | （貸） | 減価償却累計額 | 9 |

再評価後の減価償却費　540÷60年＝9

（2）の方法による仕訳

【X2年3月末の仕訳】

| （借） | 減価償却費 | 10 | （貸） | 減価償却累計額 | 10 |

【X3年3月末の仕訳】

（借）	減価償却費	10	（貸）	減価償却累計額	10
	固定資産評価損	58		建物	78
	減価償却累計額	20			

建物取得価額の修正　600－522＝78

【X4年3月末の仕訳】

| (借) 減価償却費 | 9 | (貸) 減価償却累計額 | 9 |

再評価後の減価償却費　522÷58年＝9

解　説

　設例では，建物について，再評価を行った場合を想定している。

　(1)の設例においては，X3年3月末現在の帳簿価額580と時価の522との割合に応じて，取得価額600と減価償却累計額20を修正している。再評価後の減価償却費は，修正後の取得価額540÷60年＝9という計算によって求められている。

　一方，(2)の設例においては，X3年3月末において，一旦それまでの減価償却累計額を取り崩して，取得価額を600から時価まで減少させている。再評価後の減価償却費は，取得原価522，耐用年数58年の建物を新規取得したものと考えて，522÷58年＝9という計算によって求められる。

　ここで，(1)(2)いずれの方法を採用した場合であっても，X3年3月末の帳簿価額は522，評価替後のX4年の減価償却費は9で違いがないことになる。(1)の方法は，ある指数を使ってその経済状態を一括して修正する場合に用いられ，具体的には機械の陳腐化等による再評価を行うような場合が該当すると考えられる。一方，(2)の方法は，市場価格で再評価される建物などに対して適用されることが考えられる。

4. 資産除去債務

　IAS 16では，有形固定資産の処分時に発生する資産除去債務を取得原価に参入することが強制されている。一方，日本基準においても，平成22年4月1日以降開始する事業年度から「資産除去債務に関する会計基準」が適用されている。

　当基準では，資産除去債務について，将来それが発生したときに，有形固定資産の除却に要する割引前の将来キャッシュフローを見積り，これを貨幣の時

間価値を反映した無リスクの税引前割引率で割り引いて算定し，資産除去債務を負債として計上する際に，同額を関連する有形固定資産の帳簿価額に加える。この結果，資産計上された資産除去債務に対応する除却費用は，減価償却を通じて有形固定資産の残存耐用年数にわたって，各期に配分されることになる。同基準の適用によって，日本基準とIAS 16との差異は概ね解消されることとなるが，IAS 16は，資産除去債務やその算定に用いる割引率の見直しを毎期行わなければならない等，日本基準に比較して，実務上煩雑となる点に注意が必要である。

第9章

投資不動産

【要約表】

	IAS 40
投資不動産の範囲・対象	賃貸収入，値上がり益もしくはその両者を得る目的で保有される土地・建物 (a) 長期値上がり益を目的として保有する土地 (b) 将来の用途が決まっていない土地 (c) 企業が所有しているまたはファイナンス・リースとして占有している，もしくはオペレーティング・リースとして賃貸している建物 (d) 将来，オペレーティング・リースとして賃貸するために保有している建物
投資不動産の認識	次の2つの要件が満たされるときに資産として認識 (a) 投資不動産に付随した経済的便益が企業にもたらされる可能性が高いこと，かつ (b) 投資不動産の取得原価が信頼性をもって測定可能であること
当初認識時の測定	取得原価で測定 (a) 購入による場合，取得原価＝購入代価＋直接的付随費用 (b) 自家建設による場合，取得原価＝建設・開発が完了した日の原価の額
当初認識後の支出額の処理	(a) 当初に予期された業績水準を超えて将来の経済的便益がもたらされる可能性が高いと判断される場合，資本化処理 (b) 上記(a)が該当しない場合，発生時に全額費用化処理

当初認識後の測定	公正価値モデルまたは原価モデル 公正価値モデルの場合，公正価値の変動による損益は当期の損益として認識 公正価値の算定方法 　(a)　活発な市場で現在価格が入手可能な場合，当該市場価格 　(b)　活発な市場で現在価格が入手困難な場合，類似不動産の現在価格を参考に差異を修正した価格や将来キャッシュ・フローの割引現在価値など	
投資不動産の用途変更の場合の振替処理	用途変更の形態	振替処理
	①　投資不動産から自己使用不動産への用途変更の場合	①　自己使用の開始時に振替処理 　変更日の公正価値を原則として，以後 IAS 16 に基づいて処理
	②　投資不動産から棚卸資産への用途変更の場合	②　販売を見込んだ開発を開始した時に振替処理 　変更日の公正価値を原価とし，以後 IAS 2 に基づいて処理
	③　自己使用不動産から投資不動産への用途変更の場合	③　自己使用を終了した時に振替処理 　変更時に簿価と公正価値との差額を再評価剰余金として処理
	④　棚卸資産から投資不動産への用途変更の場合	④　他者へのオペレーティング・リースを開始した時に振替処理 　変更時に簿価と公正価値との差額を当期の損益として処理
	⑤　建設・開発不動産から投資不動産への用途変更の場合	⑤　当該建設・開発が終了したときに振替処理 　変更時に簿価と公正価値との差額を当期の損益として処理

投資不動産の除去	(a) 売却または永久に使用されなくなるか，または (b) 将来の経済的便益が見込めなくなった場合，貸借対照表から除去
開示－ 公正価値モデルおよび原価モデルに共通する項目	① 販売用不動産と区別が難しい投資不動産について，企業の採用した評価基準 ② 公正価値を決定する際の方法と重要な前提 ③ 公正価値の決定に際して独立した鑑定人に依拠した程度 ④ 損益計算書における以下の項目の金額 　(a) 投資不動産からの賃貸収益 　(b) 当期に賃貸収益を生み出した投資不動産に要した直接費用 　(c) 当期に賃貸収益を生み出さなかった投資不動産に要した直接費用 ⑤ 投資不動産の売却代金授受に関する制限の有無とその売却金額 ⑥ 投資不動産を購入，建設，開発，修理，維持，改善する契約上の重要な義務

§1 背　　景

　2000年4月，IAS 40「投資不動産」が公表された。本基準書は，1999年7月に公表された公開草案第64号(以下，E64)に修正を加えたものであり，1986年に設定されたIAS 25「投資の会計」を継承するものである。IAS 25の公表以降，1998年のIAS 38「無形資産」やIAS 39「金融商品―認識及び測定」といった投資資産の一部を対象とする個別の会計基準が設定され，IAS 25の対象となる資産の範囲が狭くなってきたことや，IAS 39などで資産・負債の公正価値による評価が広く導入されたのに伴い，投資資産の測定方法の修正を試みたことが新たな基準設定に至った背景である。

　さらに，IAS 40は，国際会計基準の改善プロジェクトの一環として，ディスクロージャーをさらに充実させる規定や，リース不動産に係るオペレーティン

グ・リースにおけるレッシー(借手側)が保有する投資不動産の取り扱いに関する規定などを踏まえて 2003 年 12 月に改訂された。改訂後 IAS 40 は 2005 年 1 月 1 日以降に開始する事業年度から適用されることになるが，その早期適用は奨励されている。

日本では，原則として土地は非償却資産として貸借対照表上に取得原価で計上され，建物等の償却資産は所定の方法により減価償却される。日本公認会計士協会は 2000 年 7 月，監査委員会報告第 69 号「販売用不動産等の強制評価減の要否の判断に関する監査上の取扱い」を公表した。これはバブル崩壊後地価が著しく下落し，主に住宅・建設業セクターが保有する販売用不動産について大幅な含み損を抱えることになったにもかかわらず，損失計上を資産の処分時まで先送りする傾向にあったことに対し，企業が保有する販売用不動産について強制評価減を実施するか否かの判断に関して，監査上留意すべき事項を実務指針としてまとめたものであった。これは，「企業会計原則」(第三・五・A)が棚卸資産の強制評価減を規定しており，販売用不動産が住宅・建設業企業にとって棚卸資産としての性格を有することと整合的である。

2002 年 8 月に企業会計審議会から公表された「固定資産の減損に係る会計基準の設定に関する意見書」(以下，減損意見書)の中で，投資不動産の会計処理は，時価の測定や不動産の分類の困難さ，および棚卸資産との整合性の観点から，投資不動産は事業用不動産等と同様に取得原価にて評価すると規定されている。

§2　IAS 40 の分析と評価

1. 範　　囲

IAS 40 では投資不動産は賃貸収入，値上がり益，もしくはその両者を得る目的で保有される土地・建物をいい(par. 5)，次のようなものは含まれない。

(a) 財・サービスの生産・提供，あるいは経営管理目的のために使用されるもの，または
(b) 通常の営業過程において販売目的で保有されるもの

上記(a)の自己使用不動産は IAS 16「有形固定資産」の範囲に含まれ，上記(b)は IAS 2「棚卸資産」の範囲に含まれるため，投資不動産の範囲からは除外されることになる (IAS 40 Appendix B par. B 30)。

投資不動産は自己使用不動産とは明確に区別される。前者は，企業が保有する他の資産から独立してキャッシュ・フローを生み出すのに対し，後者は生み出されるキャッシュ・フローが当該不動産のみならず，財・サービスの生産・提供プロセスで用いられる他の資産にも依存している(par. 7)。このように，IAS 40 では投資不動産と自己使用不動産とは一般的原則に基づいて区分する方法を採用しており，個々の不動産グループごとに具体的に対応するアプローチは採っていない。これは，不動産を個々のグループごとに区分することは極めて困難であり，かつ恣意的にならざるをえないからである(par. B 38)。

2. 投資不動産の対象

IAS 40 では投資不動産の例として以下のものを挙げている(par. 8)。
(a) 長期値上がり益を目的として保有する土地(通常の営業過程での短期の販売を目的とするものを除く)
(b) 現状では将来の用途が決まっていない土地(自己使用不動産として利用するか，通常の営業過程において短期間の販売目的として利用するかを決定していない場合，当該不動産は値上がり益を目的として保有するものとみなされる)
(c) 企業が所有しているまたはファイナンス・リースとして占有している，もしくはオペレーティング・リースとして賃貸している建物
(d) 現状では入居者はいないが，オペレーティング・リースとして賃貸するために保有している建物

他方，IAS 40 の対象外となるものの例として次のものが挙げられる。これらは投資不動産に該当しない(par. 9)。

(a) 通常の営業過程での販売を目的とする不動産(販売するために建設・開発中である不動産を含む)
(b) 第三者のために建設・開発中である不動産
(c) 自己使用目的の不動産(将来,自己使用するために保有する不動産を含む)
(d) 将来,投資不動産とするよう建設・開発中の不動産(開発が完了した時点で投資不動産に振り替えられる)
(e) ファイナンス・リースとして他の企業にリースされている不動産

上記の(b)および(d)に関して,E 64 は,建設・開発中の投資不動産を公正価値で測定することを提唱した。しかしながら,このような投資不動産については市場が存在しないため,公正価値を信頼性をもって見積ることは一般に困難であると考えられる。したがって,IAS 40 では建設・開発中の投資不動産は本基準から除外され,IAS 16 の対象になるものとされた(par. B 18)。

賃貸収入,値上がり益を目的に保有する部分と財・サービスの創出ないし経営管理の目的に保有する部分により構成される不動産については,それらが個別に売却可能であれば区別され認識の対象となる。個別での売却が不可能で,しかも自己使用部分に重要性がない場合には,そのすべてが投資不動産として処理される(par. 10)。

企業が所有する不動産の占有者に補助的なサービスを提供する場合,補助的サービスの重要性によって当該不動産が投資不動産として適当か否かが決定される。たとえば,オフィスビルの所有者がビルの借手に対して保安警備やメンテナンス・サービスを提供する場合など,補助的サービスが相対的に重要性が低い場合には,当該不動産を投資不動産として取り扱うことができる。それに対して,企業がホテルを所有し運営する場合,客に対するサービスは取引全体の重要な部分を占めるので,当該ホテルは投資不動産ではなく自己使用不動産となる(pars. 11-13)。このように,不動産が投資不動産をなすか否かを決定するには判断を要し,したがって,企業が IAS 40 の定義や指針に準拠して首尾一貫性をもって判断を行うことができるように規準(クライテリア)を設定すべきことになる(par. 14)。

3. 投資不動産の認識・測定

(1) 認 識

投資不動産は，次の条件が満たされるときにのみ，資産として認識されなければならない(par.16)。

(a) 投資不動産に付随した経済的便益が企業にもたらされる可能性が高いこと，かつ
(b) 投資不動産の取得原価が信頼性をもって測定可能であること。

上記(a)の認識規準の決定に当たっては，当初認識時に利用可能な証拠に基づき，将来の経済的便益のフローに付随した確実性の程度を評価しなければならない(par.17)。上記(b)の規準は，購入取引によって資産が取得される場合，通常，容易に満足される。

(2) 当初認識時の測定

当初認識時には，投資不動産は取得原価で測定されなければならない(pars. 20-21)。購入による場合，投資不動産の取得原価は，その購入代価と直接的付随費用(弁護士報酬，不動産取引税その他取引費用)からなる。自家建設による場合，投資不動産の取得原価は，建設ないし開発が完了した日の原価の額で示される(par.22)。自家建設の完了の日までは IAS 16 が適用され，完了の日以降は本基準の適用対象となる。

(3) 当初認識後の支出

すでに認識・計上されている投資不動産について，その後に行われた支出の取扱いは次のとおりである(par.24)。

▶当該投資不動産について，当初に予期された業績水準を超えて将来の経済的便益がもたらされる可能性が高いと予想される場合，認識後の支出は投資不動産の帳簿価額に加算されなければならない。
▶上記の場合以外は，当該投資不動産に関する支出はすべて発生時に費用として認識されなければならない。

　投資不動産の認識後に生じた支出を資本化すべきか否かは議論があった(par. B 40)。しかし，IAS 40 では，かかる事後的支出を資本化しない場合，財務業績の構成要素がミスリードされることになるので，IAS 16 の自己使用不動産において適用されたテストと同様のテストを用いて，事後的支出が資本化処理されるべきかどうか判定されることとした。なお，上記の資本化処理の条件の中で，比較の対象となっているのは「当初に」予期された業績水準であって，「以前に」予期された水準ではない点に留意されたい(pars. B 41-42)。

（4） 当初認識後の測定

　IAS 40 では，原則として，投資不動産は公正価値モデルまたは原価モデルのいずれかを選択して評価しなければならない。この場合，同一企業が保有する投資不動産の間で異なった評価モデルを選択することはできない(par. 30)。IAS 40 でいう公正価値モデルとは投資不動産を財政状態計算書日現在の市場価値等で評価する方法であり，原価モデルとは取得原価から減価償却費を控除して投資不動産を評価する方法である。原価モデルを採用した企業は，IAS 16「有形固定資産」の定める方法により処理される(par. 56)。ただし，原価モデルを採用した場合であっても，企業は投資不動産の公正価値を開示しなければならない。

　本基準は IASC が非金融商品に対して公正価値モデルを要求した最初のケースである。当初，E 64 はすべての投資不動産を公正価値で測定することを要求した。しかし，非金融商品にまで公正価値モデルを拡大することには概念上，および実務上多くの問題が残されている。また，不動産市場には公正価値モデルが十分に機能するほどには発展していないものもみられる。したがって，当

委員会は，現時点では，投資不動産に一律的に公正価値モデルを求めるのは現実的ではなく，公正価値モデルと原価モデルとの選択適用を認めることにした(pars. B 44-49)。公正価値モデルを選択した企業は，すべての投資不動産を公正価値で測定し，公正価値の変動による損益は当期の損益として認識することが求められる(pars. 33・35)。

公正価値は，市場において合理的に入手可能な最も信頼性のある価格として測定され，投資不動産の公正価値は，通常，その市場価値で示される(par. 36)。それはまた，過去または将来の日ではなく，財政状態計算書日現在の実際の市場の状況を反映するものでなければならない(par. 38)。公正価値の算定に当たっては，売却その他処分時に発生することが予想される取引諸費用は控除せずに算定される(par. 37)。

活発な市場での現在価格が得られない場合，企業は，(a)類似不動産の活発な市場での現在価格で差異を反映するように修正した価格，(b)活発な市場でない最近での価格で経済状況の変化を反映するように修正した価格，および，(c)将来キャッシュ・フローの見積りに基づいた割引キャッシュ・フロー予測額などの価格情報に基づく公正価値を決定しなければならない(par. 46)。なお，例外的ケースでは，投資不動産の公正価値を継続的に信頼性をもって決定し得ないこともある。このような場合，企業はIAS 16の標準処理である取得原価から減価償却累計額および減損損失累計額を控除した価額をもって投資不動産の金額を決定しなければならない(IAS 16 par. 28，IAS 40 par. 53)。

4. 投資不動産の用途変更

投資不動産から他の不動産への用途変更，あるいは他の不動産から投資不動産への用途変更は，現実に用途の変更があった場合に限られ，以下の処理が行われる(pars. 57-65)。

(a) 投資不動産から自己使用不動産への用途変更の場合は，自己使用の開始時に振替処理が行われる。その際，変更日の公正価値を原価とし，その後はIAS 16に基づいた処理が行われる。

(b) 投資不動産から棚卸資産への用途変更の場合は，販売を見込んだ開発を開始したときに振替処理が行われる。その際，変更日の公正価値を原価とし，その後はIAS 2「棚卸資産」に基づいた処理が行われる。

(c) 自己使用不動産から投資不動産への用途変更の場合は，自己使用を終了したときに振替処理が行われる。変更日まではIAS 16を適用し，変更時に簿価と公正価値の間に差額があればIAS 16に規定される再評価剰余金と同様の処理を行う。

(d) 棚卸資産から投資不動産への用途変更の場合は，他者へのオペレーティング・リースを開始したときに振替処理が行われる。変更時に簿価と公正価値の間に差額があれば当期の損益として計上される。

(e) 建設・開発不動産から投資不動産への用途変更の場合は，当該建設・開発が終了したときに振替処理が行われる。変更時に簿価と公正価値の間に差額があれば当期の損益として計上される。

上記(c)については，IAS 40では原価から公正価値への測定基準の変更をIAS 16における資産再評価として取り扱っている点にとくに留意されたい。すなわち，用途変更時までに生じた公正価値の累積変動額を当期の損益に算入するとすれば，当期の財務業績の適切な表示は著しく損なわれることになるので，IAS 16の再評価剰余金に準じて処理されることになった(par. B 66 (a))。

5. 投資不動産の処分

投資不動産は売却または永久に使用されなくなるか，あるいは将来の経済的便益が見込めなくなった場合に財政状態計算書から除去される(par. 66)。売却に際してはIAS 18「収益」が適用され，処分損益が売却純収入と簿価の差額として当期に認識される。ファイナンス・リース契約の締結やセールス・アンド・リースバックの場合にはIAS 17「リース」の会計処理が適用される(par. 67)。

6. 開　　示

公正価値モデルと原価モデルに共通して，以下の事項に関し情報の開示が求められる (par. 75)。

(a) 企業の選択した評価モデル，公正価値モデルまたは原価モデルのどちらか一方
(b) 公正価値モデルを選択した場合において，オペレーティング・リースとして保有される不動産に係る投資不動産としての適否およびその状況
(c) 販売用不動産と区別が難しい投資不動産について，企業の採用した評価基準
(d) 公正価値を決定する際の方法と重要な前提
(e) 公正価値の決定に際して独立した鑑定人に依拠した程度
(f) 損益計算書における以下の項目の金額
  (ⅰ) 投資不動産からの賃貸収益
  (ⅱ) 当期に賃貸収益を生み出した投資不動産に要した直接費用
  (ⅲ) 当期に賃貸収益を生み出さなかった投資不動産に要した直接費用
  (ⅳ) 原価モデルにより評価された資産プールから公正価値モデルによる資産プールに投資不動産が売却された場合の，損益計算書上で認識される公正価値の累積的変化額
(g) 投資不動産の売却代金授受に関する制限の有無とその売却金額
(h) 投資不動産を購入，建設，開発，修理，維持，改善する契約上の重要な義務

公正価値モデルを選択した場合，以下の事項について投資不動産の期首と期末の簿価の変化とその内訳を追加的に開示しなければならない (par. 76)。

(a) 新規取得および事後的支出の資本化処理による投資不動産の増加
(b) 企業結合による投資不動産の増加
(c) 投資不動産の処分
(d) 公正価値の変動による損益

(e)　在外事業体の財務諸表の換算に起因する為替差額
　(f)　棚卸資産や自己使用資産との間の用途変更
　(g)　その他の変化

　公正価値の測定ができないためにIAS 16と同様の取扱いを受ける投資不動産に関しては別途の追加的開示項目がある（par. 77）。

　原価モデルを選択した場合，以下の項目について情報の開示が求められる（par. 79）。

　(a)　採用された減価償却方法
　(b)　採用された耐用年数または償却率
　(c)　期首と期末における簿価および減価償却累計額
　(d)　投資不動産の期首と期末の簿価の変化とその内訳（内訳は公正価値モデルの際とほぼ同様）
　　(i)　新規取得および事後的支出の資本化処理による投資不動産の増加
　　(ii)　企業結合による投資不動産の増加
　　(iii)　投資不動産の除去
　　(iv)　減価償却額
　　(v)　当期に認識された減損処理額および減損の回復額
　　(vi)　在来事業体の財務諸表の換算に起因する為替差額
　　(vii)　棚卸資産や自己使用資産との間の用途変更
　　(viii)　その他の変化
　(e)　投資不動産の公正価値

7．日本基準との関係

　2002年8月，企業会計審議会は「減損意見書」を公表し，2005年4月1日以降開始する事業年度から「固定資産の減損に係る会計基準」が実施されている。また，企業会計基準委員会（以下，ASBJ）は，2008年11月に企業会計基準第20号「賃貸等不動産の時価等の開示に関する会計基準」（以下，賃貸等不動産基準）を公表し，2010年3月31日以降終了する事業年度の年度末に係る財務諸表から適

用される。

　減損意見書では，投資不動産はその他の有形固定資産に比べて時価の把握および売買等が相対的に容易であるとの認識が示された。ただし，不動産市場は資本市場と比べて相対的に流動性が低く，客観的な時価の把握が必ずしも容易ではない。また，賃貸目的の投資不動産であっても事業投資と性質が類似しており常に売却が可能であるとはいえないものも存在する。したがって，投資不動産を一括して時価で評価することは，かえって「企業の財政状態及び経営成績を適切に財務諸表に反映させることにはならない」（減損意見書六，1）という見解が示された。よって，投資不動産は，他の有形固定資産と同じく取得原価により評価され，収益性の低下等により投資額の回収が見込めなくなった場合には減損処理される。投資不動産の時価評価に関して，賃貸等不動産基準の設定過程においても議論がなされたが，減損意見書の考え方および会計処理が踏襲されている。

　また，注記による投資不動産の公正価値等の開示について，減損意見書では投資不動産の時価情報に関する注記の必要性や投資不動産の範囲が未確定であることを理由に，注記の如何に関しては今後の検討課題として結論を見送っていた。しかし，金融商品に関して時価情報の注記開示対象を拡大することや，IAS 40において原価モデル採用時には時価を注記することとの整合性を確保するために，投資不動産を含む賃貸等不動産についても時価等を注記にて開示することとなった。以下が開示内容である（賃貸等不動産基準8）。

(1)　賃貸等不動産の概要
(2)　賃貸等不動産の貸借対照表計上額及び期中における主な変動
(3)　賃貸等不動産の当期末における時価及びその算定方法
(4)　賃貸等不動産に関する損益

§3　実務上の留意事項および設例

1．投資不動産の範囲・対象

留意事項

　IASでは，不動産を棚卸資産（販売用不動産），有形固定資産（自己使用不動産），投資不動産の3種類に分類し，それぞれの基準書において会計処理および評価方法についての定めを置いている。

　一方，日本基準においては，上記3種類の不動産について，表示区分は異なるものの，投資不動産については特別な評価方法が定められておらず，有形固定資産と同一の基準によって会計処理されている。

設　例 9-1

　以下の各不動産は，IASに定めるどの不動産に分類され，どの基準書の適用を受けるか検討しなさい。

A不動産：電子部品メーカーA社の工場用土地建物であり，主たる製造拠点である。

B不動産：鉄道会社B社が将来の値上がりを目的に購入した土地であるが，不動産市況の悪化のため使用目的が決まっていない。

C不動産：飲料販売業C社の本社用土地建物である。

D不動産：化学品メーカーD社所有の土地建物であるが，連結子会社DX社（農薬を生産）に工場用土地建物として賃貸している。

E不動産：ゼネコン大手であるE社が造成し，販売予定で所有している土地である。

F不動産：大手商社F社が将来の値上がりを目的に購入した土地であったが，

不動産市況の悪化のため，当期において本社ビルを建設し，自社にて使用している。

解　答

A不動産：所有者A社が使用しているため，自己使用不動産に該当する。したがって，IAS 16「有形固定資産」の適用を受ける（減損会計の対象となる）。

B不動産：使用目的未定であるが，値上がりを目的としているため，投資不動産に該当する。したがって，IAS 40「投資不動産」の適用を受ける。

C不動産：C社が本社として使用しているため，自己使用不動産に該当する。したがって，IAS 16「有形固定資産」の適用を受ける（減損会計の対象となる）。

D不動産：D社単体では投資不動産（賃貸目的の不動産）と考えられるが，連結ベースで検討すると，D社グループの工場用土地建物となっているため，自己使用不動産と考えられる。したがって，IAS 16「有形固定資産」の適用を受ける（減損会計の対象となる）。

E不動産：E社の販売用不動産であるため，棚卸資産に該当する。したがって，IAS 2「棚卸資産」の適用を受ける（低価法の適用あり）。

F不動産：当初は値上がり目的で購入しているため，投資不動産に該当していたが，当期において本社ビルを建設して，自己使用不動産となっている。したがって，適用基準をIAS 40「投資不動産」からIAS 16「有形固定資産」に変更する必要がある。この場合，投資不動産の評価方法として，公正価値モデルを採用していた場合は，投資不動産から自己使用不動産への変更に当たり，変更時点での評価替が必要である。

2. 公正価値モデルと取得原価モデル

留意事項

IAS 40において，投資不動産に分類された不動産は，公正価値モデルと取得

原価モデルの選択適用が認められている。日本基準においては，前述のとおり，有形固定資産の会計基準を適用し取得原価により評価されるが，IAS 40において取得原価モデル採用時に時価を注記することとの整合性を確保するために，平成22年3月31日以降終了する事業年度の年度末の財務諸表からは，投資不動産を含む賃貸等不動産についても時価等を注記にて開示することとなった。

IAS 40では，公正価値モデルを選択した場合，毎決算日において公正価値により評価され，評価損益が計上されることになるため，不動産市場の価値変動が激しい経済環境時には，損益への影響が大きく，また，損益予測が困難な状況も想定される。

また，公正価値としてどの指標を用いるかが，実務上大きな問題となる。IAS 40では，公正価値とは，「独立した第三者間で，取引の知識のある自発的な当事者間での取引価額」と定められており，同一所在地および状況の類似した不動産の活発な市場価格がない場合にも，異なる種類，所在地又は状況の活発な市場価格などを修正した価格を用いることとされているが，不動産市場がそれほど活発でない日本においては，客観的な価格指標はそれほど多くない。日本基準の賃貸等不動産基準や減損意見書においても，時価とは，公正な評価額であり，「通常，それは観察可能な市場価格に基づく価額」としながら，市場価格が観察できない場合には「不動産鑑定評価基準」（国土交通省）に基づく評価や不動産鑑定士による鑑定評価額を用いることとされている。また，減損意見書では重要性の乏しい不動産については，路線価に基づく評価額や固定資産税評価額を用いることも認められている。

設 例 9-2

以下の前提条件の下で，公正価値モデルによった場合と，取得原価モデルによった場合の，X2年度末以降の仕訳を示しなさい。ただし，減損会計の適用については，本設例では考慮しないこととする。

(1) 前提条件

① X1年度末において，不動産会社A社は将来の値上がりを見越して土地を100で購入した。その後，周辺地域の再開発が行われ，X2年度末における当該土地の不動産鑑定評価額は150に上昇した。

② X3年度期首より，供給過剰によるデフレにより，不動産市場は下落に転じ，X3年度末におけるA社所有土地の不動産鑑定評価額は60と大幅に下落した。そのため，A社はX4年度期首より当該土地に賃貸用建物を自家建設し，賃貸することとした。X4年度末において建物が完成したため，建設仮勘定から振替処理を行う(建設コスト90)。当該建物の経済的耐用年数は30年であり，残存価額ゼロとして定額法による減価償却を行う。

③ X5年度期首より賃貸を開始した。稼働率は高く，賃貸状況は好調であるため，X5年度末におけるDCF方式による投資不動産の評価額は200となった。

(2) 公正価値モデル

① 【X2年度末】

不動産鑑定評価額にて評価替を行い，評価益を損益計上する。

(借)	投資土地	50	(貸)	投資不動産評価益	50

② 【X3年度末】

不動産鑑定評価額にて評価替を行い，評価損を損益計上する。

(借)	投資不動産評価損	90	(貸)	投資土地	90

③ 【X4年度末】

不動産自家建設時においては，建設に要した費用で貸借対照表に計上する。

| (借) 投 資 建 物 | 90 | (貸) 建 設 仮 勘 定 | 90 |

④ 【X5年度末】

DCF方式による投資不動産評価額にて評価替を行い，評価益を損益計上する。評価益の土地・建物の按分計算については，簿価比により行うこととする。

| (借) 投 資 建 物 | 30 | (貸) 投資不動産評価益 | 50 |
| 投 資 土 地 | 20 | | |

（3） 取得原価モデル

① 【X2年度末】【X3年度末】

取得原価モデルにおいては，不動産の評価替は行わない。なお，減損については，本設例では考慮しないこととする。

仕訳なし

② 【X4年度末】

不動産自家建設時においては，建設に要した費用で貸借対照表に計上する。

| (借) 投 資 建 物 | 90 | (貸) 建 設 仮 勘 定 | 90 |

③ 【X5年度末】

取得原価モデルにおいては，不動産の評価替は行わない。投資建物について，減価償却を実施する。

| (借) 減 価 償 却 費 | 3 | (貸) 投 資 建 物 | 3 |

減価償却費 ＝ 90 ÷ 30年
　　　　　＝ 3

第10章

リース資産・負債

【要約比較表】 IAS 17 と日本基準との異同点

	IAS 17	日本基準
リースの分類	① ファイナンス・リース ② オペレーティング・リース	① ファイナンス・リース 　(a) 所有権移転ファイナンス・リース 　(b) 所有権移転外ファイナンス・リース ② オペレーティング・リース
借手のファイナンス・リースの会計処理方法	① リース物件を資産に，リース債務を負債に計上 ② 支払リース料をリース債務元本返済部分と支払利息相当額部分に区別 ③ 所有固定資産と同一の方法で減価償却	① 同　左 ② 同　左 ③ 所有権移転ファイナンス・ファイナンスリースについては所有固定資産と同一の方法で減価償却を行い，所有権移転外ファイナンス・リースについてはリース期間で減価償却
借手のファイナンス・リースに関する開示事項	① 資産の種類別帳簿価額 ② 最低リース料総額期末残高，その現在価値および差	① 資産の種類別帳簿価額を所有資産に含めて貸借対照表に計上 ② 支払リース料総額期末残高を負債に含めて貸借対照

	異調整 ③ 当期変動リース料 ④ 期待最低サブ・リース料総額 ⑤ リース契約に関する重要事項	表に計上 ③ な　し ④ な　し ⑤ な　し
貸手のファイナンス・リースの会計処理方法	① リース債権を資産に計上 ② 受取リース料を元本回収分と受取利息相当額とに区分	① 同　左 ② 同　左
貸手のファイナンス・リースに関する開示事項	① 正味リース投資額期末残高，受取最低リース料総額および差異調整 ② 未稼得受取利息相当額 ③ 見積残存価額 ④ 回収不能な最低受取リース料総額に対する引当額 ⑤ 当期変動リース料 ⑥ リース契約に関する重要事項	① リース物件の取得価額等の未回収残高を債権として貸借対照表に計上 ② な　し ③ な　し ④ 他の債権に対する引当金に含めて貸借対照表に計上 ⑤ な　し ⑥ な　し
借手のオペレーティング・リースの会計処理方法	借手の便益の時間的パターンを表すリース料の配分方法がある場合にはその方法。ない場合には定額法	通常の賃貸借取引に準じた方法（実質的に同左）
借手のオペレーティング・リースに関する開示事項	① 解約不能最低リース料総額期末残高 ② 最低サブ・リース料総額 ③ 当期支払最低リース料総額，変動リース料およびサブ・リース料 ④ リース契約に関する重要事項	① 解約不能未経過リース料総額 ② な　し ③ な　し ④ な　し
貸手のオペレーティング・リースの会計	① リース物件を資産に計上し，減価償却を実施 ② リース物件からの使用便	通常の賃貸借取引に準じた方法（実質的に同左）

処理方法	益の時間的パターンを表す方法がある場合を除いて，受取リース料を定額で認識	
貸手のオペレーティング・リースに関する開示事項	① 資産の種類ごとの期末取得額，減価償却累計額および減損累計額 ② 当期減価償却費，減損およびその戻入額 ③ 当期変動リース料 ④ リース契約に関する重要な事項	① 同　　左 ② 当期減価償却費を所有資産の減価償却費に含めて開示 ③ な　　し ④ な　　し

§1 背　　景

　リースは，特定の資産(リース物件)の所有者である貸手が，合意された期間(リース期間)にわたってその資産を使用収益する権利を借手に与え，借手は合意された使用料(リース料)を一括または分割で貸手に支払う取引であり，企業の設備調達手段の１つとして利用される。リースは，借手側における設備取得資金の調達機会の拡大や陳腐化リスクの回避，また貸手側における減価償却の節税効果や安定したリース料収入の確保という相互の利点から，急速かつ多様に発展してきた。リースには，形式的にはリース物件の所有権が貸手に残るにもかかわらず，それに対する実質的な支配が借手に移転する場合がある，という特徴がある。この結果，法形式は資産の賃貸借取引であるにもかかわらず，実質的に代金分割払いの資産の売買取引と同じものがリースには含まれることがある。形式よりも実質を優先する考え方からは，このような取引の形式と実質の乖離を会計上どのように取り扱うかが問題になる。

　リースの会計処理と開示に関する国際会計基準である IAS 17「リース」は，1982 年に承認され，1984 年１月１日開始事業年度から発効した。その後，1997年に貸手側の収益認識方法からの代替処理の排除と開示項目の拡大，2003 年に

は当初直接費用の代替処理の排除，という改訂が行われた。

　IASC は，財務諸表作成表示フレームワークで示した実質優先原則に従って，リースが実質的に資産の所有に伴うリスクと経済的利益をすべて借手に移転させるならば，そのリースの実質は売買と金融であり，たとえ賃貸借の形式をとっていても，会計上は売買として認識するべきである，との立場をとっている。

　わが国におけるリースに関する開示規制としては，かつて商法計算書類規則と企業内容開示省令による規定が存在していたが，リースについての会計処理の基準が存在しなかったために，実際に開示されている情報は物件的または物量的情報にとどまり，金額情報の開示には及んでいなかった。しかし，リース産業の成長とリース取引の活発化に対応して，1993 年 6 月に企業会計審議会から「リース取引に係る会計基準」が公表された。さらに経済実態を適切に反映させるため，2007 年 3 月 30 日に企業会計基準委員会が企業会計基準第 13 号「リース取引に関する会計基準」(以下，リース取引会計基準)および企業会計基準適用指針第 16 号「リース取引に関する会計基準の適用指針」(以下，リース取引適用指針)が公表され(以上の諸規定を日本基準と総称する)，2008 年 4 月 1 日以降開始事業年度から適用が開始される。

§2　バリエーションの分析と評価

1. 範　　囲

　次の 2 つの契約が，IAS 17 の適用範囲から除外されている。
(1) 石油，ガス，木材，金属その他の採掘等の天然資源の探査または利用についてのリース契約
(2) 映画フィルム，ビデオ録画，演劇脚本，原稿，特許権，および版権等の項目についてのライセンス契約

　ただし，(2)には IAS 38「無形資産」が適用されるが，(1)に関する IAS は公表

されていない。わが国でこれらの契約に対してリース基準が適用されるか否かについては，明確に規定されていない。

また，IAS 17 は，次の資産の測定基準としては適用されない。

(a) 借手によって保有され，投資不動産として会計処理されるべき不動産
(b) オペレーティング・リースで貸手によって提供されている投資不動産
(c) ファイナンス・リースで借手によって保有されている生物
(d) オペレーティング・リースで貸手によって提供されている生物

(a)と(b)には IAS 40「投資不動産」が，(c)と(d)には ISA41「農業」がそれぞれ適用される。わが国では，投資不動産については「固定資産の減損に係る会計基準」が適用される。特に賃貸借処理をしているファイナンス・リースに対しても，減損会計と同様の効果をもつ会計処理が求められる。一方，生物については，これに対応する具体的な会計基準がわが国にはないため，リース基準との関係は不明である。

2. 定　　　義

IAS 17 と日本基準では，用語の定義について次のような差異がみられる。

（1）　ファイナンス・リース

IAS 17 は，ファイナンス・リースを，資産の所有に伴うリスクと経済的利益を実質的にすべて移転するリース，と定義している(par. 4)。これに対して日本基準は，ファイナンス・リースを，リース期間の中途において当該契約を解除することができないリースまたはこれに準ずるリースで，借手が，リース物件からもたらされる経済的利益を実質的に享受することができ，かつ，当該リース物件の使用に伴って生じるコストを実質的に負担することとなるリース，と定義している(リース取引会計基準 5)。このように日本基準では，IAS 17 では求められていない解約不能条件が明示的に付加されているので，それだけファイナンス・リースの範囲が狭く理解される可能性がある。

(2) リース開始日とリース期間開始日

リース開始日は，リースの分類や，財表状態計算書(貸借対照表)に計上されるリース物件の取得価額相当額の算定の基準日となるため重要である。IAS 17 は，契約日または当事者がリースの主要条項に関する義務を確約した日のいずれか早い日，と定義している(par. 4)。しかし，日本基準はリース開始日を明確に定義していない。

また，IAS 17 はリース開始日とは別に，リース期間開始日を，借手がリース物件の使用権を行使する権利を得た日，と定義している(par. 4)。リース期間開始日は，リース資産・負債およびリースからの損益の認識を開始する日として重要である。これに対して日本基準では，リース開始日とリース期間開始日の区別は行われていない。

(3) リース期間

リース期間も，リースの分類や，リース物件の取得価額相当額の算定に用いられる重要な概念である。IAS 17 は，リース期間を，解約不能期間に，追加的支払いの有無を問わず借手がリースを継続する選択権を有する期間(ただし，リース開始日において，借手が更新選択権を行使することが合理的に確実な場合に限られる)を合わせた期間，と定義している(par. 4)。しかし，日本基準はリース期間を「合意された期間」と定義しているにすぎない(リース取引会計基準 1)。

(4) 最低リース料総額

最低リース料総額も，リースの分類，リース物件の取得価額相当額や計算利子率の算定，および開示内容に影響する重要な概念である。IAS 17 は，最低リース料総額を，借手がリース期間にわたって支払うことを要求される金額から，

変動リース料と貸手が立替払いする維持管理費用相当額を控除し，残価保証額を加えた金額と定義している。ただし，リース開始日に借手による割安購入選択権の行使が合理的に確実な場合には，購入選択権が行使されると期待される日までの最低リース料総額に購入選択権行使に必要とされる支払額を加えたものが最低リース料総額とされる(par. 4)。

日本基準のうち「リース取引会計基準」では，合意された使用料を「リース料」と定義しているだけであり，「リース取引適用指針」で維持管理費用相当額と残価保証額が定義されているものの，これらを包括した最低リース料総額に相当する概念はない。また，変動リース料の取扱いについても不明である。

（5） 経済的耐用年数

IAS 17 は経済的耐用年数を，資産の経済的使用可能予測期間，または資産からの予測生産高またはこれに類似する単位，のいずれかと定義している(par. 3)。これに対して日本基準は，経済的使用可能予測期間に限定している(リース取引適用指針9(2))。

（6） 未稼得受取利息

IAS 17 は，未稼得受取利息を，貸手からみたファイナンス・リースの未収最低リース料総額と未収無保証残価の合計から，リース上の計算利子率によるこの合計の現在価値を差し引いた差額，と定義している(par. 4)。さらに IAS 17 は，貸手のファイナンス・リースについて未稼得受取利息の開示を要求している(par. 47)。これに対して日本基準は，未稼得受取利息には言及していない。

（7） 変動リース料

変動リース料とは，リース料のうち金額が固定されておらず，時間以外の要因に依存して変動するものをいう。IAS 17 は，最低リース料総額に変動リー

ス料を含めないことや，変動リース料の開示を要求している。これに対して日本基準は，変動リース料をリース料総額に含めるか否かについて言及しておらず，またその開示も要求していない。

3. リースの分類

（1） リースの種類

　IAS 17 と日本基準はともに，借手と貸手の双方に対して，リースをファイナンス・リースとオペレーティング・リースに区別する。リースがどちらに属するかによって，借手と貸手の双方にとって，会計処理方法と開示内容が異なってくるので，リース会計ではリースの分類が重要な課題になる。

　IAS 17 は，ファイナンス・リースを，所有権移転の有無にかかわらず，資産の所有に伴うリスクと経済的利益をすべて実質的に移転するリースと定義し，それ以外のリースをオペレーティング・リースとしている (par. 8)。この分類の特徴は，リスクと経済的利益の移転の有無に着目することにある。ここでリスクとは，リース物件の遊休または技術的陳腐化によって生じる損失の可能性，および経済的諸条件の変化による収益の変動を意味する。また，経済的利益とは，リース物件の経済的耐用年数にわたる利用からの利益への期待，および価値の増加または残存価値の実現からの利得についての期待を意味する (par. 7)。

　日本基準は，ファイナンス・リースを，リース期間の中途において当該契約を解除することができないリースまたはこれに準ずるリースで，リース物件からもたらされる経済的利益を実質的に享受することができ，かつ，そのリース物件の使用に伴って生じるコストを実質的に負担することになるリース，と定義し，それ以外のリースをオペレーティング・リースとしている（リース取引会計基準5, 6）。このように日本基準は，ファイナンス・リースの要件として，解約不能とフルペイアウトという2つの条件を定めている。解約不能条件には，法形式上は解約可能であっても，解約時に相当の違約金を支払わなければなら

ない等の理由から事実上解約不能と認められる場合も含まれる(リース取引会計基準36)。具体的には，解約時に未経過リース期間にかかわるリース料のおおむね全額を規定損害金として支払うこととされていたり，解約時に未経過リース期間にかかわるリース料から借手の負担に帰属しない未経過リース期間にかかわる利息等を差し引いたもののおおむね全額を規定損害金として支払うこととされていたりするリースが，これに該当する(リース取引適用指針6)。また，フルペイアウト条件とは，借手がリース物件からもたらされる経済的利益を実質的に享受でき，かつリース物件の使用に伴うコストを実質的に負担することをいう。ここで「リース物件からもたらされる経済的利益を実質的に享受」するとは，そのリース物件を自己所有するならば得られると期待されるほとんどすべての経済的利益を享受するという意味であり，「リース物件の使用に伴うコストを実質的に負担する」とは，そのリース物件の取得価額相当額，維持管理等の費用，陳腐化によるリスク等のほとんどすべてのコストを負担することを意味する(リース取引会計基準36)。日本基準は，リスクの理解に経済的諸条件の変化による収益の変動を含んでいない。しかし基本的には，日本基準もIAS 17と同様に，リスクと経済的利益の移転の有無を分類基準として採用している。ただし，日本基準はIAS 17の要求していない解約不能条件を付加しているので，ファイナンス・リースの範囲が狭く理解される可能性がある。

　日本基準は，ファイナンス・リースをさらに(1)リース物件の所有権が借手に移転すると認められるリース(所有権移転ファイナンス・リース)と，(2)それ以外のリース(所有権移転外ファイナンス・リース)とに細分している(リース取引会計基準8，リース取引適用指針10)。この細分は，後述のように，会計処理に重大な影響を及ぼす。

(2) 具体的判定基準

　IAS 17は，ファイナンス・リースとして分類されるリースを，次のように例示している(pars. 10-11)。

　(a) リース期間終了までにリース物件の所有権が借手に移転されるリース

(b) 借手にリース物件の購入選択権があり，その購入価額が選択時の公正価値を大きく下回ると予想されるために，リース開始日において，その購入選択権の行使が合理的に確実であるリース
(c) 所有権の移転がなくても，リース期間がリース物件の経済的耐用年数の大部分を占めるリース
(d) リース開始日において，最低リース料総額の現在価値が実質的にそのリース物件の公正価値以上であるリース
(e) 借手のみが大きな変更を加えることなく利用できるような性質をリース物件が備えているリース
(f) 借手がリース契約を解約できる場合には，解約に伴う貸手の損失が借手によって負担されるリース
(g) 残存リース物件の公正価値変動による利得または損失が借手に帰属するリース
(h) 借手が市場の賃借料相場よりかなり低い賃借料で再リース契約を結ぶことができるリース

日本基準は，ファイナンス・リースを，(1)所有権移転ファイナンス・リースと，(2)所有権移転外ファイナンス・リースに分けて，それぞれの具体的内容を次のように例示している(リース取引適用指針10)。

（1） 所有権移転ファイナンス・リース

リース契約の諸条件に照らしてリース物件の所有権が借手に移転すると認められるリースであり，具体的には次のようなリースが該当する。

① リース期間終了後またはリース期間の中途で，リース物件の所有権が借手に移転するリース
② 借手に対して，リース期間終了後またはリース期間の中途で，名目的価額またはその行使時点のリース物件の価額に比して著しく有利な価額で買い取る権利(割安購入選択権)が与えられており，その行使が確実に予想されるリース
③ リース物件が，借手の用途等に合わせて特別の仕様により製作または建設されたものであって，当該リース物件の返還後，貸手が第三者に再びリ

ースまたは売却することが困難であるため，その使用可能期間を通じて借手によってのみ使用されることが明らかなリース

(2) 所有権移転外ファイナンス・リース

所有権移転リース以外のリースのうち，その経済的実態が解約不能条件とフルペイアウト条件をみたすと判断されるリース。とくに，次のいずれかに該当する場合は，ファイナンス・リースに該当する。

① 解約不能リース期間中のリース料総額の現在価値が，そのリース物件を借手が現金で購入すると仮定した場合の合理的見積金額（見積現金購入価額）のおおむね90%以上であること

② 解約不能リース期間が，そのリース物件の経済的耐用年数のおおむね75%以上であること

日本基準の例示(1)・①はIAS 17の例示(a)に，日本基準の例示(1)・②はIAS 17の例示(b)に，日本基準の例示(1)・③はIAS 17の例示(e)に，日本基準の例示(2)・①はIAS 17の例示(d)に，そして日本基準の例示(2)・②はIAS 17の例示(c)に，それぞれ相当する。このように，ファイナンス・リースの判定では，日本基準が解約不能条件を明示していることを除いて，IAS 17と日本基準は同じ考え方を採用している。ただし，リース料総額の現在価値とリース期間を規準とする判定基準では，日本基準が具体的な数値を明示している点に特徴がある。

4. 借手の会計処理方法および開示内容

（1） ファイナンス・リース

① 会計処理方法
(a) 財政状態計算書（貸借対照表）計上額

　IAS 17 は，リース期間開始日に，リース開始日において決定されたリース物件の公正価値または最低リース料総額の現在価値のいずれか低い金額で，リース物件を資産に，リース債務を負債に両建て計上することを要求している（par. 20）。この結果，ファイナンス・リースの会計処理方法は，リース物件を購入してその支払債務を負担したのと同じになる。この会計処理は，ファイナンス・リースがリース物件を取得するとともに，その公正価値と支払利息相当額の合計の支払義務を負うことと実質的に変わらない，という認識に基づいて，実質優先原則を反映したものである。

　日本基準も，ファイナンス・リースを原則として通常の売買取引にかかわる方法に準じて会計処理を行うと規定している（リース取引会計基準10）。その結果，IAS 17 と同様に，リース物件をリース資産，これに関連する債務をリース負債として，貸借対照表に計上することになる。ただし，貸借対照表計上額は，リース物件の貸手の購入価額等が明らかな場合にはその価額とし，明らかでない場合に限って，IAS 17 と同様にリース料総額の現在価値と見積現金購入価額すなわち公正価値のいずれか低い額を，資産と負債に両建て計上することを要求している（リース取引適用指針22）。

　IAS 17 は，リース契約の交渉や締結から発生する直接付随費用を「当初直接費用」と呼び（par. 4），リース資産の価額に含めることを要求している（par. 20）。これに対して，日本基準は，当初直接費用の取扱いを明示していない。

　（最低）リース料総額の現在価値を算定するために用いられる割引率について

は，IAS 17 も日本基準もともに，(最低)リース料総額(残価保証額を含む)とリース期間終了時の見積残存価額(無保証残価)の合計額が，そのリース物件の購入価額と当初直接費用または借手に対する現金販売価額と等しくなるような利率，すなわち貸手の計算利子率を用いることとし，これを知りえない場合には，借手の追加借入利率を用いるとしている(par. 20, リース取引適用務指針 17)。

リース物件を資産に，リース債務を負債に計上する際に，計上額に利息相当額を含めるべきか否かという問題がある。IAS 17 はリース物件の計上額を公正価値または最低リース料総額の現在価値のいずれか低い価額とし，利息相当額は含めないこととしている。日本基準も同様に，リース料総額から利息相当額の合理的な見積額を控除した金額を計上額とする(リース取引会計基準 11 およびリース取引適用指針 22)。これは利息相当額を含めると，同一のリース物件であっても，リース期間が長くなるにしたがってリース資産・負債の財表状態計算書(貸借対照表)計上額が膨らむことを利用して，リース期間を裁量的に設定することを通じて資産・負債の計上額を操作できるという不合理が生じるからである。

ただし，日本基準では重要性の原則の適用の 1 つとして，未経過リース料の金額の重要性が乏しい場合には，利息相当額を控除しない方法も認められている(リース取引適用指針 31(2))。

(b) 支払リース料の会計処理

利息相当額をリース資産・負債価額に含めないということは，リース料総額とリース資産・負債の財表状態計算書(貸借対照表)計上額との差額が，全リース期間にわたる支払利息相当額の総額になることを意味する。IAS 17 では，(最低)リース料総額の現在価値がリース開始時におけるリース資産(負債)の計上額と等しくなる利子率を各期のリース債務残高に乗じて算定した金額を，各期の支払利息相当額としてリース期間に配分し，支払リース料を債務の返済部分と支払利息に区分して処理する(par. 25)。これに対して日本基準では，所有権移転ファイナンス・リース取引については IAS 17 と同様の取り扱いとなるが，所有権移転外ファイナンス・リースについては，簡便的な取り扱いとして，重要性が乏しく一定の条件を満たしている場合には，利息相当額の合理的な見

積額を控除しない方法，または利息相当額を定額法により配分する方法が認められている（リース取引適用指針31(2)）。また，IAS 17は他の簡便な支払利息相当額の配分方法も認めている（par. 26）。

(c) 減 価 償 却

IAS 17と日本基準はともに，リース物件の減価償却費を所有固定資産に対する減価償却費と同一の方法によって計算することを求めている（par. 27，リース取引会計基準12）。ただし，リース期間終了時までに借手への所有権移転が認められないリースに対しては，IAS 17は，リース期間または耐用年数（リース開始後その資産によって具現される経済的便益が企業によって消費されると期待される残留期間）のいずれか短い期間に基づいて，残存価額をゼロとして計算することによって全額償却することを要求している（par. 27）。

一方，日本基準はリース期間を耐用年数とし，残存価額をゼロとして，減価償却費相当額を算定することとしている（リース取引適用指針42）。

② リース期間終了時および再リースの処理

日本基準は，リース期間終了時にリース契約における残価保証の取決めに従って支払った不足額を，支払額の確定時にリース資産売却損等として処理することを要請している。また日本基準は，再リース期間を耐用年数に含めない場合の再リース料を発生時の費用として処理することも要請している（リース取引適用指針29）。他方IAS 17には，これらに関する規定は置かれていない。

③ 中途解約の処理

日本基準は，中途解約の場合には，リース資産の未償却残高をリース資産除却損等として処理することを要請している（リース取引適用指針30）。これに対して，IAS 17は中途解約時の会計処理方法を規定していない。

④ 開 示 事 項

IAS 17は，ファイナンス・リースに関して，IFRS 7「金融商品：開示」の要求事項のほかに，次の事項の開示を要求している（par. 31）。

(a) 期末の資産の種類別帳簿価額
(b) 期末未経過最低リース料総額残高とその現在価値，および両者の差異調整，さらに次の各期間別の期末未経過最低リース料総額残高とその現在価値
　(ⅰ) 1年以内
　(ⅱ) 1年超5年以内
　(ⅲ) 5年超
(c) 当期損益として認識された変動リース料
(d) 解約不能サブ・リース契約に基づいて受け取ることができると期末において期待される将来の最低サブ・リース料総額
(e) 次の事項その他重要なリース契約条項についての一般的な説明
　(ⅰ) 変動リース料の算定根拠
　(ⅱ) 更新または購入選択権およびエスカレーション条項の有無と条件
　(ⅲ) 配当，追加借入および追加リースに関する制限のようなリース契約によって定められた制限

　日本基準では，売買処理を行った場合には，リース資産の帳簿価額は他の固定資産に，またリース料総額期末残高の現在価値は他の債務に含められ，それぞれ貸借対照表で記載されるものの，リース料総額期末残高，およびその現在価値との差額調整，当期変動リース料，重要なリース契約条件に関する事項は開示されない。また，重要性の原則によって，リース総額期末残高が当該期末残高，有形固定資産および無形固定資産の期末残高の合計額に占める割合が1割未満である場合に，注記の省略が認められる(リース取引会計基準19およびリース取引適用指針32)。

　このように，ファイナンス・リースの借手における開示情報の範囲は，IAS 17のほうが日本基準よりも広い。

（2） オペレーティング・リース

① 会計処理方法

IAS 17 は，リース料をリース期間にわたって定額法によって損益計算書に費用として計上することを要請している。ただし，他の規則的な方法が借手の便益の時間的パターンを表す場合には，その方法による(par. 33)。他方，日本基準は，通常の賃貸借取引にかかわる方法に準じて会計処理を行うこととしている(リース取引会計基準 15)。したがって，リース料が借手の便益の時間的パターンに従って定められていない場合には，IAS 17 と日本基準の間には支払リース料の計上額について差異が生じることがある。

② 開 示 事 項

IAS 17 は，IAS 32 の要求事項のほかに，次の事項の開示を要求している(par. 35)。

(a) 次の各期間別の解約不能オペレーティング・リース契約における将来の未経過最低リース料総額
  (ⅰ) 1年以内
  (ⅱ) 1年超5年以内
  (ⅲ) 5年超
(b) 解約不能サブ・リース契約に基づいて受け取ることができると期末において期待される将来の最低サブ・リース料総額
(c) 当期損益として認識された支払最低リース料，支払変動リース料および支払サブ・リース料
(d) 次の事項その他重要なリース契約条項についての一般的な説明
  (ⅰ) 変動リース料の算定根拠
  (ⅱ) 更新または購入選択権およびエスカレーション条項の有無と条件
  (ⅲ) 配当，追加借入および追加リースに関する制限のようなリース契約に

よって定められた制限

　また日本基準は，解約不能オペレーティング・リースにかかわる未経過リース料を，貸借対照表日後1年以内のリース期間にかかわる部分と1年を超えるリース期間にかかわる部分に区分して注記することを要求しているにすぎない。さらに，日本基準では重要性の原則が適用され，個々のリース料総額の少額なリース，リース開始時からのリース期間が1年未満のリース，解約事前予告期間にかかわるリース，事業内容に照らして重要性が乏しくかつ契約1件当たりのリース料総額が300万円未満のリース，および再リースについては，注記を省略できる（リース取引会計基準22およびリース取引適用指針75）。

　このように，オペレーティング・リースに関する借手の開示情報の範囲も，日本基準に比べてIAS 17のほうが広い。

5. 貸手の会計処理方法および開示内容

（1）ファイナンス・リース

① 原則的会計処理方法

　IAS 17は，正味リース投資額（貸手からみた最低リース料総額と未収無保証残価の合計をリース上の計算利子率で割り引いた現在価値）を未収金として財政状態計算書に計上することを要求している（par. 36）。受取リース料のうち受取利息は，正味リース投資未回収額残高に対する一定の期間利益率を反映するパターンに基づいて認識されなければならない（par. 39）。このように，IAS 17はファイナンス・リースの金融取引的側面を強調した会計処理方法を採用している。ただし，貸手が製造業者または販売業者である場合には，その企業が通常の売上に適用している会計方針に従って，売上損益を認識しなければならない。ただし，人為的に低い利子率が適用されている場合には，売上利益は市場利子率を適用して計算した金額を上限とされる。リース契約の交渉または締結

に伴って製造業者または販売業者に発生した費用は，その売上利益が認識された期間の費用として認識されなければならない(par. 42)。

日本基準は，通常の売買取引にかかわる方法に準じて会計処理を行うとしている(リース取引会計基準9)。すなわち，リース物件の購入価額および付随費用をリース債権として貸借対照表に計上する。また，受取リース料の処理には，(1)リース取引開始日にリース料総額で売上高を計上し，同額でリース投資資産を計上すると同時に，リース物件の現金購入価額(リース物件を借り手の使用に供するために支払う付随費用を含む)を売上原価として計上する方法と，(2)受取リース料額をリース物件の売上高として処理し，この金額からこれに対応する売買益相当額(利息相当額)を差し引いた額(元本回収額)をリース物件の売上原価(相手勘定はリース債権)として処理する方法と，(3)受取リース料を売買益相当額(利息相当額)部分とリース債権の元本回収部分とに区分計算し，前者をリース物件の売買益等として処理し後者をリース債権の元本回収額として処理する方法の，いずれかの適用が認められている(リース取引適用指針51)。ただし，(1)または(2)の方法を採用する場合，割賦販売取引において採用している方法との整合性を考慮する必要がある(リース取引適用指針51, 61, 122)。なお，受取利息相当額総額の各期への配分は，原則として利息法により行われ(リース取引会計基準14)，貸手の計算利子率が用いられる(リース取引適用指針52)。

日本基準は，貸手が製造業者または販売業者である場合とそれ以外の場合の会計処理方法を明示的に区別していないが，いずれにせよ日本基準では，受取利息相当額は売買損益として認識される。

② 開示事項

IAS 17 は IAS 32 の要求事項のほかに次の事項の開示を要求している(par. 47)。

(a) 期末正味リース投資残高と受取最低リース料総額の現在価値，および両者の差異調整，さらに次の各期間別の期末正味リース投資残高と受取最低リース料総額の現在価値

(i) 1年以内

(ⅱ)　1年超5年以内
　　　(ⅲ)　5年超
　(b)　未稼得受取利息
　(c)　貸手の便益となる無保証残価
　(d)　回収不能な受取最低リース料総額に対する引当累計額
　(e)　当期損益として認識された変動リース料
　(f)　重要なリース契約条項に関する一般的な説明

　これに対して日本基準は，未経過リース料残高の金額および見積残存価額の金額ならびに受取利息相当額を注記することを要求しているが，重要性が乏しい場合には，開示しなくてもよいとしている（リース取引会計基準20）。

　このように，ファイナンス・リースの貸手における開示情報の範囲も，IAS 17のほうが日本基準よりも広い。

(2)　オペレーティング・リース

①　会計処理方法

　IAS 17は，リース物件を種類別に財政状態計算書に記載し(par.49)，リース収益はリース期間にわたって定額法によって認識することを要求している。ただし，他にリース物件からの使用便益の時間的パターンを表す体系的な方法がある場合にはその方法による(par.50)。オペレーティング・リース契約の交渉および締結のために貸手に発生した当初直接費用は，リース資産の価額に含められ，リース収益と同じ基準に従ってリース期間にわたって配分されなければならない(par.52)。また，リース物件の減価償却は，IAS 16およびIAS 38に従って，貸手の有する類似資産に対する通常の減価償却と同じ方法によって行われる(par.53)。

　日本基準は，通常の賃貸借取引に準じて会計処理を行うこととしている（リース取引会計基準15）。したがって，リース料がリース物件からの使用便益の時間的パターンに従って定められていない場合には，IAS 17と日本基準の間でリー

ス収益に差異が生じることがある。

② 開示事項

IAS 17 は，IAS 32 の要求事項のほかに，次の事項の開示を要求している（par. 56）。

(a) 解約不能オペレーティング・リースに基づく将来の受取最低リース料総額の次の各期間別の金額および合計
　(i) 1 年以内
　(ii) 1 年超 5 年以内
　(iii) 5 年超
(b) 当期損益として認識された変動リース料総額
(c) 重要なリース契約条件に関する一般的な説明

これに対して，日本基準は，解約不能オペレーティング・リースに限って，未経過リース料を決算日後 1 年以内のリース期間にかかわるものと，1 年を超えるリース期間にかかわるものに分けて注記することを要求しているだけである（リース取引会計基準 22）。また，IAS 17 は IAS 36「資産の減損」に基づく開示規定がオペレーティング・リースに基づいて提供されている資産に対して適用することを要請しているが（par. 57），日本基準ではリース物件に関して当期の損益に認識された減損および当期に戻し入れられた減損の開示は求められない。さらに，損益認識された変動リース料総額や重要なリース契約条件に関する一般的な説明も，日本基準では要求されていない。

このように，オペレーティング・リースに関する貸手の開示情報の範囲も，日本基準に比べて IAS 17 のほうが広い。

6. セール・アンド・リースバック

(1) IAS

セール・アンド・リースバックに関して，IAS 17 は次のように規定している。

① ファイナンス・リースになる場合

売手である借手は，売却額と帳簿価額の差額を売却時に一括して利益として認識するのではなく，それをリース期間にわたって配分する(par.59)。これは，その資産の使用の継続と，当該資産を担保にした貸手から借手に対する資金融通という経済的実態を重視した実質優先原則の適用の1つである。

② オペレーティング・リースになる場合

その取引が公正価値で行われている場合には，売却損益は売却時に一括して認識される。売却額が公正価値を下回る場合でも，売却損益は原則として売却時に認識されるが，売却損が市場価格を下回る支払リース料によって将来補償される場合には，その損失を資産の予想使用期間にわたってリース料に比例して配分する。売却額が公正価値を上回る場合には，その超過額を資産の予想使用期間にわたって配分する(par.61)。さらに，セール・アンド・リースバック取引時点での公正価値がその資産の帳簿価額より低い場合には，その差額は売買時点で損失として認識される(par.63)。

(2) 日 本 基 準

日本基準もセール・アンド・リースバックに対して，通常のリース取引と同様にファイナンス・リースとオペレーティング・リースに区別して，それぞれの会計基準の適用を要求している。

① ファイナンス・リースになる場合

　ファイナンス・リースに該当するセール・アンド・リースバックについて売買処理を行う場合には，借り手はリース物件の売却損益を長期前払費用または長期前受収益等として繰延処理し，リース資産の減価償却費の割合に応じて減価償却費に加減して損益に計上する。ただし，合理的な見積市場価額が帳簿価額を下回ることによって生じた売却損失は，繰延処理せず，売却時の損失として計上する（リース取引適用指針 49）。

② オペレーティング・リースになる場合

　オペレーティング・リースに該当するセール・アンド・リースバックについては，日本基準は詳細な規定を定めていない。

§3　実務上の留意事項および設例

1. ファイナンス・リースにおける IAS 17 と日本基準の相違点

　留意事項

　従来の日本基準においては，所有権移転外ファイナンス・リースの会計処理として，通常の賃貸借処理に係る方法に準じた会計処理も認められていたが，前述のとおり，「リース取引に関する会計基準」（企業会計基準第 13 号）および「リース取引に関する会計基準の適用指針」（企業会計基準適用指針第 16 号，2008 年 4 月 1 日以後開始する連結会計年度及び事業年度から適用）において，所有権移転外ファイナンス・リースについても売買取引に係る方法に準じて会計処理を行うことが定められ，IAS 17 との大きな相違点は解消されている。

　ただし，実務上は以下の点に留意する必要がある。

（1） リースの分類

IAS 17 および日本基準においては，リースを「ファイナンス・リース」と「オペレーティング・リース」に分類している。日本基準においては以下の数値基準を設定し，いずれかに該当する場合は，ファイナンス・リースと判定される。

① 現在価値基準

（リース料総額の現在価値）≧（見積現金購入価額）×90％

② 経済的耐用年数基準

（解約不能のリース期間）≧（経済的耐用年数）×75％

一方，IAS 17 においては，資産の所有に伴うリスクと経済的便益を実質的にすべて移転するものをファイナンス・リースとして定義し，具体的な数値基準は明示していない。したがって，各企業において，ファイナンス・リース判定に関する方針を定める必要があるため，留意が必要である。

また，土地の取扱いについて，日本基準では①リース契約上，リース期間終了後又はリース期間の中途でリース物件の所有権が借手に移転するリース取引又は②リース契約上，借手に対して，リース期間終了後又はリース期間の中途で，割安購入選択権が与えられておりその行使が確実に予想されるリース取引，のいずれかに該当する場合を除き，オペレーティング・リース取引に該当するものと推定する。IAS 17 においては，経済的耐用年数が確定できない土地のリースについては所有権がリース期間の終了時に借手に移転することが予想されない限り，通常，オペレーティング・リースとして分類する，というガイダンスが削除された。この改訂により，たとえ所有権がリース期間の終了時に借手に移転しない場合であっても，IFRS ではファイナンス・リースとして分類するケースが生じることに留意が必要である。

（2） 所有権移転ファイナンス・リースと所有権移転外ファイナンス・リース

IAS 17 においては，ファイナンス・リースの細分類を行っていないが，日本基準においては，ファイナンス・リースをさらに「所有権移転ファイナンス・リース」と「所有権移転外ファイナンス・リース」に分類している。

両者はともに，通常の売買取引に係る方法に準じて会計処理される点は同じであるが，耐用年数等における具体的な会計処理において，いくつか異なる点が生じる場合があることに留意する必要がある。主な相違点としては，以下のとおりである。

（借手側）

所有権移転 ファイナンス・リース	所有権移転外 ファイナンス・リース	IAS 17
① リース資産の償却方法 自己所有の固定資産に適用する減価償却方法と同一の方法により減価償却費を算定する。 ② 耐用年数 経済的使用可能予測期間とする。 ③ 残存価額 自己所有の固定資産	① リース資産の償却方法 定額法，級数法，生産高比例法等の中から企業の実態に応じたものを選択適用する。 ② 耐用年数 原則としてリース期間とする。 ③ 残存価額 原則としてゼロ。残	① リース資産の償却方法 自己所有の固定資産に適用する減価償却方法と同一の方法により減価償却費を算定する。 ② 償却年数 リース期間終了時までに所有権が移転することが確実な場合は，予想使用期間，これ以外の場合は，リース期間または耐用年数のいずれか短い方とする。 ③ 残存価額 自己所有の固定資産と

と同一の価額とする。 | 価保証の定めがある場合は，当該残価保証額。 | 同一の価額とする。

（貸手側）

所有権移転 ファイナンス・リース	所有権移転外 ファイナンス・リース	IAS 17
以下のいずれかの方法を選択適用し，継続的に適用する。 ① リース取引開始日に売上高と売上原価を計上する方法 ② リース料受取時に売上高と売上原価を計上する方法 ③ 売上高を計上せずに利息相当額を各期へ配分する方法	同　　左	リース料受取額は，貸手の投資とサービスに関しての元本回収および報酬としての金融収益として処理される。
リース物件の現金購入価額（またはリース料総額）を「リース債権」として計上する。	リース物件の現金購入価額（またはリース料総額）を「リース投資資産」として計上する。	リース債権は，正味リース投資未回収額に等しい金額で「未収金」として表示する。

（3） 重要性が乏しい場合の簡便的な取扱い

　日本基準においては，ファイナンス・リース取引について，個々のリース資産に重要性が乏しいと認められる場合は，オペレーティング・リースの会計処理に準じて，通常の賃貸借取引に係る方法に準じて会計処理を行うことができるが，IAS 17 においては，重要性が乏しい場合の取扱いについては規定していない。

　したがって，原則として売買処理に係る方法に準じた会計処理（オンバラン

ス処理）が必要となることに留意する必要がある。

設 例 10-1

ファイナンス・リースの会計処理（借手側）
（前提条件）
① 所有権移転条項：なし
② 割安購入選択権：なし
③ リース物件は特別仕様ではない。
④ 解約不能のリース期間：5年
⑤ 借手の見積現金購入価額：50,000
（貸手のリース物件の購入価額はこれと等しいが，借手において当該価額は明らかではない。）
⑥ リース料：12,000/年　毎期末支払（年1回　3月末）
　　リース料総額：60,000
⑦ リース物件（機械装置）の経済的耐用年数：8年　見積残存価額：0
⑧ 借手の減価償却方法：定額法
⑨ 借手の追加利子率：4%（年率）

ただし，借手は貸手の計算利子率を知り得ない。

上記の場合において，日本基準およびIAS 17におけるリース取引分類および会計処理を示しなさい。

解　答

1. リース分類の判定（日本基準およびIAS 17）
   ① 所有権移転条項・割安購入選択権がなく，また，リース物件は特別仕様ではない。
      →所有権移転ファイナンス・リースには該当しない。
   ② 現在価値による判定
      貸手の計算利子率を知り得ないので，借手の追加利子率4%（年率）を用いてリース料総額の現在価値を算定する。

(計算) $12{,}000/(1+0.04) + 12{,}000/(1+0.04)^2 + \cdots + 12{,}000/(1+0.04)^5$
　　　　$= 53{,}422$

現在価値 53,422/見積現金購入価額 50,000 ＝ 107％ ＞ 90％

③　経済的耐用年数による判定

リース期間 5 年/経済的耐用年数 8 年 ＝ 62.5％ ＜ 75％

上記の結果，日本基準においては，②現在価値による判定によりファイナンス・リース取引に該当し，さらに①所有権移転条項・割安購入選択権がなく，リース物件が特別仕様でないことにより，所有権移転外ファイナンス・リース取引に該当する。

また，IAS 17 においても②よりリース総額の現在価値が実質的にリース物件の公正価値以上であると判断されるため，ファイナンス・リース取引に該当する(所有権の有無による細分類はない)。

2. 会計処理(日本基準および IAS 17)

IAS 17 においては，ファイナンス・リース取引は売買取引に係る方法で会計処理が行われ，日本基準においても所有権移転外ファイナンス・リース取引は売買取引に係る方法に準じて会計処理を行う必要があるため，両者の会計処理に差異はない。

①　リース開始日(X 1 年 4 月 1 日)

(借) リース資産 　　　(機械装置)	50,000	(貸) リース債務	50,000

②　第 1 回支払日(X 2 年 3 月末)

(借) リース債務 　　　金融費用 　　　(支払利息)	8,799 3,201	(貸) 現金預金	12,000
(借) 減価償却費	10,000	(貸) 減価償却累計額	10,000

注 1) リース債務と支払利息の按分については[解説]を参照
　　2) 減価償却費はリース期間を耐用年数とし，残存価額 0 として計算してい

る。50,000/5年＝10,000

③ 第2回支払日（X3年3月末）

（借）リース債務	9,362	（貸）現金預金	12,000
金融費用 　　　（支払利息）	2,638		
（借）減価償却費	10,000	（貸）減価償却累計額	10,000

④ 以後の各期末も同様の会計処理を行う。

⑤ 最終回支払とリース物件の返却（X6年3月末）

（借）リース債務	11,278	（貸）現金預金	12,000
金融費用 　　　（支払利息）	722		
（借）減価償却費	10,000	（貸）減価償却累計額	10,000
（借）減価償却累計額	50,000	（貸）リース資産 　　　（機械装置）	50,000

解　説

設例におけるリース債務と支払利息の按分計算は，以下のとおりである。

借手の見積現金購入価額が，リース料総額の現在価値より低い金額であるため，リース資産及びリース債務の計上額は50,000となる。

また，この場合の利息相当額の算定に必要な利子率（r）の計算は，以下の通りである。

$12,000/(1+r) + 12,000/(1+r)^2 + \cdots\cdots + 12,000/(1+r)^5 = 50,000$ となるrすなわち，r＝6.402％

したがって，リース債務の返済スケジュールは，以下のとおりとなる。

返済日	期首元本	返済合計	元本分	利息分	期末元本
X2/3月末	50,000	12,000	8,799	3,201	41,201

X 3/3 月末	41,201	12,000	9,362	2,638	31,839
X 4/3 月末	31,839	12,000	9,962	2,038	21,877
X 5/3 月末	21,877	12,000	10,599	1,401	11,278
X 6/3 月末	11,278	12,000	11,278	722	0
合計	—	60,000	50,000	10,000	—

(例) X 2 年 3 月末の計算過程

　　利息分：$50,000 \times 6.402\% = 3,201$

　　元本分：$12,000 - 3,201 = 8,799$

　　期末元本：$50,000 - 8,799 = 41,201$

設 例 10-2

ファイナンス・リースの会計処理(貸手側)

　上記の設例と同一の場合において，日本基準および IAS 17 におけるリース取引分類および会計処理を示しなさい。

　なお，日本基準における会計処理は，売上高を計上せずに利息相当額を各期へ配分する方法によることとする。

解　答

1. リース分類の判定(日本基準および IAS 17)

　上記設例と同様に，ファイナンス・リース取引(日本基準では，所有権移転外ファイナンス・リース)に該当する。

2. 会計処理(日本基準および IAS 17)

　上記設例と同様に，IAS 17 においては，ファイナンス・リース取引は売買取引に係る方法で会計処理が行われ，日本基準においても所有権移転外ファイナンス・リース取引は売買取引に係る方法に準じて会計処理を行う必要があるため，両者の会計処理に基本的な差異はない。

このため，貸手側では，当該リース資産について固定資産の取得として認識せず，未収金（日本基準で所有権移転外ファイナンス・リースに該当する場合は「リース投資資産」）を認識することになる。

① リース開始日（X1年4月1日）

| （借）未 収 金
（リース投資資産） | 50,000 | （貸）買 掛 金 | 50,000 |

② 第1回支払日（X2年3月末）

| （借）現 金 預 金 | 12,000 | （貸）未 収 金
（リース投資資産）
金 融 収 益
（受 取 利 息） | 8,799

3,201 |

＊未収金と金融収益の按分については（説例10-1）を参照。

③ 第2回支払日（X3年3月末）

| （借）現 金 預 金 | 12,000 | （貸）未 収 金
（リース投資資産）
金 融 収 益
（受 取 利 息） | 9,362

2,638 |

④ 以後の各期末も同様の会計処理を行う。

⑤ 最終回支払とリース物件の返却（X6年3月末）

| （借）現 金 預 金 | 12,000 | （貸）未 収 金
（リース投資資産）
金 融 収 益
（受 取 利 息） | 11,278

722 |

解説

売買処理を行う場合、貸手側は毎期の受取金額を未収金(リース投資資産)の回収部分と金融収益(受取利息)に按分する必要がある。その場合の金融収益(受取利息)の計上金額は、(設例10-1)解説に掲げた返済スケジュールにおける金融費用(支払利息)の金額と同一である。

2. 契約にリースが含まれるか否かの判断(IFRIC 4)

IAS 17に関連する解釈指針「契約にリースが含まれているか否かの判断」(IFRIC 4)により、リース契約と明記されていない取引についても、実質的にリースか否かの判定が必要となる点に留意する必要がある。

一方、日本基準では上記のような指針は定められておらず、「リース取引に関する会計基準の適用指針」第91項において、契約の名称にかかわらず、リース会計基準における定義を満たすものについてはリース取引として取り扱われることが定められているのみである。

IFRIC 4により、日本基準よりも広い範囲でIAS 17に基づくリース会計が適用される可能性があることに留意する必要がある。

設例10-3

(前提条件)

A社はB社と3年間のボトル箱詰め業務委託契約を締結した。
契約上、以下の事項が明記されている。

① 取決めにより、当該契約に係るボトリング工場は明示的に特定されている。

② このボトリング工場は、A社のためのボトル箱詰め業務のみに使用されている。B社が契約上明記されている資産以外の資産を使用して業務を行うことは、経済的に実現不可能であり、また、現実的ではない。

③ A社は、ボトリング工場に対する支配を喪失することなくボトリング業

者を変更する権利を有する。したがって，A 社は，他の第三者がボトリング工場への物理的なアクセス権を取得することを阻止することができる。

上記の場合において，IFRIC 4 に照らして，当該契約にリースが含まれているか否かを検討しなさい。

解答・解説

IFRIC 4 によれば，契約の履行が特定の資産の使用に依拠しており，かつ契約相手が当該資産の使用権を得る場合，当該契約はリースを含むものとされる。

契約の履行が特定の資産に依拠している場合とは，物品の引渡しのために使用される資産が契約上明確に識別されている場合，または契約の履行に必要な資産を 1 つしか有しておらず，代替資産の使用により契約を履行することが経済的に実行可能でないか現実的でない場合をいう。

契約相手が当該資産の使用権を得る場合とは，たとえば契約相手が当該資産を操業すること，または物理的なアクセスを支配することにより，資産の使用を支配することができる場合をいう。

設例におけるボトリング工場は，上記の要件に全て該当すると考えられるため，IFRIC 4 により当該契約にリースが含まれていると判断される。

3. 適用初年度の取扱い（所有権移転外ファイナンス・リース）

日本基準は，2008 年 4 月 1 日以後開始する連結会計年度および事業年度から適用されているが，リース取引開始日が会計基準適用初年度開始前の所有権移転外ファイナンス・リース取引については，経過措置により，賃貸借処理に係る方法に準じた会計処理を継続する方法が容認されている。

一方，IFRS 上は，日本基準のような経過措置が取られていないため，原則として IAS 17 を遡及的に適用する必要がある。

したがって，日本基準では経過措置で容認されている賃貸借処理に係る方法に準じた会計処理を継続する方法を採用している場合であっても，IFRS を適用する際には，過去に遡って全て売買処理に係る方法に準じた会計処理（オン

バランス処理)が求められることとなり，過去データの調査等が必要となる点に留意する必要がある。

第11章

無形資産

【要約比較表】 IAS 38 と日本基準との異同点

	IAS 38	日本基準
無形資産の定義	①非物理的実体,非貨幣性資産,識別可能性,企業による支配,将来の経済的便益の流入の5つの要件,②のれんを除外	①要件主義による範囲決定を行わず無形資産に含まれる資産の種類ごとに列挙,②無形固定資産および繰延資産が該当
認識	経済的便益の流入と信頼性ある原価測定の2要件	無形固定資産の認識については明確な規定はない
当初認識時の測定	取得原価	取得原価
当初認識後の測定	原価モデルと再評価モデルの選択	取得原価
研究開発費	①研究段階と開発段階を区別,②原則として費用処理,③一定の条件をみたす開発段階の支出を無形資産として認識	費用処理
繰延資産該当項目	開業準備支出等は費用処理	創立費,開業費,開発費の繰延資産計上を認めている
耐用年数	①有限・不確定の判定し,②不確定の無形資産について毎期見直し	明確な規定なし

償却期間	①耐用年数が有限の無形資産は耐用年数にわたり償却, ②耐用年数が不確定の無形資産は償却しない	各種資産項目ごとに償却の年限, 方法を規定する
償却方法	①経済的便益の費消パターンを反映した償却, ②パターンを判定できない場合は定額法	原則として毎期均等額以上を償却
減損	回収可能価額と比較して評価減	ソフトウェアを除く無形固定資産と繰延資産に関する評価減の明文規定なし

§1 背　　景

　IAS 38 は,「無形資産(intangible assets)」にかかわる会計処理を規定している。1993 年に公表された IAS 9 は研究開発費を扱っていたが, これに代わり IAS 38 が無形資産を包括的に扱う基準として, 2 つの公開草案を経て 1998 年に承認された。その後, IASB は企業結合会計プロジェクトに着手し, その一環として IAS 38 も 2004 年 3 月に改訂された。同プロジェクトは企業結合の会計処理と, 企業結合で取得したのれんおよび無形資産の会計処理の質を改善し, 国際的に収斂させることを目的としており, IFRS 3 として公表された。IAS 38 の改訂は同プロジェクトによる変更を反映させたものであり, 主な変更は無形資産の定義における「識別可能性(identifiability)」の明確化, 無形資産の耐用年数と償却に関わる。

　改訂前の IAS 38 は明確に「識別可能性」を定義せず, 資産が分離可能(separable)ならばのれんと明確に区別できるものとしていた。しかし, この分離可能性は識別可能性の必要条件ではないため, 改訂 IAS 38 は, 当該資産が分離可能であるか, または契約上の権利ないしは法的権利から生じる場合に識別可能性の規準に合致すると改訂した。

また改訂前 IAS 38 は，無形資産の耐用年数を有限であると仮定し，使用可能時点から20年を超えないという反証可能な根拠に拠っていた。これに対し，改訂 IAS 38 は反証可能な根拠を排除し，償却の対象とならない不確定な耐用年数をもつ無形資産を認める方針を示した。そのうえで不確定の耐用年数をもつ無形資産については償却せず，各事業年度に耐用年数が不確定であるという状況が継続しているか判断し，もし変化が生じているならば，会計見積りの変更として耐用年数を不確定から有限に変更しなければならないものとした。これにあわせて当該資産の簿価を開示するとともに，不確定であると判定した根拠を示さなければならないものとした。

§2　バリエーションの分析と評価

1．適用範囲と定義

（1）　適用範囲

IAS 38「無形資産」は，次のものを除く無形資産に適用する（par. 1）。
(a)　他の国際会計基準の適用範囲にある無形資産
(b)　IAS 39「金融商品―認識と測定」が定義する金融資産
(c)　鉱物権と鉱物・石油・天然ガスおよび類似する天然資源の探査のため，または開発および採掘のための支出

　これに対して日本基準も金融商品を無形資産から除いている。一方，鉱物権にかかわる支出については，無形固定資産として扱っている（財規28条）。また企業結合で取得したのれんは IAS 38 の適用を受けないのに対し，日本基準も「企業結合に関する会計基準」（以下，企業結合基準）において取り扱われる。

なお IAS 38 は無形資産とも有形資産ともとれる資産をいずれに区分するかについても言及している。すなわち，物質の中に無形資産が含まれているようなケース(コンパクトディスクや法的文書，映画)について，「企業の資産が有形資産であるか，無形資産であるかを IAS 16「有形固定資産」によって，または本基準書の無形資産として判断するときには，どの要素がより重要であるかを評価することが求められる」(par. 4)と述べている。

また IAS 38 は同基準が「広告宣伝，教育訓練，開業準備活動，研究開発活動に適用される」(par. 5)と規定している。ただし，これらの項目は資産化対象として規定されるのではなく，無形資産に関連する支出であるが，原則として費用処理すべき項目として規定される。なお，この点については後述する。

(2) 定　義

IAS 38 による無形資産の定義の特徴は，5つの要件(企業による支配，将来の経済的便益の流入，非物理的実体，識別可能性，非貨幣性資産)を規定していることにある。すなわち，IAS 38 は資産を「(a)過去の事象の結果として企業が支配し，かつ(b)将来の経済的便益が企業に流入することが期待される」資源と定義したうえで，無形資産の3要件として「物理的実体のない識別可能な非貨幣性資産である」ことを規定している(par. 8)。

識別可能性の規準をみたすのは，次の場合である(par. 12)。

(a) 分離可能であること，すなわち独立に，または関連する契約や資産・負債と一体として企業から分離または区分，売却，譲渡，ライセンス，貸与，交換できる，または

(b) 譲渡可能であるか，または企業やその他の権利・義務から分離可能であるか否かにかかわらず，契約上の権利，または他の法的権利から生じたものである。

企業結合で取得したのれん(goodwill)は識別可能性に基づいて無形資産から区別され，IAS 38 の適用から除外されなければならない。のれんは，将来の経済的便益を期待して支払われた対価であるものの，個別に認識できない資産か

ら生ずるものであり，分離可能でないからである。

「企業による支配」とは，資源から生じる将来の経済的便益を獲得する能力をもち，しかもまたそれらの便益を他者が利用することを制限できる場合をいう(par.13)。無形資産から生じる将来の経済的便益を支配する能力は，それを容易に立証できる理由から一般に，強制力をもつ法的権利に基礎づけられる。ただし，法的強制力に拠らない経済的便益の支配も可能であり，法的権利は支配の必要条件ではない。たとえば企業努力により顧客関係が構築された場合，これを保護する法的権利が存在しなければ，生じた経済的便益に対する支配力は通常，無形資産の定義をみたすほど十分ではない。しかし，企業がこの顧客関係を交換取引できる場合には，当該関係から生じる将来の経済的便益を支配している証拠を示しており無形資産の定義をみたす(par.16)。

無形資産から生じる「将来の経済的便益」とは，製品またはサービスの売上収益，費用節減あるいは企業による資産の使用からもたらされる他の利益をいう(par.17)。たとえば，知的財産を製造工程に用いた場合には，将来の収入を増加させないものの将来の製造原価を減少させる可能性があり，したがって，この場合にも経済的便益が生じる。

これに対して日本基準は無形固定資産の範囲について，該当項目を列挙する形式を採り，明確な定義を与えていない。すなわち，「貸借対照表原則」四㈠Bは，「営業権，特許権，地上権，商標権等は，無形固定資産に属するものとする」と規定し，同じく「財務諸表等規則」第27条も無形固定資産に属するものとして，営業権，特許権，借地権，地上権，商標権，実用新案権，意匠権，鉱業権，漁業権，入漁権，ソフトウェア，その他これらに準ずる資産，を挙げている。なお，取得によるのれんは，無形固定資産に含められる(連結注解21，企業結合基準注解19)。

しかし列挙された項目をIAS 38の定義と比較するならば，「非物理的実体」と「非貨幣性資産」，「企業による支配」，「将来の経済的便益の流入」の要件について，両者は共通すると解釈することは可能である。また「識別可能性」についても，取得による企業結合について日本基準は，取得資産に法律上の権利または分離して譲渡可能な無形資産が含まれる場合に，取得原価を無形資産に配分

するものとしており，IAS 38と整合的である(企業結合基準三1(3))。ただし，日本基準はのれんの表示を無形固定資産区分にするものとしており，無形資産からのれんを区別するIAS 38と異にしている。

2. 認識と当初測定

（1） IAS 38の認識規準とその測定

　IAS 38は無形資産の認識規準として，経済的便益流入の可能性と信頼性ある費用測定という2つを挙げ，これに該当するならば，取得原価をもって当初測定しなければならないと規定している。それに続いて，各取得形態(個別取得，企業結合による取得，政府助成金による取得，交換による取得，内部創出のれん，内部創出の無形資産)によって説明している。
　無形資産は，以下をみたす場合に認識しなければならない(par. 21)。
(a)　資産に起因する将来の経済的便益が企業に流入する可能性が高い。
(b)　資産の取得原価が信頼性をもって測定できる。
　ただし，経済的便益の流入の可能性を評価するにあたっては，耐用年数にわたり存在する経済的諸条件に関する経営者の最善の見積りを表す合理的かつ支持しうる前提に拠らなければならない(par. 22)。また，評価は外部証拠に重点をおいて，当初認識をする時点で入手可能な証拠に基づいて行わなければならない。
　なお，無形資産の当初測定は，その取得原価をもって測定されなければならない(par. 24)。したがって，IAS 38の認識と当初測定の要点は，経済的便益の流入の可能性が高く，かつ資産の取得原価について信頼性をもって測定できるならば無形資産として認識し，その取得原価をもって測定することにある。
　日本基準は上記のような無形資産の認識に関する基準はないが，測定に関しては，取得原価に基づく点で共通している。すなわち，「無形固定資産については，当該資産の取得のために支出した金額から減価償却累計額を控除した価額

をもって貸借対照表価額とする」(貸借対照表原則五のE)と規定している。
　次に，無形資産の取得形態別の認識と測定に関する規定を比較すると，以下のとおりである。

（2）　単独の取得

　単独で取得したときの無形資産の取得原価を，輸入関税および還付されない購入税を含む資産購入価額（値引きと割戻しを控除）に，資産を使用するための準備に直接必要とした支出から構成されるものとしている(par.27)と規定している。日本でも，特許権のような法律上の権利を購入した場合，取得価額と付随費用をもって取得原価としている。

（3）　企業結合にともなう取得

　企業結合によって取得した無形資産は取得日における公正価値をもって評価する(par.33)。「公正価値」とは，取引の知識がある自発的な当事者の間で，独立第三者間取引条件により，資産が交換される価額をいい(par.8)，将来の経済的便益が流入する可能性に関する市場予想を反映している。したがって，取得による無形資産については経済的便益の流入の可能性に関する要件がみたされる。
　なお，信頼性をもって公正価値を測定できない場合は無形資産から区分してのれんとして認識しなければならない。したがって，企業結合によって取得した進行中の研究開発プロジェクトが無形資産の定義をみたし，かつ，その公正価値が信頼性をもって測定できるならばのれんと区別して認識しなければならない。
　日本基準では平成15年公表の「企業結合に係る会計基準」が，企業結合によって被取得企業から受け入れた資産のうち，法律上の権利または分離して譲渡可能な無形資産に対して，取得原価を配分することを許容するとともに，研究開発費等に配分したときは，当該金額を費用処理するよう求めていた(三2(3))。

このため，IAS 38の資産計上規定との差異を示していたが，平成20年に改正された「企業結合に関する会計基準」では，識別可能と判断された無形資産に対する取得原価配分が規定されるとともに，研究開発費等に配分された取得原価の配分時の費用処理が廃止されることとなり，IAS 38と整合的な規定となっている(平成20年企業結合基準第29, 100, 101項)。

（4） 政府助成金による取得

政府助成金を得て取得した無形資産は公正価値で評価するか，もしくは代替処理として名目価額で評価する方法を認めている(par. 44)。これに対し，日本基準は国庫補助金をもって取得した資産であっても取得原価をもって測定すると解される。ただし，国庫補助金相当額を取得原価から控除した額を計上する方法も認められている(会計原則注解注24)。

（5） 資産の交換

交換によって取得した無形資産は次の場合を除いて公正価値で測定する。
(a) 取引が商業的実質を欠く。または，
(b) 受入れた資産も引き渡した資産も信頼性をもって公正価値を測定できない。

公正価値で測定しない場合には引き渡した資産の簿価をもって測定する(par. 45)。これに対して日本基準は「無形固定資産」を対象にした明確な規定はない。ただし，有形固定資産に関する基準が準用されるとすれば，引き渡した資産の簿価をもって取得原価とするものとしている(連続意見書第三)。

（6） 内部創出によるのれん

内部創出のれんは，資産として認識してはならない(par. 48)。内部創出のれんは分離可能でなく，契約やその他の法律上の権利から生じるものでもないた

め，識別可能な資産として認識できないためである。これは日本基準も同様である。

（7） 内部創出による無形資産

内部創出による無形資産は，将来の経済的便益を創出する識別可能資産が存在するか，それはどのようなときに存在するかを特定するのが困難であり，しかも，その取得原価を信頼性をもって測定することが難しい。このため IAS 38 は，内部創出の無形資産が認識基準をみたすか否かを判定するため，内部創出の過程を研究段階と開発段階に分類し，研究段階における支出を費用として認識し，開発段階の支出のうち要件をみたすものについてのみ無形資産として認識するものとしている。

次節で内部創出無形資産にかかわる研究開発費について研究段階と開発段階にわけて IAS 38 の規定を明らかにし，日本基準との異同を詳細に検討する。

3．研究開発費の処理

（1） 研 究 段 階

研究または内部プロジェクトの研究段階から生じた無形資産は認識してはならない (par. 54)。「研究 (research)」とは，新規の科学的または技術的な知識および理解を得る目的で実施される基礎的および計画的な調査をいう (par. 8)。研究段階では，将来の経済的便益を創出する可能性が高い無形資産の存在を立証するのが困難であり，したがって，研究（または内部プロジェクトに研究段階）にかかわる支出は，それが生じた時点で費用として認識しなければならない。

研究活動には以下のものが含まれる (par. 56)。

(a) 新知識の入手を目的とする活動
(b) 研究成果または他の知識の応用の探求，評価および最終的選択

(c)　材料，装置，製品，工程，システムまたはサービスに関する代替的な手法の調査
　(d)　新規または大幅に改良される材料，装置，製品，工程，システムまたはサービスに関する有望な代替的な手法等についての定式化，設計，評価および最終的な選択

（2）　開発段階

　「開発（development）」とは，商業ベースによる生産または使用を開始する前に，新規または大幅に改良された材料や，装置，製品，製造工程，システム，サービスを生産するための計画・設計に研究成果や他の知見を応用することである（par. 8）。

　開発段階で生じた支出については，以下の6つの要件すべてを満たす場合に，無形資産として認識することを要求している（par. 57）。

　(a)　使用・売却が可能な無形資産を完成させる技術的実行可能性がある。
　(b)　無形資産を完成し，使用・売却する意図がある。
　(c)　無形資産を使用・売却する能力をもつ。
　(d)　どのように無形資産が可能性の高い将来の経済的便益を生み出すかを示しうる。特に無形資産から生じる産出物もしくはその無形資産それ自体を取引する市場が存在するか，あるいはその無形資産を内部使用するときには，その有用性を立証しなければならない。
　(e)　無形資産の開発を完遂し，その使用・売却に必要な技術的・財務的・その他の資源を利用できる。
　(f)　開発中に無形資産に要した支出を信頼性をもって測定できる。

　無形資産を生じる開発活動には以下のものが含まれる（par. 59）。

　(a)　生産・使用する前の試作品および模型の設計，建設およびテスト
　(b)　新技術を含む工具，治具，鋳型，金型の設計
　(c)　商業ベースに乗らない規模での実験工場の設計，建設，操業
　(d)　新規または改良された材料や装置，製品，工程，システム，サービスに

関して選択された代替手法の設計,建設およびテスト

なお内部創出されたブランド,題字,出版表題,顧客名簿,およびこれらに類似する項目に関する支出は,事業全体を発展させるコストと区別することが難しく,したがって識別可能性をみたさないため無形資産として認識してはならない(par.63)。

内部創出の無形資産として認識された場合,その取得原価は認識規準をみたした日以降に発生する支出の合計であり,以下のものを含む(par.66)。

(a) 無形資産の創出に要した材料・サービスの取得原価
(b) 無形資産の創出に要した従業員の給与・賃金その他の雇用関連費用
(c) 法的権利の登録費用
(d) 無形資産の創出に要した特許

ただし,過年度に無形項目にかかわる支出を当初費用として認識した場合には,無形資産の取得原価の一部として認識してはならない(par.71)。

(3) 研究開発費の扱いに関する日本基準との異同

研究と開発の定義について,IAS 38 と日本基準の間に基本的な相違はないと考えられる。日本基準(研究開発費等基準一1)では,「研究とは,新しい知識の発見を目的とした計画的な調査および探求をいう。開発とは,新しい製品・サービス・生産方法について計画もしくは設計または既存の製品等を著しく改良するための計画もしくは設計として,研究の成果その他の知識を具体化することをいう」と定義されている。

なお,ここで規定されている開発はあくまでも研究開発に関わる支出であり,財務諸表等規則ガイドライン第36条に規定されている繰延資産としての開発費とは範囲が異なる。具体的に繰延資産としての開発費には,新技術の採用,新経営組織の採用,資源の開発および市場の開拓のため支出した費用,生産能率の向上または生産計画の変更等により,設備の大規模な配置替を行った場合の費用が含まれる(財務諸表等規則ガイドライン36・6)。

IAS 38 は内部創出による無形資産を,研究段階の支出と,開発段階の支出に

わけて，開発に要した支出について，一定の条件を満たした場合に資産計上することを求めている。これは支出が生じた時点によって，資産化の可否を決定しようとする方法である。

これに対して日本基準は，平成10年3月10日に「研究開発費等に係る会計基準」が設定されるまで，研究開発費の繰延資産化もしくは費用化について任意としてきた。しかし，新たに設定された「研究開発費等に係る会計基準」（以下，研究開発費等基準）は，一律に研究開発に要した支出を費用化することを求め，「研究開発費はすべて発生時に費用として処理しなければならない。なおソフトウェア制作費のうち，研究開発に該当する部分も研究開発費として費用処理する」（研究開発費等基準三）と規定している。

IAS 38 が研究段階の支出を無形資産として認めず，開発段階の支出で特定の条件を満たした場合に無形資産計上を要求するのに対して，日本基準はこの両方について資産化を認めない。これは，研究開発費の発生時のみならず，研究開発計画が進行した時点においても，なお将来の収益獲得が不確実であるため，研究開発費の資産計上が適当でないとされたためである（研究開発費等基準意見書三2）。

なお，日本基準もソフトウェアを自社内で利用する場合は，「完成品を購入した場合のように，その利用により将来の収益獲得または費用削減が確実であると認められる場合には，当該ソフトウェアの取得に要した費用を資産として計上しなければならない」（研究開発費等基準四3）と規定しており，IAS 38 の規定と類似性をもつ。同じく，市場販売目的のソフトウェアに関しても，「製品マスターの製作費は，研究開発費に該当する部分を除き資産として計上しなければならない」（研究開発費等基準四2）。

このように開発段階における無形資産について，IAS 38 が技術的実行可能性および使用・販売の可能性を考慮して資産化を要求するのに対し，日本基準はソフトウェアの研究開発の終了と収益獲得または費用削減の確実さに資産化の根拠を求めていると考えられる。

研究開発活動に関連して IAS 38 と日本基準には，仕掛研究開発資産を個別に買入取得したときの会計処理に差異がある。仕掛研究開発資産とは，企業結

合や個別買入を通じて取得した他社の研究開発の成果のうち，その後の追加的な社内の研究活動や開発活動による成果と組み合わせなければ，生産活動や販売目的に利用ができない無形資産をいう。仕掛研究開発について国際基準は，IAS 38 の定義をみたし，かつその公正価値を信頼性をもって測定できる場合には，独立の無形資産として認識するよう規定している(IFRS 3 par. 45)。これに対して，日本基準は上述のように，企業結合時に受け入れた仕掛研究開発について，平成 15 年「企業結合に係る会計基準」では，費用計上することを規定していたが，平成 20 年改正によって，仕掛研究開発資産を計上することとなり，国際基準と整合するようになった。しかし，仕掛研究開発資産を個別に買入取得した場合は，社内の研究開発費と同じく費用処理することが求められており，この点で国際基準と差異が残されている(研究開発に関する論点の整理第 66 項)。

4. 費用の認識

　無形項目にかかわる支出は以下の場合を除き，発生時に費用として認識しなければならない(par. 68)。

(a) 認識規準をみたす無形資産の取得原価の一部を構成する。

(b) 取得と判定される企業結合によって取得した項目であるものの，無形資産として認識できない。この場合，支出(企業結合コストに含められる)は，取得日におけるのれんの一部を構成する。

　これに対して日本基準は，無形項目に関連した支出を費用認識するか，または資産化するかについて明文規定が存在しない。

　なお，経済的便益の発生を意図して支出したにもかかわらず，認識規準をみたす無形資産を取得・創出しない場合，支出時に費用として認識する。発生時点で無形資産として認識しないで費用化すべき項目として以下のものがある(par. 69)。

(a) IAS 16 に基づき固定資産の取得原価に含まれない開業準備活動に関する支出。開業準備費用には，法人設立時に発生する法務および事務費用，新規施設・事業を開始するための支出(開業前費用)，新規業務の開始また

は新製品・製造工程の開始に要する支出(操業前費用)から構成される。
 (b) 教育訓練に伴う支出
 (c) 広告宣伝,販売促進活動に伴う支出
 (d) 企業の一部または全部の移転または組織変更に伴う支出

　日本基準では,開業準備活動にかかわる支出は,繰延資産の創立費,開業費,開発費に相当するものを含んでいるので,これらについて日本基準では繰延資産として計上が可能であると考えられる。一方,教育訓練支出について明確に対応する規定は日本基準にはなく,繰延資産として計上が認められる場合はほとんどないと思われる。

　広告宣伝・販売促進活動については,場合分けが必要である。財務諸表等規則ガイドラインによれば,会社成立後営業開始までに要した支出という条件つきで,広告宣伝費を繰延資産化することができる(財務諸表等規則ガイドライン36・2)。もし,この条件に合致する支出ならば,日本基準は資産化を許容するから,IAS 38とは相違すると考えられる。しかし,営業開始後に経常的に発生する広告宣伝費ならば,たとえ将来の期にわたってその効果が発現するとしても,日本基準は繰延資産化することを認めない(実務対応報告第19号繰延資産の会計処理に関する当面の取扱い)。したがって,これを繰り延べることはできず,費用化しなければならない。これはIAS 38の費用化処理と同一の規定である。

　企業の移転・組織変更に伴う支出に関しては,日本基準は開発費として繰延資産を計上する可能性があるものの,実務上開発費として資産化する事例は少数であり,結果としてIAS 38との差異はほとんどないと考えられる。

5. 当初認識後の測定

　無形資産の認識後,会計方針として,原価モデルまたは再評価モデルのいずれかを選択しなければならない(par. 72)。ただし,ある無形資産について再評価モデルを採用した場合は,活発な市場が存在しない場合を除いて,当該資産と同一種類の資産すべてについて同じモデルが採られなければならない。

「活発な市場(active market)」とは，取引される財が同質であり，常に自発的な買い手と売り手を見出すことができ，かつ価格が公開されている市場を指す(par.8)。なお，同一種類資産に属する資産は，選択的な再評価によって異なる再評価日における価額が混合したまま財務諸表上に計上されるのを避けるため，同時に再評価されなければならない(par.73)。

(1) 原価モデル

原価モデル(cost model)では，取得原価から償却累計額および減損累計額を控除した価額で表示する(par.74)。

(2) 再評価モデル

再評価モデル(revaluation model)では，当初認識後の無形資産を，再評価日における公正価値から償却累計額と減損累計額を控除した価額をもって計上する(par.75)。再評価にあたっては，活発な市場に基づいて公正価値を決定しなければならない。また，再評価は貸借対照表日において資産簿価と公正価値が大きく乖離しないように規則的に実施しなければならない(par.75)。

当初認識時に，認識規準をみたさなかったため，取得原価の一部だけが無形資産として認識される場合がある。このとき，再評価モデルを当該資産全体に対して適用できる(par.77)。また政府補助金を使用して，名目価額で当初認識した無形資産についても再評価モデルを適用できる。

無形資産に再評価モデルを適用する場合，再評価時における償却累計額は，(a)再評価後の資産帳簿価額が再評価価額に等しくなるよう，資産の償却控除前の帳簿価額の変化割合にあわせて修正表示するか，または(b)償却控除前価額と相殺し，相殺後の簿価を資産の再評価価額に修正表示する(par.80)。

なお，再評価される無形資産と同一種類の無形資産であるにもかかわらず，活発な市場が存在しないために再評価ができない場合は，取得原価から償却累計額と減損累計額を控除して表示する(par.81)。また，再評価される無形資産

の公正価値を活発な市場を参考に決定することが不可能になった場合，活発な市場による直近の再評価額から償却累計額と減損累計額を控除して，帳簿価額とする(par. 82)。

再評価した結果，帳簿価額が増加したならば再評価剰余金として資本に直接貸記しなければならない(par. 85)。ただし，帳簿価額の増加は過年度に当該資産について費用として認識されていた場合は，再評価減少額を相殺する範囲で利益として計上する(par. 85)。

逆に再評価によって帳簿価額が減少したならば，減少分を費用として認識しなければならない。ただし，過年度に再評価剰余金が計上されている場合，再評価による減少額は，その金額を超過しない範囲で，再評価剰余金を減少させなければならない(par. 86)。

これに対して日本基準は，無形固定資産について取得のために支出した金額から減価償却累計額を控除した価額で表示するものとしており，IAS 38のように再評価モデルの選択適用を認めていない。

6. 償　　　却

無形資産の償却は耐用年数の判定に基づいて実施される。すなわち，耐用年数が有限であるならば償却し，不確定ならば償却をしないものとする(par. 89)。ただし，耐用年数が「不確定(indefinite)」であることは「無限(infinite)」を意味するものではない。耐用年数は見積った時点における標準的なパフォーマンスを維持するのに要する将来の維持費用の水準とその水準を達成する企業の能力と意図を反映するにすぎないからである(par. 91)。

契約上またはその他の法律上の権利に基づいて生じた無形資産の耐用年数は，その権利期間を超えてはならない。ただし，期限付きの権利を多額の費用を要することなく更新できる証拠が存在するならば，その更新期間を耐用年数に含める(par. 94)。

(1) 有限の耐用年数をもつ無形資産

耐用年数が有限である無形資産は，その耐用年数にわたり規則的に償却可能価額を配分しなければならない。ただし，償却方法は将来の経済的便益の費消パターンを反映するものでなければならない(par.97)。そのようなパターンを信頼性をもって判定できない場合は，定額法に基づいて償却する。

有限の耐用年数をもつ無形資産の残存価額は，次のいずれかに該当する場合を除き，ゼロとする(par.100)。

(a) 耐用年数の終了時点で当該資産を第三者が買い取る約定が存在する。
(b) 資産に活発な市場が存在し，その市場に基づいて残存価額を決定でき，かつ耐用年数終了時点においても同様の市場が存在する可能性が高い。

有限の耐用年数をもつ無形資産の償却期間と償却方法は，少なくとも各事業年度末に見直さなければならない。新しく見積った耐用年数が，従来のものと乖離しているならば，償却期間を変更する。同じく，経済的便益のパターンに変化がみられた場合は，これを反映するよう償却方法を変更しなければならない(par.104)。これらは実質優先目的に基づいて，経済的実体に見合った償却を要請するものである。

(2) 不確定の耐用年数をもつ無形資産

耐用年数が不確定である無形資産は償却しない。しかし，無形資産の減損の兆候が存在するか否かにかかわりなく，毎期，減損のためにその回収可能価額を帳簿価額と比較しなければならない(par.108)。

また償却しない無形資産の耐用年数は毎期見直し，耐用年数が不確定であるという判定を根拠づける状況が続いているか判定しなければならない。もはやそのような状況が継続していないと判定されたならば，IAS 8「会計方針，会計上の見積りの変更及び誤謬」による会計見積りの変更として耐用年数を不確定から有限に変更しなければならない(par.109)。

なお不確定の耐用年数を有限に変更するのは，当該資産に減損が生じている兆候を示すものである。したがって，IAS 36「資産の減損」に基づいて，回収可能価額を帳簿価額と比較して減損テストを実施し，回収可能価額を超過する帳簿価額を減損として認識しなければならない(par. 110)。

(3) 償却に関する日本基準との異同

このように IAS 38 は無形資産の耐用年数を判定し，それに基づいて償却を規定する。これに対し日本基準は，耐用年数の不確定・有限という観点から償却を規定するのではなく，各資産項目に償却の年限，方法を規定する方法を採っており，一般的な指針を与えていない。

日本基準では，法的権利に基づく無形固定資産について法人税法が，償却方法と耐用年数を規定している。また，ソフトウェアの償却については「残存有効期間」にわたって「見込販売数量に基づく償却方法その他合理的な方法により償却しなければならない」(研究開発費等基準四5)としている。繰延資産については，実務対応報告第19号「繰延資産の会計処理に関する当面の取扱い」が償却年限を規定している。

なお評価減については，ソフトウェアの会計処理に関連して次のように規定されている。「いずれの減価償却の方法による場合にも，毎期見込販売数量等の見直しを行い，減少が見込まれる販売数量等に相当する取得原価は，費用又は損失として処理しなければならない」(研究開発等基準注解5)。

ソフトウェアを除く無形固定資産と繰延資産の評価減について明文規定はないものの，財務諸表等規則ガイドラインは特別損失に属する損失として，「支出の効果が期待されなくなったことによる繰延資産の一時的償却」を挙げており(財務諸表等規則ガイドライン95の2-2)，正規の減価償却に当てはまらない臨時償却を規定している。

7. 開　　示

IAS 38 は，無形資産を内部創出無形資産と他の無形資産とをわけて，以下の項目を財務諸表上で開示しなければならないと規定している(par. 118)。

(a) 耐用年数の不確定・有限に関する判定。有限であるときは耐用年数または償却率
(b) 耐用年数が有限である資産の償却方法
(c) 期首・期末の償却控除前帳簿価額および償却累計額(減損累計額を含む)
(d) 損益計算書の無形資産償却額を含む項目
(e) 以下を示す期首および期末の帳簿価額の調整
　(ⅰ) 内部創出，個別取得，企業結合に伴う取得に区分して示した追加額
　(ⅱ) 売却目的保有に区分された資産，または売却目的保有に区分される処分資産グループに含まれる資産，およびその他の処分
　(ⅲ) 再評価および減損から生じた増減額，および資本の増減額
　(ⅳ) 損益計算書に認識された減損
　(ⅴ) 損益計算書に認識された減損戻入益
　(ⅵ) 当期償却額
　(ⅶ) 財務諸表の表示通貨換算および，外国事業の表示通貨換算から生じた正味換算差額
　(ⅷ) その他の帳簿価額の変動

さらに，下記の項目についても開示が求められる(par. 122)

(a) 耐用年数が不確定であると判定された無形資産の帳簿価額およびその判定の根拠
(b) 財務諸表に重要性をもつ無形資産の記述，帳簿価額，償却残存期間
(c) 政府補助金によって取得し，かつ公正価値をもって当初認識した無形資産に関する次の項目
　(ⅰ) 当初認識における公正価値
　(ⅱ) 帳簿価額

(iii) 認識後の測定に用いたのは原価モデルか再評価モデルか
　(d) 権利が制限されている無形資産の存在とその帳簿価額，および債務保証のために担保となっている無形資産の帳簿価額
　(e) 無形資産取得について約定した金額

　なお，IAS 38 は，研究開発支出について，「財務諸表は，当該期間において費用と認識した研究開発支出の集計額を開示しなければならない」(par. 115) と規定している。これに対して，日本基準の無形固定資産に関するまとまった開示規定はないが，研究開発費については，当該年度の一般管理費および当期製造費用に含まれる研究開発費の総額を財務諸表に注記することが求められ，「研究開発費は，当期製造費用として処理されたものを除き，一般管理費として当該科目名を付して記載することが適当である」(研究開発費等基準意見書四—1) と規定されている。

　なお IAS 38 は，無形資産を再評価しているときには，次の項目を開示するように規定している (par. 124)。
　(a) 無形資産の種類別の，(i)再評価実施日，(ii)再評価した無形資産の帳簿価額，(iii)再評価した無形資産を原価モデルに基づいて認識した場合の財務諸表計上額
　(b) 無形資産に関する再評価剰余金の期首・期末の金額，期中変動およびその残高の株主への配当に関する制限
　(c) 公正価値の見積りに適用した方法および重大な仮定

　日本基準においても無形資産を再評価したときの開示について，「有形固定資産または無形固定資産について再評価を行った場合(中略)には，その旨およびその理由，当該再評価を行った年月日，当該資産の再評価前の帳簿価額，再評価額並びに再評価差額に関する会計処理の方法を注記しなければならない」(財務諸表等規則 42 条) と規定している。

8. 発　効　日

　ISA 38 は，2004 年 3 月 31 日以降に合意された企業結合において取得した無

形資産の会計処理と，その他すべての無形資産に関する 2004 年 3 月 31 日以降に開始される最初の年次期間の期首からの会計処理に適用される (par.130)。

§3　実務上の留意事項および設例

1. 無形資産計上における日本基準と IAS 18 の相違点

> 留意事項

　IAS 38 においては，無形資産に関して認識要件および測定要件について定められているが，日本基準においては包括的な無形資産に関する会計基準が存在していない。日本基準では，法的な権利を取得した場合においては，無形固定資産として計上するが，その他の支出については，会計的な性格に応じた画一的な処理が行われていない。

　また，無形資産を資産として認識した後の測定についても，日本基準では税法基準に基づく耐用年数が実務上多く用いられているが，IAS 38 では，耐用年数を確定可能であれば経済的耐用年数に基づき償却する必要がある。現在，耐用年数として税法基準に基づく耐用年数を採用している企業については，経済的耐用年数としてたとえば無形資産に対する投資意思決定時に用いた将来の収益獲得予想期間を経済的耐用年数として用いる方法が考えられる。

　さらに，日本基準との相違点として，IAS 38 では，開発費のうち，一定の要件を満たすものについては資産計上が求められている。

　IAS 38 を導入する際の留意点としては，日本基準と IAS 38 の差異を認識し，特に「開発費」として資産計上するべき支出をどのように認識・識別するかがあげられる。すなわち，現在社内で発生している費用について，「開発」の定義に合致しているものを識別し，資産計上するための判断基準を整備した上で，開発テーマ毎に資産計上の要件を満たしているか否かの決定および開発テーマ毎

に発生費用を集計する必要がある。

設 例 11-1

下記の項目について，日本基準およびIAS基準による会計処理を検討しなさい。

① 自己創設のれん
② 研究活動に係る支出
③ 開発活動に係る支出
④ 設立費用に係る支出
⑤ 顧客名簿取得に係る支出

解 答

日本基準およびIAS 38における会計処理は，以下のとおりである。

項目	日本基準	IAS 38
自己創設のれん	費用処理	費用処理
研究活動に係る支出	費用処理	費用処理
開発活動に係る支出	費用処理	費用処理又は無形資産
設立費用に係る支出	費用処理又は繰延資産	費用処理
顧客名簿取得に係る支出	営業権	無形資産

解 説

① 自己創設のれん

自己創設のれんについて，日本基準においては，客観的な評価が困難であり，計上した場合に恣意性が介入することから企業会計原則注解25においてのれんの計上は有償又は合併により取得したものに限り認められており，自己創設のれんの資産計上は認められていない。IAS 38についても日本基準と同様に，

自己創設のれんの取得原価について信頼性をもって測定できないことから，資産として認識してはならないとされている。

　②　研究活動に係る支出

　研究活動に係る支出については，日本基準においても同様に「研究開発費等に係る会計基準」に従い費用処理されている。IAS 38 においても，将来の経済的便益を創出する可能性を立証できないことから，発生時に費用処理しなければならない。

　③　開発活動に係る支出

　開発活動に係る支出については，日本基準においては「研究開発費等に係る会計基準」に従い費用処理されている。一方 IAS 38 においては，将来の経済的便益を創出する可能性がある場合には，無形資産の認識要件を満たすとして資産計上される。

　④　設立費用に係る支出

　設立費用に係る支出は，日本基準においては，「繰延資産の会計処理に関する当面の取扱い」において原則発生時に費用処理としつつも，繰延資産として資産計上することが容認されている。一方，IAS 38 において将来の経済的便益の流入があったとしても，識別可能となる資産を取得ないし創出しない支出については，発生時に費用処理するとされている。

　⑤　顧客名簿の外部取得による支出

　顧客名簿を外部取得した際の支出は，日本基準においては，独立した資産として取引される慣習のあるものであり，営業権として資産計上される。IAS 38 においても将来の経済的便益が流入する可能性が高いと期待されていれば資産計上される。

　なお，資産計上した顧客名簿の耐用年数について，日本基準では，実務上，税法耐用年数である 5 年を用いることが多いが，IAS 38 では，経済的耐用年数を見積もる必要がある。

2. 仕掛研究開発の会計処理について

留意事項

　仕掛研究開発の会計処理について IFRS においては，企業結合による取得又は個別買入による取得といった取得形態に拘わらず，無形資産の要件を満たすものについては，無形資産として認識される。

　日本基準においては，「企業結合会計基準及び事業分離等会計基準に関する適用指針」の改正により平成 22 年 4 月 1 日以後開始する事業年度からは，企業結合に伴い取得した仕掛研究開発は資産計上されることとなった。しかし，個別に仕掛研究開発を取得した場合においては，依然「研究開発費等に係る会計基準」に従い発生時費用処理が行われる。なお，前者については IAS 38 と整合した処理となっている。

　また，仕掛研究開発を企業結合により取得した後の開発費用の取扱についても，IAS 38 では資産計上の要件を満たせば無形資産として認識されるのに対して，日本基準では「研究開発費等に係る会計基準」に従い費用処理が行われる。

　上記のように，IRFS を適用した場合において，製品開発における費用認識時点が大きく異なるため，留意が必要である。

【参考　仕掛研究開発の取得時の会計処理の比較】

取得形態	日本基準	IAS 38
企業結合	無形資産計上	無形資産計上
個別取得	取得時費用処理	無形資産計上

第12章

資産の減損

【要約比較表】 IAS 36 と日本基準との異同点

	IAS 36	日本基準
適用範囲	下記以外のすべての資産 棚卸資産，工事契約から生じる資産，従業員給付から生じる資産，および金融資産等	減損処理に関する規定のない固定資産であり，金融資産，繰延税金資産，前払年金費用等を除く
減損の兆候	外部の情報源 ① 資産の市場価値の著しい下落 ② 技術，市場，経済，および法をめぐる環境が著しく変化し，企業に負の影響をおよぼしている又はその可能性があること ③ 市場利子率や投資をめぐる他の市場利子率が上昇し，資産価値評価に利用される割引率に影響を及ぼしていること ④ 純資産の帳簿価額が株式の市場価値を上回っていること	① 資産から生じる損益又はキャッシュ・フローの継続したマイナス ② 資産が使用される範囲又は方法に回収可能価額を著しく低下させる変化が生じたもしくは生じる可能性があること ③ 資産が使用されている事業の経営環境が著しく悪化又は悪化する可能性があること ④ 資産の市場価格の著しい下落

	内部の情報源 ⑤ 資産の陳腐化や物理的損害の証拠が入手可能であること ⑥ 資産を使用する企業に負の影響を及ぼす著しい変化が生じている又はその可能性があること ⑦ 実際の経済的成果が予測していたよりも低いことが内部報告から入手可能であること	
減損損失の認識対象資産	減損の兆候がみられた資産のうち，帳簿価額より回収可能価額が下回っている資産が対象	減損の兆候がみられた資産のうち，帳簿価格より資産から得られる割引前将来キャッシュ・フローの総額が下回っている資産が対象
減損損失の測定	① 帳簿価額を回収可能価額まで減額し，当該減少額を減損損失とする ② 回収可能価額は，資産の正味売却価額と使用価値のいずれか高い方の金額	① 同 左 ② 同 左
将来キャッシュ・フローの見積り	直近の財務予算・予測を基礎とした原則として5年以内における経営者の最善の見積り	企業に固有の事情を反映した合理的で説明可能な仮定および予測に基づく見積り
割引率	貨幣の時間価値と資産に固有なリスクの現在の市場評価を反映した税引前利率	① 貨幣の時間価値を反映した税引前利率 ② 資産の将来キャッシュ・フローが見積り値から乖離するリスクを反映されていない場合のみ，当該リスクを割引率に反映させる

資金生成単位・資産のグルーピング	個別資産についての回収可能価額の見積りが不可能な場合，企業は当該資産が属する資金生成単位の回収可能価額を算出	同　　左
減損の戻入れ	過年度に認識した減損がもはや存在しないか，あるいは減少している兆候のある場合には，対象となる資産の回収可能価額を見積り，資産価値の回復が認められれば減損損失を戻し入れ，損益計算上の収益として認識	行わない
表示と開示	① 当期損益に計上した減損損失(又は減損損失の戻入れ)の金額，および包括利益計算書の項目名 ② その他包括利益として認識した再評価資産の減損損失(又は減損損失の戻入れ)の金額 ③ 減損損失の総額，報告セグメント別および資金生成単位別の開示 ④ 個別資産別および報告セグメント別の開示	貸借対照表 ① 減損した資産の表示は，原則，減損処理前の取得原価から減損損失を直接控除する 包括利益計算書(損益計算書) ② 減損損失は特別損失 注記事項 ③ 重要な減損損失の認識時には，対象資産，経緯，金額，グルーピング方法，回収可能価額の算定方法等を注記

§1　背　　　景

　資産，主として有形固定資産並びに無形固定資産の減損の会計処理を取り扱う国際会計基準は，IAS 36「資産の減損」である。本基準書は，1998年4月のIASC理事会において承認され，1999年7月1日以降に開始する事業年度から適用されることになった。なお，2004年3月のIFRS 3「企業結合」公表に伴い，

IAS 36の一部が改訂された。のれんの処理方法が規則的償却から非償却・減損処理に変更されたことにより，IFRSの場合はのれんも減損の対象となった（詳しくは「第24章　企業結合」を参照）。

　資産の減損とは，何らかの事情により価値が低下した資産を継続使用する場合や売却または除去等の処分が決定された資産を保有している場合の会計処理方法である。IAS 36では減損を耐用年数の変更や残存価値の見直しなどの減価償却とは別の概念として位置づけている。したがって，資産の簿価が将来回収可能な場合には減価償却方針の変更で対応し，資産の簿価が将来においても回復しないと見込まれるときや使用による回収も不可能であると判断される場合に減損が認識されることになる。

　IAS 36は1997年5月に出された公開草案第55号（以下，E55）がベースになっている。E55に対して，IASC理事会は20ヵ国以上から90を超えるコメントを受け取った。併せて，同理事会は，E55の提案についてフィールド・テストを実施した。このようなコメントやテスト結果を受けて策定されたのがIAS 36であった。

　こうした一連の基準設定への動きは証券監督者国際機構が資産の減損に関する会計処理をコア・スタンダードとして要求したのがきっかけであった。日本では1980年代後半のバブル経済時に過大な投資が行われ，その処理に苦慮した。金融資産の一部は不良債権化し大幅な評価減が求められ，また過大な設備投資や企業買収による営業権などの固定資産についてもその適正な評価が求められた。このように，資産の減損に関する会計基準の整備は日本の会計制度のみならず，日本経済全体に対しても極めて重要な意味をもつ。

　こうした状況の下，金融資産に関しては企業会計審議会が1999年1月に「金融商品に係る会計基準の設定に関する意見書」を公表し，金融資産の減損に関する会計処理の手続を明確にした。他方，固定資産に関しては，当時の商法第34条2項が固定資産の評価に関して減損の認識を求めていたが，この内容は必ずしもここで取り上げられている減損を意味するものとは解されず，「企業会計原則」や「連続意見書」第三の「有形固定資産の減価償却について」に見られる臨時償却や臨時損失の会計処理とあわせても明確な処理基準があるとはいえな

かった。その後，2000年6月の「固定資産の会計処理に関する論点整理」，2002年4月の「固定資産の減損に係る会計基準の設定に関する意見書（公開草案）」をうけ，2002年8月に「固定資産の減損に係る会計基準の設定に関する意見書」（以下，減損意見書）および「固定資産の減損に係る会計基準」（以下，減損会計基準）が企業会計審議会から公表され，固定資産の減損に関する包括的な会計基準が設定されるに至っている。

なお，2008年9月に改訂されたIASBとFASBとの覚書(MoU)では，資産の減損は短期的コンバージェンスの対象とされながらも，法人税や研究開発など他の短期項目が終了した後にIASBとFASBが共同で取り掛かる項目として位置づけられている。わが国も固定資産の減損に関する会計基準のコンバージェンスを指向しているが，現在はIASB・FASBの動向を注視している段階である。

以下では，IAS 36とアメリカ財務会計基準書第144号(以下，SFAS 144)，および減損会計基準のコントラストを意識しつつ，IAS 36の特徴を浮き彫りにしたい。

§2　IAS 36の分析と評価

1. 範囲と定義

（1）範　　囲

IAS 36では，使用目的で保有されている資産であれ，処分予定のものであれ，すべての資産について減損の会計規定が適用される。ただし，IAS 2「棚卸資産」，IAS 11「工事契約」の工事契約から生じる未成工事支出，IAS 12「法人所得税」の繰延税金資産，IAS 19「従業員給付」の従業員給付に関連する資産，IFRS

9「金融商品」の金融資産，IAS 40「投資不動産」の公正価値で評価される投資不動産，IAS 41「農業」の生物資産，IFRS 4「保険契約」の保険者の契約上の権利から生じる繰延新契約費用および無形資産，および IFRS 5「売却目的の非流動資産及び廃止事業」の売却目的保有と分類された非流動資産についてはそれぞれの基準書で取り扱われるため，IAS 36 は，実質的には，主に有形固定資産と無形固定資産が対象となる(pars. 1-5)。ただ，有価証券であっても子会社・関連会社株式，ジョイント・ベンチャーに関する持分については IAS 36 の対象となる点には注意が必要である(par. 4)。

（2）定　　義

IAS 36 の中で，特定された意味で用いられる用語には，次のようなものがある(par. 6 ; FASB [1999], pp. 417-419)。

▶回収可能価額とは，資産の正味売却価格と使用価値のいずれか高い金額をいう。IAS 36 は回収可能価額を資産の減損認識の基準額，および資産の減損損失の測定額として用いている。これは，資産の減損認識の基準額(割引されない将来キャッシュ・フロー)と資産の減損損失の測定額(公正価値)とを異なった測定額を用い，二段階テストを求める SFAS 144 とは相違する。

▶使用価値とは，資産の継続的使用とその耐用年数の終了時における処分によって生じると予測される見積将来キャッシュ・フローの現在価値をいう。SFAS 144 では公正価値に基点が置かれ，使用価値という用語は用いられていない。公正価値は資産の将来キャッシュ・フローの市場の見積値の現在価値をなす。

▶正味売却価格とは，取引の知識がある自発的な当事者の間で，独立第三者間取引条件による資産の売却から得られる金額から処分費用を控除したものをいう。IAS 36 では，当該資産が使用目的で保有されているか処分予定であるかにかかわらず，その公正価値から処分費用を控除して正味売却価格が算定されるのに対し，SFAS 144 では，処分予定の資産についてのみ処分費用が控除される。

▶処分費用とは，資産の処分に直接帰属させることができる増分費用で，財務費用および法人税等の費用を含まないものをいう。IAS 36 も SFAS 144 もともに資産の処分(売却)に直接帰属させる増分費用をなす。

▶減損損失とは，資産の帳簿価額が回収可能価額を超過する金額をいう。SFAS 144 では，減損損失は資産の帳簿価額がその公正価値を超過する金額をいう。

▶資金生成単位とは，他の資産または資産グループからのキャッシュ・インフローとはほとんど独立した，継続的使用によるキャッシュ・インフローを生成するものとして識別される資産グループの最少単位をいう。IAS 36 も SFAS 144 もともに個別的には独立したキャッシュ・フローの源泉をなすものではないが，他の資産と結合して独立したキャッシュ・フローの源泉をなすような資産群に適用される。

▶全社資産とは，のれん以外の資産で，検討中の資金生成単位および他の資金生成単位の双方の将来キャッシュ・フローに寄与する資産をいう。IAS 36 では，全社資産とは本社建物や研究センターのように，のれん以外の資産で他の資産から独立してキャッシュ・インフローを創出せず，かつ完全には単独の資金生成単位に帰属させることができない資産をいう。SFAS 144 も同様の種類の資産を意味しているが，明確な定義はされていない。

2. 認識と測定

(1) 減損認識の対象となる資産

減損とは資産の回収可能価額が帳簿価額を下回る場合の差額であり，減損会計とはこうした状態が生じたときの会計処理である。したがって対象資産について，帳簿価額より回収可能価額のほうが小さくなっている場合には，その回収可能価額まで帳簿価額を切り下げなければならない。また IAS 36 では，減損の判定に当たって，減損が発生している可能性を示す兆候があるかどうかを

検討した後，その兆候がある場合には回収可能価額を測定し帳簿価額との比較を行わなければならない(par. 9)。この場合，IAS 36 では，以下のような減損の兆候の例が挙げられている(par. 12)。

［外部の情報源］
- (a) 当期中に時間の経過や正常な使用によって予想される以上の，資産の市場価値の異常な下落
- (b) 技術的，市場的，経済的，法的環境の変化による，当期あるいは近い将来における当該資産への悪影響のある著しい変化の発生または発生の可能性
- (c) 市場金利あるいは市場における収益率の上昇による割引率の影響と回収可能価額の著しい減少の可能性
- (d) 株式時価総額が純資産の帳簿価額を下回る下落

［内部の情報源］
- (e) 資産の陳腐化や物理的損傷の存在
- (f) 資産の利用方法や利用程度に関して顕著な悪影響のある著しい変化の発生または発生の可能性(事業の廃止，リストラクチャリング，資産処分の計画を含む)
- (g) 資産の経済的成果の予想以上の悪化またはその可能性

IAS 36 のみならず SFAS 144(FASB [2001], par. 8) も，資産の減損の可能性を示す兆候の具体例を提示している。IAS 36 における減損の兆候には SFAS 144 に示された具体例の他に，上記(c)や(g)，さらには，次のような具体例が含まれている(FASB [1999], p. 420)。

▶実際の正味キャッシュ・フローまたは資産から発生する営業損益が，予算よりも著しく悪化していること(par. 11(b))

▶資産から発生する予算計上されていた正味キャッシュ・フローまたは営業利益の著しい悪化，もしくは，予算計上されていた損失の著しい増加(par. 11(c))

IAS 36 も SFAS 144 もいかなる状況のもとでも資産減損の評価を実施することを禁じるものではない。

（2） 減損損失の認識アプローチ

　IAS 36 も SFAS 144 もともに資産の帳簿価額が減損認識の「引き金」を超過した場合に減損損失を認識することを求めるものであるが，この引き金を測定するアプローチは著しく異なっている。すなわち，減損損失に係る認識の判断基準の1つとして，IAS 36 では使用価値という割引計算された測定値が採られているのに対し，SFAS 144 では割引前将来キャッシュ・フローという割引計算されない測定値が用いられている。

　減損損失の認識アプローチをめぐって，割引アプローチを採用するか非割引アプローチを採るかは議論の分かれるところであった。IASC のような割引アプローチ支持の立場は，割引計算が貨幣の時間価値を考慮に入れるので，割り引かれた測定値は「投資者，その他の外部の財務諸表利用者および資源配分の決定を行う経営者にとって，より適切である」(IAS 36 par. BCZ 13(b))と考える。他方，FASB のように割引計算しない測定額を支持する立場は，取得原価会計との整合性，ボラティリティによる財務諸表利用者の誤導可能性，および測定上の便宜性の観点から非割引アプローチを支持している (SFAS 144 par. B 15, SFAS 121 pars. 66-68)。

（3） 減損損失の測定

　IAS 36 は減損認識の基準となる回収可能価額を，資産の正味売却可能価格と使用価値のどちらか高い方と定義する (par. 6)。この場合の正味売却可能価格とは資産の売価から必要なコストを差し引いたものであり，使用価値とはその資産が生み出す将来キャッシュ・フローの割引現在価値である。

　帳簿価額については，歴史的原価だけでなく再評価による評価増も容認されている。これは，IAS 16 が有形固定資産の会計処理について，資産を歴史的原価で評価し減価償却を行う標準処理のほかに，所定の場合に再評価を認めていることとの整合性を取るためである (ただし，再評価によって評価増された差額は

財政状態計算書上では資本の一部（再評価剰余金(revaluation reserve)）とされるため，減損の認識をする場合にはまずこの再評価剰余金を減少させる）。そこでは，通常の歴史的原価をベースとする資産の場合と処理が異なる点に注意を要する。

IAS 36 と SFAS 144 とは減損損失の測定方法にも相違がある。既述のように，IAS 36 では資産の簿価と回収可能価額（正味売却価格と使用価値のいずれか高い方の金額）との差額として減損損失が算定されるのに対し，SFAS 144 では資産の簿価と公正価値との差額として算定される。

IAS 36 において，回収可能価額アプローチが採用されたのは，次のような理由による(par. BCZ 17)。

(a) 審議会は資産の回収可能価額に関する市場の予測を，当該資産を所有する個別企業の行う合理的な見積りより優先させてはならないと考える。たとえば，企業によっては，市場で入手できる情報より優れた将来キャッシュ・フローに関する情報を有することもあろう。また，企業によっては，その最善の用途とする市場の見解と異なる方法により，資産を使用することを計画することもあろう。

(b) 市場価値は公正価値を見積る方法であるが，それは買手および売手の双方に取引を行う意思があることを反映する場合のみである。企業が資産を使用することによって，それを売却するよりも大きなキャッシュ・フローを生成させることができる場合には，合理的な企業は資産を売却しようとはしないであろうから，当該資産の市場価値を回収可能価額の基礎とすることは誤解を生じさせることになろう。

(c) 審議会は，資産の回収可能価額を評価するに当たって，目的適合性を有するものは，他の資産との相乗作用による効果を含めて，当該資産から回収すると予測しうる金額であると考えている。

他方，FASB が公正価値を減損損失の基礎として採用したのは，次の理由による。

「当審議会は，公正価値が容易に理解できる考え方であると考える。それは，資産を自発的な当事者間で購入または売却できる金額である。公正価値測定は経済理論に基礎を置き，市場の現実に基づいている。公正価値の見積

りは，多くの資産，特に機械装置について，公表された形で簡単に入手できる。公正価値の見積額はまた，自発的な当事者間の取引により資産が交換されるときはいつでも定期的な検証が可能である。」(SFAS 144 par. B 34 SFAS 121 par. 72)

その結果，資産について市場価値が入手可能であり，かつ，その正味売却価格が使用価値より多い場合，IAS 36，SFAS 144 ともに減損損失の額は等しくなる。しかし，正味売却価格が使用価値より小さい場合，両基準間で差異が生じることになる。

(4) 将来キャッシュ・フローの見積り

資産の使用価値は，その資産の継続的な使用および最終的な処分から発生する将来キャッシュ・インフローとアウトフローの見積金額を，適切な割引率を用いて現在価値に再計算することで求められる。キャッシュ・フローの予測は経営者の承認を得た直近の年度の財務予算によりなされるが，原則として5年間が最長の予測期間である。最長5年間の短期予測期間以降のキャッシュ・フローについては，5年目までの予測値に一定の成長率を考慮して予測することになっている (par. 33)。将来キャッシュ・フローの見積りは，資産の継続使用によるキャッシュ・インフローを予測し，このインフローを発生させるためのアウトフローを控除した後，耐用年数経過後の資産を売却することで受け取る正味キャッシュ・フローを加減して求められる (par. 39)。これらのキャッシュ・フローは現状の資産において見積ることが要求されているので，未だ確定していないリストラクチャリングの将来の費用や資産の改良のための資本的支出は将来キャッシュ・フロー予測に反映されない (par. 44)。また，将来キャッシュ・フローの見積りには財務活動からのキャッシュ・フローや所得税の支払い，および還付を含まない (par. 50)。

減損損失の認識・測定にあたっては，IAS 36 も SFAS 144 も資産の将来キャッシュ・フローの見積りを要し，そのための主観的判断を要求している。また，IAS 36 は，キャッシュ・フローの現在価値計算を，貨幣の時間的価値と，その

対象資産に付随するリスクを反映した利子率により行うと規定している(par. 55)。IAS 36 も SFAS 144(公正価値の近似値の算定の場合)も資産に固有の市場利率を用いた将来キャッシュ・フローの割引計算を採用している点では同様である。しかしながら，IAS 36 は SFAS 144 よりも割引率決定のためのより詳細なガイダンスを設けている。たとえば，IAS 36 では，資産に固有の利率を市場から直接に入手できない場合，企業の加重平均コストや企業の追加借入金の利子率，もしくはその他の市場借入金利子率を検討すべきこととされる。その場合には，資産の将来キャッシュ・フローに関連した特定のリスクに対する市場の評価を反映するように上記の利子率を修正しなければならない(pars. A16-A18)。

3. 資金生成単位

個別資産についての回収可能価額の見積りが不可能な場合には，企業はこの資産が属する資金生成単位の回収可能価額を算出しなければならない(par. 65)。この場合の資金生成単位とは，他の資産と一体となってキャッシュ・フローを生み出す資産グループのことで，そこから生まれるキャッシュ・インフローが他の現金生成単位のキャッシュ・インフローと独立して認識できる最小の資産グループをさす(par. 6)。

資金生成単位についても，個別資産の場合と同様に，回収可能価額が帳簿価額を下回っている場合にはその差額を減損として認識する。資金生成単位にのれんが含まれていない場合には，グループ全体についての減損認識額をそのグループを構成する個々の資産の帳簿価額に按分し，それぞれの帳簿価額が切り下げられる。他方，資金生成単位にのれんが含まれる場合には，そののれんを先にゼロまで償却し，それでも認識しきれない減損がある場合には，そのグループを構成する個々の資産の帳簿価額に按分し，帳簿価額を切り下げる(par. 104)。ただし，減損による損失の資産への配分は各資産の正味売却可能価格または使用価値のいずれか大きい方を下回ることはできず，また，配分後の資産の帳簿価額がマイナスになることも許されない(par. 105)。

IAS 36 も SFAS 144 もともに資金生成単位を把握するのに判断を要する点では同様である。そのような判断をいかになすべきかを示すために，両者ともに同様の具体例を設けている。しかしながら，資金生成単位の把握について，IAS 36 はより詳細なガイダンスをなすものである。

たとえば，IAS 36 は，資金生成単位を把握するにあたって企業が考慮すべき諸要因の区分基準について，経営者が企業活動をどうやって監督するか，また経営者が企業資産の処分や事業の中止といった継続性に係る意思決定をいかになすべきか，という2つの観点から分類し，前の事例として，生産ライン，事業，個々の資産等の場所，および地域・地方を挙げている（par. 69）。

4. 減損の戻入れ

過年度に認識した減損がもはや存在しないか，あるいは減少している兆候のある場合には，対象となる資産の回収可能価額の見積りを行わなければならない（par. 110）。その結果，資産価値の回復が認められれば減損損失を戻し入れ，損益計算書上の収益として認識される（par. 114）。資金生成単位にかかる減損の戻し入れは，特別な場合を除きのれん以外の資産にそれぞれの帳簿価額に基づいて按分され，帳簿価額の増額が行われる（par. 123）。これは，減損相当額がのれんから先に減額されるという減損認識時の処理とは非対称である点に注意を要する。

減損の戻入処理についても，IAS 36 と SFAS 144 とは著しく異なったアプローチを採用している。IAS 36 では，使用目的で保有される資産並びに処分予定の資産について，ある一定の状況のもとで減損損失の戻入れが行われなければならない。すなわち，IAS 36 では，減損を示すある種の兆候が反転したような場合，減損損失の戻入れを要するものとされる。それに対して，SFAS 144 では，使用目的で保有される資産についてすべての状況において減損損失の戻入れを禁じている。

このような減損損失の戻入れが規定された理由は，次のように要約的に指摘されている（par. BCZ 184）。

(a) 減損戻入れは，かつて予測されなかった将来の経済的便益が流入する可能性が高いものとして再評価された(reassessed)とする見解に立つものであり，概念フレームワークとも整合すること。
(b) 減損戻入れは再評価(revaluation)ではなく，当該戻入れによって資産の帳簿価額が償却控除後の取得原価の金額を超えない限り，取得原価主義会計と整合すること。したがって，減損戻入れは損益計算書上で認識されなければならない。
(c) 減損損失は見積りに基づいて認識・測定され，減損損失の測定における変更は見積りの変更に類似していること。かかる会計上の見積りの変更は，影響を与える期の純損益の決定に含めなければならない。
(d) 減損戻入れは，利用者に資産または資産グループの将来の便益の可能性に関して，より有用な指標を提供すること。
(e) 減損戻入れは，もはや適合性をもたなくなった減損損失を取り除くことによって減価償却費の計算を是正し，経営成績をより適正なものにすること。

それに対して，減損戻入れに反対するFASBの理由は，次のとおりである。

「当審議会は，以前に認識した減損による損失の戻入れを禁止するか要求するかを検討し，減損による損失は，結果として減損した資産に新しい原価の基礎をもたらすべきことを決定した。新原価の基礎は，当該資産を減損しなかった他の資産と同一の基礎に置く。当審議会の見解では，新原価の基礎はその後，現在の会計モデルの下で規定されている減価償却の見積りおよび方法の将来への変更並びに，より以上の減損による損失以外に修正してはならない。」(SFAS 144 par. B 53, SFAS 121 par. 105)

5. 表示と開示

資産が減損している可能性がある場合には，個別資産について回収可能価額の見積りが求められる。減損処理の結果，当該減損損失は損益計算書において直ちに認識される。また，再評価された資産の減損損失は，当該減損が同じ資

産の再評価剰余金として計上された金額を超えない限りにおいて，その他包括利益として認識され，再評価剰余金を減少させることになる (pars. 60-61)。

企業は，以下の4つの資産分類ごとに開示する必要がある (par. 126)。

(a) 当期の損益計算書で認識した減損損失の金額，および当該減損損失が含まれた包括利益計算書の項目名
(b) 当期の損益計算書で認識した減損損失の戻入れ額，および当該減損損失の戻入れが含まれた包括利益計算書の項目名
(c) 当期にその他包括利益として認識した再評価資産の減損損失の金額
(d) 当期にその他包括利益として認識した再評価資産の減損損失の戻入れ額

さらに，IFRS 8 に基づいてセグメント情報を公表している場合には，該当するセグメントに関連した減損の情報を開示することが求められている (par. 129)。

IAS 36 も SFAS 144 もともに減損損失についての開示を要求しているが，IAS 36 はより詳細な開示指針を設けている。IAS 36 は，減損損失の総額，資産グループ別および報告セグメント別に減損損失の開示を規定し，重要性が高い場合等に，個別資産別または資金生成単位別に開示することを求めている (par. 130)。IAS 36 はまた再評価された資産に対する減損損失および減損の戻入れに関して追加的開示規定を設けている。使用価値を用いる場合，IAS 36 は使用した割引率の開示を要求し，用いた重要な諸仮定の開示を推奨している (par. 130)。

6. 日本基準との関係

2002 年 8 月 9 日，企業会計審議会は「固定資産の減損に係る会計基準の設定に関する意見書」ならびに「固定資産の減損に係る会計基準」(以下，減損基準) を公表し，IAS 36 が規定するような資産の減損に関する包括的な会計基準を設定した。以下で，わが国の減損会計基準について，IAS 36 および SFAS 144 との比較を交えて減損処理のプロセスに従いながら見ていこう。

まず，減損の兆候についてである。減損基準では営業活動に利用されている

資産または資産グループについて，当該営業活動の損益またはキャッシュ・フローが継続してマイナスであることや，経営環境が著しく悪化していること，および当該資産または資産グループの市場価格が著しく下落していることなどが挙げられている(減損基準二，1)。このような兆候が見られる場合には，減損損失の認識という次のステップに移行する。減損損失の認識の際には，割引前将来キャッシュ・フローの総額と帳簿価額との比較となり，これは SFAS 144 と同じ規定となっている。そして，割引前将来キャッシュ・フローの総額が帳簿価額を下回る場合には，減損損失の測定として帳簿価額から回収可能価額まで減額され，その差額が減損損失となる(減損基準二，3)。この場合の回収可能価額とは，「正味売却価額と使用価値のいずれか高い方の金額」(減損基準注解(注1)，1)であり，減損損失の測定をめぐっては IAS 36 と同趣旨の規定，つまり減損対象資産の回収可能性を判断し，回収可能な金額に至るまで帳簿価額を切り下げるという手続きとなる。

　以上のように考えると，回収可能性が高まり資産価値が回復した時点において，IAS 36 と同じく減損損失の戻入れが行われるようになるとも考えられるが，意見書によれば減損損失の認識及び測定の厳密性と戻入れにより生じる事務コストの増大という実践的理由により，減損損失の戻入れはなされない(減損基準三，2)。

　以上のように，「減損基準」は IAS 36 および SFAS 144 と基本的構造としての類似性を示しながら，異なるレベルにわたる様々な相違を有しており，理論的ないし実践的なさらなる進展が望まれている。

§3 実務上の留意事項および設例

1. 減損損失認識の判定

留意事項

　日本基準とIAS 36の減損処理のプロセスにおいて，主として，兆候や認識の基準について，以下のように内容の相違があり，IAS 36の方が減損損失の計上の可能性が高くなると考えられるため，実務上留意が必要である。

(1) 兆候について，IAS 36では，市場金利の上昇により使用価値の計算に用いる割引率に影響することで回収可能価額を減少させる見込みがある場合や，企業の純資産の帳簿価額が株式時価総額を超過している場合についても規定されているが，日本基準では規定されていない。また，IAS 36では営業損益やキャッシュ・フローが予算よりも著しく悪化している場合など企業の内部情報源に基づく兆候についても明確に規定している。

(2) 減損損失の認識と測定について，IAS 36では回収可能価額（＝正味売却価額と将来キャッシュ・フローの割引現在価値のいずれか高い方）が帳簿価額を下回る場合に認識・測定する。一方，日本基準では測定に関してIAS 36と同様の考え方であるが，認識の判定時の基準値として，日本基準では，割引前将来キャッシュ・フローの総額を用いる。

　その結果，割引前将来キャッシュ・フローの総額が帳簿価額を上回り，かつ，回収可能価額が帳簿価額を下回る場合においては，日本基準では減損不要と判定されるのに対し，IAS 36では減損損失が認識されることになる。

　また，損益計算書での減損損失の計上区分について，日本基準では臨時的な損失であるため，原則として特別損失に計上すると規定されているが，IAS 36

では規定されておらず，通常は営業費用として計上されると考えられる点に留意が必要である。

設例9-1

A社は所有するA工場においてA製品を製造している。近年，経済的および技術的環境の著しい悪化により，A工場には減損の兆候が存在している。A社では市場調査により今後のA製品の販売予測を立て，A工場の将来キャッシュ・フローの見積りを行うとともに，A工場の不動産鑑定を実施した。

その結果，以下のデータが得られた。なお，A工場の帳簿価額は1,000である。

- ▶割引前将来キャッシュ・フローの総額　　1,200
- ▶正味売却価額(不動産鑑定価額)　　　　　 800
- ▶将来キャッシュ・フローの割引現在価値　 900

日本基準およびIAS 36による減損損失の金額を算定しなさい。

解答・解説

（1） 日 本 基 準

① 減損損失認識の判定

日本基準においては，減損損失認識の判定時における基準値として，割引前将来キャッシュ・フローが用いられる。

A工場の帳簿価額1,000＜割引前将来キャッシュ・フローの総額1,200となっており，割引前将来キャッシュ・フローの総額が，帳簿価額を上回っているため，減損損失の認識は不要と判定される。

② 減損損失の測定

減損損失の認識は不要と判定されたため，減損損失は計上しない。

（2） IAS 36

① 減損損失認識の判定

IAS 36 においては，減損損失認識の判定時における基準値として，回収可能価額が用いられる。回収可能価額は，正味売却価額と将来キャッシュ・フローの割引現在価値のいずれか高い方であり，本設例における回収可能価額は，将来キャッシュ・フローの割引現在価値 900 となる。

回収可能価額が帳簿価額を下回っているため，減損損失を認識する必要がある。

② 減損損失の測定

帳簿価額が回収可能価額を超える金額を減損損失として計上する。

減損損失＝帳簿価額 1,000 − 将来キャッシュ・フローの割引現在価値 900 ＝ 100

2. 再評価を行った資産の減損処理

留意事項

過去に再評価を行った資産については，再評価後の帳簿価額と回収可能価額を比較し，回収可能価額が帳簿価額を下回っている場合には，減損処理を行う必要がある。IAS 16「有形固定資産」で，再評価モデルを採用し貸方の再評価差額金を計上している場合には，IAS 36 においては，再評価差額金として計上された金額の範囲内においては，包括利益計算書のその他包括利益の区分で再評価差額金から取崩されることになり，包括利益には含まれるが，当期損益には影響しない。一方，日本基準においては，「土地の再評価に関する法律」により再評価を行った土地について減損処理を行った場合は，減損処理を行った部分に係る再評価差額金は株主資本等変動計算書において直接利益剰余金に振替られるため，再評価差額金に相当する金額も含めて，損益計算書上，減損損失計上され当期損益に影響することになる。

設例 9-2

取得原価 1,000 の事業用土地を過去に 1,500 に評価替するとともに，資本の部に再評価差額金 500 を計上している。

近年の地価の著しい下落により減損の兆候が見られたので，当該土地の正味売却価額および使用価値（＝将来キャッシュ・フローの割引現在価値）を調査したところ，正味売却価額は 600，使用価値は 500 と算定された。

日本基準および IAS 36 における減損処理に係る仕訳を示しなさい。ただし，再評価差額金に係る税効果については考慮しないこととする。

解答・解説

（1）日本基準

減損処理に当たっては，再評価後の帳簿価額を回収可能価額まで切り下げる必要があるが，回収可能価額は正味売却価額と使用価値のいずれか高い方であるため，本設例における回収可能価額は 600 となる。したがって，再評価後の帳簿価額 1,500 を回収可能価額 600 まで切り下げるとともに，再評価差額金の取崩処理を行う。

（借）減 損 損 失	900	（貸）土　　　地	900
再評価差額金	500	再評価差額金取崩額(注)	500

（注）株主資本等変動計算書の利益余剰金の減少項目。

（2）IAS 36

日本基準と同様に再評価後の帳簿価額 1,500 を回収可能価額 600 まで切り下げることになるが，過去に再評価した資産の減損処理に当たっては，まず，再評価差額金と相殺し，再評価差額金を超える部分について減損損失を計上することになる。

(借) 減 損 損 失	400	(貸) 土　　　地	900
再評価差額金	500		

　上記のとおり，過去に再評価を行った資産を減損処理した場合には，日本基準とIAS 36で減損損失計上額が異なることになるため，注意が必要である。

3. 減損損失の戻入

留意事項

　過去に減損処理を行った資産について，資産価値の回復が認められた場合は，日本基準とIAS 36において相違が生じる。すなわち，IAS 36では，資産価値の回復が認められた場合には，減損損失を戻入処理する必要がある。また，その計上区分は通常営業損益となるため，業績回復局面では営業利益を押し上げる効果があり，業績に大きな影響を及ぼすことも想定される。一方，日本基準においては，資産価値の回復が認められた場合においても，減損損失の戻入処理は行わない。この理由としては，①減損の存在が相当程度確実な場合に限って減損損失を認識及び測定することとしていること，②減損戻入は事務的負担を増大させるおそれがあること，等が挙げられている。

設例 9-3

　取得原価1,000の事業用土地を過去に回収可能可額600まで減損処理を行っていたが，周辺地域の再開発が行われたことにより，回収可能価額が1,200に回復した。
　日本基準およびIAS 36における仕訳を示しなさい。

解答・解説

(1) 日本基準

過去に計上した減損損失の戻入は行わないため，仕訳なし。

(2) IAS 36

回収可能価額が回復したことにより，減損損失の戻入処理を行うが，戻入は，そもそも減損が認識されていなかった場合の簿価である取得原価 1,000 が上限となる。

�借) 土　地	400	㈸) 減損損失戻入	400

第13章

外貨建資産・負債

【要約比較表】 IAS 21 と日本基準との異同点

	IAS 21	日本基準
適用範囲	IAS 39 の範囲に含まれる外貨建デリバティブは，適用範囲から除外	為替関連のヘッジ取引は，適用範囲から除外
外貨建取引の換算	取引発生時の換算レートとして取得日レートを採用 為替予約・通貨スワップ予約等の付された外貨建取引について，特例処理の規定なし	同　　左 為替予約等の付された外貨建取引について，振当処理の特例規定の容認
決算時の換算処理	貨幣性項目については決算日レート，非貨幣性項目については測定属性によって取得日レートまたは評価日レートの適用	同　　左
為替差額の処理	① ヘッジ取引以外の外貨建取引に生じた換算差額について，原則として発生時に為替差損益として認識 ② 金融商品の時価評価と換算との関係について，具体的規定なし 通貨の大幅切下げにより資産の輸入代金などの外貨建負債に為	同　　左 金融商品の時価評価に伴う評価差額に含まれる換算差額は，金融商品に係る会計基準の処理に従って処理 左記の処理規定は不要

	替差額が生じた場合，当該為替差額を費用処理(標準処理)または資産原価導入(代替処理)	
在外事業活動体の区分	区分せず 機能通貨アプローチの適用	支店か子会社・関連会社かという法形態によって区分
在外事業活動体の換算	報告企業の業務と不可分である在外業務活動体の場合，報告事業体と同じ機能通貨をもち，テンポラル法の適用 独立した在外事業体の資産・負債項目の換算について，決算日レートの適用。投資項目について取得時のレートの適用 為替換算調整勘定として換算差額を資本の部に掲記	同左。ただし，非貨幣性項目の額に重要性がない場合，すべての貸借対照表項目を決算日レートで換算する特例規定の容認 在外子会社・関連会社の資産・負債項目の換算について，決算日レートの適用。損益項目について期中平均レートによる換算を原則とし，決算日レートによる換算の容認 同　　左
営業権等の換算	在外事業体を取得した際に生じた営業権等について，決算日レート法と(報告通貨項目または非貨幣性外貨建項目として)取得日レートの適用	決算日レート法の適用

§1　背　　景

　外貨換算の会計処理を取り扱う IAS は，IAS 21「外国為替レート変動の影響」[1993]である。本基準書は，1993 年 11 月の IASC 理事会において，「財務諸表の比較プロジェクト」の 10 基準の 1 つとして旧 IAS 21 を一部訂正して設定されたものであり，1995 年 1 月 1 日以降に開始する事業年度から適用されることになった。IAS 21 では，在外事業体に対する企業の正味投資額のヘッジとし

て処理された外貨建負債から生ずる為替差額の取扱い(par.19)を除いて，ヘッジ会計処理は取り扱われず，ヘッジの会計基準については，1998年12月に設定されたIAS 39「金融商品－認識及び測定」の中で包括的に取り扱われている。本基準書は，外貨建取引，連結財務諸表作成のための在外子会社等の換算，そして，さらには超インフレ経済下での財務諸表の換算を包括した基準である。

　その後，国際会計基準の改善プロジェクトの一環として，2003年12月，IAS 21の改訂が行われ，2005年1月以降の会計年度から適用されることになった。改訂基準では，在外事業活動体の区分を取り除き，在外事業体の取得から生じる営業権等の換算方法の統一化などを図った。

　わが国においては，企業会計審議会は1999年10月総会で「外貨建取引等会計処理基準」(以下，外貨建取引基準と略す)の改訂を決定し公表した。外貨建取引に関しては，1995年5月に処理基準の改訂が行われたが，その後数年間の間に多くの新たな会計基準の設定や従来の会計基準の改訂が図られた。特に1999年1月，「金融商品に係る会計基準」(以下，金融商品会計基準)が策定され，金融商品の時価評価が導入された。この改訂は，このような金融商品の会計基準の整備を受けて，この基準との整合性を図ろうとするものであった。新基準では，外貨建金銭債権債務について，(1)短期・長期の区分をせず，決算時の為替レートで換算することとした点，(2)為替予約等について一定の条件のもとで振当処理を認めることとした点，(3)外貨建有価証券の換算について具体的処理方法を示した点，また，(4)在外子会社等の換算による為替換算調整勘定について資本(純資産)の部に記載することとした点などに新たな改訂がなされた。

§2 バリエーションの分析と評価

1. 範　　囲

　IAS 21 では，在外事業体への正味投資額のヘッジとして処理された外貨建取引を含めて，外貨建項目に対するヘッジ会計は適用範囲に含められていない（par. 5）。これらのヘッジ会計は IAS 39 において取り扱われることになる。日本基準でも，「ヘッジ会計の要件」を満たしている場合には，為替関連のヘッジ取引についてもヘッジ会計の適用が認められ，外貨建取引の会計基準の取扱い範囲から除外される。

2. 外貨建取引

（1） 外貨建取引の換算

　IAS 21 も日本基準も外貨建取引の発生時の換算を取引日レートで行うことにしている点では同様である。簡便法として，日本基準では，合理的な基礎に基づいて算定された平均レートを用いることが認められ，また，IAS 21 でも，「実際の取得日レートに近似するレート」を使用することが認められている。IAS 21 と日本基準との差異は，次の 2 点においてみられる。1 つは，為替予約が付されている場合の処理方法であり，もう 1 つは，外国通貨による記録の取扱いである。

　為替予約等の付されている外貨建取引の換算について，IAS 21 では，特別の規定はなく，IAS 39 のヘッジ会計の規定に従うことになる。それに対して，日本基準では，為替予約，通貨スワップ等の付された外貨建取引について，それ

が「ヘッジ会計の要件」を満たす場合，金融商品の会計基準におけるヘッジ会計に従うことが明示され，為替予約等の処理に当たって「振当処理」の代替的適用を認める点でIAS 21とは相違する。為替予約等の振当処理とは，外貨建金銭債権債務等の取得時または発生時の為替レートによる円換算額と予約レート等による円貨額との差額のうち，予約締結日までに生じた為替レートの変動額（直々差額）は予約日の属する期の損益として処理し，残額（直先差額）は予約日の属する期から決済日の属する期までの期間にわたって期間配分する方法である（外貨建取引基準注解注7）。

日本基準では，今回の改訂において，恒常的に外国通貨を円転せずに決済に充てることとしている等の場合には，外貨建取引の外国通貨で記録し，一定期間ごとに円換算する方法も採用できることとした（外貨建取引基準注解注3）。これは，為替取引が一層自由化されたこと等の経済環境の変化をふまえたものである。このような処理は，IAS 21では規定されていない。

（2） 決算時の換算処理

決算時の換算処理について，IAS 21と日本基準との間で著しい差異はみられない。両者ともに，貨幣性項目については決算日レートによるのに対し，非貨幣性項目については，それが歴史的原価で評価されたものか公正価値で評価されたものかによって，それぞれ取得日レートまたは評価日レートを用いて換算される。外貨建金銭債権債務の換算に当たって，日本基準では，従来，貨幣・非貨幣法に流動・非流動法を加味した考え方が採用され，短期金銭債権債務については決算日レートが，そして，長期金銭債権債務については取得日または発生日のレートが用いられてきた。しかし，改訂基準は，外貨建金銭債権債務について，短期・長期の区分をせず，一律に決算日レートを採ることになり，IAS 21との差異は解消した。

日本基準ではまた，有価証券について，「金融商品会計基準」の設定によって保有目的に即した評価区分が採られたため，換算方法もこの区分に即して規定されている。すなわち，外貨建有価証券は，従来，取得日レートが用いられて

きたのに対し，新基準では，売買目的，満期保有目的およびその他有価証券については決算日レートが，そして，子会社・関連会社株式については取得日レートが採られることになった。デリバティブ取引についても，金融商品の会計基準により認識されることになったことを受け，決算日レートにより換算されることになった（外貨建取引基準一・2・(1)）。これに対し，IAS 21には，このような具体的な取扱いに関する規定は設けられていない。

（3） 為替差額の認識

　ヘッジ取引以外の外貨建取引に生じた換算差額については，IAS 21も日本基準も原則としてその発生時に為替差損益として認識する点では共通である。しかし，日本基準では，「金融商品会計基準」における時価評価と換算との関係が明示されているのに対し，IAS 21では，このような具体的取扱いについては言及していない。また，IAS 21では，通貨の大幅な切り下げにより輸入代金に生じた為替差額について規定しているのに対し，日本基準では，このような規定はみられない。さらに，在外事業体への投資について生じた為替差額についても，IAS 21と日本基準との取扱いは異なっている。

　日本基準では，「金融商品会計基準」における時価評価と換算との関係について，評価差額に含まれる換算差額は，「金融商品会計基準」の処理に従うものとされる（外貨建取引基準一・2・(2)）。したがって，売買目的有価証券の評価差額は損益に計上され，その他有価証券の評価差額はその他の包括利益に計上されるので，これらの時価評価額に含まれている換算差額も，それぞれの評価差額に含まれる。ただし，その他有価証券に含まれる債券については，外貨での時価の変動にかかわる換算差額を有価証券の評価差額とし，それ以外の外貨での取得原価にかかわる換算差額は当期の為替差損益として処理することができる（外貨建取引基準注解注10）。

　ヘッジ手段のない通貨の大幅な切り下げ等により，資産の輸入代金などの外貨建負債について為替差額が生じた場合，IAS 21に特有の代替処理が認められている。すなわち，自国で大幅な通貨価値下落があり，外貨統制などの結果，

ヘッジの実際的手段がない場合，資産の輸入代金に生じた為替差額について，IAS 21 は当該為替差額を事象が発生した期の費用として処理することを標準処理とするとともに，代替処理として，再調達原価か回収可能価額のいずれか低い額を超えない範囲で，為替差額を資産原価に算入する方法を認めている(pars. 20-22)。これに対し，日本では，このような事態を想定する必要はなく，代替処理の規定もない。

在外事業体への純投資ヘッジについて生じた為替差額の取扱いについて，IAS 21 と日本基準とで実質的な差異はない。IAS 21 では，在外事業体に対する純投資額のヘッジ手段として外貨建負債が採られた場合，当該負債について生じた為替差額は，この投資が処分されるときまで資本勘定で繰り延べられなければならない(par. 19)。日本基準でも，子会社に対する持分への投資をヘッジ対象としてヘッジ手段から生じた為替換算差額は，為替換算調整勘定に含めて処理することができることとされた(外貨建取引基準注解注13)。これは，為替換算調整勘定が，純資産の部に計上されるため，在外子会社の資本にかかる為替相場の変動が連結財務諸表上の純資産の額に影響することになる点を考慮したものであろう。

3. 在外事業体の財務諸表項目の換算

(1) 全般的アプローチ

IAS 21 も日本基準も外貨換算に対して基本的に同一のアプローチを採用している。従来，IAS 21 では，在外業務活動を行う事業体を「報告企業の業務と不可分である在外業務活動体」(不可分在外業務活動体)と「在外事業体」に分類してきた。この場合，不可分在外業務活動体とは，「その事業を報告企業の業務の延長であるかのように運営する」事業体であるのに対し，在外事業体とは，「ほとんどすべて現地通貨で現金およびその他の貨幣性項目を蓄積し，費用を発生させ，収益をあげ，借入を行う」事業体をいう。しかしながら，改訂 IAS 21 で

は，この不可分在外業務活動体と在外事業体との区分を削除し，従来，不可分在外業務活動体として分類されたものは，「機能通貨＝報告企業の通貨」をなすものとして取り扱い，在外事業体として分類されたものについてのみ，単独の換算方法を用いることにした(par. IN9)。

それに対して，日本基準では在外事業活動を行う事業体の法形態に焦点をおき，在外支店と在外子会社に区分する。在外支店については，IAS 21の不可分在外業務活動体と同様にテンポラル法を用いて換算するのに対し，在外子会社の場合，IAS 21の在外事業体と類似した換算方法を採用する。このように，改訂IAS 21では，不可分在外業務活動体と在外事業体との区分を廃したのに対し，日本基準では，支店か子会社かという法形態を重視した分類を行っている点では相違するものの，その基本的換算アプローチは同様であると考えられる。

(2) 在外事業体の財務諸表項目の換算

在外事業体の資産・負債項目の換算について，IAS 21は決算日レートを採用する。同様に，日本基準でも，在外子会社・関連会社の資産・負債項目は決算日レートで換算される。しかし，損益項目については，日本基準では，期中平均レートによる換算を原則とし，決算日レートによる換算を容認するのに対し，IAS 21では，損益項目は取引時レートで換算することを要求する点で差異が生じる(par. 39(a)・(b))。また，IAS 21では，実務上の考慮から，損益項目について取引日の実際レートに近似するレート(たとえば，1週間または1カ月間の平均レート)で換算することも認められている(par. 40)。なお，換算によって生じた換算差額については，IAS 21と同様，純資産の部に記載する(外貨建取引基準三・4；IAS 21 par. 39(c))。

(3) 在外事業体の取得から生じる営業権等の換算

在外事業体の取得から生じる営業権(のれん)，および資産・負債の帳簿価額の公正価値への修正から生じる差額について，IAS 21では，在外事業体の資

産・負債として処理する考え方を採用しており，決算日レート法で処理することとしている(par. 47)。在外事業体について外国通貨を機能通貨と考えるならば，IAS 21 においても，企業結合に伴う営業権(のれん)と公正価値修正額は決算日レートで換算されることになる。

日本基準では，従来開始仕訳が取得日レートで換算されるため結果として営業権(のれん)は取得日レートで換算されていたが，2008 年 12 月の改訂において決算日レートで換算されることとなった。なお，この取扱は 2010 年 4 月 1 日以降開始する事案年度から適用される。

§3　実務上の留意事項および設例

1. 機能通貨の決定

留意事項

IAS 21 の大きな特色は，「機能通貨」の考え方を採用している点にあるといえる。日本基準では，在外子会社等の財務諸表の本邦通貨への換算および報告を規定しているが，そもそもの財務諸表作成のために使用する通貨についての明示的な規定はなく，それぞれの現地通貨を使用することを前提としている。一方，IAS 21 では，財務諸表作成の為に，機能通貨概念を用いて採用する通貨を決定するという規定がある。

「機能通貨」とは，企業が営業活動を行う主たる経済環境(通常，企業が主に現金を創出し支出する環境)の通貨をいう。たとえば，外貨建取引が主要な割合を占める企業では，この機能通貨が必ずしも自国通貨となるわけではなく，一定の要件が定められており，経営者は機能通貨を自由に選択できるわけではない。また一度決定した機能通貨は，決定の基礎となった事実および状況に変化がない限り，変更することはできない。そのため，企業がその経済実態を適切

に表す通貨により取引を記録し，為替変動リスクを管理する観点から「機能通貨」の決定は非常に重要である。

日本の海外子会社において，特にシンガポール，マレーシア，フィリピン，中国等のアジア関連の製造子会社において米ドルが機能通貨として用いられるケースが多いと考えられるため，注意が必要と考えられる。

たとえば，シンガポール子会社では従来シンガポールドルにより決算書を作成していたが，米ドルでの取引が多いため機能通貨として米ドルを使用することが判明した場合，損益取引は原則として取引日のレートで記帳しなおす必要があり，また非貨幣性項目については取得時のレートを用いて台帳を作成し直す作業が必要となるため，その影響は大きいと考えられる。

機能通貨の決定に当たっては，判断に恣意性が入る可能性がある。そこで恣意的な分類にならないように事前に以下の点に留意する必要がある。

(ⅰ) 機能通貨の決定に当たって指針となる具体的な基準を設定する。
(ⅱ) 機能通貨の決定のための根拠となる事実やデータを収集する（販売・購入活動および資金調達等の大半がどのような通貨なのか）。
(ⅲ) 基準に従い，正式の手続，承認を経て機能通貨を決定する。
(ⅳ) 分類の意思決定過程を詳細に文書化する。

(ⅰ)～(ⅳ)のように各企業における機能通貨の意思決定過程を詳細に文書化することで，将来，企業に関する基本的な取引，事象および状況が変化した場合における機能通貨変更の可否をスムーズに判断することが可能となる。

また，在外子会社の機能通貨が，現地での記帳通貨と異なる場合，固定資産等の非貨幣性資産については，取得日（機能通貨が変更された場合は再分類日）の為替レートで換算されるため，分類後，それらのデータを保持しておく必要があり，状況によってはシステム変更も含めて在外子会社の作業量が増大するおそれがあるため留意が必要である。

設 例 13-1

以下の場合，IAS 21 に基づくと機能通貨はどの通貨となると考えられるか。
(1) 日本の親会社（親会社 A 社）は，製造販売を行う子会社（子会社 B 社）を

タイに有している。子会社 B 社の製品の多くは，タイバーツにて現地タイで販売されている。タイにおける競争相手も販売価格に影響を与えている。子会社 B 社はほとんどの原材料を現地サプライヤーからタイバーツで購入している。また製品の販売および原材料の購入は，タイバーツで請求され，支払われ，その他のほとんどの費用も同様にタイバーツ建てである場合。

(2) (1)に加え，子会社 B 社が親会社 A 社から日本円建てのグループ内借入により資金調達を行っており，子会社 B 社で獲得した受取金を親会社 A 社に送金される場合。

(3) 子会社 B 社は，製品を自ら製造せず，日本の親会社 A 社から輸入し，営業費用の大部分が円建てであり，子会社 B 社が親会社 A 社から日本円建てのグループ内借入により資金調達を行っており，子会社 B 社で獲得したキャッシュ・フローが親会社 A 社に送金される場合。

解答・解説

(1) IAS 21 par. 9 で定められている基本的要因から，子会社 B 社の機能通貨

```
┌─────┐  ┌──────────────────────────────────┐
│ 第  │  │ 基本的要因 (par. 9)              │
│ 1   │  │ ・販売価格に影響を与える通貨     │
│ の  │  │ ・営業費用に影響を与える通貨     │
│ 指  │  │ ・その国の経済環境下で販売価格が │
│ 標  │  │   決定される場合, その通貨       │
└─────┘  └──────────────────────────────────┘
              ↓                    ↓
┌─────┐ ┌─────────────────┐ ┌─────────────────────┐
│ 追  │ │ 資金調達, 営業  │ │ 報告企業との統合の  │
│ 加  │ │ 活動からの受取  │ │ 程度 (par. 11)      │
│ 的  │ │ に用いられる通  │ │ (在外事業体のみ)    │
│ 要  │ │ 貨 (par. 10)    │ │ ・報告企業に対する  │
│ 因  │ │ ・資金調達      │ │   自主性            │
│     │ │ ・営業活動から  │ │ ・報告企業との取引  │
│     │ │   受け取る通貨  │ │   割合              │
│     │ │                 │ │ ・報告企業の CF へ  │
│     │ │                 │ │   の影響            │
│     │ │                 │ │ ・財政上の自主性    │
└─────┘ └─────────────────┘ └─────────────────────┘

         ┌──────────────────────────────────────────┐
         │ 〈複数の指標が存在する場合〉             │
         │ 取引の経済的効果を最も忠実に表す機能通貨 │
         │ を決めるための判断が必要                 │
         └──────────────────────────────────────────┘
```

はタイバーツであると考えられる。
(2) IAS 21 par. 9 で定められている基本的要因によって機能通貨が明確であり，追加的要因は考慮しないものと考えられるため，子会社 B 社の機能通貨はタイバーツであると考えられる。
(3) IAS 21 par. 9 で定められている基本的要因によって機能通貨が明確でないと考えられるため par. 10・11 の追加的要因を考慮することになる。すなわち，子会社の活動およびキャッシュ・フローがどの程度親会社の活動およびキャッシュ・フローから独立しているかは機能通貨を決定する重要なポイントである。

　設例の場合，子会社 B 社の活動がかなりの程度自主性をもって営まれているといえず親会社 A 社の延長線上であると考えられるため，子会社 B 社の機能通貨は日本円であると考えられる。

2. 機能通貨の変更

留意事項

　経営者は前述のように企業に関連する基本的な取引，事象および状態を最も適切に表す機能通貨を決定する。したがって，一旦機能通貨が決定された後は，基本的な取引，事象および状態に変更がない限り変更されない。たとえば，財貨や役務の販売価格に主に影響を与える通貨が変更されるようなケースでは，企業の機能通貨が変更される可能性がある。

　企業の機能通貨が変更された場合には，企業は当該変更の日から将来に向けて新しい機能通貨に適用される換算手続を適用しなければならない。つまり，企業は変更日における為替レートを使用してすべての項目を新しい機能通貨に換算する。換算の結果生じる非貨幣性資産の金額は，取得原価として扱われる。過去にその他の包括利益に認識された在外営業活動体の換算により生じた換算差額は，当該活動体が処分されるまでは資本に計上され，損益には計上しない。

　初度適用企業は IFRS への移行日において機能通貨の変更が必要となった場

合，有形固定資産等の非貨幣性項目は，資産を取得した時点での為替レートで再測定し，減価償却累計額や当期減価償却費を再計算する必要がある。こうした問題点を回避するために移行日時点の資産の公正価値をみなし原価とする初度適用時の免除規定を適用することも可能である。

設 例 13-2

日本の親会社（親会社 A 社）は，製造販売を行う子会社（子会社 C 社）をシンガポールに有している。子会社 C 社の経営者は，当期首（2009 年 1 月 1 日から）において資金調達および業務方法の大幅な変更に伴い，企業の営業活動に影響を与える状況の変化があると判断し，機能通貨を従来のシンガポールドル建てから米ドルに変更した。

2009 年 1 月 1 日時点の為替レート：1 シンガポールドル＝0.65 米ドル

2009 年 1 月 1 日貸借対照表に，以下の外貨建てで取得した項目が含まれているとする。

○取得原価 1,500 千シンガポールドル，正味帳簿価額 500 千シンガポールドルの設備。この設備は 2006 年に親会社から 105,000 千円で購入し，購入時の為替レート 1 シンガポールドル＝70 円（＝0.7 米ドル）で換算されたものである。

○取得原価 1,000 千シンガポールドルの棚卸資産。これは，600 千米ドルで取得し，購入時のレート 1 シンガポールドル＝0.6 米ドルで換算されたものである。

IAS 21 に基づき，2009 年 1 月 1 日現在の子会社 C 社の財政状態計算書を作成しなさい。

解 答

C 社は機能通貨を変更した日から将来に向けて新しい機能通貨に関する換算手続きを適用する。したがって，2009 年 1 月 1 日時点の財政状態計算書のすべての項目は 1 シンガポールドル＝0.65 米ドルの換算レートで再換算され次のようになる。

(単位：千)	現地通貨	機能通貨変更後
現　　　金	1,000	650
棚 卸 資 産	2,000	1,300
固 定 資 産	4,000	2,600
資 　産　 計	7,000	4,550
買 　掛　 金	1,500	975
借 　入　 金	2,500	1,625
負 　債　 計	4,000	2,600
資 　本　 金	2,000	1,300
利 益 剰 余 金	1,000	650
純　 資　 産	3,000	1,950
負債・純資産合計	7,000	4,550

解説

　固定資産について，C社は遡及して購入時点のレートで換算するのではなく，1シンガポールドル＝0.65米ドルにて換算し，歴史的原価として取り扱う。

　当初取得時のレート1シンガポールドル＝0.7米ドルで修正後簿価を計算するわけではない。棚卸資産について600千米ドルであることは既知の事実であるが，機能通貨変更日のレート0.65米ドルで換算した650千米ドルで換算されることとなる。なお，収益および費用は，原則として取引の為替レートにより換算されるが，取引レートの近似レート（週または月の平均）を用いることも容認されている。しかしながら，日本基準で認められている決算日レートによる換算は認められない。

3. 在外事業体に対する正味投資

留意事項

　IAS 21では，経済的実態を重視し，貨幣性項目の決済が計画されず，かつ，予見し得る将来において決済が発生しそうにない項目は，実質的には在外営業活動体に対する企業の正味投資額の一部であると考える。このような貨幣性項

目には，長期の債権又は長期の借入金が含まれるが，営業上の債権又は債務は含まれない(IAS 21 par. 15)。たとえば，在外事業体に対する長期貸付金について，返済の計画がなく，その予定もない場合，その長期貸付金は在外事業体に対する企業の正味投資額の一部と考えられる。

日本基準では，長期貸付金の性格に関係なく，それに関わる換算差額は，為替差損益として損益計算書に計上される。

一方，IAS 21 では，長期貸付金が正味投資額の一部を構成するかどうかによって，換算差額の処理が異なり，損益計算書に与える影響が異なる。正味投資額の一部を構成すると判断された場合は，これに関連する換算差額は，連結財務諸表上，資本の部の項目として認識し，正味投資額を処分する際に損益として認識する(IAS 21 par. 32)。

そのため正味投資としての性格を明らかにするためにも，その旨，返済計画などを明確にしておくことが必要であると思われる。

なお，当該在外営業活動体に対する純投資の一部を構成すると考えられていた貨幣性項目について，返済計画が立てられる又は，予見可能な将来に決済される可能性が高くなった場合，その時点で当該貨幣性項目は在外営業体に対する純投資の一部ではなくなると考えられる。このため，その時点までに生じた換算差額は資本の個別項目として，それ以降生じる換算差額は包括利益計算書に計上すると考えられる。実際に決済された場合には資本の返還に取引実態が類似しており，投資の一部の回収として返済金額に対応する累積換算差額は返済時点の損益として計上するものと考えられる。

設 例 13-3

日本企業 A 社はアメリカに子会社 D 社を有している。X1 年 4 月 1 日に 100 百万米ドルを貸し付けた。当該貸付金の返済は予定されておらず，予見可能な将来において決済が発生する見込みはない。したがって，当該貸付金はアメリカ子会社への純投資の一部とみなすと判断された。

貸付実行日(X1 年 4 月 1 日)の為替レート	1 米ドル = 100 円
X1 年決算期末日の為替レート	1 米ドル = 120 円

日本基準およびIAS 21における，X1年度末のA社・D社および連結財務諸表における為替換算差損益の会計処理について，日本基準とIAS 21に基づき検討しなさい。

解答・解説

（1） 日本基準による会計処理

① A社個別財務諸表上：2,000百万円（100百万米ドル×（120円－100円））の為替差益が計上される。
② アメリカ子会社D社：借入金が機能通貨である米ドルと同じであるため為替差額は認識されない。
③ A社連結財務諸表上：2,000百万円の為替差額は，個別財務諸表上と同様に損益計算書に計上される。

（2） IAS 21による会計処理

①，②は(1)日本基準と同様である。
③ A社連結財務諸表上：2,000百万円の為替差額は，その他の包括利益として計上される。

なお，IAS 21においてその他の包括利益として認識された累積換算差額は，在外営業活動体に対する持分を売却，清算などにより処分された時点で純資産（その他の包括利益）から損益に振り替えられる。

すなわち上記の累積換算差額2,000百万円は処分された時点において処分損益に含められることになる。

4. 為替予約等の処理

留意事項

　IFRSにおいても，日本基準においても，為替予約等は時価評価される。しかし，日本基準において特徴的な処理として，為替予約等の振当処理が認められている点が挙げられる。この処理は，IFRSにおいては認められていない。
① 日本基準においても，ヘッジ会計の本則的処理を適用した場合，IFRSと同じ処理となる。
② 直先差額が生じる主たる要因は，二通貨の金利差であるため，金利に重大な変動がない限り，直先差額は，期間が短くなるにつれて減少していく。この減少がほぼ一定のペースで起こった場合，為替予約を時価評価する場合と振当処理する場合とで，損益において，あまり差異は生じない。
③ 日本基準において，振当処理が認められているのは，処理が簡便であることと経営感覚に沿うものであることから，実務慣行として定着していることに配慮したものと考えられる。ただし，為替予約等の契約の相手先である金融機関が破綻した場合，契約実行日に履行されないリスクが存在することに留意することが必要である。

5. その他の留意事項

（1）開示規程

　IAS 21では，以下の事項に関して開示が求められている。
① 期間純損益に含まれる換算差額の金額。
② 株主持分に分類された正味為替換算差額，および期首・期末の累積換算差額の調整表。

③ 表示通貨が，機能通貨と異なる場合にはその旨および理由。
④ 報告企業や重要な在外事業体の機能通貨を変更した場合，その旨および変更の理由。
⑤ 機能通貨とは異なる通貨で表示する企業は，適用可能な基準および解釈指針の全てに従っている場合にのみ，IFRS に準拠して財務諸表を作成していると開示しなければならない。
⑥ 企業が機能通貨または表示通貨とは異なる通貨で財務諸表や他の財務情報を表示しており，かつ，上記⑤の規定を満たしていない場合には，以下のような開示が必要である。
(i) 当該情報が補足的な情報とわかるように明確にし，IFRS に準拠した情報と区別できるようにする。
(ii) 補足的な情報が表示されている通貨を開示する。
(iii) 企業の機能通貨および補足的な情報を決定するために用いた換算方法を開示する。

ただし，①については，日本基準においても，重要性があれば区分掲記される。したがって，①以外が，IAS 21 における特徴的な開示事項である。

(2) その他

① 平均レートの算定

IAS 21 では，収益および費用項目の換算については，原則，取引日レートを用いることとされているが，実務上の理由から取引日の為替レートに近似するレートを用いることができる。ただし，為替レートが大きく変動する場合には，その期間に関し，平均レートを使用することは不適切である。平均レートを採用する場合，企業環境の実態に合った為替レートを適用する必要がある。たとえば，月次平均レートであるが，収益および費用項目に季節的な変動がある場合にはその適用に注意が必要である。また一度限りの重要な収益および費用項目が存在する場合は，実際の取引日レートを換算に用いることが望ましいと考えられる。

② 初度適用時の留意点

IFRS の初度適用企業は，IFRS 移行日現在の累積換算差額に関し，すべての在外子会社などの IFRS 移行日現在での累積換算差額をすべて利益剰余金に振り替え，将来的に当該投資が処分されたときの処分損益には，IFRS 移行日以後の累積換算差額のみを含めるという例外的な取扱いが認められている（IFRS 1 Appendix D, D13）。

機能通貨の変更の際の初度適用時の留意点については，293 ページの「2. 機能通貨の変更」を参照。

第14章

国庫補助金の会計

【要約比較表】 IAS 20 と日本基準との異同点

	IAS 20	日 本 基 準
適 用 範 囲	政府等からの補助金の交付のほか，債務免除などの財政援助，土地等の譲渡など公的補助を包括；「資産に関する補助金」と「利益に関する補助金」を包含	政府・地方公共団体から会社が固定資産の建設のために受けた贈与；「資産に関する補助金」を対象
資産に関する補助金の処理	繰延利益方式の適用または直接減額	積立金方式の適用または直接減額
非貨幣性資産による補助金の評価額	公正価値，名目価額またはゼロ評価額で評価	公正価値で評価
利益に関する補助金の処理	関連費用と対応させて必要な期間にわたって組織的に収益認識	特に規定なし(受入時の収益として認識されるのが一般的)
国庫補助金の返還	会計上の見積りの修正として処理	特別勘定として経理した場合，当該国庫補助金等に相当する特別勘定の金額の取崩し 返還の要否が確定しない段階では，「未決算特別勘定」等の適当な科目で負債の部に計上

| 国庫補助金等の開示 | 採用した会計方針，計上された国庫補助金の性質と範囲，その他政府補助に付随する未履行の条件等について包括的な開示規定 | 明確な開示規定なし。ただし，圧縮記帳の場合，国庫補助金等の金額の開示が必要 |

§1 背　　　景

　国庫補助金その他政府援助の会計処理と開示を取り扱うIASとして，IAS 20「国庫補助金の会計及び政府援助の開示」がある。これは，当初，1983年に公表され，1984年1月1日以降の事業年度から適用されてきたものであるが，1994年に改訂されたものである。

　わが国では，IAS 20に相当する体系的な基準は整備されていない。国庫補助金の取扱いに関して，「旧企業会計原則」は，国庫補助金を資本剰余金と見る立場をとっていたが，昭和49年(1974年)の「企業会計原則」改正に伴い，同注解24において国庫補助金等の圧縮記帳を認めることになった。これによって，インカム・アプローチに立つ商法や税法との調整が図られることになった(武田[1998]，376-377頁)。

§2　バリエーションの分析と評価

1.　範　　　囲

　IAS 20は，国庫補助金および補助金の交付以外の政府援助について，会計処理と開示を包括的に取り扱った基準である。日本では，国庫補助金等について

は「企業会計原則注解」注 24 や法人税等において一部取扱い規定がみられるものの，包括的な指針は設けられていない。IAS 20 では，国庫補助金とは，「政府による援助であって，企業の営業活動に関する一定の条件を過去において満たしたこと，または将来において満たすことを見返りとして，企業に資源を移転する形態を採るものをいう」(par. 3)。したがって，IAS 20 でいう国庫補助金には，補助金の交付以外にも債務免除などの財政援助，土地などの非貨幣性資産の譲渡，その他経済的便益の供与による公的補助等が含まれる。それに対して，日本基準では，国庫補助金とは一般に政府または地方公共団体から会社が固定資産の建設のために受けた贈与であり，「資産に関する補助金」としての性格が強い。IAS 20 の補助金には，資産に関する補助金以外の「利益に関する補助金」をも含むものであり，日本基準でいう補助金よりもその範囲が広いと考えられる。

2. 国庫補助金の会計

(1) 基本的アプローチ

　国庫補助金を資本とみるか利益とみるかについては議論が分かれているが，IAS 20 も日本基準も，ともにそれを利益とみるインカム・アプローチに立つ点では同様である。国庫補助金の会計処理に当たっては，補助金を直接株主持分に貸記する方法(キャピタル・アプローチ)と，補助金を 1 期または複数の期間にわたり利益として計上する方法(インカム・アプローチ)の 2 つがある。キャピタル・アプローチを支持する論拠は，国庫補助金が営業活動の成果として稼得されたものでなく，財政的援助を目的とする点に注目するのに対し，インカム・アプローチを支持する論拠は，補助金は株主から受け入れたものではなく，法人税その他の租税と同様に財政政策の延長線上にあるものとして損益計算書で処理すべきであるとする (pars. 14-15)。この 2 つのアプローチの比較吟味の結果，IAS 20 はインカム・アプローチを採用することにした。すなわち，「国庫

補助金は，それによって保証される関連費用と対応させるために必要な期間にわたり，組織的に，利益として認識しなければならない」(par. 12)とされている。

日本基準においても，「旧企業会計原則」(昭和49年改正前)は，国庫補助金等を贈与剰余金として「その他の資本剰余金」に属するキャピタル・アプローチを採用してきたが，昭和49年の改正により，国庫補助金等の圧縮記帳を認めることになった。これは，国庫補助金を利益剰余金の構成要素とみるものであり，それによってインカム・アプローチに立つ商法や税法との調整が図られることになった。しかしながら，具体的な処理方法について，IAS 20と日本基準との間で差異がみられる。

（2） 資産に関する補助金の会計

IAS 20では，固定資産の購入，建設，または取得を条件として受けた国庫補助金は繰延利益として処理する（繰延利益方式）か，取得した資産の取得原価から補助金を控除する（直接減額方式）か，いずれかの選択適用になる(par. 24)。日本基準でも，国庫補助金の処理について，直接減額方式または積立金方式の選択適用が認められている。「企業会計原則注解」注24では，「国庫補助金，工事負担金等で取得した資産については，国庫補助金等に相当する金額をその取得原価から控除することができる」として，圧縮記帳方式が容認されている。このように，両基準ともに国庫補助金の処理方法として直接減額方式の選択適用を認めている点では共通性をもつ。しかし，日本基準では積立金方式（国庫補助金の受入時に一括して利益計上する方式）も原則的方法とされているのに対し，IAS 20では，このような方法は認められていない。

国庫補助金の対象をなす資産が土地のような非償却資産の場合であって，建物を建てることが条件となっている場合，IAS 20と日本基準とでは実務上の取扱いが異なる。IAS 20では，土地の取得に対する補助金の場合もそれに関連づけられる建物の減価償却に準じて補助金が償却されるので，損益計算書への影響は建物の取得に対する補助金の場合と同じになる。それに対して，日本基準では，土地について圧縮後の帳簿価額に対する減価償却は行われないので，

土地売却時に圧縮された土地の簿価に含まれる補助金相当額を売却益として認識することになる。したがって，土地などの非償却資産の取得に対する補助金の場合，直接減額方式を採用するとしても，IAS 20 によるか日本基準によるかによって，損益計算書への影響額が相違することになる。

資産に関する補助金が土地等の非貨幣性資産の形をとる場合，IAS 20 と日本基準との間で補助金の測定方法において差異が生じる。IAS 20 は非貨幣性資産を公正価値または名目価額で計上することを許容している（par. 23）。IAS 20 ではまた，非貨幣性資産による補助金が補助の対象となる資産の取得原価を控除する形で表示することができるので，非貨幣性資産の評価額がゼロとなることもある。

（3） 利益に関する補助金の会計

利益に関する補助金について，IAS 20 では，損益計算書上で関連費用と対応させて必要な期間にわたって組織的に認識されるのに対し，日本基準では，そのような関連費用との対応は要求されておらず，一般に受入時に収益として計上されることになる。IAS 20 では，国庫補助金は，それによって補償される関連費用と対応させるために必要な期間にわたり，組織的に損益計算書において認識するものとし，直接，株主持分に貸記することを禁じている（par. 12）。また，国庫補助金が，将来の関連費用を伴うことなく既に発生した費用または損失に対する補償として交付されたり，あるいは，企業に対して緊急に財政的支援を与える目的で交付された場合，交付された期の損益として計上しなければならない（par. 20）。緊急の財政支援の場合は，条件が満たされた時に認識可能となる（par. 21）。他方，日本基準では，このような具体的な取扱い規定は設けられていない。

3. 国庫補助金の返還

IAS 20 は，返還を要する国庫補助金は，会計上の見積りの修正として会計処

理することを求めている(par.32)。資産に関する補助金の場合，資産の帳簿価額を増額することによって(直接減額方式の場合)，あるいは繰延利益の残高から返還額を控除することによって(繰延利益方式の場合)，補助金の返還額が計上されなければならない。利益に関する補助金の返還の場合，まず当該補助金について設定された繰延利益の未償却部分から取崩すことを要する。日本基準では，法人税法の規定により，国庫補助金等の返還を要しないことが当該事業年度終了の時までに確定していない場合，その国庫補助金等の額に相当する金額以下の金額を特別勘定(負債勘定)として経理し，損金算入する(法43①)。この場合，国庫補助金等について返還すべきことが確定した場合には，その確定した国庫補助金等の額に相当する特別勘定の金額を取り崩し，益金の額に算入するものとされており，会計上もこれに応じた処理となっている(法43②，44①)。

4. 測　　　定

IAS 20も日本基準も，非貨幣性資産による国庫補助金を公正価値で測定する点では共通性をもつ。しかし，IAS 20は，非貨幣性資産の補助金を名目価額またはゼロ評価額で計上することを容認しているという点において，日本基準とは異なっている。

5. 開　　　示

IAS 20では，(a)国庫補助金について採用された会計方針，(b)財務諸表に計上された国庫補助金の性質と範囲，および他の形態の政府援助で企業が直接便益を受けたものの表示，(c)認識した政府援助に付随する未履行の条件その他の偶発事象を開示しなければならない(par.39)。他方，日本基準では，このような包括的な開示規定は設けられていない。

§3 実務上の留意事項および設例

1. 資産に関する補助金

留意事項

　資産に関する補助金を受領した場合，日本基準においては，法人税法との関係で，ほとんどの企業が積立金方式による会計処理を行っていると考えられるが，IAS 20 では積立金方式による会計処理は認められていないため，繰延収益方式か直接減額方式で処理する必要がある。積立金方式では，国庫補助金の受入時に一括して収益計上されるが，繰延収益方式や直接減額方式では，減価償却費に対応させて，あるいは，減価償却費の減額を通じて償却期間にわたり各期に収益計上される。そのため，国庫補助金の受領時に，包括利益計算書に計上される利益が小さくなる（設例 14-1 参照）。

　土地等の非償却資産に関する補助金を受領した場合，日本基準では，補助金受領時に，土地の取得価額から直接減額又は積立金方式による圧縮記帳の仕訳を行い，その後土地が売却されるまでは追加的な仕訳（収益計上もしくは圧縮積立金の取崩など）が行われることはない。一方，IAS 20 では，たとえば土地の上に建物を建築することが条件とされている場合等では，建物の耐用年数にわたり国庫補助金を収益に計上するため，補助金受領後，土地を処分するまでの期間においても，建物の耐用年数にわたり毎期補助金に関する仕訳を行うことが必要である（設例 14-2 参照）。

　資産に関する補助金を土地等の非貨幣性資産の形で受領した場合，日本基準では，公正な評価額をもって取得原価とするが（会計原則第三，五，F），IAS 20 では，公正価値で評価することを原則としつつも名目価額で計上することも容認されている（IAS 20 par. 23）。

設例 14-1

当社は，X1年度の期首に建物を100,000で取得した。この資産の取得に対して，80,000の国庫補助金が資産の取得年度に支給された。当社は，減価償却の方法として定額法を採用しており，この建物の残存価額は0，耐用年数は10年である。

この場合のX1年度の会計処理を(1)積立金方式，(2)直接減額方式，(3)繰延収益方式のそれぞれで説明しなさい。

解答・解説

（1） 積立金方式（日本基準による会計処理）

【建物取得時】

（借）建　　　　物	100,000	（貸）現　金　預　金	100,000

【補助金受取時】

（借）現　金　預　金	80,000	（貸）国庫補助金(益)	80,000

【期末】

① 減価償却費の計上

（借）減 価 償 却 費	10,000	減価償却累計額	10,000

② 圧縮積立金の積立および取崩の会計処理（株主資本等変動計算書における処理）

（借）繰越利益剰余金	80,000	（貸）圧 縮 積 立 金	80,000
圧 縮 積 立 金	8,000	繰越利益剰余金	8,000

補助金受領時に一括して収益が計上される一方で，国庫補助金の受領額を圧縮積立金として純資産の部に計上し，減価償却計算に対応させて決算手続とし

て取崩を行う。

　　　減価償却費の算出
　　　建　物　　100,000÷10年＝10,000
　　　圧縮積立金取崩額の算出
　　　圧縮積立金　80,000÷10年＝8,000

（2）　直接減額方式（日本基準およびIAS 20による会計処理）

【建物取得時】

（借）建　　　　　物	100,000	（貸）現　金　預　金	100,000

【補助金受取時】

（借）現　金　預　金	80,000	（貸）国庫補助金㊥	80,000

【期末】

（借）国庫補助金㊥ 　　　減 価 償 却 費	80,000 2,000	（貸）建　　　　　物 　　　減価償却累計額	80,000 2,000

国庫補助金の受領額を対応する固定資産の帳簿価額から控除する。減価償却費は，国庫補助金控除後の帳簿価額に基づき算定する。

　　　減価償却費の算出
　　　建　物（100,000－80,000）÷10年＝2,000

（3）　繰延収益方式（IAS 20による会計処理）

【建物取得時】

（借）建　　　　　物	100,000	（貸）現　金　預　金	100,000

【補助金受取時】

（借）現　金　預　金	80,000	（貸）国庫補助金㊥	80,000

【期末】

(借)	国庫補助金(益)	80,000	(貸)	繰延国庫補助金	80,000
	繰延国庫補助金	8,000		国庫補助金(益)	8,000
	減価償却費	10,000		減価償却累計額	10,000

　国庫補助金の受領額を貸借対照表に繰延収益（繰延国庫補助金）として計上し，減価償却費に対応させて損益計算書に収益として計上する。損益計算書への影響の純額は，直接控除方式で会計処理を行った場合と同じである。

　　減価償却費の算出
　　建　物　100,000÷10年＝10,000
　　繰延国庫補助金取崩額の算出
　　繰延国庫補助金　80,000÷10年＝8,000

設例 14-2

　当社は，建物を建築することを条件に，X1年度の期首に土地の取得に対して政府から国庫補助金が交付された。土地の取得価額は10,000，それに対する国庫補助金の交付額は7,500である。土地の上に建築された建物は，X2年度の期首に事業の用に供した。その耐用年数は25年であり，残存価額は0，減価償却の方法は定額法を採用している。

　この場合のX1年度とX2年度の国庫補助金の会計処理について(1)日本基準(直接減額方式)，(2)IAS20(繰延収益方式)のそれぞれで説明しなさい。

解答・解説

（1）　日本基準による会計処理(直接減額方式)

・X1年度
【土地の取得時】

| (借) | 土　地 | 10,000 | (貸) | 現金預金 | 10,000 |

【国庫補助金の交付時】

| (借) 現 金 預 金 | 7,500 | (貸) 国庫補助金(益) | 7,500 |

【期末】

| (借) 国庫補助金(益) | 7,500 | (貸) 土　　地 | 7,500 |

・X2年度

(仕訳なし)

　日本基準では，国庫補助金の受領時に土地の帳簿価額が減額され，土地が売却されるまで収益認識されない。

（2）　IAS 20 による会計処理（繰延収益方式）

・X1年度

【土地の取得時，国庫補助金の交付時】

(1)日本基準による会計処理（直接減額方式）と同じ

【期末】

| (借) 国庫補助金(益) | 7,500 | (貸) 繰延国庫補助金 | 7,500 |

・X2年度

【期末】

| (借) 繰延国庫補助金 | 300 | (貸) 国庫補助金(益) | 300 |

　IAS 20 では，土地に対する国庫補助金について，土地の上に建築された建物の償却期間にわたり国庫補助金を認識する。

　　年間の国庫補助金(益)認識額
　　7,500（国庫補助金受領額）÷25年（建物の償却期間）＝300

2. 利益に関する補助金

留意事項

　日本基準において，利益に関する補助金を受領した場合，一般に受入時に一括して収益として計上されることとなるが，IAS 20 では関連費用と対応させて必要な期間にわたって規則的に認識される（IAS 20 par. 12）。この場合，関連費用の特定および補助金の配分が非常に主観的になるおそれがあるため，明確な根拠をもって配分し，採用した方法を規則的かつ継続して適用することが最も大切である。

設 例 14-3

　当社は，X1 年度に新製品の開発を目的とした 3 年間のプロジェクト A に係る費用に対し，補助金 100,000 を政府から受領した。
　プロジェクト A に係る見積費用の発生年度別内訳は，以下のとおりである。

	人件費	消耗品費	その他	合計
X1 年度	60,000	9,000	6,000	75,000
X2 年度	50,000	10,000	5,000	65,000
X3 年度	40,000	11,000	9,000	60,000
合計	150,000	30,000	20,000	200,000

　この場合の X1 年度の会計処理を(1)日本基準，(2) IAS 20 のそれぞれで説明しなさい。

解答・解説

(1) 日本基準による会計処理

【補助金受取時】

(借) 現 金 預 金　100,000　　(貸) 国庫補助金(益)　100,000

【期末】
(仕訳なし)

(2) IAS 20による会計処理

【補助金受取時】

(借) 現 金 預 金　100,000　　(貸) 国庫補助金(益)　100,000

【期末】

(借) 国庫補助金(益)　100,000　　(貸) 前受国庫補助金　100,000
　　 前受国庫補助金　 37,500　　(貸) 国庫補助金(益)＊　 37,500

＊国庫補助金(益)の表示方法は、各費目から直接控除する方法ではなく、補助金を別掲する方式を採用しているものとする。

関連する費用の既発生額の、見積り関連費用総額に対する割合で収益計上額を算定するため、X1年度に収益として認識する国庫補助金の額の算定は以下のとおりとなる。

$$
\begin{aligned}
&\text{人件費} & 60{,}000 \times (100{,}000 \div 200{,}000) &= 30{,}000 \\
&\text{消耗品費} & 9{,}000 \times (100{,}000 \div 200{,}000) &= 4{,}500 \\
&\text{その他の費用} & 6{,}000 \times (100{,}000 \div 200{,}000) &= \underline{3{,}000} \\
& & \text{計} &\ \ \underline{37{,}500}
\end{aligned}
$$

3. その他の留意事項

（1） 補助金の会計処理に関する今後の動向

　IAS 20 で，資産に関する補助金を直接減額方式で処理しているような場合には，公正価値により資産を測定し表示するという公正価値モデルと矛盾することになる。また，IAS 20 では，複数の会計処理方法を認めているため，比較可能性が阻害されるおそれがある。そのため，IASB は，すべての政府補助金に関して IAS 41「農業」に含まれている政府補助金に関する会計モデルを適用するように IAS 20 を修正することを暫定的に決定している。

　IAS 41 では，見積販売時費用控除後の公正価値により測定される生物資産に関する政府補助金は，無条件のものは政府補助金を受け取ることになった時に，付帯条件がある場合や特定の農業活動に従事しないことを要求している政府補助金は条件が満たされた時に，それぞれ一括して収益として認識する（IAS 41 par. 34, 35）。

　したがって，政府補助金について，IAS 41 の会計モデルが適用されることとなった場合，関連費用との対応を考慮することなく，受け取ることになった時，又は条件を満たしたときに一括して収益認識されることとなる。一方で，補助金の受領に対して発生する何らかの履行義務に対して，負債を同時に認識する必要があるという意見があるので，今後の動向に留意が必要である。

（2） IFRS の初度適用

　IFRS の初度適用時には遡及適用が必要なため，過年度に収益に関する補助金を受領している場合は，それによって補償される関連費用と対応させるために必要な期間にわたり，規則的に収益として認識するために，過年度に受領した補助金の額の把握および補償される関連費用の特定が必要となる。受領時に

一括して収益認識された過年度分の補助金は，規則的に収益認識されるものとして遡及適用されるため，適用時に利益剰余金が減少する。

過年度に土地等の非償却資産に関する補助金を受領していた場合で，建物の建築が条件とされていた場合には，建物の耐用年数にわたり収益計上する必要があるため，補助金の受領年度と金額，建物の耐用年数を把握し，建物の償却に対応する金額を算定して修正をする必要がある。

（3） その他の留意事項

IAS 20 の適用範囲は，政府等からの補助金の交付のほか，債務免除などの財政援助，土地等の譲渡などの公的補助を包括しており，日本基準でいう補助金より範囲が広い。そのため，債務免除などを受けた場合であっても，その全額を一括して債務から控除して債務免除益を認識するのではなく，一部を繰延べて規則的に収益認識しなければならないことがある。

また，資産に関する補助金を繰延収益方式で処理した場合，当該方法は，法人税法等において圧縮記帳の経理方法として認められていないことから，税法との調整がまたれるところである。

第15章
引当金・偶発債務・偶発資産および後発事象

【要約比較表】 IAS 37, IAS 10 と日本基準との異同点

引当金・偶発債務・偶発資産	IAS 37	日本基準
適用範囲と定義	① 不利な契約を除く未履行契約に起因するものおよび他のIASで取り扱われているもの以外に適用 ② 引当金の定義：時期または金額が不確実な負債（過去の事象から発生した企業の現在の義務で，その決済により，経済的便益を有する資源が企業から流出する結果となることが予測される負債） ③ 偶発債務の定義：(a)過去の事象から発生し得る事象のうち，企業が必ずしも管理可能な範囲にあるとはいえない将来の一つもしくは複数の不確実な事象が発生するか，または発生しないことによりその存在が確認される義務，あるいは(b)過去の事象から発生した現在	① 引当金の計上規準を満たすものすべてに適用 ② 引当金の定義：対応する規定はないが，IAS 37では引当金に該当しない評価性引当金（貸倒引当金等）や債務以外の経済的負担（修繕引当金等）も日本基準では引当金に含まれる ③ 偶発債務の定義：現実に発生していない債務で将来において事業の負担となる可能性のあるもの

	の義務ではあるが，(i)義務決済のために経済的便益をもつ資源の流出が必要となる可能性が高くない，または(ii)義務の金額が十分な信頼性をもって測定できないために認識されていないもの ④　偶発資産の定義：過去の事象から発生し得る資産のうち，企業が必ずしも管理可能な範囲にあるとはいえない将来の一つもしくは複数の不確実な事象が発生するか，または発生していないことによりその存在が確認されるもの	④　偶発資産の定義：対応する規定がない
認　　識	①　引当金：次の認識要件すべてを満たすもの (a)　企業が過去の事象の結果として現在の(法的または推定的)義務を有していること (b)　当該義務を決済するために経済的便益をもつ資源の流出が必要となる可能性が高いこと (c)　義務の金額について信頼し得る見積りができること	①　引当金：次の認識要件すべてを満たすもの (イ)　将来の特定の費用または損失であること (ロ)　その発生が当期以前の事象に起因すること (ハ)　発生の可能性が高いこと (ニ)　その金額を合理的に見積ることができること IAS 37 の(a)は上記(イ)・(ロ)に，(b)は(ハ)に，(c)は(ニ)にそれぞれ対応していると考えられるため，認識の要件構成は共通するが，規定内容に関しては特に次の2点で異なっている。 　1.　日本基準では認識される「債務以外の経済的負担」となる引当金(会社計規 6

		条2項1号および78条等の引当金)は，IAS 37では認識されないこと 2. 「発生の可能性が高い」という用語の意味を，IAS 37は50％超で解釈する規定があるが，日本基準にはそのような明確な規定がおかれていないこと
	② 偶発債務および偶発資産は認識されず，開示の対象	② 偶発債務は開示の対象
測　　　定	引当金 ① 財政状態計算書日における現在の義務を決済するために要する支出の最善の見積り(同種取引の経験や独立した専門家の報告，あるいは財政状態計算書日以降の事象により提供された追加的証拠を基礎に，企業の経営者が判断することにより決定される見積り)により測定 ② 毎年，財政状態計算書日現在で検討され，新たな最善の見積りを反映するように修正する必要あり	引当金 ① 合理的な見積りにより測定 ② 対応する規定がない
認識および測定ルールの適用	① 将来の営業損失に対しては，引当金を認識してはならない ② 不利な契約を有する場合には，契約による現在の義務は引当金として認識され，測定されなければならない	① 対応する規定がない ② 対応する規定がない

	③ リストラクチャリング・コストに関する引当金は，(a)企業が，リストラクチャリングに対する内容を明確にした詳細な公式計画を有しており，(b)リストラクチャリング計画の実施を開始していること，またはリストラクチャリングの主要な特徴を影響を受ける人々に公表することにより，企業がリストラクチャリングを実施するだろうという根拠ある期待を影響を受ける人々に惹起している場合に認識する	③ 対応する規定がない
開　　　示	引当金・偶発債務・偶発資産に関し，詳細な開示規定を設定	IAS 37 にあるような個別詳細な開示規定は設けていない
後 発 事 象	IAS 10	日 本 基 準
適用範囲と定義	① 適用範囲：特に制限はない ② 定義：財政状態計算書日と財務諸表公表の承認日とのあいだに発生する事象で，企業にとって好ましい事象と好ましくない事象の双方をいい，(a)財政状態計算書日に存在した状況を立証する事象(修正後発事象)と，(b)財政状態計算書日後に発生した状況を示す事象(非修正後発事象)とに分類	① 同　　左 ② 定義：貸借対照表日後，損益計算書および貸借対照表を作成する日までに発生した事象で，次期以後の財政状態および経営成績に影響を及ぼすもの
認識および測定	修正後発事象は財務諸表の計上金額を修正するが，非修正後発事象は財務諸表の計上金額を修	同　　左 ただし，IAS 10 の修正後発事象は日本基準では修正後発事

第15章　引当金・偶発債務・偶発資産および後発事象　319

		象，非修正後発事象は開示後発事象というように名称が異なる
継続企業の前提が措定できない場合の取扱い	後発事象が継続企業の前提を措定できない事実を示している場合，すなわち，企業の経営者が財政状態計算書日後に，その企業の清算もしくは営業の停止をする方針を決定するか，または当該決定以外に現実的に代替案がないと決定した場合には，継続企業の前提で財務諸表を作成してはならないと規定	後発事象が継続企業の前提を措定できない場合には，(1)当該事象または状況が存在する旨およびその内容，(2)当該事象または状況を解消し，または改善するための対応策，(3)当該重要な不確実性が認められる旨およびその理由，(4)当該重要な不確実性の影響を財務諸表に反映しているか否かの別，を注記すると規定
開示その他	①　財務諸表公表の承認日および承認者の開示を規定 ②　企業の所有者その他の者が財務諸表を公表後に訂正する権限を有している場合の事実の開示を規定 ③　財政状態計算書日後に，財政状態計算書日に存在した状況について情報を得た場合には，新しい情報を考慮して，その状況に関連する開示事項を更新することを規定 ④　重要な影響を与える非修正後発事象について，(a)当該事象の性格，および(b)財務的影響の見積り，またはそのような見積りが不可能である旨に関する情報を開示することを規定	①　対応する規定がない ②　対応する規定がない ③　同　　　左 ④　同　　　左

§1 背　　景

　1998年9月，IASBの前身IASCは，IAS 37「引当金，偶発債務及び偶発資産」を公表した。本基準書は1990年代後半の一連の改正作業の際に検討され，設定された基準であり，引当金，偶発債務および偶発資産に適切な会計処理をなすことで，財務諸表利用者の理解に資することを目的とする(IAS 37 Objective)。

　IASBは，本基準書を引き継ぎ，旧IAS 10「偶発事象及び後発事象」のうち，偶発事象をIAS 37に代替した(IAS 37 par. 96)[1]。また，1999年5月に公表された改訂IAS 10「後発事象」では，偶発事象が基準のなかでも廃止され(IAS 10 par. 23)[2]，現在は，2002年の改善プロジェクトで提案され，配当の部分が改訂された新IAS 10「後発事象」(2003年12月)が公表されるに至っている。

　ここで，IAS 37は，企業のリスクと不確実性に対し(IAS 37 pars. 42-44)，最善の見積りをなし(IAS 37 pars. 36-40)，開示する会計処理を規定している(IAS 37 pars. 84-92)。しかし，減価償却，資産の減損および不良債権のような項目は，資産の帳簿価格の修正と位置づけ，基準の対象範囲外とする(IAS 37 par. 7)。

　これに対し，IAS 10は，後発事象に関する修正要件，ならびに財務諸表公表の承認日および後発事象に関して企業が行わなければならない開示内容を規定するばかりではなく，後発事象が継続企業の前提に適切でないことを示す場合には，企業が，継続企業の基準で財務諸表を作成してはならないことを規定する(IAS 10 par. 1)。

　なお，両基準書は，すでに施行されており，IAS 37は，1997年7月1日以後に開始する期間にかかる年次財務諸表から(IAS 37 par. 95)，またIAS 10は，2005年1月1日以後に開始する期間にかかる年次財務諸表から(IAS 10 par. 23)適用するとされている[3]。

---

[1] なお，現在，公表されている基準書では，本パラグラフは削除されている。
[2] なお，現行のIAS 10では，本パラグラフは存在しない。

第15章 引当金・偶発債務・偶発資産および後発事象　321

では，日本基準はどうであろう。

日本基準では，IAS 37 に見られるような包括的な基準はなく，引当金は，企業会計原則注解［注 18］および会社計算規則第 6 条第 2 項 1 号ならびに第 78 条等においてその計上基準が示される。そのため，「金融商品に関する会計基準」(1999.1.22 公表, 2008.3.10 最終改正)では貸倒引当金に関する規定，また「退職給付に係る会計基準の設定に関する意見書」(1998.6.16 公表)では退職給付引当金に関する規定を設けるほか，厳密な意味で基準ではないが，日本公認会計士協会の会計制度委員会報告第 14 号「金融商品会計に関する実務指針」(1999.1.31 公表, 2011.3.29 最終改正)および第 13 号「退職給付会計に関する実務指針（中間報告）」(1999.9.14 公表, 2009.2.17 最終改正)で個別・詳細な規定をおく。

3　なお，IASB は，2005 年 6 月 30 日に IAS 37 に関する公開草案「IAS 第 37 号『引当金，偶発債務及び偶発資産』ならびに IAS 第 19 号『退職給付』の改訂」を公表している。本公開草案は，FASB との短期コンバージェンス・プロジェクトと企業結合プロジェクトの第 2 フェーズの成果であり，(1)原則として，時期または金額が不確実な負債としての「引当金」という用語は用いず，IAS 第 32 号「金融商品：開示及び表示」で定義される金融負債以外の負債としての「非金融負債」を用いること(p. 14 ; pars. 9-10)，(2)「偶発債務」・「偶発資産」という用語を削除し，「偶発事象」という用語を用いることで，IAS 37 で説明してきた「偶発資産」を IAS 第 38 号「無形資産」の適用範囲に変更すること(pp. 14-15)の提案をなしている。これは，国際的合意を得た概念フレームワーク（資産・負債アプローチ）における資産・負債の定義と認識規準との整合性を重視する現在の流れにしたがえば容易に想像できるものであり，(3)負債の本質的な特徴から，非金融負債の認識規準を「(a)負債の定義を満たしていること，(b)非金融負債に関する信頼し得る見積りが可能であること」とすることで，IAS 37 のパラグラフ 14(b)の蓋然性の認識規準を削除すること(pp. 15-16 ; pars. 11-28)，(4)企業が貸借対照表日に現在の債務を決済するため，もしくは第三者に移転するために企業が合理的に支払う金額をもって企業は非金融負債を測定するが，貸借対照表ごとになされるその測定値は，生起し得る結果の幅を反映した複数のキャッシュ・フローのシナリオをそれらに関連する確率で加重平均した期待キャッシュ・フローを見積る期待キャッシュ・フロー・アプローチを基礎に，リスクと不確実性や貨幣の時間的価値，負債特有のリスクに関する現在の市場の評価を反映した税引き前の割引率を用いて算定すること(p. 16 ; pars. 29-45)等も提案している。

しかし，本公開草案は，負債の測定方法が明確ではないという反対意見が多かったため，IASB は，2010 年 1 月 5 日に「IAS 37 における負債の測定」を公表している。新たに公表された公開草案は，IAS 37 改訂案の限定的な再公開と位置づけられ，(1)期末における現在の債務から解放されるため，合理的に支払う額で，企業は負債を測定すること(par. 36A)，(2)その額は，(a)債務を履行するために必要とされる資源の現在価値，(b)債務を取り消すために必要な支出額，(c)債務を第三者に移転するために必要な支出額，のなかの最低額が用いられること(par. 36B ; Appendix B)，(3)債務を履行するために必要とされる資源の現在価値は，資源の予想流出額および貨幣の時間価値，資源の実際流出額が予測と異なるリスクを考慮すること(Appendix B)等を提案している。

しかしながら，これらの公開草案は，2011 年 3 月現在，いまだ継続審議中であり，改訂基準の適用もずれ込むことが予想されるため，本章では現行基準を用いることとする。

偶発債務に関しても同様のことがいえ，日本基準は偶発債務を企業会計原則第三貸借対照表原則の1Cおよび財務諸表等規則第58条(同ガイドライン58)ならびに会社計算規則第103条5号で財務諸表注記による開示を要求するにとどめ，日本公認会計士協会の監査・保証実務委員会報告第61号「債務保証及び保証類似行為の会計処理及び表示に関する監査上の取扱い」(1999.2.22公表，2011.3.29最終改正)で，(イ)注記すべき債務保証の範囲，(ロ)財務諸表における注記に関する取扱い，(ハ)債務保証損失引当金の会計処理と表示，に関して詳細な規定をおく。しかし，偶発債務に関しては，引当金とは異なり，基準レベルの段階で定義および会計処理の規定はない。

なお，偶発資産の日本基準は，企業会計原則の保守主義の考えにより，現行制度会計の対象外とされている。

最後に，後発事象の日本基準は，「企業会計原則注解」注1-3および財務諸表等規則第8条の4(同ガイドライン8の4)において規定され，日本公認会計士協会の監査・保証実務委員会報告第76号「後発事象に関する監査上の取扱い」(2003.3.25公表，2009.7.8最終改正)が詳細な規定をおく。本委員会報告は，本来，旧商法および会計基準の変更，開示制度の変更に伴い，後発事象に関する開示内容の多様化と適時開示がこれまでよりもさらに重要となっていることを鑑みて公表され，(イ)財務諸表における後発事象の取扱い，(ロ)継続企業の前提，(ハ)後発事象の監査手続，に関して詳細な規定を設けるとともに，これまでの会計制度委員会報告「重要な後発事象の開示について」(1984.7.6公表)を廃止したものであるが，2006年5月の会社法施行に伴い，後発事象が計算書類等に注記されることとなったことや会社法監査の意見区分が証券取引法(現，金融商品取引法)監査の意見区分と一致したこと等により，会社法上と証券取引法(現，金融商品取引法)上の後発事象の取扱が主な点で一致することに対応するために改正を行ったものである。

§2 バリエーションの分析と評価

1. 適用範囲と定義

（1）範　　囲

　IAS 37 は，以下の項目を除くすべての引当金，偶発債務および偶発資産をその適用範囲とし，会計処理および開示の規定を設けている（IAS 37 pars. 1-5）。
(1) 不利な契約を除く，未履行の契約（いずれの当事者もその義務を全く履行していないか，あるいは，双方ともそれらの契約を部分的に同じ程度に履行している状態の契約）に起因するもの
(2) 他の国際会計基準で取り扱われているもの
　　［具体例］
　　　a. 工事契約（IAS 11）
　　　b. 法人所得税（IAS 12）
　　　c. リース（IAS 17）
　　　　ただし，不利になったオペレーティング・リースには IAS 37 を適用
　　　d. 従業員給付（IAS 19）
　　　e. 保険契約（IFRS 4）
　　　　ただし，保険契約上の債務以外のものには IAS 37 を適用
　　　f. 金融商品（IFRS 9）の適用対象
　　　g. 企業結合（IFRS 3）で取り扱われる企業結合の偶発債務の推定額
　また，本基準書は，
(1) 減価償却，資産の減損および不良債権の償却を資産の帳簿価額の修正とし，引当金としてとらえないこと（IAS 37 par. 7）

(2) 引当金が設定されたときに認識された費用を資本化することについて禁止もしなければ要求もしないこと(IAS 37 par. 8)
(3) リストラクチャリングに対する引当金(廃止事業を含む)は適用範囲であるが，リストラクチャリングが廃止事業の定義に該当する場合には，IFRS 5「売買目的で保有する非流動資産および廃止事業」による追加的開示が必要となること(IAS 37 par. 9)

とすることで，IAS 37 の適用範囲に多くの条件を設けている。

これに対し，日本基準は，「企業会計原則注解」18 に従って，引当金を設定する。そのため，引当金の計上基準は両者のあいだで異なり，上記(1)の項目のうち，不良債権の償却は，日本基準に従う場合に貸倒引当金で引当経理されている。

なお，IAS 10 は，後発事象に関する適用範囲の制限は設けていない(IAS 10 par. 2)。

(2) 定　　義

① 引　当　金

IAS 37 で，「引当金とは，時期または金額が不確実な負債をいう」(IAS 37 par. 10)。そして，この場合の引当金は，決済時に必要な支出の時期と金額とが不確実であるという点で，買掛債務や未払費用とは区別されて用いられる(IAS 37 par. 11)。

この，IAS 37 の負債には，

(1) 過去の事象から発生した企業の現在の義務で，その決済により，経済的便益を有する資源が企業から流出する結果となることが予測されるものであること
(2) 義務には法的義務(契約，新たな法律の制定，または法律その他の運用から発生した義務)と推定的義務(確立されている過去の実務慣行，公表されている政策または極めて明確な最近の文書によって，企業が外部者に対し

ある責務を受諾することを表明した結果，企業がこれらの責務を果たすであろうという妥当な期待を外部者の側に惹起している場合の義務)があること

の2つの制約を受けることが規定され(IAS 37 par.10)，以下に示す引当金の認識規準の3要件のうち，(a)および(b)を導出する(IAS 37 par.14)。

(a) 企業が過去の事象の結果として現在の(法的または推定的)義務を有していること
(b) 当該義務を決済するために経済的便益をもつ資源の流出が必要となる可能性が高いこと
(c) 義務の金額について信頼し得る見積りができること

これに対し，日本基準は，引当金を将来の特定の費用または損失の計上に係る暫定的性格の貸方項目と位置づけ，企業会計原則注解[注18]で以下のように規定する。[4]

「将来の特定の費用又は損失であって，その発生が当期以前の事象に起因し，可能性が高く，かつ，その金額を合理的に見積ることができる場合には，当期の負担に属する金額を当期の費用又は損失として引当金に繰入れ，当該引当金の残高を貸借対照表の負債の部又は資産の部に記載するものとする。」

---

[4] なお，引当金の規定に関しては，2005年の法改正で，会社計算規則のなかに「負債の評価」に関する独立の規定が設けられ，以下のように示される。

「第六条　負債については，この省令又は法以外の法令に別段の定めがある場合を除き，会計帳簿に債務額を付さなければならない。

2　次に掲げる負債については，事業年度の末日においてその時の時価又は適正な価格を付すことができる。

一　次に掲げるもののほか将来の費用又は損失(収益の控除を含む。以下この号において同じ。)の発生に備えて，その合理的な見積額のうち当該事業年度の負担に属する金額を費用又は損失として繰り入れることにより計上すべき引当金(株主に対して役務を提供する場合において計上すべき引当金を含む。)

イ　退職給付引当金(使用人が退職した後に当該使用人に退職一時金，退職年金その他これらに類する財産の支給をする場合における事業年度の末日において繰り入れるべき引当金をいう。)

ロ　返品調整引当金(常時，販売する棚卸資産につき，当該販売の際の価額による買戻しに係る特約を結んでいる場合における事業年度の末日において繰り入れるべき引当金をいう。)

この場合，日本基準の引当金は，資産から控除する引当金（評価性引当金）と負債たる引当金（負債性引当金）に大別されるが，前者の評価性引当金は，債権の回収可能価額を評価し，価値減少分を計上したものであることから，IAS 37 では適用範囲外となる。

一方，後者の負債性引当金は，退職給付引当金や製品保証引当金のような条件付債務と修繕引当金に代表される債務以外の経済的負担に細分され，条件付債務が上記 IAS 37 の(2)に該当するのに対し，債務以外の経済的負担は，現在の義務ではないことから，IAS 37 にいう引当金に該当しないと考えられる点において重要な差異を生じている。

以上のほか，日本基準では，租税特別措置法で規定される海外投資等損失準備金（第 55 条）や保険会社等の異常危険準備金（第 57 条の 5）等，企業会計原則注解［注 18］の要件を満たさないため，理論上は利益剰余金の処分の仕訳により任意積立金として計上することが望ましいとされるが，負債への計上も実務的に認められるものがある。また，金融商品取引責任準備金（金商法 46 条の 5）や責任準備金（保険業法第 116 条）の一部等，特別法上の準備金で，負債の部への計上が法律により強制されるものもある。これら利益留保性の準備金は，公益保護の目的で負債への計上が容認されるものであるが（財規 54 条の 3（同ガイドライン 54 の 3-1）および会社計規 119 条），法律規定を根拠にする場合であっても，IAS 37 の(2)に該当しないと考えられる。

　　　二　払込みを受けた金額が債務額と異なる社債
　　　三　前二号に掲げる負債のほか，事業年度の末日においてその時の時価又は適正な価格を付すことが適当な負債」
　その結果，まず，引当金は「債務額」で評価することが義務づけられ（会社計算規則第 6 条第 1 項），その計上については，「一般に公正妥当と認められる企業会計の慣行」によるとしながら（会社法第 431 条），「債務額」ではなく，事業年度末における「時価」または「適正な価格」，すなわち「現在価値」をもって評価できる旨を規定している（会社計規 6 条 2 項 1 号）。
　本規定は，会計基準側からの要請により調整されたものではあるが，企業会計原則注解 18 と比較した場合，注解 18 では，「その発生が当期以前の事象に起因し，可能性が高く，かつ，その金額を合理的に見積ることができる」という表記がなされるのに対し，これを「合理的な見積額」と表記し，「合理的に見積可能なものであること」とすることで，「当期以前の事象に起因すること」・「発生の可能性が高いこと」という要件を削除するが，「金額を合理的に見積ることができること」という要件が充たされるのであれば，当然に前 2 要件は充たされると解釈する場合には，実質的な差異はないと解されるものと思われる。なお，本解釈は IASB 公開草案の解釈とも矛盾しないと思われる。

② 偶発債務

IAS 37 は，偶発債務を，「(a)過去の事象から発生し得る事象のうち，企業が必ずしも管理可能な範囲にあるとはいえない将来の一つもしくは複数の不確実な事象が発生するか，または発生しないことによりその存在が確認される義務，あるいは(b)過去の事象から発生した現在の義務ではあるが，(i)義務決済のために経済的便益をもつ資源の流出が必要となる可能性が高くない，または(ii)義務の金額が十分な信頼性をもって測定できないために認識されていないもの」と定義する（IAS 37 par. 10）。本定義は，企業が完全に管理可能な範囲内にはない将来の一つまたは複数の不確実な事象の発生または不発生によってしかその存在が確認できないために認識されていないものに対して用いられており（IAS 37 par. 12），引当金との関連性を重視している。

これに対し，日本基準は，偶発債務を，「債務の保証（債務の保証と同様の効果を有するものを含む。），係争事件に係る賠償義務その他現実に発生していない債務で，将来において事業の負担となる可能性のあるもの」と定義付け（財務諸表等規則第58条），その取扱いを定めている。しかし，日本基準の，「現実に発生していない債務で，将来において事業の負担となる可能性のあるもの」という定義については，IAS 37 の規定ほどの明確さはない。

また，日本基準は，企業会計原則注解［注18］で，将来の費用または損失の発生の可能性の低い偶発事象に係る費用または損失を偶発債務とする旨を設けており，IAS 37 の上記(i)に等しい規定が存在するが，上記(ii)の規定にいう発生の可能性の高い事象で，金額の合理的な見積可能性が低い場合の偶発債務の規定については，IAS 37 ほどの明確な規定がない。

③ 偶発資産

IAS 37 は，偶発資産を「過去の事象から発生し得る資産のうち，企業が必ずしも管理可能な範囲にあるとはいえない将来の一つもしくは複数の不確実な事象が発生するか，または発生していないことによりその存在が確認されるものをいう」と定義する（IAS 37 par. 10）。

これに対し，日本基準には，偶発資産に関する定義は存在しない。これは，

企業会計原則の保守主義の原則に依拠する場合，偶発資産の計上および開示は容認されない，あるいは必要とされていないためと思われる。

④ 引当金と他の負債・偶発債務との関係

IAS 37 では，図表 15-1 にあるように，引当金と他の負債・偶発債務を区別する（IAS 37 pars. 10-11・13）。

図表 15-1　引当金と他の負債・偶発債務の関係

	将来の支出の時期	将来の支出の金額	現在の義務	経済的便益をもつ資源が流出する可能性	信頼し得る見積り	該当パラグラフ
買掛債務	確定	確定	存在	高い	可能	par. 11 (a)
未払費用	確定していないが，不確実性がかなり小さい	確定していないが，不確実性がかなり小さい	存在	高い	可能	par. 11 (b)
引当金	不確実	不確実	存在	高い	可能	pars. 10-11・13 (a)
偶発債務	不確実	不確実	発生し得る義務	不明	—	pars. 10・13 (b)(i)
偶発債務	不確実	不確実	存在	高くない	—	pars. 10・13 (b)(ii)
偶発債務	不確実	不確実	存在	—	不可能	pars. 10・13 (b)(ii)

⑤ 後発事象

IAS 10 は，後発事象を「財政状態計算書日と財務諸表公表の承認日とのあいだに発生する事象で，企業にとって好ましい事象と好ましくない事象の双方をいう」と定義付け，(a)財政状態計算書日に存在した状況を立証する事象（修正後

発事象）と，(b)財政状態計算書日後に発生した状況を示す事象（非修正後発事象）とに分類する(IAS 10 par. 3)。この場合，IAS 10 の後発事象には，財務諸表公表の承認日までのすべての事象が含まれる(IAS 10 par. 7)。

これに対し，日本基準は，後発事象を，貸借対照表日後，損益計算書および貸借対照表を作成する日までに発生した事象で，次期以後の財政状態および経営成績に影響を及ぼすものと規定する（会計原則注解 1-3）。そして，監査・保証実務委員会報告第 76 号「後発事象に関する監査上の取扱い」では，後発事象を，修正後発事象（発生した事象の実質的な原因が決算日現在において既に発生しているため，財務諸表の修正を行う必要がある事象：従来の第 1 の事象）と開示後発事象（発生した事象が翌事業年度以降の財務諸表に影響を及ぼすため，営業報告書に記載又は財務諸表に注記を行う必要がある事象：従来の第 2 の事象）に分類し，取扱いを規定する。

後発事象に関しては，IAS 10 の修正後発事象が日本基準の修正後発事象，非修正後発事象が開示後発事象に相当すると考えられ，両基準に差異はない。

また，後発事象発生の時期については，IAS 10 の「財務諸表公表の承認日」と日本基準の「損益計算書および貸借対照表を作成する日」は厳密には一致しないが，実質的な差異はないと思われる。

2. 認　　　識

(1) 引当金・偶発債務・偶発資産

① 引当金の認識

IAS 37 は，引当金を，

(a) 企業が過去の事象の結果として現在の（法的または推定的）義務を有しており，

(b) 当該義務を決済するために経済的便益をもつ資源の流出が必要となる可

能性が高く，かつ

(c) 義務の金額について信頼し得る見積りができる

場合に認識しなければならないとし，もしこれらの条件が満たされない場合には引当金を認識しないことを規定する(IAS 37 par. 14)。

IAS 37 の引当金の規定には，以下のような留意すべき点がある。

まず，上記(a)について，現在の義務があるかどうかが不明確である場合，利用可能なすべての証拠を考慮し，財政状態計算書日にそれが存在する可能性が存在しない可能性よりも高ければ，現在の義務は発生したとみなされ(IAS 37 par. 15)，引当金に計上されるが，逆の場合，すなわち，存在しない可能性のほうが高い場合には，経済的便益をもつ資源の流出の可能性がほとんどない場合を除き，偶発債務を開示する(IAS 37 pars. 16・86)。

また，引当金における現在の義務は，過去の事象を決済する以外に企業が現実的な選択肢をもっていないことが必要であり，以下の2つの場合に制限されることになる(IAS 37 par. 17)。

(1) 義務の決済が法律によって強制できる場合

(2) 推定的義務の場合で，当該事象・企業の行為が外部の人々に対して，企業が当該義務の履行をするであろうとの妥当な期待を惹起させる場合

それゆえ，この場合，引当金の対象となる義務は，企業の将来の行為とは関係なく，過去の事象のみから発生した義務のみとなり(IAS 37 par. 19)，IAS 37 は，将来の事業活動の費用に対する引当金を認識しないと規定する(IAS 37 par. 18)。IAS 37 では，このような義務の具体例として，違法な環境破壊に対する罰金または浄化費用を挙げ，企業が石油装置または原子力発電所の撤収費用に対し，既に発生した被害の修復で企業が責任をもつ範囲までを引当金として認識するとし，将来の行為により，将来の支出を回避できる場合の引当金(この場合は，撤収費用そのものに対する引当金)を認識しないことを説明している(IAS 37 par. 19)。

さらに，義務は，常に他人に対するコミットメントを伴うため，企業の意思決定のみでは財政状態計算書日に推定的義務を発生させたことにはならないが(IAS 37 par. 20)，法律の変更により，あるいは企業の行為(たとえば，十分に詳

細な公式文書)が推定的義務を生じさせることにより，ある事象は直ちに義務を発生させない事象であっても，後日発生させることがあると規定する(IAS 37 par. 21)。IAS 37 では，環境破壊を例に挙げ，発生した時点では被害を修復する義務がないものであったとしても，新法律により現存する損害の修復が要求された時点で，あるいは企業が推定的義務を生じさせるような方法で修復する責任の受諾を公表した時点で，この損害は義務発生事象となると説明する(IAS 37 par. 21)。

次に，上記(b)について，引当金が負債として認識されるには，現在の義務があるだけでなく，義務を決済するための経済的便益をもつ資源の流出の可能性が高くなければならない。ここでいう「可能性が高い(probable)」とは，資源の流出または他の事象が起こらない可能性よりも起こる可能性のほうが高いことを意味するが(IAS 37 par. 23)，IAS 37 は，その脚注部分で，「本基準書では"可能性が高い"を"起こらない可能性よりも起こる可能性が高い"と解釈するが，この解釈は必ずしも他の国際会計基準には適用されるとは限らない」とし，一般的な通念とは異なる本解釈の注意喚起をはかっている。

最後に，上記(c)について，IAS 37 は，信頼し得る見積りの可能性について，「極めて稀な例外を除き，企業は起こり得る結果をある程度絞り込むことができ，したがって，引当金の認識に使用するための十分に信頼し得る義務の見積りを行うことができる」とするが(IAS 37 par. 25)，信頼し得る見積りができない場合には，当該債務は偶発債務として開示されると規定する(IAS 37 par. 26)。しかし，これは，引当金の対象事象を現在の義務に限定していることを考えれば，結果的に導かれるものと思われる。

これに対し，日本基準は，引当金の認識規準を以下のように規定するだけである(会計原則注解18)。

　(イ)　将来の特定の費用又は損失であって，
　(ロ)　その発生が当期以前の事象に起因し，
　(ハ)　発生の可能性が高く，かつ，
　(ニ)　その金額を合理的に見積ることができる

図表 15-2 は，両基準の引当金の認識規準を比較したものである。

図表 15-2　IAS 37 と日本基準の引当金の認識規準

日本基準＼IAS 37	(a) 現在の義務の存在（法的義務および推定的義務）	(b) 経済的便益をもつ資源が流出する可能性が高い	(c) 義務の金額の信頼し得る見積りができる
(イ) 将来の特定の費用又は損失であること			
(ロ) 当該費用又は損失の発生が当期以前の事象に起因すること			
(ハ) その発生の可能性が高いこと			
(ニ) その金額を合理的に見積ることができること			

　この図表から，両基準の引当金の認識規準で理解される異同点には，以下の4点が考えられる。

〈要件構成〉

(1) IAS 37 の規準(a)が，日本基準では(イ)および(ロ)の2つの要件に分類されて規定されていること

(2) IAS 37 の規準(b)および(c)については，日本基準の要件(ハ)および(ニ)と対応していること

〈規定内容〉

(3) 上記(1)に関し，IAS 37 では引当金の本質を負債とみるため，その対象が「現在の義務」に規定されるが，日本基準は，引当金の対象をさらに広義でとらえるため，必ずしも現在の義務が存在せずとも，将来の義務となる事象であって，その原因となる事象が発生していれば当該事象を引当金とし

て認識すること。

その結果,日本基準では,現在の義務とはいえない引当金や評価性引当金が引当金に含まれることになり,IAS 37 では認識されない修繕引当金等が債務以外の経済的負担となる引当金(会社計規6条2項および第78条)として認識されることになる。ただし,役員退職慰労引当金については,過去に支払いに関する内規が整備されており,その内規に基づいて役員退職慰労金が支払われている現状が存在する場合には,IAS でも引当金として計上できるとする見解もある(監査・保証実務委員会報告第42号「租税特別措置法上の準備金及び特別法上の引当金又は準備金並びに役員退職慰労引当金に関する監査上の取扱い」(1982.9.21 公表,2011.3.29 改正))。

また,上記 IAS 37 の引当金の認識規準(a)に関する留意事項で指摘した「石油装置または原子力発電所の撤収費用」に関し,IAS 37 は,当該費用に対する引当金の計上は,「既に発生した被害の修復に企業が責任をもつ範囲」のみ容認されるとするのに対し,日本基準には,そのような範囲の制限がなく,当該撤収費用そのものに対する計上も引当金の設定要件を満たす場合には容認されるとされる点で相異する。

(4) 上記(2)の規準(b)ないし(ハ)に関し,「発生の可能性が高い」という用語の意味が両基準のあいだで異なっていること。

すなわち,IAS 37 は発生の可能性を 50% 超で解釈するが,日本基準は,発生の可能性を解釈する明確な規定がおかれていない点で相異する。

② 偶発債務の認識

両基準とも,偶発債務を認識してはならないと規定するが(IAS 37 par. 27;企業会計原則注解 18),経済的便益をもつ資源の流出の可能性がほとんどない場合を除き(IAS 37 par. 28),財務諸表注記での開示を義務付けている(IAS 37 pars. 28・86;財規58条(同ガイドライン58)および会社計規103条5号)。

ただし,上記の定義で述べたように,日本基準は,引当金の認識規準のうち,「将来の費用又は損失の発生の可能性が高いこと」を満たさない事象,すなわち,発生の可能性の低い事象を偶発事象とするにとどまり(会計原則注解[注18]),

IAS 37が規定する,発生の可能性が高いものでも,義務の金額が十分な信頼性をもって測定できないために認識されない偶発債務(IAS 37 par. 10)を開示することについての規定を日本基準は設けていない。

なお,IAS 37は,偶発債務について,「経済的便益をもつ資源の流出の可能性が高くなったか否かを継続的に評価し,将来の経済的便益の流出の可能性が高くなった場合,可能性が変化した期の財務諸表中で引当金を認識する(信頼し得る見積りができないという極めて稀な状況を除く)」(IAS 37 par. 30)と規定する。日本基準には,これに関する明文での規定はないが,実質的に差異はない。

③ 偶発資産の認識

IAS 37は,偶発資産(例:企業が法律手続によって訴求中だが,その結果が不確実の場合の請求権)の認識を認めていないが(IAS 37 pars. 31-32),当該資産を継続的に評価することを要求し(IAS 37 par. 35),経済的便益の流入の可能性が高い場合に開示することを求めている(IAS 37 pars. 34・89)。

なお,日本基準には,これらに対応する基準はない。

(2) 後 発 事 象

IAS 10は,財政状態計算書日から財務諸表公表の承認日までに発生する後発事象のうち,修正後発事象(財政状態計算書日に存在した状況を立証する事象)について,(IAS 10 par. 3),企業が,当該事象を反映させるかたちで財務諸表に計上された金額を修正することを規定する(IAS 10 par. 8)。そして,IAS 10は,以下の5つの事例を示し,企業に財務諸表に認識された額の修正または以前に認識されていなかった項目の認識を要請する(IAS 10 par. 9)。

(a) 財政状態計算書日後における訴訟事件の解決により,財政状態計算書日において既に債務が存在したことが確認されるために,企業が,単に偶発債務として開示するのではなく,既存の引当金の修正または新たな引当金の認識が必要となるもの。

(b) 財政状態計算書日においてある資産が既に減損していたこと，またはその資産に対して既に認識していた減損損失を修正する必要があることを示す証拠の財政状態計算書日後の入手。

たとえば，(i)財政状態計算書日後に発生する顧客の倒産は，通常，財政状態計算書日に既に受取勘定に損失が存在していたことを裏付け，受取勘定の貸借対照表計上額を修正する必要があることを確証する。また，(ii)財政状態計算書日後における棚卸資産の販売は，財政状態計算書日の正味実現可能価額についての証拠を提供するものである。

(c) 財政状態計算書日前に行われた資産の購入または売却に関する購入原価または売却手取金の財政状態計算書日後の決定。

(d) 企業が財政状態計算書日現在において，それより前の事象の結果として，利益配分またはボーナス支払いをする債務を有する場合の支払金額の財政状態計算書日後の決定。

(e) 財務諸表が誤っていることを示す不正または誤謬の発見。

また，IAS 10 は，非修正後発事象(財政状態計算書日後に発生した状況を示す事象)について(IAS 10 par. 3)，企業が，当該事象を反映させるかたちで財務諸表に計上された金額を修正してはならないとの規定をなし(IAS 10 par. 10)，その具体例として，財政状態計算書日と財務諸表公表の承認日とのあいだに発生した投資の市場価値の下落を取り上げる(IAS 37 par. 11)。

ただし，IAS 10 は，非修正後発事象の重要性が大きく，当該事象を開示しないことが財務諸表利用者の適切な評価を行う能力に影響を与える場合には，企業が，非修正後発事象の各々について，(i)当該事象の性格，および(ii)財務的影響の見積り，またはそのような見積りが不可能である旨の記述，に関する情報を開示しなければならないとし(IAS 10 par. 21)，以下の 10 項目を例示する(IAS 10 par. 22)。

(a) 財政状態計算書日後の主要な企業結合または主要な子会社の処分(IFRS 3 参照)

(b) 事業廃止，廃止事業に伴う資産の処分もしくは負債の清算についての計画の発表，またはそのような資産の処分や負債の清算に関する拘束力ある

契約の締結(IFRS 5 参照)
(c) 主要な資産の購入および処分,または主要な資産の政府による収容
(d) 財政状態計算書日後の火災による主要生産設備の損壊
(e) 重要なリストラクチャリングの発表または着手(IAS 37 参照)
(f) 財政状態計算書日後の重要な普通株取引および潜在的普通株取引(IAS 33 参照)
(g) 資産の価格または外国為替レートの財政状態計算書日後における異常に大きな変動
(h) 財政状態計算書日後に施行もしくは発表された税率または税法の変更で,当期の税金および繰延税金資産・負債に多大な影響を及ぼすもの(IAS 12 参照)
(i) 多額の保証状の発行のような多大のコミットメントまたは偶発債務の発生
(j) 財政状態計算書日後に発生した事象からのみ生じた訴訟の開始

なお,IAS 10 は,IAS 32「金融商品:開示及び表示」で定義される持分金融商品の所有者に対する配当が財政状態計算書日後に提案または宣言された場合には,企業は当該配当を財政状態計算書日における負債として認識してはならないと規定する(IAS 10 par. 12)。そして,IAS 10 では,もし財政状態計算書日後で財務諸表公表の承認日前に配当が宣言された場合でも,当該配当が,IAS 37 のいう現在の義務の規準を満たさないことを理由として,財政状態計算書日の負債として認識せず,IAS 1「財務諸表の表示」に準拠した処理,すなわち,財務諸表注記での配当の開示を要求する(IAS 10 par. 13)。

これに対し,日本基準は,企業会計原則注解 1-3 において,以下に示す 5 項目,財務諸表等規則ガイドライン 8 の 4 で注解 1-3 の項目に「株式併合及び株式分割」を加えた項目を重要な後発事象として例示し,財務諸表の注記にて開示することを規定しているだけである。

イ.火災,出水等による重大な損害の発生
ロ.多額の増資又は減資及び多額の社債の発行又は繰上償還
ハ.会社の合併,重要な営業の譲渡又は譲受

ニ．重要な係争事件の発生又は解決
ホ．主要な取引先の倒産

ただし，後発事象の事例や注記内容に関する詳細な規定に関しては，監査・保証実務委員会報告第 76 号「後発事象に関する監査上の取扱い」で詳細に定められていることを考慮した場合には，配当に対する取扱いを除き，両基準のあいだに差異はないと思われる。

3．測　　　定

(1) 引 当 金

IAS 37 は，引当金として認識される金額は，財政状態計算書日における現在の義務を決済するために要する支出の最善の見積りでなければならないとし (IAS 37 par. 36)，以下に示す詳細な規定を設けている。

(1) 財政状態計算書日の義務を決済するため，または財政状態計算書日に義務を第三者に移転するために企業が合理的に支払う金額で表される最善の見積りは，同種取引の経験や独立した専門家の報告，あるいは財政状態計算書日以降の事象により提供された追加的証拠を基礎に，企業の経営者が判断することにより決定される (IAS 37 pars. 37-38)。

(2) 引当金として認識されるべき金額にかかわる不確実性は，状況に応じて様々な方法で取り扱われ，測定対象の引当金が母集団の大きい項目に関係している場合，義務はすべての起こり得る結果をそれぞれの関連する確率により加重平均して見積もられる (IAS 37 par. 39)。

IAS 37 では，製品保証引当金に関連して，以下の設例が示される。

［設例］

物品製造販売業のある企業は，顧客に対し購入後 6 ヶ月以内に生じた製造上の欠陥について修理費用を負担する保証をしている。販売した製品に軽微な欠陥が発見された場合の修理費用は 100 万，重大な欠陥が発見された場合の修理費用は 400 万発生する。企業の過去の経験と将来の

予測によれば，来たるべき年度には，販売製品の75%に欠陥はなく，20%に軽微な欠陥，5%に重大な欠陥があると見込まれる。この場合，修理費用の期待値は次のようになる。

$$0 \times 75\% + 100万 \times 20\% + 400万 \times 5\% = 40万$$

(3) 単一の義務が測定される場合は，見積もられた個々の結果のうち最も発生の可能性の高いものが負債に対する最善の見積りとなるが，そのような場合にも，企業は他の起こり得る結果を考慮し，最善の見積りを修正することが規定され（IAS 37 par. 40），将来に流出する可能性の高い資源の見積りの最高値をもって測定すべきことを要請する。

(4) 引当金の見積りをなす場合，リスクにより結果が変動するので，リスクによる修正が，測定される負債の金額を増加させることもある。そのため，不確実な状況にある場合には，判断を行う際，収益または資産を過大計上しないように，費用または負債を過少計上しないように注意することが必要となる。しかし，不確実性は過大な引当金の設定あるいは負債の故意の過大表示を正当化するものではないことから，リスクと不確実性に基づく引当金の過大計上を回避するよう注意することが必要である（IAS 37 par. 43）。

(5) 貨幣価値の安定性に関して，「貨幣の時間的価値の影響が重要な場合には，引当金額は義務の決済に必要と見込まれる支出の現在価値でなければならない」と規定し（IAS 37 par. 45），貨幣価値変動による引当金の測定値の修正のため，現在価値への割引計算を求めている。この場合，割引率は，貨幣の時間的価値の現在の市場評価と，その負債に特有なリスクを反映した税引き前の割引率でなければならないが，重複を避けるため，将来のキャッシュ・フローの見積りのなかで修正されるリスクを反映してはならない（IAS 37 par. 47）。

(6) 義務の決済に必要となる金額に影響を与える将来の事象は，それらが起こるであろうという十分な客観的証拠がある場合には，引当金の金額に反映させなければならない（IAS 37 par. 48）。

(7) 予期された資産の処分からの利益は，たとえ引当金を発生させた事象に

密接に関係している場合でも，引当金の測定にあたって考慮してはならない(IAS 37 pars. 51-52)。

(8) 引当金を決済するのに必要な支出の一部または全部を他人から補填されることが予期される場合には，企業が義務を決済すれば補填金を受け取れるということがほぼ確実な場合に限って，補填金を認識しなければならない。

この場合，補填金は別個の資産として処理され，認識される金額は，引当金の金額を超えてはならないとされている(IAS 37 par. 53)。ただし，損益計算書において，引当金に関する費用は，認識された補填金と相殺した純額で表示してもよい(IAS 37 par. 54)。

(9) 引当金は，毎年，財政状態計算書日現在で検討され，新たな最善の見積りを反映するように修正されなければならない(IAS 37 par. 59)。また，割引が行われている場合には，引当金の計上金額は時の経過を反映して毎期増加し，増加額は，利息費用として認識される(IAS 37 par. 60)。

これに対し，日本基準では，IAS 37にあるような測定に関する詳細な指針は明記されていない。

(2) 後発事象

後発事象の測定については，IAS 10の規定自体が認識および測定というかたちで規定しているため，認識の箇所で検討している。そちらを参照されたい。

4. 引当金の認識および測定ルールの適用

IAS 37は，(1)将来の営業損失，(2)不利な契約，および(3)リストラクチャリングの3つの個別事例に関する引当金の認識および測定ルールについても，以下のように規定する。

① 将来の営業損失

将来の営業損失に対しては，引当金を認識してはならない(IAS 37 par. 63)。これは，将来の営業損失が，IAS 37 の負債の定義と引当金の認識規準に適合しないからである(IAS 37 pars. 10・14・64)。そのため，将来の営業損失が見込まれるということは，引当金の設定ではなく，むしろ営業用資産が減損しているかもしれないという兆候を示すものであることから，IAS 36「資産の減損」に基づいて処理される(IAS 37 par. 65)。

② 不利な契約

企業が不利な契約を有する場合には，契約による現在の義務は引当金として認識され，測定されなければならない(IAS 37 par. 66)。ここで，不利な契約とは，契約による義務を履行するために不可避の費用が，当該契約から期待される経済的便益の受取見込額を上回るような契約をいう(IAS 37 pars. 10・68)。また，契約による不可避の費用とは，契約から解放されるための最小の純費用をいい，契約を履行する費用と契約不履行により発生する賠償または違約金のいずれか低い方とされている(IAS 37 par. 68)。

③ リストラクチャリング(事業再構築)

リストラクチャリングとは，経営者によって企画され，かつ支配されている計画で，(a)企業が従事している事業の範囲，または(b)事業を運営している方法を大きく変更させるものをいう(IAS 37 par. 10)。この場合，本定義には，(i)一事業部門の売却または撤退，(ii)国または地域における事業所の閉鎖またはある国・地域から他国・他地域への事業活動の移転，(iii)経営構造の変更(たとえばある経営者層の解任)，および(iv)企業の事業運営の性質と焦点に重要な影響を及ぼす根本的な再編成が含まれる(IAS 37 par. 70)。

IAS 37 では，以下の 2 つの要件を充足した場合のみリストラクチャリングによる推定的義務が発生するとし，リストラクチャリング・コストに関する引当金を認識する(IAS 37 par. 72)。

(a) 企業が，リストラクチャリングに対する下記の内容を明確にした詳細な

公式計画を有していること
(ⅰ) 関係する事業または事業の一部
(ⅱ) 影響を受ける主たる事業所
(ⅲ) 雇用契約終結により補償されることになる従業員の勤務地，職種およびその概数
(ⅳ) 負担する支出額
(ⅴ) 計画が実施される時期
(b) リストラクチャリング計画の実施を開始していること，またはリストラクチャリングの主要な特徴を影響を受ける人々に公表することにより，企業がリストラクチャリングを実施するだろうという根拠ある期待を影響を受ける人々に惹起していること

また，IAS 37 は，リストラクチャリング引当金(事業再構築引当金)は，リストラクチャリングから発生する直接の支出に対してのみ設定(測定)されるべきであり，その対象は，(a)リストラクチャリングに必然的に伴うもので，かつ(b)企業の継続的活動には関連しないものとする(IAS 37 par. 80)。そのため，この場合には，(ⅰ)雇用を継続する従業員の再教育または配置転換費用，(ⅱ)販売費用，または(ⅲ)新しいシステムおよび流通網への投資については，対象として含まない(IAS 37 par. 81)。

これに対し，日本基準では，IAS 37 にあるような個別詳細な規定はない。

5. 継続企業の前提が措定できない場合の後発事象

IAS 10 は，後発事象が，継続企業の前提を措定できない事実を示している場合，すなわち，企業の経営者が財政状態計算書日後に，その企業の清算もしくは営業の停止をする方針を決定するか，または当該決定以外に現実的に代替案がないと決定した場合には，その企業が，継続企業の前提で財務諸表を作成してはならないとし(IAS 10 par. 14)，後発事象が継続企業の前提を根拠とする財務諸表の作成に影響を与えるケースについての会計処理を明確に規定する。

また，財政状態計算書日後における経営成績および財政状態の悪化により，

継続企業の前提が依然として適切であるか否かを検討した結果，継続企業の前提がもはや適切でない場合には，その影響が広範にわたるため，IAS 10 では，当初の会計処理基準の枠内で認識された金額に対する修正ではなく，会計処理基準自体の変更を要求する（IAS 10 par. 15）。

これに対し，日本基準は，財務諸表等規則第 8 条の 27 で以下のような規定をなす。[5]

> 「貸借対照表日において，企業が将来にわたって事業活動を継続するとの前提（以下「継続企業の前提」という。）に重要な疑義を生じさせるような事象又は状況が存在する場合であって，当該事象又は状況を解消し，又は改善するための対応をしてもなお継続企業の前提に関する重要な不確実性が認められるときは，次に掲げる事項を注記しなければならない。ただし，貸借対照表日後において，当該重要な不確実性が認められなくなった場合は，注記することを要しない。
> 　一　当該事象又は状況が存在する旨及びその内容
> 　二　当該事象又は状況を解消し，又は改善するための対応策
> 　三　当該重要な不確実性が認められる旨及びその理由
> 　四　当該重要な不確実性の影響を財務諸表に反映しているか否かの別」

本規定は，2002 年 1 月に改訂された監査基準第四報告基準の六において新たに対処されるようになった継続企業の前提と対応する。また，監査・保証実務委員会報告第 76 号「後発事象に関する監査上の取扱い」にも以下のような規定

---

[5] なお，継続企業の前提については，日本公認会計士協会も監査・保証実務委員会報告第 74 号「継続企業の前提に関する開示について」（2004.11.6 公表，2009.4.21 改正）のなかで検討し，「継続企業の前提が適切であるかどうかを総合的に判断した結果，貸借対照表日において，単独で又は複合して継続企業の前提に重要な疑義を生じさせるような状況が存在する場合であって，当該事象又は状況を解消し，又は改善するための対応をしてもなお継続企業の前提に関する重要な不確実性が認められるときは，継続企業の前提に関する事項として以下の事項を財務諸表に注記する。」とし，以下の 4 項目を列挙している。
　① 当該事象又は状況が存在する旨及びその内容
　② 当該事象又は状況を解消し，又は改善するための対応策
　③ 当該重要な不確実性が認められる旨及びその理由
　④ 財務諸表は継続企業を前提として作成されており，当該重要な不確実性の影響を財務諸表に反映していない旨

があり，継続企業の前提が措定できない場合の後発事象に対処している。

「決算日後に継続企業の前提に重要な疑義を生じさせるような事象又は状況が発生した場合であって，当該事象又は状況を解消し，又は改善するための対応をしてもなお継続企業の前提に関する重要な不確実性が認められ，翌事業年度以降の財政状態，経営成績及びキャッシュ・フローの状況に重要な影響を及ぼすときは，重要な後発事象として，以下の事項について財務諸表に注記する。

① 当該事象又は状況が発生した旨及びその内容
② 当該事象又は状況を解消し，又は改善するための対応策
③ 継続企業の前提に関する重要な不確実性が認められる旨及びその理由

ただし，このような後発事象のうち，決算日において既に存在していた状態で，その後その状態が一層明白になったものについては，継続企業の前提に関する注記の要否を検討する必要がある。

なお，決算日後において，継続企業の前提に重要な疑義を生じさせるような事象又は状況が解消し，又は改善したため，継続企業の前提に関する重要な不確実性が認められなくなったときには継続企業の前提に関する注記を行う必要はない。ただし，この場合には，当該継続企業の前提に重要な疑義を生じさせるような事象又は状況を解消し，又は改善するために実施した対応策が重要な後発事象として注記の対象となることも考えられるため，留意する必要がある。」

それゆえ，以上の検討をふまえれば，両基準のあいだには，いくつかの例外を除き，差異はないと思われる。

6. 開　　　示

（１）　引当金・偶発債務・偶発資産

　引当金・偶発債務・偶発資産に関する開示事項に関し，IAS 37 と日本基準を比較整理したものを図表 15-3 で示しているので参照されたい。

図表 15-3　引当金・偶発債務・偶発資産に関する開示事項

	IAS 37	日本基準
引　当　金	IAS 37 には対応する規定がないが，IAS 1「財務諸表の表示」のなかで，財務諸表を理解するために必要な会計方針を記載することが要請されている（IAS 1 par. 108）。	引当金の計上基準について，重要な会計方針を記載する（企業会計原則注解［注 1-2］，財規 8 条の 2 第 6 号，同ガイドライン 8 の 2-6）。
	引当金の種類ごとに下記の事項を開示する（IAS 37 par. 84）。 　(a)　期首と期末における引当金の計上金額 　(b)　既存の引当金の増加も含む，期中に増額された引当金 　(c)　期中に使用された金額（引当金との相殺額） 　(d)　期中に未使用で振り戻された金額	引当金の計上基準を満たすものを貸借対照表本体に記載する（会計原則注解［注 18］）他，以下に示す項目を引当金明細表で開示する（財規様式第 11 号）。 　(a)　前期末残高 　(b)　当期増加額 　(c)　当期減少額（目的使用およびその他） 　(d)　当期末残高
	(e)　現在価値で計上されている引当金につき，時間の経過による期中増加額および割引率の変更による影響額	

		引当金の種類ごとに下記の事項を開示する(IAS 37 par. 85)。 (a) 債務の内容についての簡潔な説明および結果として生じる経済的便益の流出が予測される時期 (b) 経済的便益の流出の金額または時期についての不確実性の内容(適切な情報を提供するために必要な場合には,将来の事象に関連する重大な仮定も開示する。) (c) 予期されている補填金額,および予期された補填について認識されている資産の金額	対応する規定がない
偶発債務		決済のための資源流出の可能性がほとんどない場合を除き,財政状態計算書日における偶発債務についての簡潔な説明を開示しなければならない(IAS 37 par. 86)。	同左(財規58条,同ガイドライン58)
		開示が可能な場合には,次の事項も開示しなければならない(IAS 37 par. 86)。 (a) 偶発債務の財務上の影響の見積額	同左(財規58条,同ガイドライン58および会社計規103条5号)
		(b) 流出の金額または時期に関する不確実性の内容 (c) 補填の可能性	対応する規定がない
		開示が不可能な場合には,その事実を記述しなければならない(IAS 37 par. 91)。	

			重要性の乏しい偶発債務については，注記を省略することができる(財規58条)。
偶発資産	経済的便益の流入の可能性が高い場合，財政状態計算書日における偶発資産の内容を開示しなければならない(IAS 37 par. 89)。		対応する規定がない
	開示が可能な場合には，財務上の影響の見積額も開示しなければならない(IAS 37 par. 89)。		
	開示が不可能な場合には，その事実を記述しなければならない(IAS 37 par. 91)。		
その他	他者との係争中に，開示要求事項の一部または全部を開示することが企業の立場を著しく損なうことが予測される場合には，開示する必要はないが，係争の一般的内容を，情報が開示されなかった事実およびその理由とともに開示しなければならない(IAS 37 par. 92)。		対応する規定がない

（2） 後発事象

後発事象に関する開示事項に関し，IAS 10 と日本基準を比較整理したものを図表 15-4 で示しているので参照されたい。

図表 15-4　後発事象に関する開示事項

後発事象	財務諸表公表の承認日および承認者を開示しなければならない(IAS 10 par. 17)。	
	企業の所有者その他の者が財務諸表を公表後に訂正する権限を有している場合には，その事実も開示しなければならない(IAS 10 par. 17)。	対応する規定がない
	財政状態計算書日後に，財政状態計算書日に存在した状況について情報を得た場合には，新しい情報を考慮して，その状況に関連する開示事項を更新しなければならない(IAS 10 par. 19)。	同左(財務諸表等規則ガイドライン 8 の 27-3 および監査・保証実務委員会報告第 76 号「後発事象の監査上の取扱い」)
	非修正後発事象の重要性が大きく，それを開示しないことが財務諸表利用者の適切な評価や意思決定を行う能力に影響を与える場合には，各々の非修正後発事象について，以下のような情報を開示しなければならない(IAS 10 par. 21)。 (a)　当該事象の性格 (b)　財務的影響の見積り，またはそのような見積りが不可能である旨	重要な後発事象については，開示しなければならないとし，5 ないし 6 項目を例示する(会計原則注解[注 1-3]および財務諸表等規則ガイドライン 8 の 4)。 ただし，注記内容に関する詳細な規定は，監査・保証実務委員会報告第 76 号「後発事象の監査上の取扱い」で定められている。

§3 実務上の留意事項および設例

1. 引当金の認識（事業再構築引当金）

留意事項

　企業の事業再構築に伴い様々な将来損失の発生が予想されることがある。
　日本基準においては企業会計原則注解18に従い，引当金が計上されるが，その多くは，将来の損失リスクに着目し，引当金計上を行うという実務が存在している。一方IAS 37においては，引当金計上の要件に基づき，現在の債務の存在によって引当金計上を行う必要があり，基本的な考え方について日本基準との相違がある。特に，事業再構築引当金に関しては，特段の定めをおいて計上要件を明確にし，恣意的な計上を排除している。

設例15-1

　企業は，20X0年11月30日に甲事業及び乙事業を行うA事業所の閉鎖及び甲事業は事業を廃止し，乙事業はB事業所への移管が取締役会において承認されている。20X1年1月15日にA事業所の閉鎖およびB事業所への集約・移管を従業員および外部へ公表している。なお，甲事業に関する従業員については，早期退職を募り，乙事業に関する従業員については，B事業所へ配置転換される。

【A事業所閉鎖スケジュール】

日時	項目
20X0年11月30日	A事業所閉鎖取締役会決議
20X1年 1月15日	A事業所閉鎖について外部公表
20X1年 2月15日	早期退職応募完了

20X2 年 3 月 31 日　　　　甲事業廃止，従業員早期退職完了
20X2 年 4 月 1 日　　　　　A 事業所閉鎖，B 事業所への移転完了

【A 事業所閉鎖に伴う発生費用の見積り】

項　　　目	支出時期	発生見込額
B 事業所への従業員移管に伴う移転費用	20X2 年 3 月	100 百万円
特別早期退職金	20X2 年 3 月	200 百万円
甲事業廃止に伴う費用	20X2 年度	200 百万円
乙事業再編に関する費用	20X2 年度	300 百万円

＊上記費用は，すべて事業再構築計画に織り込まれており，金額は合理的に見積もられている。

　企業（12 月決算）における上記事象の引当金計上（又は費用）の認識時期について，日本基準と IAS 37 に基づき検討しなさい。

解答・解説

（1）　日本基準による会計処理

　日本基準においては，事業再構築引当金について明確な処理基準は存在せず，企業会計原則注解 18 による以下の引当金の要件に照らして判断される。

(ア)　将来の特定の費用又は損失であること
(イ)　発生が当期以前の事象に起因していること
(ウ)　発生可能性が高いこと
(エ)　金額を合理的に見積もれること

　事業再構築に関する費用について，上記要件を満たすかについて検討すると，事業再構築費用は，すべて将来の事業所閉鎖，事業廃止に伴い発生するため，将来の特定の費用又は損失であるという要件は満たしていると考えられる。
　発生が当期以前に事象に起因するかについては，取締役会等によって将来の事業再構築計画が意思決定されたという事実に基づき発生するため，取締役会

等によって意思決定されていれば，当期以前の事象に起因するという要件は満たしていると考えられる。

また，取締役会において承認された事業再構築計画が存在する状況においては，当然発生可能が高いと考えられるため，発生可能性が高いという要件についても満たしていると考えられる。

最後に，金額の合理性については，事業再構築計画に詳細な発生費用の見積が行われていれば，金額が合理的に見積もられているという要件は満たしていると考えられる。

以上を総合すると，A事業所閉鎖に伴い発生する費用のうち，B事業所への従業員移管に伴う移転費用及び甲事業廃止に伴う費用並びに乙事業再編に関する費用については，20X0年度に引当金が計上されることが考えられる。

なお，特別早期退職金については，「退職給付会計に関するQ＆A Q18」において，従業員が早期退職に応募し，かつ金額が合理的に見積もられる時点で費用処理されるため，20X1年度において引当金が計上される。

（2） IAS 37による会計処理

IAS 37における事業再構築引当金を計上する際には，以下の要件を満たしている必要がある。

(ア) 事業再構築について少なくとも関係する事業，影響を受ける事業所，早期退職となる従業員の概数等，負担する支出，計画の実施時期を明確にした公式な計画を有していること

(イ) 事業再構築計画を実施の開始することによって影響を受ける利害関係者に対して事業再構築を遂行することに対して周知すること

そのため，取締役会において事業再構築を意思決定したのみでは，引当金計上の要件は満たさず，後に変更・撤回できないような将来計画が存在する場合のみ将来の推定債務として引当金が計上される。

また，引当金対象の費用としても，事業再構築のために必然的に要する直接費用であり，かつ継続する事業活動には関連しない費用に限定されている。

そのため，A事業所閉鎖に伴い発生する費用のうち，B事業所への従業員移

管に伴う移転費用および乙事業再編に関する費用については，継続する将来の事業遂行のための費用であるため，引当金計上の対象はならず，発生時に費用処理される。

次に，甲事業廃止に伴う費用については，事業再構築に必然的に発生し，かつ廃止事業に関する費用であり，継続する事業には直接関連性を有しないことから引当金計上の対象となる。

最後に特別早期退職金については，IAS 19 に別途規定されており，詳細な計画を有しており，かつ現実的に撤回される可能性がない場合においては引当金が計上される。

【IAS 37 と日本基準の引当金計上時期の差異】

項　　目	日本基準	IAS 37
B事業所への従業員移管に伴う移転費用	20X0 年度（＊）	20X2 年度
特別早期退職金	20X1 年度（＊）	20X1 年度（＊）
甲事業廃止に伴う費用	20X0 年度（＊）	20X0 年度（＊）
乙事業再編に関する費用	20X0 年度（＊）	20X2 年度

（＊）引当金処理

2. 引当金の測定方法

留意事項

日本基準における引当金の測定に関する基準について明確な基準は存在せず，各企業がそれぞれの事象について最善の見積りに基づき計上しているが，IAS 37 においては，最善の見積りにおいて測定するとしつつ，引当金測定における詳細な規定が設けられている。

実務上の留意事項として，IAS 37 に基づき引当金を測定する際には，それぞれの事象に応じ，より合理的に引当金を測定する必要がある。そのため，企業は，引当金見積りの際には必要な情報を識別し，過去の実績や専門家の見解等

に基づく発生確率等の明確な根拠の作成を行う必要がある。

また，必要に応じて将来の不確実性や時間価値を織り込む必要があり，留意が必要である。

設 例 15-2

〈引当対象となる事象が単一の事象から生じているケース〉

企業は，20X0 年 12 月 31 日現在，取引先より 100 百万円の支払を求める損害賠償請求を受けており，裁判において係争中である。企業は，裁判の見込みについて外部の法律専門家より下記の意見を入手している。

【外部専門家より入手した情報】

	支払見込額	発生可能性
勝　訴	0 百万円	20%
敗　訴	100 百万円	50%
和　解	60 百万円	30%

上記訴訟案件について，日本基準および IAS 基準に基づき，計上するべき引当金の金額を求めなさい。

解答・解説

（1） 日本基準による会計処理

日本基準では，損害賠償に関する引当金の測定に関して明確な規定が存在しないため，合理的な見積り方法としては，最も発生が見込まれる金額（100 万円）を計上する方法のほか，支払見込額の最低額 60 百万円を引当計上する方法や加重平均をとる方法（100 万円×50％＋60 百万円×30％＝68 百万円）等が実務上は考えられる。

(2) IAS 37 による会計処理

IAS 37 においては，期末日現在において 50％超の確率で現在の債務が存在すれば，引当金を計上する必要があるが，当該事象においては，支払が生じる可能性が 50％超(50％＋30％＝80％)であるため，引当金を認識する必要がある。また，単一の事象から生じる債務については，最も発生が見込まれる結果に基づき，測定することとなり，当該事例では敗訴する可能性が 50％と最も高いため，敗訴した場合の支払予定額 100 百万ユーロを引当金計上する。

設 例 15-3

〈引当対象となる事象が複数の類似項目の集合からなるケース〉

企業は，販売した製品について得意先との間で無償の製品保証契約(1 年間)を締結している。企業の過去の経験に基づく最善の見積りでは，販売した製品の 90％は欠陥がなく，8％は軽微な欠陥があり，残り 2％は重要な欠陥が存在する見込みである。

	20X0 年
売上高Ⓐ (販売数)	10,000 百万円 (1,000 個)
軽微な欠陥	予測修理割合：8％ 予測単価：1 百万円
重要な欠陥	予測修理割合：2％ 予測単価：4 百万円

日本基準および IAS 37 において，製品保証引当金として計上するべき金額を求めなさい。

解答・解説

（1） IAS 37による会計処理

製品補償については，販売後1年間の無償修理を約束しており，過去の実績により当該補償契約に基づくクレームの発生確率は50%超と見込まれるため，引当金が認識される。

引当対象となる事象が複数の類似項目の集合からなる場合は，各項目の発生見込額の期待値で測定され，160百万円の製品保証引当金が計上される。

	発生確率	予測数量	予測単価	期待値
欠陥なし	90%	9,000個	0百万円	0百万円
軽微欠陥	8%	80個	1百万円	80百万円
重要な欠陥	2%	20個	4百万円	80百万円
合　計				160百万円

（2） 日本基準による会計処理

日本基準においても，IAS 37と同様の見積方法が合理的であると考えられる。ただし，企業における将来のリスク属性が過去の事象と大きな変化がないと予測される場合，実務上簡便的に，それぞれのリスクの属性に応じた過去の実績率を用いている場合もあると考えられる。

第 16 章
売却目的の非流動資産および廃止事業

【要約表】

	IFRS 5
分類の原則	継続的に使用することよりも売却取引により簿価が回収される予定である場合には，非流動資産または処分グループを売却目的に分類する。なお廃棄予定の非流動資産は売却目的に分類できない
測定の原則	売却目的で保有する非流動資産または処分グループは簿価と売却費用控除の後の公正価値とのいずれか低い価額で測定する
減損損失および戻入れの認識	資産あるいは処分グループの売却費用控除後の公正価値までの評価減に関する減損損失を認識する必要がある。なおその後の状況によって減損損失の累計を超えない額で評価益を認識する
廃止事業の表示	廃止事業は包括利益計算書内または注記において収益，費用および税引前利益などを表示する。またキャッシュ・フロー計算書においても廃止事業からのキャッシュ・フローを表示する
売却目的に分類された非流動資産および処分グループ資産，負債の表示	財政状態計算書の中で他の資産，負債と区分して表示

§1 背　　景

　IFRS 5「売却目的の非流動資産及び廃止事業」は 2004 年 3 月に IAS 35「廃止事業」(1998 年 6 月公表)に置き換える形で公表されたものである。IASB は最も重要な目的のひとつである世界中の会計基準のコンバージェンスを達成する一環として FASB(アメリカ財務会計基準審議会)との間で覚書を締結した。その結果として IFRSs とアメリカの会計基準との差異を縮小することを目的とした共同短期プロジェクトに着手した。この IFRS 5 は FASB 基準書 144 号「長期性資産の減損または処分に関する会計処理」(2001 年公表)を IASB が検討した結果である。

　日本の会計基準において IFRS 5 に該当する基準は存在しない。また表示に関して売買目的の資産，廃止事業について財務諸表等規則，連結財務諸表規則においての特段の規定は設けられていない。

§2　IFRS 5 の分析と評価

1. 適　用　範　囲

(1)　適用対象と適用除外

　この基準の区分と表示の規定はすべての非流動資産および企業の処分グループに適用される。この基準の測定の規定はすべての認識された非流動資産と廃止グループに適用される(par. 2)。ただし(ⅰ)繰延税金資産(ⅱ)従業員給付から生じる資産，(ⅲ) IFRS 9「金融商品」が適用される金融資産などについては他の

IAS/IFRS が適用される(par. 5)。またこの基準は，所有者への分配のために保有する非流動資産または処分グループにも適用される(par. 5A)。なお他のIAS, IFRS の開示規定は，非流動資産または処分グループには，以下の場合を除いて適用されない(par. 5B)。

　(ⅰ)　非流動資産または処分グループの具体的な開示を求めている場合
　(ⅱ)　この基準の測定に関する規定の対象ではない処分グループ中の資産および負債の測定に関する開示を求めている場合

(2) 処分グループ

　企業は資産のグループを単一の取引として処分する場合がある。そのようなグループには IFRS 5 の適用除外とされる資産，負債が含まれている場合もあるが，その場合でも IFRS 5 の適用対象となる非流動資産が処分グループの一部である場合にはグループ全体にこの IFRS 5 の規定が適用される(par. 4)。なお日本では処分予定の資産，負債をグループとする会計基準の規定は存在しない。

2. 売却目的の非流動資産または処分グループの分類

(1) 分類の原則

　継続的に使用することよりも売却取引により簿価が回収される予定である場合には，非流動資産または処分グループを売却目的に分類しなければならない(par. 6)。この場合，直ちに売却可能でありその可能性が高い必要がある(par. 7)。

(2) 売却可能性

売却の可能性が高いとは適切な地位の経営管理者が資産または処分グループの売却計画を確約し，買手を探し計画を遂行する積極的な行動が開始されていなければならない。さらに現在の公正価値に関して合理的な価格で売却するための積極的な販売活動が行われている必要がある。加えて分類された日から1年以内に売却の完了として認識される要件を満たすことが予想され，また計画遂行に必要な行動が計画の重要な変更または計画中止の発生可能性が低いことを示しているべきである(par.8)。日本ではこのような1年以内に売却される予定の資産については「その他の資産で1年以内に現金化できると認められるもの」(財規15条12号)として流動資産に分類されると解される。

(3) 転売目的で取得した資産

転売目的で取得した資産は上記の1年以内の売却完了要件を取得時において満たしその他の要件を短期(3ヵ月以内)に満たす可能性が高い場合にのみ売却目的の非流動資産に分類しなければならない(par.11)。

3. 廃棄予定の非流動資産

廃棄予定の非流動資産を売却目的に分類してはならない。そのような資産は簿価が継続的な使用により回収されるからである。しかし廃棄予定の処分グループが廃止事業の一定の要件を満たす場合には，使用を中止した日において廃止事業と同様に表示しなければならない。廃棄予定の非流動資産または処分グループは経済的耐用年数まで使用される資産および売却されずに閉鎖される資産を含む(par.13)。また一時的に使用していない資産を廃棄予定として会計処理してはならない(par.14)。

4. 売却目的の非流動資産または処分グループの測定

（1） 測定の原則

　企業は売却目的で保有する非流動資産または処分グループについて簿価と売却費用控除の後の公正価値とのいずれか低い価額で測定しなければならない(par.15)。また所有者への分配のために保有する非流動資産または処分グループは，簿価と分配費用控除後の公正価値のいずれか低い価額で測定しなければならない(par.15A)。

（2） 再　測　定

　処分グループの当初取得より後の再測定において，この基準の測定に関する規定の範囲外であるが売却目的に分類される処分グループを含む資産および負債の簿価は，処分グループの売却費用控除後の公正価値が再測定される前に，それぞれに適用されるIFRSにより測定されなければならない(par.19)。

5. 減損損失および戻入の認識

（1） 減 損 損 失

　企業は上記の4.(2)に該当して減損損失を認識しない範囲で，当初取得およびそれ以降の，資産あるいは処分グループの売却費用控除後の公正価値までの評価減に関する減損損失を認識しなければならない(par.20)。
　日本では減損の認識は「固定資産の減損に係る会計基準」によるものとされているが同基準は事業用の固定資産を対象としていることから認識方法が異なる

(2) 評価益

資産の売却費用控除後の公正価値の当初取得より後の増加による評価益を認識しなければならない。ただしこの基準あるいは従前のIAS 36「資産の減損」の適用により認識された減損損失の累計を超えない額とする(par. 21)。また処分グループについては上記の4.(2)に該当して認識されない場合は，この基準の測定に関する規定の対象内の非流動資産について，この基準あるいは従前のIAS 36の適用により認識された減損損失の累計を超えない額で評価益を認識しなければならない(par. 22)。なお日本の「減損に係る会計基準」では減損損失の戻入れは行わない（減損損失に係る会計基準三. 2)。

(3) 減価償却の中止

企業は資産が売却目的に分類されている間または売却目的に分類された処分グループの一部である間は減価償却または償却を行ってはならない。しかし売却目的に分類された処分グループの負債に起因する利息等の費用は継続して認識しなければならない(par. 25)。

日本の企業会計原則にはこのような場合の減価償却または償却に関する取扱いは明示されていないが，同様の取扱いとなると考えられる。

6. 表示と開示

企業は，財務諸表の利用者が廃止事業および非流動資産または処分グループの廃棄の財務的な影響を評価することが可能となるような情報を開示しなければならない(par. 30)。具体的には以下の規定に従う必要がある。

(1) 廃止事業

廃止事業は，処分されたかあるいは売却目的に分類された企業の構成要素であり事業または事業上の地域の区分された重要な系列をあらわす。それは事業または事業上の地域の区分された重要な系列の廃止計画の一部であることもあれば専ら転売予定の観点から取得した子会社である場合もある(par. 32)。

(2) 開示項目

開示すべき項目は以下のとおりである(par. 33)。
　(i) 包括利益計算書における以下の項目の合計額
　　a．廃止事業の税引後損益
　　b．売却費用控除後の公正価値の測定または廃止事業を構成する資産または処分グループの廃棄において認識された税引後の損益
　(ii) 上記(i)の合計額の以下の項目の内訳明細
　　a．廃止事業の収益，費用および税引前損益
　　b．関連する税金費用でIAS 12「法人所得税」により開示が求められている項目
　　c．売却費用控除後の公正価値の測定または廃止事業を構成する資産または処分グループの廃棄において認識された損益
　　なお内訳明細は包括利益計算書の中または注記として表示することができる。日本では財務諸表等規則に基づく損益計算書または連結財務諸表規則に基づく連結損益計算書において廃止事業について注記あるいは表示する規定は存在しない。
　(iii) キャッシュ・フロー
　　廃止事業の事業，投資，財務活動から生じる純キャッシュ・フロー。開示は注記または財務諸表の中で表示することができる。なおこれらの開示は転売目的で取得したと分類される基準を満たす新規取得の子会社

からなる処分グループには必要ではない。

　　日本では財務諸表等規則に基づくキャッシュ・フロー計算書または連結財務諸表規則に基づく連結キャッシュ・フロー計算書において廃止事業から生じるキャッシュ・フローについて注記あるいは表示する規定は存在しない。

　なお IFRS 5 では期末日までに廃止した最新の期間のすべての事業に関連付けて，財務諸表に表示されている以前の期間について，上記の開示項目を再表示しなければならない(par. 34)。

(3) 表　　示

　売却目的に分類された非流動資産および売却目的に分類された処分グループの資産は財政状態計算書の中で他の資産と区分して表示しなければならない。売却目的に分類された処分グループの負債は財政状態計算書の中で他の負債と区分して表示しなければならない。これらの資産と負債は相殺表示してはならない。売却目的に分類された資産および負債の主な種類は，財政状態計算書または注記において区分して表示しなければならない。また売却目的に分類された非流動資産または処分グループの関連するその他の包括利益中の累積収益又は費用は区分して表示しなければならない(par. 38)。ここで他の資産と区分して表示するとは非流動資産の中において区分して表示するとも解釈できるが，一方で非流動資産，流動資産のいずれにも含めないで独立させた区分として表示するとも解釈可能である。この点について，IFRS 5 においていずれの表示となるかを明確に規定したほうが望ましいといえる。

　日本では売却目的に分類された非流動資産および売却目的に分類された処分グループの資産の表示について財務諸表等規則において規定が存在しない。そのため内容，形態によって一年基準に基づいて流動資産のその他(財規17条1項13号)あるいは有形固定資産のその他(財規23条1項10号)，無形固定資産のその他(財規28条1項11号)，投資その他の資産のその他(財規32条1項13号)に含まれると解される。

（４） 注記による追加情報の開示

非流動資産または処分グループを売却目的に分類しているかもしくは売却した期には以下の事項を注記で開示しなくてはならない(par. 41)。

(ⅰ) 非流動資産または処分グループの説明
(ⅱ) 売却または予定されている処分へ至った事実および事情，処分の方法と時期の説明
(ⅲ) 減損損失の計上および戻入れによる利益または損失，もし包括利益計算書に区分して表示されていない場合には当該利益および損失が含まれている科目
(ⅳ) 該当するものがある場合，IFRS 8「セグメント情報」に基づいて非流動資産または処分グループが表示されている報告対象セグメント

第III部

損益計算書(包括利益計算書)項目

第 17 章

収　　益

【要約比較表】　IAS 18 と日本基準との異同点

	IAS 18	日本基準
適用範囲・定義	①　適用範囲および用語の定義に関する規定あり ②　売上税等については税抜処理	①　明示規定なし ②　消費税については税抜処理および税込処理を容認
収益の測定	受領したまたは受領可能な対価の公正価値（値引きおよび割戻しの額を考慮した金額）	収入額（値引きおよび割戻しの額を考慮）
取引の識別	取引の実態を反映するため，取引の構成要素に分割するか一体化するかを検討	明示規定なし
物品の販売・役務の提供・利息等	①　物品の販売による収益について5つの認識要件を規定 　　所有に伴う重要なリスクおよび経済価値を買手に移転せずに，保留している場合は収益を認識しない（4つのケースを例示） 割賦販売については販売基準を適用 ②　役務の提供による収益に	①　物品の販売による収益について通常は販売基準を適用 　　左記の規定はないが，委託販売，試用販売，予約販売，割賦販売の特殊販売における実現主義の適用を明示 割賦販売について，販売基準の他に回収期限到来基準および回収基準も容認 ②　契約による継続的な役務

	ついて進行基準(発生基準)を適用し,4つの認識要件を規定 ③ 利息は実行金利法,ロイヤルティは発生基準,配当は受給権が確定したときに収益認識	の給付については発生基準を適用。 ③ 利息は発生基準,配当金は配当落ち日に認識 　ロイヤルティは明示規定なし
開　　示	① 会計方針 ② 重要な区分ごとの収益額 ③ 物品または役務の交換から生じた収益の額	① 同　　左 ② 規定なし ③ 規定なし

§1 背　　景

　当初の IAS 18「収益認識」は 1982 年に公表された。その後 1993 年に財務諸表の比較プロジェクトの一環として改訂され,役務の提供による収益の認識について完了基準の選択適用が削除された。改訂 IAS 18 は 1995 年 1 月 1 日以降に開始する会計期間より適用されている(par. 37)。

　IAS の「財務諸表の作成及び表示に関するフレームワーク」において,広義の収益(income)は会計期間中の資産の流入もしくは価値の増加,または負債の減少の形をとる経済的便益の増加であり,持分参加者からの拠出に関連するもの以外の持分の増加をもたらすものとして定義される。それには狭義の収益(revenue)と利得(gain)の両者が含まれるとされ,IAS 18 は狭義の収益のみを扱うものである。収益に関する会計上の主要な問題は,収益をいつ認識するかという点である。IAS 18 では,収益は将来の経済的便益が企業に流入する可能性が高く,これらの便益が信頼性をもって測定できるときに認識されるとして,取引の形態ごとに収益の認識要件を示している。

　わが国では,収益に関する会計基準は「企業会計原則」第二・一および同第二・三,並びに同注解 5 および 6,または「財務諸表等規則」や「同ガイドライン」な

第17章 収　　益　369

どにおいて規定されている。ただし，IAS 18 のように取引形態ごとに詳細な基準を示していない。そのため，収益の認識については税法の規定に従って処理されることが少なくない。

§2　バリエーションの分析と評価

1. 適用範囲と定義

（1）範　　囲

わが国の会計基準では，適用範囲についての明示規定はないが，IAS 18 では明確に規定されている。IAS 18 の会計基準は，以下の取引および事象から生ずる収益の会計処理に適用される (par. 1)。

(a) 物品の販売
(b) 役務の提供
(c) 利息，ロイヤルティおよび配当を生ずる企業資産の第三者による利用

物品には，販売目的で生産された製品および再販売目的で購入された財貨(小売業者により購入された商品や再販売目的で所有される土地やその他資産など)が含まれる (par. 3)。役務の提供とは，一般に契約上合意された期間を通じて企業により行われる業務であり，1 期間または複数期間にわたって提供される。ただし，プロジェクトの管理者や設計者の役務に関する契約のように，工事契約に直接関連する役務契約から生ずる収益については，IAS 11「工事契約」が適用される (par. 4)。

企業資産の第三者による利用は，利息やロイヤルティまたは配当という形で収益が生じるものである。利息は現金または現金同等物あるいは債務の利用に対する対価であり，ロイヤルティは企業が保有する長期資産(たとえば特許権，

商標権，著作権およびコンピュータ・ソフトウェアなど)の利用に対する対価,配当は持分資本の所有者に対する特定の種類の資本の所有割合に応じた利益の分配を意味する(par.5)。

なお，IAS 18 では以下の項目から生ずる収益については，その適用範囲から除外している(par.6)。

(a) リース契約(IAS「17 リース」を参照)
(b) 持分法により会計処理される投資から生ずる配当(IAS 28「関連会社に対する投資の会計処理」を参照)
(c) IFRS 4「保険契約」の範囲に含まれる保険契約
(d) 金融資産および金融負債の公正価値の変動またはその処分(IFRS 9「金融商品」を参照)
(e) その他の流動資産の価値変動
(f) 農業活動に関連する生物資産の当初認識および公正価値変動(IAS 41「農業」を参照)
(g) 農産物の当初認識(IAS 41「農業」を参照)
(h) 鉱物の採取

日本基準では，このような適用範囲の除外に関する明示規定はないが，リース取引や金融商品，ソフトウェア取引，工事契約等に関連する収益については，それぞれ会計基準が設けられている。

(2) 定　　義

IAS 18 では，収益および公正価値について次のように定義している(par.7)。収益とは，持分参加者からの拠出に関連するもの以外で，持分の増加をもたらす一定期間中の企業の通常の活動過程で生じた経済的便益の総流入をいう。公正価値とは，取引の知識をもつ自発的な当事者間で，独立第三者間取引により資産が交換され，または負債が決済される価額をいう。

収益は，企業が自己の計算により，受領するか受領可能な経済的便益の総流入のみを含むものであり，第三者のために回収した金額(売上税，物品税および

サービス税,付加価値税など)は,企業に流入する経済的便益ではなく持分の増加をもたらさないため,それらは収益から除外される(par. 8)。つまり,税抜処理である。同様に,代理の関係にある場合にも,経済的便益の総流入は契約当事者のために回収した金額であって,企業の持分の増加をもたらさない金額を含んでおり,この場合にはコミッションの額が収益となる(par. 8)。この総額表示か純額表示かを判断するための指針として,IAS 18 に付録 21 項が追加された。企業が物品または役務の提供に関する重要なリスクと経済価値にさらされている場合には,当事者本人として行為を行っている(総額表示)として,その具体的特徴をあげている(appendix 21)。

日本基準では収益および公正価値に関する定義は示されていない。消費税(上記の売上税と同様に第三者のために回収した額)の処理について,日本基準では税抜処理および税込処理の2つの方法が認められており,税抜処理のみを規定する IAS 18 と差異がみられる。また,総額表示か純額表示かの判断に関する規定は,ソフトウェア取引に関するもの以外では明示されていない。

2. 収益の測定

IAS 18 によれば,収益は受領した(または受領可能な)対価の公正価値で測定される(par. 9)。また,公正価値は企業が許容した値引きおよび割戻し等の額を考慮した金額とする(par. 10)。多くの場合,対価は現金または現金同等物であり,収益の額はそれに等しい。

ただし,現金または現金同等物の流入が繰り延べられるとき,対価の公正価値が,受領される(または受領可能な)現金の名目額より少なくなる場合がある。たとえば,物品の販売の対価として無利息の信用を買手に供与したり,市場金利を下回る金利付きの受取手形を買手から受け取ることがある。この契約が実質的に金融取引をなす場合,その対価の公正価値は,将来のあらゆる入金をみなし利率で割り引いて算定される(par. 11)。みなし利率とは,(a)類似の格付けを有する発行者の類似金融商品に対する一般的な利率,または(b)その金融商品の名目額を物品または役務の現金販売価格へ割り引く利率である。この場合の

対価の公正価値と名目額の差額は，IAS 18 の 29 項および 30 項および IFRS 9 に従い，利息収益として認識される(par. 11)。

日本基準においては，対価としての現金または現金同等物の額と等しい金額(収入額)で測定され(会計原則第二・一・A)，多くの場合は IAS 18 の測定と同様である。また，「財務諸表等規則ガイドライン」では，値引き・割戻しの額を考慮した金額を収益の額としており，IAS 18 との差異はない(72-1，72-1-2)。ただし現金または現金同等物の流入が繰り延べられる場合には，IAS 18 では割引計算によって公正価値を測定するのに対し，日本基準ではリース取引等を除き利息部分を認識しないため割引計算はされない。

その他，交換取引に関する収益について，IAS 18 では以下のような規定があるのに対し，日本基準では明示規定がみられない点では差異が認められる。物品または役務が同様の性質と価値をもつ物品または役務と交換される場合には，当該取引は収益を生み出す取引とはみなされず，収益は認識されない(par. 12)。一方，異種の物品や役務との交換のために物品の販売や役務の提供が行われる場合には，当該取引は収益を生み出す取引とみなされ，収益は受領された物品または役務の公正価値で測定される(par. 12)。

3. 取引の識別・物品の販売・役務の提供等

(1) 取引の識別

認識要件を適用する取引単位について，IAS 18 では取引の識別に関する規定があるが，日本基準ではみられない。IAS 18 における認識要件は，通常それぞれの取引ごとに適用されるが，取引の状況によっては，その実質を反映するために単一取引を個別に識別可能な構成部分に分割して認識要件を適用する(par. 13)。たとえば，製品の販売価格がその後に発生する役務提供に係る額を含み，それが識別可能な場合，その額は分割して繰延計上され，役務の遂行期間にわたって収益として認識される。

反対に，複数の取引を一連の取引として把握しなければその商業的効果を理解できない場合には，その複数の取引を一体化して認識要件を適用する。たとえば，ある企業が物品を販売すると同時に，後日その物品を買い戻すという契約を締結することで取引の実質的効果を打ち消すことがあり，この場合には2つの取引は一体として取り扱われる(par. 13)。

（2） 物品の販売

日本基準では特殊販売に関する規定はみられるが，IAS 18 のように取引形態ごとの詳細な規定はない。IAS 18 によれば，物品の販売による収益は以下の5つの条件がすべて満たされたときに認識される(par. 14)。

(a) 物品の所有に伴う重要なリスクおよび経済価値を買手に移転したこと
(b) 販売された物品に対して，通常，所有とみなされる継続的な管理上の関与も有効な支配も保持していないこと
(c) 収益の額を，信頼性をもって測定できること
(d) 当該取引に関連する経済的便益が企業に流入する可能性が高いこと
(e) 当該取引に関連して発生した(または発生する)原価を，信頼性をもって測定できること

日本基準では，このような条件は明示されてないが，物品の販売による収益については原則として販売基準が適用されている(会計原則第二・三・B)。上記(a)および(b)は実現主義の要件，(e)は収益と費用の対応として解され，また，(c)および(d)は「対価の成立」要件に合致し，IAS 18 と日本基準との差異はないといえる。ただし，IAS 18 では，収益に関連する費用を信頼性をもって測定できない場合には当該収益も認識されない(par. 19)。

上記(a)に示されている，所有に伴うリスクおよび経済価値の移転は，多くの場合には法律上の所有権や占有の移転と同時に起こる。しかし，それが異なる時点で起こる場合もある。後者の状況で企業が所有に伴う重要なリスクと経済価値を保有している場合には，販売とはみなされず収益は認識されない。このような状況の例として，次の4つのケースが挙げられている(par. 16)。

(a) 企業が通常の保証条項ではカバーされない不十分な遂行に対する義務を残している場合

(b) 売手が特定の販売による収益を受け取るには，買手がその物品の販売による収益を得ることが条件になっている場合

(c) 物品が据付を必要とする状態で出荷され，その据付が契約の重要な部分であり，それがまだ完了していない場合

(d) 買手が販売契約で明記された理由によって購入を取り消す権利を有しており，返品の可能性が不確実である場合

日本基準においては，上記(b)は委託販売，(d)は試用販売に該当するものと考えられ，両者ともに IAS 18 の規定と同様の処理規定であり差異はみられない（会計原則注解注 6-1 および同 6-2）。一方，上記(a)および(c)について，日本基準では明示規定はない。また，割賦販売について，日本基準では販売基準を原則としながらも回収期限到来基準または回収基準も認めている点では，販売基準のみを適用する IAS 18 との差異がみられる。

また，IAS 18 では，企業が所有に伴うリスクのうち重要でない部分だけを留保している場合には，収益を認識すると規定されている(par. 17)。その例として，売手が単に債権の回収を担保するために物品に対する法律上の所有権を留保している場合や，得意先が満足しない場合に払い戻しを要求できるような小売販売が挙げられている。後者の場合には，返品に対する負債を認識することを条件に収益が認識される(par. 17)。返品に対する負債の認識について，日本基準では，引当金の計上要件を満たす場合には返品調整引当金の設定が行われるので，この点では差異はみられない（会計原則注解注 18）。

IAS 18 によれば，収益は取引に関連する経済的便益が企業に流入する可能性が高い場合にのみ認識される。ただし，すでに収益に認識された額の回収可能性について不確実性が生じたときには，回収不能額または回収の可能性が高くなくなった額は，費用として認識することになる（当初に認識された収益額の修正ではない）(par. 18)。

（3） 役務の提供

役務の提供による収益について，IAS 18 では役務の提供に関する取引の成果が信頼性をもって見積ることができる場合には，その取引による収益は財政状態計算書日現在の当該取引の進捗度に応じて認識され，進行基準が適用される (par. 20)。一方，日本基準では完了基準および進行基準が認められると解されるが，具体的な規定がなく一部については進行基準，多くの場合は税法規定に基づいて完了基準が適用される。IAS 18 では，進行基準による収益認識が役務の給付活動の程度や経営成績に関する有用な情報を提供すると指摘されている (par. 21)。取引の成果は，以下のすべての条件が満たされたときに，信頼性をもって見積ることができる (par. 20)。

(a) 収益の額を，信頼性をもって測定できること
(b) 取引に関する経済的便益が企業に流入する可能性が高いこと
(c) 取引の進捗度を財政状態計算書日において信頼性をもって測定できること
(d) 当該取引に関連して発生した原価および取引の完了に要する費用を，信頼性をもって測定できること

IAS 18 では，信頼性ある見積りを行うために，取引の相手方と次の3つの事項について合意がなければならないとしている (par. 23)。

(a) 各取引当事者により提供され，受領される役務の執行権
(b) 交換される対価
(c) 決済の方法と条件

また，進捗度を測る方法としては次の3つが含まれる (par. 24)。

(a) 提供した役務の調査
(b) 現時点までに提供済みの役務が役務全体に占める割合
(c) 現時点までの累積発生原価が当該取引の見積総原価に占める割合。現時点までの累積発生原価には，提供済みの役務を反映する原価のみが含まれる。見積総原価には，提供済みまたは提供予定の役務を反映する原価のみ

が含まれる。

さらに，役務が一定期間にわたり不確定な数の行為によって遂行されている場合には，実務の目的上，他の方法が進捗度をより適切に表すという証拠がない限り，収益は当該期間にわたって定額法で認識される(par. 25)。ただし，役務の提供に関する取引の成果が信頼性をもって見積ることができない場合には，収益は費用が回収可能と認められる範囲内でのみ認識しなければならない(par. 26)。

(4) 利息，ロイヤルティおよび配当

IAS 18によると，利息，ロイヤルティおよび配当を生ずる企業資産の第三者の利用による収益については，(1)取引に関連する経済的便益が企業に流入する可能性が高く，かつ，(2)収益の額が信頼性をもって測定できるときに，以下の基準で認識される(pars. 29-30)。

(a) 利息は，対象資産の実効金利法により認識

(b) ロイヤルティは，該当契約の実質に従って発生基準で認識

(c) 配当は，支払いを受ける株主の権利が確定したときに認識

上記(a)について，利付投資の取得以前に経過利息が発生している場合には，その後の利息収入は取得前と取得後の期間とに配分し，取得後の期間の部分のみが収益として認識される。上記(c)の持分証券に対する配当について，取得以前の純利益からの配当が発表されたときには，その配当は当該証券の原価から控除される。その配分を恣意的に行わないことが困難な場合には，その配当が明らかに当該証券の原価の部分回収を表している場合を除いて，配当は収益として認識される(par. 32)。また，ロイヤルティは該当契約の条件に従って発生するもので，通常はそれを基礎として収益認識されるが，契約の実質に照らして他の組織的かつ合理的な基準で収益を認識することが適切である場合にはその限りではない(par. 33)。

日本基準では，利息は発生基準によって収益認識される(会計原則注解6，金融商品会計実務指針第95項)。また，配当金については配当落ち日(または配当決

議日，もしくは入金時)に収益認識する(金融商品会計実務指針第94項)。ただし，売買目的有価証券以外でその他資本剰余金の処分による配当を受けたときには，受領額を対象有価証券の帳簿価額から減額する(企業会計基準適用指針第3号「その他資本剰余金の処分による配当を受けた株主の会計処理」第3項)。利息と配当金については，基本的な考え方にIASとの差異はない。一方，ロイヤルティに関する規定は日本基準では明示規定がなく，IAS 18 との差異がみられる。

さらに，IASBではカスタマー・ロイヤルティ・プログラム(ポイント制度)に関する会計処理について，IFRIC 13 を公表した。現在，多くの企業は販売促進等のために，商品やサービスを購入した顧客に対して，ポイントやマイル等の賞品クレジットを付与し，それと引き換えに商品等を無償または値引きして提供している。この商品等の提供義務について，IFRIC 13 では当初販売の受取額を商品販売とクレジット付与の両構成要素に配分し，後者については賞品クレジットの義務を履行した場合にその受取額を収益として認識するとしている。一方，日本基準ではこのような規定はなく，実務においては「企業会計原則注解」注18の引当金の要件を根拠に，ポイント引当金を計上している。

4. 開示その他

IAS 18 では，企業は以下の3つの事項の開示を規定している(par. 35)。
(a) 収益の認識に対して採用された会計方針
(b) 期間中に認識された収益の重要な区分ごとの額(以下の区分項目を含む)
(i)物品の販売, (ii)役務の提供, (iii)利息, (iv)ロイヤルティ(v)配当
(c) 収益の重要な各区分に含まれている物品または役務の交換から生じた収益の額

日本基準では上記(a)と同様に収益の計上基準の開示が規定されているが，他の開示規定はない(会計原則注解注1-2および財規8条の2)。ただし，会計方針についても代替的な会計基準が認められていない場合には省略できるため，多くの場合は記載がない(会計原則注解注1-2)

また，IAS 18 は IAS 37「引当金，偶発債務及び偶発資産」に従って，製品保証

の原価，クレーム，違約金または潜在的損失などから生ずるであろう偶発債務および偶発資産について開示することを規定している (par. 36)。日本基準では，「会社計算規則」134条および「財務諸表等規則」58条において偶発債務の注記を規定しているが，他方の偶発資産の注記に関する規定はない。

さらに，IAS 18では，それぞれの認識要件の意味をより明確にし，実務上の適用指針を提供するために，基準書の付録として例示が添付されている。

5. 収益認識プロジェクト：新たな収益認識原則

企業活動の進展に伴って，収益取引の種類が増加し契約形態も複雑になってきた。財やサービスの提供と支払いの時点がずれる場合，または2つ以上の財やサービスが提供される取引（複数要素契約）など，単純ではない取引について現行の基準は十分な指針を提供していないと指摘されている。

そこで，IASBとFASBは2002年6月より収益認識に関する共同プロジェクトを立ち上げ，単一の首尾一貫した収益認識の原則を確立することを目指している。ここでは，概念フレームワークにおける収益の定義に整合し，かつ，種々の収益取引に適用できる収益認識の原則を明確にすることを目的としている。長期間の議論の末に，ようやく2008年12月に第1段階として「顧客との契約における収益認識についての予備的見解」が公表された。またその後，2010年6月には，公開草案「顧客との契約から生じる収益」が公表された。提案されている新たなIFRSは，IAS 18，IAS 11および関連する解釈指針の置換えを目的とするもので，収益認識に関する規定を行うとともに，米国基準との統合を目指したものである。その中では，顧客が財またはサービスの支配を獲得したときに，履行義務が充足され収益を認識することを提案しているが，これにより完成時に支配が移転する場合には，進行基準が認められなくなる。

これにより，収益認識の原則は大きく変化することが予想され，今後のプロジェクトの動向に注目していかなければならない。

§3　実務上の留意事項および設例

1．収益の認識

留意事項

- ▶我が国では，物品を出荷した時点で収益認識することが実務上多く行われている。一方，IAS 18 では物品の所有に伴う重要なリスクおよび経済価値が買手に移転したことを要件としており，顧客の検収完了や，輸出先の通関を条件としている場合には認識時点の見直しが必要である。
- ▶役務の提供について，日本基準では工事契約やソフトウェア取引等を除き収益認識について具体的な規定はないが，IAS 18 では進行基準により収益を認識する。
- ▶入会金，ノーハウ等の一時金について，日本基準では返還不要の場合は入金時に収益認識するケースが多いが，IAS 18 では経済的便益を受ける期間(使用許諾期間等)にわたり収益を認識する。
- ▶配当金について，日本基準では市場価格のある株式は配当落ち日に，市場価格のない株式は配当決議日にそれぞれ収益認識するほか，通常要する支払期間内に支払を受ける場合は継続適用を要件として入金時に認識することができる(金融商品会計実務指針第94項)。一方，IAS 18 では支払を受ける株主の権利が確定した時点で収益認識する。

設例 17-1

IAS 18 の適用を前提に，以下の設問に答えなさい。
〈設問①〉
据付又は検収の完了を待たず引渡し時点で収益認識できるケースを述べよ。

〈設問②〉

役務の提供において成果を信頼性をもって見積もることができない場合、どのように収益認識すればよいか。

〈設問③〉

未出荷売上について、収益認識が認められる要件を述べよ。

〈設問④〉

以下の場合において、使用許諾料およびロイヤルティはどのように収益認識するか。

1. 技術等を一定期間利用する権利を譲渡した場合
2. 使用許諾を受けた者が権利を自由に活用し、何ら履行義務を負わない場合
3. 使用許諾料等の受領可能性が将来の事象に依存する場合

解答・解説

① 以下のケースに限り引渡し時点での収益認識が認められている。(Appendix 2(a))
   - ▶物品の性質上、据付が単純である（梱包を開いて電源を接続するだけの電化製品等）。
   - ▶検収が契約単価の最終決定のみを目的として行われる（鉄鉱石、大豆等の出荷）。

② 発生費用のうち、回収可能な金額を上限として収益を認識する。(par. 26)

③ 以下の4要件を充たす場合、買手が所有権を獲得した時点で認められる。(Appendix 1)
   (a) 物品が引渡される可能性が高い。
   (b) 物品が手元にあり、明確に識別され、引渡し可能な状態にある。
   (c) 買手が未出荷売上の取決め内容について明確に認識している。
   (d) 通常の支払条件が適用される。

④ 使用許諾料及びロイヤルティは、当該契約の実質に従い収益認識する。

（Appendix 20）
1. 契約期間にわたり定額法により収益認識する。
2. 販売時点で収益認識する。
3. 受領する可能性が高くなった時点で収益認識する。

設 例 17-2

以下の各設問で行われている会計処理について，IAS 18 を適用した場合にどのような検討が必要になるか。

〈設問①〉

メーカーである X 社(決算日 3 月 31 日)は，3 月中に製品 20,000 千円を顧客へ出荷し，うち 15,000 千円について決算日までに顧客から検品完了の報告を受けた。X 社は出荷基準に基づき X 1 年度に 20,000 千円を売上計上した。

〈設問②〉

リゾートクラブを運営する Y 社は，X 1 年度に顧客へ会員権を販売し，会員権の対価 1,000 千円及び入会金 500 千円を受け取った。会員資格に期限の定めはないが，会員権を譲渡した場合に譲受者は Y 社へ名義書換料 500 千円を支払う。Y 社は X 1 年度に入会金 500 千円を収益認識した。

〈設問③〉

商社である Z 社は部品メーカーと代理店契約を結び，製品の販売および代金の回収を請け負っている。Z 社は顧客の注文を部品メーカーへ取次ぐのみであり，製品の品質保証責任等は負わない。Z 社は 7,000 千円の製品を販売・回収し，その手数料として 600 千円を部品メーカーより受領する。X 1 年度に Z 社は顧客から回収した 7,000 千円および手数料 600 千円を売上計上した。

解答・解説

① 日本の実務慣行では，簡単な検品が必要な場合でも，簡便的に製品の出荷時点で収益認識するケースがあるが，IAS 18 ではより厳密に，出荷が正式に受け入れられるまで収益認識しないため，売上を 15,000 千円へ修

正する必要がある。

② 入会金等で期限の定めがない場合，日本の実務慣行では入金時点等で収益認識することが行われる。一方，IAS 18 では便益の提供時期・性質等を勘案し，収益認識する必要があり（Appendix 17），たとえば顧客の入会から退会までの平均年数に基づき各期へ収益を均等配分する方法などが考えられる。

③ 日本の実務慣行では代理（エージェント）として行った取引について総額で収益が認識されているケースがあるが，IAS 18 では契約当事者の代理として回収した金額は収益に含めず（par. 8），手数料 600 千円のみを収益認識する。

2. 収益の測定

留意事項

▶日本基準ではリース取引等を除き，販売にかかる利息は認識しない。一方，IAS 18 では支払いが通常の支払期間を超過する場合には，対価をみなし利率で割引いて公正価値を測定する。対価と公正価値の差額は利息収益として認識する。

▶いわゆるリベート（売上値引・割戻）について，「財務諸表等規則ガイドライン」では，これらを収益の控除項目として規定しているが，得意先の経費補填目的で支払われる等，我が国ではその性格が多様である。実務上は，販売金額の一部減額が返金であることが明確な場合を除き，売上高から控除する方法と，販売費および一般管理費とする方法のいずれも採用されている。一方，IAS 18 では収益は企業が自己の計算で受領し得る経済的便益の総流入だけを含み，受領した対価の公正価値により測定するとされ，リベートは売上高から控除する。

▶実務上，契約書に記載のないリベートの支払および年度末まで値引額が定まらない取引があるが，物品および役務の公正価値の算定が複雑となり収

益が正確に測定されないおそれがあるため，契約内容の見直しを検討する必要も考えられる。

設 例 17-3

中古車ディーラーである A 社(決算期 3 月 31 日)は 4 月 1 日に車両 1 台(簿価 700 千円)を H 社へ 1,000 千円で販売した。H 社は 9 月 30 日および 3 月 31 日にそれぞれ 500 千円を A 社へ支払う(通常の支払期間は販売時点より 1 ヶ月以内)。

A 社は H 社に対し，いかなる利息の支払も要求しない。なお，H 社と類似の信用力を有する企業に対する一般的な利率(みなし利子率)は年 10% である。

4 月 1 日，9 月 30 日および 3 月 31 日における日本基準および IAS 18 の会計処理(仕訳)についてそれぞれ答えなさい。

解 答

（1） 日本基準による会計処理

【4 月 1 日】

(借) 売　掛　金	1,000	(貸) 売　　上	1,000
売 上 原 価	700	車　　両	700

【9 月 30 日】

(借) 現　　金	500	(貸) 売　掛　金	500

【3 月 31 日】

(借) 現　　金	500	(貸) 売　掛　金	500

（2） IAS 18 による会計処理

【4 月 1 日】

(借)	売　掛　金	907	(貸)	売　　　　上	907
	売　上　原　価	700		車　　　　両	700

【9月30日】

(借)	現　　　金	500	(貸)	売　掛　金	454
				受　取　利　息	46

【3月31日】

(借)	現　　　金	500	(貸)	売　掛　金	453
				受　取　利　息	47

解　説

　日本基準では利息収益を認識しないが，IAS 18 では支払が通常の支払期間を超過する場合，対価をみなし利率で割引いて公正価値を測定する。対価の公正価値(P)の算定過程は以下のとおりである。

$P \times (1 + 1/2 \times 10\%)^2 = 1{,}000$

$P = 1{,}000 \div (1 + 1/2 \times 10\%)^2 = 907$

　公正価値と名目額の差額 93 は利息収益として認識する。

3. 取引の分離と一体化

留意事項

▶取引を複数の構成要素（製品の販売とそのアフターサービス等）に分割できる場合は，それぞれ別個に公正価値を測定し収益認識する。すなわち，製品の販売については物品の販売，アフターサービスについては役務の提供の収益認識要件をそれぞれ適用する。アフターサービスの公正価値の測定は通常困難であり，過去の実績，同業他社比較などにより測定方法を確立

しておく必要がある。

▶ 上記とは逆に，複数の取引を一連のものと考え一体として収益認識する場合がある。特に同一企業と同時期に締結した複数の取引は，契約条件が一体として取り決められているものがあり，これらは一体の取引として会計処理する。

設 例 17-4

国内メーカーであるB社(決算日3月31日)は業務用エアコンの製造および販売を行っている。B社はX1年度3月1日にエアコンを配送・据付し，配送時に900千円を受け取る契約を顧客と締結した。当該契約には，アフターサービスとして据付日より2年間の無償修理が含まれている。B社はX1年度3月31日にエアコンを顧客に配送し，据付はX2年度4月1日に行った。エアコン，据付費用およびアフターサービスを別個に販売する場合の価格(公正価値)は以下のとおり。

エアコン(配送費含む)	800千円
設置費用	100千円
アフターサービス	100千円

エアコンの原価は650千円，設置費用(全て労務費)は50千円である。また，B社の実績ではエアコン1台あたりの2年間の修理費用は40千円と見積もられている。

販売したエアコンについて，修理が発生しないままX3年度末を迎えた。

X1年度，X2年度およびX3年度における日本基準およびIAS 18の会計処理(仕訳)をそれぞれ答えなさい。

解　答

（1）日本基準による会計処理

【X1年度】

| (借) 現　　　　金 | 900 | (貸) 前　受　金 | 900 |

【X2年度】

(借)	前 受 金	900	(貸)	売 上 高	900
	売 上 原 価	700		製 品	650
				現 金 等	50
	製品保証引当金繰入額	40		製品保証引当金	40

【X3年度】

(借)	製品保証引当金	40	(貸)	製品保証引当金戻入益	40

(2) IAS 18 による会計処理

【X1年度】

(借)	現 金	900	(貸)	前 受 金	900

【X2年度】

(借)	前 受 金	855	(貸)	売 上 高^{*1}	720
				売 上 高^{*2}	90
				売 上 高^{*3}	45
(借)	売 上 原 価	700	(貸)	製 品	650
				現 金 等	50

【X3年度】

(借)	前 受 金	45	(貸)	売 上 高^{*4}	45

* 1　$900 \times \{800 \div (800 + 100 + 100)\} = 720$
* 2　$900 \times \{100 \div (800 + 100 + 100)\} = 90$
* 3　$[900 \times \{100 \div (800 + 100 + 100)\}] \div 2 = 45$
* 4　$[900 \times \{100 \div (800 + 100 + 100)\}] \div 2 = 45$

解　説

　据付工事等が必要な製品を販売する場合，日本の実務慣行では当該行為の完了により製品の売上が実現したと考え，X2年度に対価の全額を収益認識する。アフターサービスについては過去の実績等に基づいた見積り費用を引当金として計上する。

　一方，IAS 18ではX1年度は所有に伴う重要なリスク (par 16.(c))をB社が留保しており，据付完了時まで収益認識されない点は同じであるが，取引を構成要素ごとに分離し，それぞれ別個に収益認識する点で異なる。

　上記設例では，公正価値と対価の差額（値引額）を物品およびサービスへ比例配分しているが，他の配分方法（たとえば，値引きの要因は主にエアコンと設置費用にあると考えられる場合，これらに値引額を優先的に配分する方法など）も考えられる。

4．役務の提供

留意事項

▶役務収益の認識について，日本基準では完了基準と進行基準の選択適用の余地があるのに対し，IAS 18では進行基準が強制適用となる。進行基準を適用するためには信頼性をもって役務の進捗度を測定する必要があり，作業量の集計，現在までの役務が役務全体に占める割合，発生原価が見積総原価に占める割合など，測定の基礎を把握できる有効な予算・報告システムが必要になる。

▶我が国の商慣習上，契約書が締結されていても，そこに記載されていない権利義務関係の存在および，記載内容と実際の取引条件が相違する例がある。このようなケースでは，進捗度を信頼性をもって見積ることが困難となり会計処理の遅延および事務負担の増加を招くため，契約の見直しを検討する必要がある。

設 例 17-5

　広告代理店A社(決算日：12月31日)は，食品メーカーB社から新商品のコーヒーのキャンペーンとして，製品の宣伝，頒布およびカフェの運営(資材は支給される)を委託された。契約の内容は次のとおりである。

業務委託料　　　　　600
カフェ運営委託料　　　売上の5%
契約期間　　　X1年12月1日～X2年2月28日
X1年度末における見積総原価　　480
X1年度の発生原価　　240
X2年度の発生原価　　260
X1年度のカフェ売上高　　1,000
X2年度のカフェ売上高　　1,500
支払条件　キャンペーン開始時　　400
　　　　　キャンペーン終了時　　200 とカフェ運営委託料

X1年度およびX2年度における日本基準およびIAS 18の会計処理をそれぞれ答えなさい。

解　答

（1）　日本基準による会計処理

【X1年度】

(借)	仕　掛　品	240	(貸)	現　　　金	240
	現　　　金	400		前　受　金	400
	前　受　金	50		売　上　高[*1]	50

【X2年度】

(借)	仕 掛 品	260	(貸)	現 金	260
	現 金	325		前 受 金*²	325
	売 上 原 価	500		仕 掛 品	500
	前 受 金	675		売 上 高*³	675

* 1 $1{,}000 \times 5\% = 50$
* 2 $200 + (1{,}000 + 1{,}500) \times 5\% = 325$
* 3 $600 + 1{,}500 \times 5\% = 675$

(2) IAS 18 による会計処理

【X1年度】

(借)	仕 掛 品	240	(貸)	現 金	240
	現 金	400		前 受 金	400
	売 上 原 価	240		仕 掛 品	240
	前 受 金	350		売 上 高*¹	350

【X2年度】

(借)	仕 掛 品	260	(貸)	現 金	260
	現 金	325		前 受 金	325
	売 上 原 価	260		仕 掛 品	260
	前 受 金	375		売 上 高*²	375

* 1 $(400 + 200) \times 240 \div 480 + 1{,}000 \times 5\% = 350$
* 2 $(400 + 200) + (1{,}000 + 1{,}500) \times 5\% - 350 = 375$

解　説

　業務委託料600は，日本基準では役務提供が終了したX2年度に認識するが，IAS 18では取引の進捗度と発生原価を対応させ，累積発生原価が見積総原価に占める割合に応じて収益認識する(par. 24(c))。これは，原価の発生に応じ

て収益認識する方法(原価比例法)である。設例の方法以外に，提供した役務の実態調査を行い収益を測定する方法および，提供済みの役務の役務全体に占める割合により測定する方法もある。(par. 同(a)(b))

5．カスタマー・ロイヤルティ・プログラム

留意事項

▶ 日本の実務慣行ではポイントサービスおよびマイレージサービスについて，商品又は役務提供時に過去の使用実績等に基づき算定した使用率（＝1-ポイント失効率）を期末ポイント残高に乗じて引当金を算定し，販売費および一般管理費として費用計上する方法が一般的であるが，IFRIC 13 ではポイント相当分のうち将来の使用見込額を使用率等に基づき算定し，販売時点で収益から控除して顧客の権利行使時まで繰り延べる必要がある。
▶ 将来の使用見込額の測定は精度の高い見積りに基づく必要があり，使用実績を集計する仕組みを構築する必要がある。
▶ 適用初年度では過去の使用実績を集計していない場合が多く使用率の算定が困難となるため，同業他社および業界平均を参考にするなど特別な対応が必要になる。
▶ 交換する商品および役務を第三者から購入するケースや他社発行ポイントとの交換など，特典の使用形態は様々であり，これらを考慮して将来の使用見込額を見積る必要がある。

設 例 17-6

百貨店 C 社は，購入額 1,000 円につき 50 ポイントを顧客に付与するポイントサービス制度を導入しており，1 ポイントにつき 1 円の商品を購入することができる。ポイントは獲得年度末より 2 年経過後に失効し，C 社の過去の実績からポイントの失効率は 10％ と見込まれている。

X 1 年度において，C 社は 20,000 百万円の現金売上を計上し，1,000 百万円の

ポイントを顧客へ付与した。X1年度において前年度(X0年度)から繰越されたポイント残高は0であり、当期のポイント使用はない。

X2年度において、C社は30,000百万円の現金売上を計上し、1,500百万ポイントを顧客へ付与し、このうち500百万ポイントが使用された。また、X1年度から繰越された1,000百万ポイントのうち、600百万ポイントがX2年度で使用された。ポイント使用率および原価率はX1年度と同じである。本設例については、売上原価の計上は考慮しない。

X1年度およびX2年度における日本基準およびIAS 18の会計処理をそれぞれ答えなさい。なお、ポイント部分の公正価値は当初売上高を売上の対価と付与ポイントの公正価値で比例按分する方法による。

解　答

（1）　日本基準による会計処理

【X1年度】

(借)	現　　　　　金	20,000	(貸)	売　上　高	20,000
	ポイント引当金繰入額*1	900		ポイント引当金	900

【X2年度】

(借)	現　　　　　金	30,000	(貸)	売　上　高	30,000
	ポイント引当金	600		売　上　高	600
	ポイント引当金	300		ポイント引当金戻入額*2	300
	ポイント引当金繰入額*3	1,260		ポイント引当金	1,260

* 1　$1,000 \times (1 - 0.1) = 900$
* 2　$900 - 600 = 300$
* 3　$\{(1,000-600) + (1,500-500)\} \times (1 - 0.1) = 1,260$

（2）　IFRIC 13による会計処理

【X1年度】

| (借) | 現 | 金 | 20,000 | (貸) | 売　　上　　高[*1] | 19,139 |
| | | | | | 繰　延　収　益[*2] | 861 |

【X2年度】

(借)	現	金	30,000	(貸)	売　　上　　高[*3]	28,708
					繰　延　収　益[*4]	1,292
	繰　延　収　益		1,052		売　　上　　高[*5]	1,052

* 1　$20,000 \times [20,000 \div \{20,000 + (1,000 \times (1-0.1))\}] = 19,139$
* 2　$20,000 - 19,139 = 861$
* 3　$30,000 \times [30,000 \div \{30,000 + (1,500 \times (1-0.1))\}] = 28,708$
* 4　$30,000 - 28,708 = 1,292$
* 5　$861 \times [600 \div \{1,000 \times (1-0.1)\}] + 1,292 \times [500 \div \{1,500 \times (1-0.1)\}] = 1,052$

解説

　日本の実務慣行では，期末のポイント発行残高に(1－失効率)を乗じて引当金を計上する。ポイント使用の都度，引当金を取崩し，期末に洗替処理を行う。

　一方，IFRIC 13では当初の売上高を売上の対価と付与ポイントの公正価値で按分し，ポイント分を繰延収益に計上する。ポイント使用時に顧客へ商品・役務が提供されるため，繰延収益を消滅させ売上を計上する。なお，X3年度においてX1年度の残り400百万ポイントが使用されなかった場合，当期末でポイントが失効するため，繰延収益残高287百万円(注)を収益計上することになる。

　(注)　$861 - [861 \times \{600 \div (1,000 \times (1-0.1))\}] = 287$

　設例では，当初の売上を比例按分する方法により販売部分とポイント部分の公正価値を測定したが，ポイント部分の公正価値を直接測定する方法によることもできる(Appendix 1 参照)。ただし，IFRIC 13ではポイント部分の公正価値を，収益金額から商品又は役務の公正価値を差引いた残存金額として算定することは認めていない。

第18章

工事契約

【要約比較表】 IAS 11 と日本基準との異同点

	IAS 11	日本基準
会計処理単位	実質優先原則に基づく契約の分割または統合を要求	同　左
会計処理方法	① 工事結果の信頼できる見積りが可能な場合，工事進行基準 ② 不能な場合，発生工事原価とその範囲内での収益を認識	① 同　左 ② 信頼できる見積りが不能な場合のみ工事完成基準を適用する
予想損失の取扱い	予想損失をその発生が見込まれた時点でただちに計上	適用されている認識基準や工事の進捗の程度にかかわらず，引当金の要件を満たした段階で引当金計上
開　示	① 債権総額と債務総額を財政状態計算書に記載 ② 認識された工事収益 ③ 工事収益の算定方法 ④ 工事進行割合の決定方法 ⑤ 発生原価と利益の累計額 ⑥ 前受金額 ⑦ 保留金額	① 工事未収入金，工事未払金，未成工事受入金を貸借対照表に記載 ② 損益計算書に記載 ③ 重要な会計方針として注記 ④ 重要な会計方針として注記 ⑤ な　し ⑥ 未成工事受入金 ⑦ な　し

§1 背　　景

　IAS 11「工事契約」は，工事契約に関する会計処理方法と開示内容を詳細に規定している。最初の IAS 11 は 1978 年に承認されたが，その後 IASC の「財務諸表の作成・表示に関するフレームワーク」で示された認識基準に適合させるための改訂が，1993 年に次のように行われた。

(1) 会計処理単位確定のための工事契約の分割または統合を，企業の任意から一定の基準に基づかせることに改めた
(2) 収益となる可能性が高くかつ信頼できる測定が可能な契約内容を変更し，クレームおよび奨励金を工事収益に含めることを強制した
(3) 販売費，一般管理費および研究開発費を工事原価に原則として含めないことを明示した
(4) 工事の結果について信頼できる見積りが可能な場合の収益・費用の認識基準として工事完成基準と工事進行基準の選択適用を認めていたものを，工事進行基準に限定した
(5) 工事の結果について信頼できる見積りが不能な場合の収益・費用の認識基準として定めていた工事完成基準を廃止して，実際発生原価を収益および費用として認識することとした
(6) 開示情報の内容を拡大した

　わが国における工事契約に関する会計処理方法について，従来は企業会計原則が実現原則である工事完成基準と発生原則である工事進行基準の選択適用を認めていたが（企業会計原則　第二・三・B但書および注解 7），2007 年 12 月に企業会計基準委員会より，コンバージェンスの一環として企業会計基準第 15 号「工事契約に関する会計基準」（以下，工事契約会計基準）および企業会計基準適用指針第 18 号「工事契約に関する会計基準の適用指針」（以下，工事契約適用指針）が公表され，進捗部分について成果の確実性が認められる場合には工事進行基準を適用し，この要件を満たさない場合には工事完成基準を適用することを要

求している(工事契約会計基準9)。なお工事契約会計基準は2009年4月1日以降開始事業年度から適用されている。

§2 バリエーションの分析と評価

1. 目的および範囲

IAS 11は，工事契約に関する収益と費用の会計処理方法と開示内容を規定したもので，工事施工企業に適用される。IAS 11によると，工事契約とは，単一の資産や，あるいはその設計，技術さらに機能あるいはその最終的な目的や用途が密接に相互関連または相互依存した複数資産の複合体の建設工事に対して，明確に取り決められた契約をいう。たとえば，精製設備のような複合的な機器・装置の建設工事も含まれる。

わが国の「工事契約会計基準」において工事契約とは，仕事の完成に対して対価が支払われる請負契約のうち，土木，建築，造船といった基本的な仕様や作業内容を顧客から指示されて行うものとされている。

工事は長期にわたるので，工事に着手した年度と工事の完了した年度が異なることがある。このため，工事収益と工事費用を施工期間に属する各年度にどのように配分するかが，工事契約に関する会計処理の主要な課題になる。IAS 11は，工事収益と工事費用が損益計算書に計上されるべき時期を決定するのに，「財務諸表の作成・表示フレームワーク」で示された認識規準を用いている。

2. 会計処理単位

工事契約に関する会計処理は，1つの契約ごとに適用されるのが普通である。しかし，契約の実態を会計処理に反映するためには，1つの契約を複数に分割する，あるいは逆に複数の契約を1組にまとめて会計処理を行うほうが望まし

いこともある。

　IAS 11 は実質優先原則から，工事契約を実質的に単一と考えられる単位ごとに分割または統合して会計処理を行うことを，次のように要求している。

　まず，1つの契約であってもそれが複数の資産を含むときに，次の条件をすべて満たす場合には，各資産についての工事を別個の工事契約として処理しなければならない(par. 8)。

(a) 各資産に対して別個の見積書が提示されていること
(b) 各資産が別個の取決めによって決定され，施工企業または顧客が契約の各資産に関連する部分を受諾または拒絶できるようになっていること
(c) 各資産の原価と収益が区別して識別可能であること

　次に，1組の契約が次のすべての条件を満たす場合には，それらの契約を単一の工事契約として処理しなければならない(par. 9)。

(a) 1組の契約が一括して取り決められること
(b) 構成する諸契約が非常に密接に相互関連しているために，それらが事実上，まとまった粗利益をもたらす単一のプロジェクトの一部になっていること
(c) 構成する諸契約が同時または連続して実施されること

　さらに，次のいずれかの条件を満たす追加資産の建設工事は，別個の工事契約として取り扱わなければならない(par. 10)。

(a) 追加資産が，その設計，技術または機能の点で，当初の契約による資産または資産群と大きく異なること
(b) 追加資産の価格が，当初の契約価格とは無関係に取り決められること

　わが国の「工事契約会計基準」は，工事契約の認識の単位は工事契約において当事者間で合意された実質的な取引単位に基づくことを規定している(工事契約会計基準 7)。しかし同時に，契約書が当事者間で合意された実質的な取引単位を適切に反映していない場合には，これを反映するように複数の契約書上の取引を結合し，またはその一部をもって工事契約に係る認識の単位とすることを要求している。

3. 工 事 収 益

　IAS 11 は，工事収益を(a)契約で合意された当初の収益と，(b)収益となる可能性が高くかつ信頼できる測定が可能な契約内容の変更，クレームおよび奨励金，の合計，と規定している(par. 11)。わが国では，「工事収益総額」を施工者が受け取る対価の総額として定義しているのみであり(工事契約会計基準6(5))，工事収益の範囲に関して IAS 11 のように明確に規定されているわけではない。

4. 工 事 原 価

　IAS 11 は，工事原価を(a)特定の契約に直接関連する原価，(b)契約活動全般に帰属させることができ，かつその契約に配分することが可能である原価，(c)契約条項によって顧客に請求できることが明確なその他の原価，の合計と規定している(par. 16)。特定の契約に直接関連する原価には，作業員(監督者を含む)の労務費，工事で消費された材料費，契約に基づいて利用される設備・機器の減価償却費，材料・設備・機器の移設費，設備・機器の賃借料，契約に直接関連する設計・技術指導料，見積補修費・保証料および第三者へのクレーム代金が含まれる。契約活動全般に帰属させることができ，かつその契約に配分することが可能である原価には，保険料，契約に直接関連しない設計・技術指導料および工事間接費が含まれる。これらの原価は，規則的かつ合理的で，同様の属性を有するすべての原価に統一して適用される方法によって配分されなければならない(par. 18)。また，契約条項によって顧客に請求できることが明確な原価には，契約条項によって明確に請求できる特定の一般管理費および開発費が含まれる(par. 19)。したがって，販売費のほか，契約によって請求できることが明確でない一般管理費や研究開発費，および特定の契約に基づいては利用されない遊休設備・機器の減価償却費は，工事原価には含められないことになる(par. 20)。

　わが国の「原価計算基準」によると，販売費および一般管理費は製品原価に含

まれない。しかし，日本基準では，「工事原価総額」を工事契約において定められた，施工者の義務を果たすための支出総額として定義されており（工事契約会計基準6(6)），支出総額には目的物の引渡に係る支出も含まれるとされている。したがって，実務上は工事原価の範囲に関して，基本的にIAS 11と同様の考え方が採用されている。

5. 工事収益および費用の認識

　工事収益および費用の認識に関するIAS 11の特徴は，工事の結果について信頼できる見積りが可能な場合と不可能な場合に分けて，それぞれの場合ごとに単一の会計処理方法を強制していることである。したがって，工事の結果について信頼できる見積りが可能であるか否かの判定が重要になってくる。IAS 11は，工事結果について信頼できる見積りが可能な条件を，確定価額契約の場合と原価加算契約の場合に分けて示している。

　確定価額契約とは，施工企業が固定契約価額または出来高固定単価（原価上方修正条項付である場合を含む）で請け負う工事契約をいう。確定価額契約で次の条件のすべてが満たされる場合には，工事契約の結果について信頼できる見積りが可能とされる(par. 23)。

(a) 契約収益総額の信頼できる測定が可能であること
(b) 施工企業がその契約に関連する経済的便益を得る可能性がかなり高いこと
(c) 契約の完了に要する契約原価と決算日における工事の進行割合の両方について，信頼できる測定が可能であること
(d) その契約に起因する契約原価について明確な識別と信頼できる測定ができるように，実際に発生した契約原価の事前予想との比較が可能であること

　原価加算契約とは，あらかじめ定められた原価に，原価の一定比率または固定手数料を加算した価額が，施工企業に支払われる工事契約をいう。原価加算契約では，次のすべての条件が満たされる場合には，工事契約の結果について

信頼できる見積りが可能とされる(par. 24)。
  (a) 施工企業がその契約に関連する経済的便益を得る可能性が高いこと
  (b) その契約に起因する契約原価について明確な識別と信頼できる測定が可能であること

IAS 11 は，工事の結果について信頼できる見積りが可能な場合には，その工事契約に関連する収益および原価を，決算日の建設工事の進行割合に応じて，それぞれ収益または費用として認識することすなわち，工事進行基準の適用を要求している(par. 22)。IAS 11 は工事進行基準を強制する理由を，この方法によると，工事収益が工事の進行に伴って発生した工事原価に対応づけられ，その結果，工事の終わった部分に起因すると考えられる収益，費用および利益の報告が行われることになり，各期間における契約に基づく活動とその成果に関する有用な情報を提供することができるから，と説明している(par. 25)。

工事の進行割合の決定方法について，IAS 11 は契約の性質に応じて次のような方法を例示し，施工された作業について信頼性をもって測定できる方法を選択することを求めている(par. 30)。
  (a) 期末までに施工された作業について発生した工事原価の見積契約原価総額に対する割合
  (b) 施工された作業の査定
  (c) 契約工事の物理的な完成割合

工事の結果の信頼できる見積りが不可能な場合には，IAS 11 は次の処理を強制している(par. 32)。
  (a) 発生工事原価が回収可能であると見込まれる範囲内で収益を認識する
  (b) 工事原価をそれが発生した期間の費用として認識する

したがって，この方法では利益が認識されないことになる(par. 33)。また，回収される見込みのない工事原価は，ただちに費用として認識される(par. 34)。なお，工事の結果の信頼できる見積りを妨げる不確実性が存在しなくなった場合には，工事進行基準が適用されることになる(par. 35)。

以上のように，IAS 11 は，工事契約の結果の信頼できる見積りの可能性の有無にかかわらず，工事契約に関する収益・費用の認識に発生原則の適用を強制

することを大きな特徴としている。

わが国の「工事契約会計基準」は，工事の進行途中においても，その進捗部分について成果の確実性が認められる場合には工事進行基準を適用し，この要件を満たさない場合には工事完成基準を適用することを規定している（工事契約会計基準 9）。成果の確実性が認められるためには，工事収益総額，工事原価総額，決算日における工事進捗度を信頼性をもって見積もることができなければならない。

このように，IAS 11 は工事契約からの収益・費用の認識に発生原則を適用することを強制しており，わが国の実務においても同様に，原則として工事進行基準の適用が強制される。

「工事契約会計基準」は，決算日における工事進捗度を，原価比例法といった合理的に工事進捗度を把握することが可能な見積方法を用いることにより，工事契約における施工者の履行義務全体との対比において，決算日における当該義務の遂行割合を合理的に反映する方法を用いて見積もることを要求している（工事契約会計基準 15）。そのため，IAS 11 の示した「見積契約原価総額に対する期末までに施工された作業について発生した契約原価の割合」が，わが国でも工事進行割合として一般に採用されている。

6. 予想損失の認識

IAS 11 は，工事結果に対する信頼できる見積りの可能性にかかわらず，工事原価総額が工事収益総額を超過する見込みのある場合には，その予想損失をただちに費用として認識することを要求している (par. 36)。

これに対して，「工事契約会計基準」は損失が見込まれる場合の処理について，その損失額のうち，当該工事契約に関してすでに計上された損益の額を控除した残額を，損失額が見込まれた期の損失として処理し，工事損失引当金を計上することを要求している（工事契約会計基準 19）。つまり，「企業会計原則注解」18 の引当金計上要件が満たされる場合には，工事損失引当金の計上が義務づけられる。

7. 見積りの変更

　IAS 11 は，工事進行基準を各年度に累積された金額に基づいて適用することとし，工事収益または原価の見積りの変更の影響，あるいは工事の結果についての見積りの変更の影響は，変更年度の損益に含め，変更年度以降の収益・費用の認識は変更後の見積りに基づいて行うとしている(par. 38)。わが国でも工事進行基準を採用している場合には，実務上，IAS 11 と同様の会計処理が行われている(工事契約会計基準 16)。

8. 開　　　示

　IAS 11 の会計処理によると，(a)契約による顧客への債権総額を資産として，(b)契約による顧客への債務総額を負債として，財政状態計算書に表示することになる(par. 42)。ここで，契約による顧客への債権総額は，発生した原価と認識された利益の合計から，認識された損失と中間請求額の合計を差し引いた差額である(par. 43)。また，契約による顧客への債務総額は，進行中のすべての契約のうち，発生した原価と認識された利益(認識された損失を差し引いた後の利益)の合計を中間請求額が超過するものについて，発生した原価と認識された利益の合計から，認識された損失と中間請求額の合計を差し引いた差額である(par. 44)。中間請求額とは，それが顧客から実際に支払われたかどうかにかかわらず，契約に基づいて施工された作業に対する請求額である。

　さらに，IAS 11 は次の事項の開示も求めている(pars. 39・40)。
(1)　その年度で認識された工事収益の金額
(2)　その年度で認識された工事収益の算定に用いられた方法
(3)　進行中の契約の進行割合を決定するために用いられた方法
(4)　決算日までに発生した原価と認識された利益(認識された損失を差し引いた後の利益)の累計額
(5)　前受金額

(6) 保留金額

保留金とは，契約で特に定められた条件が満たされるまで，あるいは欠陥が補修されるまで，支払われない中間請求額をいう。さらに，IAS 37「引当金，偶発負債及び偶発資産」に従って，どんな偶発利得および損失も開示しなければならない。

わが国では，工事進行基準を採用した工事と工事完成基準を採用した工事とをどのように分類したのか，またその工事進捗割合をどのように決定したのかが重要な会計方針として注記され（工事契約会計基準 22），認識された工事収益額は損益計算書で，工事進行基準により認識された工事未収入金，工事未払金，および未成工事受入金は貸借対照表に記載される。これに対して，決算日までに発生した原価と認識された利益（認識された損失を差し引いた後の）の累計額および保留金額の開示は求められていない。保証損失等の偶発損失については，その発生の可能性に応じて引当金または注記が求められる。偶発利得についての開示は要求されていない。

9. 公開草案「顧客との契約から生じる収益」

IASB は，2010 年 6 月に公開草案「顧客との契約から生じる収益」を公表した。IAS 18，IAS 11 および関連する解釈指針の置換えを目的とするもので，米国基準との統合を目指したものである。本公開草案では，企業が個々の履行義務を充足した時点で収益を認識することとし，顧客に約束した財またはサービスを移転することによって履行義務が充足されるとしている。これにより完成時に支配が移転する契約では工事進行基準が認められなくなる。2011 年 3 月現在，IASB から IAS 11 の改廃について公表されていないが，今後の動向に注意する必要がある。

§3　実務上の留意事項および設例

1. 成果の確実性が認められない工事契約

> 留意事項

　工事進行基準の適用にあたっては，その成果の確実性が認められる必要があり，日本基準では以下の各要素について，信頼性をもって見積り可能であることが要件とされ（工事契約会計基準第9項），IAS 11 においても類似した要件が定められている。
① 　工事収益総額
② 　工事原価総額
③ 　決算日における工事進捗度

　上記の要件を満たすために，具体的な施工方法を検討し，仕様内容，単価，数量に基づき積上方式で工事原価総額を見積り，将来のコスト変動も加味した精緻な実行予算書を作成する必要がある。実行予算は事業年度ごとに見直し，実際の出来高と比較分析を行い，決算日時点の工事の進捗度を適切に反映させる必要がある。請負金額が未確定のまま工事に着手する，又は設計変更により着工後に請負金額が修正される場合があるが，請負金額の見積方法や発注者の合意が得られる可能性の判断等，これらの事項に関するルールを明確にしておく必要がある。

　以上のような諸条件を整備しても，なお成果の確実性が認められない（又は認められなくなった）工事が発生した場合，日本基準では工事完成基準を適用する（工事契約会計基準9，工事契約適用指針4）。実務上は，"成果の確実性が認められない"というケースを安易に認めるという性質のものではなく，非常に限定的であると考えられ，その状況を合理的に説明することが必要であること

に留意が必要である。

これに対し，IAS 11 は成果の確実性が認められない工事についても工事進行基準を適用するが，発生した原価が回収可能であると予想される範囲で工事収益を認識する。

設 例 18-1

X1 年度に A 社は 5,000 の工事契約を受注した。完成予定は X3 年度であり，当該工事契約について損失は予想されていないが，収益総額が変更になる可能性があり，成果の確実性は信頼性をもって見積ることができない。

X3 年度に予定どおり工事は完成し，工事総原価は 4,500（各年度の工事原価の発生状況は，次表のとおり）であった。

	X1年度	X2年度	X3年度
工事収益総額	※	※	5,000
累積発生工事原価	1,350	2,925	4,500
見積工事契約総原価	※	※	4,500
見積利益	※	※	500
決算日における進捗度	※	※	100%

※信頼性をもって見積ることはできないが，損失は予想されていない状況である。

X1 年度～X3 年度における日本基準および IAS 11 の会計処理をそれぞれ答えなさい。

解答・解説

（1） 日本基準による会計処理

	X1年度	X2年度	X3年度
収　　益	0	0	5,000
費　　用	0	0	4,500
損　　益	0	0	500

【X1年度】

工事完成基準を適用し，X1年度の工事未払金等 1,350 を未成工事支出金として計上する。

　　　(借)　未成工事支出金　　1,350　　(貸)　工 事 未 払 金 等　　1,350

【X2年度】

同上（2,925 − 1,350 = 1,575）。

　　　(借)　未成工事支出金　　1,575　　(貸)　工 事 未 払 金 等　　1,575

【X3年度】

完成年度であるため，未成工事支出金を工事原価へ振替えるとともに収益および費用の総額を計上する。

　　　(借)　未成工事支出金　　1,575　　(貸)　工 事 未 払 金 等　　1,575
　　　　　　工 事 未 収 入 金　5,000　　　　　工 　事 　収 　益　　5,000
　　　　　　工 　事 　原 　価　4,500　　　　　未成工事支出金　　4,500

工事開始前および工事開始から工事完成までに前受金を受領していた場合は，完成時に工事未収入金と相殺する。また，契約の基本的な内容が定まらない等の理由で工事完成基準を適用した工事について，その後の事象の変化により成果の確実性が認められると判断される場合，その時点より工事進行基準を適用することになる（工事契約適用指針 3）。

(2) IAS 11 による会計処理

	X1年度	X2年度	X3年度
収　　益	1,350	1,575	2,075
費　　用	1,350	1,575	1,575
損　　益	0	0	500

【X1年度】

工事契約の成果が信頼性をもって見積ることができないが，損失は予想されないため，費用と同額の収益を計上する。

```
 (借) 工事未収入金   1,350    (貸) 工　事　収　益   1,350
      工　事　原　価   1,350         工事未払金等     1,350
```

【X2年度】

同上（2,925 － 1,350 = 1,575）。

```
 (借) 工事未収入金   1,575    (貸) 工　事　収　益   1,575
      工　事　原　価   1,575         工事未払金等     1,575
```

【X3年度】

完成年度であるため，残額をすべて計上する。

```
 (借) 工事未収入金   2,075    (貸) 工　事　収　益   2,075
      工　事　原　価   1,575         工事未払金等     1,575
```

なお，工事の途中で成果の確実性が認められると判断されるとなった場合には，その時点より決算日時点の進捗度に応じて，工事収益総額のうち進捗度見合いを収益計上する（通常の工事進行基準）ことになる（par. 35）。

2. 損失の発生が予想される工事契約

留意事項

　日本基準では，工事契約について工事原価総額等が工事収益総額を超過する可能性が高く，かつ，その金額を合理的に見積ることができる場合には，超過見込部分から既に収益計上された損益を控除した額を費用処理し，工事損失引当金を計上する（工事契約会計基準 19）。その金額を合理的に見積ることができる場合とは，当該工事の最終的な損益が合理的に算出可能となる時点であり，一般的には実行予算の承認時であると考えられる。

　IAS 11 においても，工事契約について損失が予想される場合は，予想損失を費用として認識する。

設 例 18-2

　X1年度に，A社は5,000の工事契約を受注した。完成予定はX3年度であり，A社は当初の工事総原価を4,500と見積っていた。当該工事は成果の確実性が認められる。

　X2年度に，A社の施工ミスにより，工事の大幅な手直しが必要なことが判明した。手直しに要する原価は，X2年度末時点で1,500と予想される。なお，受注金額に変更はない。

　X3年度に工事は完成し，工事原価総額は合計で6,000となった。各年度の工事原価発生の状況は，次表のとおりである。

		X1年度	X2年度	X3年度
工事収益総額	①	5,000	5,000	5,000
累積発生工事原価	②	1,350	3,900	6,000
完成に要する工事契約原価	③	3,150	2,100	―
見積工事契約総原価*	④（＝②＋③）	4,500	6,000	6,000

| 見積損益 | ①-④ | 500 | △1,000 | △1,000 |
| 決算日における進捗度 | ②÷④ | 30% | 65% | 100% |

* X2年度は当初の見積工事契約総原価 4,500 と X2年度末に予想される追加負担額 1,500 の単純合算である。

X1年度～X3年度における日本基準および IAS 11 の会計処理を，それぞれ答えなさい。

解答・解説

本設例については，日本基準および IAS 11 の会計処理はほぼ同一になると考えられる。

	X1年度	X2年度	X3年度
収　益	1,500	1,750	1,750
費　用	1,350	2,550	2,100
損　益（損失見積前）	150	△800	△350
見積損失*	—	△350	350
損　益（損失見積後）	150	△1,150	0

* IAS 11 では見積損失の包括利益計算書への記載科目については規定していないが，本章では工事原価として計上する。また，見積損失の財政状態計算書への記載科目についても規定していないが，本章では工事損失引当金とする。

【X1年度】

工事進行基準により，収益を認識する。

収益：5,000×30%＝1,500

(借)	工事未収入金	1,500	(貸)	工事収益	1,500
	工事原価	1,350		工事未払金等	1,350

【X2年度】

X2年度末の見積総工事原価は，当初工事原価4,500と予想追加原価1,500の合計（＝6,000）であるため，予想損失は△1,000（＝5,000－6,000）であり，このうち将来発生分について費用計上する。

収益：5,000 × (65% － 30%) ＝ 1,750

費用：3,900 － 1,350 ＝ 2,550

見積損失：総見積損失 －（累積利益 － 累積損失）
　　　　　△1,000 －（150 － △800）＝△350

（借）工事未収入金	1,750	（貸）工事収益	1,750
工事原価	2,550	工事未払金等	2,550
工事原価	350	工事損失引当金	350

【X3年度】

収益：5,000 －（1,500 ＋ 1,750）＝ 1,750

費用：6,000 －（1,350 ＋ 2,550）＝ 2,100

見積損失への引当金の充当：350

（借）工事未収入金	1,750	（貸）工事収益	1,750
工事原価	2,100	工事未払金等	2,100
工事損失引当金	350	工事原価	350

なお，日本基準において工事完成基準を適用する場合であっても，損失の発生が見込まれる場合は，工事損失引当金の計上が必要である（工事契約会計基準19，20）。

3. 開　示　等

留意事項

（1）日本基準では工事進行基準により計上された工事未収入金を金銭債権と

して取り扱うこととしている(工事契約会計基準17)。既入金額を減額した金額で表示するとともに,決算日において回収可能性を検討する必要がある。

　一方IAS 11では全ての進行中の工事契約について,発注者ごとに債権総額又は債務総額を金銭債権と区分して表示する(par 42〜44)。既請求金額は金銭債権として回収可能性を検討する。これを判定式にすると以下のとおりである。

① （発生原価＋認識済み利益－認識済み損失）－請求額＞0→債権(資産)
② （発生原価＋認識済み利益－認識済み損失）－請求額＜0→債務(負債)

(2) IAS 11では日本基準の開示に加えて保留金(請求金額のうち,受注者が一定の条件を満たすまで支払われない金額)の開示が求められており(par. 40),期末時点で契約に定めた条件の達成および欠陥の修正状況を厳密に調査する必要がある。また,工事契約にかかるあらゆる偶発債務および偶発利得はIAS 37「引当金,偶発負債および偶発資産」に従って開示する必要があり(par. 45),契約書を精査し,早期完成の報奨金や遅延損害金等の条項の有無を確認しておく必要がある。

(3) IAS 11を適用する財務諸表を初めて作成する場合,従来から工事進行基準を適用していたのと同様の財務諸表を作成する必要がある。日本基準では,適用初年度以降に着工した工事についてのみ工事進行基準を適用する方法および,全ての工事について一律に適用する方法のいずれも認められているが,IAS 11では合理的な理由がない限り現在進行中の工事については工事進行基準を適用する必要がある。このため,IAS 11に基づいた財務諸表を作成する場合は,それ以前からデータの蓄積が必要となることに留意する。

第19章

借入費用

【要約比較表】 IAS 23 と日本基準との異同点

	IAS 23	日本基準
借入費用の定義	企業の資金の借入に関連して発生する利息およびその他の費用	同　左
適格資産の定義	意図した使用または販売が可能となるまでに相当の期間を必要とする資産	適格資産に関する明確な定義はないが，自家建設した資産および販売用不動産について，借入費用の資産化を認めている
借入費用の処理	適格資産の取得，建設，製造から直接生じる借入費用を資産化し，その他の借入費用は当該期間の費用として認識	特定の条件を満たす場合に資産化を認める
借入費用の資産化率	一般目的の借入金の借入費用のうち資産化適格借入費用額を決定するのに用いる率	規定はない

§1　背　景

　IAS 23「借入費用」は，借入費用の会計処理を規定する基準書である。現行基準は，1993年に公表された旧基準を，2007年に改訂したもので，2009年1月1

日以降に開始される期間にかかわる財務諸表に適用された。改訂は，FASBとの短期コンバージェンス・プロジェクトにおいて，IFRSと米国GAAPの差異を解消する作業の一環として実施されたものであり，SFAS 34「利息費用の資産計上」との差異の検討にもとづいて新たに公表された。

　IAS 23は，適格資産を定義し，その支出に係る適格借入費用を資産化するよう規定するとともに，資産化されない借入費用を発生した期間の費用として認識することとしている。旧基準は，すべての借入費用を，発生した期間に費用認識する標準処理のほか，代替処理として適格資産に関する借入費用の資産化を認めていた。しかし，改定では標準処理と代替処理の選択が排除され，適格資産に関する借入費用の資産化が強制されることとなった。これは，資産の取得原価に，資産の使用または販売が可能になるまでに生じるすべての費用を算入させる目的と，複数処理からの選択を排除した比較可能性の向上，さらに米国GAAPとのコンバージェンスの促進による財務報告の改善を意図したためである。したがって，改訂IAS 23は，主に適格資産に関する借入費用の資産化に重点を置き，その認識・価額決定・期間に関する規定に費やされている。

　これに対して日本基準もまた，借入費用を期間費用とすることを原則とし，自家建設の場合には借入費用を取得原価に算入する代替処理も認めている。それら借入費用に関連した日本基準は以下の箇所に含まれる。

- 「企業会計原則」第二「損益計算書原則」四
- 「企業会計原則」第三「貸借対照表原則」四㈠C
- 「財務諸表等規則」第九十三条
- 「連続意見書」第三第一の四「固定資産の取得原価と残存価額」の2
- 「原価計算基準」第一章五㈠3
- 「不動産開発事業を行う場合の支払利子の監査上の取扱いについて（業種別監査研究部会　建設業務部会　不動産業務部会，昭和49年8月20日）」

§2　バリエーションの分析と評価

1. 適用範囲と定義：借入費用と適格資産

（1）借入費用

IAS 23は借入費用の会計処理を規定するのに先だって，借入費用と適格資産を定義している。借入費用とは，企業の資金の借入に関連して発生する利息およびその他の費用（par.5）をさし，次の項目が含まれる（par.6）。

(a) 当座借越，短期借入金および長期借入金の利息
(b) 社債の割引額またはプレミアムの償却額
(c) 借入に際して発生する付随費用の償却額
(d) IAS 17「リースの会計処理」の規定に従って認識されるファイナンス・リースに関連する財務費用
(e) 外貨建借入金から発生する為替差損益で，利息費用に対する修正とみなされる部分

これに対してそれぞれの項目に対応する日本基準を挙げるなら次のとおりである。すなわち「財務諸表等規則」93条は，支払利息・社債利息・社債発行費償却を「営業外費用に属する費用」として含め，経常損益計算に含めるように規定している。このうちIAS 23の(a)については，支払利息と償却原価法による割引額の償却額以外の社債利息に対応する。また(b)については，償却原価法による割引額の償却額で社債利息に含まれる部分に対応する。(c)については，社債発行費償却が該当する。

また(d)についてみると，日本の企業会計基準第13号「リース取引に係る会計基準」は，ファイナンス・リース取引に関して次のように借入利息に関連する規

定を設けている。

「リース資産及びリース債務の計上額を算定するにあたっては，原則として，リース契約締結時に合意されたリース料総額からこれに含まれている利息相当額の合理的な見積額を控除する方法による。当該利息相当額については，原則として，リース期間にわたり利息法により配分する(11項)」

これは，リース料総額がすべてリース資産の取得原価やリース債務の評価額として計上されるのではなく，その中に含まれている利息分を控除した額だけを資産および債務として認識することを要請したものである。したがってリース期間中に支払ったリース料には，リース債務の減額部分と支払利息部分からなることを意味する。このファイナンス・リースに関連した支払利息がIAS 23の(d)に対応する。

(e)については，日本基準では，外貨建金銭債権債務等にかかわる為替差損益に関して，為替差損益として処理することを原則とするが(外貨建取引実務指針第9項)，為替予約差額のうち合理的な方法により配分された直先差額等について利息の調整項目として処理する方法も代替的に容認されている。しかしながら，このような為替予約等の付された外貨建取引の処理に当たって，為替レートの直先差額を決算日の属する期までの期間にわたって期間配分する「振当処理」は日本基準では適用特例となっているが，IAS 23ではこのような特例処理の規定は認められておらず，これが上記(e)に該当するかどうかは疑問であろう。

(2) 適格資産

IAS 23は，借入費用資産化の対象となる適格資産を「意図した使用または販売が可能となるまでに相当の期間を必要とする資産」(par.5)と定義し，その例として販売可能な状態にするのに相当の期間を要する棚卸資産・製造プラント・発電設備・無形資産・投資不動産を挙げている(par.7)。

これに対して日本基準もまた，「固定資産を自家建設した場合には，(中略)建設に要する借入資本の利子で稼働前の期間に属するものは，これを取得原価に算入することができる」としている(連続意見書第三・第一・四・2)。さらに不動

産取得に要する支払利子についても,「通常その計画の着手から開発工事等の完了までに相当の長期間を要し,しかも用地の買収並びにその造成等に膨大な資金を必要とすること」を要件として原価算入を認めている(不動産開発事業を行う場合の支払利子の監査上の取扱いについて)。

2. 借入費用の処理

(1) 認　　識

　IAS 23 は,借入費用のうち,適格資産の取得,建設,製造から直接生じるものを資産化し,その他の借入費用を,当該期間の費用として認識するよう規定している(par. 8)。ただし,資産の取得原価に含められる借入費用は,将来の経済的便益をもたらす可能性が高く,信頼をもって測定できる場合に限られる。

　これに対して日本基準は,適格資産概念にもとづいた借入費用の資産化のための判断規準を規定していない。原則として借入費用の期間費用処理を規定しながら,固定資産の自家建設に関する借入の支払利子および不動産開発事業における支払利子を資産化することを容認している。日本基準が許容する2つの場合は,いずれも,使用または稼動まで相当の期間を要し,取得資産と借入金の因果関係が明らかであるという特徴を有しており,この点で IAS 23 の適格資産概念と共通性が認められる。

(2) 資産化適格借入費用

　資産化が認められる借入費用は,適格資産にかかる支出が行われなかったならば避けられた借入費用である(par. 10)。ただし,特定の借入金と適格資産の直接的関係を識別することや,適格資産がなければ避けられた借入金を識別することが困難な場合がある(par. 11)。たとえば,企業の財務活動が本社で調整されている場合や,企業グループが多様な負債金融商品を利用して,さまざま

な利率で借り入れ，それを同一グループの企業に貸し付けている場合が含まれる。なお，適格資産を購入するために借り入れた資金を使って一時的に運用し，投資利益を得ることがある。IAS 23 は，この場合の借入費用の全額を資産化することを認めず，当期中に発生した実際の借入費用額から，これらの借入れによる一時的投資にかかわる投資利益を控除することを規定している(par. 12)。

これに対して日本基準も借入利息の資産化は「開発工事等の支出金とその支払利子が，相当の因果関係があると判断されるものでなければならない(不動産開発事業を行う場合の支払利息の監査上の取扱いについて)」としているが，他目的に運用した借入金の利息を資産化から控除しなければならないという規定はない。

（3） 借入費用の資産化率

特定の資産を取得する目的をもたず，一般目的で資金を借り入れる場合がある。このとき借り入れた資金を適格資産の取得に用いたならば，その資産化適格借入費用額は当該資産にかかる支出に資産化率を適用して決定されなければならない(par. 14)。この資産化率は，当期中の借入金残高から適格資産取得目的の特定借入金を控除した残高に対応する借入費用の加重平均率である。なお，当期中に資産化された借入費用額は，当該期間に発生した借入費用額を超えてはならない。

日本基準では，当該資産を取得するための借入れと，一般目的の借入れとの間の会計処理の相違について明確な規定はなく，一般目的の借入れにおける，資産化の場合に用いる資産化率についても，規定は存在しない。

（4） 適格資産の帳簿価額が回収可能額を超過する場合

適格資産の帳簿価額または最終見込原価が，当該資産の回収可能価額または正味実現可能を超過する場合には，他の基準書の規定にしたがって，帳簿価額

の評価減または一括償却が行われる。評価減または一括償却額が他の基準書にしたがって戻し入れられる場合もある（par.16）。

（5） 資産化の開始

借入費用の資産化は，次の要件がすべて満たされた時点で開始する（par.17）。
　(a)　資産にかかわる支出が発生していること
　(b)　借入費用が発生していること
　(c)　資産を，意図した使用・販売を可能にするために必要な活動が進行中であること

なお，(c)の要件を満たす活動には，資産の物理的な建設以外のものが含まれる。たとえば，物理的な建設開始前の許可獲得関連活動のような，技術的作業および管理的作業が含まれる。しかし，資産の状態を変える生産ないしは開発が行われていない単なる資産の保有は，意図した使用または販売を可能とするために必要な活動には含まれないため，この期間に発生した借入費用は，資産化される適格性をもたない。

これに該当する日本基準としては，「連続意見書」第三・第一・四・2が「建設に要する借入資本の利子で稼働前の期間に属するもの」という規定をおいている。

（6） 資産化の停止

借入費用の資産化は，開発活動が中断されている期間中は停止しなければならない（par.20）。ただし，この場合であっても，技術的作業および管理的作業が実施されているとき，あるいは一時的な開発活動の停止が，資産の使用・販売を可能にするために不可欠なプロセスであるときは，借入費用の資産化は継続される（par.21）。

これに対して日本基準は，「予期し得なかった事態の発生により，開発の工事が異常に延びることとなった場合，開発計画の変更によって，開発工事が中止

されたような場合等の，正常でない期間の支払利子は原価に算入すべきでない（不動産開発事業を行う場合の支払利子の監査上の取扱いについて）」とし，資産化要件を満たさない借入利息について，原価算入を認めていない。

（7） 資産化の終了

　意図した適格資産の使用または販売を可能にするために必要なすべての活動が実質的に完了したとき，借入費用の資産化を終了しなければならない（par. 22）。一般に，資産は，たとえ管理的作業が継続している場合であっても，物理的な建設が完了した時点で，意図した使用または販売が可能になるものと考えられる。したがって，借入費用の資産化を終了する。なお，適格資産の建設が部分的に完成し，たとえ他の部分の建設が継続中であっても完成した部分の使用が可能になった場合は，当該部分を意図した使用または販売を可能にするために必要とする活動が実質的にすべて完了した時点で，借入費用の資産化を終了する（par. 24）。

　日本基準も IAS 23 と同じく，「工事が完了して販売可能な状態になった時点までとすることが健全かつ合理的である」（「不動産開発事業を行う場合の支払利子の監査上の取扱いについて」）として，開発の完了をもって資産化を終了させるように規定している。

3．開　　　示

　借入費用の会計処理について，以下の事項を開示しなければならない（par. 26）。

(a)　当期中に資産化した借入費用額
(b)　資産化適格借入費用額の決定に使用した資産化率

　これに対して日本基準は，「不動産開発事業を行う場合の支払利息の監査上の取扱いについて」が「企業比較の立場から，その原価算入について財務諸表に注記すべきである」と規定しているものの，具体的項目は挙げていない。さら

に「財務諸表等規則」8条の2は，会計方針の開示項目の1つとして，「その他の財務諸表作成のための重要な事項」を掲げ，この項目には「支払利息を資産の取得原価に算入する会計処理の内容，（中略）等，財務諸表について適正な判断を行うために必要と認められる事項」（財務諸表等規則ガイドライン8の2-10）が含まれると規定している。

§3　実務上の留意事項および設例

1. 資産化適格借入費用の算定

留意事項

(1) 借入費用の対象となる資産化の適格資産について，日本基準では自家建設した資産および販売用不動産に限定されるため，借入費用を資産化できるのは不動産事業に限られており，かつ任意適用である。一方，IAS 23では，一般事業会社でも借入費用を資産化する必要が生じる。

(2) IAS 23は日本基準に比べ細かい規定を設けているため，IAS 23を適用した場合それに応じる情報を期中から収集しておく必要がある。たとえば，資産化率（適格資産取得目的の特定借入金を除く当期中の借入金残高に対応する借入費用の加重平均利率）の算定や，特別の目的（資産と紐付き）で借入れた資金を資産にかかわる支出をするまでに一時的に投資したことによる投資利益，注記の記載（資産計上の基準，資産計上額，IAS 23に規定する資産化率）に関するデータの収集が必要となる。

(3) 借入費用の資産化は，その固定資産の減価償却および減損，販売用不動産の売上原価等に関わるため，経営上の投資の意思決定に影響を与える可能性があることに留意が必要である。

設 例 19-1

当社(3月31日決算)は，X1年5月1日に自社ビル建設プロジェクトを立ち上げた。プロジェクトの建設用地を6月1日に取得し，ビル建設などを建設会社に発注した。工事は7月1日に着工された。当社の会計方針に基づき，当該プロジェクトにかかる支払利息は，資産計上する基準に該当した。

当該自社ビルは，X2年12月31日に完成引渡を受けた。このプロジェクトに関する支払いは，次のとおりである。

図表 19-1

目 的	支払額	支払日
用地取得	5,000	X1年 6月 1日
建設会社に支払われる総工事費用	20,000	
着 工 時	10,000	X1年 7月 1日
工事一時金	3,000	X2年 6月30日
工事完成引渡時	7,000	X2年12月31日

当プロジェクトに関する当社の資金調達は，次のとおりである。

図表 19-2

資金使途	金 額	利 率	借入期間
プロジェクトと紐付きの借入	17,000	2%	X1年 5月 1日 ～X2年12月31日
設備資金目的(一般目的)	5,000	2.5%	X1年 4月 1日 ～X6年 3月31日
運転資金目的(一般目的)	2,000	1.8%	X2年 4月 1日 ～X3年 3月31日

なお，プロジェクトと紐付きの借入金については，支払資金として必要になるまでは，当該資金を以下の条件で一時的に投資運用している。

図表 19-3

金　　　額	運用利率	運　用　期　間
5,000	0.5%	X1年5月1日～X1年5月31日
10,000	0.8%	X1年5月1日～X1年6月30日
2,000	0.6%	X1年5月1日～X2年6月30日

日本基準の場合と IAS 23 の場合で，X2年3月期と X3年3月期の利息に関する仕訳および注記を作成しなさい。

（1） 日本基準による会計処理

解　答

① 仕　訳

ⅰ) X2年3月期　3月31日（決算）

（借）土　　　　　地*1	83	（貸）支　払　利　息	83
建　設　仮　勘　定*2	150	支　払　利　息	150

ⅱ) X3年3月期　12月31日（工事完成引渡時）

（借）土　　　　　地*3	75	（貸）支　払　利　息	75
建　設　仮　勘　定*4	170	支　払　利　息	170
建　　　　　物	20,320	建　設　仮　勘　定	20,320

② 注　記

重要な会計方針：

支払利息の原価算入について

　長期かつ金額の重要な事業用資産で一定の条件に該当するものに限って建設期間中の支払利息を事業用資産の取得原価に算入している。なお，当期に原価に算入した支払利息の金額は233（X3年3月期は245）である。

> **解　説**

X2年3月期に資産計上すべき支払利息の金額

　工事の支出額(15,000)は，当プロジェクト目的の借入金調達額(17,000)を下回っており，支出のあった時点から期末までの期間について，当該借入金利率2%を適用する。

	資産計上される勘定科目	工事支出額(A)	期　間(B)	平均残高(C)=(A)×(B)÷12	利率(D)	資産化利息(C)×(D)
(＊1)	土　地	5,000	10ヵ月 (X1年6月～X2年3月)	4,167	2%	83
(＊2)	建設仮勘定	10,000	9ヵ月 (X1年7月～X2年3月)	7,500	2%	150
	合　計					233

X3年3月期に資産計上すべき支払利息の金額

　工事の支出額(18,000)のうち当プロジェクト目的の借入金調達額(17,000)を超えない金額に対して，支出時点(前期に支出の場合は期首)から，当プロジェクト終了時(12月31日)までの期間について，当該借入金利率2%を適用する。

	資産計上 される 勘定科目	工事 支出額 (A)	期　　間 (B)	平均残高 (C)=(A)×(B) ÷12	利率 (D)	資産化 利息 (C)×(D)
(＊3)	土　　地	5,000	9ヵ月 (X2年4月〜X2年12月)	3,750	2%	75
(＊4)	建設仮勘定	10,000	9ヵ月 (X2年4月〜X2年12月)	7,500	2%	150
		(注1) 2,000	6ヵ月 (X2年7月〜X2年12月)	1,000	2%	20
			計			170
			合　　　計			245

(注1) 工事支出額18,000−プロジェクト目的の借入金(5,000＋10,000)＝3,000＞プロジェクト目的の借入金残額2,000→2,000

(2) IAS 23による会計処理

解　答

① 仕　訳

ⅰ) X2年3月期　3月31日(決算)

(借)	土　　　　　地*1	74	(貸)	支　払　利　息	74
	建 設 仮 勘 定*2	133		支　払　利　息	133

ⅱ) X3年3月期　12月31日(工事完成引渡時)

(借)	土　　　　　地*3	74	(貸)	支　払　利　息	74
	建 設 仮 勘 定*4	180		支　払　利　息	180
	建　　　　　物	20,313		建 設 仮 勘 定	20,313

② 注　記

重要な会計方針：

支払利息の原価算入について

支払利息については原則として発生時の費用処理としているが，長期かつ金額の重要な事業用資産で一定の条件に該当するものに限って建設期間中の支払利息を事業用資産の取得原価に算入している。なお，当期に原価に算入した支払利息の金額は207（X3年3月期は254）である。

（X3年3月期のみ）また，資産化適格借入費用額の決定に当たって使用した資産化率は2.3%である。

解　説

X2年3月期に資産計上すべき支払利息の金額

IAS 23ではプロジェクトと紐付きの借入金について，支払資金として必要になるまでの一時的な投資運用による投資利益を資産計上する支払利息から控

	資産計上される勘定科目	工事支出額 (A)	期　間 (B)	平均残高 (C)=(A)×(B)÷12	利率 (D)	発生利息 (E)=(C)×(D)	投資利益 (F)	資産化利息 (E)-(F)
(*1)	土　　地	5,000	10ヵ月 (X1年6月〜X2年3月)	4,167	2%	83	(注1) 9	74
(*2)	建設仮勘定	10,000	9ヵ月 (X1年7月〜X2年3月)	7,500	2%	150	(注1) 17	133
	合　　　計							207

(注1) 資産計上する支払利息から控除すべき投資利益
　投資利益（5,000×0.5%×1ヵ月（5月1日〜5月31日）÷12ヵ月 + 10,000×0.8%×2ヵ月（5月1日〜6月30日）÷12ヵ月 + 2,000×0.6%×11ヵ月（5月1日〜3月31日）÷12ヵ月）= 26
　　投資利益の按分　　26×4,167÷(4,167+7,500) = 9
　　　　　　　　　　　26×7,500÷(4,167+7,500) = 17

　　　なお，投資利益の按分基準については明文規定がないため，前述の按分計算は，例として，工事支出額の平均残高を按分基準とした。

除する必要がある。また，資産計上した支払利息の金額が，年間の支払利息の額を超えていないことを確認する必要がある。

上記資産化する利息額が年間利息額を超えていないことのチェック

年間利息額 = (17,000×2%×11ヵ月÷12ヵ月 − 投資利益 26) + 5,000×2.5%
= 411 > 207

したがって，資産化すべき支払利息額は土地について 74，建設仮勘定について 133 である。

X3年3月期に資産計上すべき支払利息の金額

工事の支出累計額(18,000)が，プロジェクトと紐付きの借入金残高(17,000)を超える部分については，一般目的の借入金について資産化率を適用して算出した借入費用額を資産計上する。

上記資産化する利息額が年間利息額を超えていないことのチェック

年間利息額 = (17,000×2%×9ヵ月÷12ヵ月 − 投資利益 3) + 5,000×2.5% + 2,000×1.8% = 413 > 254

したがって，資産化すべき支払利息額は土地について 74，建設仮勘定について 180 である。

資産計上される勘定科目	工事支出額 (A)	期間 (B)	平均残高 (C)=(A)×(B)÷12	利率 (D)	発生利息 (E)=(C)×(D)	投資利益 (F)	資産化利息 (E)−(F)
(＊3) 土地	5,000	9ヵ月 (X2年4月〜X2年12月)	3,750	2%	75	(注2) 1	74
(＊4) 建設仮勘定	10,000	9ヵ月 (X2年4月〜X2年12月)	7,500	2%	150	(注2) 2	148
	2,000	6ヵ月 (X2年7月〜X2年12月)	1,000	2%	20	(注2) 0	20
	1,000	6ヵ月 (X2年7月〜X2年12月)	500	2.3% (注1)	12	―	12
計							180
合　　　　計							254

(注1) 利　率
　一般目的の借入金の支払利息の資産化率＝(5,000×2.5％＋2,000×1.8％)(一般目的の借入金支払利息)÷(5,000＋2,000)(一般目的の借入金額)×100＝2.3％

(注2) 資産計上する支払利息から控除すべき投資利益
　投資利益 2,000×0.6％×3ヵ月(4月1日〜6月30日)÷12ヵ月＝3
　投資利益の按分　3×3,750÷(3,750＋7,500＋1,000)＝1
　　　　　　　　　3×7,500÷(3,750＋7,500＋1,000)＝2
　　　　　　　　　3×1,000÷(3,750＋7,500＋1,000)＝0

（なお，投資利益の按分基準については明文規定がないため，前述の按分計算は，例として，工事支出額の平均残高を按分基準とした。）

2. 借入費用に関するIASと日本基準の相違点

　IAS 23における借入費用の金額は，日本基準における支払利息の算定額と一致しないケースがあるため，留意が必要である。

（1） 利息法と定額法

　社債の発行額と額面金額との差額や，リース料支払総額のうち利息相当額は，日本基準・IFRSともに利息法（実効金利法）によって各期間に配分することとされている。しかし，日本基準においては簡便的な処理として定額法の適用が容認されている。このため，日本基準において定額法を採用している場合には，各期の利息金額がIASで算定される利息金額と異なる。

（2） 社債発行費

　社債発行費については，日本基準では支出時に営業外費用として処理するか，繰延資産に計上して社債償還までの期間にわたって利息法又は定額法により償却する。一方，IAS 39では社債発行時に社債発行金額から控除され，実効金利法を適用して各期の利息費用として認識される。このため，日本基準とIASとの間で，利息金額が異なる場合がある。

（3） 経営指標への影響

　社債発行額と額面金額との差額及び社債発行費の会計処理の違いは，社債計上額を通じて負債比率や固定比率等の財務指標にも関わってくることに留意が必要である。なお参考として，社債発行費の処理と同様，株式発行費についても日本基準では費用処理と繰延資産処理を選択できるのに対し，IFRSでは資本金額から控除する点で異なるので留意が必要である。

第20章 従業員給付と退職給付制度の会計

I 従業員給付

【要約比較表】 IAS 19 と日本基準との異同点

	IAS 19	日本基準
適用範囲	短期従業員給付，退職後給付，その他の長期従業員給付，解雇給付，および持分報奨給付 確定拠出型制度と確定給付型制度の双方を対象	退職一時金および退職年金を内容とする退職給付 確定給付型制度を前提
年金債務の評価・勤務費用の認識	発生給付評価方式（予測単位積増方式）	発生給付評価方式（予測単位積増方式）を原則；給付比例方式も例外的に容認
保険数理上の損益の認識	回廊アプローチの適用 ただし発生時に全額をその他の包括利益として計上することも可能	重要性の基準の適用

過去勤務費用の認識	即時費用処理（すでに受給権が確定している従業員の場合） 受給権が確定するまでの平均期間にわたって均等償却（受給権が確定していない従業員の場合）	平均残存勤務期間以内の一定の期間にわたって均等償却
前払年金費用	① 年金資産の額と未認識の過去勤務費用の合計額が確定給付債務に未認識の保険数理上の利得との合計を超える場合の差額 ② 未認識の保険数理上の損失・過去勤務費用と年金基金からの返還等による経済的便益の現在価値との純合計額 上記①と②のいずれか低い方の金額により資産計上	同　　左 左記の①の差引合計額により計上
割　引　率	財政状態計算書日現在の優良社債の市場利回りを参照して決定	期末における利回りを基礎として決定
開　　　示	包括的かつ詳細な開示	下記の事項について注記 ① 企業の採用する退職給付制度 ② 退職給付債務等の内容（退職給付債務およびその内訳，退職給付債務等の計算基礎）
移行時差異	基準変更に伴う累積的影響額の即時費用処理または5年間にわたって均等償却	会計基準変更時差異の即時費用処理または15年以内の一定の年数にわたって均等償却

§1 背　　景

　1983年11月，IASC理事会は，IAS 19「事業主の財務諸表における退職給付の会計処理」を承認した。その後，理事会は，一部再検討を加え，1993年に改訂基準IAS 19「退職給付コスト」(旧IAS 19)を承認した。1994年11月，理事会は，IAS 19のより包括的な再検討に着手し，IASCスタッフによって「退職給付及びその他の従業員給付コストに関する論点概要書」(1995年8月)が取りまとめられた。これを踏まえて，1996年10月，理事会は，E54を公表し，各国からのコメントを求めた。それに対して，20を超える国々から130通を超えるコメント書簡が寄せられ，それを受けて，1998年2月に改訂IAS 19「従業員給付」が公表された。改訂IAS 19は，1999年1月1日以降に開始する会計年度において適用され，その後，2002年5月，給付建負債が負の金額(つまり，資産)となる場合の金額の計算仕方(par.58)に一部修正を加えて最新のIAS 19が設定され，2002年5月31日以降の会計年度から適用されることとなった。

　新IAS 19の最も重要な特徴は，市場に基づくアプローチによる測定にある(IAS 19 Appendix 3・3)。具体的には，割引率の基礎を貸借対照表日現在の市場利回りに置いたこと，および制度資産をすべて公正価値により測定しようとした点にある。また，保険数理上の評価方法として，旧IAS 19では，発生給付評価方式(標準処理)と予測給付評価方式(認められる代替処理)の双方を容認していたのに対し，新IAS 19では，予測単位積増方式として知られる発生給付評価方式のみに統一し，財務報告の比較可能性を促進したことも大きな特徴の1つとなった。

　わが国では，1968年11月11日付で企業会計審議会が「企業会計上の個別問題に関する意見書第二『退職給付引当金の設定について』」を公表し，企業が退職給与引当金の設定に当たって準拠すべき会計処理の基準を定めた。これを受けて，日本公認会計士協会は，その監査上の取扱いとして，「退職給与引当金に関する会計処理及び監査上の取扱い」(1969年3月10日)および「退職給与引当

金に関する監査上の取扱い等について」(1974年3月30日)を公表し,退職一時金について退職給与引当金を設定する処理方法が定着することになった。

1962年の税制適格退職年金制度,および1966年の厚生年金基金制度の導入に伴い,日本公認会計士協会は,監査第一委員会報告第33号「適格退職年金制度等に移行した場合の会計処理および表示と監査上の取扱い」(1979年4月10日)を当面の取扱いとして公表した。このように,わが国では退職一時金や年金等の従業員給付に関する会計基準は明確には確立されておらず,実務では,法人税法に準拠して自己都合退職による期末要支給額の一定割合を計上する方法等が多くの企業で採用されてきた。

こうした状況のもとで,1998年6月,企業会計審議会は「退職給付に係る会計基準の設定に関する意見書」(以下,退職給付会計意見書)を作成し,「退職給付に係る会計基準」(以下,退職給付会計基準)を公表した。これは,対内的には,企業年金制度について資産の運用利回り低下,資産の含み損等により必要な年金資産の不足が生じており,企業年金にかかる情報は投資情報としても企業経営の観点からも重要であること,そして,対外的には,会計基準の国際的調和化などを背景とするものであった。これを受けて,1999年9月14日付で日本公認会計士協会より会計制度委員会報告第13号「退職給付会計に関する実務指針(中間報告)」(以下,退職給付会計実務指針)が公表され,会計基準の整備が図られた。

その後,「退職給付に係る会計基準」については,一部改正に関して企業会計基準委員会から企業会計基準第3号,同第14号,同第19号が公表されている。

§2 バリエーションの分析と評価

1. 適用範囲と定義

IAS 19 も日本基準も事業主の従業員給付に関する会計処理に適用される点

では共通である。しかし，IAS 19 では，従業員には取締役を含むなど，一般に日本基準よりも明示的であり，かつ，その範囲も日本基準よりも包括的である。

IAS 19 では，従業員給付とは，「従業員が提供した勤務と交換に，企業が与えるあらゆる形態の対価」(par. 7)をいい，具体的には，短期従業員給付，退職後給付，その他の長期従業員給付，解雇給付，および持分報奨給付が含まれる。他方，日本基準は，企業年金制度を含め退職一時金および退職年金など退職給付について包括的に取り扱うものではあるが，短期従業員給付や解雇給付，持分報奨給付等に関する規定を包括的に取り扱うものではない。

IAS 19 は，退職後給付制度として大きく確定拠出型制度と確定給付型制度の2つのタイプを想定しており，確定拠出型制度と確定給付型制度とは，次のように区別される。確定拠出型制度では，企業の債務は，企業が基金に掛金を支払うことに同意した金額に限定され，給付額が予想額よりも少なくなる保険数理上のリスクや投資リスクは，従業員が負担する(par. 25)。それに対して，確定給付型制度では，企業は合意した給付を従業員に支給する義務を負い，保険数理上のリスクや投資リスクは，実質的に企業が負担する(par. 27)。日本基準では，制度の明確な定義づけは行われていない。IAS 19 では，確定拠出型制度と確定給付型制度の双方について認識，測定および開示の規定を設けているのに対し，日本基準では，確定給付型制度を前提とした会計処理を示すのみである。日本では，中小企業退職金共済制度のような公的な制度以外には，確定拠出型の年金制度は確立されていないので，具体的な会計基準は示されていない。

2. 短期従業員給付

IAS 19 では，すべての短期従業員給付について特定の指針が設けられている。そこでは，短期従業員給付とは，従業員が当該勤務を提供した期間の期末後12ヵ月以内に支払い義務を負うようになる従業員給付をいい，賃金，給料，有給休暇や利益分配，その他医療給付・住宅等の非貨幣性給付が含まれる(par. 8)。日本基準では，そのような短期従業員給付の包括的カテゴリーに対する同

様の指針は設けられていない。

3. 退職後給付：確定給付型制度

（1） 勤務費用の認識

　IAS 19 も日本基準も，従業員が提供した労働にかかる給付コストを勤務費用として認識する点では共通性をもつ。両基準ともに，従業員に支払うべき給付額は，一定の給付算定式によって勤務期間に帰属される。

　両基準ともに，給付費用を給付債務の発生基準に基づき認識するという発生給付評価方式をとる点では同様である。また，その具体的な計算手続きとして，給付見込額を勤務期間に応じて発生するとみて，制度の給付算定式に基づき年金給付を従業員が提供した役務の期間に対応させなければならない (IAS 19, par. 67；退職給付会計基準二・2・(3))。ただし，日本基準では，従業員の労働の対価を合理的に反映する方法として，給付比例方式，すなわち，全勤務期間における給与総支給額に対する各期の給与額の割合に基づき退職給付見込額の各期の発生額を計算する方法も認められている (退職給付会計基準注解注5)。

（2） 保険数理上の利得・損失の認識

　両基準ともに，年金資産の期待運用収益と実際の運用成果との差異，給付債務の数理計算に用いた見積数値と実績との差異，および見積数値の変更等により，数理計算上の差異もしくは利得・損失を認識する。しかし，これらの差異を認識する具体的アプローチは異なる。

　IAS 19 は，保険数理上の利得・損失の取扱いにおいて，回廊アプローチ（コリダーアプローチ）を採用した。これは，保険数理上の利得または損失累計額が，(a)確定給付債務（年金資産控除前）の現在価値の 10％ の金額と(b)年金資産の市場価値の 10％ の金額の大きい方の金額を超過する場合，その金額を従業

員の平均残存勤務年数にわたり償却し利益または損失の一部として認識する方法である（par. 92）。換言すれば，保険数理上の差異の未償却累計額について，上記の10%以内に収まる部分は償却する必要はないことになる。ただし，IAS 19は，これらの利益・損失の早期認識を否定するものではない。利益および損失の双方に同一の方法を適用し，かつ当該方法を各期間にわたり継続して適用する限り，企業は，保険数理上の損益をより早期に認識する方法を採用することができる（par. 93）。なお保険数理上の損益を全額その発生時に認識する場合には，包括利益計算書においてその他の包括利益として，当期損益を通さずに認識することとなる。

　それに対して，日本基準では，保険数理上の差異について，上記の回廊方式は採用せずに「重要性の基準」を適用することとした。これは，「基礎率等の計算基礎に重要な変動が生じない場合には計算基礎を変更しない等計算基礎に当たって合理的な範囲で重要性による判断を認める方法」（退職給付会計意見書四・3）をいう。このような差異の取扱いにおいて，日本基準が重要性の基準を採用したのは，退職給付債務が長期的な見積計算であることから，このような重要性による判断を認めることが適切と考えられるためである。数理計算上の差異は，原則として，各期の発生額について平均残存勤務期間以内の一定の年数で按分した額を毎期費用処理しなければならない（退職給付会計基準三・2・(4)）。この場合，一定の年数での規則的処理には，継続採用を条件として発生した期に全額償却することも認められている。

(3) 過去勤務費用の認識

　IASは過去勤務費用の認識において，受給権の確定の有無によって償却方法を定めている。過去勤務費用のうち既に受給権の確定している従業員に対する部分は即時費用処理するとともに，受給権が確定していない従業員に対する部分は受給権が確定するまでの平均期間にわたって定額法によって償却することになる（par. 96）。それに対して，日本基準では，過去勤務債務の各期の発生額について平均残存勤務期間以内の一定の期間にわたって均等償却することを要

する(退職給付会計基準三・2・(4))。この場合，前述の数理計算上の差異の場合と同様，費用償却期間を1年として，全額を即時費用処理することを妨げない。また，退職従業員にかかる過去勤務債務につき，他の過去勤務債務と区分して発生時に金額を費用処理することができる(退職給付会計基準注解注11)。このように，過去勤務債務の償却に関する両基準の差異は，退職給付費用の計算に大きな影響をもたらすことになる。

(4) 前払年金費用

IASにおいても日本基準においても，拠出された掛金が会計上の退職給付費用を超える場合，前払年金費用が認識されなければならない。しかしながら，計上される金額は両基準において必ずしもイコールとはならない。IAS 19では，確定給付負債として認識する金額は，次の金額の差引合計額として算定される(par. 54)。

(a) 財政状態計算書日現在における確定給付債務の現在価値
(b) (＋)未認識の保険数理上の利得
(c) (－)未認識の過去勤務費用
(d) (－)制度資産の財政状態計算書日現在における公正価値

この場合，上記の差引合計額が負の場合，資産が認識される。IAS 19では，資産として計上される金額は，上記の差引合計額，と次の金額の純合計額，つまり，(i)累積された未認識の正味保険数理上の損失並びに過去勤務費用，および(ii)制度からの返還または制度への将来の掛金額の減少の形で入手可能な経済的便益の現在価値，以上，上記(a)と上記(b)のいずれか低い方の金額になる(par. 58)。なお，2000年の改訂基準では，当期での保険数理差損または過去勤務費用の結果としてのみによって生じた利得，当期での保険数理差益の結果としてのみ生じた損失を認識してはならないこととされた(par. 58A)。

日本基準では，年金資産の額が企業年金制度にかかる退職給付債務に当該企業年金制度にかかる未認識過去勤務および未認識数理計算上の差異を加減した額を超える場合には，前払年金費用として処理するものとして，IAS 19のパラ

グラフ54で算定される金額に等しい金額で計上されることになる（退職給付会計基準二・1）。

（5） 給付債務の計算と諸仮定

給付債務の計算において，IAS 19も日本基準もともに従業員給付見込額，給付の勤務期間帰属，および保険数理上の仮定が重要になる。両基準ともに，給付債務の評価額は，当期および過年度の勤務から生じた債務に対応する将来の予想支払額を一定の割引率によって割り引いた現在価値として算定される。

保険数理上の仮定については，IAS 19は日本基準よりもより包括的な規定を設けているものの，両基準間では著しい実質的差異は見られないものと思われる。IAS 19では，保険数理上の仮定は大きく従業員の退職率・死亡率等に関する「人口統計上の仮定」と将来の給与水準・割引率等に関する「財務上の仮定」の2つに区分され，それぞれは偏向なく，かつ，相互に整合したものでなければならないとされる（pars. 72-73）。他方，日本基準でも，退職給付見込額の見積りにおいて「合理的に見込まれる退職給付の変動要因には確実に見込まれる昇給等が含まれる」（退職給付会計基準注解注3）ことになる。IAS 19では，超インフレ経済下にある場合を除いて，割引率その他の財務上の仮定は名目値によって決定される（par. 76）。日本基準においても，予定昇給等の見積りに当たっては，急激なインフレ経済等の過去の実績に含まれる異常値を除き，確実かつ合理的な要因のみを用いる必要がある（退職給付会計実務指針15-16）。

（6） 割 引 率

給付債務の計算に適用される割引率として，IAS 19では，財政状態計算書日現在の優良社債の市場利回りを参照して決定する（par. 78）ものとするのに対し，日本基準では，期末における安全性の高い長期の債券すなわち長期の国債，政府機関債及び優良社債の利回り参照して決定される（企業会計基準第19号「退職給付に係る会計基準」の一部改正（その3）2008年7月31日）。この点では，ほぼ

同じ内容となっている。従来「割引率は，一定期間の債権の利回りの変動を考慮して決定することができる。」(退職給付に係る会計基準注解注6)とされ一定期間は「概ね5年以内をいう」(退職給付会計実務指針11)とされてきたがこの取扱いが改正されたものである。

(7) 開　　　示

　確定給付債務に関する開示要件については，IASと日本基準との間で実質的な差異は見られない。しかし，全般的には，IAS 19の開示要件は日本基準よりも一層包括的かつ詳細である。たとえば，退職給付債務や年金資産など財政状態計算書で認識した資産および負債について，IASでは，それらの項目の期首と期末の残高の調整表の開示を要求するか，少なくとも，この調整表に記載されるべき項目リストの注記開示を要求している。日本基準では，退職給付債務およびその内訳について注記開示することを規定するのみである(退職給付会計基準六・2)。

　IAS 19では，制度資産の公正価値について，(a)企業の金融商品の種類別の金額，および(b)報告企業により占有されている不動産または使用されている他の資産の金額を開示することを要する(par. 120 (d))。日本基準では，年金資産の公正価値の開示を要求するにすぎない。主要な保険数理上の仮定として，IAS 19では，必要に応じて給与の予想増加率や医療コスト趨勢率等の開示を要求するのに対し，日本基準では，これらの項目の開示規定は設けられていない。

4．その他の長期従業員給付

　IAS 19では，その他の長期従業員給付には，(a)長期有給休暇，(b)記念日その他の長期勤務給付，(c)長期障害給付，(d)関連勤務の提供の期末後12ヵ月以降に支払うべき利益分配・賞与，および(e)稼得の期末後12ヵ月以降に支払う繰延報奨などが含まれる(par. 126)。IAS 19では，その他の長期従業員給付についても，年金その他退職後給付の会計の場合と同様，費用の各構成部分(勤務費用,

利息,制度資産の期待収益,数理計算上の利得・損失,および過去勤務費用)を勤務の対応年数にわたって認識しなければならない。他方,日本基準では,このような長期従業員給付にかかる規定は明示されていない。

5. 解雇給付

IASでは,企業は,次のいずれかを余儀なくされたと証明できるときには,解雇給付を負債および費用として認識しなければならない(par. 133)。

(a) 一従業員もしくは従業員グループを通常の定年退職日前に終了すること,または
(b) 自発的退職を勧奨するために行った募集の結果として解雇給付を支給すること

日本基準では,このような解雇給付に対する明確な規定は設けられていない。

6. 持分報奨給付

IASでは,持分報奨給付には,次のような形態の給付が含まれている(par. 144)。

(a) 第三者に発行する場合の公正価値より低い価額による株式,株式オプション,および他の持分金融商品の従業員への給付,および
(b) 報告企業の株式の将来の市場価格に依存する金額による現金の支払い

しかし,IAS 19では,「株式オプションの公正価値を決定する適切な方法について合意がない」(par. 152)との理由により,持分報奨給付に対する測定指針は明示されていない。日本基準においても,具体的指針は設けられていない。

7. 移行時差異

会計基準の適用初年度の処理について,IAS 19と日本基準とは取扱いに差異が見られる。IAS 19では,経過規定として会計方針の変更による累積的影

響額，すなわち，IAS 19 に基づく給付建債務の経過負債が従来の会計方針のもとで認識される負債を上回る増加額は，即時費用処理されるか，または，採用日から 5 年間にわたって定額法により費用処理される(par. 155)。

他方，日本基準では，退職給付会計基準の適用初年度の期首における会計基準変更時差異(退職給付会計基準による未積立退職給付債務と従来の会計基準による退職給与引当金等との差額)は，適用初年度に一括して費用処理するか，15 年以内の一定の年数にわたり定額法により費用処理することを要する(退職給付会計実務指針 43)。したがって，変更時差異を繰延認識する場合，IAS 19 を適用するか日本基準に準拠するかによって損益計算書の金額は相当影響されることになる。

§3　実務上の留意事項および設例

1. 過去勤務費用の会計処理について

過去勤務費用の会計処理について，IAS 19 は受給権が確定していない部分については，それが確定するまでの平均期間にわたり定額法によって費用処理するとともに，受給権が確定している部分については，これを直ちに認識しなければならない。

一方，日本基準においては，受給権の確定・未確定を区別せず，過去勤務費用の合計を平均残存勤務期間内の一定の年数で費用処理することとされている。IAS 19 と日本基準で，受給権確定分の会計処理および償却年数の考え方が異なるため，特に退職給付に関する規程の新設時または改訂時において損益に与える影響が大きく異なることに留意する必要がある。

設 例 20-1

退職金規程改訂時における過去勤務債務の償却

A社の当期首に退職金規程の改訂を行い、以下の過去勤務費用が発生した。

(ア)	受給権が確定している従業員に係る過去勤務債務	800
(イ)	受給権が確定していない従業員に係る過去勤務債務	200
	計	1,000

・受給権が確定するまでの平均期間：入社後4年
・従業員の平均残存勤務期間：10年

上記の場合において、日本基準およびIAS 19に基づく過去勤務債務の当期償却額を計算しなさい。

解答・解説

（1） 日本基準による会計処理

過去勤務債務計 1,000/10年(注) ＝ 100

　(注) 平均残存勤務期間以内の一定の年数を10年とする。

日本基準による場合、過去勤務費用を受給権確定分と未確定分に区別せずに、平均残存勤務期間以内の一定の年数で償却する。

（2） IAS 19による会計処理

(ア)	受給権が確定している過去勤務債務（即時償却）	800
(イ)	受給権が確定していない過去勤務債務（200/4年）	50
	計	850

IAS 19による場合、受給権が確定している過去勤務費用は即時償却するとともに、受給権が確定していない過去勤務債務については、受給権確定までの平均期間で償却を行う。

2. 保険数理差損益（数理計算上の差異）の会計処理について

（1） 回廊アプローチ

　保険数理差損益の会計処理について，IAS 19は，回廊アプローチを採用している。すなわち，ある一定の「回廊」の範囲内にとどまっている場合は，これを損益として認識しないことを容認するとともに，前期末の保険数理差損益の正味未認識累積額が，①前期末の退職給付債務の現在価値×10%，または，②前期末の年金資産の市場価値×10%，のいずれか大きい方の金額を超える場合には，超過部分を平均残存勤務期間で除した額を定額償却することが必要である。ただし，継続適用等の一定の条件を満たした場合には，より早期に償却する方法も認めている。

　一方，日本基準では，回廊アプローチを採用しておらず，保険数理差損益は，発生年度ごとに平均残存勤務期間内の一定の年数で規則的に費用処理することとされている。

設 例 20-2

保険数理差損益の償却

	前々期末	前期末
保険数理差損益（損失）の当期発生額	300	500
退職給付債務の現在価値	2,100	2,200
年金資産の時価	1,800	1,500
平均残存勤務期間	6年	5年

　上記の場合において，前期および当期における日本基準およびIAS 19（回廊

アプローチ)に基づく保険数理差損益の償却額をそれぞれ計算しなさい。

なお，保険数理差損益を発生年度において平均残存勤務期間内の一定の年数で償却することとし，その年数は5年とする。

解答・解説

(日本基準による会計処理)

前期償却額

保険数理差損益 300/平均残存勤務期間内の一定の年数 5 年＝60

日本基準による場合，保険数理差損益を発生年度ごとに平均残存勤務期間内の一定の年数で規則償却する。

当期償却額

(前期分)保険数理差損益 300/平均残存勤務期間内の一定の年数 5 年＝60
(当期分)保険数理差損益 500/平均残存勤務期間内の一定の年数 5 年＝100
　　　　　　　　　　当期償却額＝(前期分)＋(当期分)＝160

(IAS 19 に基づく会計処理)

前期償却額

回廊超過額[1] 90/平均残存勤務期間[2] 6 年＝15
　注1)　回廊超過額の計算
　　　(ア) 前期末の退職給付債務の現在価値 2,100×10%＝210
　　　(イ) 前期末の年金資産の時価 1,800×10%＝180
　　　(ア)＞(イ)　回廊超過額＝保険数理差損益 300－(ア)210＝90
　　2)　平均残存勤務期間で償却

当期償却額

回廊超過額[1] 565/平均残存勤務期間[2] 5 年＝113
　注1)　回廊超過額の計算
　　　(ア) 前期末の退職給付債務の現在価値 2,200×10%＝220
　　　(イ) 前期末の年金資産の時価 1,500×10%＝150
　　　(ア)＞(イ)　回廊超過額＝保険数理差損益残高(300－15＋500)－(ア)220＝565
　　2)　平均残存勤務期間で償却

IAS 19 による場合，前期末の未認識保険数理差損益の内，前期末の退職給付債務の現在価値と年金資産の時価のいずれか大きい方の 10％を超過する部分を平均残存勤務期間で規則償却する。日本基準においては，各年度において発

生した未償却保険数理差損益を平均残存勤務期間内の一定の年数で規則償却するため，過年度データを保持する必要があるが，IAS 19 では，各期末における回廊超過額を平均残存勤務期間で規則償却すれば良く，過年度データを保持する必要がない点に留意する必要がある。

（2） その他の包括利益として認識する方法

上記の回廊アプローチに加えて，IAS 19 は，一定の条件を満たしている場合に，保険数理差損益の全額を包括利益計算書におけるその他の包括利益として認識することができると規定している。具体的には，保険数理差損益の発生時に，その全額を包括利益計算書におけるその他の包括利益として，当期損益を通さずに認識することになる。

一方，日本基準では，保険数理差損益を当期損益を通さずに認識する方法は認められていない。

なお，「連結財務諸表作成における在外子会社の会計処理に関する当面の取扱い」(実務対応報告第18号　企業会計基準委員会　平成18年5月17日)において，在外子会社が保険数理差損益を純資産の部に直接計上している場合には，連結決算手続上，当該金額を平均残存勤務期間以内の一定の年数で規則的に処理すること(発生した期に全額を処理する方法を継続して採用することを含む)により，当期の損益とするように修正する必要があることに留意する必要がある。

設 例 20-3

保険数理差損益の費用処理

IFRS を採用している海外の子会社において，退職給付債務に関し下記のような保険数理差損益が発生しており，同子会社は保険数理差損益の全額をその他の包括利益として認識する方法を採用している。

	前期末	当期末
保険数理差損益(損失)の当期発生額	300	500
退職給付債務の現在価値	2,100	2,200
年金資産の時価	1,800	1,500
平均残存勤務期間	6年	5年

上記の場合において，前期および当期における子会社における会計処理および，親会社の連結仕訳における「連結財務諸表作成における在外子会社の会計処理に関する当面の取扱い」(実務対応報告第18号)に基づく修正仕訳を示しなさい。

なお，親会社においては，保険数理差損益を発生年度において平均残存勤務期間内の一定の年数で償却することとし，その年数は5年とする。

解答・解説

（1） 子会社における会計処理

〈前期末〉

| (借) | その他の包括利益
(保険数理差損益) | 300 | (貸) | 退職給付引当金 | 300 |

〈当期末〉

| (借) | その他の包括利益
(保険数理差損益) | 500 | (貸) | 退職給付引当金 | 500 |

（2） 親会社における連結修正仕訳

〈前期末〉

(借) 退職給付引当金	300	(貸) その他の包括利益 （保険数理差損益）	300
(借) 退職給付費用	60	(貸) 退職給付引当金	60

保険数理差損益 300／平均残存勤務期間内の一定の年数 5 年＝60

　実務対応報告第 18 号に基づき，保険数理差損益を発生年度ごとに平均残存勤務期間内の一定の年数で規則償却するように修正する。

〈当期末〉

(借) 退職給付引当金	500	(貸) その他の包括利益 （保険数理差損益）	500
(借) 退職給付費用	160	(貸) 退職給付引当金	160

（前期分）保険数理差損益 300／平均残存勤務期間内の一定の年数 5 年＝ 60
（当期分）保険数理差損益 500／平均残存勤務期間内の一定の年数 5 年＝100
　　　　　　　　　当期償却額＝（前期分）＋（当期分）＝160

3．割引率について（日本基準の一部改正）

　従来の日本基準では，一定期間（おおむね 5 年以内）の債券の利回りを考慮して，割引率を決定することができるとされていたが，「『退職給付に係る会計基準』の一部改正（その 3）」（企業会計基準第 19 号　企業会計基準委員会　平成 20 年 7 月 31 日）が公表され，一定期間の債券の利回りを考慮する取扱いが認められなくなり，期末における利回りを基礎として割引率を決定することに改正された。

　この改正により，期末の利回りを基礎として割引率を決定する点において IAS 19 と日本基準が一致することとなった。

　ただし，上記改正によっても，日本基準においては，「割引率等に重要な変動が生じていない場合には，これを見直さないことができる。」（退職給付会計基準注解注 10）とされている一方，IAS 19 では，このような規定はなく，毎期末に割引率等の見直しを行う必要がある点で異なっている。

これは，割引率等の変動が財務諸表に与える影響を緩和するために，日本基準では「重要性基準」（重要な変動が生じていない場合には，見直しを行わない基準）を採用し，一定の範囲を超える変動によって生じた保険数理差損益の全額をその後の期間において費用処理する一方，IAS 19では，「回廊アプローチ」を採用し，割引率等の変動によって生じた保険数理差損益について，一定の範囲内は償却しない（遅延認識）という取扱いをしていることによる。

4. 小規模企業等における簡便法について

日本基準では，原則として従業員300人未満等の一定の要件を満たした小規模企業等については，期末自己都合要支給額などを利用した簡便法を用いることができるとされているが，IAS 19では，このような規定はない。

したがって，簡便法を適用している企業（関係会社を含む）は，実務上の取扱いについて，慎重に検討する必要がある。

Ⅱ 退職給付制度の会計と報告

【要約表】

	IFRS 26
適 用 範 囲	退職給付制度の財務諸表を作成する場合に適用 （退職給付費用の測定については IAS 19 を適用）
主な開示内容	・給付のために利用できる純資産の計算書および変動計算書 ・当該期間の投資成果および期末の財政状態の計算書 ・重要な会計方針の概要 ・制度，重要な活動，投資方針などの説明 確定給付型年金制度の場合には，以下の事項も必要となる。 ・受給権確定給付部分と受給権未確定給付部分とを区分した保証退職給付額の保険数理計算による現在価値 ・積立超過又は積立不足額 ・保険数理計算に関する情報
資 産 評 価	投資資産は公正価値によって計上

§1 背　　景

　IAS 26「退職給付制度の会計と報告」は，1987年1月に公表された。その後1994年にリフォーマットされ，今日に至っている。なお，わが国には，退職給付制度の会計および報告を取扱った会計基準は存在しない。

§2　IAS 24の分析と評価

1. 適　用　範　囲

（1）　退職給付制度と従業員給付

　IAS 26「退職給付制度の会計と報告」は，退職給付制度の財務諸表を作成する場合に適用されるものである（par.1）。退職給付制度は，「年金スキーム」「退職年金スキーム」「退職給付スキーム」とも呼ばれ，加入者である事業主とは別個の報告主体と考えられる（par.2）。なお退職給付制度を導入した事業主の財務諸表における退職給付費用の測定については，IAS 19「従業員給付」が公表されている。したがって，このIAS 26はIAS 19を補足するものである（par.4）。

（2）　適　用　対　象

　退職給付制度には，「確定拠出型制度」と「確定給付型制度」が存在し，多くの場合，拠出が行われ退職給付が支払われる独立した基金の創設が求められている。基金には，法的実態がある場合もあればない場合もある。また受託者がいる場合もあればいない場合もある。基金が創設されているか否か，あるいは受託者がいるか否かにかかわらずこの基準は適用される（par.5）。なお，「確定拠出型制度」と「確定給付型制度」は，それぞれ独自の性質をもつものであるが，両方の性質をもつ制度も存在する。そのような複合型の制度は，この基準の目的から「確定給付型年金制度」とみなされる（par.12）。

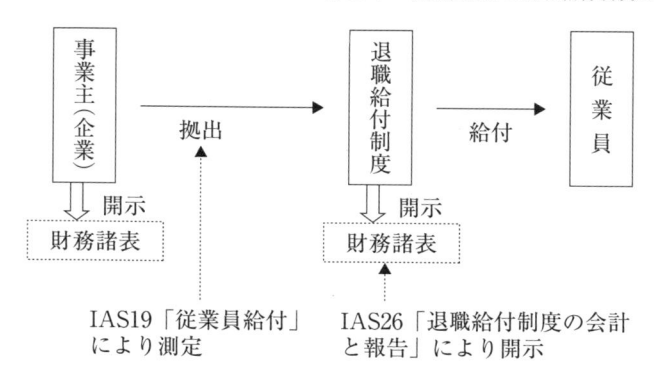

```
┌──────┐  拠出   ┌──────┐  給付  ┌──────┐
│事業主│ ─────→ │退職給付│ ────→ │従業員│
│(企業)│        │制  度 │        │      │
└──┬──┘        └──┬──┘        └──────┘
   │ 開示          │ 開示
   ↓               ↓
 [財務諸表]      [財務諸表]

   IAS19「従業員給付」  IAS26「退職給付制度の会計
    により測定          と報告」により開示
```

（3） 保険会社への投資資産

　保険会社への投資資産をもつ退職給付制度は，独自に投資を行う場合と同じ会計処理および積立ての基準が適用される。そのため保険会社との契約が特定の加入者または加入者のグループの名義であるか退職給付の責任がその保険会社のみになっている場合を除いてそのような退職給付制度はこの基準が適用される（par. 6）。

（4） 事業主以外の拠出者

　退職給付制度には，事業主である企業以外の拠出者が存在する場合もある。この基準はこのような場合にも適用される（par. 9）。

（5） 非公式の制度

　公式の協定に基づく退職給付制度が多い中で，非公式ながら雇用者の確立された慣行の結果としてある程度の義務をもつ制度も存在する。また，雇用主の義務を限定することを容認しているが，一般的に雇用を維持するためには廃止することが困難である制度も存在する。この基準では，非公式の制度に対して

も公式の制度と同様の会計処理および開示の原則が適用される(par.10)。

2. 確定拠出型年金制度

(1) 財務諸表

確定拠出型制度の財務諸表には、給付のために利用できる純資産の計算書および投資方針に関する説明を含めなければならない(par.10)。報告の目的は定期的に制度および投資実績についての情報を提供することであるが、目的達成のためには、以下の内容を財務諸表に含める必要がある(par.16)。
  (i) 当該期間の重要な活動および制度、加入資格、契約条件の変更による影響の説明
  (ii) 当該期間の取引および投資成果、期末現在の財政状態の計算書
  (iii) 投資方針の説明

3. 確定給付型年金制度

(1) 財務諸表

確定給付型制度の財務諸表には、以下のいずれかの計算書を含んでいる必要がある(par.17)。
  (i) 以下の内容を表示する計算書
    a. 給付のために利用できる純資産
    b. 受給権確定済給付部分と受給権未確定給付部分とを区分した保証退職給付額の保険数理計算による現在価値
    c. その結果としての積立超過又は積立不足額
  (ii) 以下のいずれかの内容を含む給付のために利用できる純資産の計算書

a．受給権確定済給付部分と受給権未確定給付部分とを区分した保証退職給付額の保険数理計算による現在価値を開示した注記

　b．添付された保険数理計算報告のなかでの上記 a．の情報への参照

　財務諸表報告日現在において保険数理計算上の評価額が計算されていない場合には，最も近い日の評価を計算の基礎として用いたうえで評価日を開示しなければならない(par.17)。また，財務諸表では保証退職給付額の保険数理計算による現在価値と給付のために利用できる純資産との関係，保証給付額の拠出方針を説明する必要がある(par.19)。

　報告の目的は，資産の積立額と制度の給付額との長期にわたる関係を評価することに有用な金融資産と制度の活動に関する情報を提供することである。そのためには，財務諸表に以下の内容を含む必要がある(par.22)。

（ⅰ）当該期間の重要な活動，制度，加入資格および条件に関する変更の影響の説明

（ⅱ）当該期間の取引および投資成果，期末現在の財政状態の計算書

（ⅲ）計算書の一部あるいは別個の報告書による保険数理計算に関する情報

（ⅲ）投資方針の説明

（2） 保証退職給付額の現在価値

　保証退職給付額の保険数理計算による現在価値の計算は，給付制度の条件による，現在の給与水準または予想される給与水準のいずれかをもちいた，現時点までに提供された労務に対する保証給付額に基づく必要がある。また，その用いられた水準は，開示される必要がある。なお，保険数理計算上の前提の変更が保証退職給付額の保険数理計算による現在価値に重要な影響を与える場合にも開示する必要がある(par.18)。

4. 確定拠出型年金制度および確定給付型年金制度の両制度の共通事項

（1） 資産評価

　投資資産は，公正価値によって計上されなければならない。市場性のある有価証券の場合，公正価値は市場価格である。公正価値の見積が不可能である投資を保有している場合には，公正価値を利用しない理由を開示する必要がある（par. 32）。

（2） 開示内容

退職給付制度の財務諸表には，以下の情報を含む必要がある（par. 34）。
（ⅰ）給付のために利用できる純資産の変動計算書
（ⅱ）重要な会計方針の概要
（ⅲ）制度および当該期間における制度の変更の影響
また，可能であれば，以下の内容を含むものとする（par. 35）。
（ⅰ）以下の内容を開示する給付のために利用できる純資産の計算書
　　a．適切に分類された期末における資産
　　b．資産の評価基準
　　c．給付のために利用できる資産の5％，またはいずれかの分類または種類の有価証券の5％を超える単一の投資の詳細
　　d．雇用主企業に対する投資の詳細
　　e．保証退職給付の保険数理計算上の現在価値以外の負債
（ⅱ）以下の内容を表示する給付のために利用できる純資産の変動計算書
　　a．雇用主企業拠出額
　　b．従業員拠出額

c．利息および配当などの投資収入
d．その他の収入
e 既払または未払いの給付額(たとえば退職, 死亡, 障害給付および一括払などに細分化した形で)
f．管理費
g．その他費用
h．所得に課税される税金
i．投資売却損益および投資価値の変動
j．他の制度からの転入および他の制度への転出
k．投資方針の説明

第21章

株式報酬

【要約比較表】 IFRS 2と日本基準との異同点

	IFRS 2	日本基準
適用範囲	① 持分決済型の株式報酬取引 ② 現金決済型の株式報酬取引 ③ 現金決済選択権付き株式報酬取引	IFRS 2の株式報酬取引のうち，①の持分決済型の株式報酬取引のみが，「ストック・オプション等に関する会計基準」で規定されている。
株式報酬取引の認識	企業は，当該取引で受け取った財貨またはサービスを，受け取った時点で認識するとともに， ① 持分決済型の株式報酬取引の場合には対応する資本の増加を認識 ② 現金決済型の株式報酬取引の場合には対応する負債	① 自社株式オプションの場合には，権利の行使または失効までの間，貸借対照表の純資産の部に独立項目としての新株予約権の増加を認識。権利行使された場合には，対応する部分が払込資本に振り替えられ，権利不行使による失効が生じた場合には，対応する部分を利益として計上。自社株式の場合には，同左。 ② な し

第 21 章 株式報酬 455

	の増加を認識 ③ 現金決済選択権付き株式報酬取引の場合には，当該取引または当該取引の構成要素を，負債が発生している範囲については負債の増加を認識，発生していない範囲については資本の増加を認識	③ な　し
持分決済型の株式報酬取引の測定方法	① 従業員との取引については，付与した持分金融商品の公正価値を参照して，付与日に，サービスの公正価値を間接的に測定 ② 従業員以外との取引については，財貨またはサービスを受け取った日に，これらの公正価値を直接的に測定	① 同　　左 ② 従業員以外との取引については，契約成立時に，付与した持分金融商品または受け取った財貨・サービスの公正価値のうち，いずれかより信頼性が高い方で測定
持分決済型の株式報酬取引の測定日	① 従業員との取引については，付与日に公正価値を測定 ② 従業員以外との取引については，企業が財貨を取得した，あるいはサービスの提供を受けた日に公正価値を測定	① 同　　左 ② 従業員以外との取引については，契約成立時に公正価値を測定
持分金融商品の公正価値測定方法	① 市場価格が利用可能であれば市場価格に基づいて，付与条件を考慮に入れて測定 ② 市場価格が利用可能でないならば，評価技法を用いて，付与日に知識のある自発的な当事者による第三者間取引ではいかなる価格で取引	① 同　　左 ② 同　　左

	されるかを推定して測定		
持分金融商品の権利確定条件の取り扱い	市場条件以外の権利確定条件は，付与日において，持分金融商品の公正価値を測定する際に考慮に入れず，持分金融商品の数量を調整することによって考慮	同　　左	
持分金融商品のリロード特性の取り扱い	リロード特性は，付与日にオプションの公正価値を見積る際に考慮に入れず，リロード・オプションがその後に実際に付与されたときに，これを新たなオプションの付与として会計処理	な　　し	
持分金融商品の権利確定日以降の取り扱い	権利確定日以降は，企業は，認識した財貨またはサービスと，これに対応する資本の増加を修正してはならない。	自社株式オプションの場合には，権利行使された場合には，対応する新株予約権が純資産に振り替えられ，権利不行使による失効が生じた場合には，対応する新株予約権を利益として計上	
持分金融商品の公正価値が信頼性をもって測定できないとき	持分金融商品の本源的価値で測定し，最終的に決済されるまで各決算日に再測定	未公開会社に限って，公正価値に代えて本源的価値で測定することができる。ただし，付与日以降の再測定は行われない。	
持分金融商品の付与条件の変更	付与条件の変更による公正価値の増加を認識。ただし，公正価値が減少する場合には，最小限は付与日の公正価値を認識	同　　左	
持分金融商品の取り消し・決済	① 取り消しまたは決済を権利確定の加速として会計処理 ② 付与を取り消しまたは決済した際の相手方への支払いは，持分の買戻しとして会計処理し，その支払いが付与した持分金融商品の買	① な　　し ② な　　し	

	戻日現在で測定した公正価値を超える部分については費用として会計処理	
新たな持分金融商品の付与が，取り消した持分金融商品の交換とみなされるとき	持分金融商品のリプライシングとして会計処理	同　　左
持分金融商品の買戻し	資本の部からの控除として会計処理し，その買戻しが付与した持分金融商品の買戻日現在で測定した公正価値を超える部分については費用として会計処理	な　　し

§1　背　　景

　株式報酬取引とは，企業が，株式やストック・オプション等の持分金融商品を発行する対価として，または現金決済型の株式増加受益権等の持分金融商品の価格を基礎とする金額の負債を負う対価として，財貨またはサービスを受け取る取引であり，とくに企業の従業員等に対してはインセンティブ報酬の1つとして利用される。たとえばストック・オプションや株式増加受益権の場合，企業の業績が向上して株価が上昇すれば，その保有者は権利行使価格と市場価格の差額の利益を得ることができる。このため，株式報酬によって，企業は，従業員等に対して，企業業績の向上へのインセンティブを与えることができる。このようなインセンティブ報酬としての株式報酬は，以下の点から急速かつ多様に発展してきた。第1に，とくに株主から受託者として選任された役員については，株主の利益よりも自己の利益を優先する危険性(エイジェンシー問題)を解消するのに役立つ。第2に，とくに長期の株式報酬契約の場合には，優秀な

人材を集めて企業内に定着させるのに役立つ。第3に，とくに持分金融商品については，当座の資金を必要としないため，キャッシュ・フローに恵まれていないベンチャー企業や，再建過程にある破綻企業が有能な人材を確保する手段として役立つ。第4に，優遇税制が導入されている場合には，節税効果が期待できる。株式報酬の特徴は，とくに持分金融商品の場合には，企業から現金等の財貨の流出を伴わない点である。このため，たとえばストック・オプションについては，従来は費用処理がなされてこなかった。しかしながら，企業が従業員等からサービスを受け取り，これを消費しているという経済的実態を考えると，これを費用処理する必要がある。

株式報酬に関する国際財務報告基準であるIFRS 2「株式報酬」は，2004年に承認され，2005年1月1日開始事業年度から発効している。IASBは，企業が従業員等から財貨またはサービスを受け取り，これを消費しているならば，たとえその対価が持分金融商品であっても，会計上で当該取引を公正価値で認識しなければならない，との立場をとっている。米国においても，ストック・オプションの費用処理を強制適用とするアメリカ財務会計基準書第123号の改訂版「株式報酬」が，2004年12月に公表されている。

わが国においては，平成9年の商法改正におけるストック・オプション制度が導入されたが，平成13年の商法改正における新株予約権制度の導入により，新株予約権のストック・オプションとしての利用が活発化している。これに対応して，平成17年12月27日に企業会計基準委員会から企業会計基準第8号「ストック・オプション等に関する会計基準」が公表された。本基準は，平成18年4月1日開始事業年度から発効している。

§2 バリエーションの分析と評価

1. 適 用 範 囲

　IFRS 2は，現金等の資産または企業の持分金融商品で決済される，従業員(および他の類似のサービスを提供する者)や専門的サービスの供給者等との株式報酬取引の会計処理に適用される。従業員(および他の類似のサービスを提供する者)とは，企業へ人的なサービスを提供する個人であって，つぎのいずれかに該当する者である。(1)法的あるいは租税目的において，従業員とみなされる。(2)(1)と同一の指導の下で企業に働いている。(3)提供するサービスが，従業員の提供するサービスと類似している。このような株式報酬取引には，つぎの3種類がある(par. 2)。

　(1)　持分決済型の株式報酬取引

　企業が，株式やストック・オプション等の持分金融商品を発行する対価として，財貨またはサービスを受け取る取引。

　(2)　現金決済型の株式報酬取引

　企業が，株式やストック・オプション等の持分金融商品の価格を基礎とする金額で財貨またはサービスの供給者に負債を負うことによって，財貨またはサービスを受け取る取引。

　(3)　現金決済選択権付き株式報酬取引

　企業が財貨またはサービスを受け取り，企業と当該財貨またはサービスの供給者のいずれかが，現金等の資産により決済するか，持分金融商品の発行により決済するかを選択できる取引。

　IFRS 2の目的上，株主から，企業に財貨またはサービスを供給した従業員等へと，企業の持分金融商品の譲渡(企業の親会社もしくは同一企業集団内の他の企業の持分金融商品の譲渡を含む)が行われた場合，これは株式報酬取引に

含まれる(par. 3)。一方，企業の持分金融商品の所有者として従業員等と取引を行った場合，これは株式報酬取引には含まれない(par. 4)。

このように IFRS 2 は，企業が財貨またはサービスを受け取る株式報酬取引に適用される。しかし，企業は，つぎの取引には IFRS 2 を適用してはならない(pars. 5-6)。

(1) IFRS 3「企業結合」が適用される，企業結合において取得した純資産の一部として，財貨を取得する取引。
(2) IAS 32「金融商品：表示」の第8項から第10項または IAS 39「金融商品：認識及び測定」の第5項から第7項の範囲に含まれる契約に従って，財貨またはサービスを受け取るかまたは取得する取引。

一方，わが国の「ストック・オプション等に関する会計基準」は，平成13年の商法改正における新株予約権制度の導入により，新株予約権のストック・オプションとしての利用が活発化したことに伴って検討がなされたものであるため，とくに持分決済型の株式報酬取引のみが規定されている(第3項，第23項，および第25項)。ここでは，従業員等は，企業と雇用関係にある使用人のほか，企業の取締役，会計参与，監査役および執行役ならびにこれと準ずる者と定義されている(第2項・(3))。また，つぎの取引は，適用対象外とされている。(1)自社株式オプション又は自社の株式を用いない取引(第28項)，(2)付与した自社株式オプション又は交付した自社の株式が，財貨又はサービスの取得の対価にあたらない場合(第29項)，(3)デット・エクイティ・スワップ取引(第30項)，(4)取得するものが「企業結合会計基準」等が適用される事業である場合(第31項)，(5)従業員持株制度において自社の株式購入に関し，奨励金を支出する取引(第32項)，および(6)敵対的買収防止策として付与される自社株式オプション(第33項)。

2. 認　　　識

企業は，株式報酬取引で受け取った財貨またはサービスを，受け取った時点で認識するとともに，持分決済型の場合には対応する資本の増加を，現金決済

型の場合には対応する負債の増加を認識しなければならない(par.7)。現金決済選択権付き株式報酬取引については，企業は，当該取引または当該取引の構成要素を，企業に現金等の資産で決済する負債が発生している場合にはその範囲については，負債の増加を，また，そのような負債が発生していない場合にはその範囲で，資本の増加を認識しなければならない(par.34)。

株式報酬取引で受け取った財貨またはサービスが，資産の認識要件を満たさない場合には，これを費用として認識しなければならない(par.8)。

一方，日本基準では，持分決済型の株式報酬取引のみが規定されているが，ここでは，受け取った財貨またはサービスを，その取得に応じて認識するとともに，対応する貸方項目は，(1)自社株式オプションの場合には，権利の行使または失効までの間，貸借対照表の純資産の部に，独立項目としての新株予約権の増加を認識する(第4項)。これは，新株予約権が，将来，権利行使され払込資本になる可能性がある(第8項)一方，失効して払込資本にならない可能性もあり，権利行使の有無が確定するまでの間はその性格が確定しないと考えられるからである。従来は，仮勘定として負債の部に計上することとされていたが，企業会計基準第5号「貸借対照表の純資産の部の表示に関する会計基準」の公表によって，本来の返済義務のある負債でないことが考慮され，純資産の部に独立して表示されることとなった(第41項)。そして，持分金融商品が権利行使された場合には，当該権利行使に対応する部分は払込資本に振り替えられ，権利不行使による失効が生じた場合には，当該失効に対応する部分は利益として計上される(第8項，第9項)。(2)自社株式の場合には，IFRS2と同様である(第15項・(1))。

3. 持分決済型の株式報酬取引の会計処理

持分決済型の株式報酬取引について，企業は，受け取った財貨またはサービスと，これに対応する資本の増加を，財貨またはサービスの公正価値が信頼性をもって見積ることができる場合には，その公正価値によって直接的に測定し，財貨またはサービスの公正価値が信頼性をもって見積ることができない場合に

は，付与された持分金融商品の公正価値を参照することによって，間接的に測定しなければならない(par. 10)。

持分決済型の株式報酬取引は，その測定方法について，従業員(および他の類似のサービスを提供する者)との取引と従業員以外との取引に分けて，それぞれ規定されている。

(1) 従業員(および他の類似のサービスを提供する者)との取引

従業員(および他の類似のサービスを提供する者)との取引については，通常，受け取ったサービスの公正価値を，信頼性をもって見積ることができない。企業は，付与した持分金融商品の公正価値を参照することによって，付与日(企業と従業員等の他の当事者が株式報酬契約に合意した日)に，サービスの公正価値を，間接的に測定しなければならない(par. 11)。

(a) 持分金融商品が付与日に直ちに確定する場合

付与した持分金融商品が付与日に直ちに確定する場合には，反証がない限り，企業は，相手方が提供するサービスをすでに受け取っているものと想定される。企業は，付与日に，受け取ったサービスの全額を，対応する資本の増加とともに，認識しなければならない(par. 14)。

(b) 持分金融商品が権利確定期間終了後に確定する場合

付与した持分金融商品が，従業員が特定の期間のサービスを完了するまでは確定しない場合には，企業は，権利確定期間(株式報酬契約において特定の権利確定条件のすべてが満たされる期間)にわたって，サービスを受け取ると想定される。企業は，権利確定期間にわたって，サービスの受取りを，対応する資本の増加とともに，認識しなければならない。

従業員等が，業績条件の達成と，その達成までの勤務や業務執行を条件とするストック・オプションを付与され，この権利確定期間が，いつ業績条件を達成するかによって変化する場合がある。このとき企業は，予想される権利確定期間にわたって，ストック・オプションを対価とするサービスが提供されると想定しなければならない。すなわち企業は，付与日において，最も可能性の高

いと予想される業績条件の結果に基づいて，権利確定期間を見積る必要がある。もし業績条件が市場条件ならば，権利確定期間の見積りは，ストック・オプションの公正価値の見積りにおいて使用された仮定と首尾一貫している必要があるとともに，その後に再測定してはならない。もし業績条件が市場条件でないならば，権利確定期間の見積りは，その後の情報の改訂によって，再測定する必要がある(par. 15)。ここで市場条件とは，持分金融商品の行使価格，権利確定，または権利行使可能性等の条件が，企業の持分金融商品の市場価格に依存して決定する場合であり，たとえば，特定の株価やストック・オプションの本源的価値(＝株価－行使価格)の達成などが挙げられる。

(2) 従業員以外との取引

従業員以外との取引については，受け取った財貨またはサービスの公正価値のほうが信頼性をもって見積り可能だという反証可能な推定が置かれる。企業は，財貨またはサービスを受け取った日に，これらの公正価値を直接的に測定しなければならない。

極めてまれであろうが，企業がもしこの推定に反証した場合には，企業は，財貨またはサービスを受け取った日に，付与した持分金融商品の公正価値を参照して，これらの公正価値を間接的に測定しなければならない(par. 13)。

一方，日本基準では，従業員との取引についてはIFRS 2と同様であるが，従業員以外との取引については，付与した持分金融商品または受け取った財貨・サービスの公正価値のうち，いずれかより信頼性をもって測定できるほうで算定することとされている(第14項・(2)，第49項)。

4．持分金融商品の公正価値の測定方法

企業は，付与した持分金融商品の公正価値を，市場価格が利用可能であれば市場価格に基づいて，付与条件を考慮に入れて，測定しなければならない(par. 16)。市場価格が利用可能でないならば，企業は，評価技法を用いて，知識のあ

る自発的な当事者による第三者間取引では付与日の価格はいくらとなるかを推定することによって，測定しなければならない(par. 17)。

（1） 権利確定条件の取扱い

(a) 市場条件以外の権利確定条件

権利確定条件とは，株式報酬契約の下で，契約の相手方が，現金等の資産または企業の持分金融商品を受け取る権利を得るために満足しなければならない条件である。権利確定条件には，他の当事者が特定期間のサービスを完了することを要求するサービス条件と，特定の業績目標の達成を要求する業績条件とがある。

持分金融商品が，特定の権利確定条件の達成を条件としている場合には，市場条件以外の条件については，付与日において持分金融商品の公正価値を測定する際には考慮に入れず，その代わりに，持分金融商品の数量を調整することによって考慮に入れる必要がある。このとき，付与された持分金融商品の対価として受け取った財貨またはサービスの公正価値は，最終的に権利確定する持分金融商品の数量を基礎として測定される。よって，業績条件が達成されずに，付与された持分金融商品が権利確定しなかった場合には，累積ベースでは財貨またはサービスの受取りは認識されない(par. 19)。

権利確定期間中は，企業は，権利確定すると予想される持分金融商品の最善の見積数量を基礎として，受け取った財貨またはサービスの公正価値を測定しなければならない。当該見積数量は，その後の情報の改訂によって，再測定する必要がある(par. 20)。

(b) 市 場 条 件

市場条件とは，たとえば，特定の株価の達成を条件に権利確定する場合である。このような市場条件は，付与日において，持分金融商品の公正価値を測定する際に考慮に入れる必要がある(par. 21)。

(2) リロード特性の取扱い

リロード特性とは，オプション保有者が，以前に付与されたオプションの行使時に，現金ではなく株式を行使価格の払込に充てる場合にはいつでも，追加的なストック・オプション（これをリロード・オプションという）が自動的に付与される規定である。リロード特性のあるオプションについては，当該特性を，付与日にオプションの公正価値を見積る際には考慮に入れず，その代わりに，リロード・オプションがその後に実際に付与されたときに，これを新たなオプションの付与として会計処理する必要がある(par.22)。

(3) 権利確定日以降

権利確定日とは，有資格者となる日である。株式報酬契約では，契約の相手方は，特定の権利確定条件の達成によって，現金等の資産または企業の持分金融商品を受け取る権利の有資格者となる。

権利確定日以降は，企業は，認識した財貨またはサービスと，これに対応する資本の増加を修正してはならない。たとえば，ストック・オプションの権利不行使による失効を考える。このとき，認識した報酬費用の戻し入れは行われない(par.23)。

一方，日本基準は，(1)については，IFRS 2 と同様である(第6項，第7項)。(2)については，明示的な規定がない。(3)については，自社株式オプションの場合には，権利行使された場合には，対応する新株予約権が払込資本に振り替えられ，権利不行使による失効が生じた場合には，対応する新株予約権を利益として計上する(第8項，第9項)。

(4) 持分金融商品の公正価値が信頼性をもって測定できない場合

まれにではあるが，持分金融商品の公正価値が信頼性をもって測定できない

場合がある。このとき企業は，受け取った財貨またはサービスを，持分金融商品の本源的価値（＝株価－行使価格）で測定しなければならない。

企業は，持分金融商品の本源的価値を，当初は，財貨またはサービスを受け取ったときに測定し，その後は，最終的に決済されるまで，すなわち，権利不確定により失効するか，権利行使されるか，または権利不行使により失効するまで，各決算日に再測定する必要がある。本源的価値の変化は，その期の純損益として認識される（par. 24）。

企業が，権利確定期間中に，本源的価値で測定した持分金融商品の付与を決済した場合には，企業は，権利確定の加速として，残りの権利確定期間中に相手方から提供されるサービスを直ちに認識する必要がある。付与を決済した際の相手方への支払いは，持分の買戻し（＝資本の部からの控除）として会計処理し，その支払いが付与した持分金融商品の買戻日現在で測定した本源的価値を超える部分については，当該超過部分を費用として会計処理しなければならない（par. 25）。

一方，日本基準では，未公開会社に限って，受け取った財貨またはサービスを，持分金融商品の公正価値に代えて本源的価値で測定することができるとされる。ただし，IFRS 2とは異なり，付与日あるいは契約成立時以降の再測定は行われない（第13項，第61項～第63項）。

5. 付与条件の変更と取り消し・決済の取り扱い

（1） 付与条件の変更

企業は，持分金融商品の付与条件を変更することがある。たとえば企業が，従業員に付与したストック・オプションの行使価格を減額（リプライシング）する場合がそれである。企業は，このような付与条件の変更による持分金融商品の公正価値の増加を認識しなければならない（par. 26）。

ただし，付与条件の変更によって公正価値が減少する場合には，最小限は，

権利付与日の公正価値を認識することと規定されている。これは，付与条件の変更や付与した持分金融商品の取り消し・決済が行われた場合でも同様である(par.27)。

（2） 持分金融商品の取り消し・決済

企業が，権利確定期間中に持分金融商品の付与を取り消しまたは決済した場合(権利不確定による失効によって取り消された付与を除く)には，つぎのように会計処理しなければならない(par.28)。

(a) 企業は，権利確定の加速として，残りの権利確定期間中に相手方から提供されるサービスを直ちに認識する。
(b) 付与を取り消しまたは決済した際の相手方への支払いは，持分の買戻し(＝資本の部からの控除)として会計処理し，その支払いが付与した持分金融商品の買戻日現在で測定した公正価値を超える部分については，当該超過部分を費用として会計処理する。
(c) 新たな持分金融商品の付与が，取り消した持分金融商品の交換とみなされる場合には，企業はその交換した持分金融商品の付与を，5(1)に従って，持分金融商品のリプライシングとして会計処理する。付与した増分価値は，交換した持分金融商品の公正価値と，その権利付与日における取り消した持分金融商品の正味の公正価値(取消時における相手方への支払い額を控除したもの)との差額である。

（3） 持分金融商品の買戻し

企業が権利確定した持分金融商品を買い戻した場合には，資本の部からの控除として会計処理し，その買い戻しが付与した持分金融商品の買戻日現在で測定した公正価値を超える部分については，当該超過部分を費用として会計処理しなければならない(par.29)。

極めてまれであるが，従業員以外との取引において，受け取った財貨または

サービスの公正価値を，付与した持分金融商品の公正価値を参照して，間接的に測定する場合があったが(3(2)を参照)，この場合には，5での規定を，権利付与日を財貨・サービスの受け取り日と読み替えて適用する必要がある(par.26)。

一方，日本基準では，(1)および(2)(c)については，IFRS と同様である(第10項)。(2)(a)，(2)(b)，および(3)については，明示的な規定がない。

6. 現金決済型の株式報酬取引の会計処理

現金決済型の株式報酬取引について，企業は，受け取った財貨またはサービスと，発生した負債を，当該負債の公正価値で測定しなければならない。このとき，負債が決済されるまでの間，企業は当該負債の公正価値を決算日ごとに再測定し，公正価値の変動をその期の純損益として認識しなければならない(par.30)。

たとえば企業が，給与パッケージの一部として，従業員に対して株式増価受益権を付与する場合がある。ここで株式増価受益権とは，特定の期間内に特定の水準からの企業の株価の上昇を基礎として，当該価値の現金または株式を受け取る権利である。また企業は，従業員に対して強制または選択可能な償還条項の付いた株式を付与する場合がある。これらにより，従業員は，将来の現金を受け取る権利を得ることとなる。このとき企業は，受け取ったサービスと，当該サービスに対する支払義務の負債を，従業員がサービスを提供したときに，認識しなければならない(pars.31・32)。

一方，日本基準においては，現金決済型の株式報酬取引については規定されていない。

7. 現金決済選択権付き株式報酬取引

現金決済選択権付き株式報酬取引については，企業は，当該取引または当該取引の構成要素を，企業に現金等の資産で決済する負債が発生している場合にはその範囲について，現金決済型の株式報酬取引として会計処理しなければな

らない。また，そのような負債が発生していない場合にはその範囲について，持分決済型の株式報酬取引として会計処理しなければならない(par. 34)。

(1) 相手方に決済方法の選択権がある株式報酬取引

企業が相手方に，株式報酬取引を現金で決済するか持分金融商品の発行で決済するかを選択する権利を与えている場合には，企業は，相手方が現金での支払いを要求できる権利を有する負債部分と，相手方が現金ではなく持分金融商品での決済を要求できる権利を有する資本部分とを含む複合金融商品を付与していることとなる。このとき，つぎのように会計処理しなければならない(pars. 35-40)。

(a) 財貨またはサービスの公正価値を直接的に測定する場合

従業員以外との取引で，財貨またはサービスの公正価値が直接的に測定できる場合には，企業は，複合金融商品の資本部分を，受け取り日における財貨またはサービスの公正価値と負債部分の公正価値との差額として測定する。

(b) 財貨またはサービスの公正価値を間接的に測定する場合

企業が，財貨またはサービスの公正価値を，持分金融商品の公正価値を参照して間接的に測定する場合には，企業は，まず，負債部分の公正価値を測定する。その後に，資本部分の公正価値を，相手方が持分金融商品を受け取るためには現金を受け取る権利を放棄しなければならないことを考慮に入れて測定する。

相手方が決済方法の選択権を有する株式報酬取引は，一方の決済方法の選択肢の公正価値が他方のそれと同じになるように構成されている場合が多い。たとえば，相手方がストック・オプションを受け取るか現金決済型の株式増価受益権を受け取るかの選択肢を有している場合がそれである。このとき，資本部分の公正価値はゼロとなる。しかし，決済方法の選択肢の公正価値が異なる場合には，資本部分の公正価値はゼロよりも大きくなるであろう。

(c) 決済時の会計処理

決済時において，企業は，負債を決済日時点の公正価値で再測定しなければ

ならない。企業が決済時に現金を支払わずに持分金融商品を発行する場合には，当該負債は，発行した持分金融商品の対価として，資本の部に振り替えられる。

決済時において，企業が，持分金融商品を発行せずに現金を支払った場合には，現金の支払いは負債の決済に充てられる。認識されている資本部分は，そのまま資本の部に残留する。これは，相手方が決済時に現金の受取りを選択し，持分金融商品を受け取る権利を放棄したためである。

（2） 企業に決済方法の選択権がある株式報酬取引

企業が現金で決済するか持分金融商品の発行で決済するかを選択できる株式報酬取引については，企業は，現金で決済する義務があるかどうかを判定し，この判定にしたがって会計処理する必要がある。(i)株式の発行が法律で禁じられている場合，(ii)慣行的に現金決済が行われている場合，(iii)現金決済を明示的な方針としている場合には，企業は現金で決済する義務がある。このとき，つぎのように会計処理しなければならない(pars. 41-43)。

(a) 現金決済の義務があるとき

現金決済の義務がある場合には，企業は当該取引を，現金決済型の株式報酬取引に適用される規定に従って会計処理する。

(b) 現金決済の義務がないとき

現金決済の義務がない場合には，企業は当該取引を，持分決済型の取引に適用される規定に従って会計処理する。このとき，(i)もし企業が決済時に現金決済を選択した場合には，その現金支払いは，持分の買戻し（＝資本の部からの控除）として会計処理する。(ii)企業が持分金融商品の発行を選択した場合には，それ以上の会計処理は必要ない。ただし，(iii)決済方法の選択肢のうち，決済日現在の公正価値が高いほうを企業が選択した場合には，この超過価値について追加的な費用を認識する。超過価値とは，現金決済を行った場合には，支払った現金とさもなければ発行していたであろう持分金融商品の公正価値との差額であり，持分金融商品の発行による決済を行った場合には，発行した持分金融

商品の公正価値とさもなければ支払ったであろう現金の額との差額である。

一方，日本基準においては，現金決済選択権付き株式報酬取引については規定されていない。

8. 開　　　　示

企業は，つぎの事項を，財務諸表の利用者が理解できるように情報開示しなければならない(pars. 44・46・50)。
(1) 当該期間中に存在していた株式報酬契約の性質と範囲
(2) 当該期間中に受け取った財貨・サービスの公正価値の算定方法
(3) 株式報酬取引が企業の当期純利益および財政状態に与えた影響

一方，日本基準では，これに加えて，つぎの事項を情報開示しなければならない。
(1) 未公開会社について，本源的価値による測定を行う場合における，(i)各期末における本源的価値の合計額，(ii)各期間中に権利行使された持分金融商品の権利行使日における本源的価値の合計額(第16項・(5))。

　これは，日本基準では，IFRS 2とは異なり，未公開会社について本源的価値による測定を行う場合，付与日あるいは契約成立時以降の再測定を行わないため，当期純利益および財政状態への影響を注記で開示するためである(第61項〜第63項)。
(2) 企業が，自社株式オプションまたは自社株式に対価性がないと判断した場合には，その旨およびそのように判断した根拠(第16項・(7))。

　これは，極めてまれであるとはいえ，企業が自社株式オプションや自社株式を付与または交付する場合であっても，その対価性が存在しないことを証明できる場合には，日本基準の適用対象外となるためである(第29項)。

§3 実務上の留意点および設例

1. 付与日について

留意事項

　持分決済型であっても，現金決済型であっても，株式報酬は付与した持分金融商品の付与日の公正価値で測定される。これについて，IFRS 2 では，付与日とは，企業とその相手(従業員もしくは，それ以外の取引相手)が当該株式報酬契約の条件について同意した日であるとされている。ただし，株式報酬契約にあたり，承認手続(たとえば，取締役会による承認手続等)が必要である場合は，付与日は，その承認が得られた日より後の日付になる点に留意が必要である。

　この点，日本基準においても，「ストック・オプション等に関する会計基準(企業会計基準第8号)」において，ストック・オプションの公正価値は付与日現在で算定するとされているが，その付与日は，「会社法にいう，募集新株予約権の割当日(会社法第238条第1項第4号)がこれにあたる」と規定されている。これは，IFRS 2 がすべての株式報酬取引を対象としているのに対して，日本基準では，IFRS 2 における持分決済型の株式報酬取引のみを対象としており，自社株式(ないしは，自社株式オプション)を付与することが前提となっているためである。

設　例 21-1

　下記日付のうち，IFRS 2 における付与日となるのはどれか答えなさい。
　① 1月15日：取締役会において，特定の従業員に対して，6月30日まで勤務することを条件に，ストック・オプションを付与することが承認された。
　② 1月31日：ストック・オプションが付与される旨が，対象となる従業員

に通知された。ただし，行使価格の決定については，3月31日開催予定の取締役会の承認後に通知されることになっている。それ以外の条件は，すべて通知された。
③ 3月31日：取締役会においてストック・オプションの行使価格が承認された。
④ 4月1日：ストック・オプションの対象である従業員に行使価格が通知された。
⑤ 6月30日：当該時点で勤務している従業員はストック・オプションの権利が確定した。

解　説

当該ストック・オプションのすべての付与条件を，企業と対象となる従業員の双方が知り得た(同意した)日は，④4月1日であるため，④4月1日が付与日となる。なお，⑤6月30日は権利確定日である。

2．持分決済型と現金決済型の相違点

留意事項

1．で記載したとおり，日本基準では持分決済型の株式報酬取引のみを対象にしているのに対し，IFRS 2では，すべての株式報酬取引を対象としているため，持分決済型の株式報酬取引と現金決済型の株式報酬取引が含まれる。

持分決済型の場合は，株式報酬費用の相手勘定(貸方)が資本となるのに対し，現金決済型では負債となる。また，資本に計上された株式報酬は，権利付与日の公正価値で計上され，その後見直しは行われないが，負債に計上された株式報酬は，負債が決済されるまで，各報告日現在の公正価値で再測定され，公正価値の変動額を損益計算書に計上することになるため，現金決済型の場合はより複雑な手続が必要であり，事後的に損益および負債額が変動することに留意が必要である。

持分決済型における日本基準およびIFRS2における基本的な会計処理においては，最終的に権利不行使による失効があった場合，日本基準では資本を戻し入れて利益を計上するのに対し，IFRS2では何ら戻し入れを行わない点に差異があることに留意が必要である。

設 例 21-2

以下の前提条件で，IFRS2における持分決済型，現金決済型それぞれの場合の権利付与日（X1年4月1日），決算日（X2年3月31日），権利行使日（X3年3月31日）での会計処理について答えなさい。なお，権利付与日において権利が確定しているものとする。

〈基本となる前提条件〉

- X1年4月1日に，従業員に対して100単位のオプションを付与する（現金決済型の場合は，権利行使時にオプションの公正価値に相当する金額を支払う）。権利行使期間は，権利確定日（この設例では，権利付与日と同日）より2年間とする。権利行使価格は1,000円であり，当該オプションの権利付与日での公正価値は，150円と見積られた。
- X2年3月31日時点でオプションが付与された従業員はすべて継続して勤務しており，この時点での当該オプションの公正価値は200円と見積もられた。
- X3年3月31日時点でオプションが付与された従業員はすべて継続して勤務しており，この時点で，当該オプションは全て権利行使された。なお，この際の当該オプションの公正価値は，230円と見積られた。
- 当該会社は，3月決算会社である。

解答・解説

（1） 持分決済型の場合

【X1年4月1日】

| (借) 株式報酬費用 | 15,000 | (貸) 資　　　本 | 15,000 |

株式報酬費用は，権利確定時の公正価値で測定されるため，15,000円（100単位×@150円）となる。なお，持分決済型であるため，費用の相手勘定は，資本となる。

【X2年3月31日】

| 仕　訳　な　し |

持分決済型の場合，当初認識後の再測定は行わない。

【X3年3月31日】

| (借) 現　金　等 | 100,000 | (貸) 資　本　金　等 | 115,000 |
| (借) 資　　　本 | 15,000 | | |

権利行使されたため，純資産の部に計上されていた新株予約権部分を取り崩し，新たに払い込まれた権利行使価格相当額とともに，資本金等に計上する。

なお，IFRS 2 では，権利不行使によるオプションの失効があった場合は，認識した報酬費用および資本の戻し入れは行われないことになっているが，日本基準では，新株予約権（純資産の部）を戻し入れ，利益として認識されることに留意が必要である。

(2) 現金決済型の場合

【X1年4月1日】

| (借) 株式報酬費用 | 15,000 | (貸) 負　　　債 | 15,000 |

株式報酬費用は，権利確定時の公正価値で測定されるため，15,000円（100単位×@150円）となる。なお，現金決済型であるため，費用の相手勘定は，負債となる。

【X2年3月31日】

(借) 株式報酬費用	5,000	(貸) 負　　債	5,000

X2年3月31日時点での負債の公正価値　100単位×@200円＝20,000
株式報酬費用　　　　　　　　　　　　　　　　　　20,000-15,000＝5,000

現金決済型の場合，当初認識後，負債が決済されるまで，当該負債の公正価値を決算日ごとに再測定し，公正価値の変動をその期の損益として認識しなければならない。

【X3年3月31日】

(借) 株式報酬費用	3,000	(貸) 負　　債	3,000
(借) 負　　債	23,000	(貸) 現　金　等	23,000

X3年3月31日時点での負債の公正価値　100単位×@230円＝23,000
株式報酬費用　　　　　　　　　　　　　　　　　　23,000-20,000＝3,000

X2年3月31日と同様に，負債が決済されるまで，当該負債の公正価値を決算日ごとに再測定し，公正価値の変動をその期の損益として認識しなければならない。また，X3年3月31日において権利行使されたため，当該時点でのオプションの公正価値により，負債が決済されている。

3. 権利確定条件による費用認識のタイミングについて

留意事項

株式報酬の権利確定については，権利確定条件により，一時に権利が確定する場合と段階的に権利が確定する場合があるが，それぞれの方法により，各年度で計上される費用の金額が異なってくる点に留意が必要である。

設例21-3

以下の前提条件における，X1年・X2年・X3年度の各期において認識すべ

き仕訳について答えなさい。

① 〈前提条件〉
▶企業は，X0年度末に従業員にストック・オプションを300単位付与した。権利付与日のオプションの公正価値は100円である。
▶当該オプションは，3年間継続して勤務した従業員に対して，一時に権利が確定する（1年目，もしくは2年目で退職した従業員は，権利有資格者とはならない）。
▶当該オプションは，持分決済型とする。

② 〈前提条件〉
▶企業は，X0年度末に従業員にストック・オプションを300単位付与した。権利付与日のオプションの公正価値は100円である。
▶当該オプションは，毎期末日に3分の1ずつ権利が確定する。
▶当該オプションは，持分決済型とする。

解　答

（1）　一時に権利が確定する場合

権利が一時に確定する場合は，株式報酬総額を，権利付与日から権利確定日までの期間にわたって認識する。

【X1年度】

（借）株式報酬費用	10,000	（貸）資　本	10,000

　　株式報酬総額　300単位×@100円＝30,000
　　1年分の株式報酬費用　30,000÷3＝10,000

【X2年度】
　X1年度と同じ。

【X3年度】
　X1年度と同じ。

（2）　段階的に権利が確定する場合

段階的に権利が確定する場合は，各権利確定部分を別個の株式報酬であるかのように取り扱い，会計処理される。当設例の場合，3種類の株式報酬が100単位ずつ付与されたと考え，下表のとおり権利が確定されたとして，会計処理を行う。

株式報酬	X1年度	X2年度	X3年度
100単位	100	—	—
100単位	50	50	—
100単位	33	33	34
合計	183	83	34

【X1年度】

(借) 株式報酬費用　18,300　　(貸) 資　本　18,300

株式報酬費用　183単位×@100円＝18,300

【X2年度】

(借) 株式報酬費用　8,300　　(貸) 資　本　8,300

株式報酬費用　83単位×@100円＝8,300

【X3年度】

(借) 株式報酬費用　3,400　　(貸) 資　本　3,400

株式報酬費用　34単位×@100円＝3,400

参考までに，上記の(1)一時に権利が確定する場合，および(2)段階的に権利が確定する場合のそれぞれで各期の費用発生額を図示すると，次頁のようになる。

最終的な株式報酬費用総額は変わらなくても，付される権利確定条件により，

(1) 一時に権利が確定する場合　　(2) 段階的に権利が確定する場合

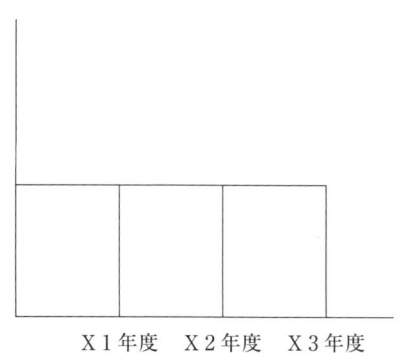

　　　　X1年度　X2年度　X3年度　　　　　　X1年度　X2年度　X3年度

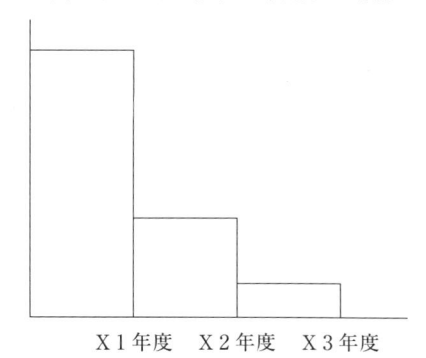

各期に認識される費用額は異なることに留意が必要である。

設例21-4

設例21-3と同じ前提条件において，X2年末に全従業員が退職した場合のX2年度の仕訳について答えなさい。

解答

（1）一時に権利が確定する場合

この場合，オプションは，3年間継続して勤務した従業員に対して，一時に権利が確定するため，X2年末で退職した従業員は，権利有資格者とはならない。したがって，権利確定条件のうち，勤務条件については，当初の権利行使数の見積りと，実際の権利確定数との差異について，事後的に修正を行うことになるため，認識した株式報酬費用の修正を行う必要がある。

【X2年度】

| （借）資　本 | 10,000 | （貸）株式報酬費用 | 10,000 |

＊X1年度に認識した株式報酬費用を取り消すことになる。

(2) 段階的に権利が確定する場合

段階的に権利が確定する場合でも，(1)と同様，当初の権利行使数の見積りと，実際の権利確定数との差異について，事後的に修正を行うことになるが，この場合は，既にＸ２年末で退職した従業員にも，200単位の権利が確定しているため，事後的な修正は不要となる。

【Ｘ２年度】

(借) 株式報酬費用	8,300	(貸) 資 本	8,300

＊設例21-3と同様，2年目の費用を認識することになる。

また，上記以外にも株式報酬取引には，様々な権利確定条件が付される場合がある。市場条件以外の業績条件については，勤務条件と同様，当初の権利行使数の見積りと，実際の権利確定数との差異について，事後的に修正を行うのに対し，市場条件については，当初のオプションの公正価値の見積りにおいて，考慮されているとともに，実際の確定数と差異があった場合でも修正は行わないことに留意が必要である。

4. グループ会社間での株式報酬取引

留意事項

実務上，子会社が非上場会社である場合等，自社の株式を付与することが困難な場合があり，そういった場合，親会社を含むグループ会社の株式を付与するような取引も考えられる。IFRS２には，以下のグループ会社間での株式報酬取引に関する会計処理が規定されている。

① 親会社が子会社の従業員に親会社株式を付与する場合
② 子会社がその従業員に親会社の株式を付与する場合

①の場合，通常，親会社の連結財務諸表上は持分決済型の株式報酬として取り扱われ，子会社においては，当該子会社の従業員に対して，現金その他の資産を譲渡する義務を有しないため，子会社の個別財務諸表上も，同様に持分決

```
            親会社株式
      ┌─────────────────┐
      ↓                 ↓
  ( 親会社 )   ( 子会社 ) ←---- ( 従業員 )
                        労働サービス
```

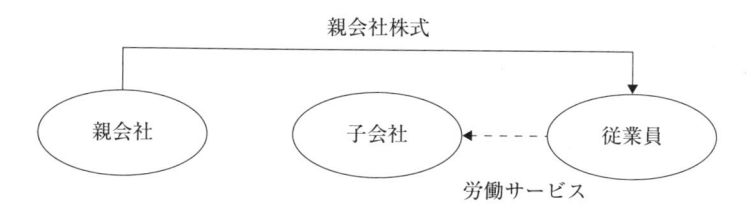

済型の株式報酬として取り扱われると規定されている。この場合，子会社は従業員の労働サービスとして，株式報酬費用を認識し，その相手勘定として資本（親会社からの資本拠出）を認識することになる。

〈仕訳例〉

【親会社の連結財務諸表上の会計処理】

(借) 株式報酬費用 XXX	(貸) 資　本 XXX

【子会社の個別財務諸表上の会計処理】

(借) 株式報酬費用 XXX	(貸) 資　本 XXX （親会社からの資本拠出）

一方，②の場合であっても，①と同様に，親会社の連結財務諸表上は持分決済型の株式報酬として取り扱われるが，この場合，子会社は，自社の従業員に対して，親会社株式を譲渡する義務を有するため，子会社が親会社株式をどのように取得するかに関係なく，子会社の個別財務諸表上，現金決済型の株式報酬として取り扱われることに留意が必要である。

〈仕訳例〉

【親会社の連結財務諸表上の会計処理】

(借) 株式報酬費用 XXX	(貸) 資　本 XXX

【子会社の個別財務諸表上の会計処理】

(借) 株式報酬費用 XXX	(貸) 負　債 XXX

※負債の公正価値は，毎期再測定される点に注意。

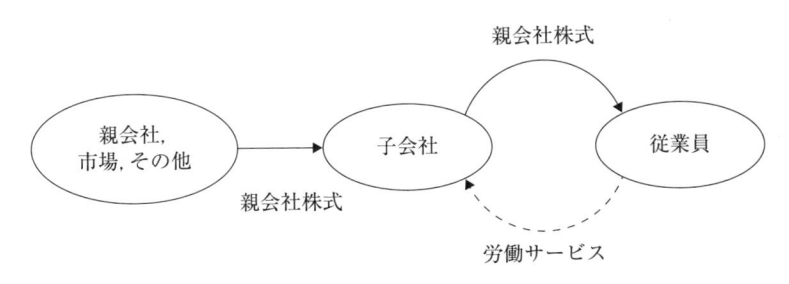

```
                    親会社株式
    ┌─────────┐         ┌─────┐         ┌─────┐
    │ 親会社,  │ ──────→ │子会社│ ←────→ │従業員│
    │市場,その他│         └─────┘         └─────┘
    └─────────┘   親会社株式      労働サービス
```

いずれの場合であっても，グループ会社間で株式報酬取引を行う場合は，それぞれの会社で必要な会計処理を行うために，実務上，付与された株式に関する情報を親会社と共有する必要があり，親会社は連結財務諸表を作成する上で，子会社の個別財務諸表で認識された株式報酬を持分決済型の株式報酬に修正する必要がある。

これに対して，日本基準では，「ストック・オプション等に関する会計基準の適用指針（企業会計基準適用指針第11号）」において，親会社が自社株式オプションを子会社の従業員等に付与する場合のみ規定されており，子会社がその従業員に親会社の株式を付与する場合は明記されていない。

日本基準における会計処理では，親会社株式オプションの付与が子会社の報酬体系に組み入れられている等，子会社においても自社の従業員等に対する報酬として位置付けられている場合には，子会社の個別財務諸表においても株式報酬費用が計上されるが，親会社株式オプションの付与が子会社の報酬としては位置付けられていない場合には，子会社の個別財務諸表において何ら会計処理を要しない点に留意が必要である。

第22章

法人所得税

【要約比較表】 IAS 12 と日本基準との異同点

	IAS 12	日本基準
繰延税金資産・負債の測定方法	一時差異等の解消年度における税率を適用	同　左
繰延税金資産の認識範囲	将来減算一時差異や繰越欠損金による税務上の便益の実現可能性がかなり高い場合にのみ繰延税金資産を認識し，その実現可能性を毎期見直す	同　左
のれんの会計処理	のれんに対する繰延税金負債の認識を認めない	同　左
表　示	①　税金資産・負債を当期課税税金資産・負債と繰延税金資産・負債に分けて表示 ②　繰延税金資産・負債を流動資産・負債として表示することを禁止 ③　税金費用の構成要素である当期課税税金と繰延税金	①　同　左 ②　繰延税金資産・負債は，これらに関連した資産・負債の分類に基づき表示（ただし，特定の資産・負債に関連しない繰越欠損金等にかかるものの場合は1年基準） ③　当期課税税金を「法人税，住民税及び事業税」として，

		を損益計算書に表示	繰延税金を「法人税等調整額」として，それぞれ損益計算書に区分記載
開　　示		①　当期課税税金費用額	①　損益計算書で区分表示
		②　過年度当期課税税金費用の当期修正額	②　「法人税，住民税及び事業税」の次にその内容を示す名称の科目で記載
		③　一時差異に関連する繰延税金費用額	③　繰延税金資産・負債の発生原因別内訳として注記
		④　税率変更等に伴う繰延税金費用額	④　税率変更に伴う繰延税金資産・負債の修正額注記
		⑤　繰延税金資産として認識されていなかったにもかかわらず当期に使用された税務便益額	⑤　な　し
		⑥　繰延税金資産の修正に伴う繰延税金費用額	⑥　な　し
		⑦　会計方針の変更等に伴う税金費用額	⑦　な　し
		⑧　資本勘定の増減として取り扱われた項目にかかわる税金費用額	⑧　繰延税金資産・負債の発生原因別内訳として注記
		⑨　その他の包括利益にかかわる税金費用額	⑨　その他の包括利益の各内訳項目別の税効果額を注記
		⑩　会計利益と税金費用との関係の説明	⑩　税引前当期純利益に対する税金費用の比率と法定実効税率との間の差異の原因の内訳注記
		⑪　適用税率変動の説明	⑪　な　し
		⑫　繰延税金資産として認識されていない将来減算一時差異，繰越欠損金および繰越税額控除額	⑫　繰延税金資産・負債の発生原因別内訳として注記
		⑬　繰延税金負債が認識されていない子会社等に対する	⑬　な　し

	投資にかかわる一時差異額	
	⑭ 各一時差異, 繰越欠損金および繰越税額控除の繰延税金資産・負債額, および繰延税金費用・利益額	⑭ 繰延税金資産・負債の発生原因別内訳として注記
	⑮ 廃止事業にかかわる税金費用	⑮ な　し
	⑯ 財務諸表に記載されていない未払配当金の税効果額	⑯ な　し
	⑰ 繰延税金資産の実現が現存する将来加算一時差異の解消による所得増加を超える所得に依存している場合, または前期または当期に損失を計上している場合における繰延税金資産の計上額とその認識の妥当性	⑰ な　し

§1 背　景

　IAS 12「法人所得税」は，法人所得税の会計処理と開示に関する会計基準である。法人所得税とは，利益に基づいて算定される課税所得金額を課税標準として課税される国内および国外のすべての税金の総称である。したがって，わが国では，法人税のほかに住民税法人税割，事業税所得割，地方法人特別税および外国所得税が，法人所得税に含まれる。

　法人所得税を費用と考えるならば，財務報告上の法人所得税費用は，他の費用項目と同様に，その発生した年度，すなわち課税対象となった収益および費用・損失の帰属する年度に計上されるべきであり，そのためには税引前当期純利益が計上される年度に，その計算要素となった収益および費用・損失にかかる法人所得税を費用として配分する必要がある。法人所得税費用の期間配分手

続は，米国や英国等の諸外国においては，従来から一般に公正妥当な実務慣行として採用されてきた。IASCもIAS 12を1979年に公表し，法人所得税費用の期間配分を強制した。その後，IASCは繰延税金資産・負債の測定方法に関して検討を重ね，1989年にE 33，1994年にE 49を公表し，1996年に改訂IAS 12を公表した後，さらに2000年には，IAS 40「投資不動産」の公表に伴う用語の修正と配当の税効果の会計処理を明確にするための修正が行われた。その後も，IAS 12は他の基準の改定に伴う微修正を経て，現在に至っている。

わが国では1999年4月1日開始事業年度以前には，法人所得税の期間配分が強制されていなかったため，連結財務諸表における法人所得税の期間配分の任意適用と個別財務諸表における長期納税引当金の計上実務を除いて，当期に支払うべき税額を当期の費用として計上する納税額方式が採用されていた。

しかし，1998年に企業会計審議会によって「税効果会計に係る会計基準」（以下，税効果会計基準）が制定され，これに基づく実務指針として，同年日本公認会計士協会から会計制度委員会報告第6号「連結財務諸表における税効果会計に関する実務指針」（以下，連結税効果実務指針）および同委員会報告第10号「個別財務諸表における税効果会計に関する実務指針」（以下，個別税効果実務指針）が，そして1999年に同委員会報告第11号「中間財務諸表等における税効果会計に関する実務指針」が公表され，さらに2001年には「連結税効果実務指針」と「個別税効果実務指針」の重複部分の整理と内容の明確化のための改正が行われた。また，開示方法については，1998年に「商法計算書類規則」（現，会社計算規則）および「財務諸表等規則」が改正され，1999年4月1日以降開始事業年度にかかる個別財務諸表および連結財務諸表に対して税効果会計が全面適用されることになった（以上の基準および諸規定を総称して日本基準という）。

企業会計における金融商品や退職給付に関する会計基準整備の動きと，1998年度税制改正にみられる課税ベース拡大の動きは，今後，資産・負債の財務報告上の計上額と税務上の評価額との乖離を拡大し，その結果，当期の取引や事象が将来の納税額に及ぼす影響はますます大きくなることが予想される。したがって，わが国でも税効果会計の重要性はさらに大きくなると思われる。

§2　バリエーションの分析と評価

1. 当期課税税金資産および当期課税税金負債の認識

　IAS 12 は包括利益計算書に記載される税金費用(利益)を当期課税税金と繰延税金に，また租税債権・債務を当期課税税金資産・負債と繰延税金資産・負債に区分している。税法規定に基づいて算定される当期課税所得(欠損金)に基づいて支払われる(還付される)べき税金を当期課税税金といい，当期課税税金のうち当期末における未納額を当期課税税金負債，また当期末以前に当期または過去の当期課税税金額を超えて支払われた超過額および税務上の欠損金の繰戻しによる過去の当期課税税金の還付未収額を当期課税税金資産という。IAS 12 は，これらの当期課税税金資産・負債の認識を強制している(pars. 12-13)。

　わが国でも，法人税，住民税および事業税の未払額を「未払法人税等」として認識することが要求されている(財務諸表等規則 49 条 1 項および 3 項，連結財務諸表規則 37 条 1 項および 3 項)。また，税務上の欠損金の繰戻しによるものを含む還付税額は「未収金」として認識される(日本公認会計士協会監査・保証実務委員会報告 63 号諸税金に関する会計処理及び表示と監査上の取扱い)。つまり，当期課税税金資産・負債の認識については，IAS 12 と日本基準は同一の取扱いを規定している。

2. 繰延税金資産および繰延税金負債の認識

(1) 一時差異

　当期の取引や事象に起因して将来課税されて支払われるかまたは還付されるべき税金を繰延税金という。繰延税金の発生を認識する方法には，会計上の収

益・費用と税務上の益金・損金の期間帰属の差異に着目する方法と，資産・負債の会計上の計上額と税務上の評価額の差異に着目する方法がある。

IAS 12 は，繰延税金が一時差異や税務上の繰越欠損金から発生するとしている。ここで一時差異とは，ある資産または負債の財務状態計算書計上額と税務基準額との差額であり，税務基準額とは資産または負債の税務上の評価額をいう (par. 5)。このように，IAS 12 は資産・負債の会計上の計上額と税務上の評価額の差異に着目して，繰延税金の発生を認識する方法を採用している。

日本基準でも，一時差異を「貸借対照表及び連結貸借対照表に計上されている資産及び負債の金額と課税所得計算上の資産及び負債の金額との差額」(税効果会計基準第二・一・2)とし，IAS 12 と同様の方式で繰延税金を認識することとしている。

（2） 繰延税金負債の認識

一時差異には，将来加算一時差異と将来減算一時差異がある。将来加算一時差異は，関連する資産・負債の財政状態計算書計上額が回収または決済される将来年度にそれが解消することによって，その解消年度の課税所得計算において加算される一時差異である。この差異は，それが解消される将来年度の納税額を増額させるので，税金の後払いという現象を生じさせる。将来加算一時差異のために将来の年度に課される税金，すなわち後払税金を繰延税金負債という。IAS 12 は，次のものから生じる場合を除いて，すべての将来加算一時差異に対して繰延税金負債の認識を要求している (par. 15)。

▶のれんの当初認識
▶企業結合でない取引で，かつ取引時に会計利益にも課税所得(欠損金)にも影響を与えない取引における資産・負債の当初認識

日本基準でも同様に，将来加算一時差異にかかる税額を繰延税金負債として計上することが要求されている(税効果会計基準第二・二・1)。

子会社，支店および関連会社並びにジョイント・ベンチャーに未分配利益があったり，外国為替レートに変動があったり，これらに対する投資や持分の帳

簿価額を評価減した場合には，これらに対する投資や持分に一時差異が生じる。IAS 12 は，子会社，支店および関連会社に対する投資並びにジョイント・ベンチャーに対する持分に関するすべての将来加算一時差異に対して，繰延税金負債を認識することを原則としている。ただし，親会社または投資者が一時差異解消時期をコントロールでき，かつ予測可能な期間内に一時差異が解消しない可能性がかなり大きい場合には，将来加算一時差異に対して繰延税金負債を認識しないこととしている (par. 39)。

日本基準でも同様に，投資の連結貸借対照表計上額と親会社の個別貸借対照表上の簿価すなわち税務上の評価額との間に差額を生じさせることになる子会社および持分法適用会社の投資後発生留保利益を将来加算一時差異として認識し，一定の要件を満たす場合には繰延税金負債を計上することとしている (税効果会計基準第二・二・4，連結税効果実務指針第 33 項および第 44 項)。ただし，親会社が当該子会社の利益を配当しない方針を採っているか，または他の株主との間に子会社の利益を配当しないという合意があって，配当にかかる課税関係が生じない可能性が高い場合，あるいは親会社が投資の売却を親会社自身で決めることができかつ予測可能な将来の期間にその売却を行う意思がない場合には，投資後に増加した子会社等の留保利益のうち，配当送金されると見込まれるもの以外については将来加算一時差異に対して繰延税金負債を認識しないこととしている (連結税効果実務指針第 35 項但書および第 37 項)。

(3) 繰延税金資産の認識

将来減算一時差異は，関連する資産が将来回収されるかまたは関連する負債が決済される将来年度にそれが解消することによって，その解消年度の課税所得計算において減算される一時差異である。この差異は将来の納税額を減少させるので，税金の前払いという現象を生じさせる。また，税務上の繰越欠損金も，将来年度の課税所得と相殺されることによって，相殺年度の納税額を減少させる。繰越税額控除額も同様に将来年度の納税額を減少させる。将来減算一時差異，税務上の欠損金の繰越控除，および税額控除の繰越控除によって将来

回収される税金を繰延税金資産という。

　IAS 12 は，企業結合ではなくかつ取引時に会計利益にも課税所得（欠損金）にも影響しない取引における資産または負債の当初認識から生じる場合を除いて，将来減算一時差異と相殺できる課税所得を将来稼得できる可能性が高い範囲内で，すべての将来減算一時差異に対して繰延税金資産を認識することを要求している（par. 24）。同様に，税務上の繰越欠損金と繰越税額控除に対しても，将来その相殺対象となる課税所得が稼得される可能性が高い範囲内で，繰延税金資産を認識しなければならない（par. 34）。

　子会社，支店および関連会社に対する投資並びにジョイント・ベンチャーに対する持分から発生するすべての将来減算一時差異に対しても，それが予測しうる期間内に解消し，かつその相殺対象となる課税所得が稼得される可能性が高い場合にその範囲内でのみ，繰延税金資産は認識されなければならない（par. 44）。

　繰延税金資産の認識に当たって注意しなければならないのは，将来減算一時差異，税務上の繰越欠損金および繰越税額控除のすべてが繰延税金資産の認識対象となるわけではない，ということである。将来減算一時差異等が解消する年度の納税額が減少するのは，解消年度において減算額と相殺するのに十分な課税所得が稼得される場合に限られる。解消年度において十分な課税所得が稼得されないにもかかわらず，将来減算一時差異等に対して繰延税金資産を認識することは，資産の過大計上になる。そこで繰延税金資産の認識には，将来における十分な課税所得の存在の有無を特別に考慮する必要があるのである。

　IAS 12 によると，将来減算一時差異を有効に解消させるだけの課税所得が稼得される可能性がかなり高い場合にのみ繰延税金資産を認識することになるが，同一納税主体内に同一の税務当局に対する十分な将来加算一時差異が存在していて，それが次に示す時期に解消すると予想される時には，将来減算一時差異等の解消と相殺される課税所得が生じる可能性がかなり高いので，その将来減算一時差異の発生年度に繰延税金資産を認識するとしている（par. 28）。

▶将来減算一時差異の解消が予想される年度と同一の年度

▶繰延税金資産に関連する税務上の欠損金の繰戻しまたは繰越しが可能な年

度

これに対して，同一納税主体内に同一の税務当局に対する十分な将来加算一時差異がない場合には，繰延税金資産は次の範囲内で認識される(par. 29)。

▶同一税務当局に対する将来減算一時差異が解消するのと同一の年度に(あるいは繰延税金資産に関連する税務上の欠損金が繰戻しまたは繰越可能な年度に)企業が十分な課税所得を稼得する可能性がかなり高い。

▶適切な年度に課税所得を生じさせるタックス・プランニングの機会が企業にとって活用可能である。ここでのタックス・プランニングの機会とは，企業が税務上の欠損金または税額控除の繰越期限到来前に課税所得を増加させる機会を意味する(par. 30)。

同様に，税務上の繰越欠損金や繰越税額控除にも潜在的には将来の納税額を減少させる効果はあるものの，現実に納税額が減少するのは，その有効期限内に相殺対象となる課税所得や税額が生じる時に限られる。そのため，税務上の繰越欠損金や繰越税額控除により発生する繰延税金資産も，将来減算一時差異により生じる繰延税金資産と同様の認識基準に従って認識されることになる。しかし，繰越欠損金が存在しているということは，将来課税所得が稼得されないかもしれないという強力な証拠にもなる。したがって，近年に損失を経験した企業においては，当該企業が十分な将来加算一時差異を有するか，または将来十分な課税所得が繰越欠損金や繰越税額控除に対して使用可能であることを示す説得力のある他の証拠が存在する範囲内で，税務上の繰越欠損金または繰越税額控除からの繰延税金資産を認識することになる。

日本基準でも，将来の会計期間において回収が見込まれない税額を除いて，将来減算一時差異や繰越欠損金あるいは繰越税額控除による将来納税額の減少額は，繰延税金資産として認識される(税効果会計基準第二・二・1)。すなわち，繰延税金資産は，将来減算一時差異等が解消されるときに課税所得を減少させ，税金負担額を軽減することができると認められる範囲内で計上するものとし，その範囲を超える額については，繰延税金資産を認識しない(税効果会計基準注解5)。そして，繰延税金資産の回収可能性についての判断要件としては，(i)収益力に基づく課税所得の十分性，(ii)タックス・プランニングの存在，(iii)将来加

算一時差異の十分性が挙げられている(個別税効果実務指針第21項)。これらの要件は，基本的にIAS 12の考え方と一致する。また，子会社および持分法適用会社に対する投資にかかる将来減算一時差異(投資後に子会社または持分法適用会社が計上した損失に対する親会社持分とのれんの償却額からなる)にかかわる繰延税金資産は，その将来減算一時差異が，(i)予測可能な将来に，税務上の損金算入が認められる評価減の要件を満たすか，または予測可能な将来に，第三者への投資の売却によって解消される可能性が高いこと，(ii)繰延税金資産の計上について上記の回収可能性にかかる判断要件が満たされること，の両方の要件を満たす場合に限って，計上が認められている(連結税効果実務指針第32項および第44項)。

(4) のれん

投資時の資本連結手続において，子会社への投資額が子会社資本に対する親会社持分額を上回ることがある。この差額は子会社ののれんと考えられる。このれんは本来は将来加算一時差異である。しかし，IAS 12は，残余概念であるのれんに対して繰延税金負債を認識すると，のれんの帳簿価額と繰延税金負債が循環的に増加していくことから，のれんに対する繰延税金負債の認識を認めていない(par.21)。日本基準でも同様の取扱いがなされている(連結税効果実務指針第27項)。

3. 税金資産・負債の測定

(1) 当期課税税金資産・負債の測定

IAS 12は，当期課税税金負債(資産)を決算日における法定税率に基づいて，実際に税務当局に支払われる(税務当局から還付される)べき金額で算定することとしている(par.46)。日本基準でも同様の取扱いがなされている。

（２） 繰延税金資産・負債の測定

　繰延税金資産・負債の測定に当たって用いられる税率には，原因となる一時差異等の発生時の税率と，一時差異等が解消して繰延税金資産・負債が納税額を増減または還付させる年度において適用されると予想される税率の２つが考えられる。前者を用いる測定方法を繰延法，後者を用いる測定方法を資産負債法とよぶ。繰延法では，一時差異がその発生時の納税額に及ぼす影響が繰延税金に反映されることになるので，一時差異発生年度の税引前利益と税金費用との対応関係を重視しているといえる。これに対して，資産負債法では，一時差異がその解消時の納税額に及ぼす影響が繰延税金に反映されることになるので，この方法は将来の税金キャッシュ・フローの予測を重視するといえる。

　1979年に公表されたIAS 12は繰延法と資産負債法の選択適用を認めていたが，その後のIASC財務諸表作成表示フレームワーク（1989）の公表や，米国における法人所得税の会計処理に関する会計基準の見直し作業に伴い，資産負債法の適用を強制する改訂IAS 12が1996年に公表され，1998年から実施されることになった。すなわちIAS 12によると，繰延税金資産・負債を，資産が実現する年度もしくは負債が決済される年度に適用されると予想される税率で計算しなければならないとし（par. 47），さらに，資産の回収方法または負債の決済方法が，回収または決済時に適用される税率や税務基準額に影響する場合には，その方法がもたらす納税額を反映するように，繰延税金資産・負債を計算しなければならない（par. 51）。例えば，税法が資産の売却に対して，使用による場合と異なる税率を適用しているならば，非償却資産に関連する繰延税金資産・負債を測定する場合には，売却の場合に適用される税率によらなければならない（par. 51B）。また投資不動産にIAS 40の規定による公正価値評価モデルを適用した場合には，その繰越額は売却によって回収されるとの反証可能な推定が存在することになるので，繰延税金資産・負債の測定は，売却による繰越額の回収に伴う税効果を反映させたものでなければならない（par. 51C）。資産負債法への限定は，繰延法によって評価された繰延税金資産・負債が，将来の

税務上の便益や租税債務を反映しないことを理由とする。このように，IAS 12は将来の税金キャッシュ・フローの予測を重視して，将来の繰延税金資産・負債が回収または決済される年度における税率等の税務環境を基礎として，将来支払われるかまたは還付されると見込まれる金額を繰延税金資産・負債額とする方法を採用している。

日本基準も同様に，繰延税金資産・負債の金額を，税金の支払いまたは回収が行われると見込まれる年度の税率に基づいて計算することになっており（税効果会計基準第二・二・2），改正税法が決算日までに公布されており，将来の適用税率が確定している場合には，改正後の税率が適用される（個別税効果実務指針第18項）。一時差異等が解消される年度の税率に変更があった場合には，過年度に計上された繰延税金資産・負債は，新しい税率に基づいて再計算されなければならない（税効果会計基準注解注6）。

一時差異等の発生から解消までの期間が長期にわたる場合には，時間価値を考慮に入れて繰延税金資産・負債を割引計算によって測定することも考えられるが，IAS 12は，たとえ長期間にわたって貸借対照表に計上される繰延税金資産・負債であっても，割引計算によってこれを算定することを禁止している（par. 53）。これは，信頼性のある割引計算を行うために必要な一時差異等の解消時点や割引率に関する正確な見積りを行うことが，実務上困難だからである。日本基準でも同様に，繰延税金資産・負債の測定に割引計算は認められていない。

（3） 繰延税金資産計上額の見直し

IAS 12は，繰延税金資産の将来における実現可能性を毎期見直すことを要求している。当初認識されなかった繰延税金資産に関連する将来の課税所得の稼得可能性が高まったときには，実現可能性の高まった範囲内で繰延税金資産を計上しなければならない（par. 37）。もし将来の課税所得稼得の可能性が小さくなったために，計上されている繰延税金資産の実現可能性が低くなった場合には，その程度に応じて繰延税金資産を減額しなければならず，その後十分な

課税所得を稼得する可能性が高くなったときには，この評価減額を戻し入れなければならない(par.56)。日本基準でも IAS 12 と同様に，将来の回収の見込みについて毎期見直しを行わなければならない(税効果会計基準第二・二・1)。

4. 当期課税税金および繰延税金の認識

　IAS 12 では，当期課税税金はもちろん繰延税金も原則として包括利益計算書(損益計算書)に当期の費用として計上される(par.58)。税率または税法の変更，繰延税金資産の実現可能性の再評価，または予定されていた資産の回収方法の変更によって，繰延税金資産・負債計上額が増減する場合には，その増減によって生じる繰延税金も包括利益計算書(損益計算書)に計上される。

　日本基準でも，当期課税税金(法人税，住民税及び事業税)および繰延税金(法人税等調整額)は，損益計算書に計上される(税効果会計基準第二・二・3)。税率の変更等によって繰延税金資産・負債の金額を修正した場合にも，修正額を損益計算書上の法人税等調整額に加減算する。

　損益計算を通さずにその他の包括利益に計上されるか直接資本に計上される項目から生じる一時差異に対する繰延税金は，IAS 12 では，その他の包括利益に計上されるか直接資本に計上される(par.61 A)。日本基準でも，積立金方式による諸準備金繰入額や資産の評価替によって生じた評価差額が直接純資産の部に計上される場合や，資本連結に際して子会社の資産・負債の時価評価による評価差額がある場合には，当該評価差額にかかる繰延税金を当該評価差額から控除する(税効果会計基準第二・二・3但書)。

5. 表　　　示

(1) 税金資産・負債

　IAS 1 によると，税金資産・負債は，財政状態計算書上では他の資産および

負債から区別して表示されなければならない。さらに税金資産・負債は，当期課税税金資産・負債と繰延税金資産・負債に区別して表示されなければならない(IAS 1, par. 54)。

日本基準では，当期課税税金資産は「未収還付法人税等」，当期課税税金負債は「未払法人税等」として表示されるのに対して，繰延税金資産は「繰延税金資産」，繰延税金負債は「繰延税金負債」として表示される(会社計規 74 条 3 項および 75 条 2 項，財規 17 条 1 項，32 条 1 項，49 条 1 項および 52 条 1 項，連結財規 23 条 1 項，30 条 1 項，37 条 1 項・3 項および 38 条 1 項)。

(2) 当期課税税金資産・負債の表示

当期課税税金資産と当期課税税金負債は，個別に認識され測定される。そこで，財政状態計算書上，両者の相殺表示の可否が問題となる。IAS 12 では，企業が認識された金額を相殺する法律上強制力のある権利を有し(当期課税税金資産と当期課税税金負債が，同一の税務当局によって課される法人所得税に関するものであり，かつ税務当局が 1 回の差引純額での納付を許しているような場合)，かつ純額で決済するかまたは当期課税税金資産を実現させると同時に当期課税税金負債を決済しようと意図している場合には，当期課税税金資産と当期課税税金負債を相殺しなければならず，また，そうでなければ相殺してはならない(par. 71)。これに対して，日本基準では当期課税税金負債と当期課税税金資産の相殺表示に関する規定は設けられていない。

(3) 繰延税金資産・負債の表示

繰延税金資産・負債の計上区分について，IAS 1 では非流動項目とすることを要求している(IAS 1 par. 56)。これに対して日本基準では，各繰延税金資産・負債が関連する資産・負債の分類に基づいて区分表示することを要求している。流動資産・負債に関連する繰延税金資産は流動資産として，それ以外の繰延税金資産は投資その他の資産として，また流動資産・負債に関連する繰延税金負

債は流動負債として，それ以外の繰延税金負債は固定負債として表示することになる。また，繰越欠損金等にかかる繰延税金資産については，1年基準が適用され，翌期に解消される見込みのものは流動資産，それ以外のものは投資その他の資産として表示される(税効果会計基準第三・1，会社計規74条3項および75条2項，財規16条の2，31条の3，48条の2および51条の2)。

繰延税金資産と繰延税金負債の相殺表示についても，IAS 12は，企業が当期課税税金資産と当期課税税金負債を相殺する法律上強制力のある権利を有しており，かつ，次のいずれかの要件を満たす場合にのみ，相殺表示を要求している(par. 74)。

- ▶繰延税金資産と繰延税金負債とが，同一の税務当局によって，同一の納税主体に対して課された法人所得税に関するもの
- ▶繰延税金資産と繰延税金負債とが，同一の税務当局によって，繰延税金負債の重要な金額が決済または繰延税金資産の重要な金額が回収されると見込まれる将来の年度に，当期課税税金負債と当期課税税金資産を純額で決済するかまたは当期課税税金資産を回収すると同時に当期課税税金負債を決済するつもりでいる異なる納税企業体に対して課された法人所得税に関するもの

これに対して，日本基準では，同一の納税主体内における流動資産に属する繰延税金資産と流動負債に属する繰延税金負債，および投資その他の資産に属する繰延税金資産と固定負債に属する繰延税金負債とを，それぞれ相殺表示することが求められている(税効果会計基準第三・2，会社計規83条，財規54条，連結財規45条)。

(4) 税金費用(利益)の表示方法

IAS 12は，包括利益計算書において通常の活動から発生する損益に関連する税金費用(利益)を表示し，二計算書方式の場合には，損益計算書に通常の活動から発生する損益に関連する税金費用(利益)を表示することを要求している(pars. 77-77A)。

日本基準は，当期課税税金と繰延税金とを区別し，前者を「法人税，住民税及び事業税」として，後者を「法人税等調整額」としてそれぞれ損益計算書に記載することとしている（税効果会計基準第三・3項，会社計規93条1項，財規95条の5第1項および連結財規65条1項）。

6. 開　　　示

IAS 12 は，(1)税金費用（利益）の主要な内訳，(2)その他の事項，(3)特定の場合の繰延税金資産の金額と認識の妥当性を支持する根拠，および(4)配当に充てられる所得に対する税率と留保所得に対する税率とが相違したり，配当が行われると法人所得税が還付されるような課税管轄にある企業の税効果の開示を要求している。

(1) 税金費用（利益）の内訳（par.80）
 (a) 当期課税税金費用（利益）
 (b) 過年度の当期課税税金について当期中に認識された修正
 (c) 一時差異の発生と解消に関連する繰延税金費用（利益）の額
 (d) 税率の変更または新税の賦課に関連する繰延税金費用（利益）の額
 (e) 以前には繰延税金資産として認識されていなかったにもかかわらず，当期課税税金費用を減少させるために使用された税務上の欠損金，税額控除または過年度の一時差異から生じる便益の額
 (f) 以前には繰延税金資産として認識されていなかったにもかかわらず，繰延税金費用を減少させるために使用された税務上の欠損金，税額控除または過年度の一時差異から生じる便益の額
 (g) 繰延税金資産の評価減または以前に計上した評価減の戻入れによって生じる繰延税金費用
 (h) IAS 8 で認められる代替処理に準拠して当期の損益計算に含められた会計方針の変更，および重大な誤謬に関する税金費用（利益）の額

(2) その他の事項（par.81）
 (a) 資本直入項目またはその他の包括利益にかかる当期課税税金および繰

延税金の合計額
(b) 次の様式のいずれかまたは両方による，会計上の利益と税金費用(利益)との関係についての説明
   (i) 会計上の利益に適用税率を乗じて得られる額と税金費用(利益)との間の数字的調整(適用税率を計算した根拠も併せて開示する)
   (ii) 平均実際負担税率と適用税率との間の数字的調整(適用税率を計算した根拠も併せて開示する)
(c) 前期と比較した適用税率の変動の説明
(d) 財政状態計算書上で繰延税金資産が認識されていない将来減算一時差異，税務上の繰越欠損金，および繰越税額控除の額(および，もしあれば繰越期限満了日)
(e) 繰延税金負債が認識されていない，子会社，支店および関連会社に対する投資並びにジョイント・ベンチャーに対する持分にかかる一時差異の総合計額
(f) 各種の一時差異並びに各種の税務上の繰越欠損金および繰越税額控除について
   (i) 掲記された各期の財政状態計算書上で認識された繰延税金資産・負債の額
   (ii) 財政状態計算書に計上された金額の変動からは明らかでない場合には，損益で認識された繰延税金利益または費用の額
(g) 廃止事業に関して，次にかかる税金費用
   (i) 廃止に伴う損益
   (ii) 廃止事業の当期中の経常的な事業活動からの損益。掲記された過去の期の対応額も共に示すこと
(h) 財務諸表が承認される前に提案または宣言されているが，その財務諸表で負債として認識されていない当該企業の株主への配当の税効果額
(i) 当該企業が取得者となる企業結合による取得前繰延税金資産の増減額
(j) 取得前には認識されていなかった企業結合の繰延税務便益が取得日後に認識された場合はその説明

(3) 特定の場合における繰延税金資産の金額とその認識の妥当性の根拠（par. 82）
　　(a) 当該繰延税金資産の実現が，現存の将来加算一時差異の解消により生じる所得を超える課税所得が将来得られるかどうかにかかっている場合
　　(b) 企業が，当該繰延税金資産に関係ある課税管轄内で，当期か前期に損失を計上している場合
　(4) 配当として支払われた場合にはより高いまたはより低い税率による課税管轄内にあるような場合等における株主への配当支払いからもたらされる潜在的税効果の性質，はっきりとした潜在的税効果額，およびはっきりしない潜在的税効果が存在するか否か（pars. 52 A, 82 A）。

他方，日本基準では，次の事項の注記が要求されている（税効果会計基準第四，財務諸表等規則8条の12，連結財務諸表規則15条の5および69条の6）。
　① 繰延税金資産および繰延税金負債の発生原因別の主な内訳
　② 税引前当期純利益または税金等調整前当期純利益に対する税金費用の比率と法定実効税率との間に主要な差異があるときは，その差異の原因となった主要な項目別の内訳
　③ 税率の変更により繰延税金資産および繰延税金負債の金額が修正されたときは，その旨および修正額
　④ 決算日後に税率の変更があった場合には，その内容およびその影響
　⑤ 繰延税金資産の算定に当たり繰延税金資産から控除された金額
　⑥ 連結包括利益計算書に記載されたその他の包括利益項目ごとの税効果額

IAS 12が要求する開示情報のうち，税金費用の減少に使用された未認識の将来減算一時差異等の便益の額，繰延税金資産の評価益または過去の評価減の戻入れによる繰延税金費用，繰延税金負債が認識されていない子会社および関連会社等にかかる一時差異，廃止事業にかかる税金，負債計上されていない未払配当金の税効果額，特定の場合における繰延税金資産認識の妥当性の根拠の開示が，日本基準では要求されていない。このように，日本基準ではIAS 12に比べて開示される情報の量が少ない。

§3　実務上の留意事項および設例

1．当期税金・繰延税金資産負債の算定

留意事項

　税金を発生主義でとらえるという考え方について，IAS 12と日本基準の間に差はない。また，繰延税金資産・負債の測定方法については，基本的に資産負債法で測定するという点で大きな違いはないが，連結財務諸表を作成する過程で消去される未実現利益に係る一時差異については，日本基準の場合は例外的に繰延法を採用しているという点で差異が生じている。

　当然のことながら，日本基準で作成された財務諸表を修正してIFRSによる財務諸表を作成する場合においては，当該修正事項に関しても一時差異として税効果仕訳を認識する必要がある。

　実務上の重要な問題として，繰延税金資産の回収可能性の検討がある。日本基準では，「繰延税金資産の回収可能性の判断に関する監査上の取扱い」(監査委員会報告第66号)に規定されており，過去の業績等に基づいて，会社を区分し，その区分に従って，繰延税金資産の回収可能性を判断するとされている。一方，IAS 12には，日本基準のような会社を区分した上での繰延税金資産の回収可能性の判断基準は規定されておらず，すべての会社でスケジューリングを行った上で，繰延税金資産の回収可能性を判断することになる。

設例22-1　一時差異に関する繰延税金資産・負債の計算

　税率を40％として，下記の項目に関する会計処理を答えなさい(日本基準およびIAS 12ともに同様の会計処理とする)。ただし，当該会社における繰延税金資産の回収可能性については，何ら疑義がないものとする。

(1) 固定資産の減価償却費

機械装置の減価償却方法について会社は定額法を採用している。X1年期首に機械装置を 10,000 で購入した。会計上の機械装置の耐用年数は 10 年であり，税務上の機械装置の耐用年数は 15 年である。残存価額は 10% とする。当該減価償却に関連して，X1年度およびX2年度の繰延税金資産・負債に関する会計処理を答えなさい。

(2) 固定資産の減損

X3年期末に市場の大幅な悪化により減損の兆候が見られたので，会社は上記①の機械装置の正味売却価額および使用価値を見積もったところ，双方とも 1,300 と算定された。したがって，会社はX3年期末で①の機械装置について 1,300 まで減損処理を行い，6,000 の減損損失を認識した。当該減損に関連して，X3年度の繰延税金資産・負債に関する会計処理を答えなさい。

(3) 売却可能有価証券

会社は以下の上場株式(その他有価証券)を保有している。

銘柄	取得原価	期末時価
A社株式	1,000	700
B社株式	800	1,200
C社株式	700	100
合計	2,500	2,000

上記のうち，C社株式は，期末時点で時価が著しく下落し，かつ，取得原価まで回復する見込みがあるとは認められないと判断し，減損処理が行われた。

期末の会計処理を答えなさい。

解答・解説

(1) 固定資産の減価償却費

【X1年度】

| (借) 繰延税金資産 | 120 | (貸) 法人税等調整額 | 120 |

当期法人税等調整額 (9,400-9,100)×40%＝120

【X2年度】

| (借) 繰延税金資産 | 120 | (貸) 法人税等調整額 | 120 |

期首繰延税金資産 (9,400-9,100)×40%＝120
期末繰延税金資産 (8,800-8,200)×40%＝240
当期法人税等調整額 240－120＝120

	会計上の減価償却費	減価償却累計額	機械装置期末簿価
X1年度	900	900	9,100
X2年度	900	1,800	8,200
X3年度	900	2,700	7,300

各期の会計上の減価償却費 10,000×(1－10%)÷10＝900

	税務上の減価償却費	減価償却累計額	機械装置期末簿価
X1年度	600	600	9,400
X2年度	600	1,200	8,800
X3年度	600	1,800	8,200

各期の税務上の減価償却費 10,000×(1－10%)÷15＝600

（2） 固定資産の減損

【X3年】

| （借） 繰延税金資産 | 2,520 | （貸） 法人税等調整額 | 2,520 |

期首繰延税金資産　（8,800 − 8,200）× 40％ ＝ 240
期末繰延税金資産　（8,200 − 1,300）× 40％ ＝ 2,760
当期法人税等調整額　2,760 − 240 ＝ 2,520

（3） 売却可能有価証券

| （借） 繰延税金資産
　　　 その他有価証券
　　　 評価差額金[*1] | 120
180 | （貸） その他有価証券 | 300 |

A社株式　700 − 1,000 ＝ 300（評価損）
　　　　　300 × 40％ ＝ 120（繰延税金資産）
　　　　　300 − 120 ＝ 180（その他有価証券評価差額金）[*1]

| （借） その他有価証券 | 400 | （貸） 繰延税金負債
　　　 その他有価証券
　　　 評価差額金[*1] | 160
240 |

B社株式　1,200 − 800 ＝ 400（評価益）
　　　　　400 × 40％ ＝ 160（繰延税金負債）
　　　　　400 − 160 ＝ 240（その他有価証券評価差額金）

| （借） 有価証券評価損 | 600 | （貸） その他有価証券 | 600 |
| （借） 繰延税金資産 | 240 | （貸） 法人税等調整額 | 240 |

C社株式　100 − 700 ＝ 600（減損）
　　　　　600 × 40％ ＝ 240（繰延税金資産）

＊1　繰延税金資産および負債の対象が直接資本（純資産の部）に計上される項目については，関連する税金費用も直接資本（純資産の部）に計上されることに留意する。したがって，当設例の場合，直接資本（純資産の部）に計上されるその他有価証券評価差額金と，それに対応する税金費用が相殺されて資本（純資産の部）に計上される。一

方，繰延税金資産及び負債の対象が損益に計上される項目である場合は，それに対応する税金費用は，「法人税等調整額」として損益に計上される。

設 例 22-2　繰越欠損金に関する繰延税金資産の計算

　X0年に税務上の繰越欠損金が400発生している。X0年期末には税法上の繰越可能期間(7年)において稼得される課税所得合計は280と予想されている(下表参照)。なお，X0年以前において税務上の繰越欠損金はない。

　税率を40%として，繰越欠損金に関するX0年度の会計処理について，日本基準およびIAS 12のそれぞれで答えなさい。

　なお，当社の会計監査人からは，「繰延税金資産の回収可能性の判断に関する監査上の取扱い」(監査委員会報告第66号)に従ったところ，当社は区分3の会社[*2]に該当するため，5年内の課税所得の見積額を限度として繰延税金資産の計上が認められていると言われている。

> [*2]　「区分3の会社」とは，「業績が不安定であり，期末における将来減算一時差異を十分に上回るほどの課税所得がない会社等」であり，「将来の合理的な見積可能期間(おおむね5年)内の課税所得の見積額を限度として，当該期間内の一時差異等のスケジューリングの結果に基づき，それに係る繰延税金資産を計上している場合には，当該繰延税金資産は回収可能性があると判断できるものとする」とされている。

【X0年期末時点での将来の課税所得見積額】

	X0年	X1年	X2年	X3年	X4年	X5年	X6年	X7年
繰越欠損金使用前の課税所得(実績)	△400							
繰越欠損金使用前の課税所得(予想)		60	30	50	40	20	30	50
繰越欠損金使用可能額		60	30	50	40	20	30	50
繰越欠損金使用可能残額	△400	△340	△310	△260	△220	△200	△170	△120

解 答

【X 0 年】

(1) 日本基準による会計処理

(借)	繰延税金資産 (流　　動)	24	(貸)	法人税等調整額	80
	繰延税金資産 (固　　定)	56			

将来5年間における課税所得見積額合計に対する税効果：200×40％＝80
うち，翌期(X 1 年)に見込まれる課税所得に対する税効果：60×40％＝24

(2) IAS 12 による会計処理

(借)	繰延税金資産 (固　　定)	112	(貸)	法人税等調整額	112

将来7年間における課税所得見積額合計：280
280×40％＝112

解 説

日本基準では，「繰延税金資産の回収可能性の判断に関する監査上の取扱い」(監査委員会報告第66号)に従い，5年内の課税所得の見積額を限度として繰延税金資産を計上することになるが，IAS 12 では，スケジューリングを行った上で，回収可能と判断される繰延税金資産の全額を計上することになる(欠損金の税法上の繰越可能期間が7年であるため，IAS 12 でも繰越欠損金の繰延税金資産は，X 8 年以降は回収不能となる)。

ただし，IAS 12 においても，スケジューリングを行った繰延税金資産について，無条件に計上できる事を認めている訳ではないため，留意が必要である。

設例 22-3　連結手続上消去した未実現利益に関する繰延税金資産の計算

B社はA社の100％連結子会社であるが、X0年末にA社に対して建物を100,000で売却しており、連結手続上、当該売却益に関する未実現利益10,000を消去している。

A社においては、残存価額を10％、耐用年数を5年として当該建物を定額法により償却している。

	X0年	X1年	X2年	X3年	X4年	X5年
取得価額	100,000					
（うち，未実現利益部分）	10,000					
A社における減価償却費	18,000	18,000	18,000	18,000	18,000	18,000
（うち，未実現利益部分）	1,800	1,800	1,800	1,800	1,800	1,800

A社における法定実効税率は40％であるが、B社は海外に存在し、法定実効税率は50％である。

X0年およびX1年における上記未実現利益に関する連結消去仕訳と、これに伴う税効果仕訳について、日本基準およびIAS 12のそれぞれで答えなさい。

解　答

【X0年】

未実現利益の連結消去仕訳

　（借）　固定資産売却益　　10,000　　（貸）　建　　　　物　　10,000

上記に伴う税効果仕訳（日本基準）

　（借）　繰延税金資産　　　5,000　　（貸）　法人税等調整額　　5,000

10,000×50%＝5,000

上記に伴う税効果仕訳（IAS 12）

| （借）繰延税金資産 | 4,000 | （貸）法人税等調整額 | 4,000 |

10,000×40%＝4,000

【X1年】

未実現利益の連結消去仕訳

| （借）期首剰余金 | 10,000* | （貸）建物 | 10,000 |
| （借）減価償却累計額 | 1,800 | （貸）減価償却費 | 1,800 |

＊連結財務諸表作成における開始仕訳である（以下，同様）

上記に伴う税効果仕訳（日本基準）

| （借）繰延税金資産 | 5,000 | （貸）期首剰余金 | 5,000＊ |
| （借）法人税等調整額 | 900 | （貸）繰延税金資産 | 900＊＊ |

＊＊1,800×50%＝900

上記に伴う税効果仕訳（IAS 12）

| （借）繰延税金資産 | 4,000 | （貸）期首剰余金 | 4,000＊ |
| （借）法人税等調整額 | 720 | （貸）繰延税金資産 | 720＊＊＊ |

＊＊＊1,800×40%＝720

解　説

　日本基準では未実現利益の実現に関し，例外的に繰延法を採用している（繰延税金資産・負債の認識における原則的な方法としては，資産負債法を採用している）。すなわち，売却元で発生した税金額を繰延べるという立場にたち，これを繰延税金資産として計上し，当該未実現利益の実現に対応させて取り崩す。したがって，売却元で発生した税金は既に確定した金額であるため，その後に税率変更があってもその影響を受けることはなく，売却元において売却年度の

課税所得に適用された法定実効税率をそのまま適用して，その後の実現に至るまでの繰延税金資産の算定を行う。

これに対しIAS 12では，資産負債法を採用していることから，期末日現在における購入者側の法定実効税率を用いて繰延税金資産を再計算するという立場をとる。従って，事後の購入者側における税率変更の影響を受け，また，購入者における回収可能性の判断の対象となることに留意が必要である。

上記の例では，X2年度末におけるA社連結財務諸表上の未実現利益の残高である8,200（＝10,000－1,800）に対し，繰延税金資産の金額は，日本基準では4,100（＝8,200×50％）であるが，IFRSでは3,280（＝8,200×40％）となっていることを，上記の設例により検証されたい。

2. 開　　示

留意事項

IAS/IFRSと日本基準の開示における主な違いとしては，①IAS/IFRSでは繰延税金資産・繰延税金負債を流動項目として開示することを禁止しているのに対し，日本基準では関連する資産・負債の分類，もしくは1年基準に基づき表示することとしている，②IAS/IFRSでは包括利益計算書上で非継続事業にかかる税効果は別表示せずこれらに含めて開示する，③注記の部分でIAS/IFRSの方がより詳細なものを求めている，ということが挙げられる。

第23章
会計方針，会計上の見積りの変更および誤謬

【要約比較表】 IAS 8 と日本基準との異同点

	IAS 8	日本基準
会計方針の変更	会計方針の変更の条件を定め，変更した場合は，実行不可能でない限り，遡及的に適用される。遡及的適用の場合，その変更の影響を受ける最も古い期間の資本項目の期首金額を変更のうえ，各開示期間の他の比較情報を修正する	同　左
会計上の見積りの変更	会計上の見積りの変更は経済活動の不確実性から生じるもので，誤謬の修正とは区別される。なお，減価償却方法の変更は会計上の見積りの変更とみなされる	会計上の見積りの変更は，新たに入手可能となった情報に基づいて，見積りを変更することをいう。減価償却方法の変更は，会計方針の変更であるが見積りの変更と同様に取扱う
誤　謬	過年度誤謬の修正は，誤謬が発見された年度の損益計算書には含めてはならず，過年度情報を実行不可能でない限り，遡って再表示される	同　左

§1 背　　景

　IAS 8「会計方針，会計上の見積の変更および誤謬」は，もともとは，統一的な基準による損益計算書の作成表示に資するため，損益計算書の項目の分類，開示および会計処理について規定したもので，「期間純損益，重大な誤謬および会計方針の変更」という名称で，1978年に承認された。その後，1993年および2003年の改訂を経て，2005年1月に名称も「会計方針，会計上の見積りの変更と誤謬」に改められ発効した。主な改正点は，自主的な会計方針の変更に伴う遡及的適用や過去の誤謬の修正による遡及的再表示に関する代替処理法を削除したこと，重大な誤謬という概念を削除し会計方針の適用や誤謬の修正について重要性の概念の適用方法を定義したこと，会計方針を変更した場合その経過処理が国際会計基準や解釈指針に明示されていない場合に経営者がとるべき指針を段階的に示したことである。なお，旧IAS 8に含まれていた期間純損益に関する規程はIAS 1に移された。

　これに対して，わが国においても企業会計基準委員会が，IFRSとの差異の縮小を目的とした共同プロジェクトにおいて，過去の財務諸表における遡及処理を，優先的に取り組むべき項目に位置づけて検討を重ね，2009年12月4日に「会計上の変更及び過去の誤謬に関する会計基準」および「会計上の変更及び過去の誤謬に関する会社基準の適用指針」を公表した。これらの会計基準および適用指針は，IAS 8とほぼ同じ内容となっており，会計方針の変更，表示方法の変更，会計上の見積りの変更および過去の誤謬の訂正について包括的に取り扱うものとなっている。

§2 バリエーションの分析と評価

1. 目的と範囲

　IAS 8は，会計方針の選択および変更に関する規準を，会計方針の変更による会計処理とディスクロージャー，会計上の見積りの変化および誤謬の訂正とともに規定することを目的としており，このことによって財務諸表の目的適合性や比較可能性を高めることを目指している(par.1)。

　この基準が適用される範囲は，会計方針の選択・適用，会計方針の変更による会計処理，会計上の見積りの変化および過年度の誤謬の訂正である(par.3)。また，IAS 8では，本基準書において使用する重要用語について，パラグラフ5で定義しているが，この定義に関しては，関連事項の説明の際に，適宜参照することにしたい。

2. 会 計 方 針

(1) 会計方針の選択・適用

　会計方針とは，IAS 8によると，財務諸表を作成する際に組織が採用する特別な原則，基準，慣習，ルールおよび実務を指すと定義される(par.5)。会計方針を決定するときには国際会計基準書や解釈指針を適用することが求められ(par.7)，IFRSが提示する会計方針は，目的適合的で信頼できる情報を含む財務諸表を導くとされる(par.8)。

　取引や経済事象に適用すべき国際会計基準書や解釈指針がない場合は，経営者は開示する情報が，(a)利用者の経済的な意思決定ニーズに適合的で，(b)財務

諸表が信頼できるように，会計方針の選択の判断をしなければならない(par. 10)。当然その場合も，国際会計基準書や解釈指針などを参考にすることが求められる(par. 11)。また，矛盾が生じない範囲で，他の会計基準を参考にすることも可能である(par. 11)。

日本基準では，「会計上の変更及び誤謬の訂正に関する会計基準」第4項(1)で会計方針が定義されており，抽象的な定義ではIAS 8とほぼ同じである。また「財務諸表等規則」第8条の2では，会計方針の具体的な内容を列挙している。そこには，固定資産の減価償却方法のようにIASでは会計上の見積りを含む内容も含まれている。なお，日本基準では，代替的な会計基準が認められていない場合は，会計方針の注記を省略できる。

（2） 会計方針の首尾一貫性

IAS 8は，組織は，類似の取引や経済事象に対しては，会計方針を首尾一貫して選択し適用するように求めている(par. 13)。ただし，国際会計基準書や解釈指針が，項目のカテゴリーごとに，異なる方針が適当であると要求していたり認めている場合は別で，そのときは，そのカテゴリーに対して適切な方針が継続して適用されねばならない(par. 13)。

会計方針の首尾一貫性については，日本基準でも「会計上の変更及び誤謬の訂正に関する会計基準」第5項において「会計方針は，正当な理由により変更を行う場合を除き，毎期継続して適用する」としている。

（3） 会計方針の変更

IAS 8によれば，下記のような場合に限って，会計方針は変更されねばならない(par. 14)。

(a) 国際会計基準書や解釈指針が要求している場合
(b) 組織の財政状態，財務パフォーマンスまたはキャッシュ・フローに対する取引・事象・状況の影響について，より目的適合的で信頼性のある情報

を財務諸表上で提供できる場合

上記の基準を満たさない場合は，財務諸表の比較可能性を確保する点からも会計方針の変更は認められず(par. 15)，また以下のような場合は，会計方針の変更ではない(par. 16)。

(a) 過去に発生したものとは実質的に異なる取引・経済・状況に対する会計方針の適用
(b) 過去に発生していない，もしくは重要ではなかった，取引・事象・状況に対する新しい会計方針の適用

ただし，IAS 16 もしくは IAS 38 に従って，資産を再評価する会計方針を最初に適用した場合は会計方針の変更となり，IAS 8 ではなく，IAS 16 もしくは IAS 38 に準拠することが求められる(par. 17)。

なお，日本基準では「会計上の変更及び誤謬の訂正に関する会計基準」第5項および「会計上の変更及び誤謬の訂正に関する会計基準の適用指針」第5項，第6項，第8項においてほぼ同様の規定がなされている。

（4） 会計方針変更の適用

IAS 8 では，会計方針変更を適用する要件として，以下の2つを挙げている(par. 19)。

(a) 国際会計基準書や解釈指針を最初に適用する場合の会計方針の変更は，その基準書や解釈指針における特定の経過規定に従って処理する。
(b) 国際会計基準書や解釈指針に経過規定がない場合や自発的な判断による会計方針の変更の場合は，過去に遡って変更を行う。

なお，国際会計基準書や解釈指針によらず，他の会計基準設定主体からの指針に基づいて会計方針を変更した場合は，自発的な変更として取り扱われ，開示されねばならない(par. 21)。

(5) 遡及的適用

　会計方針の変更によって，遡及的な変更が求められる場合には，IAS 8 は，新しい会計基準が常に採用されていた状態を想定して，その変更の影響を受ける最も古い期間における資本項目の期首金額を変更し，各開示期間の他の対応する金額を変更する(par. 22)。

　会計方針の変更によって遡及的適用が求められる場合でも，会計方針の変更による特定の期間への影響もしくは累積的影響を決定することが実行できない場合は例外とされる(par. 23)。特定の期間への影響を決定することが実行不可能な場合は，遡及的影響の算定が可能となる最も古い期間の期首に遡って，新しい会計方針を適用して資産および負債の帳簿価額を修正し，それに対応して当該期間の資本項目の期首残高を修正する(par. 24)。また，会計方針変更による累積的影響を決定することが不可能な場合は，それが可能になった時点から新会計方針適用による比較情報を適用する(par. 24)。

　これに対して日本基準では「会計上の変更及び誤謬の訂正に関する会計基準」第6項〜第9項においてほぼ同様の規定がなされている。

(6) 開　　　示

　IAS 8 は，国際会計基準書や解釈指針を最初に適用することによって，当期もしくは過去の期間に影響があるか，もしくは将来の期間に影響がある場合は，適用による影響額を決定することが不可能な場合を除いて，以下の項目を開示しなければならないとしている(par. 28)。ただし，このような開示はいったん開示すればその後の期間に繰り返す必要はない。

(a) 基準書もしくは解釈指針のタイトル
(b) 該当する場合は，会計方針の変更が経過規定に従ってなされたこと
(c) 会計方針変更の内容
(d) 該当する場合は，経過規定に関する記述

(e) 該当する場合は，経過規定がもたらす将来期間への影響
(f) 当期および関連する項目を開示している過去の各期について，実行可能な範囲での，下記項目の修正額
　(i) 影響を受ける財務諸表の各項目
　(ii) IAS 33「1株あたり利益」を適用している場合は，基礎的1株あたり利益および希薄化後1株あたり利益
(g) 実行可能な場合は，関連する項目を開示している期間より以前の関連性のある期間における修正額
(h) 特定の過去の期間もしくは関連項目を開示している期間よりも以前の期間について，会計方針の変更の遡及的な適用が不可能な場合は，そのような状況が存在する理由および会計方針の変更をどのようにいつから行ったかについての説明

　また，国際会計基準書や解釈指針に準拠するのではない自発的な会計方針の変更については，当期もしくは過去の期間に影響があるか，もしくは将来の期間に影響がある場合は，適用による影響額を決定することが不可能な場合を除いて，以下の項目を開示しなければならない(par. 29)。その内容は，ほぼ上記と同じであるが，国際会計基準に準拠しない会計方針の変更には，その理由の説明が求められている。

(a) 会計方針変更の内容
(b) 新しい会計方針を適用することが信頼性のあるより目的適合的な情報を提供することの理由
(c) 当期および関連する項目を開示している過去の各年度について，実行可能な範囲での，下記項目の修正額
　(i) 影響を受ける財務諸表の各項目
　(ii) IAS 33「1株あたり利益」を適用している場合は，基礎的1株あたり利益および希薄化後1株あたり利益
(d) 実行可能な場合は，関連する項目を開示している期間より以前の関連性のある期間における修正額
(e) 特定の過去の期間もしくは関連項目を開示している期間よりも以前の期

間について，会計方針の変更の遡及的な適用が不可能な場合は，そのような状況が存在する理由および会計方針の変更をどのようにいつから行ったかについての説明

さらに，新しい国際会計基準書や解釈指針が発表されているが，まだ発効していない場合には，以下の事項を開示しなければならない(par.30)。

(a) その事実

(b) 新しい基準や解釈指針を適用することが財務諸表に与える影響を評価するために有効な既知の情報もしくは合理的な見積り情報

日本基準では，「会計上の変更及び誤謬の訂正に関する会計基準」第10項～第12項においてほぼ同様の規定がなされている。

3. 会計上の見積りの変更

会計上の見積りは，経済活動の不確実性から生じるもので，見積りを行う場合には，最新の利用可能な情報を用いて行わねばならず，IAS 8 では，見積りが必要な事項として以下のような項目を挙げている(par.32)。

(a) 不良債権
(b) 棚卸資産の陳腐化
(c) 金融資産もしくは金融負債の公正価値
(d) 償却資産の耐用年数，当該資産の将来の経済的便益の予測費消パターン
(e) 保証付債務

合理的な見積りは財務諸表作成の本質的な要素であり，財務諸表の信頼性を損なわないために重要である(par.33)。見積りは，その基礎となっていた状況等に変化が生じた場合に改訂されるが，見積りの変更はその性質上，過去の期間には関連せず，誤謬の修正でもない(par.34)。なぜなら，状況が変化する以前の期間では過去の見積りが正当であったと考えられるからである。しかし，測定基礎の変更は会計方針の変更であり，会計方針の変更か会計上の見積りの変更か区別が困難な場合には，会計上の見積りの変更として処理される(par.35)。

会計上の見積りの変更の影響は，以下の期間の損益計算書に含まれる(par. 36)。

(a) 変更の期間(変更の影響がその期にのみ生じる場合)
(b) 変更の期間と将来の期間(変更の影響が両者に生じる場合)

さらに，会計上の見積りの変更が資産・負債・資本項目に影響を与える場合には，変更が行われた期間の関連する資産・負債・資本の帳簿価額を修正することが求められる(par. 37)。会計上の見積りの変更による将来的な影響の認識とは，見積りを変更した時点以降に取引・事象・状況へその変更を適用することを意味し，見積りの変更は，たとえば不良債権の見積りのように当期の損益にのみ影響する場合もあれば，減価償却の耐用年数の変更のように当期および将来の期間の損益に影響する場合もある(par. 38)。

会計上の見積りの変更に伴う開示について，IAS 8 は，その変更が当期および将来期間の及ぼす影響と内容を開示することを求めており(par. 39)，将来期間についてその見積りが実行不可能な場合はその事実を開示しなければならない(par. 40)。

日本基準では，「会計上の変更及び誤謬の訂正に関する会計基準」第 17 項，第 18 項において見積りの変更に関する取扱いおよび注記事項について規定がなされている。

なお IAS 8 が例示した見積り変更のケースの中には，償却資産に関する「経済的便益の費消パターン」見積りの変更のように，日本基準において会計方針の変更として取り扱われるものが含まれている。償却資産について経済的便益の費消パターン見積りを変更することは，いいかえれば，減価償却の方法(定額法・定額法・生産高比例法など)の変更を伴うため，日本基準では，「会計上の変更及び誤謬の訂正に関する会計基準」第 19 項，第 20 項において，これを会計方針の変更に該当するとしているが，会計上の見積りの変更と同様に取扱うとしている。

4. 誤　謬

　IAS 8は，誤謬は，財務諸表の各構成要素の認識・測定・表示・開示について生じるものと定義し，当期に発見された当該期間の誤謬は財務諸表が承認される前に訂正されねばならないが，重要な誤謬が翌期まで発見されないこともあり，このような過年度の誤謬が発生した場合，その後の期間の財務諸表に表示される比較情報を修正しなければならない(par. 41)。なお，重要な脱漏および誤記とは，財務諸表の利用者の経済的な意思決定に影響を与えうる場合に，重要であるとみなされ，その項目の規模および内容が重要性を決定する要因である(par. 5)。

　そして，過年度の重要な誤謬については，以下のように，それが発見された最初の財務諸表に遡って修正することが求められる(par. 42)。

（a）　誤謬が発生した過年度の比較情報を再表示する。

（b）　比較情報開示期間よりも以前に誤謬が発生した場合は，比較情報を開示している最初の期間の資産・負債・資本の期首残高を再表示する。

　過年度の誤謬は遡及的に修正されねばならないが，特定期間への影響や誤謬の累積的影響を決定することが不可能な場合は例外とされる(par. 43)。特定の期間への影響を決定することが実行不可能な場合は，遡及的影響の算定が可能となる最も古い期間の期首に遡って，資産・負債・資本の期首残高を再表示する(par. 44)。また，累積的影響を決定することが不可能な場合は，それが可能になった時点から誤謬を修正した比較情報を再表示する(par. 45)。

　なお，過年度誤謬の修正は，誤謬が発見された年度の損益計算書には含めてはならず，過去の財務データの要約を含む過年度の情報が，実行不可能でない限り，遡って再表示される(par. 46)。IAS 8では，誤謬と会計上の見積りの変更は本質的に異なるものであることに注意を促しており，たとえば，偶発事象の発生による損益の変動は，誤謬ではないとしている(par. 48)。

　誤謬に関する開示について，IAS 8は以下の項目の開示を求めている(par. 49)。

(a) 過年度誤謬の内容
(b) 実行可能な範囲での，過去の各年度における修正額
　(i) 影響を受ける財務諸表の各項目
　(ii) IAS 33「1株あたり利益」を適用している場合は，基礎的1株あたり利益および希薄化後1株あたり利益
(c) 実行可能な場合は，関連する項目を開示している期間より以前の関連性のある期間における修正額
(d) 特定の過去の期間もしくは関連項目を開示している期間よりも以前の期間について，遡及的な再表示が不可能な場合は，そのような状況が存在する理由および誤謬がどのようにいつから修正されたかについての説明。ただし，このような開示はいったん開示すればその後の期間に繰り返す必要はない。

日本基準では，「会計上の変更及び誤謬の訂正に関する会計基準」第21項，第22項においてほぼ同様の規定がなされている。

5. 遡及的適用および遡及的再表示の実行不可能性

最後にIAS 8では，会計方針の変更や誤謬の修正において，遡及的適用の実行不可能性について説明している。たとえば，過年度のデータの欠落により遡及的な修正ができない場合がある(par.50)。また，会計方針を適用する場合に見積りが必要な場合もしばしば発生し，会計方針の変更や誤謬の修正にあたって過年度修正する場合，時間の経過により，見積りが困難となる場合もある(par.51)。

したがって，遡及的に新しい会計方針を適用したり，過年度誤謬を修正する場合には，以下の情報を他の情報から区別することが求められる(par.52)。
(a) 取引・事象・条件が生じた日時において存在していた状況に関する証拠
(b) 過去の財務諸表が承認された時点で利用可能な情報

会計方針の遡及的な適用や遡及的な再表示が，この2つの情報を区別することが困難なほど重大な見積りを必要とする場合には，新しい会計方針や過年度

誤謬の遡及的修正は実行不可能である(par.52)。また，遡及的な適用にあたって，事後的な知識は活用されるべきではない(par.53)。

§3　実務上の留意事項および設例

留意事項

　会計方針の変更に際しては，IAS 8によれば，変更の影響を受ける最も古い期間の資本項目の修正が必要である。また，重要な誤謬に関しては，過年度の財務諸表の遡及的な修正が必要である。

　また，会計上の見積りの変更を行うためには，見積りの合理性が要求される点で，留意が必要である。

　なお，平成21年4月10日に公表された「会計上の変更及び誤謬の訂正に関する会計基準」および「会計上の変更及び誤謬の訂正に関する会計基準の適用指針」において，平成23年4月1日以降開始する事業年度より，IAS 8と日本基準との差異は実質的に解消されている。

設例23-1

　ABC社は，IFRSを採用しており，2010年3月期の決算を迎えるにあたり，以下の検討課題がある。これらの検討課題は，会計方針の変更・会計上の見積りの変更または誤謬等に関するものである。

　当該会計処理の取扱いにおける「検討課題の内容」および「対応方法」について，A欄・B欄よりそれぞれ選択しなさい。

A欄（検討課題の内容）

- ア．会計方針の変更
- イ．会計上の見積の変更
- ウ．誤謬
- エ．上記いずれでもない。

B欄（対応方法）

- オ．変更の影響を受ける最も古い期間の資本項目の期首金額を変更し，各開示期間の他の比較情報を修正
- カ．当期および将来の財務諸表を修正
- キ．過年度財務諸表を遡及的に修正

a. 製造技術の大幅な変革により，機械装置の耐用年数を，10年から6年に変更する。

b. 製品価格が安定したことから，製品の評価方法を先入先出法から移動平均法に変更する。

c. 技術指導料（重要性が乏しくはない）を従来現金主義で処理していたところ，当期から，発生主義にて処理する。

d. 当期から新たに退職給付制度を設け，退職給付会計を適用する。

e. 棚卸資産（保証用部品）の顧客に対する法定保証年限が，従来より，2年短縮されたことを契機に，棚卸資産の陳腐化評価損の引当率の計算方法を変更した。

f. 資産の再評価について，IASの他の基準が，会計方針の変更を要求しているため，再評価方法を変更した。

解答・解説

a. 〈イ・カ〉

耐用年数の変更を含めた償却資産の償却方法の変更は，会計上の見積りの変更として取り扱う。

b. 〈ア・オ〉

選択適用可能な棚卸資産の評価方法の変更は，会計方針の変更である。ただし，当該変更が，目的適合的で信頼性のある情報を財務諸表上で提供できることが前提となる。

c. 〈ウ・キ〉

誤った会計処理の修正は，遡及的に修正する。変更可能な期首資本項目まで，変更する。

d. 〈エ・カ〉

過去に発生していない事象に対する新しい会計方針の適用は，会計方針の変更として取り扱われない。

e. 〈イ・カ〉

会計方針の変更か会計上の見積りの変更か区別が困難な場合のため，会計上の見積りの変更として処理する。

f. 〈ア・オカキ〉

IFRSの他の基準が要求する場合は，その基準に従い，会計方針の変更として取り扱う。財務諸表の修正方法も当該基準に従う。

設 例 23-2

以下の設問のうち，IAS 8における正否とその理由を解答しなさい。

a. 会計方針を選択する際は，国際会計基準書や解釈指針のみを適用しなければならない。
b. 会計方針の変更について，適用による影響額を決定することが不可能な場合は，その旨のみを開示すればよい。
c. 会計上の見積りの変更による影響が，資産・負債・資本項目にのみ影響を及ぼす場合は，変更が行われた期間の関連する資産・負債・資本の帳簿価額を修正する必要はない。
d. 財務諸表の利用者の経済的意思決定に影響を及ぼさない重要性のない誤謬についても，財務諸表を過年度に遡って修正しなければならない。
e. 偶発事象の発生による損益の変動は，誤謬として取り扱われない。

解答・解説

a. 〈否〉

取引や経済事象に適用すべき国際会計基準書や解釈指針がない場合は，矛盾が生じない範囲で，他の会計基準を参考にすることも可能である。

b. 〈否〉

そのような状況が存在する理由と会計方針の変更をどのようにいつから行ったかの説明が必要である。

c. 〈否〉

会計上の見積りの変更が資産・負債・資本項目に影響を与える場合には，変更が行われた期間の関連する資産・負債・資本の帳簿価額を修正することが求められる。

d. 〈否〉

誤謬には，重要性の概念が適用される。誤謬，特に重要な脱漏・誤記では，財務諸表の利用者の経済的な意思決定に影響を与える場合に，その項目の規模および内容が重要性の決定要因となる。

e. 〈正〉

追加的な情報の発生による見積りの変更は，誤謬ではない。

設 例 23-3

A社は当期（X3年度）において役員退職金に関する内規の整備を行い，これに伴い，会計方針を変更した。すなわち，A社は役員退職金について，前期までは対象となる役員が退任し，株主総会の決議を受けて実際に支払いが行われた期の費用として処理していたが，期間損益計算の適正化の観点から，当期（X3年度）より当該内規にしたがった期末要支給額を同引当金として積み立てることとしたものである。この場合，役員退職慰労引当金は，推定的義務の範疇に入りIFRSでも引当金として計上できるものとする。遡及修正前の貸借対照表，損益計算書をIAS 8に準拠したものに組替えなさい。この設例においては税効果を適用するものとし，税率・法定実効税率は40％，役員退職慰労金は税務上支出時損金算入される。

なお，この会計方針の変更に関する遡及修正のための情報は以下のとおり。

	前々々期 (X0年度)	前々期 (X1年度)	前期 (X2年度)	当期 (X3年度)
役員退職金の支払	—	—	200	—
内規にしたがった期末要支給額	300	500	600	800

〔遡及修正前のX1年度～X3年度の要約財務諸表〕

　X2年度における役員退職金200は特別損失として処理し，またX3年度では，期首時点での要支給額600を特別損失，当期繰入額200を販管費として処理することとなる。

	X1年度	X2年度	X3年度
資　産　の　部	10,000	12,000	14,000
（うち繰延税金資産）	(—)	(—)	(320)
純資産の部	6,000	6,500	7,000
（うち役員退職慰労引当金）	(—)	(—)	(800)
資　本　の　部	4,000	5,500	7,000
（うち剰余金）	(2,000)	(3,500)	(5,000)
売　上　高	20,000	22,500	24,000
売　上　原　価	15,000	16,000	17,000
販売管理費	3,000	3,800	3,900
営　業　利　益	2,000	2,700	3,100
特　別　損　失	—	200	600
税引前当期純利益	2,000	2,500	2,500
法　人　税　等	800	1,000	1,320
法人税等調整額	(—)	(—)	(320)
当期純利益	1,200	1,500	1,500

期首剰余金	800	2,000	3,500
当期純利益	1,200	1,500	1,500
期末剰余金	2,000	3,500	5,000

網掛けは仕訳による修正が発生する箇所

解答

遡及修正のための仕訳

【X1年度】

(借) 期 首 剰 余 金	300	(貸) 役員退職慰労引当金	300
(借) 繰 延 税 金 資 産	120	(貸) 期 首 剰 余 金	120
(借) 販 管 費	200	(貸) 役員退職慰労引当金	200
(借) 繰 延 税 金 資 産	80	(貸) 法人税等調整額	80

【X2年度】

(借) 期 首 剰 余 金	500	(貸) 役員退職慰労引当金	500
(借) 繰 延 税 金 資 産	200	(貸) 期 首 剰 余 金	200
(借) 役員退職慰労引当金	200	(貸) 特 別 損 失	200
(借) 法人税等調整額	80	(貸) 繰 延 税 金 資 産	80
(借) 販 管 費	300	(貸) 役員退職慰労引当金	300
(借) 繰 延 税 金 資 産	120	(貸) 法人税等調整額	120

【X3年度】

(借) 期 首 剰 余 金	600	(貸) 役員退職慰労引当金	600
(借) 繰 延 税 金 資 産	240	(貸) 期 首 剰 余 金	240
(借) 役員退職慰労引当金	600	(貸) 特 別 損 失	600
(借) 法人税等調整額	240	(貸) 繰 延 税 金 資 産	240

遡及修正後の財務諸表

	X1年度	X2年度	X3年度
資 産 の 部	10,200	12,240	14,000
（うち繰延税金資産）	(200)	(240)	(320)
負 債 の 部	6,500	7,100	7,000
（うち役員退職慰労引当金）	(500)	(600)	(800)
純資産の部	3,700	5,140	7,000
（うち剰余金）	(1,700)	(3,140)	(5,000)
売 上 高	20,000	22,500	24,000
売 上 原 価	15,000	16,000	17,000
販売管理費	3,200	4,100	3,900
営 業 利 益	1,800	2,400	3,100
特 別 損 失	—	—	—
税引前当期純利益	1,800	2,400	3,100
法 人 税 等	800	1,000	1,320
法人税等調整額	(80)	(40)	(80)
当期純利益	1,080	1,440	1,860
期首剰余金	620	1,700	3,140
当期純利益	1,080	1,440	1,860
期末剰余金	1,700	3,140	5,000

網掛けは仕訳による修正を行った箇所

解　　説

　IAS 8・日本基準（改訂後）ともに，会計方針の変更に関する影響額は，変更を受ける最も古い期間における資本項目の期首金額を変更し，各開示期間の他の対応する金額を変更する。

第Ⅳ部

企業集団と開示

第24章

企業結合

【要約比較表】　IFRS 3と日本基準との異同点

	IFRS 3	日本基準
企業結合の概念と会計規制	企業結合を，別個の企業または事業が1つの報告単位になること，と定義し，子会社化を含む包括的な会計処理と開示を規制。ただし，共通支配下の取引は対象に含まない	企業結合の定義はIFRS 3とほぼ同じであり，共通支配下の取引を含む営業の譲受けと合併は企業結合会計基準で，子会社取得は連結会計基準で，それぞれ規制
企業結合の種類	取得に限定	同　左
会計処理方法	取　得　法	パーチェス法
取得企業の識別	他の企業または事業の支配を獲得した企業が取得企業	同　左
原価の測定	支配企業が引き渡した資産，引き受けた負債および発行した持分証券の取引日における公正価値に，その企業結合のために直接要した費用を加えた額	同　左
の れ ん	償却の代わりに減損会計を適用	無形固定資産として計上し，20年以内に規則的に償却

非支配持分(少数株主持分)の測定	清算時に純資産の持分相当部分を受取る権利を有する場合には，公正価値で評価することも認められている	公正価値で評価することは認められていない
取得利得	負ののれんの計上は認めず，被取得企業の資産・負債の認識・測定および取得の原価を見直し，なお差額が残れば損益として認識	同　左
開　示	① 当該期間の企業結合 ② 決算日後の企業結合 ③ 前期以前の企業結合で当期に影響するもの	左記①および②のほか，逆取得，共通支配下の取引等および共同支配企業の形成に係る注記事項

§1 背　景

　企業結合は連結財務諸表を前提として，営業の全部の譲受け，合併，あるいは株式取得による子会社化等を通じて，連結対象外であった企業を連結企業集団に取り込むことをいう。

　最初のIAS 22「企業結合」は1983年に公表された。この基準では，取得と持分の結合の区別にあいまいさが残ったこと，持分の結合にパーチェス法と持分プーリング法の選択適用が認められたこと，資産・負債の公正価値評価に複数の方法の選択適用が認められたこと，等の問題が含まれていた。そこで，比較可能性改善プロジェクトの一環として，1993年に比較可能性を高めるために次の改訂が行われた。

- ▶ 取得の範囲を拡大，持分の結合の範囲を狭く限定する。
- ▶ 持分の結合にパーチェス法の適用を禁止する。
- ▶ のれんは資産として認識し，有効期間にわたって規則的に償却して償却

額を期間費用として計上する。
- ▶ 負ののれんの会計処理に，標準処理のほかに代替処理を認める。標準処理は，移転資産・負債の公正価値に対する買取持分の買収価額超過額を個々の非貨幣性資産から比例的に控除し，控除しきれなかった残額を負ののれんとし，その発生時には繰延利益として認識し，有効期間にわたって規則的に償却してその償却額を期間利益として計上する方法であり，代替処理は，移転資産・負債の公正価値に対する買取持分の買収価額超過額をすべて負ののれんとし，その発生時には繰延利益として認識し，有効期間にわたって規則的に償却してその償却額を期間利益として計上する方法である。いずれにせよ負ののれんを株主持分修正として取り扱うことは認めない。

その後，負ののれんの会計処理から代替処理を排除するとともに，他のIASとの整合性を保つための再改訂が1998年に行われた。

2004年には，さらに大幅な改訂が加えられ，企業結合に関する会計基準は新たにIFRS 3「企業結合」に衣替えした。この時の変更点は次のとおりである。

- ▶企業結合を取得と持分の結合に分類して後者に持分プーリング法を認めることをやめ，企業結合を取得に，会計処理方法をパーチェス法に，それぞれ限定
- ▶被取得企業等の事業廃止または縮小のための負債および偶発負債の個別認識要件を，IAS 37と矛盾しないように変更
- ▶被取得企業等の無形資産の個別認識規準を明示
- ▶子会社取得時の少数株主持分に対応する被取得企業の資産・負債の測定方法としての帳簿価額に基づく評価と公正価値評価の選択適用をやめ，公正価値評価に限定
- ▶のれんの規則的償却をやめ，代わりに毎期1回以上の減損テストを実施
- ▶負ののれんを計上し規則的に償却することをやめ，取得資産・負債の評価をやり直し，それでもなお残る差額は即時に利益計上

その後，取得となる企業結合の会計処理方法をパーチェス法から取得法へと変更する改正が加えられ，現行IFRS 3は2009年7月から適用されている。

わが国では，長らく企業結合の会計処理と開示に関する包括的な基準がなく，合併については商法と法人税法が，また子会社取得については連結財務諸表原則が，それぞれ別個に規定を設けていた関係で，企業結合全体で首尾一貫した規定が整備されていない状態が続いていた。しかし，平成15年に企業会計審議会から「企業結合に係る会計基準」が公表されるに及んで，わが国でも企業結合全体に対する首尾一貫した会計処理と開示の基準が整備された。さらに，平成20年には，短期コンバージェンス・プロジェクトの一環として企業結合会計の見直しを行い，持分プーリング法の適用対象となる持分の結合を認めない，「企業結合に関する会計基準」(以下，企業結合会計基準)が企業会計基準委員会から公表され現在に至っている。

§2　バリエーションの分析と評価

1. 範　　囲

　企業結合とは，別個の企業または事業が1つの報告主体に統合されることをいう。具体的には，営業の全部の譲受け，合併および株式取得による子会社化が，企業結合に該当する。IFRS 3は，このような企業結合の会計処理と開示に関する包括的な会計基準である。これに対して，日本基準は連結会計基準と企業結合会計基準の2つから構成されており，子会社取得は連結会計基準で規制され，それ以外の取引が企業結合会計基準で規制されている。

　なお，IFRS 3は次の取引を適用対象から除外している(par. 2)。

(a) 共同支配企業の形成

(b) 個別の資産(群)の取得

(c) 共通支配下での企業結合

(a)は別途 IAS 31 で規制されている。これに対して，わが国では，共同支配企業の形成も企業結合会計基準の対象に含まれている。(企業結合会計基準38)。

(c)については，IFRS 3 がここでの報告主体を連結企業集団と理解しているため，連結企業集団内に従来から存在する子会社の親会社への合併や子会社同士の合併を規制の対象に含めていない。言い換えれば，IFRS 3 における企業結合は，連結企業集団外の企業等を連結企業集団内に取り込むことを意味する。これに対して企業結合会計基準は，経済的に独立した企業同士の取引に限定することなく，法的に独立した企業同士の取引も対象としているため，企業集団内における合併，吸収分割，現物出資等の共通支配下での企業結合も規制対象としている（企業結合会計基準40-44）。

このように，IFRS 3 は適用範囲を，他の企業または事業の支配を獲得する取得に限定しているのに対して，日本基準は，取得のほかに，共同支配企業の形成と共通支配下の取引も適用範囲に含めている。

2．企業結合の分類と会計処理

（1） IFRS 3

IFRS 3 は企業結合を，ある企業が他の事業の支配を得る取引その他の事象と理解している。ここで，事業とは，投資者その他の所有者等に配当その他の経済的便益の形で直接利益を分配する目的で運営・管理されうる諸活動と諸資産の結合された集合であり，また支配とは，ある事業の活動からの便益を得るために，その事業の財務および経営の方針を左右する力のことをいう（Appendix A）。

企業結合の会計処理方法は取得法に限定されている（par. 4）。取得法は，次の手順で適用される（par. 5）。
① 取得企業の識別
② 取得日の決定
③ 取得した識別可能資産，引き受けた識別可能負債および被取得企業の非支配持分の認識と測定

④ のれんまたは取得利得の認識と測定

(2) 日本基準

　日本基準も，IFRS 3 と同様に，企業結合を取得として一元的に理解している（企業結合会計基準17）。ここでの取得とは，ある企業が他の企業または企業を構成する事業に対する支配を獲得することをいう（企業結合会計基準9）。なお，ここでの支配とは，ある企業または企業を構成する事業の活動から便益を享受するために，その企業または事業の財務および経営方針を左右する能力を有していることをいう（企業結合会計基準7）。このように企業結合に対する理解は，日本基準も IFRS 3 も同じである。したがって，適用される会計処理方法も基本的には同じである。

3. 取得の会計処理

　取得の会社処理方法について，IFRS 3 は取得法を，日本基準はパーチェス法をそれぞれ要求しているが，子会社化の場合の連結財務諸表の作成を除いて，両者の内容は同じになる。

(1) 取得企業の決定

　IFRS 3 によると，企業結合においては，必ず1つの企業が取得企業として識別されなければならない（par. 6）。取得企業の識別に当たっては，IAS 27 と同様に，他の企業の議決権の過半数を取得したときは，その所有によっても支配できないことを証明しない限り，当該他の企業の支配を獲得したものとみなされる。また，結合当事企業の1つが，他の企業の議決権の過半数を取得していない場合でも，次のいずれかを得た場合には，当該他の企業の支配を得たことになる（IAS 27, par. 13）。

(a) 他の投資家との契約による他の企業の議決権の過半数を超える力
(b) 法令または契約に基づいて他の企業の財務および経営の方針を左右する力
(c) 他の企業の取締役会またはそれと同等の統治機関の構成員の過半数を任命または解任する力
(d) 他の企業の取締役会またはそれと同等の統治機関の会議で議決権の過半数を投票する力

どの企業が取得企業になるかが IAS 27 の指針によっても明確でない場合には，次の要因を考慮しなければならない(par. 7)。

① 企業結合が主に現金またはその他の資産の引渡しもしくは負債の引受けによる場合には，通常は現金その他の資産を引き渡したか負債を引き受けた者が取得企業になる(par. B 14)。

② 企業結合が主に株式の交換による場合には，逆取得の場合を除いて，株式を発行した者が取得企業になる。この場合の取得企業の識別には，次のような事実や状況を考慮しなければならない(par. B 15)。

▶企業結合後の結合企業における相対的な議決権。結合後企業に対する最大の議決権比率を有する者が所有している結合当事企業が，通常は取得企業になる。

▶結合後企業に支配的な議決権比率を有する所有者(グループ)が存在しない場合には，最大の少数株主比率。これを有する者が所有する結合当事企業が，通常は取得企業になる。

▶結合後企業の統治主体の構成要素。結合後企業の統治機関の構成員の過半数を選任・任命または解任できる者の所有する結合当事企業が，通常は取得企業になる。

▶結合後企業の上級経営陣の構成要素。結合後企業の経営を支配している者が経営していた結合当事企業が，通常は取得企業になる。

▶株式の交換条件。他の結合当事企業の株式の企業結合前の公正価値を上回るプレミアムを支払っている結合当事企業は，通常取得企業になる。

③ 他の結合当事企業より規模がかなり大きい結合当事企業は，通常，取得

企業になる(par. B 16)。

④ 結合当事企業が3社以上ある場合は，相対的な企業規模のほか，どの企業がその企業結合を提案したかを考慮しなければならない(par. B 17)。

⑤ 企業結合によって新たに形成された企業が必ずしも取得企業になるとは限らない(par. B 18)。

日本基準も，同様に，いずれかの結合当事企業を取得企業として決定することを要求しており，その決定に当たっては，「連結財務諸表に関する会計基準」の考え方を用いることとしている(企業結合会計基準18)。連結会計基準の考え方によっても，どの結合当事企業が取得企業になるか明確でない場合には，次の要素を考慮することとしている。

① 主な対価の種類が現金もしくは他の資産の引渡しまたは負債の引受けとなる場合は，通常，現金もしくは他の資産を引き渡すまたは負債を引き受ける企業が取得企業になる(企業結合会計基準19)。

② 主な対価の種類が株式である場合は，逆取得を除いて，株式を交付する企業が取得企業になる。さらに，この場合には，総体としての株主が占める相対的な議決権比率の大きさ，最も大きな議決権比率を有する株主の存在，取締役等を選解任できる株主の存在，取締役会等の構成，および株式の交換条件を総合的に勘案しなければならないとしている(企業結合会計基準20)。

③ 結合当事企業のうち，いずれかの企業の相対的な規模が著しく大きい場合には，通常，規模の大きい結合当事企業が取得企業になる。

このように，結合当事企業から取得企業を決定しなければならないこと，およびその決定方法と考慮事項については，IFRS 3と日本基準は同一であるといえる。

(2) 取得日の決定

IFRS 3によると，取得企業が被取得企業の支配を獲得した日が取得日になる(par. 8)。一般には，取得企業が法的に対価を支払って被取得企業の資産を取

得し負債を引き受けた日が支配を獲得した日となるが，契約によってはそれに先立って支配を獲得することもある（par. 9）。

日本基準は，「取得日」ではなく，「企業結合日」という表現を用いているが，その内容は，被取得企業もしくは取得した事業に対する支配が取得企業に移転した日，または結合当事企業の事業のすべてもしくは事実上すべてが統合された日とされており（企業結合会計基準15），実質的に同じ概念となっている。

（3） 識別可能資産・負債の認識と測定

IFRS 3 は，取得日において，取得した識別可能資産，引き受けた識別可能負債および被取得企業の非支配持分を，のれんとは区別して認識することを求めている（par. 10）。識別可能な資産と負債は，概念フレームワークの資産または負債の要件を満たすだけでなく，企業結合に伴って不可避的に移転されるものでなければならない（pars. 11-12）。無形資産についても，それが法的権利であるか，または分離して譲渡可能である場合には，識別可能資産として認識される（pars. B31-40）。また，過去の事象から生じた現存する義務であってその公正価値が信頼して測定可能な偶発負債で企業結合によって引き受けられたものに限って，取得日に認識されなければならない（par. 23）。したがって，経済的便益を得るための資源の流出が義務の決済に必要とされる可能性が高くなくても偶発負債は認識されることになる。

日本基準でも，企業結合日に識別可能な資産および負債を認識・測定の対象としており（企業結合会計基準28），法律上の権利など分離して譲渡可能な無形資産も識別可能なものとして扱われ（企業結合会計基準29），取得後に発生することが予測される特定の事象に対応した費用または損失で，その発生の可能性が取得の対価の算定に反映されている場合は負債を認識することになっている（企業結合会計基準30）。このように，識別可能資産・負債の認識範囲について，基本的に IFRS 3 と日本基準は同一の取扱いをしている。しかし，偶発負債の認識範囲について，日本基準は発生の可能性を認識要件に含めているのに対して IFRS 3 は考慮しない点が異なる。

取得企業は，取得日において，取得した識別可能資産および引き受けた識別可能負債を，契約条項，経済状況，営業方針，会計方針およびその他の関連する条件に基づいて，分類表示しなければならない(par. 15)。

測定について IFRS 3 は，取得企業が取得した識別可能資産および引き受けた識別可能負債を取得日の公正価値で測定することを要求している(par. 18)。日本基準は，識別可能資産・負債の測定を「取得原価の配分」と呼んでいる。取得原価の配分も，受け入れた識別可能資産および引き受けた識別可能負債の企業結合日における時価を基礎として行うこととされている(企業結合会計基準28)。

もし企業結合のあった会計期間の期末までに企業結合の会計処理が完了しない場合には，取得企業は，その財務諸表において，会計処理の完了していない項目について暫定的な価額を報告しなければならない。その後，取得企業は，取得日における事実や状況に関して得られた新しい情報を反映するように，暫定価額を遡及修正するか，追加的に資産または負債を認識しなければならない。ただし，この測定のための期間は，取得日から 1 年を超えてはならない(par. 45)。日本基準も同様に，企業結合日以後の決算において取得原価の配分が完了しなかった場合には，その時点で入手可能な合理的な情報等に基づき暫定的な会計処理を行い，企業結合日以後 1 年以内に，追加的に入手した情報等に基づき配分額を確定させることを要求している(企業結合会計基準28，注6)。

(4) のれんまたは取得利得の認識と測定

IFRS 3 は，取得日において測定された次の(a)が(b)を上回る超過額を，取得企業がのれんとして認識することを要求している(par. 32)。認識されたのれんは減損会計の対象とされる。

(a) 取得日の公正価値で測定された対価，および段階的取得の企業結合の場合には取得企業が以前に取得した被取得企業の株主持分の取得日における公正価値の合計額
(b) 取得した識別可能資産と引き受けた識別可能負債を取得日において

IFRS 3 に従って測定した価額(純額)

上記の(b)が(a)を上回る場合には，まず，取得企業は，取得した資産と引き受けた負債のすべてを正確に識別したかどうかを再度査定し，その結果に基づいて，追加的に資産または負債を認識しなければならない。次に，測定手続も見直されなければならない(par. 36)。それでも超過額が残る場合には，それは取得利得として認識され，取得日における取得企業の損益計算に含められる。

なお IFRS 3 では，非支配持分を所有者が清算時に，被取得企業の純資産の持分相当部分を受取る権利を有する場合には，公正価値によって測定する方法を選択することもできる(par. 19)。

日本基準は，被取得企業または取得した事業の取得原価が，受け入れた資産および引き受けた負債に配分された純額を上回る場合に，その超過額をのれんとして資産に計上し，20年以内のその効果の及ぶ期間にわたって，定額法その他の合理的な方法により規則的に償却することを要求している(企業結合会計基準 31-32)。また，取得原価が，受け入れた資産および引き受けた負債に配分された純額を下回る場合の不足額については，まず取得企業はすべての識別可能資産および負債が把握されているか，また，それらに対する取得原価の配分が適切に行われているかを見直し，なお不足額が残る場合には，それが生じた年度の利益として処理することが求められている(企業結合会計基準 33)。このように，のれんおよび取得利得の認識および取得利得の会計処理については，IFRS 3 も日本基準も同一である。しかし，資産計上されたのれんの会計処理については，IFRS 3 が毎期減損会計の対象とするのに対して，日本基準では20年以内に定額法等で規則的に償却することが求められている点が異なる。

（5） 取得原価の算定

IFRS 3 は，のれんまたは取得利得の算定の基礎となる被取得企業または取得した事業の取得原価を，取得に当たって移転された対価の取得日における公正価値で測定することとしている。ここでの移転された対価には，被取得企業の従前の所有者に対して，取得企業によって引き渡された資産および引き受け

られた負債ならびに取得企業によって交付された株式が含まれる (par. 37)。日本基準も，取得原価は取得の対価の企業結合日における時価で算定することとしている。ただし，対価が現金以外の資産の引き渡し，負債の引き受けまたは株式の交付の場合には，対価の時価と被取得企業または取得した事業の時価のうち，より高い信頼性をもって測定可能な時価で算定することとしている（企業結合会計基準23）。このように，取得原価の算定については，IFRS 3 も日本基準もともに取得日（企業結合日）の公正価値（時価）で測定することとしている。

取得が段階的に達成される段階的取得の場合には，取得企業は，取得日よりも前に取得した株式を取得日の公正価値で再評価し，その評価差額を損益またはその他の包括利益として認識しなければならない (par. 42)。日本基準も，段階的取得の場合の取得原価は，個別財務諸表上は，個々の取引ごとの原価の合計額を取得原価とし，連結財務諸表上は，個々の取引すべての企業結合日における時価をもって取得原価とし，個々の取引ごとの原価の合計額との差額を当期の段階的取得に係る損益として処理することとしている（企業結合会計基準25）。このように，段階的取得の場合の連結財務諸表上の取得原価の算定方法についても，IFRS 3 と日本基準はともに一括法を採用している。

取得対価に条件付取得対価が含まれる場合には，取得企業はその取得日における公正価値を認識し (par. 39)，条件付取得対価を支払わなければならない義務を持分金融商品および金融負債の定義に基づいて株主持分または負債として分類しなければならない。過年度に支払った対価の返還を受ける権利がある場合には，資産としなければならない (par. 40)。取得日後に入手された取得日における事実や状況に関する追加的情報によって条件付取得対価の公正価値が変化した場合には，取得原価を修正する。しかし，利益目標や一定の株式価格および研究目標の達成といった取得日後の事象から生じる変化は，その条件付取得対価が株主持分とされている場合には株主持分の増減として，資産または負債とされている場合には，IFRS 9 の範囲内であれば IFRS 9 に従って損益またはその他の包括利益とし，IFRS 9 の範囲外であれば IAS 37 等に従って処理される (par. 58)。

日本基準は，条件付取得対価が将来の業績に依存する場合には，条件付対価

の交付または引渡しが確実となり，その時価が合理的に決定可能となった時点で，支払対価を取得原価に追加して認識し，特定の株式または社債の市場価格に依存する場合は，その条件付取得対価の交付または引渡しが確実となり，その時価が合理的に決定可能となった時点で，追加交付可能となった条件付取得対価をそのときの時価に基づいて認識し，企業結合日に交付している株式または社債をその時点の時価に修正し，その修正から生じた社債プレミアムの減少額またはディスカウントの増加額を将来にわたって規則的に償却することを求めている(企業結合会計基準27)。

（6）逆取得

　法形式上は消滅会社であっても，取得企業の判定基準を適用した結果，会計上は取得企業になることがある。このような取得形態を逆取得という。逆取得では，形式上は，被取得企業がその株式を取得対価として交付するのが通常である。この場合，取得対価とされる被取得企業の株式の取得日における公正価値測定が問題になる。IFRS 3 は，会計上の被取得企業の株主に結合後企業に対して有する持株比率と同じ持株比率となるように会計上の取得企業の株式を与えたと仮定した場合に必要な会計上の取得企業の株式数に基づいて取得対価の公正価値を算定することを要求している(par. B 20)。日本基準も同様に，被取得企業の株主が結合後企業に対する実際の議決権比率と同じ比率を保有するのに必要な数の取得企業株式を取得企業が交付したものとみなして算定する(企業結合会計基準注1)。

　日本基準は，さらに個別財務諸表上の会計処理，および連結財務諸表を作成しない場合の注記事項も明示している。まず，吸収合併となる場合には，存続会社(被取得企業)の個別財務諸表では，取得企業(消滅会社)の資産および負債を合併前の適正な帳簿価額により計上する(企業結合会計基準34)。現物出資または吸収分割による子会社化において現物出資会社または吸収分割会社が取得企業になる場合には，取得企業の個別財務諸表では，移転事業に係る株主資本相当額に基づいて被取得企業株式の取得原価を算定する(企業結合会計基準35)。

株式交換による完全子会社化において完全子会社が取得企業になる場合には，完全親会社の個別財務諸表では，完全子会社の株式交換直前における適正な帳簿価額による株主資本の額に基づいて，完全子会社株式の取得原価を算定する（企業結合会計基準36）。また，逆取得において連結財務諸表を作成しない場合には，取得の場合の注記事項（比較情報を除く）のほか，パーチェス法を適用した場合の個別貸借対照表および個別損益計算書に及ぼす影響額の注記が求められる（企業結合会計基準50）。

4. 共同支配企業の形成

共同支配企業とは，複数の独立した企業により共同で支配される企業をいい，複数の独立した企業が契約等に基づいて共同支配企業を形成する企業結合を「共同支配企業の形成」という（企業結合会計基準11）。また，共同支配企業を共同で支配する企業を「共同支配投資企業」という（企業結合会計基準12）。日本基準は，共同支配企業の形成の判定基準を，次のように明示している（企業結合会計基準37）。

- ▶共同支配投資企業となる企業が，複数の独立した企業から構成されていること
- ▶共同支配となる契約等を締結していること
- ▶企業結合に際して支払われた対価のすべてが，原則として，議決権のある株式であること
- ▶支配関係を示す一定の事実が存在しないこと

日本基準は，共同支配企業と共同支配投資企業の両方について，共同支配企業の形成に関する会計処理を，次のように定めている（企業結合会計基準39）。まず，共同支配企業は，移転資産・負債を，移転直前に共同支配投資企業において付されていた適正な帳簿価額により計上する。他方，共同支配投資企業は，受け取った共同支配企業に対する投資の取得原価を，個別財務諸表上は，移転事業に係る株主資本相当額に基づいて算定し，連結財務諸表上は，共同支配企業に対する投資の取得原価に対して持分法を適用する。さらに，日本基準は，

共同支配投資企業に対して，企業結合年度において重要な共同支配企業の形成がある場合に，共通支配下の取引等に係る注記事項に準じた注記を要求している（企業結合会計基準 54）。

5. 共通支配下の取引

　日本基準の特徴の1つとして，共通支配下の取引等も範囲に含めていることが挙げられる。共通支配下の取引とは，結合当事企業または事業のすべてが，企業結合の前後で同一の株主により最終的に支配され，かつ，その支配が一時的でない場合の企業結合である（企業結合会計基準 16）。すなわち，企業集団内の組織再編が共通支配下の取引であり，具体的には，親会社と子会社の合併や子会社同士の合併が該当する。

　個別財務諸表上は，移転資産・負債は，原則として，移転直前の適正な帳簿価額により計上し，資産と負債の純額は純資産として処理する（企業結合会計基準 41-42）。また，対価として交付された株式の取得原価は，移転資産・負債の適正な帳簿価額に基づいて算定する（企業結合会計基準 43）。連結財務諸表上は，内部取引になるので，すべて消去される（企業結合会計基準 44）。

6. 開　　　示

IFRS 3 は，以下のような企業結合に関する情報の開示を求めている。
① 財務諸表利用者が当期または決算日後財務諸表公表までの間に効力の発生する企業結合の性格と財務上の影響を評価することを可能にする情報（par. 59）。
② 財務諸表利用者が当期以前に発効した企業結合に関連して当期に認識された訂正の財務上の影響を評価することを可能にする情報（IFRS 3, par. 61）。

　②の当期以前に発効した企業結合の当期への影響の開示が，IFRS 3 の特徴である。

日本基準は，取得の注記事項として，以下の事項の注記を要求している（企業結合会計基準49）。

(1) 企業結合の概要
(2) 財務諸表に含まれている被取得企業または取得した事業の業績の期間
(3) 取得原価の算定に関する事項
(4) 取得原価の配分に関する事項
(5) 比較情報

逆取得および段階的取得であって連結財務諸表を作成しないときの注記も要求されている（企業結合会計基準50-51）。

さらに，日本基準は，重要な共通支配下の取引等および重要な共同支配企業の形成がある場合にも，次の事項の開示を要求している（企業結合会計基準52および54）。

(1) 企業結合の概要
(2) 実施した会計処理の概要
(3) 重要な共通支配下の取引等において子会社株式を取得した場合には，取得原価の算定およびのれんまたは負ののれんに関する事項

このように日本基準では，より詳細な注記が要求されている。

§3 実務上の留意事項および設例

1. 取得企業の決定

留意事項

取得企業の決定は，いずれの企業が他の結合企業又は事業に対する支配を獲得する結合企業であるかの判断であるが，全ての関連する事実および状況を総合的に勘案して，いずれの企業が支配を獲得したかを判断しなければならない。

日本基準およびIFRS 3 ともに，取得企業の判定に支配概念を用いる点で基本的な相違は無いが，いずれの企業が支配を獲得しているかは，取引の形式のみならず，実態に即して判断する必要がある点に留意が必要である。このことは法形式と実態とが異なるケース，いわゆる逆取得のケースについて考えると理解しやすい。逆取得の場合，法形式上の親会社が被取得企業となり，法形式上の子会社が取得企業となる。たとえば，吸収合併において，吸収合併存続会社が被取得企業となり，吸収合併消滅会社が取得企業となるケースが該当する。また，規模の大きな非上場企業と規模の小さな上場企業が合併する場合，上場を維持するために規模の小さな上場企業が法的には存続会社になるように企業結合を行うが，企業結合会計上は規模の大きな非上場企業が取得企業となる場合が逆取得の例として挙げられる。

取得企業と判定された会社は帳簿価額をそのまま引き継ぐ一方で，被取得企業と判定された場合，その資産および負債は公正価値により測定されるが，このことはひいてはのれんの金額の算定に影響を与える。IFRS 3 ではのれんは減損されない限り費用化されないので，のれんの金額の算定は企業結合後の損益計算に影響を与えることになる。相対的に大きな含み益を持つ企業と小さな含み益しか持たない企業とが合併する場合，いずれを取得企業とするかの問題は，のれんの金額の算定や，資産の費用化を通じてその後の損益計算にも影響を与えることに留意が必要である。

設 例 24-1

以下の条件で企業Pと企業Qとの間で企業結合が行われる場合，日本基準およびIFRS 3 によると取得企業は企業Pと企業Qのいずれになるか。

▶小売業を営む企業Pと企業Qは，経営基盤を一層強固なものとするために，業務資本提携を行った。当初，両者が共同で設立した合弁会社Rを通じて共同仕入やプライベートブランド商品の開発等を行ってきたが，提携関係の更なる発展を進めるため，株式移転を行って企業Rが企業Pおよび企業Qの完全親会社となる企業結合を行った。

▶株式移転比率は企業P51%に対して企業Q49%となった。

▶企業 P と企業 Q の公正価値はほぼ等しい。
▶企業 R の取締役会は，企業 P および企業 Q それぞれ同数の取締役から構成される。但し，企業 R の代表取締役社長は企業 P の代表取締役社長が就任している。
▶株式移転を行う以前は，企業 Q は企業 P の発行済株式の 10% を保有していた。
▶企業 P は北海道を地盤とする新興企業で設立後まだ 5 年しか経っておらず，全国的な認知度は低い。一方企業 Q は江戸時代から創業する業界の老舗であり，全国的に広く認知されている。

解答・解説

（日本基準の場合）

企業 P が取得企業になると解される。日本基準では，対価の種類が株式である場合の取得企業の決定にあたっては，①総体としての株主が占める議決権比率の大きさ，②最も大きな議決権比率を有する株主の存在，③取締役等を選解任できる株主の存在，④取締役会等の構成，⑤株式の交換条件等の要素を総合的に勘案して取得企業を決定するとされている。設例によると，企業 P が議決権比率の過半数である 51% を保有し，かつ企業 R の代表取締役に就任していることから経営事項の意思決定を行う上で相対的に優位な立場にあると認められることから，企業 P が取得企業になると解される。

（IFRS 3 の場合）

日本基準と同様に，企業 P が取得企業になると解される（par. B 15）。

2. 取得日の決定

留意事項

取得日とは，被取得企業の支配が取得企業に移転した日であるが，全ての関連する事実および状況を勘案し，実際に支配を獲得したのはいつなのかを実質

的に判断することが要求される点に留意が必要である。通常は契約締結時，もしくは対価の支払および資産および負債の移転が法的に有効になる時点であることが多いと思われるが，支配の移転の判断は個々の事象や状況に応じて行うことが必要である。原則的には日本基準と IFRS では取得日の決定の考え方に差異はないと思われる。

しかしながら，日本基準では支配獲得日，株式の取得日又は売却日等が子会社の決算日以外の日である場合には，当該日の前後いずれかの決算日に支配獲得，株式の取得又は売却等が行われたものとして処理することが認められているが，IFRS 3 ではそのような取扱いは原則として認められていない。したがって，支配獲得が月末もしくは月初以外の月中の特定の日（例：9 月 25 日）になったとしても，原則的にはその日をもって企業結合日としなければならない点に留意が必要である。たとえば企業結合日が 9 月 25 日であった場合で実務上 9 月 30 日をもって企業結合処理を行うことが考えられるが，あくまでも取得日は 9 月 25 日となる。このように，取得日の決定に関する取扱いは日本基準よりも IFRS 3 のほうが厳しい取扱いがなされる点に留意が必要である。

設 例 24-2

以下のケースにおいて，日本基準および IFRS 3 によると取得日はいつと考えるべきか。

1 月 1 日：企業 P と企業 Q は，企業 P が企業 Q に対する持分を全て取得するという交渉を開始した。

3 月 1 日：企業 P の経営者と企業 Q の株主は，いくつかの協議事項を解決することを条件としてこの取引に暫定的に合意した。

3 月 7 日：企業結合に関する契約が締結され，企業 P は企業 Q の取締役会のメンバーを任命した。

契約上，この取得の効果は 1 月 1 日まで遡って有効であり，同日以降の利益は全て企業 P に帰属する旨が明記されている。また，購入対価は 1 月 1 日時点の企業 Q の純資産を参照して決定されている。また，企業 Q の決算日は 12 月 31 日である。

解答・解説

（日本基準の場合）

原則として3月7日が取得日になると解される。但し，日本基準の場合は支配獲得日が子会社の決算日以外の日である場合には，当該日の前後いずれかの決算日に支配獲得が行われたものとみなして処理することが認められているので，12月31日を支配獲得日とみなして処理することができる。

（IFRS 3の場合）

取得日は3月7日と解される。取得企業が被取得企業に対する有効な支配を獲得したのがいつの時点であるかを実質重視で判断することが重要である。契約が締結され，企業Pが企業Qの取締役会のメンバーを任命したことにより，この時点で企業Pが企業Qの経済活動から経済的便益を得るために，その財務・経営方針を決定できる実質的権限を獲得したと認められるからである。たとえ企業Qから生じる経済的便益が契約日より遡って企業Pに帰属することになっていたとしても，支配獲得が認められた3月7日が取得日となる。

3. 識別可能資産・負債の認識および測定

留意事項

（1） 識別可能資産・負債の認識

日本基準，IFRS 3ともに，企業結合日における識別可能資産および識別可能負債を原則として公正価値によって認識・測定するので，被取得企業が認識していなかったものであっても，認識すべきケースがある点に留意が必要である。たとえば，他と分離して識別できる無形資産(顧客リスト，顧客関係，特許は無いが分離可能な技術，ブランド，仕掛研究開発など)や偶発債務が挙げられる。

日本基準では将来のリストラ費用など，取得後に発生することが予測される

特定の費用又は損失が取得の対価の算定に反映されている場合には，当該費用又は損失を特定勘定として負債に認識することが認められているが，IFRS 3 では負債として認識できるのは取得時点で被取得企業の現在の債務であるものに限定されており，両者の取扱いが異なっている点に留意が必要である。

（2） 識別可能資産・負債の測定

測定に関しては，日本基準では取得原価の配分額の算定における簡便的な取扱いや，時価が一義的に定まりにくい資産への配分額の特例が認められている。たとえば，減価償却資産に係る取得原価の配分は，日本基準では一定の要件を満たせば被取得企業の適正の帳簿価額に基づくことが認められているが，IFRS 3 ではこのような簡便的な取扱いは定められておらず，原則に従って全ての識別可能資産・負債が公正価値評価される。このように，IFRS 3 と日本基準では公正価値の測定について要求される水準が必ずしも同じではない。IFRS 3 を適用する場合には公正価値による評価が一層重要になるので，公正価値を適正に評価する技法についての検討，専門家を活用するための適切な社内体制の整備，および公正価値評価を行う第三者機関に対して支払う専門家報酬を予め見積もっておくことなどに留意が必要である。

減価償却資産に係る取得原価の配分を例に挙げると，IFRS 3 では日本基準で認められるような簡便的な取扱いは認められていないため，原則に従って公正価値を算定する必要がある。この場合，どのような技法を使って減価償却資産を公正価値評価するかの検討，公正価値評価するコストの検討，配分を行った結果取得日以降の費用化額への影響の検討，従前の簿価と異なる金額を配分する場合の固定資産システムの対応可能性の評価，一旦は暫定的に簿価で引き継いだ後取得日から 1 年内に修正再表示をするか否かの検討（その場合，取得日後の減価償却費を遡及修正することが必要）など，実務上の留意事項が想定され，金額的に重要な減価償却資産を保有する企業を取得する場合には，実務負担を事前に十分に評価しておくことが必要である。

設例 24-3

以下の条件で企業結合が行われた場合に日本基準およびIFRS 3で認識されるのれんの金額を算定しなさい。

▶企業Pは企業Qを吸収合併した。合併期日（企業結合日）は×1年1月1日である。取得企業は企業Pである。
▶取得の対価として，900が支払われた。
▶企業結合日における企業Qの財政状態計算書は以下のとおりである。

企業Q財政状態計算書			
現金	100	負債	500
売掛金	200	株主資本	700
土地A	400		
土地B	200		
建物A	300		
資産合計	1,200	負債・資本合計	1,200

▶企業結合日における公正価値：土地A　500，土地B　150，建物A　200
▶仕掛研究開発の公正価値　100
▶取得が成立した場合に解雇される予定の余剰人員に対する割増退職金（取得の対価の決定に反映されている）　100
▶取得後に行う人員の配置転換や再教育費用（取得の対価の決定に反映されている）　50
▶企業結合契約の成立後，企業Pが企業Qの財務調査を行うために外部のアドバイザーに支払った報酬・手数料　100

解答・解説

（1）　ステップ1：企業結合の対価の算定

	日本基準	IFRS 3
支払対価	900	900
外部アドバイザーへの報酬・手数料	100	—
取得原価合計（企業結合の対価）	1,000	900

　日本基準では取得に直接要した支出額のうち，取得の対価性が認められるものは取得原価に含めることとされているが，IFRS 3 では企業結合に直接起因する費用は企業結合会計に含めず，取得企業の費用として処理される。従って，企業 P が外部のアドバイザーに支払った報酬・手数料は IFRS 3 では取得の対価に含めないが，日本基準では含めることになる点で両者の取扱いは相違する。

（２）　ステップ２：識別可能資産・負債の認識・測定

（日本基準）

	簿価	修正	評価額	（注）
現　金	100	—	100	
売掛金	200	—	200	
土地 A	400	100	500	（注１）
土地 B	200	(50)	150	（注１）
建物 A	300	(100)	200	（注１）
仕掛研究開発	—	100	100	（注２）
負　債	(500)	(150)	(650)	（注３）
純資産	700		600	

（IFRS 3）

	簿価	修正	評価額	（注）
現　金	100	—	100	
売掛金	200	—	200	
土地 A	400	100	500	（注１）
土地 B	200	(50)	150	（注１）
建物 A	300	(100)	200	（注１）
仕掛研究開発	—	100	100	（注２）
負　債	(500)	—	(500)	（注３）
純資産	700		750	

（注）
1. 土地・建物の評価額は IFRS 3，日本基準ともに原則として公正価値で評価される。

554　第Ⅳ部　企業集団と開示

2. 仕掛研究開発は，IFRS 3，日本基準ともに分離して譲渡可能な無形資産として認識される。
3. 日本基準の場合，取得後に発生することが予測される特定の事象に対応した費用又は損失であって，その発生が取得の対価の算定に反映されている場合には，特定勘定として負債に認識することとされているが，IFRS 3 ではそのような取扱いは無く，被取得企業が企業結合において取得されることを前提としている事業再構築に関する費用は，取得時における企業 Q の現在の債務ではないと考えられ，企業結合会計に含めることは認められない。したがって，取得後に行う余剰人員に対する割増退職金，人員の配置転換や再教育費用は日本基準では負債として認識するが IFRS 3 では認識されない。

（3）　ステップ 3：のれんの金額の算定

	日本基準	IFRS 3
企業結合の対価	1,000	900
企業 Q の識別可能資産・負債の測定額	600	750
のれん（差引）	400	150

　のれんの金額は，企業結合の対価と被取得企業の識別可能資産・負債の測定額の差として算定される。結果としてのれんの金額は日本基準の場合は 400 であるのに対し，IFRS 3 では 150 となり，両者の算定結果は異なるものとなっている。

4. 非支配持分，のれんの認識および測定

留意事項

（1）　非支配持分の認識・測定

　非支配持分（日本基準では「少数株主持分」）の測定に関する IFRS 3 の取扱いは，日本基準と大きく異なっている。IFRS 3 では限定的なケースを除き，非支配持分はそれ自体の公正価値で測定するか，もしくは被取得企業の識別可能純資産に対する非支配持分相当額によって測定するとされており，前者を採用した

場合には，日本基準に基づいて全面時価評価法を採用した場合と比べ，少数株主持分に対するのれんが認識されるという点で結果が大きく異なる可能性がある。また，非支配持分を公正価値で評価することは従来から日本の企業結合会計基準では認められていないので，公正価値評価の方法を採用する場合には評価技法の合理性，評価コスト等を慎重に検討することに留意が必要である。被取得企業が上場企業であれば株価を基礎として公正価値を算定することが考慮されるが，被取得企業が非上場企業である場合には客観的な相場価格を基準として企業価値を導くことは容易でないケースが多い。公正価値の測定に当たっては何らかの技法を用いて合理的に算定された価額を導き出す必要があるが，合理性の検討，必要コストなど，実務上の留意事項を事前に洗い出すことが必要である。

（2） のれんの認識および測定

IFRS 3 では，非支配持分を公正価値によって測定する方法を選択できる。この場合 IFRS 3 では非支配持分についてものれんを認識することになるが，一方で日本基準では，のれんは親会社持分に相当する部分からのみ認識され，少数株主持分に関するのれんが認識されることはない。IFRS 3 で非支配持分を公正価値評価する方法を採用し，正ののれんが認識された場合，取得企業が支払ったのれんを上回る額ののれんが資産として計上される一方で，非支配持分（純資産）が増える効果がある。しかしながら，より多くののれんが無形資産として計上されるので，取得後に減損が必要と認識された場合には非支配持分に係る分も含めて減損損失として取得企業の損益計算に反映されることになる。

このように，IFRS 3 においていずれの方法を選択するかによって取得後の純資産額および費用化額が異なる可能性があるので，会計処理方針の選択を行う場合には留意が必要である。

設例 24-4

- X1年3月31日，企業Pは企業Qの60%を1,100で現金取得した（支払対価には支配プレミアムを含む）。
- 企業Qの純資産の帳簿価額　　1,200
- 企業Qの識別可能資産・負債の公正価値　　1,400
- 企業Qの公正価値　　1,700
- のれんの償却は20年の定額法（日本基準の場合）
- 非支配持分は，非支配持分自体の公正価値をもって測定する（IFRS3の場合）
- X2年3月31日において減損テストを実施したが，企業Qに帰属するのれんに減損の兆候はなかった。

以上の条件において，企業PがX1年3月31日およびX2年3月31日に必要な仕訳を検討しなさい。

解答・解説

（日本基準）

【X1年3月31日】

（借）企業Qの識別可能純資産	1,400	（貸）現金	1,100
のれん	260**	（貸）少数株主持分	560*

*1,400 × 40% = 560
**1,100 + 560 − 1,400 = 260

【X2年3月31日】

（借）一般管理費	13*	（貸）のれん	13

*260 ÷ 20 = 13

（IFRS3）

【X1年3月31日】

(借) 企業Qの識別可能純資産	1,400	(貸) 現　　　金	1,100
の　れ　ん	300*	(貸) 非支配持分	600*

*1,700 − 1,100 = 600
*1,100 + 600 − 1,400 = 300

【X2年3月31日】

仕　訳　無　し

このように，非支配持分の評価方法の違いに起因して，算定されるのれんの金額が異なってくる。また，日本基準ではのれんは規則的に償却されるのに対し，IFRS3ではのれんは償却せず，減損テストが毎期実施されるので，取得後に配分される費用は日本基準とIFRS3では異なる。

〈支配持分と非支配持分ののれん〉

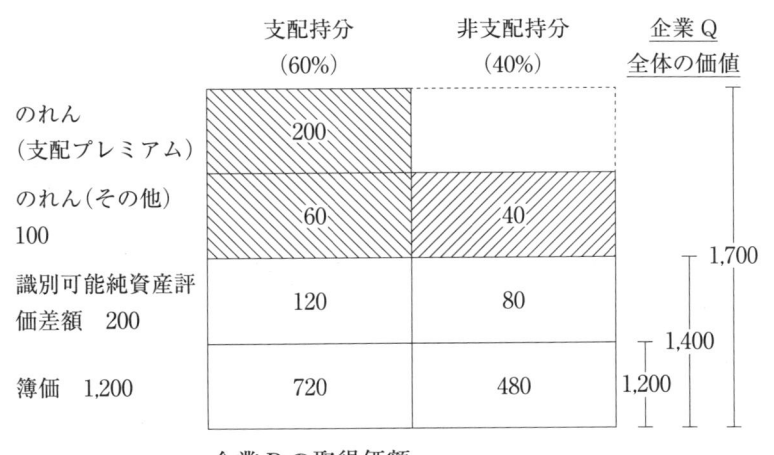

	支配持分 （60%）	非支配持分 （40%）	企業Q 全体の価値
のれん （支配プレミアム）	200		
のれん（その他） 100	60	40	
識別可能純資産評価差額　200	120	80	1,700
簿価　1,200	720	480	1,400 1,200

企業Pの取得価額
1,100

5. IFRS の初度適用について

留意事項

　企業結合会計については，IFRS 1「IFRS の初度適用」において IFRS 3 の適用に関する免除規定が設けられており，IFRS への移行日よりも前に行われた企業結合について，IFRS 3 を遡及適用しないことが認められている（免除規定の内容については「第 4 章　IFRS の初度適用とその影響」を参照のこと）。実務上の便宜を考慮して，初度適用時に IFRS 3 の適用に関する免除規定が定められているものの，免除規定を採用する場合には以下についても留意が必要である。

（1）　従前の会計基準の取扱いの維持

　免除規定によって IFRS 3 を遡及適用しない場合，従前に適用していた会計基準における取扱い（法律上の取得企業による取得，法律上の被取得企業による取得（逆取得），持分の結合など）はそのまま維持される。このため，たとえば従来持分プーリング法によって企業結合処理していた取引に対して IFRS 3 の取得法に基づいて会計処理をやり直す必要はなく，過去の企業結合で取得または引受けた資産・負債の帳簿価額が IFRS への移行日におけるみなし取得原価のベースになる。

（2）　IFRS 開始財政状態計算書から除外される資産・負債

　従前の会計基準で認識されていたが，IFRS によれば認識できない資産・負債は IFRS 開始財政状態計算書から除外される。たとえば，過去の企業結合において無形資産を認識したが，IAS 38 の定める無形資産の要件を満たさない場合，のれんに振り替える。無形資産に関するもの以外の修正があった場合には利益剰余金の修正として認識する。

(3) 資産・負債の測定の見直し

たとえば有価証券などの金融商品のように，IFRSにおいて当初認識後の測定を取得原価以外(公正価値評価など)で行わなければならない資産・負債は，IFRS開始財政状態計算書上，当該測定基礎により測定し，帳簿価額の修正額は利益剰余金の修正として認識する。

(4) 従前の会計基準で計上されていなかった資産・負債

過去の企業結合で取得された資産・負債が従前の会計基準のもとでは認識されていなかったとしても，みなし原価をゼロとするのでなく，移行日においてそれらの資産・負債をIFRSに従って認識し，測定しなければならない。たとえば，過去の企業結合においてファイナンス・リース取引がオフバランス処理されていてもIFRSに基づいた資産計上が必要となる可能性がある。

(5) のれんの取扱い

移行日におけるのれんは，従前の会計基準におけるのれんの帳簿価額に以下の2つの修正を行ったものである。
1. 上記(2)および(4)に基づいて，移行日時点で無形資産をのれんに振替えたり，反対に新たに無形資産を認識したりする場合には，対応するのれんの金額を修正する。
2. IFRSの初度適用企業は，IFRSへの移行日において減損の兆候の有無にかかわらずIAS 36を適用してのれんの減損テストを実施することにより減損損失を認識しなければならない。

上記のケースを除き，のれんの金額の修正は行われない。たとえば従前の会計基準に従ってのれんを規則的に償却していたとしても，すでに償却された金額の修正は行わない。

(6) 従前の会計基準では連結対象ではなかったが，IFRS では連結対象となる子会社が存在する場合

　たとえば従前の会計基準と IFRS では連結範囲の考え方が異なっていたり，そもそも親会社が連結財務諸表を作成していなかったりすると，従前の会計基準では連結対象ではなかったが IFRS においては連結対象となる子会社が生じることがある。IFRS への移行時に連結する際には，資産・負債を取得時あるいは IFRS 移行日時点における公正価値で測定しなおす必要はなく，子会社の財務諸表を IFRS に従って修正し，その純資産価値と親会社持分を比較して，差額をのれんとする。

第25章

連結財務諸表

【要約比較表】　IAS 27, 28, 31 と日本基準との異同点

	IAS 27・28・31	日本基準
適用範囲	①　企業集団の親会社 IAS 27 のほか IAS 7 および IFRS 3 ②　関連会社に対する投資 IAS 28 ③　ジョイント・ベンチャーに対する持分 IAS 31 ④　個別財務諸表 IAS 27, IAS 28 および IAS 31	①　企業集団の親会社 連結会計基準のほか連結キャッシュ・フロー等の作成基準等 ②　関連会社に対する投資 持分法会計基準 ③　ジョイント・ベンチャーに対する持分 企業結合会計基準
連結財務諸表の作成・公表	原則として親会社には連結財務諸表の作成・公表を強制。ただし，免除規定あり	親会社には連結財務諸表の作成・公表を強制。免除規定なし
連結範囲	支配力基準	同　左
連結手続	①　連結決算日 親会社の決算日が連結決算日。子会社の決算日と異なる場合には，連結決算日に連結用の子会社財務諸表を作成。ただし，差異期間が3ヵ月以内であれば，修正を条件とした直近の財	①　連結決算日 同　左

	務諸表の利用も可能 ② 会計方針 　親・子会社間で統一 ③ 子会社の資産・負債の時価評価 　全面時価評価法 ④ 投資と資本の相殺消去 　のれんには減損会計適用。負ののれんは取得時に利益認識 　段階的取得には一括法のみ ⑤ 非支配持分 　純資産の部に表示 ⑥ 未実現損益の消去 　全額消去	② 会計方針 　同　　左 ③ 子会社の資産・負債の時価評価 　同　　左 ④ 投資と資本の相殺消去 　のれんは20年以内に規則的に償却。負ののれんは取得時に利益認識 　同　　左 ⑤ 少数株主持分 　同　　左 ⑥ 未実現損益の消去 　同　　左
関連会社に対する投資	① 関連会社の範囲 　影響力基準 ② 投資の会計処理 　連結財務諸表作成の有無にかかわらず持分法適用 ③ 決算日の差異 　投資会社の決算日における関連会社の財務諸表を作成するか，差異期間が3ヵ月以内なら関連会社の直近の財務諸表を修正して利用 ④ 会計方針 　親・関連会社間で統一する	① 関連会社の範囲 　同　　左 ② 投資の会計処理 　連結財務諸表においてのみ持分法適用 ③ 決算日の差異 　関連会社の直近の財務諸表に差異期間に係る修正に加えて利用するか，修正すべき事項を注記 ④ 会計方針 　同　　左
ジョイント・ベンチャーに対する持分	① 共同支配営業 　支配する資産，負担する負債，稼得収益及び負担費用を財務諸表上で認識 ② 共同支配資産 　共同支配資産の持分相当額，負担する負債，収益の持分相当	① 共同支配営業 　規定なし ② 共同支配資産 　規定なし

		②　額及び負担する費用を財務諸表上で認識 ③　共同支配企業 　　比例連結または持分法適用	③　共同支配企業 　　持分法適用
開　示		①　連結財務諸表 ・連結の範囲 ・決算日の差異 ・子会社からの送金制限 ②　関連会社に対する投資 ・非連結子会社・関連会社の範囲 ・公開関連会社に対する投資の公正価値 ・関連会社の要約財務情報 ・決算日の差異 ・関連会社からの送金制限 ③　ジョイント・ベンチャーに対する持分 ・偶発債務 ・資本的支出契約 ・重要なジョイント・ベンチャーに対する投資リスト ・共同支配企業に対する持分の認識方法	①　連結財務諸表 ・連結の範囲 ・決算日の差異 ・のれんの償却 ②　関連会社に対する投資 ・非連結子会社・関連会社の範囲 ③　ジョイント・ベンチャーに対する持分 ・重要な共同支配企業の形成についてのみ概要

§1　背　景

　IASCは連結財務諸表に関連してIAS 27「連結財務諸表と個別財務諸表」，IAS 28「関連会社に対する投資」およびIAS 31「ジョイント・ベンチャーに対する持分」という3つの会計基準を公表している。IAS 27は1989年，IAS 28は1988年，IAS 31は1990年にそれぞれ初めて公表された後，他のIASとの用語

の統一やIAS 36およびIAS 39との整合性をとるための数度の改訂を経た後，2008年に最後の改訂が行われ，2009年7月1日から適用されている。2003年の改訂で，IAS 27では連結財務諸表における子会社の資産・負債の時価評価についての会計処理と，親会社，共同支配する会社または投資会社の個別財務諸表上の投資の会計処理における代替処理が削減され，IAS 28では個別財務諸表における関連会社への投資の会計処理における代替処理が削減され，IAS 31ではIAS 27および28との整合性をとるための変更が行われた。2008年の改訂は，IFRS 3とともにFASBとの企業結合プロジェクトの一部として，主に非支配持分および子会社の支配の喪失について行われた。

わが国では1977年4月以降，証券取引法(現在は金融商品取引法)適用会社に対して連結財務諸表の作成と公表が義務づけられてきた。さらに2003年4月以降，商法(現在は会社法)上の大会社のうち証券取引法(金融商品取引法)の適用を受けて連結財務諸表を作成する企業には，商法(会社法)上も連結計算書類を作成して株主に報告することが要求されている。連結財務諸表の作成と公表および非連結子会社と関連会社への投資の会計処理方法に関しては，従来，企業会計審議会から連結財務諸表原則，同注解および連結キャッシュ・フロー計算書等の作成基準が公表されており，これを受けて連結財務諸表の用語，様式および作成方法が内閣府令である連結財務諸表規則および同ガイドラインが定められてきたが，2008年に企業結合会計基準の改正にあわせて，「連結財務諸表に関する会計基準」(以下連結会計基準)および「持分法に関する会計基準」(以下持分法会計基準)が，企業会計基準委員会から公表された。なお「連結会計基準」および「持分法会計基準」は，2010年4月1日以降開始する年度から適用されるが，2009年4月1日以降開始する年度からの早期適用も認められている。また，日本公認会計士協会から連結財務諸表および持分法に関する多くの実務指針等が公表されている。

ジョイント・ベンチャーに対する持分に関しては，企業結合に関する会計基準において，共同支配企業の形成に関連する規定が設けられている。

§2 バリエーションの分析と評価

1. 適用範囲

（1） 連結財務諸表

　IASでは，企業集団の連結財務諸表の作成・公表の基本に関してはIAS 27で規定されているが，子会社の資産・負債の評価とのれんについてはIFRS 3で規定されている。また，連結キャッシュ・フロー計算書はIAS 7において独立して規定されている。

　日本基準では，連結会計基準が，連結財務諸表の作成・公表に関する包括的な規定を定めている。

（2） 関連会社に対する投資

　IASでは，関連会社に対する投資の会計処理に原則としてIAS 28が適用される。ただし，ベンチャー・キャピタル，ミューチュアル・ファンド，ユニット・トラストその他類似の事業体によって所有される関連会社に対する投資で，当初認識時に公正価値で評価されることになっているか，またはIFRS 9により損益を通して公正価値で評価されるものには適用されない。これらの投資はIFRS 9に従って公正価値で評価される(IAS 28 par. 1)。

　日本では，関連会社に対する投資の会計処理に関しては持分法会計基準に規定が設けられている。

(3) ジョイント・ベンチャーに対する持分

ジョイント・ベンチャーとは，複数の当事者が共同支配により経済活動を行う契約上の取決めをいう。ジョイント・ベンチャーに対する当事者で，そのジョイント・ベンチャーを共同支配する者を「共同支配投資企業」といい，共同支配しない者を「ジョイント・ベンチャーへの投資者」という(IAS 31 par. 3)。IAS 31 は，原則として共同支配投資企業その他ジョイント・ベンチャーへの投資者の財務諸表におけるジョイント・ベンチャーに対する持分の会計処理とジョイント・ベンチャーの資産，負債，損益の報告に適用される。ただし，ベンチャー・キャピタル，またはミューチュアル・ファンド，ユニット・トラストその他類似の事業体によって所有される共同支配企業に対する持分で，IFRS 9 により損益を通して公正価値で評価されるものには適用されない。これらの投資は IFRS 9 に従って公正価値で評価され，その変動は各期の損益として認識される(IAS 31 par. 1)。

ジョイント・ベンチャーに対する持分に関しては，わが国では企業結合に関する会計基準において，共同支配企業の形成に関連する規定が設けられている。

(4) 個別財務諸表

IAS は，会社が個別財務諸表の作成を選択するか規制によって強制される場合の，子会社，共同支配企業および関連会社に対する投資の会計処理を規定している。個別財務諸表とは，親会社，関連会社の投資会社，または共同支配投資企業によって作成される財務諸表で，そこでの子会社，関連会社または共同支配会社に対する投資が，これらの被投資会社の純資産および利益を基礎として評価されるのではなく，親会社等の側の投資を直接，原価法または IFRS 9 に従う公正価値のどちらかによって会計処理されるものを指す。(IAS 27 pars. 4・38-40，IAS 28 par. 2・35，IAS 31 par. 3・46)。

日本基準では，非連結子会社に対しては連結財務諸表上では持分法が適用さ

れるが(持分法会計基準6)，個別財務諸表上では子会社，関連会社および共同支配企業に対する投資には原価法が適用される。

2. 連結財務諸表の作成・公表

　IAS 27 も日本基準も原則として，企業集団の親会社が連結財務諸表を作成して公表することを要求している(IAS 27 par. 9)。ただし，IAS 27 は次のすべての条件に該当する親会社には，連結財務諸表の作成を強制しない(IAS 27 par. 10)。
  (a)　親会社が他の企業の完全子会社か，または完全ではない子会社であってもその少数株主(議決権を有しない者を含む)が連結財務諸表を公表しない旨の通知を受け，それに反対していない。
  (b)　親会社の負債証券または持分証券が公開市場で取引されていない。
  (c)　親会社が公開市場で証券を発行するために証券取引委員会等の証券監督機関に財務諸表を提出したことがないか，または提出準備中でない。
  (d)　親会社の親会社が IFRS に準拠した公表連結財務諸表を作成している。

　これに対して，子会社上場のめずらしくないわが国では，日本基準にこのような連結財務諸表提出の免除規定がないので，子会社を有する会社が別の会社の子会社である場合にも連結財務諸表を作成・公表しなければならない。

3. 連結の範囲

　IAS 27 も日本基準も，原則としてすべての子会社を連結の範囲に含めることで一致している(IAS 27 par. 12，連結会計基準 13)。子会社の定義に関しても，親会社によって支配されている企業であり，この企業には会社のほかに組合やパートナーシップその他これらに準ずるものも含まれるという同じ定義が採用されている(IAS 27 par. 4，連結会計基準 5-6)。

　子会社の定義で用いられている「支配」の概念については，IAS 27 が企業活動からの便益を得るために，その企業の財務および営業方針を左右する力とし

ているのに対して(IAS 27 par. 4),連結会計基準は「支配」の概念を直接定義していないけれども,企業結合会計基準にはIAS 27と同様の支配の定義がみられる(企業結合会計基準7)。

IAS 27は親会社が直接または間接に議決権の過半数を有している場合には,支配のないことを明確に証明できない限り,支配があるとみなしている。さらに,議決権の所有割合が50%以下であっても,次のいずれかの場合には支配があるとみなしている(IAS 27 par. 13)。

(a) 他の投資者との協定によって議決権の過半数を支配する力を有する。
(b) 法令または契約によって,その企業の財務および営業方針を左右しうる力を有する。
(c) 取締役会等の経営機関の構成員の過半数を選任または解任する力を有する。
(d) 取締役会等の経営機関の会議で過半数の投票権を有する。

日本基準も,次の場合に,他の企業の意思決定機関を支配していることになるとしている(連結会計基準7)。

(1) 他の企業の議決権の過半数を実質的に所有している。
(2) 他の企業の議決権の40%以上50%以下を実質的に所有し,かつ,次のいずれかに該当する。
　① 自己の有する議決権と,自己の意思と同一の内容の議決権を行使すると認められる者および自己の意思と同一の内容の議決権を行使することに同意している者が所有する議決権とを合わせて,他の企業の議決権の過半数を占める。
　② 役員等で自己が他の企業の財務および営業または事業の方針の決定に関して影響を与えることのできる者が,他の企業の取締役会等の構成員の過半数を占める。
　③ 他の企業の重要な財務および営業または事業の方針の決定を支配する契約等が存在する。
　④ 他の企業の負債として資金調達された総額の過半(自己と密接な関係のある者の融資と合わせて)について融資を行っている。

⑤ その他他の企業の意思決定機関を支配していることが推測される事実が存在する。

(3) 自己が実質的に所有している議決権と，自己の意思と同一の内容の議決権を行使すると認められる者および自己の意思と同一の内容の議決権を行使することに同意している者が所有する議決権とを合わせて，他の企業の議決権の過半数を占め，かつ，上記(2)の②から⑤のいずれかに該当する。

このように，支配の概念について IAS 27 と日本基準は実質的に同様の取扱いをしている。

ただし日本基準は，支配が一時的であると認められる会社を連結の範囲から除いている。また，日本基準は，連結することにより利害関係者の判断を著しく誤らせるおそれのある会社の連結範囲からの除外の強制や(連結会計基準(注3))，小規模会社の連結範囲からの除外の許容を定めているけれども，IAS 27 にはこれに相当する規定がない。

以上のように，いくつかの点では相違があるけれども，連結の範囲に関して基本的には，IAS 27 と日本基準はともに支配力基準の立場をとっている。

4．連　結　手　続

(1) 連結決算日

IAS 27 と日本基準は，連結決算日について基本的に同一の規定を設けている。すなわち，連結決算日を親会社の決算日とし，親会社と子会社の決算日が異なる場合には，可能な限り，連結のために連結決算日における子会社の個別財務諸表を別途作成することが要求されている (IAS 27 par. 22, 連結会計基準 15-16)。

また，決算日の相違が3カ月を超えない限り，決算日の異なる個別財務諸表を用いることも認められている。ただし，IAS 27 は決算日の差異期間に生じた重要な取引または事象の影響についての修正を要求しているのに対して

(IAS 27 par. 23)，日本基準は決算日が異なることから生じる連結会社間の取引に係る会計記録の重要な不一致について必要な整理を行うことにとどめている（連結会計基準（注4））。

(2) 会計方針

IAS 27 も日本基準もともに，親会社および子会社が採用する会計処理の原則および手続を，原則として統一することを要求している（IAS 27 par. 24，連結会計基準17）。

(3) 子会社の資産・負債の評価

支配獲得時における子会社の資産・負債の評価について，IFRS 3 も日本基準もともに，子会社の資産・負債をすべて支配獲得日の公正価値で評価する方法すなわち，全面時価評価法を採用している（IFRS 3 par. 18，連結会計基準20）。

(4) 投資と資本の相殺消去

IAS 27 も日本基準もともに，親会社の子会社に対する投資とこれに対応する子会社の資本を相殺消去することを求めている（IAS 27 par. 18，連結会計基準23）。

消去差額に関して，IFRS 3 は消去差額を「のれん」または「取得利得」とし，のれんについては減損会計を適用して減損累計額を控除した金額で測定し，取得利得については取得時の利益として認識することを求めている（IFRS 3 pars. 32-34）。これに対して日本基準は，のれんを連結貸借対照表に計上し，20年以内のその有効期間にわたって定額法等で償却し，取得利得は当期の利益として処理することを定めている（連結会計基準24，企業結合会計基準32-33）。

子会社株式を段階的に取得した場合には，IFRS 3 も日本基準もともに，親会社の有する子会社株式と子会社の資産・負債を支配獲得日の公正価値で評価し，

のれんを計上する(IFRS 3 par. 41-42, 連結会計基準 20, 23)。

(5) 少数株主持分(非支配持分)

　子会社の資本のうち親会社に属さない部分を，IAS 27 は非支配持分と呼び(IAS 27 par. 4)，日本基準は少数株主持分と呼ぶ(連結会計基準 26)。子会社の資産・負債は全面時価評価法で評価されているので，非支配持分も少数株主持分もともに公正価値ベースで測定される。さらに，IFRS 3 は，のれんを親会社の取得対価と非支配持分の合計額が子会社の純資産を上回る超過額として算定することを要求している(IFRS 3 par. 32)。なお非支配持分は公正価値または識別可能な純資産の持分割合に応じた額で測定されるが(IFRS 3 par. 19)，公正価値で測定された場合，非支配持分はのれんのうち親会社に帰属しない部分に相当する金額を含むことになる。これに対して，少数株主持分は，投資と資本の消去差額として算定されるので，のれん相当額を含まない。

　子会社に欠損がある場合には，日本基準は，欠損のうち少数株主の負担すべき額を超える部分を，少数株主持分ではなく親会社の持分に負担させる(連結会計基準 27)。これに対して，IAS 27 は，非支配株主も欠損を負担すべきとの立場をとっている(IAS 27 pars. BC 34-BC 38)。

　非支配持分の表示に関しては，IAS 27 は資本の部に親会社の株主持分とは別に記載することを求めている(par. 18)。日本基準も少数株主持分を純資産の部の間に区分して記載することを求めている(貸借対照表の純資産の部の表示に関する会計基準)。

(6) 連結会社間の債権・債務および取引高の相殺と未実現損益の消去

　IAS 27 も日本基準もともに，連結会社相互間の債権と債務および取引項目を相殺消去することを要求している(IAS 27 par. 20, 連結会計基準 31, 35)。また連結会社相互間の取引によって取得した棚卸資産，固定資産その他の資産に含まれる未実現損益はその全額が消去される(IAS 27 par. 21, 連結会計基準 36)。

ただし，未実現損失については，IAS 27 が減損の兆候として取り扱うのに対して(IAS 27 par. 21)，日本基準では売手側の帳簿価額のうち回収不能と認められる部分は消去しないとしている(連結会計基準 36)。表現の違いはあるが，実質的な取扱いは同じになる。

5. 支配の喪失

親会社は，持株比率の低下によって子会社に対する支配を失うことがある。IAS 27 は，子会社に対する支配を失ったときの親会社の会計処理を，次のように要求している(IAS 27 par. 34)。

(a) 支配喪失日に，子会社ののれんを含む資産および負債を認識しない。
(b) 支配喪失日に，旧子会社に対する非支配持分を認識しない。
(c) 支配の喪失をもたらす取引，事象または状況から受け取った対価の公正価値ならびに支配の喪失をもたらす取引が子会社の所有者に対する子会社株式の分配である場合には，その分配を認識する。
(d) 旧子会社に残存する投資を支配喪失日の公正価値で認識する。
(e) その他の包括利益に含まれていた評価差額を，関連資産・負債を直接処分したと仮定して，損益または留保利益に振り替える。
(f) 付随して生じる差額を，親会社に帰属する損益として認識する。

これに対して，日本基準は，残存する旧子会社に対する投資を，個別貸借対照表上の帳簿価額をもって評価することとしている(連結会計基準 29)。このように，子会社および関連会社でなくなった被投資会社に対する投資の評価について，IAS 27 と日本基準は異なる。

6. 関連会社に対する投資の会計処理

（1） 関連会社の範囲

　IAS 28 は関連会社を，投資会社が重要な影響力を有し，かつ投資会社の子会社でもジョイント・ベンチャーでもない企業（パートナーシップのような会社組織以外の企業も含む），と定義している（IAS 28 par. 2）。ここでの重要な影響力とは，被投資企業の財務上および経営上の方針を支配したり共同支配することはないが，それらの方針の決定に関与する力をいう（IAS 28 par. 2）。日本基準も同様に，ある企業およびその子会社が，出資，人事，資金，技術，取引等の関係を通じて，子会社以外の他の企業の財務および営業または事業の方針決定に対して重要な影響を与えることができる場合の当該他の企業，と関連会社を定義している（持分法会計基準 5）。このように両基準とも影響力基準を採用している。

　ただし，重要な影響力の理解については若干異なる。IAS 28 は，投資会社が被投資企業の議決権の 20% 以上を保有している場合には，明らかな反証が認められない限り，重要な影響力があるとみなし，逆に議決権の 20 パーセント未満しか保有していない場合には，明らかな反証がない限り，重要な影響力がないとみなす（IAS 28 par. 6）。他方，日本基準は，財務および営業または事業の方針決定に重要な影響を与えることができないことが明らかに示されない限り，議決権の 20% 以上を所有している場合（所有が一時的であると認められる場合を除く）のほかに，次の場合にも，重要な影響を与えることができる場合に該当することとされている（持分法会計基準 5-2）。

(1) 他の企業の議決権の 15% 以上 20% 未満を実質的に所有しており，かつ，次のいずれかに該当する場合
　① 役員等で自己が他の企業の財務および営業または事業の方針の決定に関して影響を与えることのできる者が，他の企業の代表取締役，取締役

またはこれらに準ずる役職に就任している
② 他の企業に対して，債務保証および担保提供を含む重要な融資を行っている
③ 他の企業に対して重要な技術を提供している
④ 他の企業との間に重要な販売，仕入その他の営業上または事業上の取引がある
⑤ 他の企業の財務および営業または事業の方針の決定に重要な影響を与えることができると推測される事実が存在する
(2) 自己が実質的に所有している議決権と，自己の意思と同一の内容の議決権を行使すると認められる者および自己の意思と同一の内容の議決権を行使することに同意している者が所有する議決権とを合わせて，他の企業の議決権の20％以上を占め，かつ，上記(1)の①から⑤のいずれかに該当する場合

このように，日本基準の方が，より詳しい基準を設けているが，影響力基準を採用している点では同じである。

（2） 持分法の適用

IAS 28 は，投資会社が IAS 27 に従って個別財務諸表を作成する場合を除いて，連結財務諸表を作成しているか否かにかかわらず，関連会社に対する投資に持分法を適用することを求めている (IAS 28 par. IN8)。ただし，次のいずれかに該当する場合には，持分法の適用が免除される (IAS 28 par. 13)。

(a) その投資が IFRS 5 に従って売却目的で所有をされる場合
(b) 関連会社に対する投資を有している親会社が，IAS 27 パラグラフ 10 によって連結財務諸表の作成を免除されている場合
(c) 次のすべてに該当する場合
  (i) 投資会社が他の企業の完全子会社か，または完全ではない子会社であってもそこでの少数株主(議決権を有しない者を含む)が連結財務諸表を公表しない旨の通知を受け，それに反対していない。

(ⅱ) 投資会社の負債証券または持分証券が公開市場で取引されていない。

(ⅲ) 投資会社が公開市場で証券を発行するために証券取引委員会等の証券監督機関に財務諸表を提出したことがないか，または提出準備中でない。

(ⅳ) 投資会社の親会社が IFRS に準拠した公表連結財務諸表を作成している。

これに対して，日本基準では連結財務諸表においてのみ関連会社に対する投資に持分法の適用を義務づけている。ただし，連結財務諸表を作成していない場合には，個別財務諸表に関連会社に対する投資の金額，当該投資に対して持分法を適用した場合の投資の金額および投資利益または投資損失の金額を注記しなければならない(財務諸表等規則8条の9)。また，子会社と同様に，財務および営業または事業の方針に対する影響が一時的である関連会社に対する投資には持分法を適用しない(連結財務諸表における子会社及び関連会社の範囲の決定に関する適用指針25)。

（3） 持分法適用の中止

IAS 28 も日本基準も，被投資企業が関連会社に該当しなくなったときには，持分法を適用しないこととし，それ以降はその投資を金融商品の認識・測定規定に従って会計処理することを要求している(IAS 28 pars. 18-19 A，持分法会計基準15)。

（4） 決算日に差異がある場合

IAS 28 は，投資会社と関連会社の決算日が異なる場合には，実行可能な限り，持分法適用のために投資会社の決算日における関連会社の財務諸表作成を要求している(IAS 28 par. 24)。決算日の差異期間が3カ月以内の場合には，直近の財務諸表を用いることができるが，この場合には決算日の差異期間に生じた重要な取引または事象の影響について修正しなければならない(IAS 28 par. 25)。

これに対して日本基準は，直近の財務諸表を使用することとし，同一決算日

の財務諸表を用いることまで要求していない。また，差異期間内に生じた重要な取引または事象については，修正するほかに注記することも認められている（持分法会計基準10）。

（5） 会計方針

IAS 28は，同一環境下で行われた同一の性質の取引等について，投資会社と持分法適用関連会社が採用する会計方針を統一することを要求している（par. 26）。日本基準も，同様の取扱いを要求している（持分法会計基準9）。

7. ジョイント・ベンチャーに対する持分

IAS 31は，ジョイント・ベンチャーに対する持分の会計処理を規制している。わが国では，ジョイント・ベンチャーのうち共同支配企業の形成に関する規定が，企業結合会計基準の中に設けられている。

（1） ジョイント・ベンチャーの形態

IAS 31は，ジョイント・ベンチャーを次の3つの形態に分類している（IAS 31, par. 7）。

- ▶共同支配営業
- ▶共同支配資産
- ▶共同支配企業

これらの形態をとるジョイント・ベンチャーには，共同支配を成立させる契約によって，複数の共同支配投資企業が拘束される，という共通の特徴がある（IAS 31 par. 7）。

（2） 共同支配営業の会計処理

　複数の共同支配投資企業の資産等を，会社その他の企業組織を設立することなく契約によって共同利用することを共同支配営業という。共同生産物の販売収益とそれに伴う費用は，通常，契約によって共同支配する会社間に分配される(IAS 31 par. 13)。共同支配営業を営む共同支配投資企業は，次の事項を財務諸表上で認識しなければならない(IAS 31 par. 15)。

(a)　支配している資産および引き受けている負債
(b)　負担する費用，ジョイント・ベンチャーによる財・サービスの販売に伴って共同支配投資企業が稼得する収益部分

（3） 共同支配資産の会計処理

　複数の共同支配投資企業によって，拠出または取得され，共同所有または共同支配される1つまたは複数の資産を共同支配資産という。共同支配資産を有する共同支配投資企業は，次の事項を財務諸表上で認識しなければならない(IAS 31 par. 21)。

(a)　資産の性質によって分類された共同支配資産のうち持分相当額
(b)　引き受ける負債
(c)　ジョイント・ベンチャーに関連して他の共同支配投資企業と共同で引き受ける負債のうち持分相当額
(d)　ジョイント・ベンチャーの生産物の販売または利用からの収益およびジョイント・ベンチャーによって負担される費用のうち持分相当額
(e)　ジョイント・ベンチャーに対する持分について負担する費用

（4） 共同支配企業の会計処理

　共同支配企業とは，各共同支配投資企業が持分をもつ会社その他の企業の形

をとるジョイント・ベンチャーである。共同支配企業は帳簿を備え付け，IFRS に従って財務諸表を作成・公表する。共同支配投資企業は，比例連結または代替的に持分法によって共同支配企業に対する持分を認識しなければならない(IAS 31 pars. 30, 38)。

比例連結とは，共同支配企業の資産，負債，収益および費用の各項目に対する共同支配投資企業の持分相当額を，共同支配投資企業の財務諸表上で，共同支配投資企業の有する類似項目と合算するかまたは共同支配投資企業の財務諸表項目とは別個の項目として報告する会計方法である(IAS 31 par. 3)。

共同支配投資企業は，共同支配企業に対する共同支配を有しなくなった日以後，比例連結または持分法の適用を停止しなければならない(IAS 31 pars. 36, 41)。また，共同支配企業が子会社になった日以後は IAS 27，関連会社になった日以後は IAS 28 がそれぞれ適用される。

共同支配企業に対する持分を有する共同支配投資企業は，次の条件のいずれかを満たすとき，比例連結および持分法適用を免除される(IAS 31 par. 2)。

(a) その持分が IFRS 5 に従って売却目的で所有される場合
(b) 共同支配企業に対する持分を有している親会社が，IAS 27 パラグラフ 10 によって連結財務諸表の作成を免除されている場合
(c) 次のすべてに該当する場合
  (i) 共同支配投資企業が他の企業の完全子会社か，または完全ではない子会社であってもその少数株主(議決権を有しない者を含む)が連結財務諸表を公表しない旨の通知を受け，それに反対していない。
  (ii) 共同支配投資企業の負債証券または持分証券が公開市場で取引されていない。
  (iii) 共同支配投資企業が公開市場で証券を発行するために証券取引委員会等の証券監督機関に財務諸表を提出したことがないか，または提出準備中でない。
  (iv) 共同支配投資企業の親会社が IFRS に準拠した公表連結財務諸表を作成している。

(5) 共同支配投資企業とジョイント・ベンチャー間の取引

共同支配投資企業がジョイント・ベンチャーに資産を拠出または売却した場合には，その取引の実態を反映するように，その取引からの損益を認識しなければならない。例えば，ジョイント・ベンチャーから外部に転売されていなくても，資産の重要なリスクと所有からの報酬がジョイント・ベンチャーに移転しているならば，共同支配投資企業は損益のうち他の共同支配投資企業の持分に帰属する部分のみを認識しなければならない。拠出または売却によって流動資産の純実現可能額の減少または減損損失が明らかになった場合には，共同支配投資企業は当該損失の全額を認識しなければならない(IAS 31 par. 48)。

共同支配投資企業がジョイント・ベンチャーから資産を購入した場合には，共同支配投資企業は第三者にその資産を転売するまで，ジョイント・ベンチャーの利益に対する持分相当額を認識してはならない。ジョイント・ベンチャーの損失も原則として利益と同様に認識するが，例外的に損失が流動資産の純実現可能額の減少または減損損失である場合には，その損失は直ちに認識しなければならない(IAS 31 par. 49)。

(6) 共同支配しない投資者の報告

ジョイント・ベンチャーの当事者であっても共同支配しないジョイント・ベンチャー投資者は，その投資を IFRS 9 に従って会計処理するか，もしジョイント・ベンチャーに重要な影響力を有する場合には持分法を適用する (IAS 31 par. 51)。

(7) ジョイント・ベンチャーの営業者

ジョイント・ベンチャーの営業者または経営者は，その報酬を IAS 18 に従って会計処理しなければならない(IAS 31 par. 52)。

（8）日本基準

日本基準は，共同支配投資企業の共同支配企業に対する投資について，持分法の適用を要求している（連結会計基準 39）。

8. 開　　示

（1）連結財務諸表

IAS 27 は，連結財務諸表における開示事項を次のように要求している（IAS 27 par. 41）。

(a) 親会社が議決権の過半数を所有しなくなったときにおける親会社と子会社との関係
(b) 議決権および潜在的議決権の過半数を所有しているにもかかわらず，支配を獲得しない理由
(c) 子会社の決算日が連結決算日と異なる場合には，子会社の決算日または決算日の相違期間および異なる理由
(d) 子会社の親会社に対する送金に重要な制約がある場合のその性格と程度
(e) 支配の喪失をもたらさない子会社に対する親会社の所有割合の変動の影響が親会社の所有者に帰属する持分に対する影響の明細
(f) 子会社に対する支配が喪失した場合には，支配の喪失に伴って認識した損益，旧子会社に残存する投資を支配喪失日の公正価値で認識したときに帰属する損益，および損益が認識された包括利益計算書の項目

また，IAS 7 は連結キャッシュ・フロー計算書における現金および現金同等物の構成要素の開示を求めている。

他方，日本基準では，連結の範囲に関する事項その他の連結財務諸表作成のための基本となる重要な事項を以下の区分に従って開示することが求められて

いる（連結財務諸表規則13条）。
　①　連結の範囲に関する事項
　　▶連結子会社の数および主要な連結子会社の名称
　　▶主要な非連結子会社の名称および連結の範囲から除いた理由
　　▶議決権の過半数を所有しているにもかかわらず子会社としなかった会社等の名称およびその理由
　②　持分法の適用に関する事項
　③　連結子会社の事業年度等に関する事項
　　▶決算日が連結決算日と異なる連結子会社のある内容
　　▶決算日が連結決算日と異なる連結子会社について連結財務諸表作成の基礎となる財務諸表が作成されたかどうか
　④　会計処理基準に関する事項
　　▶重要な資産の評価基準および評価方法
　　▶重要な減価償却資産の減価償却の方法
　　▶重要な引当金の計上方法
　　▶重要な収益および費用の計上基準
　　▶連結財務諸表作成の基礎として利用された連結会社の個別財務諸表における重要な外貨建資産・負債の換算基準
　　▶重要なヘッジ会計の方法
　　▶のれんの償却方法および償却期間
　　▶連結キャッシュ・フロー計算書における資金の範囲
　　▶その他連結財務諸表作成のための重要な事項

（2）　関連会社に対する投資

　IAS 28 は関連会社に対する投資について，次の事項の開示を要求している（IAS 28 par. 37）。
　(a)　公開関連会社に対する投資の公正価値
　(b)　関連会社の資産額，負債額，収益額および損益額等を含む要約財務情報

(c) 議決権(潜在的議決権を含む)所有割合が 20% 未満であるにもかかわらず,重要な影響力を有すると判定した場合には,その理由
(d) 議決権(潜在的議決権を含む)所有割合が 20% 以上であるにもかかわらず,重要な影響力を有しないと判定した場合には,その理由
(e) 持分法適用に用いられた関連会社の財務諸表の決算日と会計期間が投資会社と異なる場合に,関連会社の決算日およびその理由
(f) 関連会社の投資会社への送金に対する重要な制限の性格と程度
(g) 投資会社が関連会社の損失に対する持分相当額の認識を停止してきた場合には,当期未認識額および未認識累計額
(h) 関連会社に持分法を適用していない場合には,その旨
(i) 持分法を適用していない関連会社の資産合計額,負債合計額,収益額および損益額等の要約財務情報

持分法を適用された関連会社に対する投資は非流動資産に分類され,独立して記載される。持分法投資損益も独立して記載される。関連会社の廃止事業に関する損益のうち投資持分相当額も別途開示する(IAS 28 par. 38)。また,関連会社によって認識されたその他の包括利益の増減に対する投資持分相当額は投資会社のその他の包括利益として直接認識される(IAS 28 par. 39)。

日本基準は次の事項の開示を要求している(連結財務諸表規則 13 条 3 項)。

▶持分法を適用した非連結子会社または関連会社の数および主要な会社等の名称
▶持分法を適用しない非連結子会社または関連会社のうち主要な会社等の名称
▶持分法を適用しない非連結子会社または関連会社がある場合には,その理由
▶議決権の 20% 以上 50% 以下を所有しているにもかかわらず関連会社としなかった会社等の名称およびその理由
▶持分法の適用についてとくに記載する必要のある事項

連結貸借対照表では,非連結子会社および関連会社の株式は投資有価証券に含めて記載されるが,それぞれの金額の注記が求められている(連結財務諸表規

則30条2項)。

　以上のように，関連会社に対する投資については，日本基準よりもIAS 28の方がより詳細な開示を要求している。

(3) ジョイント・ベンチャーに対する持分

　共同支配投資企業は，損失の生じる可能性がわずかな場合を除いて，次の偶発債務の総額を，他の偶発債務額とは別に開示しなければならない(IAS 31 par. 54)。
- (a) 共同支配投資企業がジョイント・ベンチャーに対する持分に関して負担する偶発債務と，他の共同支配投資企業と共同で負担する偶発債務の負担部分
- (b) ジョイント・ベンチャー自体の偶発債務で共同支配投資企業が条件付で負担する部分
- (c) 他の共同支配投資企業の債務に対して条件付で負担することから生じる偶発債務

　共同支配投資企業は，ジョイント・ベンチャーに対する持分に関して次の契約を，他の契約とは別に開示しなければならない(IAS 31 par. 55)。
- (a) ジョイント・ベンチャーに対する持分に関連する資本拠出契約および他の共同支配投資企業と共同で負担した資本拠出のうち持分相当額
- (b) ジョイント・ベンチャー自体の資本拠出契約のうち持分相当額

　共同支配投資企業は，重要なジョイント・ベンチャーに対する投資のリストと説明，および共同支配企業に対する持分の所有割合を開示しなければならない。類似科目合算報告様式を採用した比例連結または持分法によって共同支配企業に対する持分を認識している共同支配投資企業は，その持分に関連する流動資産，長期資産，流動負債，長期負債，収益および費用の各総額を開示しなければならない(IAS 31 par. 56)。

共同支配投資企業は，共同支配企業に対する持分を認識するのに採用した方法を，開示しなければならない(IAS 31 par. 57)。

日本基準は，重要な共同支配企業の形成のあった年度で，その概要(共同支配企業の形成と判定した理由も含む)および実施した会計処理の概要の注記のみを要求している(企業結合会計基準 54)

(4) 個別財務諸表

IAS 27 は連結財務諸表を作成しない親会社の個別財務諸表における開示事項を，次のように規定している(IAS 27 par. 42)。

(a) その財務諸表が個別財務諸表である旨，連結が免除されてきた旨，IFRS に準拠した連結財務諸表を公表するために作成してきた企業の名称と設立または所在国，およびその連結財務諸表を入手できる住所

(b) 重要な子会社，共同支配企業および関連会社に対する投資のリスト。このリストには，名称，設立または所在国，および所有割合(もし所有割合と議決権保有割合が異なる場合には議決権保有割合も含む)を含む。

(c) (b)で挙げられた投資の会計処理に採用された方法の説明

上記以外の親会社，共同支配投資企業，または関連会社に対する投資会社が作成する個別財務諸表では，次の事項を開示するとともに，その財務諸表が IAS 27 パラグラフ 9，IAS 28 および IAS 31 のどれに準拠して作成されたかを明示する(IAS 27 par. 43)。

(a) その報告書が個別財務諸表である旨，および法による強制がない場合にはその報告書が作成された理由

(b) 重要な子会社，共同支配企業および関連会社に対する投資のリスト。このリストには，名称，設立または所在国，および所有割合(もし所有割合と議決権保有割合が異なる場合には議決権保有割合も含む)を含む。

(c) (b)で挙げられた投資の会計処理に採用された方法の説明

§3　実務上の留意事項および設例

1. 連結および持分法の対象範囲について

（1）　潜在的議決権の取扱いについて

　連結の範囲に関して，日本基準およびIAS 27はいずれも支配力基準を採用している。また，持分法の範囲に関しても，日本基準およびIAS 28はいずれも影響力基準を採用しており，基本的な考え方は類似している。ただし，日本基準と異なり，IAS 27およびIAS 28は，潜在的議決権をも考慮して連結または持分法の範囲を決定するという点で大きな差がある。IAS 27またはIAS 28に拠る場合，公表されていない契約により潜在的議決権が存在する場合等のように潜在的議決権の把握が困難なケースもあるので，実務上は正確かつタイムリーな情報収集が求められる点に，留意が必要である。

設　例 25-1

　以下のそれぞれのケースについて，IAS 27に基づいた場合，P社はS社を連結範囲に含めるべきか否かを判断しなさい。
　〈ケース1〉
　P社はS社株式を40%取得しているが，これに加えて他社よりS社株式を30%追加取得できるコールオプション（現在行使可能な状況）を購入している。なお，同様のオプションは他に存在しない。
　〈ケース2〉
　ケース1と同じであるが，コールオプションはアウト・オブ・ザ・マネーの状態（行使価格がS社の株価を上回っている状態）である。

〈ケース3〉

ケース1と同じであるが，経営者は近い将来このオプションを行使する意図は無い状況である。

〈ケース4〉

ケース1と同じであるが，会社には株式の購入資金がなく，オプションを行使するとすれば，新たに借入れを行わなければならない状況である。

解答・解説

〈ケース1〉　連結対象とすべき。

〈ケース2〉　連結対象とすべき。アウト・オブ・ザ・マネーの状態か否かは考慮しない。

〈ケース3〉　連結対象とすべき。経営者の意図は考慮しない。

〈ケース4〉　連結対象とすべき。会社の財務的能力は考慮しない。

なお，潜在的議決権は連結または持分法の範囲の判定のみに利用され，資本連結手続等の仕訳を計上する際には潜在的議決権を考慮しない現在の所有割合が利用されるので，留意が必要である。

また，ケース2の場合，極端なアウト・オブ・ザ・マネーの状況のストックオプション等を第三者に発行することにより，本来，子会社とすべき会社を意図的に連結対象外とすることが可能とも考えられるので，そうしたケースの場合，連結すべきかどうかについては実質的な判断が求められることに留意が必要である。

(2) 連結除外規定について

連結除外規定に関して，日本基準では支配が一時的であることが認められる場合又は連結の範囲に含めることで利害関係者の判断を著しく誤らせるおそれがある場合には子会社を連結の範囲に含めないとの規定がある。また，そうした除外規定にかからない子会社についても，連結の範囲から除いても利害関係者の判断を妨げない程度に金額的重要性が小さい場合には連結の範囲から除く

ことが認められている。さらに，その重要性の観点から連結対象外とした子会社および関連会社については，連結財務諸表に重要な影響を与えない場合には，持分法の適用会社としないことが認められている。さらに，その重要性の観点から連結対象外とした子会社および関連会社については，連結財務諸表に与える影響の度合いにより，持分法を適用するかどうかを検討することとなる。

これに対して，IAS 27 および IAS 28 にはそうした連結除外規定や連結除外容認規定はない。ただしそもそも金額的および質的に重要性が乏しい項目については，IFRS 規定を適用する必要がないという前提があるため，必ずしも全ての子会社・関連会社を連結等の対象としなければならないという訳ではないという意見がある。この場合，どのような状況で金額的および質的に重要性が乏しいと判断するかといった点については，自社で合理的な方針を決定する必要がある。

また一般的に，重要性の観点から連結等の対象外としている子会社および関連会社については，外部報告に適したレベルの決算(注記に必要な情報収集含む)が行えていないことがあるため，IAS により連結等の対象となる場合，こうした会社に対しても，親会社として十分な教育および訓練を行い，決算のレベルアップを図る必要があるので，実務上は留意が必要である。

2. 連結会社間の統一について

（1） 会計方針の統一について

連結財務諸表を作成する場合，日本基準では，同一環境下で行われた同一の性質の取引等について，親会社および子会社が採用する会計処理の原則および手続きを原則として統一しなければならない。これに対して，IAS 27 も同様の状況において類似する取引およびその他の事象に関し会計方針の統一を求めており，基本的には日本基準と類似している。

ただし，現行の日本基準では，在外子会社の財務諸表について，米国会計基

準又は国際財務報告基準に準拠して作成されている場合には，のれんの償却等の特定の項目を除き，それらを連結決算手続上利用することができるとした当面の取扱い規定(実務対応報告18号)がある一方で，IAS 27ではこのような例外規定がない。

また，日本基準では，監査・保証実務委員会報告第56号において，同一環境下で行われた同一の性質の取引についての親子間での統一に関し，たとえば減価償却における耐用年数の設定や棚卸資産の評価方法等(先入先出法等)については例外を認めると明記しているが，IAS 27ではこのような例外規定がない。今後，IASに準拠して，在外子会社を含めて(採用する会計基準のみならず)会計方針も統一するためには，企業グループとして最適な統一されたグループ会計方針の作成および当該基準の子会社等への周知徹底が必要となる。こうした作業には，現状調査を含め相当の時間とコストがかかると考えられるので，実務上は留意が必要である。

なお，関連会社について，日本基準では必ずしも会計処理の原則および手続きを統一することを求めていなかったが，平成22年4月1日以降開始する会計年度より，子会社と同様に会計処理の原則および手続きを原則として統一することが求められることになった。この結果，日本基準とIAS 28との間にも上記子会社と同様の差異および留意事項が生じることになる。

(2) 決算日の相違について

日本基準では，親会社と子会社の決算日が異なる場合に，子会社が親会社の決算日で仮決算を行うことを原則としつつも，異なる期間が3ヵ月以内であるならば，異なる期間中に生ずる連結会社間の重要な取引等を調整することを前提として，決算日の相違を許容している。また，関連会社については，子会社のように3ヵ月以内でなければならないとする規定はなく，親会社の決算日に最も近い決算日での持分法適用が認められている。なお，この場合でも，異なる期間中に生ずる重要な取引等の修正または注記が必要となる。

これに対して，IAS 27および28では連結財務諸表の作成に用いる親会社お

よびその子会社または関連会社の財務諸表は，同一の報告日付で作成しなければならないとしており，子会社または関連会社は，実務上不可能でない限り親会社の財務諸表と同じ日付けで財務諸表を作成しなければならない。ここで，IASが規定する「実務上不可能な場合」とは，IAS 8の定義から引用すれば，「企業がすべての合理的な努力を行った後にある規定を適用できない場合」とされている。よって，通常，該当する子会社については，親会社の報告日付で仮決算を行うことが必要になるので，当該子会社等に対する指導および特に関連会社については，仮決算の必要性を認識してもらい，協力を得られる体制を整える必要があるので，実務上は留意が必要である。なお，IAS 27および28により，実務上不可能として止むを得ず報告日付がずれる場合でも，差異は3ヵ月以上あってはならず，異なる期間に生じた重要な取引や事象の影響に関する修正は行わなければならない。

この決算期が異なる期間の調整について，重要な取引等を調整するという意味では日本基準とIAS 27は類似しているが，日本基準では，連結会社間の取引に係る重要な不一致を修正することを求めているのに対して，IAS 27では「連結会社間の取引」という限定はなく，重要な取引や事象に関する全ての修正を行うことが求められているので，留意が必要である。

3. 子会社に対する資本連結手続きについて

連結財務諸表を作成する際の考え方として，日本基準は親会社説に近い立場をとっており，非支配持分にあたる少数株主持分は，株主の資本でも負債でもないものと考えている。これに対して，IAS 27は基本的に経済的単一説をとっており，非支配持分もあくまで企業集団にとっては資本であると位置づけている。この結果，日本基準とIAS 27には資本取引及び非支配持分の損益負担に関して以下のような差異が生じるので実務上は留意が必要である。

項目	日本基準	IAS 27
子会社持分の追加取得 [設例 25-3]	追加取得持分と取得に要した対価の差額はのれんとして処理する。	追加取得持分と取得に要した対価の差額は資本取引として処理する。
子会社持分の減少（支配の喪失を伴わない場合） [設例 25-4]	売却等による親会社持分の減少額と投資の減少額との差額は売却損益の修正として処理する。	売却等による親会社持分の減少額と投資の減少額との差額は資本取引として処理する。
子会社持分の減少（支配の喪失を伴う場合） [設例 25-5]	売却等による親会社持分の減少額と投資の減少額との差額は売却損益の修正として処理する。引き続き所有する株式の評価は個別財務諸表上の簿価で行う（ただし，関連会社となる場合は連結上の簿価で評価する）。	売却等による親会社持分の減少額と投資の減少額との差額は売却損益の修正として処理し，引き続き所有する株式の評価はその時点の公正価値で行い，関連損益の修正とする。
非支配持分（少数株主持分）への損失の負担 [設例 25-6]	原則として，少数株主持分がマイナス残高となる場合の損失は親会社が負担する。	非支配持分がマイナス残高になる場合でも，損失を非支配持分に負担させる。

設例 25-2

以下の条件に基づき，日本基準およびIAS 27に従った連結貸借対照表（連結財政状態計算書）を作成しなさい。

〈基本条件〉

▶ S社の2010年12月31日時点の発行済議決権株式は800株。

▶ P社は2010年12月31日にS社株式の80%（640株）を1,000で新規取得した。

▶ 取得時点のS社の公正価値は1,250。

▶ S社の識別可能純資産の公正価値は800であり簿価と等しい。
▶ IASに基づき作成する場合には，非支配持分を以下のいずれかの方法により測定するが本設例では①によることとする。
　① 取得日の非支配持分の公正価値
　② 取得日の被取得企業の識別可能純資産公正価値の非支配持分割合相当額
▶ 日本基準で作成する場合には，全面時価評価法を採用し，のれんの償却は無視する。
▶ P社およびS社の2010年12月31日時点の個別の財政状態計算書(S社株式取得前)は，以下のとおり。

P社財政状態計算書

資　産	3,000	負　債	1,500
		資本金	1,000
		利益剰余金	500

S社財政状態計算書

資　産	2,000	負　債	1,200
		資本金	500
		利益剰余金	300

解答・解説

個別決算上の仕訳(P社)

〈日本基準〉
(借) S社株式　1,000　(貸) 現金預金　1,000

〈IAS 27〉
(借) S社株式　1,000　(貸) 現金預金　1,000

連結修正仕訳(当期仕訳)

〈日本基準〉
(借) 資本金　　　500　(貸) S社株式　　1,000
　　 利益剰余金　300　　　 少数株主持分　160 *1
　　 のれん　　　360 *2

〈IAS 27〉
(借) 資本金　　　500　(貸) S社株式　　1,000
　　 利益剰余金　300　　　 非支配持分　250 *1
　　 のれん　　　450 *2

＊1　S社の純資産公正価値×少数株主比率＝800×20%＝160

*2 S社株式取得原価−S社の純資産公正価値×P社持分比率＝1,000−800×80％＝360

*1 S社の公正価値−S社の公正価値（親会社持分）＝1,250−1,000＝250
*2 （S社株式取得原価＋非支配持分の公正価値（*1））−S社の純資産公正価値＝(1,000＋250)−800＝450

連結貸借対照表（日本基準）

資　　　産	4,000	負　　　債	2,700
の　れ　ん	360	少数株主持分	160
		資　　　本	1,000
		利益剰余金	500

連結財政状態計算書（IAS 27）

資　　　産	4,000	負　　　債	2,700
の　れ　ん	450	非支配持分	250
		資　　　本	1,000
		利益剰余金	500

（参考）
上記の各仕訳に子会社の財政状態計算書の合算も含めた一連の仕訳の合計を示すと以下のとおり。

〈日本基準〉
（借）資　　産　2,000　（貸）負　　債　1,200
　　　の れ ん　　360　　　　少数株主持分　160
　　　　　　　　　　　　　　現金預金　1,000

〈IAS 27〉
（借）資　　産　2,000　（貸）負　　債　1,200
　　　の れ ん　　450　　　　非支配持分　250
　　　　　　　　　　　　　　現金預金　1,000

設例25-3　（支配獲得後の追加取得）

以下の条件に基づき，日本基準およびIAS 27に従った連結貸借対照表（連結財政状態計算書）を作成しなさい。

基本条件は設例25-2と同様である。
追加の条件は以下のとおりである。

▶ 2011年12月31日にP社はS社株式の10％(80株)を90で追加取得した。
▶ 2011年12月31日のP社およびS社の当期利益は0であり，その他の資本変動は無かった。

解答・解説

個別決算上の仕訳(P社)

〈日本基準〉
(借) S社株式 90 (貸) 現金預金 90

〈IAS 27〉
(借) S社株式 90 (貸) 現金預金 90

連結修正仕訳(開始仕訳)*

〈日本基準〉
(借) 資本金 500 (貸) S社株式 1,000
　　 利益剰余金 300 　　 少数株主持分 160
　　 のれん 360

〈IAS 27〉
(借) 資本金 500 (貸) S社株式 1,000
　　 利益剰余金 300 　　 非支配持分 250
　　 のれん 450

＊開始仕訳は設例25-2の当期仕訳と同じになる。

連結修正仕訳(当期仕訳)

〈日本基準〉
(借) 少数株主持分 80*1 (貸) S社株式 90
　　 のれん 10*2

〈IAS 27〉
(借) 非支配持分 125*1 (貸) S社株式 90
　　　　　　　　　　　 資本剰余金 35*2

＊1 追加取得前の少数株主持分×少数株主持分減少率=160×10%/20%=80
＊2 S社株式追加取得価額−少数株主持分減少額(＊1)=90−80=10

＊1 追加取得前の非支配持分×非支配持分減少率=250×10%/20%=125
＊2 S社株式追加取得価額−非支配持分減少額(＊1)=90−125=△35

(注) なお，IAS 27は追加取得持分と取得に要した対価の差額を資本取引として処理する旨を規定するのみで，詳細な勘定を示していないが，本設例では資本剰余金として処理する。

連結貸借対照表（日本基準）	
資　　産　3,910	負　　債　2,700
のれん　　　370	少数株主持分　80
	資　　本　1,000
	利益剰余金　500

連結財政状態計算書（IAS 27）	
資　　産　3,910	負　　債　2,700
のれん　　　450	非支配持分　125
	資　　本　1,000
	資本剰余金　　35
	利益剰余金　500

（参考）

株式の追加取得に係る個別決算上の仕訳と連結修正仕訳を合算した一連の仕訳の合計を示すと以下のとおり。

〈日本基準〉
（借）少数株主持分　80　（貸）現金預金　90
　　　のれん　　　　10

〈IAS 27〉
（借）非支配持分　125　（貸）現金預金　　90
　　　　　　　　　　　　　　資本剰余金　35

設例 25-4　（支配の喪失を伴わない持分の減少）

以下の条件に基づき，日本基準およびIAS 27に従った連結貸借対照表（連結財政状態計算書）を作成しなさい。

基本条件は，設例25-2と同様である。

追加の条件は，以下のとおりである。

▶ 2011年12月31日にP社はS社株式の20%（160株）を320で売却した。
▶ S社株式の売却にかかる損益を除くと，2011年12月31日のP社の当期利益は0，S社の当期損失は200であり，その他の資本変動は無かった。
▶ 2011年12月31日の株式売却前の貸借対照表（財政状態計算書）は以下のとおり。

第 25 章　連結財務諸表　595

P 社財政状態計算書

資　　　産	2,000	負　　　債	1,500
S 社 株 式	1,000	資　本　金	1,000
		利益剰余金	500

S 社財政状態計算書

資　　　産	1,800	負　　　債	1,200
		資　本　金	500
		利益剰余金	100

解答・解説

個別決算上の仕訳（P 社）

〈日 本 基 準〉
(借) 現金預金　320　(貸) S 社株式　　250
　　　　　　　　　　　　株式売却損益　70

〈IAS 27〉
(借) 現金預金　320　(貸) S 社株式　　250
　　　　　　　　　　　　株式売却損益　70

連結修正仕訳（開始仕訳）*

〈日 本 基 準〉
(借) 資 本 金　500　(貸) S 社株式　1,000
　　　利益剰余金　300　　少数株主持分　160
　　　の れ ん　360

〈IAS 27〉
(借) 資 本 金　500　(貸) S 社株式　1,000
　　　利益剰余金　300　　非支配持分　　250
　　　の れ ん　450

＊開始仕訳は設例 25-2 の当期仕訳と同じになる。

連結修正仕訳（当期仕訳）

〈日 本 基 準〉
〈損益の按分〉
(借) 少数株主持分　40　(貸) 少数株主損益　40*1

〈連単の売却簿価等の調整〉
(借) S 社株式　250*2　(貸) 少数株主持分　120*3
　　　　　　　　　　　　の れ ん　　　90*4
　　　　　　　　　　　　株式売却損益　40

〈IAS 27〉
〈損益の按分〉
(借) 非支配持分　40　(貸) 利益剰余金　　40*1
　　　　　　　　　　　　　（非支配持分損益）

〈連単の売却簿価等の調整〉
(借) S 社株式　250*2　(貸) 非支配持分　210*3
　　　株式売却損益　70*4　　資本剰余金　110

* 1　S社当期利益×売却前少数株主持分比率＝▲200×20％＝40
* 2　S社株式売却簿価＝1,000×20％/80％＝250
* 3　売却時S社純資産×20％＝(500＋100)×20％＝120
* 4　のれん計上額×P社のS社株式売却比率＝360×20％/80％＝90

* 1　S社当期利益×売却前少数株主持分比率＝▲200×20％＝40
* 2　S社株式売却簿価＝1,000×20％/80％＝250
* 3　(売却時S社純資産＋支配取得時のれん計上額)×20％＝(500＋100＋450)×20％＝210
* 4　個別財務諸表で計上された株式売却損益を資本剰余金に振替える

（注）　なお，IAS 27は追加取得と同様に，支配の喪失を伴わない売却等の際にも，売却等による親会社持分の減少額と投資の減少額との差額は資本取引として処理する旨を規定するのみで，詳細な勘定を示していないが，本設例では資本剰余金として処理する。

連結貸借対照表（日本基準）

資　　　産	4,120	負　　　債	2,700
の　れ　ん	270	少数株主持分	240
		資　　　本	1,000
		利益剰余金	450

連結財政状態計算書（IAS 27）

資　　　産	4,120	負　　　債	2,700
の　れ　ん	450	非支配持分	420
		資　　　本	1,000
		資本剰余金	110
		利益剰余金	340

（参考）

株式の一部売却に係る個別決算上の仕訳と連結修正仕訳を合算した一連の仕訳の合計を示すと以下のとおり（損益の按分に関する仕訳を除く）。

〈日本基準〉
（借）現金預金　320　（貸）少数株主持分　120
　　　　　　　　　　　　のれん　　　　　90
　　　　　　　　　　　　株式売却損益　110

〈IAS 27〉
（借）現金預金　320　（貸）非支配持分　210
　　　　　　　　　　　　資本剰余金　　110

設例25-5　（支配の喪失を伴う持分の減少）

以下の条件に基づき，日本基準およびIAS 27に従った連結貸借対照表（連結財政状態計算書）を作成しなさい。

基本条件は設例25-2と同様である。

追加の条件は以下のとおりである。

▶ 2011年12月31日にP社はS社株式の40%（320株）を640で売却した。
▶ 売却時点のS社の公正価値は1,600。
▶ S社はP社の関連会社（40%所有）となった。
▶ S社株式の売却にかかる損益を除くと，2011年12月31日のP社の当期利益は0，S社の当期利益は200であり，その他の資本変動は無かった。
▶ 2011年12月31日の株式売却前の財政状態計算書は以下のとおり。

P社財政状態計算書

資　　　産	2,000	負　　　債	1,500
S 社 株 式	1,000	資　本　金	1,000
		利益剰余金	500

S社財政状態計算書

資　　　産	2,200	負　　　債	1,200
		資　本　金	500
		利益剰余金	500

解答・解説

個別決算上の仕訳（P社）

〈日本基準〉
（借）現金預金　640　（貸）S社株式　　500
　　　　　　　　　　　　株式売却損益　140

〈IAS 27〉
（借）現金預金　640　（貸）S社株式　　500
　　　　　　　　　　　　株式売却損益　140

連結修正仕訳（開始仕訳）*

〈日本基準〉
（借）資本金　　　500　（貸）S社株式　　1,000
　　　利益剰余金　300　　　　少数株主持分　160
　　　の れ ん　　360

〈IAS 27〉
（借）資本金　　　500　（貸）S社株式　　1,000
　　　利益剰余金　300　　　　非支配持分　　250
　　　の れ ん　　450

＊開始仕訳は設例25-2の当期仕訳と同じになる。

連結修正仕訳（当期仕訳）

〈日本基準〉

〈損益の按分〉
(借) 少数株主損益 40 *1 (貸) 少数株主持分 40

〈開始仕訳の戻し〉
(借) S 社株式 1,000 (貸) 資 本 金 500
　　 少数株主持分 160 　　 利益剰余金 300
　　　　　　　　　　　　 の れ ん 360

〈S 社の除外〉
(借) 負 債 1,200 (貸) 資 産 2,200
　　 資 本 金 500
　　 利益剰余金
　　 －期首 300
　　 利益剰余金
　　 －除外 200

〈支配取得後剰余金の按分〉
(借) S 社株式 160 *2 (貸) 利益剰余金
　　 少数株主持分 40 　　 －除外 200

〈売却株式の個別と連結の簿価差額修正〉
(借) 株式売却益 80 *3 (貸) S 社株式 80

〈IAS 27〉

〈損益の按分〉
(借) 利益剰余金 40 *1 (貸) 非支配持分 40
　　 (非支配持分損益)

〈開始仕訳の戻し〉
(借) S 社株式 1,000 (貸) 資 本 金 500
　　 非支配持分 250 　　 利益剰余金 300
　　　　　　　　　　　　 の れ ん 450

〈S 社の除外〉
(借) 負 債 1,200 (貸) 資 産 2,200
　　 資 本 金 500
　　 利益剰余金
　　 －期首 300
　　 利益剰余金
　　 －除外 200

〈支配取得後剰余金の按分〉
(借) S 社株式 160 *2 (貸) 利益剰余金
　　 非支配持分 40 　　 －除外 200

〈売却株式の個別と連結の簿価差額修正〉
(借) 株式売却益 80 *3 (貸) S 社株式 80

〈継続所有株式の公正価値への評価替え〉
(借) S 社株式 60 *4 (貸) 株式売却益 60

---

*1　S社当期利益×少数株主持分比率
　　＝200×20％＝40
*2　支配取得後剰余金×P社持分比率
　　＝200×80％＝160
*3　S社株式の連結と個別の簿価差額×
　　売却株比率＝160×320株/640株＝80

*1　S社当期利益×売却前非支配持分比
　　率＝200×20％＝40
*2　支配取得後剰余金×P社持分比率
　　＝200×80％＝160
*3　S社株式の連結と個別の簿価差額×
　　売却株比率＝160×320株/640株＝80
*4　継続所有株式の公正価値－継続所
　　有株式の連結上の簿価＝1,600×40％－
　　(1,000×320株/640株＋80)＝60

連結貸借対照表（日本基準）

資　　産	2,640	負　　債	1,500
S 社株式	580	資 本 金	1,000
		利益剰余金	720

連結財政状態計算書（IAS 27）

資　　産	2,640	負　　債	1,500
S 社株式	640	資 本 金	1,000
		利益剰余金	780

(参考)

株式の一部売却に係る個別仕訳と連結修正仕訳を合算した一連の仕訳の合計を示すと，以下のとおり。

```
        〈日本基準〉                        〈IAS 27〉
(借) 現金預金    640  (貸) 資　産   2,200   (借) 現金預金    640  (貸) 資　産   2,200
     負　債   1,200       のれん    360        負　債   1,200       のれん    450
     少数株主持分 200       株式売却損益 60        非支配持分   290       株式売却損益 120
     S社株式    580                            S社株式    640
```

設例 25-6 （非支配持分に対する損失負担）

以下の条件に基づき，日本基準およびIAS 27に従った当期末の少数株主持分(非支配持分)を計算しなさい。

▶ 親会社の子会社に対する持分比率は60%である。
▶ 前期末における少数株主持分(非支配持分)は200である。
▶ 当期において子会社は1,000の当期損失を計上した。なお，その他の資本変動は無かった。

解答・解説

（1） 日本基準による会計処理

当期末少数株主持分＝前期末少数株主持分＋子会社の当期利益×少数株主持分比率＝200＋(▲1,000×40%)＝▲200＜0　よって，0

日本基準の場合，原則として，少数株主持分がマイナス残高となる場合の損失は親会社が負担する。よって，少数株主持分は0より小さくなることはない。

（2） IAS 27による会計処理

当期末非支配持分＝前期末非支配持分＋子会社の当期利益×非支配持分比率

= 200 + (▲ 1,000 × 40%) = ▲ 200

IAS 27 の場合，非支配持分がマイナス残高となる場合の損失であっても，親会社が負担することは無い。よって，非支配持分はマイナス残高となる。

3. 重要な影響力を喪失した際の残存投資額に対する会計処理

関連会社に対する重要な影響力を喪失し，被投資会社が関連会社とならなくなった場合の処理に関して，株式の売却部分にかかる処理については日本基準と IAS 28 で一致しており，個別財務諸表上の株式薄価と連結上の株式薄価との差額を連結決算上，株式売却損益の修正として処理することとなる。

しかし，残存投資にかかる処理については相違があり，日本基準では個別財務諸表上の簿価で評価し，連結上の簿価との差額を株主資本変動計算書上で利益剰余金の増減として処理するのに対して，IAS 28 では喪失時点の公正価値で評価し，連結上の簿価との差額については損益処理する必要がある。よって，IAS 28 に拠った場合，株式売却時点において，追加的な損益が発生し，また，関連会社株式の公正価値情報を入手する必要があるので，実務上は留意が必要である。

設例 25-7

以下の条件に基づき，日本基準およびIAS 28 に従い，株式売却後の B 社株式の残存簿価を計算せよ。

〈条件〉
- ▶ P 社は A 社株式を 400 株 (40%) 所有している。2010 年 12 月 31 日時点の A 社の個別決算上の株式簿価は 800 であるのに対して，連結上の簿価は 1,000 となっている (差額は取得後に関連会社が獲得した当期利益によるもの)。
- ▶ 2011 年 1 月 1 日に P 社は A 社株式 300 株 (30%) を 1,800 で売却した。結果，継続して所有する比率は 10% となった。
- ▶ 売却時点の B 社の公正価値は 6,000。

解答・解説

(1) 日本基準による会計処理

B社残存株式簿価＝個別財務諸表上の簿価＝$800 \times \dfrac{100株}{400株} = 200$

(2) IAS 28 による会計処理

B社残存株式簿価＝売却時のB社株式公正価値×残存比率＝$6,000 \times 10\% = 600$

第26章
期中財務報告（中間報告および四半期報告）

【要約比較表】 IAS 34 と日本基準（四半期報告）との異同点

	IAS 34	日本基準
適用範囲と定義	① 各国の規定等により，IAS に準拠した中間財務報告書の公表を強制された場合，または選択した場合 ② 中間期間の定義：1事業年度全体よりも短い財務報告期間 ③ 中間財務報告書の定義：中間期間について，完全な一組の財務諸表または要約財務諸表のいずれかを含む財務報告書	① 上場会社等（金融商品取引法の四半期報告制度に基づく） ② 四半期会計期間の定義：年度の期間を3か月ごとに区分した期間 ③ 四半期報告書の定義：四半期財務諸表（四半期連結財務諸表と四半期個別財務諸表）を含んだ報告書
期中財務報告書の内容	① 中間財務報告書の最小限の内容：要約財政状態計算書，要約包括利益計算書，要約持分変動計算書，要約キャッシュ・フロー計算書，選択された説明的注記 ② 上記①によらない場合は，IAS 1 で規定される完全な一組の財務諸表	四半期連結財務諸表の内容：四半期連結貸借対照表，四半期連結損益および包括利益計算書（1計算書方式）あるいは四半期連結損益計算書，四半期連結包括利益計算書（2計算書方式）および四半期連結キャッシュ・フロー（注記はその内容に含まれないが，開示は必要）

第 26 章　期中財務報告(中間報告および四半期報告)　603

開示対象期間	① 当該中間期末日の財政状態計算書と直近の事業年度末日の比較財政状態計算書 ② 当該中間期間および当該事業年度の年初からの累計期間の包括利益計算書と直近事業年度の対応する中間期間の比較包括利益計算書(当該中間期間および年初からの累計期間について) ③ 当該事業年度の年初からの累計期間にかかる持分変動計算書と直近事業年度の対応する累計期間にかかる比較計算書 ④ 当該事業年度の年初からの累計期間のキャッシュ・フロー計算書と直近事業年度の対応する累計期間にかかる比較計算書	① 同　　左 ② 累計期間のみを原則とし四半期の開示を併せて行うことも認められる。 ③ 規定なし ④ 同　　左
認識と測定	① 会計方針：原則，年次財務諸表の場合と同一の会計処理 ② 季節的，循環的または臨時に収受される収益：年次財務諸表の場合と同一の会計処理 ③ 事業年度中に不均等に発生する費用：年次財務諸表の場合と同一の会計処理 ④ 中間法人所得税費用：中間期間の税引前利益に見積平均年次実効税率を乗じて計算	① 同　　左 ② 同　　左 ③ IAS 34 と同様の内容であるが，四半期特有の会計処理(原価差異の繰延処理)を認めている ④ 基本的には年度決算と同様の方法で計算。ただし，税引前四半期純利益に年間見積実効税率を乗じて計算

		する方法を認めている
	⑤ 簡便な見積りの使用を認めている	⑤ 簡便的な会計処理を認めている
	⑥ 過去に報告された中間期間の修正再表示：修正再表示等が必要	⑥ 遡及再表示は求められていない（注記での開示）
開　　示	① IFRSに準拠している旨の開示	① 規定なし
	② 1株当たり利益：本体開示	② 1株当たり利益：注記開示
	③ 選択された説明的注記	③ ほぼ同様
	④ 年次財務諸表による開示	④ 規定なし

§1 背　　景

　期中財務報告（中間報告および四半期報告）について取り扱うIASは，IAS 34「中間財務報告」である。本基準書では，1事業年度全体よりも短い期間（中間期間）について作成される財務報告書を中間財務報告書といい，本報告書は完全な一組の財務諸表または一組の要約財務諸表のいずれかを用いて作成される（par.4）。したがって，IAS 34の中間財務報告書には，わが国の法令等に基づけば，中間財務諸表または四半期財務諸表が含まれる。本基準書の目的は，中間財務報告書の最小限の内容や，中間期間にかかる完全な財務諸表または要約財務諸表に適用される認識・測定の原則を規定することである。これにより，適時かつ信頼し得る中間財務報告によって投資家や債権者といった利害関係者が，企業の収益力，キャッシュ・フロー，財政状態および流動比率を理解する能力を高められるとされている（Objective）。

　IAS 34は1998年2月に初めて公表された後，1999年1月1日以後開始された事業年度から発効している（par.46）。2000年に限定的な改訂が行われた後，他の基準との用語の統一や整合性を図るために数度の改訂がなされている。

わが国では，1977年の「中間財務諸表作成基準」(以下，中間基準)公表以来，段階的に期中財務報告制度が整備され，1998年3月の「中間連結財務諸表等の作成基準の設定に関する意見書」(以下，中間連結基準)の公表により中間財務諸表の作成・開示が個別ベースから連結ベースへ移行し，さらに現行制度として，2007年に金融商品取引法において上場会社等を対象に四半期報告制度が導入されたことを受けて，2007年3月に企業会計基準第12号「四半期財務諸表に関する会計基準」(以下，改正前四半期基準)ならびに企業会計基準適用指針第14号「四半期財務諸表に関する会計基準の適用指針」(以下，改正前四半期適用指針)が企業会計基準委員会から公表されている(金商法第24条の4の7第1項；武田[2008]，591頁)。両会計基準および適用指針は，2008年4月1日以後開始する連結会計年度及び事業年度から適用された(四半期基準26)。

その後，2008年3月の企業会計基準第17号「セグメント情報等の開示に関する会計基準」の改訂，同第24号「会計上の変更及び誤謬の訂正に関する会計基準」および同第25号「包括利益の開示に関する会計基準」の公表を受けた改訂などがなされ，また一部内容の見直しによる改訂がなされ2011年3月に現在の規定となっている。なお，四半期報告書を提出しなければならない会社以外の会社は，半期報告書の提出を引き続き求められている(金商法24条の5)。そこで，IAS 34と四半期基準との比較を中心に見ていくこととし，以下では，2008年改訂の「四半期基準」および「四半期適用指針」を「日本基準」という。

§2　バリエーションの分析と評価

1. 適用範囲と定義

IAS 34は，各国の規定等により，IASに準拠した中間財務報告書の公表を強制されたとき，または選択したときに適用されるのに対し，日本基準は，上場会社等が四半期報告制度に基づいてまたは同制度に準じて開示する四半期財務

諸表に適用される(par.1；金商法24条の4の7第1項；四半期基準3)。IAS 34では，上場企業を対象として，少なくとも事業年度の上半期末現在の中間財務報告書を提供すること，および中間期末後60日以内に入手可能にすることを奨励している(par.1)。

IAS 34では，中間期間とは「1事業年度全体よりも短い財務報告期間」をいう(par.4)。したがって，具体的な中間期間の内容は各国の法令および基準設定団体の規定等に従うことになる。日本基準では，四半期会計期間を，1連結会計年度(または1事業年度)が3か月を超える場合に，当該年度の期間を3か月ごとに区分した期間と定義されている(四半期基準4)。

IAS 34でも日本基準でも，上記の中間期間または四半期会計期間に関する財務諸表を期中財務諸表として定義している。IAS 34では，中間財務報告書とは，「中間期間について，完全な一組の財務諸表または要約財務諸表のいずれかを含んでいる財務報告書」をいう(par.4)。日本基準では，四半期財務諸表には四半期連結財務諸表と四半期個別財務諸表の両方が含まれ，この四半期財務諸表を含んだ報告書を四半期報告書と定義されている(四半期基準4)。

2. 期中財務報告書の内容

IAS 34では，中間財務報告書の最小限の内容として，要約財政状態計算書，要約包括利益計算書(要約一計算書または要約個別損益計算書および要約包括利益計算書のいずれかを表示したもの)，要約持分変動計算書，要約キャッシュ・フロー計算書，選択された説明的注記を含むことを求めている(par.8)。ただし，このような要約財務諸表と選択された説明的注記によらず，IAS 1の規定に従って作成された完全な一組の財務諸表で公表することも認められている(pars.7,9)。完全な一組の財務諸表とは，①当該期末時点の財政状態計算書，②当該期間にかかる包括利益計算書，③当該期間にかかる持分変動計算書，④当該期間にかかるキャッシュ・フロー計算書，⑤注記，および⑥最も早い比較期間の期首時点の財政状態計算書，である(par.5)。

一組の要約財務諸表で公表する場合，少なくとも直近の年次財務諸表中に掲

記された各々の見出し，小計および選択された説明的注記を含むことや，誤解を避けるための追加の表示項目または注記の記載を求めている(par. 10)。

日本基準では，四半期連結財務諸表は，四半期連結貸借対照表，四半期連結損益および包括利益計算書(1計算書方式)あるいは四半期連結損益計算書，四半期連結包括利益計算書(2計算書方式)および四半期連結キャッシュ・フローから構成されており，これに加えて，注記の開示が求められている(四半期基準5, 19)。なお四半期連結キャッシュ・フロー計算書は，第1四半期および第3四半期については省略することが認められている(四半期基準5-2)。また，その様式は年度の連結財務諸表に準じるが，集約して記載することも認められている(四半期基準17)。日本基準では，四半期株主資本等変動計算書の作成は求められておらず，「株主資本の金額に著しい変動があった場合には，主な変動事由」を注記する(四半期基準19(13)，36)。なお，四半期連結財務諸表が開示される場合には，四半期個別財務諸表の開示は求められていない(四半期基準6)。

3. 開示対象期間

IAS 34では，中間財務報告書の開示対象期間について，次のとおり規定されている(par. 20)。すなわち，①当該中間期末日の財政状態計算書と直近の事業年度末日の比較財政状態計算書，②当該中間期間および当該事業年度の年初からの累計期間の包括利益計算書と直近事業年度の対応する中間期間の比較包括利益計算書(当該中間期間および年初からの累計期間について)，なお，IAS 1で許容されているとおり，中間報告書は，各期間について一計算書方式の包括利益計算書，もしくは損益の構成要素を表示する計算書(損益計算書)と損益から始まりかつその他の包括利益の構成要素を表示する二計算書方式の計算書(包括利益計算書)のいずれかで表示，③当該事業年度の年初からの累計期間にかかる持分変動計算書と直近事業年度の対応する累計期間にかかる比較計算書，④当該事業年度の年初からの累計期間のキャッシュ・フロー計算書と直近事業年度の対応する累計期間にかかる比較計算書，である。

さらに，季節的要因の大きい事業を営む企業の場合，中間報告日に終了する

12ヵ月間の財務情報とその前の12ヵ月間の比較情報が提供されることを奨励している(IAS 34 par. 21)。図表26-1は，2009年12月31日に終了する事業年度における2009年6月30日までの期間に係る四半期中間財務報告において中間財務諸表(要約または完全な一組)を公表する企業の例を示している(IAS 34 Appendix. A par. A2)。

日本基準では，四半期財務諸表の開示対象期間はほぼ同様であるが，四半期損益および包括利益計算書または四半期損益計算書および四半期包括利益計算書については，期首からの累計期間のみの開示を原則とし，四半期会計期間の開示も併せて行うことができるものとなっている(四半期基準7, 7-2)。

図表26-1　中間財務報告書を四半期ごとに公表する場合

	当年度	前年度
財政状態計算書	2009年6月30日現在	2008年6月30日現在
包括利益計算書 　6ヵ月間(累計) 　3ヵ月間(当該期間)	 2009年6月30日終了 2009年6月30日終了	 2008年6月30日終了 2008年6月30日終了
キャッシュ・フロー計算書 　6ヵ月間(累計)	 2009年6月30日終了	 2008年6月30日終了
持分変動計算書 　6ヵ月間(累計)	 2009年6月30日終了	 2008年6月30日終了

(出典)　IAS 34, Appendix. A, par. A2を参考に，筆者が加筆・修正したものである。

4．認識と測定

(1)　年次報告と同一の会計方針

IAS 34も日本基準もともに，年次報告と同一の会計方針(いわゆる実績主義)を適用することを原則としている。実績主義とは，たとえば四半期の場合,「四

半期会計期間を年度と並ぶ一会計期間とみた上で，四半期財務諸表を，原則として年度の財務諸表と同じ会計処理及び手続を適用して作成すること」をいうのに対し，予測主義とは，「四半期会計期間を年度の一構成部分と位置付けて，四半期財務諸表を，年度の財務諸表と部分的に異なる会計処理の原則及び手続を適用して作成すること」をいう（四半期基準 39；IAS 34 par. 28, 29, 36）。

IAS 34 では，中間財務諸表では年次財務諸表で適用されるのと同じ会計方針を適用することを求めている（最近作成の年次財務諸表後に行われ，次の年次財務諸表に反映されることになる会計方針の変更を除く）（IAS 34 par. 28）。たとえば IAS 36「資産の減損」におけるのれんおよび IAS 39「金融商品：認識及び測定」における特定金融資産の減損損失の場合，かかる減損損失の戻し入れは禁止されることになる（IFRIC 10 par. 1-8）。ただし，報告の頻度（年次，半期，または四半期）が年次の経営成績の測定に影響を及ぼさないようにするため，中間報告時の測定は年初からの累計（以下，年初からの累計基準と略す）を基準として行う必要がある（IAS 34 par. 28）。

日本基準では，原則として年度の連結財務諸表の作成にあたって採用する同じ会計処理および手続に準拠することが求められている（四半期基準 9）。ただし，四半期特有の会計処理や簡便的な会計処理も認められている（四半期基準 9, 12-14）。

(2) 季節的，循環的または臨時に収受される収益

IAS 34 では，ある事業年度内に季節的，循環的または臨時に収受される収益は，事業年度末時の見越計上や繰延処理が不適切な場合，中間期末時の見越計上や繰延処理も認められていない（par. 37）。その例として，受取配当金，ロイヤルティおよび政府補助金などを挙げている（par. 38）。日本基準も，IAS 34 と同じ考え方に立脚しているため，両者に実質的な差異はない（四半期基準 43）。

(3) 事業年度中に不均等に発生する費用

IAS 34 では，1事業年度中に不均等に発生する費用について，事業年度末においてもかかる費用の見越計上または繰延処理が適切な場合にのみ，中間報告時の見越計上または繰延処理が認められる(par. 39)。見越計上のケースとして，たとえば勤務によらず当該期間に基づいて支給される年度末ボーナスの場合，もし(a)ボーナスが法的債務，または過去の慣行によって企業には支払をする以外には現実的な選択肢がない推定的債務となっており，かつ(b)その債務に対して信頼できる見積りが可能である場合のみ，中間期にボーナスを見越計上できる(Appendix. B par. B5-B6)。

日本基準では，四半期財務諸表と年次財務諸表とで同一の会計処理を適用する必要がある(四半期基準44)。ただし，原価差異の繰延処理について，四半期特有の会計処理が認められている。すなわち，売上高と売上原価との対応関係が適切に表示されない可能性を考慮して，操業度等の季節的な変動に起因して発生した原価差異について，「原価計算期間末までにほぼ解消が見込まれるときには，継続適用を条件として，当該原価差異を流動資産又は流動負債として繰り延べることができる」としている(四半期基準12, 50)。

(4) 中間法人所得税費用

IAS 34 では，累進税率の存在により，中間期間の法人所得税費用は，年間の見積利益総額に適用される税額(税引前利益に適用される見積平均年次実効税率)を用いて計上される(Appendix. B pars. B12-B13)。見積平均年次税率は，年初からの累計基準で再見積りされる(Appendix. B par. B13)。

日本基準では，法人税等は基本的に年度決算と同様の方法により計算される(四半期基準14, 48)。ただし，法人税等は年度末に確定することから，累進税率が適用される場合において，「四半期会計期間を含む年度の税引前当期純利益に対する税効果会計適用後の実効税率を合理的に見積り，税引前四半期純利益

に当該見積実効税率を乗じて法人税等の額を計算できる」と規定し，四半期特有の会計処理を認めている（四半期基準14）。

（5） 簡便な見積りの使用

IAS 34では，ある項目の認識，測定，分類または開示の決定に際して，重要性の検討を行うが，中間財務データの測定が年次の測定に比べてより広範囲な見積りに依存する場合があることを認識する必要があるとしている（par. 23）。また，IAS 34の付録Cでは，簡便な見積りの使用を認めている（par. 42 Appendix. C）。この簡便法の適用例として，棚卸資産，資産および負債の流動または非流動の分類，引当金，年金，法人所得税，偶発事象，再評価および公正価値会計，連結会社間残高の調整，および特別の業種を例示している。

日本基準では，開示の迅速性の立場から，財務諸表利用者の判断を誤らせない限り，簡便的な会計処理によることができるとしている（四半期基準9，47）。簡便的な会計処理の例として，棚卸資産の実地棚卸の省略，一般債権の貸倒見積高の算定方法，税金費用の算定方法などが挙げられている。

（6） 過去に報告された中間期間の修正再表示

IAS 34では，財務諸表の修正再表示等が求められている（par. 43）。また会計方針の変更について，次の①または②のように取り扱うよう求めている（ただし，新しいIFRSによって経過規定が設けられている場合を除く）。すなわち，①IAS 8に従って，当該事業年度の過去の中間期間の財務諸表および過年度の対応する中間期間の財務諸表を修正再表示し，年度の財務諸表において修正再表示する，②新しい会計方針を適用した会計期間の期初時点における，過去の全ての年度にわたる累積的影響額を実務上算出できない場合，実務上算出可能な最も古い時点から新しい会計方針を適用したものとして，当該事業年度の過去の中間期間および過年度の対応する中間期間の財務諸表を修正する，と規定されている（par. 43）。

一方，日本基準では，会計方針の変更が行われた場合には，企業会計基準第24号「会計上の変更及び誤謬の訂正に関する会計基準」の規定に準じて，過去の期間に新たな会計方針を遡及適用することとなっている (四半期基準21-2)。

5. 開　　示

（1） IFRSに準拠している旨の開示

IAS 34では，中間財務報告書がIAS 34に準拠している場合，その旨の開示を求められており，さらにIFRSのすべての規定に従っていなければ，IAS 34に準拠している旨の記述を認めていない (pars. 19, 3)。日本基準では，四半期基準に準拠している旨の開示について明確な規定は存在しない。

（2） 1株当たり利益の開示

IAS 34では，1株当たり利益の開示は中間財務諸表本体での開示を求められているのに対し，日本基準では注記での開示を求められている (四半期基準19(8))。IAS 34では，「中間期間について損益の構成要素を表示する計算書において，当該期間の基本的1株当たり利益と希薄化後1株当たり利益を記載しなければならない」と規定されている (par. 11)。

（3） 重要性のある事象，取引およびその他の開示

IAS 34では，それが他の部分で開示されていない場合，通常は年初からの累計基準で，次の①〜⑨で示すような情報を注記に含めるよう求めている (par. 16A)。また，当該中間期間を理解する上で重要性のある事象または取引についても開示するよう求められている (pars. 15-16)。

① 中間財務諸表においても直近の年次財務諸表と同じ会計方針と計算方法

とが採用されている旨，または，これらの会計方針または方法に変更がある場合には，その変更の性質と影響についての説明
② 中間営業活動の季節性または循環性についての説明的コメント
③ 資産，負債，持分，純利益またはキャッシュ・フローに影響を与える事項で，その性質，規模または頻度からみて異常な事項の性質と金額
④ 当該事業年度の過去の中間期に報告された見積金額の変更，または，過去の事業年度に報告された見積金額の変更の性質と金額
⑤ 負債証券または持分証券の発行，買戻し，および償還
⑥ 普通株式とその他の株式の各々に対する配当金(合計額または1株当たりの金額)
⑦ 次の(a)〜(f)に該当するセグメント情報(IFRS 8「セグメント情報」によって当該企業が年次財務諸表中にセグメント情報を開示しなければならない場合のみ)
　(a) 外部顧客からの収益(最高意思決定者によりレビューされるセグメント損益の測定値中に含まれている場合，あるいは，最高意思決定者に定期的に提供されている場合)
　(b) セグメント間収益(最高意思決定者によりレビューされるセグメント損益の測定値中に含まれている場合，あるいは，最高意思決定者に定期的に提供されている場合)
　(c) セグメント損益の測定値
　(d) 直前の年次報告書において開示した金額から重要な変動のあった資産合計額
　(e) セグメントに区分する基準またはセグメント損益の測定基準における直近の年次財務諸表からの相違点に関する記述
　(f) 報告すべきセグメント損益の測定値の合計額と，企業の法人所得税等調整前，廃止事業による累積的影響額前の利益との調整。ただし，企業が法人所得税等といった項目を報告すべきセグメントに配分している場合には，企業はセグメント損益の測定値の合計とこれらの項目調整後の損益とを調整することができる。重要な調整項目は，当該調整表に個別

に認識して記載
⑧ 中間期末後の事象で当該中間期にかかる中間財務諸表に反映されていない事象
⑨ 企業結合，子会社または長期投資の取得または処分，リストラクチャリング，および廃止事業を含めた，中間期間における当該企業の構成上の変化の影響。企業結合の場合，IFRS 3「企業結合」で要求されている情報を開示

他方，日本基準でも，IAS 34 とほぼ同様の情報を注記事項として開示することが求められている（四半期基準 19）。日本基準では，第 4 四半期においては四半期報告書の作成は求められていないが，四半期データの連続性確保などの観点から，「四半期会計期間ごとの売上高や純損益などの限定的な情報を監査対象外の年度の財務情報として記載することが適当である」としている（四半期基準 70）。

(4) 年次財務諸表による開示

IAS 34 では，「中間期間に報告された見積金額が，当該事業年度の最終の中間期間中に大きく変更され，しかもその最終の中間期間について個別の財務報告が公表されていない場合には，その見積変更の内容および金額」を年次財務諸表の注記で開示するよう求められている（par. 26）。日本基準では，かかる開示について，明確な規定は存在しない。

§3 実務上の留意事項および設例

留意事項

日本基準も IAS 34 も，期中財務報告については，原則として年次財務諸表と同様の会計方針に基づき作成する一方，一部で簡便的な取り扱いを認めてお

り，この点両者に大きな相違は無い。

ただし，財務諸表の構成要素や四半期特有の会計処理の有無等の細かい相違点があることに留意が必要である。

設 例 26-1

期中財務報告について説明した以下の記述について，日本基準による四半期財務諸表と IAS 34 のそれぞれについてその正否を答えなさい。

	日本基準	IAS 34
（開示）		
① 期中財務報告（四半期財務報告）は，年度の財務諸表と同じ様式で作成しなければならない。		
② 期中財務報告（四半期財務報告）の構成要素は，年度の財務諸表と同じである。		
（会計処理）		
③ 年度末までに吸収されると予測される原価差額は，繰り延べることができる。		
④ 期中財務報告（四半期財務報告）においては，棚卸資産の実地棚卸は省略することができる。		
⑤ 連結会社間の債権債務，取引高の相殺消去において，差異が見られる場合，合理的な範囲内で当該差異の調整を行わないことができる。		

解答・解説

①

	日本基準	IAS 34
① 期中財務報告(四半期財務報告)は，年度の財務諸表と同じ様式で作成しなければならない。	×	×

　日本の四半期財務諸表においては，企業集団の財政状態，経営成績およびキャッシュ・フロー計算書の状況に関する財務諸表利用者の判断を誤らせない限り，集約して記載することができるとされている。

　また，IAS 34 でも，期中財務報告書は，年度の財務諸表と同じ完全な一組の財務諸表を公表することも，要約財務諸表を公表することも可能である。ただし，要約財務諸表を公表する場合，少なくとも直近の年次財務諸表中に掲記された各々の見出し，小計および選択された説明的注記の全てを含める必要がある。

②

	日本基準	IAS 34
② 期中財務報告(四半期財務報告)の構成要素は，年度の財務諸表と同じである。	×	○

　日本の四半期財務諸表は，貸借対照表，損益計算書，キャッシュ・フロー計算書および注記から構成される。株主資本等変動計算書は，四半期財務諸表には含まれておらず，株主資本の金額に著しい変動があった場合に，主な変動事由を注記することにとどめている。これは，米国の状況や四半期開示における適時性の要請などを踏まえた結果である。

　一方，IAS 34 では，期中財務報告書の最小限の構成要素として，財政状態計算書，包括利益計算書，持分変動計算書，キャッシュ・フロー計算書および注

記が求められており，要約することは可能であるが，構成要素としては年次財務諸表と同様のものが求められる。

③

	日本基準	IAS 34
③ 年度末までに吸収されると予測される原価差額は，繰り延べることができる。	○	×

日本基準では，原則として年次財務諸表の作成に当たって採用する会計処理の原則および手続に準拠しなければならないとしながらも，一定の条件を満たした場合には，継続適用を条件として原価差異の繰延処理を認めている。これは，売上と売上原価の対応関係が適切に表示されないことにより，財務諸表利用者に対し適切な情報が提供されない，とう観点から四半期特有の会計処理として認められたものである。

一方，IAS 34 は，最近作成の年次財務諸表日後に会計方針の変更があり，それが次の年次財務諸表に反映されることになる場合を除き，期中財務報告書に適用される会計方針は，年次財務諸表と同様のものでなければならないとしている。そのため，中間期間の原価差額について，それが年度末までに吸収されると予測される場合においても繰り延べることは認められていない。

④⑤

	日本基準	IAS 34
④ 期中財務報告(四半期財務報告)においては，棚卸資産の実地棚卸は省略することができる。	○	○
⑤ 連結会社間の債権債務，取引高の相殺消去において，差異が見られる場合，合理的な範囲内で当該差異の調整を行わないことができる。	○	○

日本の四半期財務諸表においては，開示の迅速性が求められていることを踏まえ，財務諸表利用者の判断を誤らせない限りにおいて，簡便的な会計処理によることができるとされている。簡便的な会計処理の例としては，上記以外にも一般債権の貸倒見積高の算定方法，税金費用の算定方法等が挙げられる。

また，IAS 34 でも，③で述べたように会計方針は，年次財務諸表と同じであるとしながらも，測定においては，一般的に期中財務報告書作成の場合の方が，より広範囲な見積りに依存する場合があるとしている。ISA 34 で例示されている見積りの使用例としては，上記以外にも資産および負債の流動または非流動の分類，引当金の算定等が挙げられており，年次財務諸表よりも多くの見積りを使用することを許容している。

第 27 章

キャッシュ・フロー計算書

【要約比較表】 IAS 7 と日本基準との異同点

	IAS 7	日本基準
キャッシュ・フロー計算書の位置づけ	他の財務諸表と同様に利用者の経済的意思決定に有用であり、基本財務諸表の1つ	貸借対照表や損益計算書と同様に企業全体を対象とする重要な情報であり、基本財務諸表の1つ
キャッシュ・フロー計算書の資金概念	① 現金および現金同等物 ② 現金同等物は、短期の流動性の高い投資のうち、容易に一定金額に換金可能であり、かつ価値の変動について僅少なリスクしか負わないもの	① 同　左 ② 同　左
キャッシュ・フロー計算書の表示区分	① 期中のキャッシュ・フローは営業活動、投資活動および財務活動の3つに区分 ② 短期売買目的の有価証券の購入と売却にかかわるキャッシュ・フローは、営業活動によるキャッシュ・フローに区分 ③ 法人所得税にかかわるキャッシュ・フローは、営業活動によるキャッシュ・フローに一括して区分（原	① 同　左 ② 短期売買目的の有価証券の購入と売却にかかわるキャッシュ・フローは、投資活動によるキャッシュ・フローに区分 ③ 法人税等にかかわるキャッシュ・フローは、営業活動によるキャッシュ・フローに一括して区分

		則)，投資または財務活動に明確に結び付けられる場合には，営業，投資および財務の各活動に区分(容認)	
		④ 受取利息，受取配当金および支払利息は，営業活動によるキャッシュ・フローと，投資および財務活動によるキャッシュ・フローのどちらかに区分	④ 同　　左
		⑤ 支払配当金は，財務活動によるキャッシュ・フローと，営業活動によるキャッシュ・フローのどちらかに区分	⑤ 支払配当金は，財務活動によるキャッシュ・フローに区分
	営業活動によるキャッシュ・フローの表示方法	① 直接法と間接法のどちらも容認するが，直接法を推奨	① 直接法と間接法のどちらも容認
		② 直接法は，主要な種類ごとに収入総額と支出総額を表示する方法として規定	② 同　　左
		③ 間接法について，日本基準と同様の間接法を規定するとともに，それに代替する方法として，損益計算書上に開示された収益および費用と，棚卸資産および営業上の債権・債務の期中変動を示して表示する方法を規定し，2種類の間接法を提示	③ 間接法は，税金等調整前当期純利益に非資金損益項目，営業活動にかかわる資産および負債の増減，「投資活動によるキャッシュ・フロー」および「財務活動によるキャッシュ・フロー」の区分に含まれる損益項目を加減して表示する方法として規定
	その他のキャッシュ・フローの表示方法	① 投資および財務活動によるキャッシュ・フローは，直接法による総額表示(原則)，キャッシュ・フローの回転が速く，かつ期間が短	① 同　　左

	いものについては，純額表示を容認(例外) ② 在外子会社のキャッシュ・フローは，実際レートか，それに近似するレート（例：期中平均レート）を適用して換算 ③ 為替レートの変動が現金および現金同等物に及ぼす影響額は，営業，投資および財務の各活動によるキャッシュ・フローとは区別して表示 ④ 子会社またはその他の事業単位の取得および処分によるキャッシュ・フローの総額は，取得もしくは処分した現金および現金同等物の額をそこから控除し，投資活動によるキャッシュ・フローの区分に別個に表示 ⑤ 非資金的取引は，キャッシュ・フロー計算書から除外し，財務諸表の他の箇所で開示	② 在外子会社のキャッシュ・フローは，期中平均レートか，IAS 7 が否認する決算日レートを適用して換算 ③ 同　　左 ④ 同左。ただし，子会社等の取得および処分に関して要求される開示項目に差異 ⑤ 同左。ただし，注記による開示が要求されるのは重要な取引
キャッシュ・フロー計算書における開示事項	① 保有する現金および現金同等物の残高のうち当該企業グループが利用できない重要な金額等の開示を要求 ② セグメント別のキャッシュ・フロー等の開示を奨励	① IAS 7 が要求する事項の開示規定が一部なし ② IAS 7 が奨励する事項の開示規定なし

§1 背　　景

　キャッシュ・フロー計算書について取り扱うIASは，IAS 7「キャッシュ・フロー計算書」である。本基準書は，旧IAS 7「財政状態変動表」(1977年7月承認)を改訂したものであり，1992年10月にIASC(現IASB)理事会によって承認され，同年12月に公表された。本基準書は，1994年1月1日以後開始された事業年度から発効しており，旧IAS 7は失効している。
　このIASCによる旧IAS 7の公表も，その後の改訂も，アメリカ会計実務の動向に大きな影響を受けた。
　アメリカでは，会計原則審議会(APB)が1971年に意見書第19号「財政状態変動の報告」を公表し，財政状態の変動をすべて包含する広い資金概念に基づいて財政状態変動表を作成し，基本財務諸表の1つとして開示することを要求した。この影響を受けて設定されたのが，旧IAS 7である。
　しかし，財政状態変動表については，1つの計算書に多くの情報を盛り込んだために内容が不明瞭であるとか，資金概念の弾力的な使用や多様な様式を容認したために比較可能性を欠く等，多くの問題点が指摘された。また，企業の支払能力や現金獲得能力等の評価にかかわり，キャッシュ・フロー情報の重要性が認識されるようになった。そこで，アメリカのFASBは，1987年に基準書第95号「キャッシュ・フロー計算書」を公表し，財政状態変動表に代わるキャッシュ・フロー計算書の開示を義務づけたのである。1992年のIAS 7の改訂は，このアメリカの影響を大きく受けたものである。
　かくして，改訂IAS 7は，(1)資金概念として現金および現金同等物を用いること，(2)営業活動，投資活動および財務活動の3つに区分して期中のキャッシュ・フローを表示すること，(3)「営業活動によるキャッシュ・フロー」の表示方法として，直接法を推奨するが，間接法も選択できること，(4)キャッシュ・フローを伴わない投資および財務取引(非資金的取引)を，キャッシュ・フロー計算書の本体以外の箇所で開示すること等，FASB基準書第95号に準拠した内容

の規定を置くに至っている。

　なお，2008年10月にディスカッションペーパー「財務諸表の表示に関する予備的見解」が公表され，直接法のみが認められることが検討されている。

　一方，わが国では，1998年3月に「連結キャッシュ・フロー計算書等の作成基準に関する意見書」（以下，連結キャッシュ・フロー等意見書と略す）ならびに「連結キャッシュ・フロー計算書等の作成基準」（以下，連結キャッシュ・フロー基準と略す）が公表され，証券取引法適用会社に対し，連結キャッシュ・フロー計算書（連結財務諸表を作成しない会社については個別ベースのキャッシュ・フロー計算書）の作成を要求した。

　従来，わが国では，財務諸表外の補足情報として個別ベースの資金収支表の公表が要求されてきた。しかし，現預金と市場性のある一時所有の有価証券を資金概念としたために企業の資金管理活動の実態を的確に反映しないとか，営業活動と投資活動の収支が区別されず事業活動の収支として表示される等，いくつかの問題点が指摘された。また，経営の多角化・国際化に伴い，連結情報の重要性や会計基準の国際的動向を受け入れる必要性が高まってきた。そこで，わが国でも，改訂IAS 7やFASB基準書第95号をほぼ踏襲する形で，連結ベースのキャッシュ・フロー計算書にかかわる基準の導入を図ったのである。それゆえ，キャッシュ・フロー計算書に関する日本基準は，改訂IAS 7とほぼ同一水準の規定内容となっている。

　なお，日本基準は，1999年4月1日以後開始された事業年度（中間連結キャッシュ・フロー計算書については2000年4月1日以後開始された中間会計期間）から適用されており，これにより，資金収支表は廃止されている。

§2 バリエーションの分析と評価

1. キャッシュ・フロー計算書の位置づけ

　IAS 7 でも日本基準でも，キャッシュ・フロー計算書を基本財務諸表の1つとして位置づけている。そのため，監査の対象とされている。

　IAS 7 では，「企業は，本基準の要請に従ってキャッシュ・フロー計算書を作成し，それを財務諸表が表示される各期間において，その財務諸表の不可欠の構成部分として表示しなければならない」(par.1)と定めている。その目的で言及されるように，財務諸表の利用者が経済的意思決定を行うには，企業の現金および現金同等物を獲得する能力，並びにそれらが獲得される時期と確実性を評価する必要がある。企業のキャッシュ・フローに関する情報は，企業の現金および現金同等物を獲得する能力，並びに企業がそれらのキャッシュ・フローを利用する必要性を評価するための基礎を提供するので，利用者の経済的意思決定にとって有用である。そこで，IAS 7 は，キャッシュ・フロー計算書を財務諸表の1つに位置づけ，すべての企業に対し，その現金および現金同等物の変動実績(historical changes)に関する情報の提供を要求している(par.3)。

　一方，日本基準では，次のように述べている。「『キャッシュ・フロー計算書』は，一会計期間におけるキャッシュ・フローの状況を一定の活動区分別に表示するものであり，貸借対照表及び損益計算書と同様に企業活動全体を対象とする重要な情報を提供するものである。わが国では，資金情報を開示する資金収支表は，財務諸表外の情報として位置付けられてきたが，これに代えて『キャッシュ・フロー計算書』を導入するに当たり，これを財務諸表の一つとして位置付けることが適当であると考える。なお，国際的にもキャッシュ・フロー計算書は財務諸表の一つとして位置付けられている。」(連結キャッシュ・フロー等意見書二)

以上，IAS 7 も日本基準も，キャッシュ・フロー計算書が基本財務諸表の1つであることを明示している。そして，その根拠について，IAS 7 では，キャッシュ・フロー計算書が他の財務諸表と同様に利用者の経済的意思決定に有用である点に，日本基準では，それが貸借対照表および損益計算書と同様に企業活動全体を対象とする重要な情報を提供する点に求めている。

2. 資金概念

IAS 7 では，キャッシュ・フローを，現金および現金同等物の流入と流出と定義し，このうち，現金は，手許現金と要求払預金からなり，また，現金同等物は，短期の流動性の高い投資のうち，容易に一定金額に換金可能であり，かつ価値の変動について僅少なリスクしか負わないものであるとする(par. 6)。

日本基準では，キャッシュ・フロー計算書が対象とする資金の範囲を現金および現金同等物としている。これらのうち，現金とは，手許現金および要求払預金(当座預金，普通預金，通知預金)であり，また，現金同等物とは，容易に換金可能であり，かつ価値の変動について僅少なリスクしか負わない短期投資であると規定している(連結キャッシュ・フロー基準第二・一)。この結果，資金収支表において資金に含められた価格変動リスクの高い株式等はその範囲から除外された。

このように，IAS 7 も日本基準も，資金概念として現金および現金同等物を採用しており，この点において両者に違いはない。ただし，現金および現金同等物として具体的に何を含めるかは，世界各国または各企業の資金管理活動および銀行約定によって異なる。そのため，IAS 7 も日本基準も，現金および現金同等物の構成要素について開示もしくは注記することを規定している(par. 45，連結キャッシュ・フロー基準第四・1)。

なお，現金同等物の例として，IAS 7 では，取得日からたとえば3ヵ月以内といった短期の償還期日をもつ投資，一定の償還日のある優先株式のうち取得したときに残存期間が短期であったもの，企業の資金管理に不可分な構成部分である信用限度枠内の当座借越を挙げている(pars. 7-8)。一方，日本基準では，

取得日から満期日または償還日までの期間が3ヵ月以内の短期投資である定期預金, 譲渡性預金, コマーシャル・ペーパー, 売戻し条件付現先, 公社債投資信託を挙げている(「連結キャッシュ・フロー基準注解」注2)。

3. 表　示　区　分

IAS 7では, 期中のキャッシュ・フローを営業, 投資および財務の諸活動に区分して報告しなければならないと規定している(par. 10)。キャッシュ・フローを営業, 投資および財務の3つの活動に分類する場合, 諸活動が企業の財政状態やその現金および現金同等物の金額に及ぼす影響を評価したり, それら諸活動間の関連性を評価したりする上で有用な情報が提供されるという(par. 11)。

日本基準でも, 一会計期間におけるキャッシュ・フローを「営業活動によるキャッシュ・フロー」,「投資活動によるキャッシュ・フロー」および「財務活動によるキャッシュ・フロー」の3つに区分して表示することとしており(連結キャッシュ・フロー基準第二・二・1), 表示区分について, IAS 7と日本基準との違いはない。

(1)　「営業活動によるキャッシュ・フロー」の区分

IAS 7では, 営業活動によるキャッシュ・フローは, 主として, 企業の主たる収益獲得活動から派生するとし, 一般的には, 純損益の決定にかかわる取引およびその他の事象の結果として生じるとしている。営業活動によるキャッシュ・フローの金額は, 企業が外部からの資金調達に頼ることなく, 借入金を返済し, その営業能力を維持し, 配当金を支払い, そして新規投資を行うに足るだけのキャッシュ・フローを, その営業活動によってどの程度獲得したかの主要な指標となる。また, 個々の営業上のキャッシュ・フローに関する情報は, 他の情報を併せて利用して, 将来の営業上のキャッシュ・フローを予測する上で有用である。IAS 7は, かかる営業活動によるキャッシュ・フローの例とし

て，以下の項目を挙げている(pars. 13-14)。
- (a) 商品の販売および役務の提供による収入
- (b) ロイヤルティ，報酬，手数料およびその他の収益による収入
- (c) 商品および役務の仕入先に対する支出
- (d) 従業員に対する，または従業員のための支出
- (e) 保険会社の保険料収入，並びに保険金，年金およびその他の保険契約上の給付金の支払
- (f) 財務または投資活動に明確に結び付けられる場合を除く，法人所得税の支払または還付
- (g) 短期売買目的で保有する契約からの収入および支出

　これに対して，日本基準では，「営業活動によるキャッシュ・フロー」の区分には，①営業損益計算の対象となった取引によるキャッシュ・フロー，②営業活動にかかわる債権・債務から生ずるキャッシュ・フロー，および③投資活動および財務活動以外の取引によるキャッシュ・フローを記載することとしている。日本基準，並びに日本公認会計士協会の実務指針(以下，連結キャッシュ・フロー実務指針と略す)では，当該区分に記載される項目の例として，次のものを挙げている(連結キャッシュ・フロー等意見書三・3(2)，連結キャッシュ・フロー基準注解注3，連結キャッシュ・フロー実務指針7)。

① 営業損益計算の対象となった取引によるキャッシュ・フロー
　▶商品および役務の販売による収入
　▶商品および役務の購入による支出
　▶従業員および役員に対する報酬の支出
② 営業活動にかかわる債権・債務から生じるキャッシュ・フロー
　▶商品および役務の販売により取得した手形の割引による収入
　▶営業債権のファクタリング等による収入
　▶営業活動にかかわる債権から生じた破産債権・更生債権等や償却済債権の回収による収入
③ 投資活動および財務活動以外の取引によるキャッシュ・フロー
　▶災害による保険金収入

▶損害賠償金の支払による支出
▶巨額の特別退職金の支給による支出

④ 上記の①,②に該当しないが,その取引の性格から,「営業活動によるキャッシュ・フロー」の区分に記載されるキャッシュ・フロー
▶取引先への前渡金や営業保証金の支出
▶取引先からの前受金や営業保証金の収入

以上がIAS 7と日本基準(実務指針を含む)の規定内容であるが,IAS 7では,短期売買目的で保有する契約は再販売目的で取得される棚卸資産に類似しているという理由で,短期売買目的の有価証券の購入と売却によるキャッシュ・フローを「営業活動によるキャッシュ・フロー」に分類するのに対し(par. 15),日本基準では,それを「投資活動によるキャッシュ・フロー」に分類している点(連結キャッシュ・フロー基準第二・二・1②)で違いがある。

なお,日本基準では,「営業活動によるキャッシュ・フロー」の区分において,おおむね営業損益計算の対象となった取引にかかるキャッシュ・フローを合計して小計を示し,そのあとに投資および財務活動以外の取引や法人税等にかかわるキャッシュ・フローを加減して営業活動によるキャッシュ・フローを計算する表示方法を標準的な様式としているが(連結キャッシュ・フロー基準注解注7),IAS 7でも,日本基準と同じような様式を例示している。

(2) 「投資活動によるキャッシュ・フロー」の区分

IAS 7では,投資活動によるキャッシュ・フローは,将来の利益およびキャッシュ・フローを獲得することを意図した資源に対して,企業がどの程度の支出を行ったかを表すために重要な情報となるとしている。また財政状態計算書において資産として認識される支出のみがこの区分に含まれるとし,その例として,以下のような項目を挙げている(par. 16)。

(a) 有形固定資産,無形資産およびその他の長期資産を取得するための支出
(資産計上した開発費や自家建設の有形固定資産に関連する支出を含む)
(b) 有形固定資産,無形資産およびその他の長期資産の売却による収入

(c) 他の企業の持分または負債証券およびジョイント・ベンチャーに対する持分を取得するための支出(現金同等物と見なされる金融商品や短期売買目的で保有する金融商品に関する支出を除く)
(d) 他の企業の持分または負債証券およびジョイント・ベンチャーに対する持分の売却による収入(現金同等物と見なされる金融商品や短期売買目的で保有する金融商品に関する収入を除く)
(e) 他者に対してなされた貸出(金融機関の貸出を除く)
(f) 他者に対してなされた貸出(金融機関の貸出を除く)の返済による収入
(g) 先物契約,先渡契約,オプション契約およびスワップ契約のための支出(その契約が短期売買目的で保有される場合,またはその支出が財務活動として分類される場合を除く)
(h) 先物契約,先渡契約,オプション契約およびスワップ契約による収入(その契約が短期売買目的で保有される場合,またはその収入が財務活動として分類される場合を除く)

ただしIAS 7では,ある契約が識別可能なポジションのヘッジとして会計処理される場合には,当該契約のキャッシュ・フローは,ヘッジされているポジションのキャッシュ・フローと同一の方法で分類されるとしている(par. 16)。

これに対して,日本基準では,「投資活動によるキャッシュ・フロー」の区分に記載する項目の例として,次のものを挙げている(連結キャッシュ・フロー基準注解注4)。

(1) 有形固定資産および無形固定資産の取得による支出
(2) 有形固定資産および無形固定資産の売却による収入
(3) 現金同等物に含まれない有価証券および投資有価証券の取得による支出
(4) 現金同等物に含まれない有価証券および投資有価証券の売却による収入
(5) 貸付けによる支出
(6) 貸付金の回収による収入

なお,ヘッジにかかわるキャッシュ・フローの区分について,日本基準では何も言及していないが,実務指針ではIAS 7の規定内容と同じ指針を提供している(実務指針35)。

以上，IAS 7 と日本基準を比較すると，短期売買目的で保有する金融商品の取得および売却にかかわるキャッシュ・フローについて，IAS 7 では「投資活動によるキャッシュ・フロー」の区分から除外すると規定しているのに対し，日本基準では当該区分に記載するとしている点で違いがある。

（3） 「財務活動によるキャッシュ・フロー」の区分

IAS 7 では，財務活動によるキャッシュ・フローは，将来キャッシュ・フローに対する企業の資本提供者による請求を予測する上で有用であるために重要な情報となるが，その例として，以下のような項目を挙げている（par. 17）。

(a) 株式またはその他の持分証券の発行による収入
(b) 企業自身の株式を買い戻すまたは償還するための，所有主への支出
(c) 社債発行，借入金，手形借入れ，抵当権付借入れおよびその他の短期または長期の借入れによる収入
(d) 借入金の返済による支出
(e) ファイナンス・リースに関する負債残高を減少させる賃借人による支出

これに対して，日本基準では，「財務活動によるキャッシュ・フロー」の区分には，資金調達および返済によるキャッシュ・フローを記載するとして，次のような項目を例示している（連結キャッシュ・フロー基準注解注5）。

(1) 株式の発行による収入
(2) 自己株式の取得による支出
(3) 配当金の支払
(4) 社債の発行および借入れによる収入
(5) 社債の償還および借入金の返済による支出

なお，実務指針では，自己株式の取得にかかわる支出は，取得事由にかかわらず「財務活動によるキャッシュ・フロー」の区分に記載することとしているため，自己株式の売却による収入も「財務活動によるキャッシュ・フロー」の区分に記載するものとしている（連結キャッシュ・フロー実務指針9）。

以上，IAS 7 と日本基準を比較すると，IAS 7 では，後述するように，配当金

の支払は，財務活動によるキャッシュ・フローにも営業活動によるキャッシュ・フローにも分類しうるために，例示項目に含めないのに対し，日本基準では，財務活動によるキャッシュ・フローにしか分類しえないために，例示項目に含めている点で異なっている。

（4） 法人税等の表示区分

　法人税等の表示区分について，(1)「営業活動によるキャッシュ・フロー」の区分に一括して記載する方法と，(2)営業，投資および財務の各区分に分けて記載する方法が考えられる。
　IAS 7 では，法人所得税にかかわるキャッシュ・フローは，原則的に，営業活動によるキャッシュ・フローとして分類し，当該区分において別個に開示しなければならないとしている(par. 35)。IAS 7 によれば，税金費用を容易に投資または財務活動に結びつけられる場合もあるが，それに関連した税金のキャッシュ・フローを識別することはしばしば不可能である。また，そのキャッシュ・フローは，対象となるキャッシュ・フローと異なる期間に生じる場合もある。このようなことから，税金の支払は，通常，営業活動によるキャッシュ・フローとして分類される(par. 36)。
　ただし，IAS 7 では，法人所得税にかかわるキャッシュ・フローが，投資または財務活動に明確に結びつけられる場合には，投資活動によるキャッシュ・フローまたは財務活動によるキャッシュ・フローとして適切に分類されると規定している。この規定に従う場合には，各区分に配分された税金支払額の合計を開示しなければならないとしている(pars. 35-36)。
　一方，日本基準では，それぞれの活動ごとに課税所得を分割することは一般的には困難であると考えているため，法人税等にかかわるキャッシュ・フローは「営業活動によるキャッシュ・フロー」の区分に一括して記載することとしている(連結キャッシュ・フロー等意見書三・3(5))。
　以上のように，IAS 7 では，上記(1)の記載方法を原則としながらも，上記(2)の記載方法を条件つきで容認するのに対して，日本基準では，上記(1)の記載方

法しか認めていない点で相違している。

（5） 利息および配当金の表示区分

　IAS 7 では，受取利息，受取配当金，支払利息および支払配当金はそれぞれ，毎期継続した方法で営業，投資および財務活動のいずれかに分類して，別個に開示しなければならないと規定している(par. 31)。

　IAS 7 では，利息および配当金の分類について，受取利息，受取配当金および支払利息と，支払配当金とに区別して，次のように規定している。

　まず，受取利息，受取配当金および支払利息について，金融機関では，通常，営業上のキャッシュ・フローとして分類するが，それ以外の企業では，(a)それらの項目が純損益の決定に組み込まれていることを理由に，営業上のキャッシュ・フローとして分類することもできるし，(b)それらの項目が投資収益または金融資源の獲得コストであることを理由に，それぞれ投資上のキャッシュ・フローおよび財務上のキャッシュ・フローとして分類することもできると規定している(par. 33)。

　一方，支払配当金について，(a)当該項目が金融資源の獲得コストであることを理由に，財務上のキャッシュ・フローとして分類することもできるし，(b)営業上のキャッシュ・フローから企業が配当金を支払う能力を利用者が判断する手助けとなることを理由に，営業活動によるキャッシュ・フローの構成要素として分類することもできると規定している(par. 34)。

　これに対して，日本基準では，利息および配当金の表示区分について，継続適用を条件に，次の２つの方法の選択適用を認めている(連結キャッシュ・フロー等意見書三・3(6))。

⑴　損益の算定に含まれる受取利息，受取配当金および支払利息は「営業活動によるキャッシュ・フロー」の区分に，損益の算定に含まれない支払配当金は「財務活動によるキャッシュ・フロー」の区分に記載する方法(利息の受取額および支払額は，総額で表示することとしている。)

⑵　投資活動の成果である受取利息および受取配当金は「投資活動によるキ

ャッシュ・フロー」の区分に，財務活動上のコストである支払利息および支払配当金は「財務活動によるキャッシュ・フロー」の区分に記載する方法

このように，受取利息，受取配当金および支払利息の分類ないし区分については，IAS 7 でも日本基準でも相違はない。しかし，支払配当金の分類については，IAS 7 では，財務上のキャッシュ・フローとしてだけでなく，営業活動によるキャッシュ・フローの構成要素として分類することも容認しているのに対し，日本基準では，財務上のキャッシュ・フローとして分類することだけを認めている点で異なっている。

4. 表示方法

（1）「営業活動によるキャッシュ・フロー」の表示方法

「営業活動によるキャッシュ・フロー」の表示方法には，主要な取引ごとに収入総額と支出総額を表示する「直接法」と，純利益に必要な調整項目を加減して表示する「間接法」とがある。

IAS 7 では，直接法および間接法の選択適用を認めているが，直接法を用いることを推奨している。直接法は，将来のキャッシュ・フローを見積る上で有用であり，間接法では得られない情報を提供するという (pars. 18-19)。

これに対して，日本基準では，次のような理由から，継続適用を条件として，直接法および間接法の選択適用を認めることとしている (連結キャッシュ・フロー等意見書三・4)。

① 直接法による表示方法は，営業活動にかかわるキャッシュ・フローが総額で表示される点に長所が認められること。
② 直接法により表示するためには親会社および子会社において主要な取引ごとにキャッシュ・フローに関する基礎データを用意することが必要であり，実務上手数を要すると考えられること。
③ 間接法による表示方法も，純利益と営業活動にかかわるキャッシュ・フ

ローとの関係が明示される点に長所が認められること。

以上のように，直接法および間接法の選択適用を容認している点で，IAS 7と日本基準との間で違いはない。ただし，IAS 7では，直接法を推奨しているのに対し，日本基準では，直接法だけでなく間接法の長所についても言及し，直接法と間接法とを同列に位置づけている点で異なっている。

なお，直接法について，IAS 7では，そこで必要とされる主要な種類ごとの収入総額と支出総額に関する情報は，

(a) 企業の会計記録から得られるか，もしくは

(b) 売上，売上原価，および損益計算書に含まれるその他の項目を，(i)棚卸資産および営業上の債権・債務の期中変動，(ii)その他の非資金的項目，および(iii)その資金的影響が投資または財務活動によるキャッシュ・フローとされるその他の項目について調整することによって得られるか，のどちらかであると規定している(par.19)。上記(a)が収入総額と支出総額を直接把握する方法であり，上記(b)が収入総額と支出総額を間接的に把握する方法である。このような規定は，日本基準には存在しない。

一方，間接法について，IAS 7では，純損益を，棚卸資産および営業上の債権・債務の期中変動，非資金的項目，およびその資金的影響が投資活動または財務活動によるキャッシュ・フローとされるその他のすべての項目について調整して報告する方法であると規定している(par.20)。日本基準でも，ほぼ同様に，税金等調整前当期純利益に非資金損益項目，営業活動にかかわる資産および負債の増減，「投資活動によるキャッシュ・フロー」および「財務活動によるキャッシュ・フロー」の区分に含まれる損益項目を加減して表示する方法であると規定している(連結キャッシュ・フロー基準第三・一)。ただし，IAS 7は，損益計算書上に開示された収益および費用と棚卸資産および営業上の債権・債務の期中変動を示して表示する方法も容認しており(par.20)，この点で日本基準と異なっている。

なお，間接法のもとでの表示形式については，日本基準では，法人税等の支払額を独立の項目として明示するために，法人税等を控除する前の当期純利益から開始する形式を採っているのに対し，IAS 7では，法人税等を控除する前

の当期純利益と法人税等を控除した後の当期純利益のいずれからも開始することができる点で異なっている。

(2) 「投資および財務活動によるキャッシュ・フロー」の表示方法

　IAS 7 では，投資および財務活動から生じる主要な種類ごとの収入総額と支出総額を別個に報告しなければならないとしている(par. 21)。一方，日本基準でも，主要な取引ごとにキャッシュ・フローを総額で表示しなければならないとしており(連結キャッシュ・フロー基準第三・二)，総額表示を原則とする点で，IAS 7 と日本基準との間で相違はない。

　なお，IAS 7 も日本基準も，総額表示の原則に対する同一の例外規定を設けており，キャッシュ・フローの回転が速く，かつ期間が短いものについては純額で表示することができるとしている(par. 22，連結キャッシュ・フロー基準注解注 8)。わが国の実務指針では，純額表示が認められる回転が速くかつ期間が短い項目にかかわるキャッシュ・フローの例として，次の 3 つを挙げている(連結キャッシュ・フロー実務指針 37)。

　(1)　短期借入金の借換えが連続して行われている場合のキャッシュ・フロー
　(2)　短期貸付金の貸付けと返済が連続して行われている場合のキャッシュ・フロー
　(3)　現金同等物以外の有価証券の取得と売却が連続して行われている場合のキャッシュ・フロー

　いずれのキャッシュ・フローも，総額表示すると，キャッシュ・フローの金額が大きくなり，かえって利用者の判断を誤らせるおそれがあるというものである(連結キャッシュ・フロー実務指針 13)。

(3) その他のキャッシュ・フローの純額表示

　以上の例外規定のほか，IAS 7 では，営業，投資および財務活動によるキャッシュ・フローのうち，当該キャッシュ・フローが企業の活動よりもむしろ顧

客の活動を反映している場合の,当該顧客のための収入および支出についても純額で報告することができるとしている(par. 22)。IAS 7 は,かかるキャッシュ・フローの例として,次のものを挙げている(par. 23)。

(a) 銀行の要求払預金の受入れおよび払戻し
(b) 投資会社が顧客のために保有する資金
(c) 不動産所有者のための賃貸料の集金と支払

また,IAS 7 では,金融機関における確定期日預金の受入れと払戻しにかかわる収入と支出,他の金融機関への預金の預入れと引出し,顧客に対する貸出とその返済等についても純額で報告することができるとしている(par. 24)。

日本基準は,これらの規定を設けていないが,顧客のための収入および支出に関する純額表示については,実務指針が言及している(連結キャッシュ・フロー実務指針 14)。

(4) 「在外子会社のキャッシュ・フロー」の換算

IAS 7 では,「在外子会社のキャッシュ・フロー」について,IAS 21「外国為替レート変動の影響の会計処理」と整合した方法で報告することを要求している。つまり,在外子会社のキャッシュ・フローは,当該キャッシュ・フローの発生日における報告通貨と当該外貨との間の為替レートによって換算すべきであるとしている(par. 26)。ただし,IAS 7 では,IAS 21 が実際レートに近似する為替レートの使用を容認しているため,在外子会社のキャッシュ・フローの換算に一定期間の加重平均為替レートを適用することも認めている。しかしながら,IAS 21 の規定に従い,在外子会社のキャッシュ・フローを換算する際に,貸借対照表日の為替レートを用いることを認めていない(par. 27)。

これに対して,日本基準では,在外子会社における外貨によるキャッシュ・フローは,「外貨建取引等会計処理基準」における収益および費用の換算方法に準じて換算するとしている(連結キャッシュ・フロー基準第二・四)。つまり,期中平均相場または決算時の為替相場のいずれかによる円換算額で表示することとしている。

以上，IAS 7 では，在外子会社のキャッシュ・フローの換算において，実際レートもしくはそれに近似するレートの適用を規定するのに対し，日本基準では，期中平均レートもしくは IAS 7 で否認されている決算日レートの適用を要求している点で異なっている。

（5） 現金・現金同等物にかかわる換算差額の表示方法

IAS 7 では，「外国為替レートの変動によって生じる未実現利益および損失は，キャッシュ・フローではない。しかしながら，為替レートの変動が外貨建で保有もしくは決済される現金および現金同等物に及ぼす影響額は，期首と期末の現金および現金同等物を調整するために，キャッシュ・フロー計算書において報告される。この金額は，営業，投資および財務の諸活動によるキャッシュ・フローとは区別して表示されるが，当該金額には，それらキャッシュ・フローが期末の為替レートで報告されていたと仮定した場合の差額が含まれる」(par. 28) と規定している。

これに対して，日本基準では，現金および現金同等物にかかわる換算差額は，他と区別して表示しなければならないと規定している（連結キャッシュ・フロー基準第三・三）。なお，実務指針では，この換算差額について，営業，投資および財務活動によるキャッシュ・フローを期中平均レートまたは決算日レートで，現金および現金同等物の期首残高を前期の決算日レートで，そして現金および現金同等物の期末残高を当期の決算日レートで換算した結果生じる円貨差額であるとしている（連結キャッシュ・フロー実務指針 17）。

以上，現金および現金同等物にかかわる換算差額について，IAS 7 と日本基準（連結キャッシュ・フロー実務指針を含む）との間で実質的な差異はない。

（6） 子会社，関連会社およびジョイント・ベンチャーに対する投資

IAS 7 では，関連会社または子会社に対する投資を持分法または原価法を用いて会計処理している企業は，投資者たるその企業と非投資会社間のキャッシ

ュ・フロー，たとえば，配当や貸付けだけを，キャッシュ・フロー計算書において報告しなければならないとしている(par. 37)。

また，IAS 7 では，共同支配の事業体に対する持分について，(1)比例連結を用いてその持分を報告している企業は，共同支配の事業体のキャッシュ・フローのうち，その比例割合をその連結キャッシュ・フロー計算書に含めなければならないとし，(2)持分法を用いてその持分を報告している企業は，共同支配の事業体に対する投資，並びにその企業と共同支配の事業体との間の分配およびその他の支払または収入に関連するキャッシュ・フローを，そのキャッシュ・フロー計算書に含めなければならないと規定している(par. 38)。

このような投資に関する規定は，日本基準には存在せず，この点において IAS 7 と日本基準との間で違いがある。

（7） 子会社およびその他の事業単位の取得と処分

IAS 7 では，子会社またはその他の事業単位の取得および処分によって生じるキャッシュ・フローの総額は，別個に表示し，投資活動として分類しなければならないとしている(par. 39)。この際，子会社等の取得または売却の対価として支払ったもしくは受け取った現金の総額は，キャッシュ・フロー計算書において，取得もしくは処分した現金および現金同等物を控除して報告することとしている(par. 42)。

これに対して，日本基準では，連結範囲の変動を伴う子会社株式の取得または売却にかかわるキャッシュ・フローは，「投資活動によるキャッシュ・フロー」の区分に独立の項目として記載することを要求している。この際，新たに連結子会社となった会社の現金および現金同等物の額は，株式の取得による支出額から控除し，連結子会社でなくなった会社の現金および現金同等物の額は，株式の売却による収入額から控除して記載しなければならないとしている。営業の譲受けまたは譲渡にかかわるキャッシュ・フローについても，同様の規定を置いている（連結キャッシュ・フロー基準第二・二・4）。

このように，子会社等の取得および処分にかかわるキャッシュ・フローの表

示方法について，IAS 7と日本基準との間で違いはない。ただし，子会社等の取得および処分に関して要求される開示項目に違いがみられる。すなわち，IAS 7では，期中の子会社等の取得および処分の両方に関して，次の各項目について，総額で開示しなければならないと規定している(par. 40)。

(a) 取得または処分価額の合計
(b) 取得または処分価額のうち，現金および現金同等物によって支払われた部分
(c) 取得または処分された子会社またはその他の事業単位の現金および現金同等物の金額
(d) 取得または処分された子会社もしくはその他の事業単位の現金および現金同等物以外の資産および負債の金額を主要な種類ごとに要約したもの

これに対して，日本基準では，上記の項目のうち(d)についてのみ，それも取得または処分した資産・負債に重要性がある場合に限り，注記による開示を要求している点で異なる(連結キャッシュ・フロー基準第四・3(1)(2))。

(8) 非資金的取引

IAS 7では，現金および現金同等物の使用を必要としない投資および財務取引は，キャッシュ・フロー計算書から除外しなければならないが，投資および財務活動に関するすべての適切な情報を提供するような方法で，財務諸表の他の箇所で開示されなければならないとしている(par. 43)。企業の資本や資産の構成に影響を及ぼすものの，当期のキャッシュ・フローに直接影響を与えない投資および財務活動が存在するからである。このような非資金的取引の例として，関連負債の直接的な引受けまたはファイナンス・リースのいずれかによる資産の取得，持分の発行による企業の取得，および負債の資本への転換が挙げられる(par. 44)。日本基準でも，重要な非資金取引の注記が要求されており，IAS 7との実質的な差異はない(連結キャッシュ・フロー基準第四・4，連結キャッシュ・フロー注解注9)。

5. 開　　示

　キャッシュ・フロー計算書における開示事項について，全般的に，IAS 7 では，日本基準よりも包括的かつ詳細な事項の開示を要求または奨励している。

　日本基準では，連結キャッシュ・フロー計算書に対して，次の事項を注記しなければならないとしている(連結キャッシュ・フロー基準第四)。

(1) 資金の範囲に含めた現金および現金同等物の内容，並びにその期末残高の連結貸借対照表科目別の内訳
(2) 資金の範囲を変更した場合には，その旨，その理由および影響額
(3) 株式の取得または売却により新たに連結子会社となった会社の資産・負債，または連結子会社でなくなった会社の資産・負債に重要性がある場合には，当該資産・負債の主な内訳
(4) 営業の譲受けまたは譲渡により増減した資産・負債に重要性がある場合には，当該資産・負債の主な内訳
(5) 重要な非資金取引
(6) 各表示区分の記載内容を変更した場合には，その内容

　これに対して，IAS 7 では，日本基準で注記が要求される上記(1)～(5)の事項(pars. 40, 43, 45-47)のほかに，企業の財政状態および流動性の理解に役立つ情報を追加提供する意図で，次の事項の開示を経営者のコメントとともに要求あるいは奨励している(pars. 48・50)。

(a) 保有する現金および現金同等物の残高のうち当該企業グループが利用できない重要な金額
(b) 将来の営業活動のために，および資本コミットメントの決済のために利用可能である未使用借入限度枠の金額とその使用制限
(c) 比例連結を用いて報告されるジョイント・ベンチャーに対する持分に関連する営業，投資および財務の各活動によって生じるキャッシュ・フローの総額
(d) 営業規模の維持に要するキャッシュ・フローとは区別される，営業規模

の拡大を示すキャッシュ・フローの総額
(e) 報告される各業種別および地域別のセグメントの営業，投資および財務の諸活動によって生じるキャッシュ・フローの金額

IAS 7 では，これらの事項のうち，上記(a)の開示を強制し，上記(b)～(e)の開示を奨励している。IAS 7 では，たとえ強制ではないとはいえ，営業規模の維持に要するものとは区別して営業規模の拡大を示すキャッシュ・フローを開示すること，セグメント別にキャッシュ・フローを開示すること等，利用者にとって極めて有用な情報の開示が奨励されている点で，日本基準とは大きく異なっている。

§3 実務上の留意事項および設例

1．キャッシュ・フローの表示区分，表示方法についての相違

留意事項

日本基準（金融商品取引法ベース）においても IAS 7 においても（連結）キャッシュ・フロー計算書を基本財務諸表として作成することが要求されている。両者の表示区分，表示方法には基本的に大きな相違はないものの，法人所得税や支払配当金や短期売買目的有価証券の購入，売却に関するキャッシュ・フロー等，IAS 7 と日本基準で表示区分に関し一部相違のある項目には留意が必要である。

設例 27-1

日本基準と IAS 7 のキャッシュ・フロー計算書の表示区分，表示方法の相違に関する次の記述は，正しいか誤っているか。
(1) 法人所得税の表示区分について，日本基準および IAS 7 ともに，「営業

活動によるキャッシュ・フロー」の区分に一括して記載する方法と,「営業活動によるキャッシュ・フロー」「投資活動によるキャッシュ・フロー」「財務活動によるキャッシュ・フロー」の3つの区分それぞれに分けて記載する方法の選択適用が認められている。

(2) IAS 7 では,利息および配当金の表示区分につき,受取利息,受取配当金,支払利息を「営業活動によるキャッシュ・フロー」の区分に,支払配当金を「財務活動によるキャッシュ・フロー」の区分に表示する方法しか認めておらず,複数の方法を認める日本基準と異なっている。

(3) 日本基準およびIAS 7 ともに,短期売買目的有価証券の購入・売却に係るキャッシュ・フローは,「投資活動によるキャッシュ・フロー」の区分で表示される。

(4) 「営業活動によるキャッシュ・フロー」の表示方法として日本基準では,直接法および間接法の選択適用が認められているが,IAS 7 では,直接法しか認められていない点で,表示方法が異なる。

解答・解説

(1) 誤り。日本基準では法人所得税は「営業活動によるキャッシュ・フロー」の区分に一括して記載する。一方,IAS 7 では所得に対する税金から生じるキャッシュ・フローは,財務または投資活動に明確に結びつけられる場合を除き「営業活動によるキャッシュ・フロー」に分類し,別個に開示するものとされている。

(2) 誤り。日本基準では,支払配当金は「財務活動によるキャッシュ・フロー」の区分に記載される。一方,IAS 7 では,支払配当金は「財務活動によるキャッシュ・フロー」の区分に記載する方法のほか,「営業活動によるキャッシュ・フロー」から配当金を支払う企業の能力を利用者が算定する上で有用となることから,「営業活動によるキャッシュ・フロー」の区分に記載する方法も認められている。また,支払利息についてIAS 7 では,それが包括利益計算書上費用として計上されたか,あるいはIAS 23「借入コスト」が認める代替処理に準拠して資産化されたかにかかわらず,支払利息の総

額をキャッシュ・フロー計算書上開示する旨規定されており，日本企業がIAS 7によりキャッシュ・フロー計算書を作成する場合には留意が必要である。

(3) 誤り。日本基準では，「投資活動によるキャッシュ・フロー」の区分に計上されるのに対し，IAS 7では，再販売目的で取得される棚卸資産に類似しているため，「営業活動によるキャッシュ・フロー」の区分に計上される。

(4) 誤り。IAS 7は「営業活動によるキャッシュ・フロー」の表示方法として直接法を奨励しているが，日本基準もIAS 7も，直接法と間接法の選択適用を容認しており，この点で両者に大きな差はない。ただし，IASBが2010年7月に公表した，公開草案にむけてのスタッフ・ドラフト「財務諸表の表示」によると，営業活動のキャッシュ・フローの表示方法を「直接法」に一本化することが提案されており，今後の動向には留意を要する。

また，IAS 7では，直接法によるキャッシュ・フローの総額の把握方法として，会計記録から直接把握する方法と，包括利益計算書の項目を利用して把握する方法とが規定されており，日本基準やIFRS導入時に直接法を採用する場合には参考になると考えられる。

2. 在外子会社のキャッシュ・フローの換算について

留意事項

在外子会社の外貨によるキャッシュ・フローを換算する場合，日本基準では，収益および費用の換算方法に準じ，期中平均為替レートまたは貸借対照表日の為替レートのいずれかで換算する。一方，IAS 7では，原則的に，IAS 21「外国為替レート変動の影響の会計処理」と首尾一貫した方法，すなわち実際レート（キャッシュ・フローの発生日におけるレート）により換算され，実際レートに近似する為替レート，たとえば一定期間の加重平均為替レートの使用も認められるが，財政状態計算書日（貸借対照表日）の為替レートを使用することは認めていない。

このように，日本基準とIAS 7では，在外子会社の外貨によるキャッシュ・フローを換算する際の為替レートの適用に関して相違があるため，財政状態計算書日(貸借対照表日)の為替レートで在外子会社の外貨によるキャッシュ・フローを換算している場合には留意が必要である。また，連結キャッシュ・フロー計算書を作成する際に，子会社の個別ベースのキャッシュ・フロー計算書を合算したものに必要な修正仕訳(連結会社間のキャッシュ・フローの相殺消去等)を行う方法ではなく，連結貸借対照表，連結損益計算書等から直接作成する方法を採用している会社で，在外子会社を多数有しているような場合には，為替レートの変動の影響を除外する処理が非常に煩雑となるため，特に留意が必要である。

また，IAS 7では，在外子会社の外貨によるキャッシュ・フローを換算する際，一定期間の加重平均為替レートの使用が認められており，実務上は期中平均レートでの換算が行われていると考えられるが，為替レートが著しく変動しているような場合，期中の一時点でキャッシュ・フロー(たとえば大規模な設備投資や新規借入があった場合等)が多額に発生するような場合や，収益・費用等の季節的変動が著しい在外子会社の営業項目の増減に関するキャッシュ・フロー(売上債権の増減額，棚卸資産の増減額，仕入債務の増減額等)を換算する場合等には，換算に使用する加重平均為替レートが，実際レートに近似するよう平均レートの算定を工夫する必要がある。

設 例 27-2

下記の在外子会社A社について，貸借対照表および損益計算書を基に当期の円換算後のキャッシュ・フロー計算書を日本基準(ただし，換算には貸借対照表日の為替レートを適用)およびIAS 7に準拠して，それぞれ作成しなさい。

貸借対照表	外貨 (百万ドル)			円貨 (百万円)		
	前期末	当期末	増減	前期末	当期末	増減
現預金	20	30	+10	2,000	3,600	+1,600
売上債権	20	15	(5)	2,000	1,800	(200)
棚卸資産	10	15	+5	1,000	1,800	+800
固定資産	10	15	+5	1,000	1,800	+800
資産計	60	75	+15	6,000	9,000	+3,000
仕入債務	(20)	(25)	(5)	(2,000)	(3,000)	(1,000)
借入金	(20)	(25)	(5)	(2,000)	(3,000)	(1,000)
負債計	(40)	(50)	(10)	(4,000)	(6,000)	(2,000)
資本金	(10)	(10)	—	(900)	(900)	—
利益剰余金	(10)	(15)	(5)	(900)	(1,450)	(550)
為替換算調整勘定	—	—	—	(200)	(650)	(450)
純資産計	(20)	(25)	(5)	(2,000)	(3,000)	(1,000)
負債純資産計	(60)	(75)	(15)	(6,000)	(9,000)	(3,000)

損益計算書	外　　貨	円　　貨	
	(百万ドル)	(百万円)	
	当　　期	当　　期	
		日本基準	IAS 7
売　上　高	(200)	(24,000)	(22,000)
売 上 原 価	150	18,000	16,500
販　管　費	45	5,400	4,950
当 期 利 益	(5)	(600)	(550)

(注)
① 換算レート
　　前期末貸借対照表日レート　100円
　　期中平均レート(収益・費用等に季節的変動がない場合を想定)　110円
　　当期末貸借対照表日レート　120円
　　資本金，利益剰余金の発生時レート　90円
　　固定資産の取得および新規借入時の実際レートに近似した為替レート　105円
② 在外子会社A社は，当期中に固定資産の新規取得および新規借入5百万ドルを行った。
③ 在外子会社A社の日本基準の円建て損益計算書は，貸借対照表日の為替レートで換算している。また，上記の当期末の円建て貸借対照表の利益剰余金，為替換算調整勘定は，当期の損益計算書を期中平均レートで換算した場合で算定している。
④ 税金の影響は考慮していない。
⑤ 改訂IAS1号(2009年1月1日以降開始する会計年度から適用)で従来の損益計算書に代わり作成・開示が求められている包括利益計算書においては，為替換算調整勘定の変動額は包括利益計算書を通して純資産の部で認識されることとなるが，上記設例では，キャッシュフローに影響を与えないため，当該変更を考慮していない。

解答・解説

キャッシュ・フロー計算書	日本基準	IAS 7
	(百万円)	
営業活動によるキャッシュ・フロー		
当期利益	600	550
売上債権の減少額	600 *1	550 *2
棚卸資産の増加額	(600) *1	(550) *2
仕入債務の増加額	600 *1	550 *2
営業活動によるキャッシュ・フロー	1,200	1,100
投資活動によるキャッシュ・フロー		
固定資産の購入	(600) *1	(525) *3
投資活動によるキャッシュ・フロー	(600)	(525)
財務活動によるキャッシュ・フロー		
長期借入金による収入	600 *1	525 *3
財務活動によるキャッシュ・フロー	600	525
現金および現金同等物に係る換算差額	400	500
現金および現金同等物の純増加額	1,600	1,600
現金および現金同等物期首残高	2,000	2,000
現金および現金同等物期末残高	3,600	3,600

＊1　外貨増減額5百万ドル×当期末貸借対照表日レート　120円
＊2　外貨増減額5百万ドル×期中平均レート　110円
＊3　外貨増加額5百万ドル×実際レートに近似するレート　105円

3. 開示に関する留意事項

（1） 利用制限のある資金の内容

　IAS 7によると，保有する現金および現金同等物のうち当該企業グループにより利用できない重要な金額がある場合には，経営者のコメントとともに開示しなければならない。たとえば，海外子会社が保有する現金および現金同等物が為替管理やその他の法律上の制約により親会社や他のグループ企業に自由に送金できない場合等が該当する。利用制限のある資金は，投資家にとって企業の支払能力の分析を行う上で有用な情報となるものと考えられる。

（2） 連結範囲の変更を伴う子会社株式の取得または売却を行った際の表示区分および注記事項について

　日本基準およびIAS 7ともに，連結範囲の変更を伴う子会社株式の取得または売却にかかわるキャッシュ・フローは「投資活動によるキャッシュ・フロー」の区分に表示する。この際，日本基準では下記項目のうち④の注記が必要となる（ただし，取得又は処分した資産・負債に重要性がある場合）のみだが，IAS 7では下記4つの項目すべてについて注記が求められているため，留意が必要である。
　① 取得又は処分の対価の合計
　② 取得又は処分の対価のうち現金及び現金同等物によって支払われた部分
　③ 取得若しくは処分された子会社又はその他の事業単位の現金および現金同等物の金額
　④ 取得若しくは処分された子会社又はその他の事業単位の現金および現金同等物以外の資産および負債の金額を主要な種類ごとに要約したもの

第28章

セグメント情報

【要約比較表】　IFRS 8 と日本基準との異同点

	IFRS 8	日本基準
開示対象企業	すべての公表財務諸表作成会社に対してセグメント情報の開示を強制	同　左
開示セグメント情報の種類	事業セグメント	同　左
セグメントの認識方法	組織，管理構造および内部報告システムに依拠（マネジメント・アプローチ）	同　左
開示が必要なセグメントの基準	売上高，利益または損失，資産のいずれかが 10% を超えるセグメント	同　左
開示セグメント数の検討	10 を超える場合には，企業は実務上の限界に達しているのかの検討をすべき	特に規定なし
開示情報の範囲	(1) セグメントの概要 (2) セグメントの利益，損失，資産，負債および測定基準に関する情報 (3) 差異調整	(1) 同　左 (2) 同　左 　　ただし一部で内容が異なる (3) 同　左
減損損失	開示対象外	開示対象

のれん，負の のれんの償却 額	開示対象外	開示対象
全社費用のセグメント間配分	合理的な基準に従って配分	同　　左

§1　背　　景

　セグメント情報の開示は，企業活動の多角化・国際化という現状に対応して，企業の収益性，リスクおよび成長性の評価に役立つ情報を提供するために要請される。しかしながら，詳細なセグメント情報の開示は，開示コスト負担の増加のほかに，経営戦略や移転価格に関する企業秘密の漏洩につながりやすく，企業競争上の不利を招きかねない。そのため，過度のセグメント情報開示には，企業は消極的になりやすい。つまり，セグメント情報の開示については，より詳細で実態に即した情報開示を求める情報利用者側と，これに抵抗する企業側との間に利害対立が存在する。

　セグメント情報の実態の反映度すなわち質は，開示セグメントの決定方法とそれに関連する重要性基準や，費用および資産の配分方法に依存し，セグメント情報の詳細度すなわち量は，開示される情報の範囲に依存する。さらに，補足的に開示される定性的情報は，セグメント情報の質と量の両面を補完する。そこで，セグメント情報の開示規制においては，開示セグメントの決定方法とそれに関連する重要性基準，開示情報の範囲，および開示補足情報の内容が問題になる。

　セグメント報告に関する最初のIAS 14「セグメント別報告」は1981年に公表された。この基準は，開示セグメントの決定方法を厳密には示していなかったので，セグメント情報が比較可能性を欠くという問題があった。そこで，IAS

14 は 1997 年に改訂され，リスクと収益性の類似に基づくセグメンテーションを経営組織構造と内部報告システムに依拠して行うというマネジメント・アプローチが報告セグメントの識別規準として導入されたことによって，セグメント識別の不明確さが解消された。さらに，会計基準のコンバージェンスの観点から，米国財務会計基準第 131 号「企業のセグメントおよび関連情報に関する開示」(以下，SFAS 131)との整合性を図るため，用語の整合性から必要な変更を除き，SFAS 131 と同じ基準である IFRS 8「事業セグメント」を 2006 年 11 月に公表している。

　わが国では，1988 年の「セグメント情報の開示基準」の公表以来，段階的にセグメント情報開示制度が整備され，1997 年 4 月 1 日以降開始事業年度から連結財務諸表において，また 2000 年 4 月 1 日以降開始中間会計期間から中間連結財務諸表において，それぞれセグメント情報の開示に関する現行制度が実施されていた。従来の基準では，連結財務諸表の注記事項として「事業の種類別セグメント情報」，「所在地別セグメント情報」および「海外売上高」といった 3 つのセグメント情報の開示が規定されていた。このようなセグメント情報は財務諸表利用者にとって重要な情報を提供するものとされていた一方で，セグメント情報の開示制度が実質的に十分機能していないという指摘がなされてきた (結論の背景 45)。この問題に対処するため，また国際会計基準とのコンバージェンスの観点から，企業会計基準委員会は，2008 年 3 月に企業会計基準第 17 号「セグメント情報等の開示に関する会計基準」(以下，セグメント情報会計基準)と企業会計基準適用指針第 20 号「セグメント情報等の開示に関する会計基準の適用指針」(以下，セグメント情報適用指針)を公表し，2010 年 4 月 1 日以降開始する事業年度から適用することを要請している(以下，セグメント情報会計基準とセグメント情報適用指針をあわせて日本基準という)。この新しい「セグメント情報会計基準」では，IFRS 8 と同じくマネジメント・アプローチを採用したことが大きな特徴となっているが，一方で固定資産の減損損失に関する報告セグメント別情報およびのれんに関する報告セグメント別情報を開示に関する日本基準特有の取扱いも規定している。

§2 バリエーションの分析と評価

1. 適用対象企業

　IFRS 8 は，証券取引所に上場または上場の手続き中にある企業の個別財務諸表または，上場または上場の手続き中にある親会社を含むグループの連結財務諸表に適用され，両方を公開している場合，連結財務諸表のみにセグメント情報の開示を要求している(par. 2)。日本基準でも同様に，連結財務諸表でセグメント情報の開示を行っている場合には，個別財務諸表での開示は要求されないものとされている(セグメント情報会計基準 3)。

2. 事業セグメントの識別方法

（1） 事業セグメントの定義

　IFRS 8 と日本基準は，企業の構成単位で以下のすべてに該当するものを事業セグメントと定義している(par. 6，セグメント情報会計基準 6)。
- ① 収益を獲得し，費用が発生する事業活動に関わるもの
- ② 企業の最高意志決定者が，事業セグメントに配分すべき資源に関する意志決定を行い，その業績を評価するために経営成績を定期的に検討するもの
- ③ 分離した財務情報を入手できるもの

　ここで，最高意志決定者とは機能を示す用語であり，その機能とは事業セグメントに資源を配分し，業績を評価することである(par. 7)。具体的には，取締役会のような会議体である場合や，最高経営責任者または最高執行責任者とい

った個人の場合があると考えられる。

　ただし，新規事業を立ち上げた場合のように，企業の一部を構成する事業であっても収益を獲得していない，または付随的な収益を獲得しているに過ぎない事業は，IFRS 8 は事業セグメントに含まれるとしているが(par. 5)，日本基準では事業セグメントまたは事業セグメントの一部には含まれない(セグメント情報会計基準 7)。

（2） 事業セグメントの識別

　IFRS 8 および日本基準は，集約基準により一定の要件を満たす事業セグメントを 1 つの事業セグメントに集約し，量的基準により当該事業セグメントを開示するのかどうかを決定しなければならない，としている。IFRS 8 はセグメントの区分基準として経済的特徴が概ね類似しているということが要件として，複数の事業セグメントを 1 つの事業セグメントに集計することを要求しているため，類似した経済的特徴を有し，かつ当該セグメントが次のすべての点において類似している場合，当該セグメントを 1 つの事業セグメントとして集計することができる(par. 11)。

　(a)　製品・サービスの性質
　(b)　製造工程の性質
　(c)　製品・サービスに対する顧客の種類または階層
　(d)　製品の流通またはサービスの提供の形態
　(e)　可能であるならば，規制環境の特質(たとえば，銀行，保険あるいは公益事業)

　これに対して，日本基準も同様に集約基準の要件として次の 3 つを要求している。

　①　事業セグメントの集約が財務利用者に適切な情報を提供するという基本原則と整合していること
　②　経済的特徴が概ね類似していること
　③　IFRS 8 の要件と同様の特徴を有していること

したがって，IFRS 8 と日本基準は事業セグメントを決定するための集約基準において相違はない。また IFRS 8 と日本基準は，この集約基準により決定された事業セグメントのうち，次の量的基準のいずれかを満たす事業セグメントは必ず開示しなければならない(par. 13, セグメント情報会計基準 12)としている。

① 外部およびセグメント間の売上高がすべての事業セグメントの売上高の 10% 以上であること
② 利益または損失の絶対値が，(a)利益を計上しているすべてのセグメントの合計利益額，または(b)損失を計上しているすべての事業セグメントの合計損失額の絶対値のいずれか大きい額の 10% 以上であること
③ 資産がすべての事業セグメントの資産合計の 10% 以上であること

このいずれかの基準を満たす事業セグメントは開示が強制されているが，いずれの量的基準にも満たない事業セグメントを開示することも可能である。事業セグメントが類似の経済的特徴を有しており，かつ集約基準の半数以上を共有する場合についてのみ，量的基準を満たさない事業セグメントに関する情報を，量的基準を満たしていない他の事業セグメントに関する情報を合算することにより，報告セグメントを作ることができる(par. 14, セグメント情報会計基準 13)。また，集約基準の半数以上を満たしていない場合においても，報告セグメントの外部売上高の合計額が事業全体の売上高の 75% に達するまでセグメントを追加して，事業セグメントを識別しなければならない(par. 15, セグメント情報会計基準 14)。

これらの基準により，報告セグメントに含まれない事業セグメントおよび事業セグメントに関する情報は，一括して差異調整の中で他の調整項目とは区別して「その他」の区分に開示されなければならず，「その他」の区分に含まれる事業名称や収益源泉が記載されなければならない(par. 16, セグメント情報会計基準 15)。また，ある事業セグメントの量的な重要性の変化により，報告セグメントとして開示する事業セグメントの範囲を変更する場合には，実務上困難な場合を除いて，その旨および前年度のセグメント情報を当年度の報告セグメントの区分により作り直した情報を開示しなければならない(セグメント情報会計

基準16)。

　またIFRS 8では，直前期において報告セグメントとして識別した事業セグメントが継続して重要であると判断される場合には，当該セグメントが当期において量的基準を満たしていない場合であっても当該セグメントに関する情報を当期も継続して報告するという継続性が求められている。さらに，IFRS 8は報告セグメントの数に関しても一定の上限を考慮しており，報告セグメント数が10を超える場合には，企業は実務上の限界に達しているのかを検討すべきであるとしているが，日本基準ではこのような報告セグメント数に関する規定はない。

3. マネジメント・アプローチ

　米国基準では，開示すべきセグメント区分の定義が不明確であったため，企業の恣意的な解釈により，開示されるセグメント数が少ないことや単一セグメントとして報告する企業が多いことが問題となっていた。マネジメント・アプローチはこの問題を解消することができるとされた方法であり，SFAS 131において初めて導入された。SFAS 131とほぼ同じ内容となったIFRS 8においても，経営上の意志決定を行い，業績を評価するために経営者が企業を事業の構成単位に分割した方法を基礎とする「マネジメント・アプローチ」が導入されている。またわが国の「セグメント情報会計基準」でも同じく「マネジメント・アプローチ」が導入されている。

　このマネジメント・アプローチの特徴は以下のようにまとめられている(セグメント情報会計基準45)。

① 企業の組織構造，すなわち，最高経営意志決定機関が経営上の意志決定を行い，また，企業の業績を評価するために使用する事業部，部門，子会社または他の内部単位に対応する企業の構成単位に関する情報を提供すること

② 最高経営意志決定機関が業績を評価するために使用する報告において，特定の金額を配分している場合にのみ，当該金額を構成単位に配分するこ

と

③ セグメント情報を作成するために採用する会計方針は，最高経営意志決定機関が資源を配分し，業績を評価するための報告の中で使用するものと同一にすること

また企業会計基準委員会は，このマネジメント・アプローチの長所と短所を比較検討している。長所として，財務諸表の利用者が経営者の視点で企業を分析することができ，経営者の行動を予測し，その予測を企業の将来キャッシュフローの評価に反映することが可能である，当該セグメント情報の基礎となる財務情報は，経営者が利用するためにすでに作成済みであり，企業にとって追加的費用が比較的少ない，そして実際の企業の組織構造に基づく区分を行うため，その区分に際して恣意性が入りにくい，という３つの点を挙げている。

一方で短所として，企業の組織構造に基づく情報であるため，企業間比較や同一企業における時系列比較が困難になる，または企業内部で利用される財務情報の開示を要求することは，企業の事業活動の障害となる可能性があるという点があるとしている。

4. 開示情報の範囲と測定方法

開示されるセグメント情報の範囲は，セグメント情報の量を規定するので，セグメント情報の有用性に影響する。開示情報の範囲を売上高，売上総利益，営業損益，経常損益，純損益のどの段階までとするか，あるいは資産や負債を含めるか否かについては，企業側は企業秘密秘匿の見地からできるだけ範囲を限定しようとするのに対して，情報利用者側は有用性の見地からより広範囲にわたる情報の提供を求めるという利害の対立が考えられる。IFRS８と日本基準は，開示しなければならない情報として次の項目を挙げている。

① 報告セグメントの概要

企業は報告セグメントの決定方法と各報告セグメントに属する製品及びサービスの種類について開示しなければならない。報告セグメントの決定方法では，事業セグメントを識別するために用いた方法および複数の事業セグメント

を集約した場合にはその旨についての記載を行う。

② 報告セグメントの利益，損失，資産，負債および測定基準に関する情報
報告セグメントの利益または損失を報告しなければならない(par.23)。報告セグメントについて資産および負債合計額が定期的に最高経営意志決定機関に提供され，利用されている場合は，資産額および負債額を開示しなければならない(par.23)。一方，日本基準では，報告セグメントの利益または損失や資産の額を開示しなければならない(セグメント情報会計基準19)。報告セグメントについて負債に関する情報が定期的に，最高意思決定機関に提供され，使用される場合には，負債額を開示しなければならない(セグメント情報会計基準20)。また，IFRS 8 は最高経営意志決定機関が検討するセグメントの利益または損失額に次の項目が含まれている場合，あるいは含められていなくても他の方法により次の項目が最高経営意志決定機関に提供されている場合は，企業は各事業セグメントに関してそれらを開示しなければならないとしている。

(a) 外部顧客への売上高
(b) 事業セグメント間の内部売上
(c) 受取利息
(d) 支払利息
(e) 減価償却費および償却費
(f) IAS 1「財務諸表の表示」の 86 項に従って開示される重要な収益および費用
(g) 持分法投資利益または損失
(h) 法人税費用または収益
(i) 減価償却費および償却費以外の重要な非現金項目

セグメント収益の半分以上が受取利息であり，かつ最高経営意志決定機関が当該セグメントの業績を評価し，また当該セグメントに配分すべき資源に関する意志決定を行うに当たり純利息収益に主として依存していない限り，企業は受取利息と支払利息とを区別して報告しなければならないとしている。

これに対して，日本基準では次の項目が報告セグメントの利益または損失額に含まれている場合，または含められていない場合であっても，次の項目が最

高経営意志決定機関に定期的に提供されている場合は，各報告セグメントの当該金額を開示することを要求している(セグメント情報会計基準21)。

(a) 外部顧客への売上高
(b) 事業セグメント間の内部売上
(c) 減価償却費および償却費(のれんの償却額を除く)
(d) のれんの償却額および負ののれんの償却額
(e) 受取利息および支払利息
(f) 持分法投資利益または損失
(g) 特別利益および特別損失
(h) 税金費用(法人税等および法人税調整額)
(i) 上記以外の重要な非現金項目

このように，日本基準ではIFRS 8とは異なり受取利息と支払利息を区別して報告することを要求しておらず，のれんの償却額および負ののれんの償却額を個別に開示することを要求している。

またIFRS 8は，企業が開示する報告セグメントの資産額の算定に，以下の項目が含まれている場合，または含められていない場合であっても次の項目が最高経営意志決定機関に対して定期的に提供されている場合には，企業は報告すべき各セグメントに関して以下の項目を開示しなければならないとしている。

(a) 持分法適用会社への投資額
(b) 金融商品，繰延税金資産，退職後給付資産および保険契約から生じる権利を除く，非流動資産(一年を超えて回収が見込まれる金額を含む)に追加される支出合計額

これに対して，日本基準は次の項目を挙げている(セグメント情報会計基準22)。

(a) 持分法適用会社への投資額
(b) 有形固定資産および無形固定資産の増加額

このように，企業が報告すべき項目について，日本基準はIFRS 8ほど明確な規定を設けていない。

次に，報告される各セグメント項目の金額の測定についてIFRS 8と日本基準は同様に，事業セグメントに資源を配分する意志決定を行い，その業績を評価する目的で最高意志決定機関に報告される金額に基づいて行わなければならない，としている。さらに財務諸表の作成に当たって行った修正および相殺消去，ならびに収益，費用および利益または損失の配分額は，最高意志決定機関が使用するセグメント利益または損失，資産または負債の算定に含まれている場合にのみ，報告セグメントの各項目の額に含めると規定しており，IFRS 8はこの測定を強制しているのに対し(par.25)，日本基準は経営者の任意としている(セグメント情報会計基準23)。ただし，両基準とも配分する場合には合理的な基準に従って配分することを要求している。

IFRS 8は，企業が開示する項目の測定方法についての開示を要求しており，少なくとも次の項目を開示しなければならないとしている。
(a) 報告セグメント間の取引がある場合，その会計処理の基準
(b) 報告セグメント利益または損失の金額と，法人税または法人税等調整額および廃止事業前の利益または損失との間の差異の性質
(c) 報告セグメント資産の金額と財政状態計算書計上額との差異の性質
(d) 報告セグメント負債の金額と財政状態計算書計上額との差異の性質
(e) 報告セグメントの利益または損失の測定方法を前期に採用した方法から変更した場合は，その性質および当該変更が利益または損失額に与えた影響
(f) セグメントへの不整合な配分があればその性質および影響

これに対して，日本基準は以下の項目の開示を要求している。
(a) 報告セグメント間の取引がある場合，その会計処理の基準
(b) 報告セグメント利益または損失の合計額と損益計算書の利益または損失額との間に差異があり，再調整に関する事項の開示でその内容が明らかでない場合，その内容
(c) 報告セグメント資産の合計額と貸借対照表計上額との間に差異があり，再調整に関する事項の開示からその内容が明らかでない場合，その内容
(d) 報告セグメント負債の合計額と貸借対照表計上額との間に差異があり，

再調整に関する事項の開示からその内容が明らかでない場合，その内容

(e) 報告セグメントの利益または損失の測定方法を前期に採用した方法から変更した場合は，その旨，変更の理由および当該変更がセグメント情報に与えた影響

(f) 事業セグメントに対する特定の資産または負債の配分基準と関連する収益または費用の配分基準が異なる場合には，その内容

IFRS 8 が最低限開示しなければならない項目を挙げている一方で，日本基準も多くの項目については IFRS 8 と同様の項目を開示するように要求しているが，差異調整の項目で開示される場合については，利益または損失あるいは資産または負債の報告セグメントの合計額と財務諸表計上額との差異に関する事項の開示は要求されない。

③ セグメント情報として開示される項目の合計額と，これに対応する財務諸表計上額との間の差異調整に関する事項

IFRS 8 と日本基準は同様の規定をおいており，以下のすべてについて差異調整に関する事項の開示を要求している。

(a) 報告セグメントの売上高の合計と包括利益計算書または損益計算書の売上高計上額

(b) 報告セグメントの利益または損失の合計額と包括利益計算書または損益計算書の利益または損失の計上額

(c) 報告セグメントの資産の合計額と財政状態計算書または貸借対照表の資産計上額

(d) 報告セグメントの負債の合計額と財政状態計算書または貸借対照表の負債計上額

(e) その他の開示される各項目について，報告セグメントの合計額とその対応する科目の財務諸表計上額

加えて両基準は，重要な調整項目がある場合には，当該項目を個別に記載することも要求している。

5. 資産，負債，収益および費用項目の配分方法

　複数のセグメントに共通して発生する収益および費用，あるいは複数のセグメントで共同使用する資産や共同で負担する負債，さらには全社費用・資産および負債を，各セグメントに配分する方法は，セグメント情報の質に影響する。IFRS 8 は，資産，負債，収益および費用を事業セグメントに配分する場合には，当該金額を合理的な基準に従って配分することを要求している。日本基準でも同様に，特定の収益，費用，資産または負債を事業セグメントに配分する場合には，合理的な基準に従って行われなければならない，とされている(セグメント情報会計基準23)。営業費用の配分に関しても日本基準は，まず営業費用を各セグメントに直課できる営業費用と直課できない営業費用とに分け，次に，直課できない営業費用をそれぞれの性質に応じ各企業の実情に即した合理的配分基準のあるものとないものとに分ける。また，資産についても同様に各セグメントに直課できる資産と直課できない資産に分け，直課できない資産のうち複数の事業セグメントで利用されている資産については，関係する事業セグメントの利用面積や人員数，取扱量(金額)または生産量(金額)といった合理的基準により配分することとされている(セグメント情報適用指針11)。事業セグメントに配分しない特定の収益，費用，資産または負債を，それぞれ全社収益，全社費用，全社資産または全社負債といい，差異調整に関する事項としてこれらの項目を開示する必要がある(セグメント情報適用指針12)。

6. 会計方針その他の補足情報の開示

（1） 非開示とされた重要な内部財務報告セグメント

　IFRS 8 は，内部財務報告セグメントとして設定されている事業別または地域別セグメントであっても，その売上高の過半が他のセグメントへのものであ

る場合には，開示セグメントとしないこととしているが，その外部売上高が全外部売上高合計の10%以上を占める場合には，その事実，外部売上高，および他のセグメントへの内部売上高または振替高を，開示しなければならないとしている (par. 74)。日本基準では，垂直的に買手側セグメントに統合された売手側内部財務報告セグメントに関して，このような開示要請はない。

（2） 振替価額の決定基準

IFRS 8 は，セグメント間の取引があればその会計処理の基準を開示することを要求しており (par. 27 (a))，日本基準もまた同様の開示を要求している (セグメント情報会計基準 24 (1))。事業の種類別セグメント間の振替価格の決定基準は，下請業者との納入価額の取決め等に，また所在地別セグメント間の振替価額の決定基準は，移転価格課税やダンピング制裁問題との関係で，企業にとってはきわめて重要な内部情報である。そのため企業には，振替価額の決定基準の開示に抵抗があると予想される。しかし，セグメント情報の有用性という観点からは，この開示が要請される。

（3） セグメント会計方針の変更

IFRS 8 では，セグメント報告で採用された会計方針の変更がセグメント情報に重要な影響を及ぼす場合に，変更の内容，変更の理由，合理的に算定できる場合にはその財務諸表に及ぼす影響額を開示しなければならない。さらに期間比較のために表示される過年度のセグメント情報も不可能でない限り修正再表示しなければならない。この比較情報の修正再表示の有無も開示が要求される (par. 29)。セグメントの識別方法を変更したにもかかわらず，過年度のセグメント情報を新基準で再表示することが不可能な場合には，変更年度において新基準と旧基準の両方でセグメント情報を開示しなければならない (par. 30)。

「セグメント情報会計基準」においても，企業の組織構造の変更などの企業の管理手法が変更されたことを原因として，報告セグメントの区分方法を変更す

る場合，その旨，前年度のセグメント情報を当年度の区分方式により作り直した情報を開示することを要求している(セグメント情報会計基準27)。ただし，前年度のセグメント情報を当年度の区分方法により作り直した情報を開示することが実務上困難な場合には，当該情報を前年度の区分方法により作成した情報を開示することも可能である。さらに，上記のセグメント情報の開示が実務上困難である場合には，開示が実務上困難な旨およびその理由を記載することが要求される。

(4) 開示セグメントの内容

　IFRS 8 は，各事業別セグメントに含まれる製品・サービス情報(par. 32)，地域情報(par. 33)，主要取引相手に関する情報(par. 34)を開示することを要求している。報告される金額は，財務諸表を作成するために使用した財務情報を基準にして決定されなければならない。また地域情報については，必要な情報が入手できない，または作成コストが高すぎる場合は，当該事実を開示しなければならない。

　「セグメント情報会計基準」も同様に，製品・サービスに関する情報(セグメント情報会計基準30)，地域に関する情報(セグメント情報会計基準31)，主要な顧客に関する情報(セグメント情報会計基準32)の開示を要求している。さらに，同一企業集団に属する取引相手への売上高については，企業が認識可能である限り集約し，主要取引相手に該当するのかどうかを判断することを要請している(セグメント情報会計基準93)。

7. 減損損失とのれんの開示

　日本基準では，セグメント情報会計基準の目的として，固定資産の減損損失とのれんに関する報告セグメント別情報の開示を挙げている。日本基準は，企業が損益計算書に固定資産の減損損失を計上している場合には，当該企業が財務諸表を作成するために採用した会計処理に基づく数値により，その償却額お

よび未償却残高に関する報告セグメントの内訳をそれぞれ開示することを要求している(セグメント情報会計基準33)。また報告セグメントに配分されない減損損失がある場合には，その額および内容を記載しなければならないが，セグメント情報の中で同様の情報が開示されている場合には，開示を免れる。

また，損益計算書にのれんの償却額または負ののれんの償却額を計上している場合には，当該企業が財務諸表を作成するために採用した会計処理に基づく数値により，その償却額および未償却残高に関する報告セグメント別の内訳をそれぞれ開示することが要求されている(セグメント情報会計基準34)。減損損失と同様に，報告セグメントに配分されないものがある場合には，その償却額および未償却残高ならびにその内容を記載しなければならないが，セグメント情報の中で同様の情報が開示されている場合には，開示を免れる。とりわけ，損益計算書上に重要な負ののれんを計上する場合には，認識した事象について報告セグメント別の概要の開示が要求される(セグメント情報会計基準34-2)。

§3　実務上の留意事項と設例

マネジメント・アプローチの採用が与える影響

留意事項

IFRS 8および改訂後の日本基準(企業会計基準第17号『セグメント情報等の開示に関する会計基準』)では，マネジメント・アプローチ，すなわち，経営上の意思決定や業績評価を行うために日常的に検討される内部報告を基礎とした事業セグメントの識別が求められている。これは，セグメント情報が管理会計を基礎として作成され，従来内部情報であった管理単位や管理会計数値がそのまま外部に開示される可能性があることを意味している。これに伴い，実務上は以下のような点に留意することが必要と考えられる。

(1) セグメントの分類方法

日本公認会計士協会の調査(日本公認会計士協会『決算開示トレンド〈平成19年版〉有価証券報告書300社の実態分析』中央経済社)によると，2006年度において調査対象となった上場企業300社について，事業の種類別セグメント情報における事業区分の方法は，以下のとおりである。

複数のセグメントとしている企業の採用している事業区分の方法(重複あり)

① 種類，製造方法，販売市場等の類似性を考慮した製品系列別等によっている	147社
② 内部管理上採用している区分によっている	66社
③ 売上集計区分又は損益集計区分によっている	41社
④ 日本標準産業分類によっている	21社
⑤ その他	10社

旧基準のもとでも，「②内部管理上採用している区分によっている」に該当する企業が2割程度あるものの，多くの企業がマネジメント・アプローチの導入により，セグメント区分の見直しを迫られることとなると考えられる。

また，同調査によると，300社中42社が単一セグメントの開示(1セグメントの売上高および営業損益の絶対値および全セグメント資産の金額の合計額に占める割合がいずれも90%を超えており，他に開示すべきセグメントがないため単一のセグメントとしている企業を含む)となっているが，これらの中にも，マネジメント・アプローチの採用に伴い，セグメント区分の見直し(細分化)が必要となる企業があると考えられる。

(2) 他の会計基準との関連

　IFRS 36「資産の減損」では，資産のグルーピングにおいて，他の資産からのキャッシュ・インフローと独立しているかどうかの識別に際して考慮する要因として，経営者が企業の事業をどのように監視しているか（たとえば，製品系列別，事業別，各場所別，地方別又は地域別）を挙げている (IAS 36 par. 69)。また，減損テストでのれんが配分される資金生成単位は，のれんが内部管理目的で監視されている，企業における最小の単位を示すものでなければならず，IFRS 8「事業セグメント」に従って決定された事業セグメントよりも大きいものであってはならないとされている (IAS 36 par. 80)。

　マネジメント・アプローチに基づく事業区分の識別を行う際には，これら他の会計基準との整合性に十分留意する必要がある。すなわち，セグメント報告や上記の減損会計における判断のように，内部管理目的の要素が会計基準に反映されるケースが増えてきており，投資回収・採算管理の視点における経営全体としての統一的な判断と，その結果としての会計処理に整合性を保つことが従来以上に求められることになると考えられる。

(3) 管理会計と財務会計の整合性

　IFRS 8および日本基準ともに，報告セグメント数値の合計額と財務諸表数値との一致は要求されていない。マネジメント・アプローチにより内部の管理会計上の数値をそのまま開示する結果，財務会計上の数値とは必ずしも一致しなくなるためである。そこで，両基準ともに報告セグメント数値の合計額と財務諸表数値に差異がある場合に，重要な調整項目について個別に記載することを要求しており，日本企業が新たにマネジメント・アプローチを採用する場合，この差異要因の開示が実務上大きな影響を与える可能性がある。

　管理会計と財務会計との調整項目は，主に管理会計上どのような会計処理方法を採用しているかにより各社で異なると考えられるが，たとえば次のような

項目が考えられる。

① セグメント利益

セグメント利益として，管理会計上用いられる独自利益概念（セグメント貢献利益等）を利用する場合には，財務会計上の利益（営業利益，経常利益等）との調整が必要となる。

② 為替換算による差異

管理会計上は月次単位で業績を把握するために単月での換算を行うが，財務会計上は年間ベースでの累計換算を行っているような場合には，売上高等の調整項目を構成することになる。

③ 会計処理の相違による差異

財務会計上は連結財務諸表の作成にあたり債権債務，未実現利益の消去等を行うが，管理会計上は簡便的にこれらの処理を省略する場合には，差異が生じる原因となる。

④ 連結範囲の違いによる差異

制度上は重要性がないため連結の範囲に含まれないが，管理会計上は連結対象としている場合，もしくは逆に財務会計上のみ連結の範囲に含めている子会社がある場合には，差異を構成する要因となる。

このように，財務会計と管理会計で異なる会計処理を採用している場合には，差異調整に想定以上の時間を要する可能性があるため，処理を統一する，あるいはあらかじめ差異の原因および金額を把握する仕組みを構築しておく等の対応が必要になると考えられる。また，財務会計と管理会計で主管部署が異なる場合には，どの部署で調整を行い差異を管理するか等，部署間のコミュニケーションを適切に図ることが決算をスムーズに行う上で重要となる。

（4） 決算財務報告プロセス

マネジメント・アプローチを採用することで，自社の決算財務報告プロセスにも影響を及ぼすことが想定される。管理会計が決算財務報告プロセスの一部を占めることとなるため，企業によっては内部統制を評価する上で，決算財務

報告プロセスの再検討が必要になることが考えられる。

(5) 財務諸表利用者にとっての影響

マネジメント・アプローチによりセグメント情報が作成されることで，投資家等の財務諸表利用者にとっても有用な情報提供となることが期待される。内部管理と同様のセグメント区分に基づく情報が開示されるため，経営者と同じ視点に立った分析が可能になり，経営者の行動を予測しやすくなるためである。さらに，関連情報として，製品およびサービスに関する情報，地域に関する情報，主要な顧客に関する情報の開示が求められており，経営者が適切な内部管理を行っていれば，従来以上に充実した開示情報となることが期待される。

一方で，開示を行う企業にとっては，より細分化されたセグメント情報や特定の製品又はサービス，主要な顧客に関する情報の開示を行うことで，競合他社や取引先に自社にとって不利な情報まで知られてしまうリスクも想定される。

また，経営管理という視点では，開示情報の内容や充実度合いによって，外部から経営管理の仕組み自体が評価されることを意味しており，企業としては管理会計の整備状況の見直しも検討のうえ，開示内容を決定する必要があると考えられる。

設 例 28-1

IFRS 8 に関する以下の記述は正しいか誤っているか。

(1) IFRS 8 においては，セグメント情報の開示は連結財務諸表のみに適用され，個別財務諸表においてセグメント情報の開示が要求されることはない。

(2) IFRS 8 において報告すべき各セグメントについての情報には，利益(又は損失)の額のほか，総資産や総負債に関する情報が含まれることがある。

(3) 製品およびサービスに関する情報，地域に関する情報，主要な顧客に関する情報は，報告セグメントが1つしかない場合においても開示しなけれ

ばならない。

解答・解説

(1) 誤り。IFRS 8 は連結財務諸表および個別財務諸表に関係なく適用されるため，個別財務諸表しか公表していない企業については，個別財務諸表においてセグメント情報の開示を行う必要がある。これは改訂後の日本基準においても同様である。

(2) 正しい。総資産や総負債に関する情報が日常的に最高経営意思決定者に提供されている場合は，総資産や総負債の測定値を報告しなければならない。日本基準においては，全ての企業に対して各セグメントの利益（又は損失）と総資産額を開示することが要求されている。負債の額についてはIFRS 8 と同様である。

(3) 正しい。日本基準においても同様の規定がある。

第29章 関連当事者

【要約比較表】 IAS 24 と日本基準との異同点

	IAS 24	日本基準
関連当事者の範囲		
① 親会社	関連当事者に該当する	同 左
② 兄弟会社	関連当事者に該当する	同 左
③ その他の関係会社	関連当事者に該当する	同 左
④ その他の関係会社の親会社, 子会社	関連当事者に該当する	同 左
⑤ 主要株主およびその近親者	関連当事者に該当する	同 左（ただし主要株主, 近親者の定義が異なる。定義参照。）
⑥ 子会社	関連当事者に該当する	同 左
⑦ 関連会社	関連当事者に該当する	同 左
⑧ ジョイント・ベンチャー	関連当事者に該当する	明示規定なし（関連会社である場合には関連当事者に該当）
⑨ 関連会社の子会社	関連当事者に該当する	同 左
⑩ 役員およびその近親者	関連当事者に該当する	同 左（ただし近親者の定義が異なる。定義参照。）

⑪	親会社の役員およびその近親者	関連当事者に該当する	同　左 （ただし近親者の定義が異なる。定義参照。）
⑫	重要な子会社の役員およびその近親者	明示規定なし	関連当事者に該当する （ただし近親者の定義に注意，定義参照。）
⑬	上記⑤⑩⑪が重要な議決権をもつ会社	関連当事者に該当する	同　左 （ただし過半数の議決権をもつ場合に限定）
⑭	上記⑫が重要な議決権をもつ会社	明示規定なし	関連当事者に該当する （ただし過半数の議決権をもつ場合に限定）
定　義			
①	主　要　株　主	重大な影響を与える持分の保有者として数値要件の明示なし	10％以上の保有者
②	近　親　者	影響を与えるあるいは受ける親族とし配偶者，子供，扶養者等を例示	二親等以内の親族に限定
開示内容			
①	取引，未決済残高	開示対象	同　左
②	取　引　条　件	開示対象	同　左
③	貸倒引当金残高，貸倒損失	開示対象	同　左
④	役　員　報　酬	開示対象	関連当事者との取引としては開示対象外
⑤	親会社の存在	開示対象	同　左
⑥	関連会社の要約財務諸表	開示対象であるがIAS 28で規定	開示対象
⑦	政府関連企業	一部開示免除	規定なし

§1 背　　景

　IAS 24「関連当事者の開示」は1984年7月に公表され1994年に再設定(リフォーマット)されたものである。その後2003年に改訂版が公表された。また2007年2月に公開草案「国との関係—IAS第24号の改訂案」が公表され，2008年12月に改訂された。ここでは，国の支配下にある事業体に対して開示規定の多くを免除する方向で検討されている。

　日本においては1990年から関連当事者との取引は開示されていたが注記ではなく有価証券報告書の「企業集団等の状況」における開示項目であった。その後1998年の連結財務諸表規則の改正および1999年の財務諸表等規則の改正により注記事項とされた。なお日本公認会計士協会からは1999年に監査委員会報告第62号「関連当事者との取引に係る情報の開示に関する監査上の取扱い」が公表された。これは監査上の取扱いのみにかぎらず関連当事者との取引の開示に関する実務指針的な性格をもったものであった。

　その後コンバージェンスに向けた共同プロジェクトの中で2005年に日本の企業会計基準委員会とIASBとの協議が行われた。その結果として2006年10月に企業会計基準委員会から企業会計基準第11号として「関連当事者の開示に関する会計基準」(以下：関連当事者会計基準)および「関連当事者の開示に関する会計基準の適用指針」(企業会計基準適用指針第13号)(以下：関連当事者実務指針)が公表され2008年4月1日以降開始事業年度から適用されることとなった。

§2　IAS 24 の分析と評価

1. 適用範囲，開示箇所と目的

(1) 適 用 範 囲

IAS 24「関連当事者の開示」は以下の事項に適用される(par. 2)。
(ⅰ) 関連当事者との関係と取引の特定
(ⅱ) 企業と関連当事者との間の履行義務を含む未決済残高の特定
(ⅲ) 上記(ⅰ)および(ⅱ)の開示が求められる状況の特定
(ⅳ) これらの事項についての開示の決定

(2) 開 示 箇 所

　関連当事者との取引および未決済残高は，財務諸表において開示されるが企業集団内の取引および未決済残高は連結財務諸表上，相殺消去され開示されない(par. 4)。IFRS では原則として連結財務諸表の開示のみが要求されていると解されるため(IAS 27 pars. 9-11)連結財務諸表において相殺された関連当事者との取引は開示対象外であると解される。なお IAS 24 は連結財務諸表と個別財務諸表の両方に適用されるとされている(par. 3)。
　日本基準では連結財務諸表または個別財務諸表において開示が要求されている。ただし連結財務諸表において開示がなされた場合には個別財務諸表では開示を省略することができる(関連当事者会計基準 4)。日本基準では連結財務諸表とともに個別財務諸表の開示も求められていることから，このような規定となっているが，実質的には IAS 24 と同様であると言える。なお日本基準におい

ても連結財務諸表上相殺された取引は連結財務諸表の「関連当事者との取引」において開示対象外とされている(関連当事者会計基準6)。

(3) 目 的

関連当事者関係は，関連のない当事者との取引において通常は実行しないと思われる取引を実行する場合がある。このような取引は企業の損益および財政状態に影響を与える(par.6)。また取引が発生しない場合でもその存在が企業の損益および財政状態に影響を与える場合もある(par.7)。関連当事者取引，履行義務を含む未決済残高についての知識によって，企業が直面しているリスクや機会の評価などを含む，企業の活動に対する財務諸表利用者の評価が影響を受けるかもしれない(par.8)。財務諸表利用者の意思決定のためにより充実した情報を提供するため関連当事者についての開示が行われると考えられる。

2. 定 義

IAS 24 ではいくつかの定義が示されている。主なものは以下のとおりである(par.9)。この中でも関連当事者の定義は重要である。この点について日本基準と比較して明示していない部分がある。また IAS 24 では，主要株主については「支配している当事者」，「重大な影響を与える持分を保有している当事者」，あるいは近親者については「影響を与えるかまたは影響を与えられることが予想される親族の一員」という抽象的な表現で示しているのに対し日本基準では前者については「10% 以上の保有者」(関連当事者会計基準 5(6))，後者については「二親等以内」(関連当事者会計基準 5(8))などの具体的な基準で示している。

(1) 関連当事者

財務諸表作成企業(報告企業)と関連する個人もしくは企業で，以下に該当す

る個人もしくは企業は，関連当事者となる(par. 9)。
(1) 個人もしくはその近親者で報告企業と以下の関係にある者
　a. 報告企業を支配もしくは共同支配している。
　b. 報告企業に重要な影響を及ぼしている。
　c. 報告企業もしくは報告企業の親会社の経営幹部である。
(2) 以下の条件に当てはまる企業
　a. 報告企業と同一集団に属している企業(親会社，子会社，兄弟会社)
　b. ある企業が，他の企業の関連会社またはジョイントベンチャーである。(または，ある企業が，他の企業が属する集団に属する企業の関連会社またはジョイントベンチャーである)
　c. 同じ団体の支配下にある双方のジョイントベンチャー
　d. 他の企業のジョイントベンチャーである企業と，他の企業の関連会社
　e. 報告企業または報告企業に関連する企業の退職給付制度である。報告企業自体が退職給付制度である場合は，対象となる雇用主
　f. 当該企業が(1)に該当する個人に支配または共同支配されている。
　g. (1)a. に該当する個人が，重要な影響を及ぼす企業または経営幹部である企業(または親会社の経営幹部である企業)

なお関連会社にはその子会社を含みジョイント・ベンチャーにはその子会社も含む(par. 12)。

また以下の場合には，関連当事者にはならない(par. 11)。
(ⅰ) 単に共通の経営幹部，取締役が存在する場合
(ⅱ) 共通のジョイント・ベンチャーを単に共同支配している2社
(ⅲ) 資金提供者，労働組合，公共企業体，支配または重要な影響を与えない省庁機関
(ⅳ) 取引量が重要となった得意先，仕入先，フランチャイザー，卸売業者，総代理店で結果として経済的依存度が高くなった相手先

（2） 関連当事者取引

報告企業と関連当事者間の資源，役務あるいは債務の移転。ただし有償，無償を問わない。

（3） 個人の近親者

企業との取引においてその個人に対して影響を与えるかまたは影響を与えられることが予想される親族の一員をいい，下記の者が含まれると考えられる。
 (i) 子供，配偶者，家庭内パートナー
 (ii) 配偶者または家庭内パートナーの子供
 (iii) 扶養者または配偶者あるいは家庭内パートナーの扶養者

（4） 報　　　酬

下記に示した IAS 19「従業員給付」に定義されているすべての従業員給付が含まれる。なおこれには IFRS 2「株式報酬」が適用される従業員給付も含まれる。
 (i) 短期従業員給付
 (ii) 退職後給付
 (iii) 長期休暇給付，長期休業補償などのその他の長期給付
 (iv) 退職金
 (v) 株式報酬

（5） 支　　　配

その企業の活動から利益を得るために企業の財務および営業方針を決定する権限

（6） 共同支配

契約上の合意による経済的活動の支配の共有

（7） 経営幹部

企業の活動の計画，指示，支配について直接または間接的に権限と責任を有する取締役（執行役員またはそれ以外の役職）を含む者

（8） 重要な影響力

企業の財務および営業方針の決定に参加するものの方針を支配するほどではない権限をいう。なお重要な影響は持分の保有，法規制または合意により得ることができると考えられる。

（9） 政　　府

地方，国家，国際的なものを問わず政府，政府機関あるいは類似する団体

（10） 政府関連企業

政府に支配されるか共同支配されるかあるいは重要な影響が及ぼされる企業

3. 開 示 内 容

（1） 親会社，子会社間の関係

　取引の有無にかかわらず親子会社間の関係は開示しなければならない。また親会社の名称あるいは，親会社が最終的な支配者と異なる場合には，最終的な支配者の名称を開示しなければならない。親会社，最終的な支配者がともに連結財務諸表を公開していなければ，最上位の財務諸表を公開している会社の名称を開示しなければならない (par. 13)。日本基準でも同様に親会社が存在する場合には名称等を開示するとされている (関連当事者会計基準11)。また日本基準では重要な関連会社が存在する場合には，名称および要約財務諸表を開示することを求めている (関連当事者会計基準11)。この点に関して IAS 24 では規定されていないが IAS 28「関連会社に対する投資」において要約財務情報の開示が求められている (IAS 28 par. 37)。

（2） 主要な経営者の報酬

　企業は主要な経営者の報酬の合計額および下記の項目についてそれぞれ開示しなければならない (par. 17)。日本基準では役員の報酬について関連当事者との取引として開示が要求されてはいないが，有価証券報告書などの財務諸表以外の部分での開示が要求されている。

(i) 短期従業員給付
(ii) 退職後給付
(iii) その他の長期給付
(iv) 退職金
(v) 株式報酬

（3） 関連当事者との取引

関連当事者との間で取引が存在する場合には，財務諸表における関係の潜在的な影響を理解するために必要となる取引，履行義務を含む未決済残高および関連当事者との関係の種類を開示しなければならない (par. 18)。これらの開示は上記の主要な経営者の報酬の開示に追加となるもので最低限以下の項目が含まれている必要がある (par. 18)。

(ⅰ) 取引金額
(ⅱ) 履行義務を含む未決済残高および下記の事項
　　a. 担保の有無，決済に用いられる対価の種類などの条件
　　b. 付与しているか付与されている保証の詳細
(ⅲ) 未決済残高に対する貸倒引当金
(ⅳ) 関連当事者に対する不良債権に関して期中に認識された費用

（4） 開 示 区 分

関連当事者間取引は下記の種類ごとに開示しなければならない (par. 19)。この表現によれば個々の関連当事者ごとに取引を開示する必要はないとも解釈できるが，重要性がある場合には関連当事者ごとに開示すべきであると考えられる。なお日本基準では個々の関連当事者ごとに開示すると明示されている（関連当事者会計基準 10）。

(ⅰ) 親会社
(ⅱ) 共同支配またはその企業に対し重要な影響をもつ企業
(ⅲ) 子会社
(ⅳ) 関連会社
(ⅴ) 企業が共同支配投資を行っているジョイント・ベンチャー
(ⅵ) 企業または親会社の経営幹部
(ⅶ) その他の関連当事者

(5) 例　　示

開示されるべき関連当事者との取引の例として以下のようなものがあげられる(par. 21)。日本基準では本文中では具体的な例は示されていないが参考として開示例が示されている(関連当事者適用指針，参考(開示例))。

(ⅰ)　半製品を含む製品，商品の売買
(ⅱ)　固定資産およびその他の資産の売買
(ⅲ)　役務の提供もしくは受領
(ⅳ)　リース契約
(ⅴ)　研究開発の移転
(ⅵ)　ライセンス契約に基づく移転
(ⅶ)　貸付，現金または現物出資を含む財務契約に基づく移転
(ⅷ)　保証または担保の提供
(ⅸ)　その企業の債務の肩代わりまたはその企業による他の企業の債務の肩代わり

(6) 合算表示

区分して開示することが企業の財務諸表において関連当事者との取引の影響の理解のために必要である場合を除いて類似項目は合算して開示することができる(par. 24)。日本基準においても関連当事者の種類ごとに合算して記載することができるとしている(関連当事者会計基準10)。

(7) 政府関連企業の例外

政府関連企業は，以下の関連当事者との取引，履行義務を含む未決済残高についての開示は免除される(par. 25)。

a. 報告企業を支配，共同支配するあるいは，重要な影響を及ぼす政府
b. 同一政府に支配，共同支配されるあるいは，重要な影響が及ぼされるた

めに関連当事者となっている企業

　ただしこの例外規定を適用した場合には，取引および未決済残高について以下の事項を開示しなければならない(par.26)。

a. 政府の名称，支配，共同支配，重要な影響などの報告会社との関係の種類
b. 財務諸表利用者に，関連当事者取引の影響を理解させることが可能とするために，充分な程度に詳細な以下の情報。
(i) 個々の重要な取引の種類および金額
(ii) 個々には重要ではないが，合計では重要なその他の取引については，その程度を質的，量的に示すもの。これには上記(5)例示に示した種類の取引が含まれる。

なお日本基準では，このような政府関連企業に関する例外規定は，設けられていない。

§3　実務上の留意点および記載例

1. コーポレート・ガバナンスの強化

(1) 関連当事者取引としての役員報酬

日本基準と IAS 24 との最も大きな差異は役員報酬の開示である。日本においては現状でも有価証券報告書等の「コーポレート・ガバナンスの状況」において，「役員報酬の内容」の記載が求められているが，これは会計監査の対象である財務情報ではない。一方で，IAS 24 においては，主要な経営者の報酬の合計額およびその報酬形態ごとの内訳を財務諸表の注記事項として開示することが要求されている。

もともと日本基準においても財務報告企業の「役員」は「関連当事者」であるが,「我が国や米国での役員報酬に関する現行の開示方法を考慮して」注記対象から除外されており,そうした「考慮」をしなければ本来財務諸表の説明的注記事項として開示すべき内容である。

したがって,役員報酬についてはIAS 24に基づく開示を行うことで,従来「コーポレート・ガバナンスの状況」においてのみの情報提供であったものが注記情報として重ねて提供され,さらに「関連当事者との取引」である点が強調されることにより,役員報酬についての開示の透明性および説明責任の強化が求められることになるであろう。

IAS 24による記載例
【関連当事者との取引】
主要経営幹部との取引
(1) 経営幹部への報酬

経営幹部である役員へは通常の基本報酬に加え,ストック・オプションを付与している。また,退職年金制度も提供している。その制度の条項によれば,取締役は60歳で退職し,65歳までは退職時の役員報酬の70%に相当する年金を,65歳以降は退職時の役員報酬の50%に相当する年金を受け取る権利を有する。

包括利益計算書に計上された役員への報酬は以下のとおりである。

(百万円)	X2年	X1年
基本報酬	320	300
役員退職給付費用	175	155
ストック・オプション	35	31
計	530	486

(2) 役員との取引

一部の役員もしくはそれらの関係者が,他の事業体に財務的又は事業の運営において支配もしくは重要な影響を与える地位にある。

報告期間において,当社グループと,役員およびこれらの事業体との間で取引があった。なお,役員およびこれらの事業体との取引における条項や条件については,役員やその関係者以外となされる同様な取引において適用される,もしくは適用されると合理的に予想される条項や条件と比較して,優先的なものではない。

役員および当該事業体と，当社グループとの取引は以下のとおりである。

（百万円）	取引内容	注	取引額 X2年	取引額 X1年	貸借対照表残高 X2年	貸借対照表残高 X1年
P氏	法務手数料	1	12	13	—	—
Q氏	修繕保守費	2	176	—	45	—
R氏	消耗品購入	3	66	—	—	—

注1) 当社グループはP氏の法務サービスを，特定の固定資産売却取引におけるアドバイスを得るために利用した。金額は同様なサービスにおける一般的な市場価格に基づいて請求されており，通常の支払条件で支払われている。

注2) グループはQ氏が代表取締役であるH社と，製造設備の修繕保守に関する2年契約を締結している。合計金額は370百万円である。契約条項はそれらのサービスにおける一般的なものであり，金額は契約の継続期間にわたって四半期ごとに支払われる。

注3) グループはR氏が重要な影響をもつI社から消耗品を購入している。金額は同様なサービスにおける一般的な市場価格に基づいて請求されており，通常の支払条件で支払われている。

なお，役員およびその関係者が当社グループから商品を購入する場合には，他の従業員や一般顧客に適用されるのと同様の条件等に基づいて行われている。

(2) 個別役員報酬の開示

IAS 24においては，個別役員報酬の開示までは求められていない。しかし，IAS 24に基づき作成している欧州企業では役員ごとの個別開示例も非常に多い。

これは，一般的に欧州企業では日本と比較して報酬が高額になること，また，契約により様々な報酬体系が存在することから積極的な情報提供として開示しているといった事情が考えられる。また，現地国の規定により，役員報酬に関する詳細を，「コーポレート・ガバナンス情報」において，あるいは別途「報酬報告書」に開示が求められている(たとえば英国)場合もある。

日本においても，「企業内容等の開示に関する内閣府令」が改正され，平成22年3月31日以後に終了する事業年度より，報酬等の総額が1億円以上の役員

を対象として個別役員報酬の金額を有価証券報告書(「コーポレート・ガバナンスの状況」)に開示することとされている。

2. 開示の判定基準

関連当事者の範囲については，たとえば「主要株主」について，日本基準においては「議決権の 10% 以上」といったように具体的な判定基準がある一方，IAS 24 においては「重要な影響を及ぼしているか否かで」判断するとされており，議決権で判断することは明示されていない。日本基準でも「関連当事者の範囲は形式的に判定するのではなく，実質的に判定する必要がある」とされているため，日本基準と IAS 24 とでその考えに基本的な差異はないものの，IAS 24 を適用するにあたって，実務的に従来の判定基準をそのまま利用することはできないと考えられる。

同様に，開示取引についても，日本基準(適用指針)では詳細な数値基準を明示しているが，IAS 24 では具体的な重要性の基準は設けられていない。

したがって，IAS 24 への対応という観点だけでなく決算財務報告(開示)プロセスの内部統制の観点からも，広く関連当事者および取引を捕捉するための指針・社内基準，情報捕捉の仕組みを構築し，開示内容の決定過程を明確化していく必要があると考えられる。

3. IAS 24 注記の作成にあたって

日本基準の開示資料からの組み換えを検討する場合，「関連当事者との取引」注記だけでなく，以下の情報も関係してくる。
- ▶「関係会社の状況」の連結子会社の所在地・議決権の所有割合等
- ▶「コーポレート・ガバナンスの状況」の役員報酬の内容
- ▶ストック・オプション等関係の注記
- ▶退職給付関係の注記(日本基準においても企業年金も関連当事者とされている。ただし，掛金以外の重要な取引を行う場合に限っている。)

上記の情報は，IFRS でも開示が求められており，IAS 24 による「関連当事者との取引」注記の作成において，他の注記情報との整合性に留意し，許容される範囲での相互参照等について検討する必要がある。

4. そ の 他

▶ 従来の日本基準の開示実務において，取引条件については，「一般的な取引条件」という記載がなされることが多い。しかし，IAS 24 において「独立第三者間取引」と同等の条件で行われた取引であることを開示できるのは「当該の条件が実質的なものである場合のみとする」とされており，それが実証できるだけの資料収集・ドキュメントの作成が必要と考えられる。

▶ 関連会社との取引について，IAS 24 では類似の性質をもつことを前提に，総額記載が認められているが，ライセンス契約等の特殊な条件で金額的重要性が高い取引の場合は個別開示が求められると考えられる。

第30章

1株当たり利益

【要約比較表】 IAS 33 と日本基準との異同点

	IAS 33	日本基準
適用範囲	公開会社および公開を予定している企業の個別財務諸表および親会社の属する企業グループの連結財務諸表，または IAS 33 に準拠して1株当たり利益を算定・開示する非公開会社	連結および個別財務諸表とも開示が求められている
定義	① 普通株式：持分金融商品で，他のすべての持分金融商品に劣後するもの ② 潜在的普通株式：その所有者に普通株式の権利を付与することになる金融商品またはその他の契約	① 株主としての権利内容に制限のない，標準となる株式 ② 同　　左
基本的1株あたり利益	① 基本的1株当たり利益：親会社の普通株主に帰属する損益（分子）を当期中の発行済普通株式の加重平均株式数（分母）で除して算定する ② 利益（分子）：親会社の普通株主に帰属する金額は，優先配当，優先株式の消却により生じる差額，および	普通株式に係る当期純利益を普通株式の期中平均株式数で除して算定する（1株当たり当期純損失も算定する）

		株主資本として分類される優先株式と類似の効果に関する，税引後の金額の調整が行われた後の(a)親会社に帰属する継続事業からの損益，および(b)親会社に帰属する損益 ③　株式数(分母)：当期中の発行済普通株式の加重平均株式数	
希薄化後1株当たり利益	①　希薄化後1株当たり利益：親会社の普通株主に帰属する損益が表示されている場合，当該損益に係る希薄化後1株当たり利益の計算(当該株主に帰属する継続事業からの損益については，その表示がある場合のみ)。親会社の普通株主に帰属する損益および加重平均された発行済株式数は，すべての希薄化後潜在的普通株式による影響を調整 ②　利益(分子)：基本的1株当たり利益の計算で用いられた調整が行われた後の親会社の普通株主に帰属する損益を税引後影響額で調整された普通株主に帰属する損益 ③　株式数(分母)：基本的1株当たり利益の計算で用いられた普通株式の加重平均株式数に，すべての希薄化性潜在的普通株式が普通株式に転換した場合に発行さ	①　1株当たり当期純損失の場合，潜在的株式調整後1株当たり当期純利益の開示は要しないこと ②　希薄化効果の有無を判定する判定数値として，当期純利益を使用すること以外は，同左。

		れる普通株式の加重平均株式数を加算したもの ④ 希薄化効果の有無を判定する判定数値：親会社に帰属する継続事業からの損益（廃止事業に関連する項目を除外）	
遡及的調整		① 発行済普通株式または発行済潜在的普通株式の株式数の増加（資本組入，無償交付または株式分割）または減少（逆株式分割）：表示されている全期間の基本的および希薄化後1株当たり利益の計算を遡及的に調整 ② 遡及修正された誤謬の影響および会計方針の変更による調整額：表示されている全期間の基本的および希薄化後1株当たり利益を調整	① 同　　左 ② 同　　左
表　　示		① 基本的および希薄化後1株当たり利益を表示：包括利益計算書本体 ② 廃止事業：包括利益計算書の本体または注記 ③ 1株当たり損失：表示が必要	① 注　　記 ② 規定なし ③ 当期純損失の場合，潜在株式調整後1株当たり当期純利益は開示されず，その旨のみ開示
開　　示		① 基本的および希薄化後1株当たり利益の計算に用いられた金額と，それらの当期損益への調整額 ② 基本的および希薄化後1	同左。ただし，日本独自の規定として，「1株当たり純資産額」の算定に関する規定が設けられている

	株当たり利益の計算に用いられた普通株式の加重平均数と株式相互間の調整
	③ 将来，潜在的に希薄化させる可能性があるが，表示期間については希薄化であるため希薄化後1株当たり利益の計算に含まれなかった金融商品
	④ 報告期間後に発生するが，期中に生じていれば大きな影響を及ぼしていたと思われる普通株式取引または潜在的普通株式の説明（ただし，遡及的調整されたものを除く）

§1 背　　景

　1株当たり利益について取り扱うIASは，IAS 33「1株当たり利益」である。本基準書は，国際会計基準の改善プロジェクトの一環として，旧IAS 33「1株当たり利益」(1997年2月公表)に置き換わり，2003年12月に公表されたものである(pars. IN1-2)。本基準書は，2005年1月1日以後開始する事業年度から適用されている(par. 74)。これを受けて，旧IAS 33およびSIC 24「1株当たり利益─株式で決済される可能性のある金融商品又はその他の契約」は廃止されている(pars. 75-76)。

　IAS 33は，1株当たり利益の算定・表示に関する諸原則を規定している(par. 1)。本基準書の目的は，同一の報告期間における異なる企業間の業績比較や同一企業の期間ごとの業績比較を促進することにある(par. 1)。IAS 33では，財務報告の価値を向上させるために，1株当たり利益の計算の分母に焦点が向け

られている(par. 1)。

新 IAS 33 では，たとえば(a)条件付で発行可能な株式，(b)子会社，ジョイント・ベンチャーまたは関連会社の潜在的普通株式，(c)参加型持分金融商品，(d)売建プット・オプション，(e)買建プットおよびコール・オプション，および(f)強制的転換型金融商品といった項目の影響など，選択された複雑な事項に関する追加の指針や設例が取り扱われている(par. IN 3)。

従来，わが国では，旧証券取引法等に基づいて，1 株当たり当期純利益や潜在株式調整後 1 株当たり当期純利益の開示が要求されてきた(1 株当たり利益基準 2)。2001 年 6 月・同年 11 月の商法改正や国際的な会計基準の動向を踏まえて，2002 年 9 月 25 日，企業会計基準委員会は企業会計基準第 2 号「1 株当たり当期純利益に関する会計基準」(以下，改正前 1 株当たり利益基準)および企業会計基準適用指針第 4 号「1 株当たり当期純利益に関する会計基準の適用指針」を公表した(改正前 1 株当たり利益基準 2)。

2006 年 1 月 31 日，企業会計基準委員会は先の基準および適用指針が改正されている。この改正は，2005 年 7 月の会社法公布や同年 11 月の企業会計基準第 4 号「役員賞与に関する会計基準」公表などを受けて，これらの基準との整合性を図ろうとするものであった(1 株当たり利益基準 2)。

また 2010 年 6 月 30 日にも改正が行われている。これは企業会計基準第 24 号「会計上の変更及び誤謬の訂正に関する会計基準」が公表されたことに対応して，株式併合または株式分割，会計方針の変更または過去の誤謬の訂正が行われた場合に，1 株当たり当期純利益についても遡及的に修正表示する点などが改正されたものである。

§2　バリエーションの分析と評価

1. 適用範囲

　公開会社および公開を予定している企業の個別財務諸表および親会社の属する企業グループの連結財務諸表，または IAS 33 に準拠して 1 株当たり利益を算定・開示する非公開会社に適用される。これに対して，日本基準は，連結および個別財務諸表とも，注記での開示を求めている(財規 95 条 5 の 2；連結財規 65 条の 2)。

　IAS 33 では，次の①または②の条件を満たす企業の個別財務諸表，および次の①または②の条件を満たす親会社の属する企業グループの連結財務諸表に適用することが求められている(par. 2)。すなわち，①普通株式または潜在的普通株式が公開市場(ローカルでかつ地域的な市場を含む，国内または外国証券取引所あるいは店頭市場)で取引されている企業，または②公開市場で普通株式を発行する目的で，証券委員会もしくはその他規制当局に財務諸表を提出し，あるいは提出する過程にある企業，である(par. 2)。上記の内容に該当しない非公開企業が 1 株当たり利益を開示する場合，IAS 33 に準拠して 1 株当たり利益を算定・開示するよう求められている(par. 3)。

　IAS 27「連結及び個別財務諸表」に基づいて連結財務諸表および個別財務諸表の両方を表示する場合，1 株当たり利益の開示は，連結情報のみを基準にして表示するよう求めている(par. 4)。

2. 定　　義

（1）　普通株式

　IAS 33 では，普通株式を，「持分金融商品で，他のすべての持分金融商品に劣後するもの」と定義している（par. 5）。具体的には，普通株式は，「優先株のような他の種類の株式が当期利益の分配に参加した後にのみ，当該利益の分配に参加する」ものとされている（par. 6）。IAS 33 の普通株式には，当期利益の分配について異なる権利を有する各種類の普通株式も含まれる（par. 66）。

　日本基準では，普通株式とは，「株主としての権利内容に制限のない，標準となる株式」と定義されている（1 株当たり利益基準 5）。

（2）　潜在的普通株式

　IAS 33 では，潜在的普通株式を，「その所有者に普通株式の権利を付与することになる金融商品またはその他の契約」と定義している（par. 5）。本基準書は，潜在的普通株式の例として，①負債金融商品または持分金融商品で，普通株式に転換できるもの（優先株を含む），②オプションおよびワラント，③事業またはその他の資産の購入のような契約上の取り決めに基づいた，ある条件の達成をもって発行されることになる株式，を挙げている（par. 7）。

　日本基準では，潜在株式の定義は，IAS 33 の潜在的普通株式の定義と実質的に差異は見られない（1 株当たり利益基準 9）。

3. 基本的1株当たり利益

(1) 基本的1株当たり利益

　IAS 33では，親会社の普通株式に帰属する損益(当該株主に帰属する継続事業からの損益が表示されている場合には当該損益)について，基本的1株当たり利益を計算するよう求めている(par. 9)。この場合，基本的1株当たり利益は，次式で示すとおり，親会社の普通株主に帰属する損益(分子)を当期中の発行済普通株式の加重平均株式数(分母)で除して算定される(par. 10)。

$$基本的1株当たり利益 = \frac{親会社の普通株式に帰属する損益}{当期中の発行済普通株式の加重平均株式数}$$

　日本基準では，1株当たり当期純利益は，「普通株式に係る当期純利益を普通株式の期中平均株式数」で除して算定されるため，IAS 33の規定と実質的に差異はない(1株当たり利益基準12)。ただし，普通株式と同等の株式が存在する場合には，これらの株式も含めて計算を行う(1株当たり利益基準13)。

(2) 利益(分子)

　IAS 33では，基本的1株当たり利益の算定に用いる親会社の普通株主に帰属する金額(分子)は，次の調整が行われた後の(a)親会社に帰属する継続事業からの損益，および(b)親会社に帰属する損益であると規定している(par. 12)。かかる調整とは，優先配当，優先株式の消却により生じる差額，および株主資本として分類される優先株式と類似の効果に関する，税引後の金額の調整をいう(par. 12)。かかる調整項目には，①優先配当の税引後金額，②実効金利法を用いて利益剰余金に繰り入れられる配当逓増優先株式に対する当初発行差金またはプレミアム，③優先株式の帳簿価額以上に優先株主に支払われる対価のうちで公正価値を超える金額，④普通株式の公正価値を超える金額または当初の転

換条件で発行可能となる普通株式の公正価値を超えて支払われた対価，⑤優先株式の帳簿価額のうち，優先株式を消却するために支払われる対価の公正価値を超える金額，がある(pars. 13-18)。

日本基準では，普通株式に係る当期純利益は，損益計算書上の当期純利益から，剰余金の配当に関連する項目で普通株主に帰属しない金額(優先配当額など)を控除して算定するよう求められている(1株当たり利益基準14-16)。したがって，IAS 33と日本基準とでは，実質的に差異は見られない。

(3) 株式数(分母)

IAS 33では，普通株式の株式数は，「当期中の発行済普通株式の加重平均株式数」と規定されている(par. 19)。かかる加重平均株式数は，期首における発行済株式数を，当期中に買戻したまたは新規発行した普通株式数に期間按分係数(一期間の全日数に対して当該株式が発行済みとなっていた日数の割合)を乗じて得た株式数で調整して求められる。合理的な概算による加重平均も妥当性あるものとして認められている(par. 20)。

発行された新株は，対価が受取可能になった日(通常，それらの発行日)を基準にして加重平均株式数に算入される。たとえば，現金払込による普通株式発行の算入時期は，現金が受取可能になった日となる(par. 21)。これ以外のケースの加重平均株式数への算入時期については，①企業結合の一部として発行された普通株式：取得日，②強制的転換型金融商品の転換により発行される普通株式：契約締結日，③条件付発行株式：すべて必要な条件が満たされた日(この日に発行済みとして取扱われる)，と規定されている(pars. 22-24)。一方，一定期間が経過した後のみに発行可能となる株式は条件付発行可能株式に含まれない(時間の経過は確実であるため)。条件付きで返還可能な発行済普通株式は発行済みとみなされず，株式がリコールの対象とならなくなる日まで計算除外の対象となる(par. 24)。

加重平均株式数(発行済普通株式の当期中および表示されているすべての期間中)は，発行済株式数は変動するが資産は対応して変化しない事象について，

調整しなければならないと規定している（当該事象から潜在的普通株式の転換を除く）(par. 26)。普通株式が発行され，あるいは発行済株式普通株式数が減少しているが，これに対応した資産の変化がないものの例として，①資本組入または無償交付（株式配当ともいう），②株式発行における無償部分（たとえば，既存株主に対する割当の無償部分），③株式分割，および④逆株式分割（株式併合）が含まれるとしている(par. 27)。

日本基準では，会社法で「株主となる時期」を規定しているために，会計基準では詳細な規定がなされていない（会社法199条，209条）。普通株式の期中平均株式数は，「普通株式の期中平均発行済株式数から期中平均自己株式数を控除して算定する」と規定されており，自己株式数，潜在株式，および当期に行われた株式併合または株式分割に関する取り扱い規定についても定められている（1株当たり利益基準17-19）。したがって，IAS 33と日本基準では，実質的に差異はない。

4. 希薄化後1株当たり利益

（1） 希薄化効果と調整

IAS 33によれば，希薄化とは，「転換型金融商品が転換される，オプションないしワラントが行使される，または特定の条件を満たした場合に普通株式が発行されるという想定より生じる，1株当たり利益の減少または1株当たり損失の増加」と定義されている(par. 5)。日本基準では，潜在株式に係る権利の行使を仮定することにより算定した1株当たり当期純利益が，1株当たり当期純利益を下回る場合に，希薄化効果を有する潜在株式と規定されている（1株当たり利益基準20）。

IAS 33では，親会社の普通株主に帰属する損益が表示されている場合，当該損益に係る希薄化後1株当たり利益の計算を求めている（当該株主に帰属する継続事業からの損益については，その表示がある場合のみ）(par. 30)。この計算

にあたって，親会社の普通株主に帰属する損益および加重平均された発行済株式数は，すべての希薄化後潜在的普通株式による影響(次の(a)および(b))を調整する必要がある(pars. 31-32)。

(a) 親会社の普通株主に帰属する損益：希薄化性潜在的普通株式に係る当期の配当と利息の税引後金額を加算，潜在的普通株式の転換によりもたらされる収益ないし費用のその他の増減額を調整

(b) 発行済普通株式の加重平均株式数：すべての希薄化性潜在的普通株式の転換が行われると仮定した場合に発行済みとなる追加的な普通株式の加重平均株式数の加算

日本基準では，潜在株式調整後1株当たり当期純利益の算定について規定されており，潜在株式が複数存在する場合には，最大希薄化効果を反映した潜在株式調整後1株当たり当期純利益の算定が求められている(1株当たり利益基準21-22)。日本基準では，1株当たり当期純損失の場合，その旨が開示され，潜在株式調整後1株当たり当期純利益は開示を必要としない点で，IAS 33と差異がみられる(1株当たり利益基準23)。

(2) 利益(分子)

IAS 33では，希薄化後1株当たり利益で用いられる普通株主に帰属する損益(分子)は，基本的1株当たり利益の計算で用いられた調整が行われた後の親会社の普通株主に帰属する損益(本章§2-3-(2)参照)を，次の(a)〜(c)の税引後影響額で調整する必要がある(par. 33)。潜在的普通株式に関連する費用には，取引費用および実効金利法に基づいて会計処理される割引の調整を含むとされる(IAS 33, par. 34)。

(a) 基本的1株当たり利益の計算で用いられた調整後の親会社の普通株主に帰属する損益の計算過程において，減額された希薄化性潜在的普通株式に関する配当またはその他の項目

(b) 希薄化性潜在的普通株式に関して当期に認識された利息

(c) 希薄化性潜在的普通株式の転換により発生するその他の収益または費用

のあらゆる増減額

（3） 株式数（分母）

　IAS 33 では，希薄化後 1 株当たり利益の計算で用いる普通株式の株式数（分母）は，基本的 1 株当たり利益の計算で用いられた普通株式の加重平均株式数（本章§ 2-3-(3)参照）に，すべての希薄化性潜在的普通株式が普通株式に転換した場合に発行される普通株式の加重平均株式数を加算したものである（par. 36）。

　希薄化性潜在的普通株式は期首に転換されたもの（その発行日が期首以降の場合，その発行日が転換日）とみなされる（par. 36）。希薄化性潜在的普通株式は，表示されている期間ごとに独立して決定される（par. 37）。期中に消却するまたは失効が認められる潜在的株式の場合，希薄化後 1 株当たり利益の計算には，発行済みとなっている期間のみが含まれる（par. 38）。希薄化性潜在的株式の転換により発行される普通株式数は，潜在的普通株式の発行条件により決定される（潜在的普通株式の所有者からみて最も有利な転換率または行使価格を想定して計算される）（par. 39）。また，報告企業の基本的 1 株当たり利益に希薄化効果をもたらす子会社，ジョイント・ベンチャーまたは関連会社の潜在的普通株式は，希薄化後 1 株当たり利益の算定に含まれる（par. 40）。

(a) 希薄化性潜在的普通株式

　潜在的普通株式は，普通株式への転換により継続事業からの 1 株当たり利益が減少するまたは 1 株当たりの損失が増加する場合以外は，希薄化性として取り扱うことを禁止されている（par. 41）。この場合，潜在的株式が希薄化性か逆希薄化性かを判定する際の判定数値として，親会社に帰属する継続事業からの損益が使用され，当該損益は本章§ 2-3-(2)で示した基本的 1 株当たり利益の計算の利益に関する調整がなされるとともに，廃止事業に関連する項目は除外される（par. 42）。

　希薄化後 1 株当たり利益の計算において，逆希薄化をもたらす潜在的普通株式の転換，行使またはその他の発行は想定されていない（par. 43）。IAS 33 では，

逆希薄化とは,「転換型金融商品が転換される,オプションないしワラントが行使される,または特定の条件を満たした場合に普通株式が発行されるという想定より生じる,1株当たり利益の増加または1株当たり損失の減少」をいう(par. 5)。

潜在的株式が希薄化性か逆希薄化性かを判定する場合,総計によらず,潜在的株式の各発行別またはシリーズ別に個別に検討されると規定されている(par. 44)。

(b) オプション,ワラントおよび同等物

希薄化後1株当たり利益を算定する場合,希薄化性オプションおよびワラントが行使されることを想定することを求めている。かかる金融商品からの想定される入金額は,期中の平均市場価格での普通株式発行により受領したものと見なす必要がある。実際に発行された普通株式数と期中に平均市場価格で発行されたであろう普通株式数との差は,無償で発行された普通株式として取り扱わなければならない(par. 45)。

オプションやワラントは,期中の普通株式の平均市場価格がオプションまたはワラントの行使価格を超える場合(すなわち,「イン・ザ・マネー」のとき)のみに希薄化効果を有するとされる(par. 47)。IFRS 2「株式報酬」が適用される株式オプションおよびその他の株式報酬契約の場合,その発行価格や行使価格は,将来,企業に提供される財貨またはサービスの公正価値を含む必要がある(par. 47A)。条件が予め定められているか決定可能なものでかつ,未行使普通株式を伴う従業員株式オプションは,権利の行使が不確実であっても,希薄化後1株当たり利益の計算においてはオプションとして取り扱われる(このオプションは,付与日に発行済みとみなされる)(par. 48)。成果主義の従業員株式オプションは,条件付発行可能株式として取り扱われる(par. 48)。

(c) 転換型金融商品

転換型金融商品の希薄化効果は,希薄化後1株当たり利益に反映させる必要がある(par. 49)。次の転換可能優先株式および転換債務は,逆希薄化として取り扱われる(par. 50)。すなわち,転換可能優先株式については,転換により取得可能となる普通株式1株につき当期に公表されたまたは累積している当該転

換可能優先株式に対する配当額が基本的1株当たり利益を超える場合，転換債務については，転換により取得可能となる普通株式1株当たりの持分額(税金および収益ないし費用の変動を控除)が基本的1株当たり利益を超える場合である。

(d) 条件付で発行可能な株式

基本的1株当たり利益の計算と同じく，条件付で発行可能な株式は条件が満たされた場合，発行済みとして取り扱われ，希薄化後1株当たり利益の計算に含められるとしている。条件が満たされない場合には，希薄化後1株当たり利益の計算に含まれる条件付発行可能株式数は，期末が条件期間の終わりであった場合に発行可能となる株式数を基にして計算されると規定されている。条件期間が終了するときに条件が満たされていない場合には，修正再表示を禁止している(par.52)。

(e) 普通株式または現金で決済される契約

企業の選択により普通株式または現金で決済される契約を発行している場合，当該企業は普通株式で決済されると見なし，その結果生じる潜在的普通株式は，希薄化効果がある場合には希薄化後1株当たり利益に含めなければならないと規定されている(par.58)。所有者の選択により普通株式または現金で決済されることになる契約の場合，現金決済と株式決済のうちより希薄化性の高いものを希薄化後1株当たり利益の計算に使用する必要がある(par.60)。

(f) 買建オプション

買建プット・オプションや買建コール・オプションのような契約は，それを含むと逆希薄化性となるため，希薄化後1株当たり利益には含まれない(par.62)。

(g) 売建プット・オプション

売建プット・オプションや先渡買契約など，企業に自己株式の買戻しを要求する契約は，希薄化効果がある場合には，希薄化後1株当たり利益の計算に反映することが求められている。これらの契約が期中に「イン・ザ・マネー」にある場合，1株当たり利益に対する潜在的希薄化効果は，次のように算定する必要がある(par.63)。

(i) 期首において，契約を履行するのに十分な受取金が得られるように(期中の市場平均価格で)十分な普通株式が発行されると想定される

(ii) 発行による受取金は契約を履行する(すなわち普通株式の買戻し)ために使用されると想定される

(iii) 増加普通株式(発行が想定される普通株式数と契約の履行により受領する普通株式数の差)は，希薄化後1株当たり利益の計算に含める

日本基準では，上記IAS 33の規定に対応するものとして，①ワラント，②転換証券，③条件付発行可能普通株式，および④条件付発行可能潜在株式のそれぞれが存在する場合について，当期純利益調整額および普通株式増加数の算定に関する規定が設けられている(1株当たり利益基準24-30，1株当たり利益適用指針19-32)。また，親会社，子会社または関連会社の発行する潜在株式が存在する場合に関する取扱いについても規定されている(1株当たり利益適用指針33，33-2)。すでに述べたように，IAS 33では，潜在的株式の希薄化効果の有無を判定する判定数値として，親会社に帰属する継続事業からの損益が使用され，廃止事業に関連する項目が除外される。日本基準では，希薄化効果の有無は当期純利益で判定されるので，両者に差異がみられる(1株当たり利益基準54)。

5. 遡及的調整

IAS 33では，次に示すような場合，表示されている全期間の基本的および希薄化後1株当たり利益の計算は遡及的に調整される必要がある(IAS 33, par. 64)。このような場合とは，①発行済普通株式または発行済潜在的普通株式の株式数が，資本組入，無償交付または株式分割によって増加する場合，あるいは②逆株式分割によって減少する場合である。当該変更が報告期間以降，財務諸表が公表に向け承認される前に発生した場合，当期の財務諸表と表示されている前期以前のすべての財務諸表の1株当たりの計算では，新株式数が基準となり，1株当たりの計算が当該株式数の変更を反映している旨を開示する必要がある(par. 64)。

表示されている全期間の基本的および希薄化後1株当たり利益は，遡及修正

された誤謬の影響および会計方針の変更による調整額について調整することを求められる(par.64)。表示されている過年度の希薄化後1株当たり利益は，1株当たり利益の計算に用いられた想定事項の変更または潜在的普通株式の普通株式への転換により修正再表示されることはない(par.65)。

　日本基準でも，株式併合または株式分割が行われた場合，会計方針の変更または過去の誤謬の訂正が行われた場合，IAS 33と同様に遡及的な調整が求められている(1株当たり利益適用指針30-2〜30-5)。

6. 表　　示

　IAS 33と日本基準は，その表示に関して，①包括利益計算書本体での開示か注記開示か，②「廃止事業」について明確な規定があるか否か，および③1株当たり損失の場合，その表示が求められるか否かで，差異がみられる。

　まず，IAS 33では，包括利益計算書の本体に，親会社の普通株主に帰属する継続事業からの損益，および当期利益分配について異なる権利を有する各種類の普通株式に帰属する損益に係る基本的および希薄化後1株当たり利益を表示することを求めている。表示されているすべての期間について基本的および希薄化後1株当たり利益を同等の重要性をもって表示する必要がある(par.66)。ただし，基本的1株当たり利益と希薄化後1株当たり利益が同じ場合には，包括利益計算書の一項目をもって併記することも認められている(par.67)。

　日本基準では，「1株当たり利益の表示」について，「一株当たり当期純利益金額又は当期純損失金額及び当該金額の算定上の基礎は，注記しなければならない」と規定されている(財務諸表等規則第九十五条の五の二)。

　つぎに，IAS 33では，廃止事業を報告する場合，包括利益計算書の本体または注記で廃止事業に係る1株当たりの基本的および希薄化後の金額を開示するよう求められている(par.68)。日本基準では，「廃止事業」について明確な規定は存在しない。

　最後に，IAS 33では，基本的および希薄化後の1株当たり利益の金額がマイナス(すなわち，1株あたりの損失)の場合，その表示が求められている(par.69)。

日本基準では,「当期純損失」の場合,潜在株式調整後1株当たり当期純利益は開示されず,その旨のみを開示する(1株当たり利益基準23)。

7. 開　　　示

　IAS 33では,次の①～④を開示するよう規定している。すなわち,①基本的および希薄化後1株当たり利益の計算において分子として用いられた金額と,それらの分子の金額から親会社に帰属する当期損益への調整額(調整には,1株当たり利益に影響を与える各種類の金融商品の個々の効果を含む),②基本的および希薄化後1株当たり利益の計算において,分母として用いられた普通株式の加重平均株式数と,それら分母として用いられた株式数相互間の調整(調整には,1株当たり利益に影響を与える各種類の金融商品の個々の効果を含む),③将来,基本的1株当たり利益を潜在的に希薄化させる可能性があるが,表示期間については逆希薄化であるため希薄化後1株当たり利益の計算に含まれなかった金融商品(条件付発行可能株式を含む),および④報告期間後に発生するが,取引が報告期間の期末前に発生していたとしたら当該期間の期末時点の発行済普通株式または潜在的普通株式を大きく変動させていたと見なされる普通株式取引または潜在的普通株式の説明(ただし,本章§2-5遡及的調整で処理されたものを除く),である(par. 70)。

　潜在的普通株式を生み出す金融商品または他の契約は,基本的および希薄化後1株当たり利益の算定に影響を及ぼす契約条件を含んでいることがあり,他の基準で要求されていない場合でも,当該契約条件の開示は奨励されると規定されている(par. 72)。

　IAS 33では,本基準で要求される以外の包括利益計算書の報告項目を用いて1株当たりの金額を開示する場合,当該金額はIAS 33に従って決定された普通株式の加重平均株式数を用いて算定する必要がある。当該報告項目に係る1株当たり基本的および希薄化後の金額は同等の重要性をもって開示され,注記に表示されることを求めている。1株当たりの金額が分子が決定されるときの基準を示す必要がある(税引前なのか税引後なのかなどを含む)(par. 73)。包

括利益計算書上の一項目として表示されていない損益項目が使用される場合，用いられた損益項目と包括利益計算書上の一項目との調整表を開示する必要がある (par. 73)。

日本基準では，次の①，②を注記するように規定している。すなわち，①「当期に株式併合または株式分割が行われた場合には，その旨および表示期間の1株当たり当期純利益及び潜在株式調整後1株当たり当期純利益を，最も古い表示期間の期首に当該株式併合又は株式分割が行われたと仮定して算定している旨を注記する。また，当期の貸借対照表日後に株式併合又は株式分割が行われた場合も同様の注記を行う。」，②「当該金額の算定上の基礎」（財務諸表において，1株当たり当期純利益又は潜在株式調整後1株当たり当期純利益を開示する場合）である（1株当たり利益基準31，33）。

最後に，日本基準では，「1株当たり純資産額」の算定・開示に関する規定が設けられているが，IAS 33では，同様の規定が設けられていない点も留意する必要がある（1株当たり利益適用指針を参照）。

§3　実務上の留意事項と設例

基本的および希薄化後1株当たり利益の算定

基本的および希薄化後1株当たり利益の算定方法について，IAS 33と日本基準で実質的に重要な相違はない。したがって，以下では，両基準に共通する基本的1株当たり利益と希薄化後1株当たり利益の計算方法等に関する設例について解説する。

設例30-1

以下の前提のもとで，(1)基本的1株当たり利益(2)希薄化後1株当たり利益を計算しなさい。

▶ 継続事業からの利益　4,000
▶ 優先株式への配当　　400
▶ 普通株式：当期中（決算日12月31日）の増減は以下のとおり

　　1月1日　期首における発行済普通株式数　　500株
　　5月1日　現金を対価とする新株発行　　　　80株
　　8月1日　発行済普通株式1株につき3株の割合で株式分割（1株につき普通株式2株を無償交付）が行われた。
　　10月1日　現金による自己株式の購入　　　100株

▶ 転換可能優先株式

　　1株当たり4の累積配当の権利のある優先株式100株。各優先株式は普通株式3株に転換可能。

解答・解説

（1）基本的1株当たり利益

普通株主に帰属する利益
　　$4,000 - 400 = 3,600$

発行済普通株式の加重平均株式数*
　　$(500 \times 3\text{倍} \times 4/12\text{ヵ月}) + (580 \times 3\text{倍} \times 3/12\text{ヵ月})$
　　　　$+ (1,740 \times 2/12\text{ヵ月}) + (1,640 \times 3/12\text{ヵ月}) = 1,635$株

または，$(500 \times 3\text{倍} \times 12/12\text{ヵ月}) + (80 \times 3\text{倍} \times 8/12\text{ヵ月})$
　　　　$- (100 \times 3/12\text{ヵ月}) = 1,635$株

基本的1株当たり利益
　　$3,600 \div 1,635\text{株} = 2.20$

　＊株式数の推移を図で表すと以下のようになる。

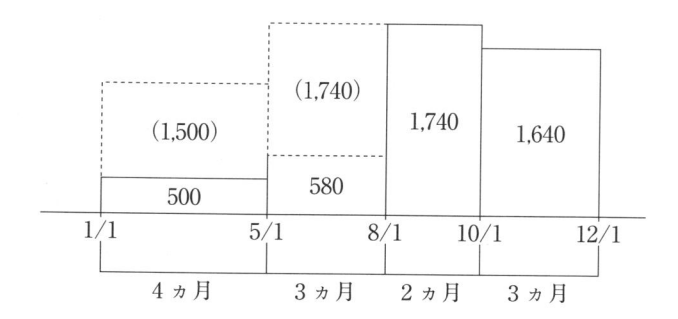

```
           (1,740)
 (1,500)    1,740
            1,640
  500  580
  1/1  5/1  8/1 10/1 12/1
    4ヵ月 3ヵ月 2ヵ月 3ヵ月
```

（注） 株式分割等により，期中に資産の増減を伴わない株式数の増減が生じた場合，加重平均株式数の計算に際しては，株式分割等があたかも期首（IAS 33による場合，厳密には表示されている最も早い期の期首）に行われたものとして，調整計算を行う。また，上記解答では，合理的な概算によるものとして，月割りによる加重平均計算を行っている。

（２） 希薄化後１株当たり利益

(A) 利益の増加　　400（優先株式への配当 4 × 100 株）
(B) 株式の増加　　300（3 × 100 株）
(A) ÷ (B) = 1.33 ＜ 2.20　　∴希薄化効果を有する*

希薄化後１株当たり利益
　　(3,600 + 400) ÷ (1,635 株 + 300) = 2.07

＊希薄化効果の有無を判断する場合，本問では計算結果の 2.07 と 2.20 を比較することで問題ないが，潜在的普通株式が複数存在する場合には，上記のように個別に希薄化効果の有無を判定した上で希薄化後１株当たり利益の計算を行う。

設 例 30-2

希薄化後１株当たり利益に関する以下の記述は，正しいか誤っているか。

(1) 潜在的普通株式が複数存在する場合，全ての潜在的普通株式が普通株式に転換されたと仮定して希薄化後１株当たり利益を計算することにより，希薄化性の有無を判断する。

(2) 希薄化後１株当たり利益の算定にあたり，潜在的普通株式は，普通株式

への転換により継続企業からの1株当たり利益が減少(又は損失が増加)する場合にのみ,希薄化性として扱われる。
(3) IAS 33では基本的および希薄化後の1株当たり利益の金額がマイナス(1株当たりの損失)であっても表示しなければならない。
(4) 希薄化後1株当たり利益の算定にあたり,希薄化性潜在的普通株式の発行日が期首以降であっても,期首に普通株式に転換されたとみなして計算を行う。

解答・解説

(1) 誤り。潜在的普通株式が複数存在する場合,発行別に個別に希薄化性の検討を行う。その際,基本的1株当たり利益の希薄化を最大に算定するため,希薄化効果の高いものから低いものへの順序で検討を行う。
(2) 正しい。希薄化後1株当たり利益は潜在的普通株式がある場合の1株当たり最低収益力を示すことを目的としており,普通株式への転換により1株当たり利益が増加する場合(逆希薄化性)は考慮しない。
(3) 正しい。日本基準では1株当たり当期純損失の場合,その旨を開示し,潜在株式調整後1株当たり当期純利益の開示は行われないが,IAS 33では1株当たり利益の金額がマイナス(1株当たりの損失)の場合であっても,潜在株式調整後(希薄化後)の一株当たり損失の開示が求められている。
(4) 誤り。希薄化性潜在的普通株式の発行が期首以降である場合には,その発行日に普通株式に転換されたものとして計算を行う。

第31章

超インフレ経済下における財務報告

【要約表】

	IAS 29
適用範囲	超インフレ経済下の通貨が機能通貨であるすべての企業。なお超インフレ経済下であるかどうかについては、利率や賃金、価格を物価指数に連動させていることなどの5つの要件を挙げている。
修正再表示	取得原価会計または現在原価会計のいずれに基づいているかにかかわらず、期末現在の測定単位で修正再表示を行う。
開示事項	① 財務諸表および過年度の対応する数値が期末現在の測定単位で修正再表示されている旨 ② 財務諸表が取得原価会計、現在原価（カレント・コスト）会計のいずれかに基づくものなのか ③ 物価指数とその水準、および当期と前期との間の物価指数の変動額
適用中止の場合の取扱	超インフレの状態でなくなり、IAS 29に準拠した財務諸表の作成および表示を中止する場合には、企業が前期末現在の測定単位で表示した財務諸表の金額を、その後の財務諸表の基礎として取扱う。

§1 背 景

IAS 29「超インフレ経済下における財務報告」は超インフレ経済下の会計処

理を規定している。IAS 29 は，当初 1989 年 7 月に（1990 年 1 月 1 日に発効）国際会計基準委員会（IASC）によって公表され，1994 年に最初の改訂が行われた。その後，国際会計基準審議会（IASB）の下でも継続的に適用され，IAS 21「外貨建資産・負債」（2003 年 12 月改訂）および IAS 1「財務諸表の表示」（2007 年 9 月改訂）に準拠してさらに改訂された。

その一方，日本においては，超インフレ経済下の財務報告に関する基準は，現在のところ存在しない。これは近年，超インフレ経済といえる状況がなかったためであると考えられる。

§2　バリエーションの分析と評価

1. 適用範囲と超インフレの判定要件

（1）適用範囲

超インフレ経済下の通貨が機能通貨であるすべての企業はその財務諸表（連結財務諸表を含む）に IAS 29 を適用しなければならない（par. 1）。修正再表示をしないで，超インフレ経済下の財務諸表を現地通貨で経営成績と財政状態を報告することは有用ではない。なぜなら，超インフレ経済下では，貨幣の購買力が著しく低下し，たとえ同一の会計期間内であっても，異なる時点で発生した取引やその他事象の金額を比較することが誤解を招いてしまうからである（par. 2）。

同一の超インフレ経済下の通貨で報告するすべての企業が同じ日から IAS 29 を適用することが望ましいが，ある企業がその報告通貨国においてインフレの存在を確認した際に，当該報告期間の期首から IAS 29 を適用しなければならない（par. 4）。

（2） 超インフレの判定要件

IAS 29 は，ある経済環境を超インフレであると判断するための絶対的なインフレ率を規定していないが，その判定要件を次の5つ挙げている(par. 3)。
① 一般市民が，自らの財産を非貨幣性資産，またはある比較的安定した外貨という形での保有を選好すること。
② 一般市民が，自国通貨ではなく，ある比較的安定した外貨で貨幣額を考え，さらに物価がその通貨によって表示される場合もあること。
③ たとえ短期間であっても，信用売買は与信期間中に予想された購買力の損失を補える価格で行われること。
④ 利率や賃金，価格を物価指数に連動させていること。
⑤ 3年間の累積インフレ率が，100%に近いかまたは超えてしまうこと。

この5つの要件がすべての超インフレ判断要件を網羅したものであるとは考えられていないが，少なくとも上記のような条件の下でIAS 29 が適用されることになる。

2. 修正再表示とその手続き

（1） 修正再表示

IAS 29 は，超インフレ経済下の通貨を機能通貨としている財務諸表が，取得原価会計または現在原価会計のいずれに基づいているかにかかわらず，IAS 29 を適用し，期末現在の測定単位で修正再表示しなければならないと規定している(par. 8)。IAS 1「財務諸表の表示」に要求される対応する前期の数値，およびそれ以前の会計期間に関するすべての情報も，会計年度末現在の測定単位で修正再表示されるべきである(par. 8)。異なる表示通貨を用いて相対額を表示する場合，IAS 21「外貨建資産・負債」の par. 42(b)および par. 43 が適用される(par.

8）。

　修正再表示の際に，同一経済下の通貨で報告するすべての企業は，同一の一般物価指数を利用することが好ましい（par. 37）。また，貨幣のネット・ポジションの変化による損益は，利益または損失に含め，区分して開示しなければならない（par. 9）。

　IAS 29 は，それを適用した企業に修正再表示した情報を唯一の財務情報として提供することを要請すると同時に，各期を通じて修正再表示の手続きおよび判断を継続的に適用することの重要性を指摘している（pars. 7, 10）。

（2）　財務諸表の修正再表示の手続き

①　取得原価財政状態計算書の修正

　IAS 29 は，取得原価財務諸表について，すでに期末現在の測定単位で表示されている貨幣性項目，および非貨幣性項目のうち，期末現在の価額（正味実現可能価値，または公正価値）で計上されたものは，再表示されないが，その他のすべての項目は，一般物価指数を適用して修正再表示を行うべきであると規定している（pars. 11, 12, 14）。具体的に，次のような手続きが行われる。

　会計年度末現在の未決済残高を確定するために，契約によって物価変動に連動する資産や負債（物価指数に連動する社債，貸付金など）は，契約条項に従って修正される（par. 13）。

　修正再表示する必要がある非貨幣性項目の取得原価または減価償却費控除後の原価は，その取得原価および減価償却累計額に，取得日から期末までの一般物価指数の変動を適用することによって算定される（par. 15）。ただし，有形固定資産の取得日の詳細な記録がない場合，IAS 29 を適用する最初の会計期間において，独立した専門家の査定価額を使用することがありうる（par. 16）。また，一般物価指数が利用できない場合，機能通貨と比較的安定した外貨との為替レートの変動に基づく見積もりを用いることがありうる（par. 17）。

　取得日または期末以外の時点の価額が計上された非貨幣性項目は，当該時点

（たとえば，有形固定資産の再評価日）から修正再表示が行われる (par. 18)。また，支払の繰延によって購入価額に含まれる利息金額が計算できない場合に，当該資産は購入日ではなく支払日から修正再表示される (par. 22)。

非貨幣性項目の修正再表示額が将来の回収可能価額を超える場合には，当該項目の修正再表示額は，該当する基準に準拠して，回収可能価額や正味実現可能価額，または，時価まで減額される (par. 19)。

超インフレ経済下の通貨で財務報告を行った持分法適用被投資企業は，その純資産および経営成果のうちの投資者持分を計算するために，IAS 29 に準拠して自らの財務諸表を修正再表示する必要がある。また，修正再表示後の財務諸表が外貨で表示される場合には，当該財務諸表の数値は決算日レートで換算される (par. 20)。

同一期間内のインフレを補うための借入費用は，その発生期間において費用として認識される (par. 21)。

IAS 29 を最初に適用する会計期間の期首において，利益剰余金および再評価剰余金以外の所有主持分の各項目は，当該項目の拠出時または発生時から，一般物価指数を適用して修正再表示される。その際，過年度に生じた再評価剰余金が消去され，利益剰余金は，財政状態計算書のその他のすべての項目の修正再表示額によって計算される (par. 24)。最初の会計期間の期末およびその後の会計期間において，所有者持分のすべての項目は，期首または遅くとも拠出日から，一般物価指数を適用し修正再表示される。また，当期の所有者持分の変動は，IAS 1「財務諸表の表示」に準拠し開示される (par. 25)。

② 現在原価財政状態計算書の修正

IAS 29 は，現在原価財政状態計算書について，現在原価で表示された各項目を修正再表示しないこと，また，その他の項目を，取得原価財政状態計算書と同様の修正再表示することを規定している (par. 29)。

③ 包括利益計算書の修正

取得原価包括利益計算書においても，現在原価包括利益計算書においても，

すべての項目は，一般物価指数を適用して，期末現在の測定単位で修正再表示される必要がある(pars. 26-30)。

④ 貨幣のネット・ポジションに関する損益，および法人所得税の処理

IAS 29 は，取得原価財務諸表か，現在原価財務諸表かに関わらず(par. 31)，貨幣のネット・ポジションに関する損益の処理について，次のように規定している。

まず，インフレ期間に資産や負債が物価水準にリンクしていないために生じた貨幣のネット・ポジションに関する損益を，他の関連項目の修正再表示による差額で計算するか，修正前の貨幣のネット・ポジションの期間中加重平均値に一般物価指数の変動を適用して計算するか，の2つの方法は許容されている(par. 27)。また，その損益は損益計算に計上される(par. 28)。

IAS 29 によって修正再表示後の財政状態計算書上の個別の資産と負債の帳簿価額と，それらの税務上の金額との間に差額が生じる際には，IAS 12「法人所得税」に準拠して処理される(par. 32)。

⑤ キャッシュ・フロー計算書の修正

IAS 29 は，キャッシュ・フロー計算書のすべての項目が，期末現在の測定単位に基づいて表示されることを要求している(par. 33)。

⑥ 連結財務諸表の修正再表示

超インフレ経済下の通貨で報告する親会社を有する，超インフレ経済下の通貨で報告する子会社の財務諸表は，それが連結財務諸表に含まれる前に，その報告通貨国の一般物価指数を適用して修正再表示される必要がある。このような子会社が在外子会社である場合，修正再表示後の財務諸表は決算日レートで換算される。また，超インフレ経済下の通貨で報告を行わない子会社の財務諸表は，IAS 21 号に準拠して処理する(par. 35)。さらに，異なる会計年度末を有する財務諸表を連結する場合には，すべての項目は，当該連結財務諸表の会計年度末の測定単位で修正再表示される(par. 36)。

3. 開示事項

超インフレ経済下の財務諸表は，次の3つの事項を開示しなければならない(par. 39)。

① 機能通貨の一般購買力が変動したため，財務諸表および過年度の対応する数値は，期末現在の測定単位で修正再表示されている旨。
② 財務諸表が，取得原価会計，現在原価会計のいずれかに基づくものなのか。
③ 期末現在において使用される物価指数とその水準，および当期と前期との間の物価指数の変動額。

これらの開示事項は，インフレの影響に対処するための財務諸表の基礎を明確にし，さらに，その基礎およびその結果としての金額を理解するのに必要なその他の情報を提供するためのものである(par. 40)。

4. 超インフレ経済下でなくなった場合

経済が超インフレの状態でなくなり，IAS 29 に準拠した財務諸表の作成および表示を中止する場合には，企業が前期末現在の測定単位で表示した財務諸表の金額を，その後の財務諸表の帳簿価額の基礎として取り扱わなければならない(par. 38)。

第Ⅴ部

特定業種会計

第 32 章

保 険 契 約

【要約表】

	IFRS 4
適用範囲	事業体が発行する保険契約や保有する再保険契約，事業体が発行する裁量権のある有配当性を伴う金融商品に適用
認識と測定	異常危険準備金や平衡準備金等を負債として認識してはならない，報告日ごとに負債十分性テストを実施しなければならない等，保険者が遵守すべきと規定される事項を除き，従来の処理が容認される 現行の市場金利を反映させるために保険負債を再測定し，その変動を損益として認識するように会計方針を変更する等，財務諸表の目的適合性と信頼性の一方を損なうことなく他方を高める場合に限り，従来の会計方針の変更が可能
開　　　示	① 保険契約から生じる財務諸表上の金額を特定し説明する情報の開示 ② 財務諸表の利用者が保険契約から生じるリスクの性質や程度を評価できるような情報の開示

§1　基準設定の背景と目的

　保険契約について取り扱う IFRS は，IFRS 4「保険契約」である。IFRS 4 は 2004 年 3 月に公表され，2005 年 1 月 1 日以後開始された事業年度から発効し

ている。IFRS 4 は 2005 年 8 月に金融保証契約に関連して一部改訂されたが，かかる改訂は 2006 年 1 月 1 日以後開始された事業年度から適用されている。

　従来，保険契約に関しては，いかなる IFRS も存在せず，また，既存の IFRS の適用範囲外であったために，保険契約の会計実務は世界各国で著しく異なり，同じ国内でも他の産業の会計実務と整合していないことが多かった。そこで，IASB の前身 IASC は，1997 年 4 月に保険契約の会計実務の収斂化に向けて起草委員会を設置し，保険プロジェクトを開始した。起草委員会は，1999 年 12 月に論点書「保険」を公表し，この論点書に寄せられた意見書簡を検討した後，IASB への内部報告書として原則書草案「保険」を作成した。その後，保険プロジェクトは IASB のワーキング・グループを中心に進められたが，欧州連合 (EU) 域内のすべての上場企業に IFRS が強制適用される 2005 年までに完了する見込みは乏しかった。そのため，IASB は 2002 年 5 月に保険プロジェクトを 2 つのフェーズに区分し，まずは，フェーズ I として 2005 年に IFRS を適用する保険者のために暫定的な基準を作成することにした。結果として，IASB は，2003 年 7 月に公開草案第 5 号「保険契約」を公表し，受け取った回答を検討した後，IFRS 4 を暫定基準として公表するに至っている。

　かくして，IFRS 4 は，保険契約の現行の会計実務を大幅に変更することを意図しておらず，フェーズ II の完了時にその内容が変更されない程度に保険契約の会計実務を限定的に改善すること，また，保険契約に関する情報の開示を充実させることを目的としている(par. 1)。

§ 2　適 用 範 囲

　IFRS 4 は，事業体が保険業を営むか否かを問わず，事業体が発行する保険契約(再保険契約を含む)や保有する再保険契約，さらには事業体が発行する裁量権のある有配当性を伴う金融商品に適用される(par. 2)。

　ここで保険契約とは，ある事業体(保険者)が，特定の不確実な将来事象(保険事故)が他の事業体(保険契約者)に不利な影響を与えた場合に保険契約者に補

償を行うことを同意することにより，保険契約者から重大な保険リスクを引き受ける契約をいう。また，再保険契約とは，ある保険者（再保険者）が，他の保険者（出再者）の発行した保険契約にかかわる損失について出再者を補償するために発行する保険契約をいう。さらに，裁量権のある有配当性とは，最低保証給付に加えて，契約上の給付全体のかなりの部分になる見込みであり，契約の発行者がその金額または時期を特定の契約群の業績や発行者の保有する特定の資産群にかかわる投資収益などに基づいて決定するような追加給付を受け取る契約上の権利をいう（Appendix A）。

ただし，IFRS 4 は，保険契約の定義を充足しうる契約であっても他の IFRS の適用範囲にあるもの，たとえば，製造者，卸売者または小売者が直接発行する製品保証，従業員給付制度における雇用主の資産や負債，確定給付退職年金制度が報告する退職給付債務等には適用されない（par. 4）。また，保険契約に組み込まれたデリバティブは，それ自体が保険契約である場合を除き，IFRS 9「金融商品」によって主契約から分離し公正価値で測定することを要求されるので，IFRS 4 の適用対象外である（par. 7）。さらに，保険要素と預り金要素の両方を含む保険契約については，預り金要素を分離して測定することができる場合には，分離が強制または容認され，保険要素だけに IFRS 4 が適用され，預り金要素には IFRS 9 が適用される（pars. 10-12）。

§3　認識と測定

1．他の IFRS からの一時的な適用免除

IAS 8「会計方針，会計上の見積りの変更および誤謬」の 10-12 項によると，事業体がある項目にかかわる会計方針を設定する際に，当該項目に適用すべき IFRS が存在しない場合には，類似または関連の項目について取り扱っている他の IFRS や概念フレームワーク等を考慮する必要がある。しかし，IFRS 4 に

よって，保険者は，保険契約や再保険契約について，そのようなIAS 8の規定の適用から一時的に（フェーズⅡの完了までは）免除されている（par. 13）。

ただし，IFRS 4は，以下の事項については，IAS 8の10-12項の規定から保険者を免除しておらず，保険者に遵守するよう要求している（pars. 14-20）。

(a) 報告日に存在しない保険契約から発生すると見込まれる将来の保険金支払いのための（異常危険準備金や平衡準備金のような）引当金を負債として認識してはならない。

(b) 報告日ごとに，負債十分性テストを実施して，認識された保険負債が十分であるか否かを，その保険契約から生じる将来キャッシュ・フローについての現在の見積りを用いて判断しなければならない。もし保険負債の（関連する繰延契約獲得費および関連する無形資産を控除した後の）簿価がその見積将来キャッシュ・フローと比較して不十分であることが判明したならば，その不足額をすべて損益として認識しなければならない。

(c) 保険契約で特定された義務の履行，解約または満了によって保険負債が消滅するまでは，保険負債を貸借対照表から除去してはならない。

(d) 再保険資産を関連する保険負債と相殺してはならない。また，再保険契約にかかわる損益を関連する保険契約に係る損益と相殺してはならない。

(e) 再保険資産が減損しているかどうかを検討し，減損していると判断した場合には，それ相応に再保険資産の簿価を減少させ，その減損損失を損益として認識しなければならない。

2. 会計方針の変更

IFRS 4では，保険契約については，会計方針の変更が財務諸表の信頼性を損なうことなくその目的適合性を高める場合，または，その目的適合性を損なうことなくその信頼性を高める場合に限り，その変更が認められている（par. 22）。そこでは，保険者は，とくに次のような点について留意しなければならない。

(a) 現行の市場金利を反映させるために指定された（一部の）保険負債を再測定し，その変動を損益として認識するように会計方針を変更することがで

きる。また，その際，当該負債についての最新の見積りや仮定を反映するように会計方針を変更することもできる(par. 24)。
(b) 以下の実務を継続的に適用してもよいが，会計方針を変更して新規に導入してはならない(par. 25)。
　① 保険負債を現在価値に割り引かずに測定すること。
　② 将来の投資管理手数料に対する契約上の権利を，類似サービスに対して他の市場参加者が請求する現行の手数料との比較により推定される公正価値を超える金額で測定すること。
　③ 子会社の保険契約に不統一な会計方針を適用すること。
(c) 現行の会計方針が過度に保守的であっても，それを排除するために会計方針を変更する必要はない。しかし，保険負債がすでに十分な保守主義に基づいて測定されている場合には，会計方針を変更してさらなる保守主義を採ってはならない(par. 26)。
(d) 将来の投資収益を保険契約の測定に反映する会計方針を採用すると，それが契約上の支払いに影響を及ぼす場合を除き，保険者の財務諸表の目的適合性および信頼性が損なわれるという反証可能な推定が存在するが，将来の投資収益を排除するために会計方針を変更する必要はない(par. 27)。
(e) 資産にかかわる実現損益が保険負債の測定に直接影響を及ぼすような会計モデルを採用している場合には，実現損益と同様に，資産にかかわる認識済未実現損益が当該測定に影響を及ぼすように会計方針を変更することができる。なお，かかる未実現損益を資本の部で直接認識する場合には，それに関連する保険負債の修正額を資本の部で認識しなければならない（この実務は，「シャドウ・アカウンティング」と呼ばれる）(par. 30)。
(f) 保険負債にかかわる会計方針を変更する場合には，金融資産の一部または全部を，「公正価値で測定する」区分に再分類することができる(par. 45)。

3. 企業結合やポートフォリオの移転で取得した保険契約

IFRS 3「企業結合」に準拠すれば，保険者は，取得日に企業結合において引き

受けた保険負債および取得した保険資産を公正価値で測定しなければならない。しかし，IFRS 4 は，保険者に対して，取得した保険契約の公正価値を 2 つの要素，すなわち，①発行する保険契約にかかわる保険者の会計方針に従って測定される負債と②取得した保険契約上の権利および引き受けた保険契約上の義務の公正価値と①の金額との差額に相当する無形資産に分割するという拡張した表示を認めている。なお，IFRS 4 は，保険契約のポートフォリオを取得した保険者に対してもそのような拡張した表示を認めている (pars. 31-32)。

4. 裁量権のある有配当性

保険契約の中には，保証部分に加えて裁量権のある有配当性を含むものがある。IFRS 4 は，そのような契約の発行者に対して，次のような会計処理を行うことを要求している。なお，かかる IFRS 4 の要求は，裁量権のある有配当性を含む金融商品の発行者にも適用される (pars. 34-35)。

(a) 保証部分を裁量権のある有配当部分から分離して認識することができる。両者を分離して認識する場合には，保証部分を負債に分類しなければならない。裁量権のある有配当部分については，負債と資本の一項目のどちらに分類してもよいが，中間的な区分に分類してはならない。

(b) 保証部分を裁量権のある有配当部分から分離して認識しない場合には，契約全体を負債に分類しなければならない。

(c) 受領した保険料のうち資本に分類された部分に関連する金額を分離せず，そのすべてを収益として認識することができる。保証部分および裁量権のある有配当性のうち負債として分類された部分の変動を損益として認識しなければならない。なお，かかる損益の一部分を資本に分類された裁量権のある有配当性に帰属させてもよいが，その場合は，それを収益や費用ではなく損益の分配として認識しなければならない。

§4 開　　示

　IFRS 4 は，保険者に対して，(1)保険契約から生じる財務諸表上の金額を特定し説明する情報と，(2)財務諸表の利用者が保険契約から生じるリスクの性質や程度を評価できるような情報を開示することを要求している(pars. 36 and 38)。

　具体的には，保険者は，上記(1)の情報として，(a)保険契約とそれに関連する資産，負債，収益および費用にかかわる会計方針，(b)保険契約から生じた資産，負債，収益および費用，(c)これら(b)の項目の測定に大きな影響を及ぼした仮定の決定プロセス，(d)保険資産や保険負債を測定するために用いられた仮定が変化した場合の影響，(e)保険負債，再保険資産および繰延契約獲得費の変化の調整等を開示しなければならない(par. 37)。

　また，保険者は，上記(2)の情報として，(a)保険契約から生じるリスクの管理の目的，方針およびプロセス，並びにリスク管理の方法，(b)①保険リスクに対する感応度，②保険リスクの集中度，③実際の保険金額とそれ以前の見積額との比較等の保険リスクに関する情報，(c)保険契約に IFRS 7「金融商品：開示」を適用した場合に要求される信用リスク，流動性リスクおよび市場リスクに関する情報，(d)主契約に含まれる公正価値で測定されない組込デリバティブから生じる市場リスクに対するエクスポージャーに関する情報等を開示しなければならない(par. 39)。

第 33 章

鉱物資源の探査および評価

【要約表】

	IFRS 6
適 用 範 囲	鉱物資源の探査および評価に関する支出に適用
認　　　識	IFRS 6 を採用する企業は，本基準を適用する直前まで適用している会計方針を引き続き適用することができる 特定な要件が満たされる場合には，会計方針を改善することができる
測　　　定	認識時に取得原価で測定 認識した後，原価モデルまたは再評価法を適用
表　　　示	取得した資産の性質に応じて，有形または無形に分類 鉱物資源の技術的可能性と経済的実行性が立証可能となる場合には，他の勘定科目へ振り替える
減　　　損	IFRS 6 はいくつかの事実および状況を例示し，それらの事実および状況の1つないしは複数が存在状況する場合には，減損の判定をしなければならないと規定している。このような状況，又は類似の状況では，企業は，IAS 36 に準拠して減損の判定をしなければならない。実際の減損損失は IAS 36 に準拠して測定，表示と開示を行う

第 33 章　鉱物資源の探査および評価　725

§1　背　　　景

　IFRS 6「鉱物資源の探査及び評価」が公表されるまで，鉱物権および石油，天然ガスおよび類似の非再生可能資源などの鉱物資源の探査および評価活動に関する会計処理を取り扱う特定の IFRS は存在していなかった。また採掘産業の活動の種々の側面は，関連すると考えられるいくつかの既存の基準書から除外されていた。企業は鉱物資源の探査および評価に関する会計方針は，IAS 8「会計方針，会計上の見積りの変更および誤謬」の規定に準拠して決めなければならなかった。さらに，探査と評価の活動に関する会計処理は，世界中で異なっており，他の領域の会計実務と整合していないことも多かった(par. IN1)。

　一方，広く認められる会計基準を作成するには，厳格かつ包括的なアプローチによる国際的な合意を形成するために広範囲の協議が必要となる。国際会計基準審議会(IASB)は全般的な採掘活動の会計処理の重要性については認識していたが，そのような協議は，多数の国が国際基準の適用開始時期に定めている 2005 年に間に合うように完了させることができなかった。したがって，本基準は，IASB の採掘産業に関するプロジェクトの第一段階のみを完了しているものである(par. IN3)。このフェーズにおいて，IASB は鉱物資源の探査および評価資産にかかわる企業の会計実務の，当審議会が包括的な見直しを実行した際に覆されるような重要な変更を要求することなく，探査および評価の支出の会計実務について，限られた改善を行うことを求めるものである(par. IN4)。

§2　目　　　的

　IFRS 6「鉱物資源の探査及び評価」の目的は鉱物資源の探査および評価に関する財務報告を規定することである(par. 1)。本基準は探査および評価の支出に関する現行の会計実務に対する限定的改善を求めている。探査および評価資

産を認識する企業が，IAS 36「資産の減損」に準拠して当該資産の減損を測定することが要求される。鉱物資源の探査および評価の情報は財務諸表における開示によって，財務情報の利用者が認識された探査および評価資産からの将来キャッシュ・フローの予測に役立つ(par. 2)。

§3 適 用 範 囲

本基準は探査および評価に関し，発生する支出に適用しなければならない。鉱物資源の探査および評価より以前に発生する支出，または開発活動にかかる支出(すなわち，鉱物資源の採掘の技術的可能性および経済的実行性が立証可能となった後に発生する支出)は本基準に適用してはならない。本基準は鉱物資源の探査および評価に従事する企業の会計処理のその他の側面について規定していない(pars. 3-5)。

§4 探査および評価資産の認識と測定

1. 会計方針の選択および会計方針の変更

一般に，企業は会計方針を決める場合には，IAS 8「会計方針，会計上の見積りおよび誤謬」の第10項，第11項，第12項に準拠することを求められる。第10項から第12項において，ある項目に特にIFRSを適用しないで会計方針を決める場合に企業が適用しなければならない要件の優先順位が規定されている。第10項では，IFRSに明確な規定がない取引について経営者が適切な判断を行ううえで会計方針を決め，当該会計方針の設定または適用によって，目的適合性や信頼性をもつ会計情報の提供が可能であることを規定する。第11項および第12項には，IFRSに明確な規定がない場合は，類似する問題に関する

他の規定や概念フレームワークに従うか(IAS 8 par. 11)，類似する概念フレームワークに基づいて会計基準を設定する他の基準設定機関の会計基準などに従う(IAS 8, par. 12)ことが規定されている。

　しかし，本基準では，探査および評価資産を認識する企業が会計方針を決める場合には，IAS 8 の第 10 項を適用しなければならない(par. 6)が，第 11 項および第 12 項の適用を免除する旨は明示されている(par. 7)。鉱物資源の探査および評価に従事する企業は，多岐にわたる会計実務を採用している。ほぼすべての探査および評価にかかわる支出を財政状態計算書に計上し繰り延べる実務から，そうした支出を発生する時点で損益に計上する実務まで幅広い実務が実行されている(Basis for Conclusion on IFRS 6, BC 17)。本基準は特定の会計方針を要求，または禁止しておらず，企業が IAS 8 の第 10 項に準拠するならば，現行の会計方針を引き続き適用することを容認する(BC 22)。つまり，IFRS 6 を採用する企業は，本基準を適用する直前まで適用していた会計方針を引き続き適用することができる。したがって，企業が会計方針を変更しなければならない範囲を探査および評価資産に関する現行の会計方針の変更に限定することができる。

　特定な要件が満たされる場合には，企業は探査および評価原価に関する会計方針を改善することができる(pars. 13-14)。すなわち，会計方針の変更により，情報の目的適合性と信頼性のうち，一方を改善することが，他方を損なわないことが明らかな場合，会計方針の変更は認められる。

2. 探査および評価資産の測定

　探査および評価資産は取得原価で測定しなければならない(par. 8)。また，企業はいずれの支出を探査および評価資産として計上すべきかを規定する会計方針を決定し，当該会計方針については首尾一貫性をもって適用をしなければならない。その決定を行うとき，企業は支出が特定の鉱物資源の発見にどの程度関係するかを考慮することが求められる。探査および評価資産の当初測定に盛り込まれる支出の例は次のようにあげられる。すなわち，(1)探査権の取得；(2)

地勢的，地理的，地球化学および地球物理学的調査；(3)探査向け掘削；(4)トレンチ作業；(5)標本採取；(6)鉱物資源の採掘の技術的可能性および経済的実行性の評価に関する活動である(par. 9)。

　鉱物資源の開発に関する支出については，探査および評価資産として認識してはならない。開発から生じる資産の認識については，概念フレームワークおよびIAS 38号「無形資産」に従う(par. 10)。

　また鉱物資源の探査および評価を行う後，特定の期間に発生した撤去および復旧に関する債務を，IAS 37「引当金，偶発債務及び偶発資産」に準拠して認識することが求められる。

　さらに，企業は探査および評価資産を認識した後，原価モデルまたは再評価法を適用しなければならない。再評価モデル(IAS 16「有形固定資産」またはIAS 38「無形資産」のモデルのどちらか)が適用される場合には，それは資産の分類に整合するものでなければならない(par. 11)。

3. 表　　示

　企業は探査および評価資産を取得した資産の性質に応じて，有形または無形に分類し，その分類を首尾一貫して適用しなければならない(par. 15)。車両および掘削装置などの探査および評価資産は有形資産として扱われるが，掘削権などの探査および評価資産は無形資産として扱われる。有形資産が無形資産を開発するために消費される場合には，その消費の一部は，無形資産に対する費用の一部となる。しかし，無形資産を生成するのに有形資産を使用するとしても，それにより有形資産が無形資産に変わるわけではない(par. 16)。

　鉱物資源の技術的可能性と経済的実行性が立証可能となる場合には，探査と評価資産は他の勘定科目へ振り替えられることを求められる(par. 17)。

§5　減　　　損

　資産の簿価が回収可能金額を超過と思われる事実や状況が存在する場合には，減損の評価をしなければならない。探査および評価資産に係る将来予想キャッシュ・フローの情報を入手することが困難であるので，IFRS 6 では IAS 36 における減損を判定する状況要件とは異なるものとした。探査および評価資産について減損の有無を識別するときに，IAS 36「減損会計」の規定ではなく，本基準の規定を適用しなければならない(pars. 18-19)。

　IFRS 6 は下記の事実および状況を例示し，それらの事実および状況の 1 つないしは複数が存在する場合には，減損の判定をしなければならないと規定している。ただし，下記の事実及び状況はすべてを網羅している訳ではない(par. 20)：

(a)　企業が特定の地域を探査できる権利を有している期間が，その事業年度において終了する予定である，近い将来に終了する，又は更新が期待されていない。

(b)　特定の地域の鉱物資源の，さらなる探査および評価に関する実質的な支出に対する予算が確保されていない，あるいは支出が計画されていない。

(c)　特定の地域の鉱物資源の探査および評価を行っても，鉱物資源の商業的に実現可能な数量の発見につながらず，企業は特定地域のそのような活動の廃止を決定している。

(d)　特定の地域の開発が進められていく可能性が高といえるが，探査および評価資産の簿価価額が，開発が成功しても，または売却することによっても，完全に回収される可能性が少ないことを示す十分なデータが存在する。

　このような状況，あるいは類似の状況下において，企業は，IAS 36 に準拠して減損の判定をしなければならない。実際の減損損失は IAS 36 に準拠して測定，表示と開示を行う。

　企業は探査および評価資産の減損のために，探査および評価資産を資金生成

単位または資金生成単位グループへ割り当てる会計方針を決定しなければならない。探査および評価資産が配分される資金生成単位またはグループは，IFRS 8「事業セグメント」に準拠して決定される事業セグメントより大きいものであってはならない（pars 21-22）。

§6 開　　示

企業は鉱物資源の探査および評価資産から生じる，財務諸表に計上される金額を説明するために以下の情報を開示しなければならない。
(a)　探査と評価資産の認識を含む，探査および評価に関する会計方針
(b)　鉱物資源の探査および評価によって生じる資産，負債，収益，費用，営業活動キャッシュ・フローおよび投資活動キャッシュ・フローの金額

企業は探査および評価資産を個別の種類の資産として扱い，IAS 16 または IAS 38 で要求されている開示をこれらの資産が分類されている方法に整合するように行わなければならない（pars. 24-25）。

§7　日本基準との比較

日本会計基準において，鉱物資源の探査および評価に関する支出について会計処理を定めた規定はない。また減損については「固定資産の減損に係る会計基準」によることとされている。このため探査および評価資産に該当する固定資産についても同基準の規定に基づいて減損の認識，測定および会計処理が行われると考えられる。

第34章

農　業

【要約表】

	IAS 41
適用範囲	生物資産，収穫時点の農産物および生物資産に対する国庫補助金等の会計に適用
認　　識	次のすべての要件に該当する場合のみ認識する (a) 過去の事象の結果として，企業が支配している (b) その資産に関する将来の経済的便益が企業に流入すると想定される (c) 確実にその資産の公正価値あるいは原価が測定できる
測　　定	当初認識時および各期末日に，販売費用控除後の公正価値で測定し，当初認識により生じた利得または損失，その後の変動によって発生する利得または損失は，発生した期の損益に含める

§1　背　　景

　IAS 41「農業」は，2001年2月に当時の国際会計基準委員会(IASC)によって公表された。その後，IAS 1「財務諸表の表示」の2003年12月改正および2007年9月改正，IAS 2「棚卸資産」の2003年12月改正，IAS 21「外貨建資産・負債」の2003年12月改正，IFRS 5「売却目的で保有する非流動資産及び廃止事業」の2004年3月改正により関連する部分が改正されている。

IAS 41 の規定の特徴としては，全面的に公正価値により対象となる資産の評価を行うことが挙げられる。これは対象としている生物資産，農産物の増殖，成長，熟成などの物理的変化が資産の価値に影響する場合があり，主として工業製品を想定した他の従来からの会計基準を適用しても，実態を適切に表すことが困難であるとの考え方によるものであると推定される。

§2 IAS 41 の分析と評価

1. IAS 41 の適用範囲と農業活動の定義

IAS 41 は，その目的を農業活動に関する会計処理および開示を規定することとしている(IAS 41, Objective)。また IAS 41 は，その適用範囲を，生物資産，収穫時点の農産物および本基準の第 34 項から第 35 項に定める国庫補助金の会計としている(par. 1)。生物資産からの収穫物である農産物は，収穫時点においてのみ IAS 41 の適用対象となり，収穫後の加工処理は適用対象とはしていない。収穫後は，IAS 2「棚卸資産」または，他の適用可能な基準が適用される(par. 3)。また IAS 41 は農業活動関連の土地および無形資産についても適用されない(par. 2)。生物資産，収穫物である農産物および収穫後の加工処理の結果である製品の例として，乳牛(生物資産)，牛乳(農産物)，チーズ(製品)あるいはぶどうの木(生物資産)，ぶどう(農産物)，ワイン(製品)などが挙げられる。(par. 4)。

また IAS 41 では，農業活動を販売のため，または農産物あるいは新たな生物資産に変化させるための，生物学的変換および収穫の企業による管理であると定義している(par. 5)。なお農業活動には，家畜の飼育，林業，一年生あるいは多年生植物の収穫，果樹および樹木の栽培，草花の栽培，水産養殖(魚の養殖を含む)などの広範囲にわたる活動を含むものであるとしている。(par. 6)。

2. 認識および測定

（1）認　　識

　IAS 41 では，生物資産または農産物は，次のすべての要件に該当する場合のみ，認識するとしている(par. 10)。
- (a) 過去の事象の結果として，企業が支配している。
- (b) その資産に関する将来の経済的便益が企業に流入すると想定される。
- (c) 確実にその資産の公正価値あるいは原価が測定できる。

　農業活動では，例えば牛の場合，法的所有権および購入，誕生あるいは離乳時の焼印，その他の方法で印を付けることによって，支配は証拠付けられる。将来の便益は，通常，重要な部位を測定することによって判断される(par. 11)。

（2）測　　定

　生物資産は，公正価値が信頼性をもって測定できない場合を除き，当初認識時および各期末日に，販売費用控除後の公正価値で測定しなければならないとしている(par. 12)。また生物資産の販売費用控除後の公正価値による当初認識により生じた利得または損失，その後の変動によって発生する利得または損失は，発生した期の損益に含めることとされている(par. 26)。

　生物資産から収穫された農産物は，その収穫時点において，販売費用控除後の公正価値により測定されなければならないが，その測定値は，IAS 2「棚卸資産」あるいは他の適用可能な IFRS の，適用日における取得原価となるとされている(par. 13)。また農産物を販売費用控除後の公正価値によって当初認識することで生じる利得または損失は，その発生した期の損益に計上しなければならないとされている(par. 28)。

　なおこのように公正価値を基礎として認識を行う場合には，活発な市場の存在がその前提となっている点に注意を要する。

IAS 41 では，現状において生物資産または農産物に活発な市場が存在する場合において，その市場における時価は，当該資産の公正価値を決定する際に適した基礎となるとしている。また企業がいくつかの異なる活発な市場を利用する場合には，当該企業が実際に利用すると予想される市場の価格を利用するとしている (par. 17)。

活発な市場が存在しない場合に企業は，公正価値の決定に当たり，以下のもののうち，利用可能な1つ以上のものを利用するとしている (par. 18)。

(a) 取引日と期末日との間に経済的状況に重要な変化がない場合には，直近の市場における取引価格
(b) 類似する資産の市場価格に，差異を反映する修正を加えたもの
(c) 輸出用トレイ当たり，1ブッシェル重量当たりまたは1ヘクタール当たりで示される果実の価値，肉1キログラム当たりで示される牛の価値のような分野ごとの基準値

このように生物資産の公正価値が信頼性をもって測定可能であるとの仮定が存在している。しかし生物資産の当初認識時点においてのみ，市場によって決定される価格または価値が入手できず，また代替的な公正価値の見積額が明らかに信頼できないと判断される場合には，この仮定は反証可能となる。その場合，当該生物資産は，減価償却累計額および累計減損損失額を控除した取得原価によって測定されなければならない。その後において，その生物資産の公正価値が，確実に測定できるようになった場合は，販売費用控除後の公正価値によって測定しなければならないとしている (par. 30)。

3. 生物資産に対する国庫補助金

販売費用控除後の公正価値によって測定される生物資産に対する無条件の国庫補助金は，受取可能となった場合に限り損益として認識する (par. 34)。また条件付の国庫補助金は，特定の農業活動を企業が行わないことを要求している場合も含めて，その補助金の条件に合致するときにのみ，損益として認識する (par. 35)。

4. 開　　　示

　企業は，期間における生物資産，農産物の当初認識時に発生した利得および損失の合計額と，生物資産の販売費用控除後の公正価値の変動により発生した利得および損失の合計額を開示しなければならない(par. 40)。さらに，財務諸表とともに開示される情報の他のどの部分にも開示されていない場合には，以下の説明開示をしなければならない(par. 46)。

(a) 各々の生物資産グループに関する活動の性質
(b) 下記の，物理的な数量に関する，非財務的な測定値または見積り
　　ⅰ．期末日現在の各々の生物資産グループ
　　ⅱ．農産物の期中生産高

　企業は，各々のグループの収穫時において農産物および生物資産の公正価値を決めるときに適用した方法および仮定を開示しなければならない(par. 47)。また期中に収穫された農産物の，収穫時点において決められた販売費用控除後の公正価値を開示しなければならない(par. 48)。さらに企業が所有する生物資産の簿価に，期首と期末で変動があった場合は，その調整表を表示しなければならない(par. 50)。なお減価償却累計額および累計減損損失額を控除した取得原価によって測定している場合には，一定の事項の追加開示が求められている(pars. 54, 55)。

5. 日本基準との比較

　日本ではIAS 41のように農業を対象とする会計基準は，現状では存在しない。したがって対象資産が棚卸資産に該当する場合には企業会計基準第9号「棚卸資産の評価に関する会計基準」が適用されると考えられる。この場合，取得原価あるいは正味売却価額が下落しているときには，正味売却価額で評価される。また対象資産が有形固定資産に該当する場合には，企業会計原則および他の会計基準の有形固定資産に関する規定が適用されると考えられる。なお

IAS 41で規定されている家畜，果樹は「法人税法施行令」において減価償却資産とされ，その耐用年数は「減価償却資産の耐用年数等に関する省令」で規定されている。

参 考 文 献

アーンスト・アンド・ヤング(新日本監査法人監修)[2006]『International GAAP® 2005』レクシスネクシス・ジャパン。
あずさ監査法人・KPMG編著[2008]『国際財務報告基準の適用ガイドブック＜第3版＞日本基準との比較と作成実務』中央経済社。
大蔵省企業会計基準設定主体のあり方に関する懇談会[2000]「企業会計基準設定主体のあり方について(論点整理)」。
越智　敦[2011]「第29回 IFRS第9号「金融商品」」『会計・監査ジャーナル』第23巻第2号, 34-43頁。
加藤　厚[2010]「IFRS9号「金融商品」の概要」『企業会計』第62巻第4号, 18-27頁。
企業会計基準委員会[2004]「財務会計の概念フレームワーク」。
　――――[2002]「自己株式及び準備金の額の減少等に関する会計基準」(2006年8月最終改正)。
　――――[2002]「退職給付制度間の移行等に関する会計処理」。
　――――[2002]「1株当たり当期純利益に関する会計基準」(2010年6月最終改正)。
　――――[2002]「1株当たり当期純利益に関する会計基準の適用指針」(2011年3月最終改正)。
　――――[2002]「自己株式及び準備金の額の減少等に関する会計基準の適用指針」(2008年12月最終改正)。
　――――[2002]「その他資本剰余金の処分による配当を受けた株主の会計処理」(2005年12月最終改正)。
　――――[2003]「固定資産の減損に係る会計基準の適用指針」(2009年3月最終改正)。
　――――[2005]「『退職給付に係る会計基準』の一部改正」。
　――――[2005]「役員賞与に関する会計基準」。
　――――[2005]「貸借対照表の純資産の部の表示に関する会計基準」(2009年3月最終改正)。
　――――[2005]「貸借対照表の純資産の部の表示に関する会計基準等の適用指針」(2009年3月最終改正)。
　――――[2005]「株主資本等変動計算書に関する会計基準」(2010年6月最終改正)。
　――――[2005]「株主資本等変動計算書に関する会計基準の適用指針」(2010年6月最終改正)。
　――――[2005]「事業分離等に関する会計基準」(2008年12月最終改正)。
　――――[2005]「企業結合会計基準及び事業分離等会計基準に関する適用指針」(2008年12月最終改正)。
　――――[2005]「『退職給付に係る会計基準』の一部改正に関する適用指針」。
　――――[2005]「ストック・オプション等に関する会計基準」(2008年12月最終改正)。
　――――[2005]「ストック・オプション等に関する会計基準の適用指針」(2006年5月最終改正)。
　――――[2006]「棚卸資産の評価に関する会計基準」(2008年9月最終改正)。

────[2006]「金融商品に関する会計基準」(2008年3月最終改正)。
────[2006]「関連当事者の開示に関する会計基準」(2008年12月最終改正)。
────[2006]「関連当事者の開示に関する会計基準の適用指針」(2008年12月最終改正)。
────[2006]「その他の複合金融商品(払込資本を増加させる可能性のある部分を含まない複合金融商品)に関する会計処理」(2008年3月最終改正)。
────[2006]「繰延資産の会計処理に関する当面の取扱い」(2010年2月最終改正)。
────[2007]「四半期財務諸表に関する会計基準」(2011年3月最終改正)。
────[2007]「四半期財務諸表に関する会計基準の適用指針」(2011年3月最終改正)。
────[2007]「『退職給付に係る会計基準』の一部改正(その2)」。
────[2007]「工事契約に関する会計基準」。
────[2007]「工事契約に関する会計基準の適用指針」。
────[2007]「一定の特別目的会社に係る開示に関する適用指針」(2011年3月最終改正)。
────[2007]「リース取引に関する会計基準の適用指針」(2011年3月最終改正)。
────[2007]「払込資本を増加させる可能性のある部分を含む複合金融商品に関する会計処理」(2008年12月最終改正)。
────[2007]「過年度遡及修正に関する論点の整理」。
────[2008]「持分法に関する会計基準」(2008年12月最終改正)。
────[2008]「セグメント情報等の開示に関する会計基準」(2010年6月最終改正)。
────[2008]「セグメント情報等の開示に関する会計基準の適用指針」。
────[2008]「『退職給付に係る会計基準』の一部改正(その3)」。
────[2008]「金融商品の時価等の開示に関する適用指針」(2011年3月最終改正)。
────[2008]「賃貸等不動産の時価等の開示に関する会計基準」(2011年3月最終改正)。
────[2008]「賃貸等不動産の時価等の開示に関する会計基準の適用指針」。
────[2008]「企業結合に関する会計基準」。
────[2008]「資産除去債務に関する会計基準」。
────[2008]「資産除去債務に関する会計基準の適用指針」(2011年3月最終改正)。
────[2008]「連結財務諸表に関する会計基準」(2011年3月最終改正)。
────[2008]「連結財務諸表における子会社及び関連会社の範囲の決定に関する適用指針」(2011年3月最終改正)。
────[2008]「『研究開発費等に係る会計基準』の一部改正」。
────[2008]「会計上の変更および過去の誤謬に関する検討状況の整理」。
────[2009]「会計上の変更及び誤謬の訂正に関する会計基準」。
────[2009]「会計上の変更及び誤謬の訂正に関する会計基準の適用指針」。
────[2010]「包括利益の表示に関する会計基準」。
企業会計審議会[1968]「企業会計上の個別問題に関する意見書第二『退職給付引当金の設定について』」。
────[1977]「中間財務諸表作成基準」。
────[1988]「セグメント情報の開示基準」。
────[1993]「リース取引に係る会計基準」。
────[1998]「税効果会計に係る会計基準」。
────[1998]「中間連結財務諸表等の作成基準の設定に関する意見書」。
────[1998]「連結キャッシュ・フロー計算書等の作成基準」。

─────［1998］「連結キャッシュ・フロー計算書等の作成基準の設定に関する意見書」。
─────［1999］「金融商品に係る会計基準」。
─────［1999］「金融商品に係る会計基準の設定に関する意見書」。
─────［2000］「固定資産の会計処理に関する論点整理」。
─────［2002］「減損意見書」。
─────［2002］「固定資産の減損に係る会計基準」。
─────［2002］「固定資産の減損に係る会計基準の設定に関する意見書」。
─────［2003］「企業結合に係る会計基準」。
黒澤利武［2006］「国際的なコンバージェンスの中で」『JICPA ジャーナル』第 18 巻 10 号，48-53 頁。
古賀智敏［2000］『価値創造の会計学』税務経理協会。
─────［2007a］「会計基準のグローバル化の認識基点—会計基準グローバル化に向けての同化と分化」『産業経理』第 67 巻 2 号，13-21 頁。
─────［2007b］「会計理論の変容と経済的実質主義」『会計』第 172 巻 3 号，1-14 頁。
─────［2008］「国際会計基準と公正価値会計」『会計』第 174 巻 5 号，1-13 頁。
─────［2009］「金融危機と公正価値会計のゆくえ—新たな財務報告の構築に向けて」『企業会計』第 61 巻 3 号，4-10 頁。
古賀智敏・五十嵐則夫［2001］『会計基準のグローバル化戦略』森山書店。
財務会計基準機構（監修）企業会計基準委員会編著［2008］『企業会計基準　完全詳解』税務経理協会。
桜井久勝（編著）［2010］『テキスト　国際会計基準〈第 5 版〉』白桃書房。
高津知之［2009］「ASBJ 解説　企業会計基準 12 号，適用指針 14 号　四半期財務諸表のセグメント情報等の開示の解説」『旬刊経理情報』，No. 1206，10-13 頁。
武田隆二［1998］「商法と企業会計との関係枠組みの検討」『税経通信』第 53 巻 11 号 27-34 頁。
─────［2007］「『産業経済の変化』に伴う『会計のあり方』—新会社法と会計のあり方（その二）」『会計』第 171 巻 2 号，139-152 頁。
─────［2008］『会計学一般教程〈第 7 版〉』中央経済社。
─────［2009］「企業会計基準の改定への提言」『税経通信』第 64 巻 1 号，17-28 頁。
デロイトトウシュトーマツ［2008］『国際財務報告基準の実務〈第 3 版〉』中央経済社。
中根正文［2007］「ASBJ 解説　四半期財務諸表に関する会計基準・同適用指針」『旬刊経理情報』No. 1149，32-37 頁。
日本公認会計士協会［1969］「退職給与引当金に関する会計処理及び監査上の取扱い」。
─────［1974］「退職給与引当金に関する会計処理及び監査上の取扱い」。
─────［1979］「適格退職年金制度等に移行した場合の会計処理および表示と監査上の取扱い」。
─────［1982］「租税特別措置法上の準備金及び特別法上の引当金又は準備金並びに役員退職慰労引当金に関する監査上の取扱い」（2011 年 3 月最終改正）。
─────［1994］「リース取引の会計処理及び開示に関する実務指針」。
─────［1998］「個別財務諸表における税効果会計に関する実務指針」（2011 年 1 月最終改正）。
─────［1998］「連結財務諸表における税効果会計に関する実務指針」（2011 年 1 月最終改正）。
─────［1999］「関連当事者との取引に係る情報の開示に関する監査上の取扱い」（2011 年

―――――[1999]「退職給付会計に関する実務指針(中間報告)」(2009年2月最終改正)。

―――――[1999]「中間財務諸表等における税効果会計に関する実務指針」(2011年1月最終改正)。

―――――[2000]「販売用不動産等の強制評価減の要否の判断に関する監査上の取扱い」(2009年2月最終改正)。

―――――[2000]「金融商品会計に関する実務指針」(2011年3月最終改正)。

―――――[1999]「債務保証及び類似行為の会計処理及び表示に関する監査上の取扱い」(2011年3月最終改正)。

―――――[2003]「後発事象に関する監査上の取扱い」(2010年12月最終改正)。

―――――[2007]『決算開示トレンド〈平成19年版〉有価証券報告書300社の実態分析』中央経済社。

―――――[2011]『会計監査六法〈平成23年版〉』日本公認会計士協会出版局。

広瀬義州・間島進吾[1999]『コンメンタール 国際会計基準』税務経理協会。

山浦久司・新井武広編著[2008]『逐条解説 四半期会計・レビュー基準』中央経済社。

山田辰巳[2010]「IFRS第9号(金融資産の分類と測定)について」『会計・監査ジャーナル』第23巻第3号，104-110頁。

Barden, P. et al. principal authors[2008]*iGAAP 2009 : A guide to IFRS reporting*, 2nd ed., LexisNexis.

Bloomer C. ed.,[1999]*The IASC-U.S. comparison project : a report on the similarities and differences between IASC Standards and U.S. GAAP*, 2nd ed., Financial Accounting Standards Board.

Clark, G., Hebb T., and Wjcik, D.[2007]in *Globalisation of Accounting Standards*, edited by Godfrey, J. and Chalmers, K., pp. 15-33.

Commission of European Communities[2000] *EU Financial Reporting Strategy : the way forward*, COM(2000)359 final.

Ernst & Young[2005]*IFRS/US GAAP Comparison*, 3rd ed., Ernst & Young.

Financial Accounting Standards Board (FASB) [2004] Financial Accounting Standards Advisory Council, "Joint Conceptual Framework Project", December 2004, 12' 2004 confwk. doc.

Godfrey, J. and Chalmers, K.[2007] "Globalisation of Accounting Standards : An Introduction", *Globalisation of Accounting Standards*, pp. 1-14.

Gore, P. and Zimmerman, D.[2007] "Building the Foundations of Financial Reporting : The Conceptual Framework", *The CPA Journal*.

International Accounting Standard Committee(IASC)[1998]*Shaping IASC for the Future*(日本公認会計士協会仮訳『IASCの将来像――ディスカッション・ペーパー』)。

International Accounting Standard Committee(IASC)[1999]Recommendations on shaping IASC for the Future.

International Accounting Standards Board (IASB) [2006] Discussion Paper, *Preliminary Views on an improved Conceptual Framework for Financial Reporting : The Objective of Financial Reporting and Qualitative Characteristics of Decision-useful Financial Reporting Information*.

International Accounting Standards Board (IASB) [2008] Exposure Draft of An improved

Conceptual Framework for Financial Reporting: Chapter 1: The Objective of Financial Reporting, Chapter 2: Qualitative Charecteristics and Constraints of Decision-useful Financial Reporting Information.

Koga, C. & Rimmel, G. [2007] "Accounting Harmonisation and Diffusion of International Accounting Standards: The Japanese Case", Godfrey, J. and Chalmers, K. eds., *Globalisation of Accounting Standards*, Edward Elgar Publishing, Ltd.

Nicolaisen, D. [2005] *Statement by SEC staff: A Securities Regulator Looks at Convergence*, U.S. Securities and Exchange Commission.

PricewaterhouseCoopers [2007] *IFRS Manual of Accounting: 2008 Global guide to International Financial Reporting Standards*, CCH.

Puxty, A., H. Willmott, D. Cooper and T. Lowe [1987] "Modes of Regulation in Advanced Capitalism: Locating Accounting in Four Countries," *Accounting Organizations and Society*, Vol. 12, No 3, pp. 282-287.

The KPMG International Financial Reporting Group [2008] *Insights into IFRS: KPMG's practical guide to International Financial Reporting Standards*, 5th ed., THOMSON.

US Securities and Exchange Commission [2008] Roadmap for the Potential Use of Financial Statements Prepared in accordance with International Financial Reporting Standards by US Issures, US Securities and Exchange Commission.

Whittington, G. [2008] "Fair Value and the IASB/FASB Conceptual Framework project: An Alternative View", *ABACUS*, vol. 44, No. 2.

Zhang, W. and Lu, D. [2007] "Convergence of Chinese Accounting Standards with International Standard: Process, Achievements and Prospects", in *Globalisation of Accounting Standards*, pp. 193-217.

索　　引

［あ　行］

IAS：
── 1「財務諸表の表示」……………67
── 2「棚卸資産」……………… 145
── 7「キャッシュ・フロー計算書」‥622
── 8「会計方針，会計上の見積の変更および誤謬」……………………511
── 10「後発事象」………………320
── 11「工事契約」………………394
── 12「法人所得税」……………485
── 16「有形固定資産」……………162
── 17「リース」…………………204
── 18「収益」……………………368
── 19「従業員給付」……………430
── 20「国庫補助金の会計及び政府援助の開示」………………………301
── 21「外国為替レート変動の影響」282
── 23「借入費用」………………411
── 24「関連当事者の開示」………672
── 26「退職給付制度の会計と報告」448
── 27「連結財務諸表と個別財務諸表」……………………………563
── 28「関連会社に関する投資」……563
── 29「超インフレ経済下における財務報告」………………………707
── 31「ジョイント・ベンチャーに対する持分」……………………563
── 32「金融商品──表示」………97
── 33「1株当たり利益」…………689
── 34「中間財務報告」……………604
── 36「資産の減損」……………261
── 37「引当金，偶発債務及び偶発資産」……………………………320
── 38「無形資産」………………236
── 39「認識及び測定」………96, 121
── 40「投資不動産」……………186

── 41「農業」……………………731
IASB ……………………………18, 24
IASB・FASB 統合モデル ……………34
IASB 概念フレームワーク ……………31
IASC ……………………………18, 20
IASC 財団 ………………………………22
IASC の将来像に関する勧告 …………22
IASC Foundation ………………22, 24
IFRIC ……………………………………24
IFRIC 4 ………………………………232
IFRIC 13 ……………………………377
IFRS：
── 1「IFRS の初度適用」…………42
── 2「株式報酬」………………458
── 3「企業結合」………………533
── 4「保険契約」………………717
── 5「売却目的の非流動資産及び廃止事業」………………………356
── 6「鉱物資源の探査及び評価」……725
── 7「金融商品──開示」………97
── 8「事業セグメント」…………651
── 9「金融商品」……………97, 120
IFRS 移行日 ……………………………44
IFRS 開始財政状態計算書 ……………44
IFRS からの離脱 ………………………71
IFRS の初度適用 ………………313, 558
アドプション ……………………………11
アメリカ財務会計基準審議会 …………21
洗替法 …………………………154, 455

EU 財務報告戦略 ………………………8
移行時差異 …………………………438
異常危険準備金 ……………………720
異常項目 ………………………………77
一時差異 ………………………487, 501
一般目的財務諸表 ……………………68
インカム・アプローチ ……………303

受取リース料··218
売掛金および未収入金·····························81

営業活動によるキャッシュ・フロー
　···626,633
営業活動の損益と営業活動によるキャッシュ・フロー純額の調整表··················90
営業権等の換算·······································288
役務の提供······································375,387
SAC··22
FASB···24,25
FASB概念フレームワーク······················31

OCIオプション·································124,125
オペレーティング・リース······209,217,220
親会社の株主に帰属する資本·················81

[か　行]

買掛金および未払い金·····························81
外貨建資産・負債································281
外貨建取引の換算································284
会計基準設定主体·································18
会計基準のグローバル化························4
会計基準の国際的統一化························3
会計規制モデル····································19
会計上の見積りの変更····················517
会計処理単位·····································395
会計ビッグバン·····································6
会計方針····································512,726
会計方針の首尾一貫性·····················513
会計方針の統一································587
会計方針の変更··························513,720
解雇給付··438
開示対象期間·····································607
開示様式··81
解釈指針委員会·······························23,24
回収可能価額···································264
回収可能価額アプローチ················268
概念フレームワーク·························30
開発···244
回廊アプローチ····························433,441
確定価額契約···································398

確定給付型制度························432,433,450
確定拠出型制度······························432,450
加工費用···148
過去勤務費用································434,439
加重平均法··150
貸付金および債券·····························112
カスタマー・ロイヤルティ・プログラム
　···390
株式発行費··427
株式報酬···454
株式報酬取引······························459,460
借入費用······································411,413,415
借入費用の資産化······························419
借入費用の資産化率···························416
為替換算差額·····································86
為替差額の認識·································286
為替予約······································284,297
為替予約の振当処理··············132,133,285
間接法··633,634
簡便な見積りの使用·························611
関連会社に対する投資············565,573,581
関連会社の範囲·································573
関連当事者··674
関連当事者との取引·························678

期中財務報告·····································604
企業結合····································531,534
企業主体パースペクティブ··················36
基準諮問会議································22,24
基準設定主体·····································18
機能通貨···289
機能通貨の変更································292
機能別分類··84
希薄化···695
希薄化後1株当たり利益·················695
基本的1株当たり利益·····················693
逆取得···543
客観的公正価値·································14
キャッシュ・フロー計算書··79,619,624,641
キャッシュ・フロー・ヘッジ········86,132
キャピタル・アプローチ···················303
給付債務···436
業績評価··87

共同支配営業	577
共同支配企業	577
共同支配資産	577
切放法	154, 157
勤務費用	433
金融資産	81, 100
金融資産の認識の中止	102
金融商品の定義	99
金融負債	81, 100
金利スワップの特例処理	137
組込デリバティブ	110
偶発債務	315, 327, 333, 345
偶発資産	315, 327, 334, 346
繰越欠損金に関する繰延税金資産	505
繰越税額控除額	489
繰延税金資産	81, 489, 493, 496
繰延税金資産計上額の見直し	494
繰延税金負債	81, 488, 493, 496
繰延ヘッジ	141
繰延ヘッジ処理	133
繰延法	493, 508
繰延利益方式	303
グループ会社間での株式報酬取引	480
グローバル会計基準	3
経営幹部	677
経済的耐用年数	208
経済的単一説	589
継続企業の前提	71, 341
契約にリースが含まれているか否かの判断	232
結合当事企業	536
決算時の換算処理	285
決算日の差異	575
決算日レート	285, 288
原価加算契約	398
減価償却	164, 169, 215, 518
減価償却の中止	360
減価償却方法	171
原価モデル	168, 191
研究	243
研究開発費	160, 243

現金および現金同等物	81, 625
現金決済型の株式報酬取引	459, 468, 473
現金決済選択権付き株式報酬取引	459, 468
現金・現金同等物にかかわる換算差額	637
現在原価財政状態計算書	711
現在原価包括利益計算書	711
原則主義	12
減損	121, 172, 261, 729
減損処理	111
減損損失	265, 275, 359
減損損失の測定	267
減損損失の認識アプローチ	267
減損損失の戻入	279
減損の兆候	266
減損の戻入れ	271
権利確定条件	464, 476
権利確定日	465
工事契約	393
工事原価	397
工事収益	397
工事進行基準	399, 402
公正価値	13
公正価値オプション	142
公正価値会計	13
公正価値測定	105
公正価値ヘッジ	133
公正価値モデル	191, 198
購入原価	149
後発事象	315, 328, 334, 339, 346
鉱物資源の開発に関する支出	728
鉱物資源の探査および評価	724
国際会計基準委員会	18
国際会計基準審議会	18, 23, 25
国際基準セッター	24
国際財務報告解釈指針委員会	22, 23
国庫補助金	302, 734
国庫補助金の会計	300
国庫補助金の返還	304
誤謬	519
個別財務諸表	566, 584
個別法	151
コンバージェンス	7

コンポーネントアカウンティング……… 175

[さ 行]

在外子会社のキャッシュ・フロー… 636,643
在外事業体………………………… 287,294
在外事業体の財務諸表項目の換算……… 288
債権の認識の中止………………………… 124
最初のIFRS財務諸表……………………… 43
財政状態計算書…………………………73,81
細則主義…………………………………… 12
最低リース料総額………………………… 207
再評価……………………………………… 279
再評価剰余金……………………………… 86
再評価モデル……………………………… 168
再分類調整………………………………… 77
再保険契約………………………………… 720
財務活動によるキャッシュ・フロー
　………………………………… 630,635
財務諸表一式……………………………… 70
財務費用…………………………………… 83
再リース…………………………………… 215
裁量権のある有配当性…………………… 722
先入先出法………………………………… 150

仕掛研究開発………………………… 246,258
時価ヘッジ………………………………… 140
時価ヘッジ処理…………………………… 133
識別可能資産………………………… 539,540,550
識別可能負債………………………… 539,540,550
事業再構築………………………………… 340
事業再構築引当金…………………… 341,348
事業セグメント…………………………… 652
事業セグメントの識別…………………… 653
資金概念…………………………………… 625
資金生成単位………………………… 265,270
自己創設のれん…………………………… 256
資産化適格借入費用……………………… 415
資産化率…………………………………… 419
資産除去債務……………………………… 182
資産に関する補助金………………… 305,306
資産の減損………………………………… 259
資産負債法………………………………… 493

実行金利法………………………………… 427
支配………………………………………… 568
支配獲得後の追加取得…………………… 592
支配の喪失………………………………… 572
支配の喪失を伴う持分の減少…………… 596
支配の喪失を伴わない持分の減少……… 594
支配力基準…………………………… 569,585
支払リース料……………………………… 214
四半期報告………………………………… 604
資本金……………………………………… 86
資本性金融商品(株式)…………………… 125
資本連結手続き…………………………… 589
社債発行費………………………………… 427
シャドウ・アカウンティング…………… 721
収益……………………………… 83,367,369,370
収益認識プロジェクト…………………… 378
収益の測定…………………………… 371,382
収益の認識………………………………… 379
従業員給付…………………………… 428,432
修正再表示………………………………… 709
主観的公正価値…………………………… 14
取得企業……………………………… 536,546
取得原価……………………………… 164,167
取得原価財政状態計算書………………… 710
取得原価包括利益計算書………………… 711
取得原価モデル…………………………… 199
取得日………………………………… 538,548
取得日レート……………………………… 285
取得法………………………………… 535,536
取得利得…………………………………… 541
重要性と集約……………………………… 71
主要な経営者の報酬……………………… 678
純投資ヘッジ……………………………… 287
ジョイント・ベンチャー………… 566,576,583
使用価値…………………………………… 264
償却………………………………………… 250
条件付取得対価…………………………… 542
少数株主持分……………………………… 571
正味実現可能価額…………………… 153,156
正味売却価格……………………………… 264
正味売却価額……………………………… 153
正味リース投資額………………………… 218
将来加算一時差異………………………… 488

索　引　747

将来キャッシュ・フローの見積り……… 269
将来減算一時差異…………………… 489
将来の営業損失……………………… 340
除却………………………………… 172
処分グループ…………………… 357, 358
処分費用…………………………… 265
所有主パースペクティブ………………… 36
真実かつ公正な概観…………………… 12
信頼性………………………………… 36

数理計算上の差異………………… 433, 441
スタッフドラフト『財務諸表の表示』…… 88
ステュワードシップ…………………… 35

税金費用……………………………… 83
性質別分類…………………………… 84
政府関連企業…………………… 677, 680
生物資産………………………… 81, 732, 733
税務上の繰越欠損金………………… 489
セール・アンド・リースバック………… 222
セグメント会計方針………………… 662
セグメント情報……………………… 649
潜在的議決権……………………… 585
潜在的普通株式…………………… 692
全社資産…………………………… 265
全部純資産直入法………………… 126
全面時価評価法…………………… 570

相殺表示……………………………… 72
遡及的調整………………………… 700
遡及的適用………………………… 515
遡及適用禁止規定…………………… 48
その他の包括利益……………… 69, 76, 77, 83
その他有価証券…………………… 125

[た　行]

退職給付制度……………………… 448
退職給付制度の会計………………… 428
退職後給付………………………… 433
耐用年数…………………………… 170, 250
棚卸資産………………………… 81, 144, 148
棚卸資産の原価…………………… 148

棚卸資産の評価方法………………… 150
段階的取得………………………… 542
短期従業員給付…………………… 432
探査および評価資産………………… 727

中間期間…………………………… 606
中間報告…………………………… 604
中間法人所得税費用………………… 610
注記…………………………… 79, 88
中立性………………………………… 37
超インフレ………………………… 708
超インフレ経済下における財務報告…… 707
長期従業員給付…………………… 437
調整表……………………………… 46
直接減額方式……………………… 303
直接法………………………… 90, 633, 634

低価法……………………………… 151
適格資産…………………………… 414
転換社債型新株予約権付社債………… 129
転売目的で取得した資産…………… 358

当期課税税金資産……………… 487, 492, 496
当期課税税金負債……………… 487, 492, 496
当期純利益…………………………… 83
東京合意………………………………… 8
投資意思決定有用性………………… 35
投資活動によるキャッシュ・フロー 628, 635
投資と資本の相殺消去……………… 570
投資不動産…………… 81, 184, 187, 188, 197
投資不動産の処分…………………… 193
投資不動産の用途変更……………… 192
当初認識後の金融資産の評価………… 106
当初認識後の金融負債の評価………… 108
取引の識別………………………… 372
取引日レート……………………… 284

[な　行]

内部財務報告セグメント…………… 661
内部創出によるのれん……………… 242

年金資産…………………………… 433

農業……………………………………731
農産物………………………………732, 733
ノーウォーク合意………………………9
のれん………………………236, 492, 540, 554

[は 行]

パーチェス法……………………………536
売却可能金融資産……………………86
売却目的処分グループの負債…………81
売却目的の非流動資産……81, 355, 357, 358
廃棄予定の非流動資産…………………358
廃止事業の税引後損益…………………83
廃止グループ……………………………356
廃止事業…………………………355, 360
配当………………………………………376
発生給付評価方式………………………433
発生主義会計……………………………71
パブリックセクター……………………18

比較情報……………………………45, 72
非貨幣性資産による補助金……………304
引当金……………81, 315, 324, 329, 337, 344
非資金的取引……………………………639
非支配持分………………81, 86, 539, 541, 554, 571
非支配持分に対する損失負担…………599
一株当たり損益…………………………83
評価損の戻入れ…………………………154
評価日レート……………………………285
表示の継続性……………………………72

ファイナンス・リース
　……………………206, 209, 213, 218, 223
不確実性の見積の要因…………………80
不可分在外業務活動体…………………288
複会計制度………………………………16
複合金融商品……………………………116
負債十分性テスト………………………720
負債性金融商品(債券)…………………124
普通株式……………………………691, 693
物品の販売………………………………373
部分純資産直入法………………………126
付与条件…………………………………466

付与日………………………………462, 472
プライベートセクター…………………18
フリー，フェア，グローバル……………6
振替価額…………………………………662
不利な契約………………………………340
プリンシプル・ベース会計……………12

平均原価法………………………………150
平衡準備金………………………………720
米国SEC…………………………………11
ヘッジ会計…………………………113, 132
変動リース料……………………………208

ポイントサービス………………………390
包括利益……………………………69, 83
包括利益計算書……………………76, 83
包括利益の表示に関する会計基準……87
報告セグメント…………………………654
報告頻度…………………………………72
法人所得税………………………………483
保険契約……………………………717, 718
保険数理上の利得・損失………………433
保険負債……………………………720, 721
保守主義…………………………………37

[ま 行]

マイレージサービス……………………390
前払年金費用……………………………435
マネジメント・アプローチ………655, 664

未稼得受取利息…………………………208
未実現損益………………………………571
未実現利益に関する繰延税金資産……507
みなし原価………………………………51
未払法人税等……………………………81

無形資産……………81, 235, 237, 238, 255

免除規定(IFRSの初度適用)……………50

目的適合性………………………………36
持分金融商品……………………………99

持分決済型の株式報酬取引……459,461,473
持分変動計算書…………………………78,85
持分法………………………………………574
持分報奨給付………………………………438
持分法適用に伴う投資損益………………83
持分法適用の中止…………………………575
持分法を適用している投資………………81

[や 行]

役員の報酬…………………………………678

有形固定資産……………………81,161,163
有形固定資産の認識………………………164

要約財務諸表………………………………606
予想損失……………………………400,407

[ら 行]

リース開始日………………………………207
リース期間…………………………………207
リース期間開始日…………………………207
リース資産・負債…………………………202

利益剰余金……………………………………86
利益に関する補助金…………………304,311
リサイクリング…………………………77,87
リストラクチャリング……………………340
リストラクチャリング引当金……………341
利息…………………………………………376
利息法………………………………………427
流動資産………………………………………74
流動負債………………………………………75
流動,非流動の区分…………………………74
リロード特性………………………………465

ルール・ベース会計…………………………12

連結決算日…………………………………569
連結財務諸表……………………561,567,580
連結の範囲……………………………567,585

ロイヤルティ………………………………376
ロードマップ…………………………………11

[わ 行]

割引率…………………………………270,436

平成13年 8月10日	初版1刷発行	
平成14年 8月31日	初版2刷発行	
平成17年11月18日	新版1刷発行	
平成20年 6月 5日	新版4刷発行	
平成21年12月15日	三訂版1刷発行	
平成22年 2月 1日	三訂版2刷発行	《検印省略》
平成23年 8月10日	三訂補訂版発行	略称：神戸国際(三補)

国際会計基準と日本の会計実務 [三訂補訂版]

比較分析／仕訳・計算例／決算処理

監修者 © 古 賀 智 敏

編著者 © 鈴木一水・國部克彦
　　　　　安井一浩
　　　　　有限責任あずさ監査法人

発行者 　中 島 治 久

発行所　同 文 舘 出 版 株 式 会 社

東京都千代田区神田神保町1-41　〒101-0051
電話　営業03(3294)1801　編集振替 00100-8-42935
　　　編集03(3294)1803　http://www.dobunkan.co.jp

Printed in Japan 2011　　　　　　印刷：三美印刷
　　　　　　　　　　　　　　　　　製本：三美印刷

ISBN978-4-495-16644-1